Theodor Heuss

Hochverehrter Herr Bundespräsident!

Theodor Heuss
Stuttgarter Ausgabe
Briefe

Herausgegeben von der
Stiftung Bundespräsident-Theodor-Heuss-Haus

Wissenschaftliche Leitung
Ernst Wolfgang Becker

De Gruyter

Theodor Heuss
Hochverehrter Herr Bundespräsident!

Der Briefwechsel mit der Bevölkerung
1949–1959

Herausgegeben und bearbeitet von
Wolfram Werner

De Gruyter

Träger des Editionsprojekts:
Stiftung Bundespräsident-Theodor-Heuss-Haus
Im Himmelsberg 16, 70192 Stuttgart
www.stiftung-heuss-haus.de

ISBN 978-3-598-25126-9
e-ISBN 978-3-11-023235-6

Bibliografische Information der Deutschen Nationalbibliothek

Die Deutsche Nationalbibliothek verzeichnet diese Publikation in der Deutschen
Nationalbibliografie; detaillierte bibliografische Daten sind im Internet
über http://dnb.d-nb.de abrufbar.

Umschlag:
Foto: Bundespräsident Theodor Heuss mit Sängern der Klosterschule St. Blasien, 1955; AP.
Brief: Theodor Heuss an Meta Wilh. Müller, 6. 4. 1950, in: BArch, B 122, 53, abgedruckt auf S. 112.

Satz: Dr. Rainer Ostermann, München
Druck: Strauss GmbH, Mörlenbach
∞ Gedruckt auf säurefreiem Papier

Printed in Germany

www.degruyter.com

Inhalt

Vorwort des Editionsbeirates

Die Geschichte der Bundesrepublik Deutschland ist die einer stabilen Demokratie. An ihrem Anfang standen 1945 Theodor Heuss, Konrad Adenauer, Kurt Schumacher, Elisabeth Selbert, Helene Weber und andere Männer und Frauen, die nach den Katastrophen des Nationalsozialismus und des Zweiten Weltkrieges einen demokratischen Neuanfang wagten – freilich unter den engen Rahmenbedingungen, welche die Besatzungsmächte nach der Befreiung vorgaben. Ohne den Rückgriff auf demokratische Traditionen, wie sie in der deutschen Geschichte in Personen wie Heuss greifbar sind, hätte die Demokratie in Deutschland vermutlich nicht so nachhaltig Fuß fassen können.

Mit der Werkausgabe „Theodor Heuss. Stuttgarter Ausgabe" wird eine moderne Edition vorgelegt, die wichtige Zeugnisse zur deutschen Geschichte der ersten Hälfte des 20. Jahrhunderts bereithält. Sie lädt dazu ein, die seit einigen Jahren anschwellende Krisenrhetorik, die Systemschwächen der Bundesrepublik diagnostiziert, mit der Bilanz einer letztendlich erfolgreichen Gründungsgeschichte zu kontrastieren.

Im einzelnen sprechen mehrere Gründe für die Herausgabe der Werke von Theodor Heuss. Zum einen erhielt die Stiftung Bundespräsident-Theodor-Heuss-Haus vom Deutschen Bundestag den gesetzlichen Auftrag, „das Andenken an das Wirken des ersten Bundespräsidenten der Bundesrepublik Deutschland, Theodor Heuss, für Freiheit und Einheit des deutschen Volkes, für Europa, für Verständigung und Versöhnung unter den Völkern zu wahren und einen Beitrag zum Verständnis der jüngeren Geschichte sowie der Entstehung der Bundesrepublik Deutschland zu leisten" und den Nachlass „für die Interessen der Allgemeinheit in Wissenschaft, Bildung und Politik auszuwerten." Dazu dient auch die „Veröffentlichung von Archivbeständen" (Errichtungsgesetz der Stiftung Bundespräsident-Theodor-Heuss-Haus vom 27. Mai 1994).

Hinter diesem Auftrag klingt zum anderen als ein weiterer wesentlicher Beweggrund für eine Theodor-Heuss-Edition die historische und politische Bedeutung von Heuss an. Als erstes Staatsoberhaupt der Bundesrepublik Deutschland hat er das Amt des Bundespräsidenten durch sein stilsicheres, umsichtiges und souveränes, intellektuell anspruchsvolles Auftreten nachhaltig geprägt. Während der schwierigen Formationsphase der 1949 neu begründeten, noch ungesicherten Demokratie bewies er in dieser Funktion eine bemerkenswerte innen- und außenpolitische Sensibilität. Darüber hinaus steht Theodor Heuss für die liberale Tradition deutscher Demokratiegeschichte im 20. Jahrhundert, die er als Politiker, als außerordentlich produktiver Publizist, als engagierter Hochschullehrer und ehrenamtlicher Verbandsfunktionär mitgeprägt hat. Diese Erfahrungen, die Heuss während der ersten Hälfte des 20. Jahrhunderts gesammelt hatte, bildeten in der posttotalitären Situation nach 1945 ein entscheidendes politisches Kapital, das der Wiedererrichtung einer demokratischen Republik auf deutschem Boden zu dauerhaftem Erfolg verholfen hat.

Ein dritter Grund für die neue Editionsreihe liegt in dem glücklichen Umstand, dass sich das vielfältige Wirken von Theodor Heuss in einer ungewöhnlich umfangreichen Überlieferung von hohem historischen und literarischen Wert niedergeschlagen und erhalten hat. Sein Nachlass, die Präsidentenakten aus seiner Amtszeit 1949–1959 sowie die vielschichtigen Parallelbestände weisen ihn als einen Homme de Lettres aus, der intellektuelle Reflexion und Übernahme von politischer Verantwortung in Einklang zu bringen vermochte. Seine zahlreichen Reden, Briefe und Schriften zu einer Vielzahl zeitgeschichtlicher Schlüsselthemen dokumentieren, in welchem ungewöhnlichen Ausmaß er über die politischen und kulturellen Instrumente des Bildungsbürgers verfügte.

Schließlich soll die „Stuttgarter Ausgabe" weitere wissenschaftliche Untersuchungen zum Leben und Werk von Theodor Heuss und zum Amt des Bundespräsidenten anregen. Trotz einiger Teilstudien sind die Forschungen zu Heuss noch immer lückenhaft. Zahlreiche biographische Aspekte sind aufzuarbeiten und problemorientiert in den zeitgeschichtlichen Kontext einzubetten. Vor allem kann die Edition Impulse geben für eine längst überfällige, anspruchsvolle Biographie über Theodor Heuss, die wissenschaftlichen Standards genügt.

Die „Stuttgarter Ausgabe" gliedert sich nach Gattungen in vier Reihen: Briefe, Reden, Gespräche, Schriften. Diese Kommunikationsformen handhabe Heuss gekonnt. In ihnen kommt die ganze Bandbreite seiner Biographie wie auch seiner zahlreichen Tätigkeiten und Funktionen zum Ausdruck: So begegnet uns nicht allein der „öffentliche" oder „offizielle" Heuss, sondern auch der zurückgezogen arbeitende Schriftsteller und Künstler, der Freund, Ehemann und Vater. Die Edition macht historische Prozesse und Entscheidungen über einen biographischen Einstieg zugänglich und besser verständlich. Sie wendet sich nicht nur an die Wissenschaft, sondern auch an die interessierte Öffentlichkeit. Dies vor Augen, liegt der Edition das Konzept einer leserfreundlichen, aber auch wissenschaftlichen Ansprüchen genügenden Studienausgabe zugrunde. Dass es sich dabei angesichts der Überfülle des überlieferten Materials nur um eine Auswahledition handeln kann, liegt auf der Hand.

Die „Stuttgarter Ausgabe" beginnt mit der Reihe der Briefe, die – chronologisch angeordnet – in acht Bänden veröffentlicht werden. Die noch weitgehend unbekannte Korrespondenz von Theodor Heuss gibt einen außergewöhnlichen Einblick auch in jene Aspekte seiner Biographie, die er der öffentlichen Rede oder Publizistik nicht anvertraut hat. Vor allem die Briefe an Familienangehörige, Freunde, Bekannte und Personen der Zeitgeschichte, nicht zuletzt aber auch die Kontakte zu „kleinen Leuten" machen den Facettenreichtum seiner Persönlichkeit und seines Wirkens deutlich. Der weitverzweigte, die Jahre 1892–1963 umfassende

Schriftverkehr zeigt darüber hinaus, wie Heuss auch über das traditionelle liberale und demokratische Lager hinaus als Kommunikator wirkte und dazu beitrug, dass ein von antitotalitären Überzeugungen getragenes Beziehungsnetz das „Dritte Reich" überdauern konnte. Es werden – mit Ausnahme des vorliegenden Bandes – ausschließlich Schreiben von Heuss abgedruckt, die Gegenkorrespondenz aber im Kommentar berücksichtigt.

Nachdem seit Herbst 2007 bereits vier Briefbände der „Stuttgarter Ausgabe" aus den Jahren 1892–1949 erschienen sind, freuen wir uns, hiermit den ersten Band mit Briefen aus der Bundespräsidialzeit vorlegen zu können. Dieser Band nimmt insofern eine Sonderstellung in der Briefedition ein, als dass er nicht nur Schreiben aus der Feder von Heuss enthält. Es werden vielmehr Briefe aus der Bevölkerung abgedruckt, die sich an den Bundespräsidenten wandten und daraufhin von Heuss beantwortet wurden. Mit ihren Eingaben formulierten Bürger konkrete oder allgemeine Anliegen und Kritik, wollten mit dem Staatsoberhaupt in einen Meinungsaustausch über persönliche oder politische Fragen treten oder ihm einfach ihrer Wertschätzung versichern, zuweilen verbunden mit einem Geschenk. Diese Zuschriften geben ungewöhnlich vielschichtig Aufschluss über die soziale und mentale Verfasstheit einer Nachkriegsgesellschaft zwischen Restauration und Neuanfang, zwischen Überhängen tradierter autoritärer Haltungen und einem unaufhaltsamen Demokratisierungsprozesses, zwischen Alltagsnot und beginnender Prosperität. Und aus den pointierten Antworten von Theodor Heuss spricht ein Amtsverständnis, welches von Bürgernähe geprägt ist, ohne populistisch zu sein. Vieles deutet darauf hin, dass sich auf die Person des ersten Bundespräsidenten die Sehnsucht einer verunsicherten Gesellschaft nach einer Vater- und Führungsfigur fokussierte.

Ohne die Unterstützung zahlreicher Archive, Bibliotheken und anderer Einrichtungen sowie vieler Privatpersonen hätte dieses Projekt nicht so umfassend und sorgfältig durchgeführt werden können. Wir danken an dieser Stelle vor allem der Schwiegertochter von Theodor Heuss, Ursula Heuss-Wolff (†), und dem Enkel, PD Dr. Ludwig Theodor Heuss, die dem Editionsvorhaben das umfangreiche Familienarchiv mit der Privatkorrespondenz von Heuss großzügig und vertrauensvoll zur Verfügung stellten und das Projekt in jeder Hinsicht unterstützten. Unser Dank gilt gleichfalls der Robert Bosch Stiftung, der Landesstiftung Baden-Württemberg, der Würth-Gruppe, der Daimler AG, der Wüstenrot-Stiftung, der Dr. Ing. h.c. F. Porsche AG, der Landesbank Baden-Württemberg, der Willy-Körner-Stiftung sowie Ralf Lord Dahrendorf (†). Sie haben mehrere Bände der Briefedition mit erheblichen Mitteln gefördert. Und schließlich danken wir dem Herausgeber des Bandes, Dr. Wolfram Werner, und dem wissenschaftlichen Leiter der „Stuttgarter Ausgabe", Dr. Ernst Wolfgang Becker, für ihren wesentlichen Beitrag zum Gelingen dieses Werkes und für die gute Zusammenarbeit.

Prof. Dr. Wolfgang Hardtwig, Dr. Hans Peter Mensing,
Prof. Dr. Angelika Schaser, Prof. Dr. Andreas Wirsching

Theodor Heuss: Lebensstationen

1884	31. 1. Geburt von Theodor Heuss in Brackenheim/Württemberg
1890	Umzug nach Heilbronn
1892	Eintritt in das humanistische Karlsgymnasium
1902	Abitur
	Erste Begegnung mit Friedrich Naumann
	Beginn des Studiums der Neuphilologie und Nationalökonomie an der Universität München
1905	Abschluss des Studiums der Nationalökonomie mit einer Dissertation zum Thema „Weinbau und Weingärtnerstand in Heilbronn a. N." (Veröffentlichung 1906)
	Redakteur der Wochenzeitschrift „Die Hilfe" in Berlin (bis 1912)
	Erste Begegnung mit Elly Knapp
1907	Erfolgreicher Reichstagswahlkampf für Friedrich Naumann in Heilbronn
1908	11. 4. Hochzeit mit Elly Knapp (Pfarrer: Albert Schweitzer)
1910	5. 8. Geburt des Sohnes Ernst Ludwig
1912	Chefredakteur der „Neckar-Zeitung" in Heilbronn (bis 1917)
	Erfolglose Kandidatur für den württembergischen Landtag
1913	Schriftleiter der Kulturzeitschrift „März" (bis 1917)
1918	Mitarbeit in der Geschäftsstelle des Deutschen Werkbundes in Berlin (hauptamtlich bis 1921)
	Schriftleiter der Zeitschrift „Deutsche Politik" (bis 1922)
	Beginn der politischen Arbeit für die Deutsche Demokratische Partei (DDP)
1919	Erfolglose Kandidatur für die Verfassunggebende Nationalversammlung
	Wahl zum Mitglied der Schöneberger Stadtverordnetenversammlung, seit 1920 der Schöneberger Bezirksversammlung
1920	Studienleiter (bis 1925) und Dozent an der Deutschen Hochschule für Politik
	6. 6. Erfolglose Kandidatur bei den Wahlen zum 1. Reichstag
1922	Schriftleiter der Zeitschrift „Die Deutsche Nation" (bis 1925)
1924	Wahl zum Vorstandsmitglied des Deutschen Werkbundes
	4. 5. Wahl in den 2. Reichstag für die DDP
	7. 12. Wahl in den 3. Reichstag für die DDP
1925	5. 4. Wahl zum 1. Vorsitzenden des Schutzverbandes deutscher Schriftsteller (Rücktritt 1926)
1928	20. 5. Erfolglose Kandidatur bei den Wahlen zum 4. Reichstag

1930	14. 9. Wahl in den 5. Reichstag für die Deutsche Staatspartei (DStP)
1932	Veröffentlichung von „Hitlers Weg. Eine historisch-politische Studie über den Nationalsozialismus"
	31. 7. Wahl in den 6. Reichstag für die DStP
	6. 11. Erfolglose Kandidatur bei den Wahlen zum 7. Reichstag
1933	1. 1. Herausgeber der „Hilfe"
	5. 3. Wahl in den 8. Reichstag für die DStP
	23. 3. Zustimmung zum „Ermächtigungsgesetz"
	3. 5. Aberkennung der Dozentur an der Deutschen Hochschule für Politik
	10. 5. Verbrennung zweier Bücher von Theodor Heuss
	12. 7. Aberkennung des Reichstagsmandats
	29. 9. Rücktritt vom Vorstand des Deutschen Werkbundes
1936	Rücktritt von der Herausgeberschaft der „Hilfe"
1937	Veröffentlichung der Biographie über Friedrich Naumann
1939	Veröffentlichung der Biographie über den Architekten Hans Poelzig
1940	Veröffentlichung der Biographie über den Zoologen Anton Dohrn
1942	Veröffentlichung der Biographie über den Chemiker Justus von Liebig
	Beginn der Arbeit an der Biographie über den Unternehmer Robert Bosch (Veröffentlichung 1946)
1943	August–Oktober: Flucht aus Berlin über Heilbronn und den Boschhof (Oberbayern) nach Heidelberg
	Dezember: Treffen mit Carl Goerdeler
1945	5. 9. Verleihung der Lizenz für die Herausgabe der „Rhein-Neckar-Zeitung" in Heidelberg (bis Ende 1949)
	24. 9. Vereidigung zum Kultusminister von Württemberg-Baden
	Ende September: Umzug nach Stuttgart
1946	6. 1. Wahl in den Vorstand der Demokratischen Volkspartei (DVP) von Württemberg-Baden
	30. 6. Wahl in die Verfassunggebende Landesversammlung von Württemberg-Baden
	29. 9. Wahl zum Vorsitzenden der DVP in der amerikanischen Zone
	24. 11. Wahl in den 1. Landtag von Württemberg-Baden
1947	17. 3. Wahl zum Mitvorsitzenden (gemeinsam mit Wilhelm Külz) der gesamtdeutschen liberalen Demokratischen Partei Deutschlands (DPD)
1948	12. 1. Ernennung zum Honorarprofessor für politische Wissenschaften an der Technischen Hochschule Stuttgart
	18. 1. Scheitern der DPD
	1. 9. Beginn der Tätigkeit als Abgeordneter im Parlamentarischen Rat (bis 23. 5. 1949)
	12. 12. Wahl zum Vorsitzenden der westzonalen FDP

1949	14. 8. Wahl in den 1. Deutschen Bundestag
	12. 9. Wahl zum ersten Bundespräsidenten
	Mitte Dezember: Umzug aus dem ehemaligen Eisenbahnererholungs-heim, Viktorshöhe, Bad Godesberg in die Villa Hammerschmidt, Bonn, Koblenzer Straße 135
	7. 12. Rede „Mut zur Liebe" vor der Gesellschaft für christlich-jüdische Zusammenarbeit in Wiesbaden
1950	Vergebliche Bemühungen um die Einführung einer neuen National-hymne (bis 1951)
1951	Stiftung des Bundesverdienstkreuzes
1952	Verfassungsstreit über die Europäische Verteidigungsgemeinschaft
	Mai: Wiederbelebung des Ordens pour le Mérite
	19. 7. Tod von Elly Heuss-Knapp
	30. 11. Rede „Das Mahnmal" zur Einweihung des Ehrenmals im ehe-maligen KZ Bergen-Belsen
1953	Veröffentlichung der Jugenderinnerungen „Vorspiele des Lebens"
1954	17. 7. Wiederwahl zum Bundespräsidenten in Berlin
	8.–14. 11. Erster offizieller Staatsbesuch eines ausländischen Staats-oberhaupts in der Bundesrepublik durch den äthiopischen Kaiser Haile Selassie I.
	April: Kuraufenthalt in Bad Kissingen
	19. 7. Rede „Vom Recht zum Widerstand – Dank und Bekenntnis" zur 10. Wiederkehr des 20. Juli 1944 in Berlin
1956	14.–22. 5. Staatsbesuch in Griechenland
	12. 9. Rede „Zur Kunst dieser Gegenwart" in Baden-Baden
1957	Januar: Besuch im Saarland nach dessen Beitritt zur Bundesrepublik
	Februar/März: Erkrankung an einer Lungenentzündung, anschließend Kuraufenthalt in Badenweiler
	5.–13. 5. Staatsbesuch in der Türkei
	19.–28. 11. Staatsbesuch in Italien und im Vatikan
1958	28. 5.–4. 6. Staatsbesuch in Kanada
	4.–23. 6. Staatsbesuch in den USA
	20.–23. 10. Staatsbesuch in Großbritannien
1959	Auseinandersetzungen um die dritte Amtszeit und die Nachfolge des Bundespräsidenten
	12. 3. Rede „Soldatentum in unserer Zeit" vor der Führungsakademie der Bundeswehr in Hamburg-Blankenese
	12. 9. Ende der zweiten Amtszeit
1960	Reisen nach Frankreich, Israel und Indien
1963	Veröffentlichung der „Erinnerungen 1905–1933"
	12. 12. Tod von Theodor Heuss in seinem Haus in Stuttgart

Wolfram Werner

Einführung:
Theodor Heuss im Briefwechsel
mit der Bevölkerung 1949–1959

Ein sehr beliebter Bundespräsident

Bei seiner Wahl zum Bundespräsidenten am 12. September 1949 war Theodor
Heuss, Repräsentant der neu geschaffenen Bundesrepublik Deutschland, in weiten
Kreisen der Bevölkerung noch nicht allzu bekannt; doch er wurde in und mit seinem Amt im Verlaufe der nächsten zehn Jahre zu einem der beliebtesten Politiker
der jungen Bundesrepublik. Das Institut für Demoskopie Allensbach charakterisierte in seinem 392. Bericht über die Stimmung im Bundesgebiet die „Bilanz
für Professor Heuss" im August 1959:

> „Wenigen deutschen Politikern dürfte es zugefallen sein, in solcher Eintracht mit der
> öffentlichen Meinung zu wirken wie Professor Heuss: Der aus dem Amt scheidende
> Bundespräsident hat sich in den 10 Jahren, da er an der Spitze des aus einem Proviso-
> rium erwachsenen westdeutschen Staates stand, ein schlechthin beispielloses Prestige
> erworben."[1]

Während er im August 1950 bereits 42 % der Befragten gut oder ausgezeichnet
gefiel, waren es im Juli 1959 mit 84 % doppelt so viele. Zusammenfassend hieß
es: „Das Lob für den Bundespräsidenten kommt, mehr oder weniger differenziert, aus allen Kreisen." Elemente für eine Erklärung seiner Beliebtheit finden
sich immer wieder in den Briefen aus der Bevölkerung. Grundsätzlich waren und
sind Zuschriften aus der Bevölkerung an ihr Staatsoberhaupt nichts Ungewöhn-
liches. Auch an Hitler, von dessen Amtsführung als Staatsoberhaupt Heuss sich
immer wieder distanzierte, waren zahllose Briefe aus der Bevölkerung geschrieben worden.[2]

Im Bundespräsidialamt war und ist es bis heute üblich, diese Zuschriften als
„Eingaben" oder „Petitionen" zu bezeichnen.[3] Heuss selber benutzte, wenn er
über die Korrespondenz mit der Bevölkerung sprach, in der Regel den unspezifi-

---

[1] B 122, 253b.
[2] Vgl. H. EBERLE, Briefe.
[3] Vgl. Internetseite www.bundespräsident.de vom August 2008. Das Petitionsrecht ist als Grund-
recht in Art. 17 GG definiert: „Jedermann hat das Recht, sich einzeln oder in Gemeinschaft mit
anderen schriftlich mit Bitten oder Beschwerden an die zuständigen Stellen und an die Volksvertretung zu wenden." Weder der Bundespräsident noch das Bundespräsidialamt können jedoch
im engeren Sinn als „zuständige Stellen" für einzelne Bürgeranliegen angesehen werden.

schen Begriff „Briefe".[4] Die meisten Zuschriften an Heuss waren zwar mit konkreten Bitten und Wünschen verbunden, jedoch waren sie auch vielfach lediglich Ausdruck einer Zustimmung, einer Kritik oder mit der Übermittlung eines Geschenkes verbunden.

Zum Zeitpunkt der Wahl von Theodor Heuss zum Bundespräsidenten standen die Menschen in den drei Westzonen noch unter dem Eindruck der nationalsozialistischen Herrschaft, die zum Weltkrieg und schließlich bis zum totalen Zusammenbruch 1945 geführt hatte. Die in der deutschen Geschichte einzigartige Niederlage und die Besetzung durch die vier Siegermächte brachten zugleich eine noch nicht absehbare jahrzehntelange Teilung des Landes mit sich. Grundsätzlich bestanden bei den Kriegsgegnern wie auch bei vielen Emigranten gegenüber dem, was man für typisch deutsch hielt, Abscheu und Misstrauen. Die Deutschen hatten hingegen die moralisch-intellektuellen Fragen nach den Ursachen für den Zweiten Weltkrieg und der Schuld für Verbrechen, die unter dem NS-Regime begangen worden waren, weitgehend verdrängt. In ihrem Bewusstsein dominierte persönlich erlittenes Leid wie z. B. Tod von Freunden und Familienangehörigen oder Flucht und Vertreibung. Die deutschen Städte lagen noch in Trümmern, und damit waren die Wohnverhältnisse vielfach katastrophal, die Sorgen um die Ernährung und Versorgung mit Gütern des täglichen Gebrauchs bestimmten den Alltag. Der Wiederaufbau des Landes und der Aufstieg der deutschen Wirtschaft befanden sich noch in den Anfängen.

Historiker haben die deutsche Gesellschaft in den Jahren nach dem Ende des Zweiten Weltkriegs treffend als „Zusammenbruchsgesellschaft"[5] bezeichnet. Die fünfziger Jahre – die zwei Amtszeiten von Theodor Heuss als Bundespräsident dauerten von 1949 bis 1959 – waren einerseits Jahre der Restauration. Heuss hatte diese Kräfte unterschätzt, beispielsweise bei seinen Bemühungen um eine neue Nationalhymne.[6] Zugleich gab es jedoch auch eine erheblicher Dynamik des Wandels im Rahmen des Wiederaufbaus.[7] Dabei waren in den Anfangsjahren der Bundesrepulik Deutschland in vielen Lebensbereichen wesentliche und zukunftsträchtige Entscheidungen zu treffen: Zunächst einmal der grundsätzliche Beschluss für eine Staatsbildung aus den Ländern der drei Westzonen ohne die Sowjetische Besatzungszone (SBZ). Der neue Staat wurde keineswegs von allen seinen Bürgern begrüßt, vielmehr gab es Ressentiments gegen den „Weststaat" und „Bonn", weil mit seiner Schaffung ein Schritt zur Teilung des Landes verbunden war. Auch die von Adenauer betriebene Westorientierung[8] und der Gedanke,

---

[4] In der Terminologie der historischen Hilfswissenschaften wird der Begriff „Brief" vermieden und in der Regel durch „Schreiben" ersetzt.

[5] Vgl. CH. KLEßMANN, Staatsgründung, S. 37–63.

[6] Vgl. Nr. 33–35, Nr. 45.

[7] Vgl. A. SCHILDT / A. SYWOTTEK, Modernisierung.

[8] Vgl. L. HERBST, Option.

die Bundesrepublik in ein vereintes Europa einzubringen, waren alles andere als unumstritten, denn ein neutraler Status der Bundesrepublik schien die Chance für eine geeintes Deutschland jenseits der etablierten Machtblöcke des Kalten Krieges zumindest offen zu halten. Im gleichen Kontext wurde über die Remilitarisierung wenige Jahre nach dem totalen Zusammenbruch von 1945, zu einem Zeitpunkt, in dem Angehörige der Wehrmacht noch als verurteilte Kriegsverbrecher in Haft waren, ausgiebig und teils erregt diskutiert. Das Verhältnis zum zweiten deutschen Staat, der DDR, der von der Bundesrepublik als illegitim nicht anerkannt und in der politischen Auseinandersetzung als Unrechtsstaat lange Zeit offiziell als „SBZ" oder „Ostzone" bezeichnet und ideologisch-politisch bekämpft wurde, blieb in den fünfziger Jahren eine die Deutschen intensiv beschäftigende zentrale Frage, zumal die Teilung im Verlaufe der Jahre sich immer mehr vertiefte und bis zum Bau der Berliner Mauer im Jahre 1961 zu einem Flüchtlingsstrom aus der DDR führte. In der Sozialpolitik wurde nach der Überwindung der unmittelbaren Kriegsfolgen in den fünfziger Jahren ein Konzept für einen Sozialstaat entwickelt:[9] Es umfasste unter anderem die Mitbestimmung in der Montanindustrie, die Stellung der Gewerkschaften, die Betriebsverfassung, die Sozialversicherung, den Lastenausgleich, die Wiedergutmachung und die Integration der Heimatvertriebenen.

Die Aufarbeitung der NS-Vergangenheit nach der als wenig geglückt empfundenen Entnazifizierung in der unmittelbaren Nachkriegszeit verlief in den fünfziger Jahren noch durchaus zaghaft, und Heuss bewegte hier viel durch seine Ansprachen, insbesondere bei der Aufarbeitung des Gedenkens an den Widerstand des 20. Juli.[10]

Mit den in dieser Edition abgedruckten Korrespondenzen wird in ganz konkreten Einzelfällen deutlich, wie in der Bevölkerung über viele dieser zentralen Politikfelder gedacht wurde und welche Emotionen mit ihnen verbunden waren. Für viele Bundesbürger war Heuss, nachdem das bis 1945 geltende politische Wertesystem nicht mehr gültig war, so etwas wie eine Symbolfigur in einer gefährdeten Kontinuität: In der Kaiserzeit geboren und erwachsen geworden, hatte er bis 1933 schon viele Jahre politisch gewirkt.[11] Dies war eine der Voraussetzungen für die integrative Kraft seiner Persönlichkeit in dem neuen Staat. Zugleich gewann er durch seine unverkrampfte Art und seinen Humor Popularität und Vertrauen, so dass die mitunter sehr offenen und sprachlich ungeschminkten Schreiben an ihn ebenso ein unverfälschtes Bild der Stimmungen in Teilen der Bevölkerung wie des persönlichen Vertrauens in ihn wiedergeben. Sie sind gleichsam kaleidoskopartige Bilder der geschichtlichen Entwicklung der jungen Bun-

---

[9] Vgl. GESCHICHTE DER SOZIALPOLITIK.
[10] Vgl. N. FREI, Vergangenheitspolitik; vgl. auch Nr. 127, Nr. 131, Nr. 132, Nr. 140, Nr. 148.
[11] Vgl. TH. HEUSS, Bürger.

desrepublik aus der Perspektive einzelner Bürger aus unterschiedlichen sozialen Schichten, die auch Aufschluss über konkrete Probleme des Alltags geben, ihr Fortdauern, ihre Abschwächungen und neu aufkommende Fragestellungen widerspiegeln.[12] Trotz der Dichte des sich ergebenden Gesamtbildes aus den über zweihundert Briefwechseln lassen sich daraus nicht statistisch-repräsentative Werte ableiten; dies wird im Abschnitt „Zur Überlieferungslage" erläutert.

Dass Theodor Heuss aus der Bevölkerung zahlreiche Zuschriften erhielt, wurde der Öffentlichkeit bald bekannt, weil schon in den Anfängen seiner ersten präsidialen Amtszeit in der Presse ausführlich darüber berichtet wurde.[13] Dies geschah sicher nicht ohne Zutun des Bundespräsidialamtes, denn die Informationen zu den Artikeln waren ja nur dort zu erlangen; allerdings trug dies vermutlich zu einem weiteren Anwachsen der Briefflut mit bei.

Nach einem Artikel der „Stuttgarter Nachrichten" vom 9. Mai 1953 hatten in den vergangenen drei Jahren nicht weniger als 500.000 Bürger an den Bundespräsidenten geschrieben.[14]

Heuss sei durch die Briefe aus der Bevölkerung und die von ihm angeordnete Politik der offenen Tür stets mit den „Fragen der Bevölkerung" verbunden gewesen und sei dadurch bald in die Stellung eines „Vater des Vaterlandes" hineingewachsen, formulierte im Rückblick auf die ersten Monate in der Notunterkunft des Bundespräsidialamtes auf der Viktorshöhe in Bad Godesberg sein persönlicher Referent Hans Bott.[15]

Heuss war sich seiner Beliebtheit in allen Schichten der Bevölkerung durchaus bewusst, und gelegentlich kokettierte er damit: Als im Jahre 1957 eine „Klofrau" ihm zum Geburtstag gratulierte, kommentierte er dies gegenüber Toni Stolper mit den Worten:

> „Bis jetzt das schönste Geschenk, Anekdote der Verwurzelung im ‚breiten Volk'. Das Arge: ich kann der Frau nicht einmal einen Antwortbrief schreiben, sonst schlägt sie in den Preisen auf und in der Karlsruher Zeitung, von den anderen übernommen, wird

---

[12] In der von der US-Militärregierung herausgegebenen „Neuen Zeitung" hieß es bereits wenige Wochen nach Amtsbeginn, die Briefe seien ein Spiegelbild des Elends der deutschen Bevölkerung in der Nachkriegszeit; sie zeigten das Wohnungselend, die Not alleinstehender alter Menschen, die von 40 Mark Rente und weniger leben müssten, die Sorgen ehemaliger Reichsbeamten aus der Ostzone sowie die Probleme der Soldaten, sich in dieser Zeit zurechtzufinden (Artikel „Wie arbeitet Bonn?" vom 18.1.1950, in: B 145, 16288). Seinem langjährigen Mentor und Freund Ernst Jäckh schrieb Heuss dazu am 5. 4. 1950: „Du darfst glauben, dass unser Amt ein sehr empfindsamer Seismograph der Hoffnungslosigkeiten und der wagenden Energien ist, die in unserem Volk miteinander kämpfen." E. PIKART, Theodor Heuss, S. 291.

[13] Vgl. Anm. 12.

[14] Artikel vom 9. 5. 1953: „Adresse: Villa Hammerschmidt. In drei Jahren schreiben 500.000 Bürger an den Bundespräsidenten", Ausschnitt in: B 145, 16295.

[15] Vgl. H. BOTT, Theodor Heuss, S. 71.

mitgeteilt: ‚BuPräs korrespondiert mit Abortfrau'. Also: gedruckte Karte! Problem des ‚Staatsmannstums' in der Demokratie.“[16]

Zu den Themen der Zuschriften

In den an Heuss gerichteten Zuschriften ging es um äußerst vielfältige Inhalte und Themen, die Ausdruck der geschichtlichen Entwicklung des jungen Staatswesens und seiner Konsolidierung sind. Die Verfasser stellten ihre Schwierigkeiten, Lösungen und Neuansätze über zehn Jahre dem Mann vor, der institutionell zur „Entkrampfung" beitragen wollte, ohne dem Grundgesetz nach über politische Funktionen für das Alltagsgeschehen zu verfügen.

Häufig wurden konkrete Anliegen oder Wünsche persönlicher Art vorgetragen,[17] für die der Bundespräsident und das Bundespräsidialamt nicht im Entferntesten zuständig sein konnten. Die Spannweite der auf Heuss gerichteten Projektionen und Erwartungen zeigt sich bereits in den von den Briefschreibern verwendeten Anredeformen: „Sehr geehrter Herr Bundespräsident" (63 mal), „Hochverehrter Herr Bundespräsident" (55 mal), „Sehr verehrter Herr Bundespräsident" (30 mal) „Hochzuverehrender Herr Bundespräsident" (9 mal), „Sehr geehrter Herr Professor" (5 mal), „Hochverehrter Herr Professor" (1 mal), „Excellenz" (4 mal), „Lieber Bundespräsident" (2 mal), „Mein lieber Herr Bundespräsident" (1 mal), aber auch „Lieber Papa" (1 mal).

In seinen Antworten, die gelegentlich eher durch ihre stilistische Brillanz als durch inhaltliche Aussagen wirken, begegnet Heuss wiederum in vielfältiger Gestalt: Als liebenswürdiger älterer Herr, als belehrender Professor, als engagierter Vermittler staatsbürgerliche Bildung, als schmunzelnder, humorvoller und ironischer Mitbürger, als polemischer Publizist und als abgeklärter Bundespräsident.

Manche der Zuschriften stellen lediglich Bekundungen der Wertschätzung seiner Person und seiner Amtsführung dar – man könnte sie mit einem altertümlichen Begriff auch als „Huldigungen" bezeichnen.[18] Gelegentlich erfolgten sie in Gedichtform.[19] Waren sie Ausdruck eines kitschigen und den Bundespräsidenten verniedlichenden „Heuss-Kultes", gegen den er vergeblich anzukämpfen suchte, wurden sie durchaus unwirsch beantwortet – wie z. B. die Zuschrift einer Frau, die ihn in ihrem Brief mit „Lieber Papa" angeredet hatte.[20]

Sehr viele Zuschriften gingen von der falschen Voraussetzung aus, der Bundespräsident sei in der Lage, Anordnungen oder Verwaltungsmaßnahmen aus eigenem Entschluss zu treffen; deshalb meinte Heuss bereits am 13. Januar 1950

---

[16] TH. HEUSS, Tagebuchbriefe, S. 240, 28. 1. 1957.
[17] Vgl. Nr. 5, Nr. 21, Nr. 61, Nr. 92, Nr. 98, Nr. 118.
[18] Vgl. Nr. 13, Nr. 118, Nr. 139, Nr. 155, Nr. 181, Nr. 202.
[19] Vgl. Nr. 11.
[20] Vgl. Nr. 173.

ironisch, „daß die Menschen, die natürlich das Grundgesetz nicht kennen, meinen, ein Mann mit einem vertrauenswürdigen Baß könne Nöte wegzaubern."[21] Andererseits konnten die Mitarbeiter des Bundespräsidialamtes in manchen Fällen „durch Klarstellung der Rechtslage des Briefschreibers" behilflich sein. „Sie suchen, was oft genug sehr erfolgreich ist, durch Rückfragen bei Landesbehörden oder Bürgermeistereien die mir vorgetragenen Notstände zu klären und womöglich Hilfe zu erreichen."[22]

Einen breiten Raum nahmen insbesondere in den Anfängen seiner ersten Amtszeit Zuschriften zu sozialen und wirtschaftlichen Fragen ein. Insbesondere wurden die massiven Preiserhöhungen bei Lebensmitteln in der Folge des Koreakrieges beklagt;[23] zugleich wurde der Repräsentationsaufwand der neuen Bundesregierung unter Bezugnahme auf irreführende Zeitungsberichte heftig kritisiert.[24]

In vielen Zuschriften der ersten Amtszeit wurden unmittelbare Kriegsfolgen angesprochen wie etwa die Pensionen ehemaliger Wehrmachtsangehöriger,[25] die kritische Lebenslage älterer Angehöriger freier Berufe, die durch Krieg und Währungsreform ihr Vermögen und ihre Alterssicherung verloren hatten,[26] die Probleme der Flüchtlinge[27] und Fragen der Wiedergutmachung.[28] Briefschreiber setzten sich für die von den Alliierten verurteilten und inhaftierten Kriegsverbrecher in Landsberg ein;[29] für Mathilde Ludendorff, die in ihrem Entnazifizierungsverfahren zunächst als Hauptschuldige verurteilt worden war,[30] gab es eine Kampagne in Form von Zuschriften an Heuss.

Die Bitte wurde vorgetragen, Heuss möge in seinen Reden die Gefangenen in der DDR[31] oder die in der Sowjetunion noch festgehaltenen deutschen Spezialisten nicht vergessen.[32] Zustimmung[33] wie Ablehnung[34] fanden die intensiven Bemühungen von Heuss um ein gutes Verhältnis zu den Gewerkschaften.

Den Bitten und Forderungen um konkrete Maßnahmen zur Behebung materieller Not vermochte das Bundespräsidialamt ohnehin nicht Folge zu leisten. Im August 1950 bemerkte Heuss:

---

[21] Heuss an Boguslav und Reinhard Dohrn, 13. 1. 1950, in: N 1221, 291.
[22] Vgl. Heuss an Stadtbaurat Nax, Egglkofen, 9. 8. 1950, in: N 1221, 293.
[23] Vgl. Nr. 9, Nr. 26, Nr. 28.
[24] Vgl. Nr. 9.
[25] Vgl. Nr. 36.
[26] Vgl. Nr. 56, Nr. 113, Nr. 137.
[27] Vgl. Nr. 25, Nr. 54.
[28] Vgl. Nr. 154, Nr. 188.
[29] Vgl. Nr. 31.
[30] Vgl. Nr. 12.
[31] Vgl. Nr. 99, Nr. 123.
[32] Vgl. Nr. 101.
[33] Vgl. Nr. 135.
[34] Vgl. Nr. 59.

„Das ungeheure Maß von individueller Not, das in Deutschland vorhanden ist, ist mir und meinen Mitarbeitern gegenwärtig genug. Würden wir der einfachen Empfindung des Hilfewillens entsprechen, dort, wo wir spüren, daß es sich um eine echte Notlage handelt, so würde in 3–4 Tagen der von Ihnen angezogene, beträchtliche Dispositionsfonds' (60.000 DM) ausgegeben sein."[35]

Anfragen nach Darlehen kamen fast täglich und mussten von Anbeginn abgelehnt werden.[36] Beispielhaft die Ablehnung des Hilfsgesuchs eines Binnenschiffers namens Heuss, der in seiner Not versuchte, einen Kredit für die Reparatur seines Kahns zu erhalten.[37] Ausnahmsweise wurde die Beschaffung eines Holzhauses für Flüchtlingskinder in Berlin mit 100 DM gefördert.[38]

Auch die zahlreichen Gesuche um Hilfe für Kirchenbauten oder -glocken mussten mangels vorhandener Haushaltsmittel konsequent abgelehnt werden; als Sonderfall wurden für die Glocke der Friedenskirche in Nürnberg 200 DM gespendet.[39] Die evangelischen Kirchen erhielten eine Altarbibel.[40]

Besonders bewegte die Bevölkerung das in der Silvesteransprache 1950/1951 von Heuss angekündigte Vorhaben, eine neue Nationalhymne einzuführen. Heuss wollte damit das „Wettsingen" zwischen erster und dritter Strophe des „Deutschlandliedes" beenden. In dieser Frage betrachtete er sich selbst als Verlierer, weil er den Text der auf seine Veranlassung hin von Rudolf Alexander Schröder gedichteten und von Herman Reutter komponierten Hymne angesichts des Widerstandes von fast allen Seiten nicht durchzusetzen vermochte.[41] Auch in der Frage des Wiederauflebens der studentischen Korporationen, gegen das sich Heuss mehrfach vergeblich gewandt hatte, sah er sich letztlich als unterlegen an.[42]

Ein für Heuss offensichtlich wichtiger Gegenstand der Korrespondenz mit der Bevölkerung war der Umgang mit der Erinnerung an die NS-Zeit: Hier dürfe die „Technik des Vergessen-Wollens" nicht Platz greifen.[43] Die diesbezügliche Berichterstattung über Größen des „Dritten Reiches" in der Presse fand er im März 1951 „zum Kotzen". Er habe „das lebhafte Empfinden" und den Eindruck, dass diese Veröffentlichungen „sehr wenig mit wissenschaftlicher Akkuratesse, auch wenig mit Kunst zu tun" hätten, „sondern ganz legitim ein Geschäft" seien, „das dem einzelnen gut [...], aber dem Magen des deutschen Volkes nicht gut" be-

---

[35] Heuss an Stadtbaurat Nax, Egglkofen, 9. 8. 1950, in: N 1221, 293.
[36] Vgl. Heuss an Helene von Schoenholz, 22. 2. 1952, in: N 1221, 301.
[37] Vgl. Nr. 55
[38] Vgl. Nr. 54.
[39] Vgl. Nr. 8.
[40] Vgl. Nr. 8, Anm. 7.
[41] Vgl. Nr. 32–35, Nr. 45, Nr. 53.
[42] Vgl. Nr. 7, Nr. 197.
[43] Vgl. Nr. 160, Nr. 189.

komme.[44] Wiederholt wies er Einsender darauf hin, dass sie noch für die NS-Zeit typische Wörter verwenden würden.[45] Briefschreiber, die es ablehnten, an das „Dritte Reich" erinnert zu werden,[46] oder aber dazu rieten, mit Nationalsozialisten eine Front gegen den Kommunismus zu errichten, wies er zurecht.[47]

Die sich vertiefende Spaltung Deutschlands, der sich intensivierende „Kalte Krieg" und die Ereignisse des 17. Juni 1953 in der DDR veranlassten einige Bürger, sehr konkrete Vorschläge für eine in die DDR hinein wirkende Propaganda anzuregen.[48] Beispielsweise wurde empfohlen, der Bundespräsident solle am Brandenburger Tor unter freiem Himmel sprechen.[49] Ein Pastor riet, Heuss solle demonstrativ im offenen Wagen durch die „Zone" nach Berlin fahren. Derlei Anregungen lehnte Heuss als „agitatorische Romantik" und als sentimental oder unrealistisch ab.[50] Mit pragmatischen Begründungen wies er die immer wieder erhobene Forderung zurück, sein Amt als Bundespräsident von Berlin aus zu führen.[51] Vereinzelt gab es Zuschriften von Bewohnern der DDR, die einen Aufenthalt in Westberlin nutzten, um sich an Heuss zu wenden.[52]

Die Diskussion um die Wiederbewaffnung der Bundesrepublik,[53] die Debatte um die Neutralisierung Deutschlands[54] und später die Neugestaltung der Uniformen der Bundeswehr[55] fanden ebenfalls ihr Echo in Briefen an Heuss.

Auch die mit der Souveränität der Bundesrepublik (1955) beginnenden Staatsbesuche von Heuss[56] wurden durch Zuschriften begleitet. Briefschreiber verwiesen beim Italienbesuch auf die Probleme Südtirols,[57] im Zusammenhang mit dem Besuch in England wurde eine Spende für den Wiederaufbau der 1940 zerstörten Kathedrale von Coventry heftig kritisiert,[58] und das Verhalten von Studenten in Oxford, die ihre Hände in den Taschen behielten, als Heuss an ihnen vorbeiging, wurde in der deutschen Öffentlichkeit massiv als ungehörig verurteilt.[59]

---

[44] Nr. 37.
[45] Vgl. Nr. 77, Nr. 106.
[46] Vgl. Nr. 160, Nr. 189.
[47] Vgl. Nr. 31.
[48] Vgl. Nr. 89, Nr. 149, Nr. 159, Nr. 183.
[49] Vgl. Nr. 89.
[50] Nr. 183.
[51] Vgl. Nr. 46; weitere Dokumente hierzu in TH. HEUSS, Bundespräsident 1954–1959.
[52] Vgl. Nr. 87.
[53] Vgl. Nr. 19, Nr. 30, Nr. 48, Nr. 50, Nr. 132, Nr. 153, Nr. 187.
[54] Vgl. Nr. 20.
[55] Vgl. Nr. 162.
[56] Vgl. F. GÜNTHER, Heuss auf Reisen.
[57] Vgl. Nr. 179.
[58] Vgl. Nr. 185.
[59] Vgl. Nr. 186.

Einige der grundsätzlichen Reden von Heuss wurden Gegenstand einer intensiven Korrespondenz mit der Bevölkerung: Die Ansprache zur Einweihung des Mahnmals im ehemaligen KZ Bergen-Belsen,[60] die Ehrung der Fußball-Weltmeister-Elf 1954,[61] die Rede zum Gedenken an den 20. Juli 1944,[62] die ganz wesentlich zur Neubewertung des militärischen Widerstandes in der Bundesrepublik beitrug, die Neujahrsansprache 1958,[63] in der er eine „kluge Geheimdiplomatie" unter Bezug auf George Kennan forderte, und die Rede vor der Führungsakademie der Bundeswehr in Hamburg 1959, in der er sich mit der Bundeswehr und der militärischen Tradition auseinandersetzte. Kritische Briefschreiber erhielten zumeist den Abdruck des originalen Wortlauts der jeweiligen Rede, da Heuss ihnen unterstellte, sich auf verfälschende Wiedergaben in der Presse bezogen zu haben.

Zuschriften von Schülern nahm Heuss ernst, und auch sie beantwortete er gelegentlich persönlich: Ganz am Anfang seiner ersten Amtszeit gab er einer Schülerin aus Stuttgart recht, die gegen das angeordnete „Spalier-Stehen" beim Besuch des Bundespräsidenten in Stuttgart protestiert hatte.[64] Andere Schüler wollten Hilfe bei der Anfertigung ihrer Arbeiten,[65] baten um Besuchstermine aus Anlass ihrer Klassenfahrten nach Bonn[66] oder berichteten über Begebenheiten aus dem Unterricht[67] und aus ihrer Schule.[68] Auf die Kritik einer 14-jährigen Schülerin an der Heuss-Büste von Gerhard Marcks reagierte Heuss mit einer kurzen Erklärung.[69]

Einem Studenten, der ihn um Hilfe für seine Dissertation über das schwäbische „Schaffe, spare, Häusle baue" bat, teilte er mit, es sei ihm völlig unerfindlich, wie man aus diesem Thema eine Dissertation machen könne, verwies dann aber auf seine Biographie über Robert Bosch.[70] Einem Sportstudenten, der gebeten hatte, nationalistische Zitate des Turnvaters Jahn, über die er seine Examensarbeit schreiben wollte, zu kommentieren, bescheinigte er für diese Inanspruchnahme Naivität.[71]

Auch Lehrer gehörten zu den Verfassern von Zuschriften: Ein Oberstudiendirektor hatte das Pech, ihm den Aufsatz eines Schülers über Architektur zu sen-

---

[60] Vgl. Nr. 66, Nr. 80.
[61] Vgl. Nr. 126, Nr. 130.
[62] Vgl. Nr. 127, Nr. 131, Nr. 148, Nr. 164.
[63] Vgl. Nr. 177.
[64] Vgl. Nr. 3.
[65] Vgl. Nr. 178.
[66] Vgl. Nr. 24, 42.
[67] Vgl. Nr. 49, Nr. 82.
[68] Vgl. Nr. 27.
[69] Vgl. Nr. 74.
[70] Vgl. Nr. 191.
[71] Vgl. Nr. 73.

den, der auf einem vermeintlichen Heuss-Zitat beruhte, das er aber so nie gesagt hatte.[72] Ein anderer kritisierte, dass Thomas Mann auf der Stuttgarter Feier zu Schillers 200. Geburtstag sprechen solle.[73] Einem Oberstudiendirektor, der bei einem Besuch im Bundespräsidialamt von „Idealen sprach, die in den jungen Menschen zu erwecken" seien, und der von Heuss mit der Bemerkung „Das sind Sprüch" unterbrochen worden war, worüber eine Zeitung berichtet hatte, bekannte er, dass er geradezu darunter „leide, wenn man in einer Situation, die eigentlich nur durch eine improvisierte Lockerheit ihren Stil erhalten kann, mit dem Akzent des Pathos redet."[74] Die Autorität der Lehrerschaft könne unmöglich davon abhängen, ob das Staatsoberhaupt ein „steifes oder ein bewegliches Naturell habe." Solche und ähnliche Vorfälle, in denen Heuss eine steife Atmosphäre durch eine lockere Bemerkung aufzulösen versuchte, waren typisch für ihn und förderten seine Beliebtheit in weiten Kreisen der Bevölkerung, weil sie ihn authentisch und glaubwürdig erscheinen ließen.[75]

Einen Journalisten, der eine Reportage über Heuss im Weihnachtsurlaub bei seinem Sohn machen wollte, bat er nachdrücklich, davon abzulassen, weil er beanspruche, dass ein paar Tage im Jahr ihm persönlich gehören würden, und aus Reportagen über „Nichtereignisse" nur eine „ihm widerwärtige Verkitschung seiner Person" herauskomme.[76] Dieser Anspruch auf einen persönlichen Freiraum ließ ihn gelegentlich auch in Konflikte mit Fotografen geraten.[77]

Ein weiterer häufiger Gegenstand der Zuschriften war die Person Theodor Heuss und sein Amtsverständnis: Viele Bundesbürgerinnen und -bürger befassten sich mit seinem äußeren Erscheinungsbild in der Öffentlichkeit, seinem Redestil,[78] seiner Kleidung,[79] seinem starken Zigarren-Rauchen[80] und seinen Ernährungsgewohnheiten.[81]

In manchen seiner Antworten auf diese Zuschriften finden sich deutliche Hinweise auf sein Selbstverständnis als erster Präsident der jungen Bundesrepublik Deutschland. Er habe es als eine seiner Aufgaben betrachtet, „den Deutschen zu helfen, aus der Verkrampfung der nationalsozialistischen Zeit herauszukommen."[82] Dem fragwürdigen Kompliment, Heuss sei der einzige Politiker, dem man vertrauen könne, entgegnete er belehrend:

---

[72] Vgl. Nr. 174.
[73] Vgl. Nr. 146.
[74] Nr. 14 B.
[75] Vgl. weitere Beispiele in TH. HEUSS, Bundespräsident 1949–1954 sowie 1954–1959.
[76] Nr. 168.
[77] Vgl. Nr. 111.
[78] Vgl. Nr. 79, Nr. 119.
[79] Vgl. Nr. 175.
[80] Vgl. Nr. 70.
[81] Vgl. Nr. 109.
[82] Nr. 144 B.

„Sie haben mir damit gewiß eine Freude machen wollen, aber das ist Ihnen nun nicht geglückt. Denn ich kann darin leider nur eine Geste der Überheblichkeit sehen gegenüber dem ‚guten Willen‘, der nicht bei mir allein, wie Sie zuzugestehen bereit scheinen, vorhanden ist, sondern bei vielen, vielen Menschen in dem Kabinett, in den hohen Beamtungen usf.“[83]

Als eine Autobahnbrücke ohne sein Zutun nach ihm benannt wurde, schrieb er dem ihm bekannten Gottfried Leonhard, er sei gar kein Freund von Vorschusslorbeeren und bitte, wo immer es geht, von Zweckehrungen abzusehen. „Wir haben in der Hitlerzeit davon genug erlebt, und im übrigen kann man warten, bis ich gestorben bin, und vorher feststellen, ob ich mich vor der Geschichte blamiert habe oder nicht.“[84]

Als Ausdruck der besonderen Sympathie und der Zuneigung, die Heuss in der Bevölkerung genoss, sind die zahlreichen Sendungen zu betrachten, mit denen er Geschenke erhielt. Nur einige von vielen konnten in dieser Edition berücksichtigt werden: Aus München wurden Vasen geschickt, nachdem in der „Süddeutschen Zeitung“ in einem Artikel über das Palais Schaumburg von Säureflaschen, in denen Blumen standen, die Rede war.[85] Aus Heidelberg erhielt der Bundespräsident ein Gemälde mit dem Blick auf Handschuhsheim, wo das Ehepaar Heuss von 1943 bis zur Übersiedlung nach Stuttgart 1945 gewohnt hatte,[86] aus Berlin eine Wappenkerze,[87] von der Firma Staedler Materialien zum Zeichnen,[88] von einem Hamburger ein Feuerzeug,[89] aus Esslingen Sauerkraut-Dosen.[90] Anrührend mutet die Zuschrift eines Abtes an, der Heuss eine Flasche des Kräuterlikörs seiner Abtei übersandte in der Hoffnung, dass dieser im Bundespräsidialamt vielleicht eingeführt und damit die finanzielle Lage der kriegsgeschädigten Abtei verbessert werden könnte.[91] Dagegen erfuhr Ignatz Bubis eine harsche Reaktion wegen Medaillen, die er ohne Genehmigung durch Heuss oder das Bundespräsidialamt aus Anlass des 9. Jahrestags der Wahl zum Bundespräsidenten prägen und vertreiben ließ.[92] Als der Fachverband Strickerei und Wirkerei Nordrhein-Westfalen ihm 1956 einige „Spitzenerzeugnisse der derzeitigen deutschen Herrensockenproduktion“ übersandte, antwortete Heuss ironisch:

„Ich war etwas in Verlegenheit, ob ich sie annehmen dürfe, aber offenbar sind die Socken, die ich trage, nun nicht ganz dem entsprechend, was Sie für notwendig

---

[83] Nr. 61.
[84] Nr. 23, ähnlich auch in Nr. 94.
[85] Vgl. Nr. 38.
[86] Vgl. Nr. 68.
[87] Vgl. Nr. 84.
[88] Vgl. Nr. 91.
[89] Vgl. Nr. 102.
[90] Vgl. Nr. 107.
[91] Vgl. Nr. 22.
[92] Vgl. Nr. 184.

halten, damit ich meine Funktion als Bundesmannequin, wie ich mich einmal ausgedrückt habe, erfülle. Ich werde also bemüht sein, mich nach der Seite hin zu bessern, soweit es bei einem Mann meiner Artung möglich ist."[93]

Zahlreich waren die Zuschriften, mit denen er Bücher zu den unterschiedlichsten Themen erhielt, wie z. B. „Tod von Dresden",[94] die „Wirtschaftliche Geflügelzucht",[95] über Rheumatismus,[96] über die Edelstahlindustrie[97] oder das in den deutschen Oberschulen eingeführte Lehrbuch „Die deutsche Spracherziehung".[98] Bitten um Beiträge zu Buchprojekten,[99] um Förderung von Neuauflagen inzwischen vergessener Dichter wie etwa Cäsar Flaischlen[100] oder Wilhelm Schäfer[101] sowie um Vorworte und Geleitworte wurden in aller Regel abgelehnt. Pointiert meinte er gegen Ende seiner Amtszeit, er habe von Manuskripten von Romanen, Dramen oder Gedichten „in Notwehr" nichts gelesen und habe alles zurückgesandt mit der „schönen Formel", er sei weder „Bundeslektor" noch „Bundesdramaturg".[102] Auf das 60-strophige Gedicht eines Bergmannes, das ihn durch die Kraft seiner Sprache beeindruckte, reagierte er jedoch konstruktiv und vermittelte Kontakte zu kulturfördernden Institutionen.[103]

Heuss wurde als Bundespräsident zu zahlreichen Veranstaltungen aller Art, insbesondere zu Ausstellungen und Jubiläen eingeladen.[104] Typisch war die Antwort auf eine Einladung des Bürgermeisters der Stadt Riedlingen zur 700-Jahrfeier. Sie war mit der Bitte um ein Geleitwort für eine Festschrift verbunden: Es sei eine seiner Dauerbeschäftigungen, derlei Bitten abzulehnen, denn wenn er hier zusage und dort absage, gebe es irgendwo eine Verstimmung.[105] Bei anderer Gelegenheit bemerkte er in charakteristischer Weise: „Es ist ja so, daß die Deutschen jubiläumssüchtig sind, ihr Bundespräsident aber jubiläumsflüchtig. Dabei weiß ich, daß das von mir vermutlich falsch ist, aber man muß mich nehmen wie ich bin."[106] Die ihm angetragenen zahllosen Schirmherrschaften oder Protektorate, wie etwa eines Zithervereins aus Wuppertal-Langerfeld,[107] lehnte er mit wenigen Ausnahmen ab, weil in ihnen ein „Verschleiß des Amts" des Bundespräsidenten

---

[93] Heuss an Berckhoff, 24. 3. 1956, in: B 122, 166.
[94] Vgl. Nr. 60.
[95] Vgl. Nr. 62.
[96] Vgl. Nr. 138.
[97] Vgl. Nr. 198.
[98] Vgl. Nr. 80.
[99] Vgl. Nr. 142.
[100] Vgl. Nr. 93.
[101] Vgl. Nr. 141.
[102] Heuss an Ruth Albrecht, 17. 7. 1959, in: N 1221, 356.
[103] Vgl. Nr. 67.
[104] Vgl. Nr. 122, Nr. 163.
[105] Vgl. Nr. 18.
[106] Heuss an Emmi Welter, 27. 6. 1957, in: N 1221, 340.
[107] Vgl. Nr. 17.

enthalten sei.[108] In einer anderen Antwort meinte Heuss, er komme sich allmählich „fast wie eine lächerliche Figur vor, daß man überall den Bundespräsidenten als Schirmherrn haben will."[109]

Wenn angesichts der großen Menge an Schreiben, die Heuss verfasste, eine gewisse Kürze in der Beantwortung selbstverständlich war, so formulierte er doch in der Regel individuell und auf den Einzelfall abgestimmt. Gerne verknüpfte er seine Antwort mit eigenen persönlichen Erlebnissen und Erfahrungen. So berichtete er einem Oberstudiendirektor, der ihm ein Buch über „Mathematik für jedermann" übersandt hatte, von seinen Bemühungen, im Jahre 1943 auf dem Boschhof Mathematikunterricht zu geben, und über seine eigenen Erfahrungen als Schüler mit dem Fach Mathematik.[110] In einem Dankschreiben für ein Buch über „wirtschaftliche Geflügelzucht" erzählte er über seine Erfahrungen mit der „Geflügelprinzessin" auf dem Boschhof.[111]

Manche Schreiben an Heuss legten persönliche Probleme dar, etwa die fortdauernde Beschlagnahme des Eigenheims,[112] die Lebensverhältnisse einer Familie, oder enthielten Wünsche, die man durchaus als skurril bezeichnen könnte. So wurde Heuss beispielsweise ein Fingerring als Talisman übersandt,[113] eine evangelische Gemeindehelferin bat festzustellen, ob eine Novelle von Hermann Hesse nicht unter die Rubrik „Schmutz und Schund" gehöre.[114] Ein Schreiber, der politische Witze zugesandt hatte, bekam die Antwort, der Bundespräsident habe sie nicht für so bedeutend gehalten, dass sich der Brief gelohnt habe.[115] Ein Journalist bat um einen von Heuss genutzten Bleistift, ein Wunsch, den dieser als Zumutung empfand und dessen Erfüllung er verweigerte.[116] Ein weiterer Briefschreiber erbat eine Zeichnung von ihm.[117] Ein anderer bot ihm Fahrstunden an.[118]

Ausnahmsweise und dann unwillig wurden Wünsche nach Autogrammen gewährt.[119] Einem Petenten, der um die Signierung eines Buches bat, wurde gesagt, derlei Bitten, die Rückporto verlangten, sollten weder die Staats- noch Heuss' Privatkasse belasten.[120] Anfragen unbekannter Personen, einen Termin für eine

---

[108] Heuss an Paul Keim, 14. 3. 1958, in: N 1221, 346.
[109] Nr. 17, Anm. 6.
[110] Vgl. Nr. 58.
[111] Vgl. Nr. 62.
[112] Vgl. Nr. 5
[113] Vgl. Nr. 15.
[114] Vgl. Nr. 69.
[115] Vgl. Nr. 114.
[116] Vgl. Nr. 90.
[117] Vgl. Nr. 41.
[118] Vgl. Nr. 39.
[119] Vgl. Nr. 78, Nr. 103.
[120] Vgl. Heuss an Harry Schulze, 5. 9. 1959, in: B 122, 885.

Unterredung zu erhalten, wurden in der Regel abgeschlagen.[121] Audienzen zu geben lehnte Heuss für sich kategorisch ab, da er zu allgemeinen Unterhaltungen und einem Meinungs- oder Gefühlsaustausch nicht zur Verfügung stehe.[122] Persönliche Aussprachen kämen nur in Frage, wenn vorher eine präzise Mitteilung gemacht werde, was der Inhalt des Gesprächs sein solle, und geprüft worden sei, ob eine Besprechung mit ihm sinnvoll sei oder ob mit einem schriftlichen Rat gedient werden könne.[123]

Heuss blieb in seinen Antworten zumeist zwar verbindlich und freundlich, konnte aber bei ungerechtfertigten Vorwürfen oder wenn er sich angegriffen fühlte, grob reagieren. Kritikern und Verfassern so genannter „Schimpfbriefe"[124] warf er Pharisäertum vor[125] oder bezeichnete ihre Äußerungen deutlich als „albern".[126] Einem Pfarrer im Ruhestand aus Tübingen, der die leitenden Männer beider deutscher Staaten als „Kreaturen des Westens" bzw. des Ostens bezeichnet und einen Friedensvertrag für Gesamtdeutschland gefordert hatte, antwortete er, dieser Teil seines Briefes sei „eine anmaßende Unverschämtheit". Mit aller Schärfe müsse er sagen, „daß wir, die wir uns Tag und Nacht bemüht haben, dem deutschen Volk aus seiner Zerschlagenheit herauszuhelfen, uns auch nicht von einem Pfarrer im Ruhestand ‚Kreaturen des Westens' nennen lassen."[127]
Einem anderen Kritiker hielt er entgegen:

> „Sie haben da irgendwie verklemmte Empfindungen und sich vorgestellt, da ist ein alter Mann, dem man das einmal sagen muß, daß er nicht in selbstgenießender Zufriedenheit durch die Weltgeschichte wandert. Nein, mein Herr, dazu brauche ich nicht das Gesprudel Ihres Ressentiments, um die Dinge und um meine Aufgabe ernst zu nehmen. Ich kann nur dies spüren, daß Sie von meinem öffentlichen Wirken eine an Zeitungsberichte sich anlehnende banale Alltagsvorstellung haben, denn sonst müßten Sie ja wissen, daß keiner früher als ich gegen die Überheblichkeiten des sogenannten Wirtschaftswunders, gegen Verschwendung usf. geredet hat und den Deutschen eine unromantische Nüchternheit predigte. Dafür, daß sie mir in Teilen nicht folgten, kann ich nichts."[128]

Es geschehe ja öfters, dass Menschen das Bedürfnis hätten, diese oder diese Verstimmung an die Adresse des Bundespräsidenten los zu werden. Er halte solche Zuschriften, zumal wenn sie sich ins hysterische Schimpfen begäben, für eine

---

[121] Vgl. Nr. 16, Nr. 96.
[122] Vgl. Heuss an Irmgard Johannes, 19. 11. 1955, in: B 122, 161; Heuss an Karl Dammer, 29. 9. 1958, in: N 1221, 349.
[123] Vgl. Heuss an Frau E. M. Schmidt, 11. 5. 1954, in: B 122, 146.
[124] Nr. 200.
[125] Vgl. Nr. 59, Nr. 61.
[126] Nr. 53, Nr. 189, Nr. 193, Nr. 200.
[127] Nr. 203.
[128] Heuss an Hans-Otto Thörner, 24. 2. 1959, in: N 1221, 352.

überflüssige Stilübung.[129] Um eine lästig gewordene Korrespondenz über Querelen in einer Münchener Vorortwohnung zu beenden, formulierte Heuss: „Ich rechne mit Restbeständen kritischer Besinnung bei Ihnen, daß Sie einen überarbeiteten Mann und seine auch mit wichtigen Fragen überforderten Mitarbeiter mit solchem Zeug in Zukunft völlig verschonen."[130] „In Notwehr" schrieb er einer älteren Dame:

> „Es ist unhöflich, das einer alten Dame zu sagen, aber Ihren drei großen eng beschriebenen Seiten umfassenden langen Brief zu lesen, habe ich einfach als eine Überforderung, wenn nicht gar als einen Mißbrauch meiner höchst belasteten Arbeitszeit empfunden. Ich komme selten vor 1, ½ 2 Uhr ins Bett, weil ich ja nicht nur eine Unsumme überflüssiger Briefe erhalte, sondern auch von den amtlichen Dingen überlastet bleibe."[131]

Auf eine Zuschrift im Kontext der Auseinandersetzung mit Pastor Niemöller, dem er christlich eingekleidete Demagogie vorgeworfen hatte,[132] reagierte er gereizt; der Brief sei „eine auch durch totale Kenntnislosigkeit der Auseinandersetzung kaum entschuldbare Unverschämtheit." „Was Sie im einzelnen schreiben, läßt sich vielleicht mit Dummheit, vielleicht mit Bosheit erklären."[133] Als ihm jemand unterstellte, er habe sich selbst ja um den Wehrdienst gedrückt, ließ er antworten: „Er [der Bundespräsident] ist sich nicht ganz klar gewesen, ob er einfache Frechheit oder Dummheit bei Ihrem Schreiben anzunehmen hat."[134] Mit ätzender Ironie reagierte er auf eine nicht überlieferte Zuschrift, die ihn 1952 im Osterurlaub erreichte:

> „Der innere Sinn Ihres großen Briefes ist mir nicht deutlich geworden. War diese (nicht ganz leichte) Lektüre als eine Art von Ferienstrafarbeit gedacht, der ich mich nicht entziehen könne, da ich mich ganz ohne Hilfskräfte und vorher lesende Mitarbeiter hier befinde? Dann war das Ziel erreicht; die übrige Welt hat mir die Ruhe gegönnt. Ich las und las und dachte: Wann kommt es? Aber, es kam nicht, die übliche, nicht erfüllbare Bitte blieb aus. Dafür bin ich dankbar."[135]

Nicht zu übersehen ist, dass gelegentlich ein ziemlich belehrender und pädagogischer Ton seine Antworten durchzieht: Etwa, wenn er in seiner Antwort auf eine längere Zuschrift über die Stimmung in der Bevölkerung mit Klagen über die Preissteigerungen eine Strophe des Liedes „auf der Schwäb'schen Eisenbahn" korrigierte, die nicht ganz exakt zitiert worden war.[136] Einem Bonner Studenten,

---

[129] Vgl. Heuss an Franz Menken, 27. 8. 1953, in: B 122, 2148.
[130] Heuss an Friedel Fröschel-Ulmann, 3. 2. 1955, in: N 1221, 325.
[131] Heuss an Berta Schmidt-Bickelmann, 6. 11. 1957, in: B 122, 867.
[132] Nr. 196, Anm. 3
[133] Nr. 196.
[134] Nr. 132.
[135] Heuss an einen Herrn Schüler aus Müllheim, Eingang fehlt, 12. 4. 1952, in: B 122, 119.
[136] Vgl. Nr. 29.

der das Fernbleiben von Heuss in einem Fürbittegottesdienst für die Genfer Außenministerkonferenz im Jahr 1955 moniert hatte, empfahl er, es sei fruchtbarer, sich
„mit anderen Dingen [zu] beschäftigen, anstatt ihm Zensuren über die Verwendung seiner Arbeitszeit zu erteilen."[137] Einem anderen Kritiker antwortete er, das
Schimpfen auf die Parteien und auf die Kandidaten sei eine ewige Beschäftigung
von Menschen, die nicht wüssten oder nicht wissen wollten, welche ungeheure
Last auf den meisten der Abgeordneten ruhe. „Das Auf-den-Staat-Schimpfen und
gleichzeitig Nach-dem-Staat-Rufen ist ein Verfahren, in dem für Viele eine Art
von seelischer Ausflucht liegt."[138]

Doch kam in den Antworten nicht selten auch sein von der Öffentlichkeit geschätzter Humor und seine Liebe zur Ironie zum Ausdruck: So dankte er fast
schlitzohrig für eine Berliner Wappenkerze, die ihn immer an Berlin erinnern
solle, mit der Bemerkung, er wisse nicht recht, ob er sie „ihrer Funktion, zu
verbrennen, eigentlich zuführen darf."[139] Auf eine Beschwerde hin, Heuss habe
auf Klatschen und Zuwinken nicht reagiert, versprach er, beim nächsten Wieder-
sehen „die Sünde gut zu machen."[140] Ein Bürger, der ihm mit Genugtuung berichtete, dass er ihm so ähnlich sehe, dass er als Double immer wieder darauf
angesprochen werde,[141] erhielt als Antwort, man habe, da in der Registratur bereits 15 entsprechende Schreiben vorliegen, scherzhaft bereits an eine „Doubletten-Konferenz" gedacht. Einem Briefschreiber, der eine doppelsinnig gemeinte
Bemerkung von Heuss, Chuzpe sei ein „gutes deutsches Wort", nicht verstanden
hatte, klagte er, es sei doch seltsam, „wie wenig verbreitet der Sinn für Ironie bei
uns ist."[142] Einen Fotografen, der ihn in Frack mit Ordensschärpe portraitieren
wollte, beschied er, er wolle nicht für die Textilindustrie fotografiert werden und
würde sich wie ein „Pfingstochse" vorkommen, wenn er sich nur um der Deko-
ration willen so fotografieren lasse, wie er in meist unfrohem Entschluss bei
Diplomaten-Empfängen aussehen müsse.[143]

Besonders engagiert antwortete Heuss, wenn historisch-politische Themen
angesprochen wurden, etwa wenn es um die Korrektur von Geschichtsbildern
oder Wertungen historischer Personen oder Prozesse ging. Einer betagten Frau,
die ihm ausführlich über die „Wiedererweckung des germanischen Gedankens"
geschrieben hatte, antwortete er eingehend.[144] Auch unberechtigte Kritik an

---

[137] Nr. 152.
[138] Nr. 92.
[139] Nr. 84.
[140] Nr. 124.
[141] Vgl. Nr. 57.
[142] Nr. 194.
[143] Vgl. Nr. 76.
[144] Vgl. Nr. 116.

Reichspräsident Ebert wies er mehrfach inhaltlich argumentierend zurück.[145] Einem Oberstudienrat, der vor einem Machtmissbrauch durch Adenauer warnte, antwortete er ziemlich detailliert, u. a. mit der Aussage, zwischen dem Bundeskanzler und ihm bestehe bei unterschiedlicher Herkunft und Tönung ein menschliches Vertrauensverhältnis.[146]

Sofern der Verfasser einer Zuschrift nach Erhalt einer Antwort erneut schrieb, wurden diese Eingänge in der Regel ohne weitere Reaktion „zu den Akten" geschrieben. Einem Amtsbürgermeister, der erneut zur Feder gegriffen hatte, teilte Heuss mit:

> „Ihr eingehender Brief bestätigt mir den Rat mancher meiner Mitarbeiter, in der Beantwortung von Zuschriften zurückhaltender zu sein, was auch bei einem täglichen Eingang von Hunderten von Briefen technisch schon naheliegt. Ich habe denn nun auch keineswegs die Absicht und die Möglichkeit, mit ihnen eine Sachkorrespondenz über die Problematik der ‚Kunstgesetze' einzugehen."[147]

Zur Technik der Beantwortung der Zuschriften

Die Notwendigkeit, auf einen massenhaften Briefeingang zu reagieren, war für Heuss offensichtlich eine neue Erfahrung. Bereits am 19. Oktober 1949 klagte er, in diesen Wochen seien einige Tausend Briefe eingegangen, ohne dass genügend Hilfskräfte vorhanden seien.[148] Seiner vertrauten früheren Schreibkraft Charlotte Kaempffer teilte er im Februar 1950 mit, er sei aus dem

> „halb-idyllischen Betrieb in die büromäßige Massenfabrikation übergegangen. Es sind Tage vorgekommen, an denen ich drei Damen in Bewegung setzen mußte, damit wir nicht überhaupt in der Last ertrinken. Bott übt sich zwar und bewährt sich als Zerberus, aber er hat es bei einem täglichen Eingang von 500 Briefen, bei denen immer darauf geachtet werden muß, wo ein individueller Ansatz ist, nicht leicht, und Sie sehen daraus unsere Lage, die eine wahre Not ist."[149]

Bei allen Klagen über „jenen unendlichen Briefwechsel" nahm Heuss die Korrespondenz mit der Bevölkerung während seiner gesamten Amtszeit ernst. Schon um des „oft so redlichen Vertrauens willen" komme es ihm darauf an, die Zuschriften „nicht bloß kalt bürokratisch abzuwimmeln", schrieb er bei Gelegenheit an Toni Stolper.[150]

Heuss konnte als Bundespräsident mit ihm fremden Menschen verständlicherweise nicht über konkrete politische Probleme oder über Sachfragen in einen

---

[145] Vgl. Nr. 147, Nr. 200.
[146] Vgl. Nr. 158.
[147] Heuss an Heinrich Wessling, 20. 8. 1950, in: B 122, 55.
[148] Vgl. Heuss an Bruno von Beckerath, 19. 10. 1959, in: B 122, 5682.
[149] 11. 2. 1950, N 1221, 29.
[150] TH. HEUSS, Tagebuchbriefe, S. 42, 29. 6. 1955.

eingehenderen Briefwechsel treten – und diese Aussage war häufig bereits ein wesentlicher Teil vieler Antworten:

> „Die Situation ist aber doch so, daß ich, von der zeitlichen Überbeanspruchung abgesehen, gar nicht daran denken kann, mich über konkrete politische Fragen in einem persönlichen Briefwechsel mit ‚Unbekannt' zu äußern. Das müssen Sie doch selber einsehen, denn ein solches Verfahren könnte ja staatspolitisch schuldhaft sein, da ich nicht weiß, was mit Äußerungen von mir geschieht. [...] Ich glaube, Sie mißverstehen das Wesen der Demokratie, wenn Sie meinen, daß zu der Technik das Allerweltsgespräch gehört."[151]

Der Bundespräsident habe es in den letzten Jahren hunderte-, wenn nicht tausendemal ablehnen müssen, mit ihm unbekannten Menschen in einen tagespolitischen Briefwechsel einzutreten, schrieb er im September 1958.[152] Selbstverständlich konnte Heuss nicht alle Zuschriften selber lesen, obwohl das die Schreibenden natürlich erhofften, die generell im Vertrauen auf seine Person und nicht an ein abstraktes Amt schrieben. Einer Einsenderin erklärte er, es werde „eine kluge Auswahl getroffen, neben den sachlich notwendigen mir diejenigen vorzulegen, die mir Freude machen, und diejenigen, in denen die Verstimmtheit zum Ausdruck kommt, denn ich will nicht nur die guten Seiten sehen."[153] Schon früh und zunehmend stereotyp beklagte Heuss allerdings auch die Fülle der Zuschriften: „Der Urlaub neigt sich zum Ende. Wir haben es an sich sehr reizend getroffen. Aber zahllose Menschen hatten die Auffassung: jetzt hat der Heuss einmal Zeit und kann unsere Briefe lesen. Es war also eine ewige Quälerei."[154] Im Juli 1955 sprach er von der gefährlichen Legende, dass er alle Briefe lese und beantworte, denn es seien durchschnittlich täglich 300 bis 400 Stück.[155] Zu Feiertagen wie etwa Weihnachten und Neujahr pflegte der Briefeingang noch einmal zu wachsen, so dass Heuss gegen Ende seiner beiden Amtszeiten pointiert feststellte:

> „Überlegen Sie doch bitte einmal, daß ich zu Weihnachten und Neujahr tausende Zuschriften bekomme, die ich selber einfach nicht bewältigen kann. Ich habe schon vor Jahren einmal gesagt: Wer mir nicht schreibe, bei dem darf ich eine freundschaftliche Gesinnung voraussetzen. Ich befinde mich geradezu in Notwehr und halte es immer

---

[151] Heuss an Gerhard Pemppel, 7. 2. 1958, in: B 122, 868.

[152] Vgl. Heuss an Joachim Neumann, 3. 9. 1958, in: B 122, 873.

[153] Heuss an Gretel vom Hau, 27. 9. 1951, in: B 122, 5.

[154] Heuss an Margret Boveri, 28. 7. 1950, in: N 1221, 293.

[155] Vgl. Heuss an Hertha Gelpcke, 11. 7. 1955, in: B 122, 159. Bereits im Juli 1952 hatte Heuss von täglich 300–400 Briefen gesprochen; vgl. Heuss an Heinz Müller, 8. 7. 1952, in: B 122, 116. Im Januar 1953 sprach er von täglich 400–500 Briefen; vgl. Heuss an Richard Charmatz, 6. 1. 1953, in: N 1221, 308. Welchert beziffert den Briefeingang in seiner Biographie über Heuss, die 1953 erschien und für die er Hilfe vom BPrA erhielt, auf wöchentlich 5.000–6.000 Briefe; vgl. H.-H. WELCHERT, Theodor Heuss, S. 214.

für einen Freundschaftsakt, wenn man mir nicht an konventionellen Terminen schreibt."[156]

Der erste Chef des Bundespräsidialamtes, Staatssekretär Manfred Klaiber, berichtete in seinem Beitrag zur Festschrift Heuss, anfangs seien „gelegentlich persönliche Schreiben des Bundespräsidenten an unbekannte Briefschreiber" hinausgegangen, die dann damit „ihr Reklamebedürfnis befriedigten."[157] Heuss selber sprach bei Gelegenheit davon, dass seine Unterschrift „wiederholt mißbraucht wurde."[158] Als Konsequenz formulierte er daher zahlreiche Antworten auf Zuschriften aus der Bevölkerung im neutralen Stil unter der Verwendung von Formeln „der Herr Bundespräsident" oder „Dr. Heuss hat ..., läßt ..., dankt ..." und ließ dann Mitarbeiter des Bundespräsidialamtes die Ausfertigung an den Empfänger unterschreiben. Für die Empfänger dieser Antworten war nicht ersichtlich, dass sie ein von Heuss persönlich konzipiertes Schreiben erhalten hatten, denn das auf dem Entwurf vorhandene Diktatzeichen fehlte in den behändigten Ausfertigungen.

Von den hier abgedruckten 205 Antwortschreiben unterschrieb Heuss 97 persönlich. Mehr als die Hälfte der von ihm diktierten Antworten ließ er in der abzusendenden Ausfertigung von Mitarbeitern unterzeichnen. Zumeist unterzeichnete sein persönlicher Referent Hans Bott (92 Antworten); dessen Mitarbeiter Oberregierungsrat Horst Oberüber unterzeichnete zehnmal, Staatsekretär Manfred Klaiber zweimal, der Chef des Bundespräsidialamt, Karl Theodor Bleeck, Oberregierungsrat Hans-Ulrich Krantz und Regierungsdirektor Luitpold Werz je einmal. Ein Schreiben wurde vom Sekretariat gezeichnet. Mit diesem Verfahren verkehrte Heuss im Bundespräsidialamt letztlich das in der Bürokratie übliche System, dass die Mitarbeiter für den Chef die Entwürfe fertigen, die dieser unterzeichnet. Nur in sehr seltenen Ausnahmefällen ließ Heuss von ihm diktierte Schreiben vom „Sekretariat des Bundespräsidenten", gez. [Sekretärin] ausfertigen, wenn er nach Diktat verreiste,[159] oder er verfasste eine Antwort, die den Eindruck erweckte, dass seine Sekretärin sie formuliert hatte, nicht ohne sich zu entschuldigen, dass der Bundespräsident nicht persönlich schreiben könne.[160]

Nur eine von den 205 abgedruckten Antworten wurde von Bott entworfen und von Heuss lediglich unterzeichnet.[161] Dies passt zu seinem Verhalten beim Verfassen seiner Reden: Er lehnte es ja prinzipiell und konsequent ab, einen „ghostwriter" zu verwenden oder für seine Reden und sonstigen Beiträge Vorlagen Dritter zu nutzen. Im Alltag führte diese Camouflage mit der Unterschrift ge-

---

[156] Heuss an Willi Joseph, 11. 4. 1958, in: N 1221, 346.
[157] H. BOTT / H. LEINS, Begegnungen, S. 169.
[158] Heuss an Gerhard Eimer, 24. 7. 1959, in: N 1221, 356.
[159] Vgl. Heuss an Lucie Falkenberg, 16. 7. 1954, in: N 1221, 320.
[160] Vgl. Heuss an Margarete Behrens, 18. 5. 1954, in: B 122, 134.
[161] Nr. 40.

legentlich zu Verwicklungen. Es kam gar nicht so selten vor, dass ein Empfänger sich über eine Antwort beschwerte, die von Heuss stammte, aber von Bott oder einem Dritten unterzeichnet worden war. Heuss beantwortete derlei Beschwerden in der Regel mit dem Hinweis, dass das Schreiben inhaltlich mit ihm abgesprochen sei, gelegentlich gab er auch zu, dass es von ihm stamme.[162]

Heuss vertuschte seine Autorenschaft gelegentlich wohl auch, um sich detailliertere Antworten und weitere Korrespondenzen zu ersparen: So diktierte er in einem von Bott zu unterzeichnenden Schreiben an den ehemaligen Reichsminister Walter von Keudell, mit dem er für die Übersendung eines Vortrages dankte, der Bundespräsident bitte um Nachsicht, dass er nicht persönlich schreibe.[163] Ähnlich verfuhr er mit einer Antwort an die Schauspielerin Lil Dagover, indem er – von ihm selbst diktiert – sie um Nachsicht bat, dass der Bundespräsident nicht persönlich antworte, weil dieser gerade arbeitstechnisch außerordentlich überlastet sei.[164] Andererseits antwortete er bei Gelegenheit durchaus persönlich auf einen „braven Erzählbrief" von einem Berglehrling.[165]

Zahlreiche Zuschriften, für die andere Stellen zuständig waren, wurden entweder an diese weitergeleitet oder nur mit einem Formschreiben beantwortet, eine Reaktion, für die Heuss den Begriff der „büromäßigen Bearbeitung" verwendete. Erst als Heuss nach dem Ende seiner zweiten Amtszeit als Privatmann in Stuttgart erkennen musste, dass die Zuschriften mit Anliegen immer noch zu ihm strömten, entschloss er sich zu dem Verfahren, diese an die Absender mit einem Formschreiben zurückzusenden.[166] Briefe mit einem „individuellen" oder „persönlichen" Charakter – 1951 wurde dafür als Quote 10–15 % der Zuschriften genannt[167] – ließ sich Heuss vorlegen, und dabei wählte er dann diejenigen aus, die er persönlich beantworten wollte. Genauere Informationen, wie diese Auswahl erfolgte, ließen sich nicht ermitteln. Es ist aber aus An- und Unterstreichungen in den Zuschriften erkennbar und auch wahrscheinlich, dass eine Vorauswahl bereits in der Registratur und dann durch weitere Mitarbeiter, insbesondere seinen persönlichen Referenten Hans Bott, erfolgte.

Die Zuständigkeit für die „Eingaben" war in den Geschäftsverteilungsplänen des Bundespräsidialamtes ziemlich undeutlich benannt: Im vorläufigen Geschäftsverteilungsplan vom Oktober 1949 war Regierungsdirektor Werz zwar als für

---

[162] Vgl. Nr. 163. Vgl. auch Heuss an Joachim Theumert, 18. 3. 1959: „Der Brief, den Sie von Herrn Bott erhielten, ist von mir diktiert. Aus alter, nicht immer erwünschter Erfahrung habe ich es mir längst zum Gesetz machen müssen, Briefe an mir unbekannte Menschen nicht selber zu zeichnen." N 1221, 353.

[163] Vgl. 1. 8. 1953, in: B 122, 2090.

[164] Vgl. Nr. 121.

[165] Vgl. Nr. 139.

[166] Vgl. Formaschreiben, undatiert, in: N 1221, 385.

[167] Vgl. Die Neue Zeitung, Nr. 199, 25./26. 8. 1951, Artikel „Hochverehrter Bundespräsident ... Täglich flattern 300 Briefe ins Bundespräsidialamt."

die Beantwortung von Eingaben an den Bundespräsidenten zuständig aufgeführt worden, allerdings mit der erheblichen Einschränkung „außer bei Angelegenheiten, für die Ministerialrat Bott zuständig ist." Und unter dessen Aufgaben stand an erster Stelle: „Persönliche Angelegenheiten des Herrn Bundespräsidenten und von Frau Heuss."[168] Im Übrigen wurden die Zuschriften wohl den Referaten je nach Zuständigkeit zugeteilt. Im Geschäftsverteilungsplan vom 1. September 1954 waren Eingaben im Referat 1 (Ministerialdirigent Bott) und im Referat 4 (Oberregierungsrat Albert Einsiedler) als Aufgabe benannt.[169]

Es hat den Anschein, dass Heuss zumindest zeitweise diejenigen Briefe, die er persönlich beantworten wollte, durch ein handschriftliches „d", das wahrscheinlich mit „diktieren" aufzulösen ist, kennzeichnete. Immer dann, wenn ein Einsender in seinem Anschreiben Zweifel äußerte, ob seine Zuschrift überhaupt dem Bundespräsidenten vorgelegt und von ihm gelesen werde, erhöhte dies offensichtlich die Chance, eine persönliche Antwort zu erhalten.[170]

Einem Studenten, der „nur" eine Antwort von Bott erhalten hatte und sich auf das Grundgesetz berief, dass alle an Heuss adressierten Schreiben ihm auch vorzulegen seien, beschied er: „Es ist geradezu lächerlich zu meinen, daß das Grundgesetz mich und meine Mitarbeiter verpflichtet, alle Briefe, die an mich gerichtet werden, zu lesen. Da könnte ich von morgens 4 Uhr bis nachts damit ausgefüllt sein, da täglich Hunderte von Briefen an mich gerichtet werden."[171]

Als ein Pastor a. D. nach Erhalt einer Antwort, die von Bott gezeichnet worden war, über seine erneute Zuschrift notierte „Nicht über Persönlicher Referent", bescheinigte Heuss ihm eine „offenkundige Naivität". Diese Bemerkung sei eine sachlich wie persönlich völlig ungerechtfertigte Kritik an der Antwort, die völlig seinen Intentionen entsprochen habe. Er lasse sich auch von niemandem vorschreiben, wem er antworte und was er antworte, und den Rahmen seiner Pflichten pflege er nach seiner eigenen Verantwortung und nicht nach den Wunschvorstellungen von Briefschreibern zu bestimmen.[172]

Heuss beschäftigte zunächst zwei Schreibkräfte, denen er die Briefe diktierte, auch weit über deren offiziellen Arbeitszeiten hinaus. Aus dem Diktatzeichen auf den Entwürfen ist jeweils erkennbar, welcher Schreibkraft er einen Antwortbrief diktierte. Der Bonner Journalist Walter Henkels berichtete bereits am 15. März 1950 im „General-Anzeiger", es gebe kaum einen Abend, an dem Heuss nicht seinen beiden Sekretärinnen bis 23 oder 24 Uhr diktiere.[173] Die „normale"

---

[168] N 1221, 591.

[169] B 122, 2111.

[170] Vgl. Nr. 21, ähnlich Nr. 92.

[171] Nr. 96.

[172] Vgl. Heuss an Hermann Krafft, 19. 6. 1957, in: N 1221, 340.

[173] Vgl. Ausschnitt in: B 145, 16288.

Arbeitszeit betrug im Bundespräsidialamt noch im Herbst 1956 von Montag bis Freitag 8 bis 17.30 Uhr, Samstag 8 bis 13.30 Uhr.[174]

Die Sekretärinnen von Heuss arbeiteten in der Regel langfristig mit ihm zusammen. Schon in Berlin und in Stuttgart hatte er mit Kaempffer eine ihm und seiner Frau seit 1928 sehr vertraute langjährige Mitarbeiterin, die auch gelegentlich in Bonn noch zu Ordnungsarbeiten an seinen persönlichen Papieren herangezogen wurde und auch beim Schreiben umfangreicherer Manuskripte immer wieder aushalf. Im Bundespräsidialamt war zunächst (1949–15. August 1951) Annegret Herrmann, verheiratete Jetter, Chefsekretärin (Diktatzeichen „Hr"; sie schrieb 26 der hier publizierten Antworten). Anneliese Bockmann (Diktatzeichen „Bk"; sie schrieb 50 der hier publizierten Antworten) führte zunächst das Sekretariat von Elly Heuss-Knapp und übernahm nach deren Tod die Stelle im Vorzimmer von Heuss. Sie wechselte nach Ernennung zur Regierungsinspektorin in das Aufgabengebiet Ehrengabenbeschaffung sowie Jubiläen, kehrte aber später in das Vorzimmer von Heuss bis zum Ende der zweiten Amtszeit vertretungsweise zurück. Sie hatte vor dem Zweiten Weltkrieg in der Deutschen Botschaft London und danach im Vorzimmer des Leiters der Politischen Abteilung im Auswärtigen Amt gearbeitet, hatte also Erfahrungen in der Ministerialbürokratie. Von 1949 bis 1955 war Hannelore Schach (Diktatzeichen „Sch"; sie schrieb 54 der hier publizierten Antworten) Sekretärin im Bundespräsidialamt und für Heuss tätig.[175] Auch die Sekretärin Ilse Ackermann (Diktatzeichen „A"; sie schrieb 15 der hier publizierten Antworten 1955–1958) schätzte Heuss offensichtlich.[176] Wanda von Malottki (Diktatzeichen „vM"; sie schrieb 23 der hier publizierten Antworten) war von 1955 bis 1958 „zweite Sekretärin".[177] Wenige Entwürfe gehen auf andere Schreibkräfte zurück, die vermutlich nur vertretungsweise eingesetzt wurden.

Die Kontinuität und hohe Kompetenz seiner Sekretärinnen war sicher eine Voraussetzung dafür, dass Heuss darauf verzichten konnte, von seinen Diktaten zunächst einen Entwurf fertigen und vorlegen zu lassen, den er dann korrigierte und von dem dann eine Reinschrift hergestellt wurde. Dieses in der Bürokratie allgemein übliche Verfahren wurde im Bundespräsidialamt nicht angewendet. Vielmehr ließ Heuss von seinen Diktaten gleich eine Reinschrift für den Empfänger des Schreibens mit Durchschlägen zu erstellen, von denen dann ein Durch-

---

[174] Jeder 2. Samstag war dienstfrei, die Mittagspause betrug 30 Minuten; Hausanordnung Nr. 6/56 vom 24. 9. 1956, in: B 122, 188a.

[175] Heuss dankte ihr, als sie 1955 nach Ludwigsburg zog, auf einer Weihnachtsfeier des BPrA für ihre Mühen, ihn zu erziehen, wenn er „zu grob oder zu intellektuell diktierte." Th. Heuss, Tagebuchbriefe, S. 116, 14. 12. 1955.

[176] Heuss nahm an ihrer Hochzeit teil und bezeichnete sie am 27. 7. 1959 gegenüber Toni Stolper als einen „reizenden Menschen"; N 1186, 125.

[177] Auch an ihrer Hochzeit nahm Heuss teil.

schlag als Entwurf für die Akten des Amtes verwendet wurde. Dieses unbürokratische und effiziente Verfahren galt auch für die Mitarbeiter des Bundespräsidialamtes, die ihm grundsätzlich nicht nur Entwürfe, sondern gleich auch die „Reinschrift" vorzulegen hatten. Noch im Nachhinein erfüllte es Heuss mit Genugtuung, dieses Verfahren eingeführt zu haben.[178]

Heuss selbst war ohnehin alles andere als ein durch bürokratische Traditionen geprägter Bundespräsident. Offensichtlich nutzte er auch nicht die im Bundespräsidialamt vorhandenen Akten zur Beantwortung von Zuschriften. Bezogen sich Briefschreiber auf frühere Zuschriften, wurde das von der Registratur lediglich vermerkt. Die Aktenvorgänge wurden Heuss zur Beantwortung der neuen Zuschrift aber offensichtlich nicht beigefügt.

Wenn er überhaupt Kenntnisnahmen paraphierte, so pflegte er seine Paraphen grundsätzlich nicht zu datieren; die in den Ministerien übliche Festlegung für die Verwendung von Farbstiften für geschäftstechnische Bemerkungen wurde im Bundespräsidialamt nicht angewendet. Immerhin wurde bereits seit Oktober 1949 ein Eingangsstempel verwendet. Die Absendevermerke wurden im Verlaufe des Jahres 1950 zunehmend mit Hilfe eines Stempels gefertigt, und fast alle Entwürfe erhielten die Schlussverfügung „Z[u] d[en] A[kten]".

Sein Staatssekretär Klaiber attestierte Heuss, er verlange auch von seinen Mitarbeitern „eine möglichst unbürokratische Erledigung der Dienstgeschäfte."[179] Gegenüber Toni Stolper bezeichnete er sich kokettierend als „Routinier der Unordnung".[180] Offensichtlich mit Vergnügen verstieß Heuss gelegentlich auch gegen diplomatische Gepflogenheiten: Am Beginn seiner Amtszeit versandte Heuss persönlich aus Gründen der Portoersparnis einen Sonderdruck an den österreichischen Bundespräsidenten Theodor Körner per Drucksache, also ohne Anschreiben, wohingegen dann der österreichische Botschafter um eine kurze Audienz bat, um formvollendet und feierlich den Dank abzustatten.[181]

Heuss benutzte für seine Schreiben in der Regel schwach gelb eingefärbtes Zanders-Bütten-Papier mit Wasserzeichen und Büttenrand; im Briefkopf war links in kleinen Lettern gedruckt „Theodor Heuss" und rechts „Bonn, Koblenzer Straße 135", die Anschrift des Bundespräsidialamtes bzw. der Villa Hammerschmidt. Auf dem Umschlag war als Absender auf der Rückseite aufgedruckt

---

[178] Heuss an Toni Stolper nach einem Besuch in der Villa Hammerschmidt nach dem Ende seiner zweiten Amtszeit: „Ich hatte ja eingeführt, daß im Unterschied zum durchschnittlichen Ministerialbetrieb überhaupt nie Entwürfe vorgelegt, wie für den Kram der staatlichen Gratulationen u. s. f., sondern verlangt, daß die Sache fertig vorgelegt würde und unterschrieben, wenn stilistisch in Ordnung. Argumentation: Arbeitszeit wichtiger als Papier. Auch psychologisch ermunternder." TH. HEUSS, Tagebuchbriefe, S. 468, 24. 1. 1960.

[179] H. BOTT / H. LEINS, Begegnungen, S. 170.

[180] TH. HEUSS, Tagebuchbriefe, S. 263, 29. 9. 1957.

[181] H. BOTT / H. LEINS, Begegnungen, S. 167–172. Heuss nahm diese Geschichte auch in seine Anekdotensammlung auf; vgl. H. FRIELINGHAUS-HEUSS, Heuss-Anekdoten, S. 29.

„Theodor Heuss, Bonn, Koblenzer Straße 135". Briefpapier mit dem Aufdruck „Der Bundespräsident der Bundesrepublik Deutschland" wurde für die Beantwortung von Zuschriften aus der Bevölkerung nicht verwendet;[182] es blieb offiziellen Schreiben vorbehalten.

Briefköpfe wurden in dieser Edition im Rahmen der formalen Beschreibung in den Dokumentenköpfen nur erwähnt, wenn sie von der eben beschriebenen Form abweichen. Für die von Bott und anderen Mitarbeitern des Präsidialamtes unterzeichneten Antworten wurde ein Briefpapier mit dem Aufdruck „Bundespräsidialamt" verwendet – ein Design von bewusst vornehmer Schlichtheit.

Technisch erleichtert wurde die Beantwortung der umfangreichen Korrespondenz durch die Anschaffung eines Tonbandes. Im August 1951 wurden damit erste Tests gemacht,[183] die offensichtlich erfolgreich ausfielen. Mit der neuen Technik eines Diktiergerätes war es Heuss möglich, unabhängig vom Dienstschluss der Schreibkräfte in die Nacht, ja bis in die frühen Morgen hinein zu diktieren. Seinen Umgang mit dem Tonband – vom Amt „Minna" getauft – thematisierte Heuss nicht selten in seiner Korrespondenz: „Es ist 1 Uhr nachts und die Diktiermaschine möchte auch einmal zum Schlafen kommen."[184] In einer anderen Antwort hieß es: „Die Antwort erfolgt technifiziert, wie ich nun in der Zwischenzeit geworden bin, und zwar diktiere ich sie, auch nachts 12 Uhr, in ein Diktaphon. So kommt man herunter, wenn man zu viel zu arbeiten hat!"[185] Heuss beschrieb diese nächtlichen Stunden gegenüber einem Arzt, der ihm eine „sozialärztliche Betrachtung über das Trinken und Rauchen" geschickt hatte: „Das sind dann die Stunden, in denen ich am Abend bis spät in die Nacht eine halbe Flasche, manchmal auch eine ganze Flasche Wein trinke und eine Zigarre und eine Zigarre und noch eine rauche."[186]

Die mit dem Diktiergerät erreichte zeitliche Flexibilität beim Diktieren von Briefen wurde offenbar als so effektiv eingeschätzt, dass Bott sich im Februar 1956 bei Max Grundig, dem Inhaber der Firma Grundig-Radiowerk GmbH, nach einem leistungsfähigen Diktiergerät für den Dienstwagen des Bundespräsidenten erkundigte.[187] Um längere Fahrzeiten für die Bearbeitung von Korrespondenz zu nutzen, wurden Sekretärinnen nach Urlauben von Heuss bei seinem Sohn in Lörrach dorthin geschickt, um während der Bahnrückreise bereits Post beantworten zu können. So konnte Heuss seinem Sohn nach seiner Rückkehr nach Bonn mitteilen: „Unterwegs sind wir kolossal fleißig gewesen und haben

---

[182] Ausnahme vgl. Nr. 88 B.
[183] Vgl. Heuss an Ernst Ludwig Heuss, 3. 8. 1951, in: N 1221, 298.
[184] Heuss an Moritz Julius Bonn, 16. 12. 1954, in: N 1221, 323.
[185] Heuss an Emma Goering, 31. 3. 1955, in: B 122, 156.
[186] Vgl. Nr. 70, Anm. 3.
[187] Vgl. 8. 2. 1956, in: B 122, 181. Über das Ergebnis der Anfrage ließen sich keine Unterlagen ermitteln.

Fräulein Schach und Fräulein Bockmann die Mehrzahl der Briefe wegdiktiert, am Abend aber auch gleich die ‚Minna' vollbesprochen, und ein unerhörter Stapel liegt auch jetzt noch da."[188] Ähnlich wurde zum Jahresanfang 1954 verfahren. Er habe „auf der Rückfahrt Stunden um Stunden diktiert, um hier neue Stöße von Briefen, die man mir zur Schonung nicht nachgesandt hatte, anzutreffen", berichtete er Toni Stolper.[189] Selbst beim Modell-Sitzen für Künstler pflegte Heuss zu diktieren.[190] Nach der USA-Reise von Heuss wurde eine Sekretärin sogar nach New York geflogen, damit er während der Rückreise nach Bremerhaven vom 23. Juni bis 3. Juli 1958 auf dem Ozeandampfer Korrespondenz erledigen konnte.[191]

Waren ausnahmsweise weder Sekretärinnen noch Diktiergeräte zur Hand, pflegte Heuss auch handschriftliche Entwürfe, zum Teil in seiner Stenografie, zu verfertigen. In diesen seltenen Fällen vermerkte die Sekretärin „Diktat nach stenografischen Notizen des Bundespräsidenten".[192] Briefe, die an den Empfänger aus Gründen der Höflichkeit in handschriftlicher Form abgingen, wurden in der Regel noch einmal abgeschrieben, um sie zu den Akten nehmen zu können.[193] Erst gegen Ende seiner zweiten Amtszeit wurde dafür gelegentlich die Technik des Fotokopierens verwendet.

Es ist offensichtlich, dass Heuss das Abarbeiten von Korrespondenz zwar einerseits als arge Belastung empfand – seine Klagen über die Briefberge nach der Rückkehr von Reisen sind die Regel –, aber doch darin auch eine gleichsam sportliche und geistige Herausforderung sah. Am 21. November 1955 schrieb er an Toni Stolper, nachdem er ihr von einer „pädagogisch deutlichen" Antwort an einen Briefschreiber berichtet hatte,[194] man lege ihm Briefe aus der Bevölkerung „in Auswahl vor, um mich zum ‚gib ihm' zu ermuntern. Das hält frisch."[195] Ohne die für Heuss typische Freude am Formulieren hätte er sich die Mühe, die Berge an Korrespondenz mit der Bevölkerung regelmäßig im persönlichen Einsatz mit abzutragen, wohl nicht gemacht, denn derlei gehört nicht zu den Kernaufgaben eines Bundespräsidenten.

Die von Heuss insgesamt an einem Tag verfertigten Schreiben lassen sich anhand der im Nachlass befindlichen technischen Ausgangsserie aller seiner Schreiben als Bundespräsident grob feststellen und zählen. Dabei handelt es sich allerdings um Zahlen seiner gesamten Briefproduktion und nicht nur um die Be-

---

[188] Heuss an Ernst Ludwig Heuss, 4. 1. 1953, in: N 1221, 308.
[189] Heuss an Toni Stolper, 5. 1. 1954, in: N 1221, 314.
[190] Vgl. Heuss an Toni Stolper, 19. 3. 1952, in: N 1221, 302.
[191] Vgl. Heuss an Oscar Meyer, 7. 7. 1958, in: N 1221, 348.
[192] Vgl. Heuss an E. Kühn-Leitz, 19. 12. 1958, N 1221, 350.
[193] Heuss an Erich Ollenhauer, 24. 12. 1958, N 1221, 350.
[194] Dabei handelt es sich um Nr. 156.
[195] TH. HEUSS, Tagebuchbriefe, S. 98, 21. 1. 1955.

antwortung von Zuschriften aus der Bevölkerung. Geschätzt sind es etwa 50.000 Schreiben, die Heuss als Bundespräsident verfertigt hat.[196]

Anhand einiger Beispielmonate seien konkret Zahlen angeführt; der Monat Februar wurde gewählt, weil Heuss in diesem Monat in der Regel nicht verreiste; andererseits verzerren die Danksagungen für Geburtstagsglückwünsche[197] etwas das Bild:

Februar 1950: 229 Schreiben an 24 Tagen, Durchschnitt: 9,5 Schreiben pro Tag;
Februar 1952: 241 Schreiben an 28 Tagen, Durchschnitt: 8,6 Schreiben pro Tag;
Februar 1954: 926 Schreiben an 26 Tagen, Durchschnitt: 35 Schreiben pro Tag;[198]
Februar 1956: 325 Schreiben an 27 Tagen, Durchschnitt:12 Schreiben pro Tag;
Februar 1958: 371 Schreiben an 27 Tagen, Durchschnitt:14 Schreiben pro Tag.

Heuss beantwortete Schreiben in der Regel äußerst schnell, und er drängte auch die Mitarbeiter des Bundespräsidialamtes, die Zuschriften prompt zu bearbeiten.[199] Er thematisierte die Schnelligkeit, mit der er zu antworten pflegte, mehrfach in ähnlicher Argumentation und Diktion gegenüber seinen Korrespondenzpartnern: „Die rasche Beantwortung von Briefen, die, wie ich weiß, für viele Menschen eine ermunternde Verlegenheit darstellt, ist keineswegs das Resultat einer spezifischen Höflichkeit, sondern eine ganz banale Schutzmaßnahme, damit die Papierhalden nicht anwachsen. Wenn ich etwas nicht gleich erledige, verschwindet es auf den Wanderwegen zwischen Bott, Vorzimmer und meiner urtümlich angeborenen Unordnung."[200] Von einigen Ausreißern abgesehen, deren Beantwortung sich hinauszögerte, wurden die Zuschriften der Bevölkerung, sofern sie Heuss selbst bearbeitete, im Durchschnitt nach etwa acht Tagen beantwortet; ein Schnitt, der über die Jahre hin ziemlich gleich blieb.

Zur Überlieferungslage

Trotz der insgesamt dichten Überlieferungslage in den Akten des Bundespräsidialamtes und in dem Nachlass Heuss lässt sich nicht präzise sagen, wie viele Zuschriften aus der Bevölkerung der Bundespräsident erhielt.

Unterlagen, die sich allerdings auf den gesamten Posteingang des Bundespräsidialamt beziehen, liegen für die ersten Jahre vor: 1950: 70.691, 1951: 75.693,

---

[196] Vgl. E. W. BECKER, Haus, S. 229.
[197] Heuss hatte am 31. Januar Geburtstag.
[198] Der statistische Ausreißer erklärt sich aus den Dankschreiben für die Glückwünsche zum 70. Geburtstag.
[199] Vgl. H. BOTT / H. LEINS, Begegnungen, S. 170.
[200] Heuss an Ulla Galm, 12. 5. 1958, in: N 1221, 134; ähnlich an Boveri, 10. 8. 1955, in: N 1221, 328 und Dorothea Lessing, 27. 5. 1956, in: N 1221, 335.

1952: 77.576, 1953: 80.066 Eingänge.[201] Ein einmaliger und herausragender „postalischer Höhepunkt" wurde der 70. Geburtstag von Heuss am 31. Januar 1954 mit 30.000–35.000 Sendungen. Heuss wurden davon nur etwa drei Prozent vorgelegt, was aber immer noch die hohe Zahl von 1.050 Glückwünschen ausmacht.[202] Ironisch sprach er in diesem Zusammenhang von der „Last der Liebe", die er abzutragen habe, wobei „Jedermann, Christ und Jude" gehalten sei, mit ihm Mitleid zu haben.[203] Bei solchen Anlässen wurde verständlicherweise in der Masse mit einem vorgedruckten Formular gedankt.

Die Registraturkräfte im Bundespräsidialamt wussten zu Beginn der Arbeit des Amtes offensichtlich nicht recht, wie sie die Flut von Zuschriften ordnen sollten; manche Korrespondenz aus den ersten Tagen der Amtszeit von Heuss gelangte in die Korrespondenzserien des Nachlasses. In den Akten des Bundespräsidialamtes setzte sich jedoch folgendes Ordnungsprinzip durch: Die Zuschriften aus der Bevölkerung wurden, sofern sie nicht nach Sache und Inhalt einem Sachgebiet des Aktenplanes zuzuordnen waren, von der Registratur des Bundespräsidialamtes in einer Serie „Einzeleingaben allgemeiner Art" erfasst, die zunächst jahrgangsweise nach Alphabet der Einsender und Orte, ab 1955 ebenso jahrgangsweise nach Tagebuchnummern geordnet wurden. Weitere Zuschriften, wie Glückwünsche zu Geburtstagen, zu Weihnachten, zum Neuen Jahr usw. wurden als „Sonderakten" außerhalb des Aktenplans formiert. Diese „allgemeinen Eingaben" und „Sonderakten" waren so zahlreich, dass die meisten mit Zustimmung des Bundesarchivs bereits im Amt vernichtet wurde und nur diejenigen herausgesucht und an das Bundesarchiv abgegeben wurden, die vom Bundespräsidenten persönlich bearbeitet wurden, soweit dies aus dem Diktatzeichen erkennbar war. Statistische Auswertungen über die Zuschriften und ihren Inhalt wurden vom Bundespräsidialamt nicht angefertigt. Von daher lässt sich auch nicht mehr erschließen, wie viele Zuschriften es zu bestimmten Themen einmal gegeben hat.

Die im Bundespräsidialamt im Nachhinein durchgeführte Auswahl der von Heuss bearbeiteten Zuschriften ergab 103 Akteneinheiten „Einzeleingaben allgemeine Art" und 51 „Sonderakten". Dass bei der Selektion der Zuschriften und bei ihrer Formierung zu Akten gelegentlich offensichtliche Irrtümer und Fehler passierten, ist nicht weiter verwunderlich.

Neben den oben genannten Akten wurde im Bundespräsidialamt im laufenden Geschäft eine technische Serie aller von Heuss verfertigten Schreiben erstellt, indem die Sekretärinnen ab Dezember 1949 jeweils einen überzähligen Durch-

---

[201] Vgl. B 122, 2139.
[202] Vgl. Heuss an Bruno Gahler, 1. 10. 1958, in: N 1221, 349; bei anderer Gelegenheit sprach Heuss von 30.000 Sendungen; Heuss an Wilhelm Heile, 6. 3. 1959, in: N 1221, 353.
[203] Vgl. Heuss an Karl Marx, 25. 2. 1954, in: B 122, 134.

schlag herstellten; diese Durchschläge wurden dann chronologisch geordnet. Sie befinden sich in einem Umfang von 69 Bänden im Nachlass Heuss, und sie geben weitgehend Aufschluss über die gesamte persönliche Briefproduktion von Heuss während seiner Amtszeit als Bundespräsident.[204] Freilich sind auch dort gelegentlich Lücken erkennbar: Beispielsweise sind die Schreiben, die während der Rückfahrt aus den USA auf dem Dampfer „Berlin" in den Tagen vom 23. Juni bis 3. Juli 1958 diktiert wurden, dort nicht enthalten; gelegentlich wurden versehentlich auch Durchschläge von Schreiben von Bott mit abgeheftet;[205] hin und wieder wurde aber auch offensichtlich versäumt, diese chronologische Ablage mit einer Durchschrift zu versehen, oder es wurden mehrere Durchschläge zugefügt. Die Durchschriften aus dieser Serie wurden in der Beschreibung der hier abgedruckten Dokumente als „weiterer Nachweis" erwähnt; als Vorlage für den Abdruck wurden sie nicht gewählt, weil die bürokratischen Bearbeitungsvermerke wie Kenntnisnahmen, Absendeverfügung und dergleichen auf ihnen zumeist fehlen.

Für die Kommentierung wurden insbesondere die reichhaltigen Akten des Bundespräsidialamtes und des Nachlasses Heuss im Bundesarchiv herangezogen.[206] Für die Zeit ab Mai 1955 war die vorliegende Edition der Tagebuchbriefe an Toni Stolper[207] eine ergiebige Fundgrube.

Dank

Dieser Band ist Teil des Editionsprojektes „Theodor Heuss. Stuttgarter Ausgabe" der Stiftung Bundespräsident-Theodor-Heuss-Haus (Stuttgart). Für die fortwährende Unterstützung und wohlwollende Begleitung ist dem Kuratorium der Stiftung unter dem Vorsitz von Lord Ralf Dahrendorf (†), seit 2007 von Dr. Wolfgang Gerhardt MdB, dem Vorstand unter dem Vorsitz von Bürgermeisterin Gabriele Müller-Trimbusch sowie dem wissenschaftlichen Beirat unter dem Vorsitz von Prof. Dr. Dieter Langewiesche, seit 2007 von Prof. Dr. Andreas Wirsching zu danken. Der Geschäftsführer der Stiftung, Dr. Thomas Hertfelder, hat regen Anteil an dem Projekt genommen und stand den Bearbeitern stets sachkundig zur Seite. Besonderer Dank gilt Dr. Ernst Wolfgang Becker, dem wissenschaftlichen Leiter des Editionsprojektes, der bereits wesentliche Vorarbeiten im Hinblick auf die Gesamtkonzeption geleistet hatte, als die Bearbeiter der Einzelbände zum Projekt stießen, mich immer engagiert unterstützte, das Gesamtmanuskript durcharbeitete, Lücken in der Kommentierung schloss und den Text formal vereinheitlichte.

---

[204] N 1221, 290–358.
[205] N 1221, 300.
[206] Bestände B 122 und N 1221.
[207] TH. HEUSS, Tagebuchbriefe.

Dem Editionsbeirat gebührt großer Dank. In diesem Gremium haben Prof. Dr. Wolfgang Hardtwig, Dr. Hans Peter Mensing, Prof. Dr. Angelika Schaser und Prof. Dr. Andreas Wirsching auf zahlreichen Sitzungen mit der Editionsleitung, der Geschäftsführung und den Bearbeitern das Gesamtprojekt „Stuttgarter Ausgabe" konstruktiv begleitet und einen wichtigen Beitrag bei der Formulierung von Editionsrichtlinien geleistet. Dankbar bin ich vor allem Prof. Dr. Angelika Schaser, welche den vorliegenden Band begutachtet hat. Besonders hilfreich bei der Kommentierung waren die bislang bereits erschienenen Briefbände der Edition von Dr. Frieder Günther, Dr. Michael Dorrmann, Dr. Elke Seefried und Dr. Ernst Wolfgang Becker.

Verbunden bin ich für vielerlei Rat und konkrete Hilfe Martin Vogt, der diesen Band kritisch begleitet hat und mit dem ich gemeinsam die beiden regulären Briefbände der ersten und zweiten Amtszeit Heuss parallel bearbeitet habe. Florian Burkhardt danke ich für redaktionelle Arbeiten am Text und die Unterstützung bei der Erstellung des Personenregisters. Bei der Danksagung sollten die Mitarbeiter im Benutzersaal des Bundesarchivs nicht vergessen werden, welche die zahlreichen durchsehenden Archivalien herbeischafften.

Und schließlich geht mein Dank an den Verleger Prof. Dr. h.c. mult. Klaus G. Saur und seinen Nachfolger in der Geschäftsführung des Verlages De Gruyter, Dr. Sven Fund, sowie an dessen Mitarbeiterinnen und Mitarbeiter, vor allem an Andreas Brandmair, Dr. Julia Brauch, Barbara Fischer und Manfred Link, für die sorgfältige Betreuung des Bandes. Dr. Rainer Ostermann danke ich für die umsichtigen Satzarbeiten.

Besonderer Dank gilt aber meiner Frau, Kristine Werner, die im November 2007, als diese Edition bereits sehr weit gediehen war, plötzlich und unerwartet verstarb. Sie hat mich über Jahrzehnte bei allen meinen Editionsarbeiten und auch bei dieser als kritische Gesprächs- und Diskussionspartnerin begleitet, mein Engagement stets wohlwollend ertragen und mich immer wieder ermutigt. Ihrem Gedenken sei diese Arbeit gewidmet.

Zur Edition

Die Stiftung Bundespräsident-Theodor-Heuss-Haus hat gemeinsam mit dem Editionsbeirat und den Bearbeitern der Einzelbände detaillierte Editionsrichtlinien vereinbart, die den wissenschaftlichen Standard und die Einheitlichkeit der Edition gewährleisten sollen. Im Folgenden werden nur die Aspekte erwähnt, die für die Lektüre der Briefe von Bedeutung sind.

Die Edition der Briefe von Theodor Heuss kann auf folgende Bestände zurückgreifen. Einem Wunsch von Heuss folgend, erhielt das Bundesarchiv den politisch ausgerichteten Bestandteil des Nachlasses, das Deutsche Literaturarchiv in Marbach den schriftstellerisch-kulturpolitischen Teil. Schriftstücke familiären bzw. privaten Charakters gingen in die Obhut der Schwiegertochter von Theodor Heuss, Ursula Heuss-Wolff, nach Basel.

Für die Jahre 1949–1959 sind naturgemäß die Akten des Bundespräsidialamtes aus der Amtszeit von Heuss von zentraler Bedeutung. Anders als bei den Briefbänden der Zeit bis 1949 konnte sich daher die Auswahl der abzudruckenden Korrespondenz daher auf die Überlieferung des Bestandes Bundespräsidialamt (B 122) und auf den Nachlass im Bundesarchiv (N 1221) beschränken[1]. Die in diesem Band der Briefedition veröffentlichten 205 Briefwechsel stammen im wesentlichen aus der Aktengruppe der „Einzeleingaben allgemeiner Art"; lediglich 27 Briefwechsel wurden aus sonstigen Sachakten des Bestandes B 122 (Bundespräsidialamt) entnommen; dabei handelte es sich insbesondere um Stellungnahmen zu Reden von Heuss.

Inhaltlich ist die Trennschärfe dieses Bandes zu den weiteren zwei Bänden in dieser Briefedition, in denen die Korrespondenz von Heuss als Bundespräsident ediert wird, nicht groß. Viele Themen überschneiden sich, vor allem, wenn es um Sachfragen aus dem politischen Raum geht. Schlüsseldokumente zu einigen, hier nur am Rande angesprochenen Themen sind daher in den beiden Briefbänden zur ersten und zweiten Amtszeit zu finden.

Dass ein Staatsoberhaupt regelmäßig persönlich mit eigens von ihm diktierten, aber vielfach nicht persönlich unterzeichneten Antworten auf Post von der Bevölkerung reagiert, dürfte ein in der deutschen Geschichte seltenes, wenn nicht gar einmaliges Phänomen sein. Bei der Konzeption der Edition erschien es daher sinnvoll, einen eigenen Band mit von Heuss persönlich bearbeiteten Zuschriften vorzusehen.

---

[1] Aus diesem Grunde wurden bei Quellenangaben mit Ausnahme der Angaben im Dokumentenkopf Archive nur benannt, wenn es sich nicht um Bestände aus dem Bundesarchiv handelt.

Bei der Auswahl wurde darauf Wert gelegt, möglichst die Vielfalt der von Heuss beantworteten Anfragen zu belegen, so dass auch einige Zuschriften ausgewählt wurden, die man letztlich als skurril bezeichnen kann. Im Rahmen der Kommentierung wurde auf zahlreiche weitere Zuschriften sowie Antworten verwiesen, die angesichts des beschränkten Umfangs dieser Edition nicht abgedruckt werden konnten.

In diesen Band aufgenommen wurden mit der Ausnahme eines Schreibens, das Heuss lediglich unterschrieb, das jedoch von Bott entworfen wurde, ausschließlich Korrespondenzen mit Antworten, die *von* Theodor Heuss verfasst wurden. Die Briefwechsel sind in chronologischer Folge des Eingangs der Zuschriften und in den meisten Fällen vollständig abgedruckt. Kürzungen wurden insbesondere bei einigen Zuschriften vorgenommen. Der Inhalt der ausgelassenen Textpassagen wird in einer Anmerkung knapp wiedergegeben. Grundsätzlich aber sind Kürzungen Ausnahmefällen vorbehalten, da der Authentizität der Texte große Bedeutung beigemessen wird.

Jedem Schreiben ist ein *Dokumentenkopf* vorangestellt, der folgende Angaben umfasst:

– Fortlaufende Nummerierung, wobei fast jede Nummer aus einer Eingabe A und einem Antwortschreiben B besteht.
– Persönlicher oder institutioneller Absender bzw. Adressat einschließlich akademischer Grad, Berufsbezeichnung und Ort. Bei Antwortschreiben wird auf die Ortsangabe „Bonn" verzichtet. Altertümliche Schreibweisen von Orten werden nach der Vorlage wiedergegeben, verschiedene Schreibweisen eines Ortes in der Regel vereinheitlicht. Geht die Ortsangabe nicht aus dem Schreiben hervor, kann sie aber erschlossen werden, wird sie in eckigen Klammern eingefügt. Der Aufenthaltsort von Heuss einschließlich Straße, Hotel oder Institution wird nur genannt, wenn es sich nicht um das BPrA handelt.
– Datierung der Briefe erfolgt nach der Vorlage, kann sie nur erschlossen werden, in eckigen Klammern. Die Eingangsstempel des BPrA werden, soweit vorhanden, in einer Anmerkung mit angegeben.
– Herkunftsnachweis und Beschreibung der Vorlage: Art und Entstehungsstufe des Schreibens; bei B-Briefen zusätzlich Diktatzeichen, Art der Zeichnung und ggf. des Briefkopfes. Konnte nur eine Kopie eingesehen werden, wird darauf in runden Klammern hingewiesen.
– Zusätze, die sich auf das gesamte Dokument beziehen (Eingangsstempel, Aktenzeichen, Vermerke, Verfügungen, Notizen etc.), Anlagen, Druckorte und weitere Überlieferungsformen der Schreiben werden in einer ersten textkritischen Anmerkung nachgewiesen. Auf die regelmäßigen zdA-Verfügungen wurde verzichtet.
– Stichwortartiges Kurzregest über den wesentlichen Inhalt des Dokuments.

Die Edition soll als Studienausgabe sowohl einen breiten Leserkreis ansprechen als auch wissenschaftlichen Ansprüchen genügen. Die Wiedergabe der Briefe will deshalb sowohl der Authentizität der Texte wie auch der Leserfreundlichkeit gerecht werden. Zwischen diesen beiden Polen bewegt sich die *Textgestaltung*. Die Dokumente werden grundsätzlich vorlagengetreu in „alter Rechtschreibung" übernommen. Hingegen orientieren sich alle Bearbeitertexte an der Rechtschreibung des Duden von 2009 (25. Aufl.). Im Sinne der Lektüreerleichterung werden bei den Dokumenten in einigen Fällen Korrekturen bzw. Vereinheitlichungen vorgenommen:

- Die Anrede wird nach Vorlage abgedruckt, ebenso die Schlusszeichnung der Eingänge. Da bei den Antwortschreiben der Dokumentenkopf Auskunft über die Art der Zeichnung gibt, wird bei diesen Schreiben unabhängig von der Vorlage der vollständige Name wiedergegeben, ggf. zusätzliche Paraphen werden nicht abgedruckt. Bei fehlender Schlusszeichnung wird in eckigen Klammern der Name ergänzt.
- Ein Postskriptum wird im Anschluss des Briefes abgedruckt, bei fehlender Bezeichnung vorangestellt: [PS].
- Offensichtliche Verschreiber, sinnentstellende Syntaxfehler und falsche Interpunktionen werden stillschweigend korrigiert entsprechend der Rechtschreibung, wie sie zu Lebzeiten von Heuss galt. Ein Nachweis der vorliegenden Schreibweise erfolgt in Anmerkungen nur, wenn sie Relevanz für den Briefschreiber Heuss besitzt. Unterschiedliche Schreibweisen (z. B. „ß" oder „ss") werden vereinheitlicht. Spezifische Schreibweisen, die bei Heuss besonders ausgeprägt sind (z. B. die Kleinschreibung von adjektivisch gebrauchten Ortsangaben, Schreibweise von „bischen", „Wittwe"), werden beibehalten.
- Inhaltliche Korrekturen durch die Hand von Heuss werden im Text übernommen und in einer Anmerkung nachgewiesen.
- Offensichtlich sinnentstellende inhaltliche Fehler werden im Text korrigiert und in einer Anmerkung nachgewiesen.
- Bei unklaren Formulierungen oder Sachverhalten werden diese im Text belassen und in einer Anmerkung nach Möglichkeit erläutert.
- Unterschiedliche Schreibweisen von Personennamen werden in der Regel stillschweigend vereinheitlicht, bei inhaltlicher Relevanz in einer Anmerkung nachgewiesen.
- Hervorhebungen werden einheitlich kursiv gesetzt, Hervorhebungen vom Empfänger oder von dritter Hand in einer Anmerkung nachgewiesen.
- Abkürzungen werden nicht aufgelöst, soweit sie sich im aktuellen Duden bei dem entsprechenden Worteintrag finden. Dies gilt auch für altertümliche Abkürzungen, deren Bedeutung noch erschließbar ist (z. B. „bezw."). Alle anderen, auch heuss-spezifischen Kürzel werden in eckigen Klammern aufgelöst. Amt-

liche/offizielle Abkürzungen von Parteien, Verbänden und anderen Institutionen werden im Text beibehalten und im Abkürzungsverzeichnis aufgelöst.

Folgendes textkritisches Klammersystem wird verwendet:
- <?> Unleserliches Wort
- < > Unsichere Lesart
- [ ] Zusätze durch Bearbeiter, vor allem bei aufgelösten Abkürzungen
- […] Auslassungen durch Bearbeiter

Der *textkritische und inhaltliche Kommentar* wird nach einheitlicher Zählung in Fußnoten aufgenommen. Die textkritischen Anmerkungen beziehen sich entweder in einer ersten Fußnote auf das gesamte Dokument oder auf einzelne Textstellen. Darüber hinaus bietet der Kommentar eine am Text orientierte inhaltliche Verständnishilfe, die dem Informationsbedürfnis eines breiten Leserkreises gerecht zu werden versucht. Er enthält Erläuterungen zu historischen Begriffen, zu Sachverhalten, Ereignissen und Zusammenhängen auch biographischer Art, die heute nicht mehr ohne weiteres als bekannt vorausgesetzt werden können. Reden, Zeitungs- und Zeitschriftenartikel, Bücher, Reisen, Wahlkampfauftritte, Gesetze, Verträge und Protokolle werden ebenso nachgewiesen wie Zitate oder Zitatanklänge, sofern das mit vertretbarem Aufwand möglich war. Soweit es die abgedruckten Schreiben erforderlich machen, wird auch weitere Korrespondenz ermittelt, der Inhalt kurz zusammengefasst oder in Auszügen zitiert. Unveröffentlichte archivalische Überlieferung wird mit der entsprechenden Fundstelle genannt, Forschungsliteratur nur sparsam und in der Regel mit genauen Seitenverweisen herangezogen. Auf die Wiedergabe von Forschungskontroversen wird verzichtet. Allgemeine biographische Angaben zu den im Text oder in den Anmerkungen genannten Personen finden sich im biographischen Personenregister. Sind hingegen weitergehende biographische Erläuterungen zu einer bestimmten Textstelle erforderlich, finden sich diese im Kommentar.

Formal richtet sich der Anmerkungsapparat nach den Regeln der Manuskriptgestaltung, die für die Edition entworfen wurden. Personen werden nur bei der Ersterwähnung mit Vor- und Zunamen genannt, dann in der Regel nur noch mit Nachnamen. Davon abweichend wird der Vorname erwähnt, um bei Namensgleichheit eine eindeutige Identifizierung vornehmen zu können oder um z. B. bei Aufzählungen Einheitlichkeit herzustellen. Forschungsbezogene Literatur und Archivalien werden schon bei Ersterwähnung mit sinnvollen Kurzformen aufgeführt, welche die Zuordnung zu den vollständigen Angaben im Quellen- und Literaturverzeichnis ermöglichen. Zeitgenössische Monographien oder Zeitungs- und Zeitschriftenartikel, die der Erläuterung einer bestimmten Briefstelle dienen, werden hingegen bei Ersterwähnung vollständig wiedergegeben. Abkürzungen von Publikationsorganen, Archiven und anderen Institutionen finden sich im Abkürzungsverzeichnis aufgelöst.

Die auf den ersten Seiten dieses Bandes vorliegende Übersicht über die Lebens-
stationen von Theodor Heuss konzentriert sich auf biographische Daten. Das
Verzeichnis der Briefe gibt eine schnelle Orientierung über die Absender/Adres-
saten und Inhalte der Briefe. Das Quellen- und Literaturverzeichnis nimmt alle
in der Einleitung, im Dokumentenkopf und im Kommentar erwähnten Archivalien und Veröffentlichungen mit Ausnahme der zeitgenössischen Zeitungs- und
Zeitschriftenartikel auf. Das biographische Personenregister enthält in standardi-
sierter Form biographische Kerndaten zu allen in den Briefen und in den Bearbeitertexten erwähnten Personen, mit Ausnahme von Theodor Heuss. Freilich sind
in diesem Band Daten zu zahlreichen Korrespondenzpartnern nicht zu ermitteln,
da es sich überwiegend um unbekannte Personen aus der Bevölkerung und nicht
um Personen der Zeitgeschichte handelt. Das Sachregister dient dem thematisch
differenzierten Zugriff auf alle in den Brief- und Bearbeitertexten enthaltenen relevanten Informationen.

Verzeichnis der Briefe

56

Briefe

Nr. 1 A
Von Karl Kuhn, Bad Kreuznach
16. September 1949
BArch, B 122, 5681: hs. Schreiben, behändigte Ausfertigung[1]
Glückwünsche zur Wahl zum Bundespräsidenten

Sehr geehrter Herr Bundespräsident!

Anläßlich Ihrer Wahl zu dem höchsten Staatsamt der Deutschen Bundesrepublik[2] übermittele ich Ihnen meine aufrichtigsten Glückwünsche.

Karl Kuhn
ehem. Parlamentarischer Rat
Mitglied des Landtags
I. Beigeordneter der Stadt Bad Kreuznach

Abb. 1: Erster Amtssitz von Bundespräsident Theodor Heuss auf der Viktorshöhe in Schweinheim, Bad Godesberg

---

[1] Eingangsstempel vom 20. 9. 1949.
[2] Heuss war am Nachmittag des 12. 9. 1949 von der Bundesversammlung in Bonn im zweiten Wahlgang zum Bundespräsidenten gewählt worden.

Nr. 1 B
An Karl Kuhn, Bad Kreuznach
21. September 1949
BArch, B 122, 5681: ms. Schreiben, Durchschlag, von Heuss ms. gez.[3]

Sehr geehrter Herr Kuhn!

Für die freundlichen graphisch so schönen Glückwünsche sage ich Ihnen in guter Erinnerung[4] besten Dank. Aber Sie haben sich etwas übernommen. Ich bin weder Exzellenz,[5] noch wohne ich im Schloß Brühl,[6] sondern in einer 3 Zimmer-Wohnung im Eisenbahnererholungsheim, das von Büros vollgelegt ist.[7]

Mit gutem Gruß
Ihr
Theodor Heuss

---

[3] Absendevermerk vom 22. 9. 1949.
[4] Heuss spielte damit auf die gemeinsame Tätigkeit im Parlamentarischen Rat an, in dem Kuhn SPD-Abgeordneter aus Rheinland-Pfalz war.
[5] In der Anschrift hatte es geheißen: „Seine Exzellenz, Schloß Brühl bei Bonn". Auch später verwahrte sich Heuss dagegen, mit „Exzellenz" angesprochen zu werden. An den ihm gut bekannten Wilhelm Vershofen schrieb er am 18. 10. 1958: „Aber daß über die Adresse geschrieben war ‚Seine Exzellenz', das hat mich doch ein bißchen erschreckt. Ich weiß, daß ich über dieses Wort Witze gemacht habe. Es ist eine ungeheuer bequeme Vokabel im Verkehr mit den fremden Diplomaten, deren Namen man bei der Vielfalt der Staaten doch nicht behalten kann. Aber im innerdeutschen Verkehr habe ich mir diese Anrede mir gegenüber strikt verboten. Also trifft auch Sie das Verbot!" B 122, 872. Vgl. auch H. FRIELINGHAUS-HEUSS, Heuss-Anekdoten, S. 98f mit einschlägigen Beispielen.
[6] Das Schloss Augustusburg in Brühl, erbaut von Clemens August, Kurfürst und Erzbischof von Köln, ein Meisterwerk des Rokoko in Deutschland, wurde vom Land Nordrhein-Westfalen zu repräsentativen Zwecken benutzt. Bevor die Villa Hammerschmidt als Sitz des Bundespräsidenten ausgewählt wurde, war auch Schloss Brühl im Gespräch gewesen. Heuss hatte den Vorschlag aber wegen der Entfernung zu den Einrichtungen von Bundesregierung und Bundestag abgelehnt; vgl. Heuss (gez. Bott) an Otto Langerfeldt, 2. 1. 1951, in: N 1221, 295.
[7] Über die beengten Verhältnisse im ersten, provisorischen Amtssitz in Bad Godesberg, Viktorshöhe, schrieb Elly Heuss-Knapp an ihre Freunde am 24. 10. 1949: „In unserer bescheidenen Vier-Zimmer-Wohnung leben wir ganz privat, und ich verteidige sie auch heftig gegen alle Angriffe. Wenn wir mehr als zwei Gäste haben, müssen sie unten in den Repräsentationsräumen essen." E. HEUSS-KNAPP, Bürgerin, S. 335. Mitte Dezember 1950 zog das Ehepaar Heuss schließlich in die Villa Hammerschmidt, Bonn, Koblenzer Straße 135.

Nr. 2 A
Von Theo Sieber, Lubtheide bei Köln
18. September 1949
BArch, B 122, 5682: ms. Schreiben, behändigte Ausfertigung[1]
Kritik am Besuch der Stadt Berlin

Sehr geehrter Herr Bundespräsident!

Mit Empörung vernimmt jeder Rheinländer, daß Ihre erste Amtshandlung ein Besuch ausgerechnet von Berlin sein soll.[2]

Wenn Sie Rheinländer wären, wüßten Sie, wie diese Stadt hier gehaßt wurde und wird und daß diese Bevorzugung eine Ohrfeige für jeden von uns ist.

Vom Westen sind Sie gewählt, und Ihre Sorge sollte vor allem auch dem Westen gelten. Warum besuchen Sie nicht zunächst einmal die Städte im Bundesgebiet, die viel länger und mehr gelitten haben als diese verfl... Stadt Berlin, die immer nur kommandieren und uns wie eine Kolonie ausnutzen konnte.

85 % aller Steuern wurden im Westen erarbeitet, ... und sind im märkischen Sand versickert.

Die Schmuserei um den Emporkömmling und Unteroffizier Berlin muß nun endlich einmal aufhören.

Es tut mir unendlich leid, in diesem schroffen Tone zum Bundespräsidenten zu sprechen, aber ich habe das Empfinden, daß es höchste Zeit wird, in diesem Punkte einmal sehr deutlich zu werden, damit dieser Wettbewerb in Gefühlsduselei um Berlin, der wahrscheinlich auch noch [von] ebenfalls nicht beliebten Stellen und Personen lanciert wird, beendet wird.

Hochachtungsvoll!   Sieber

---

[1] Eingangsstempel vom 21. 9. 1949; hs. Vermerk, vermutlich von der Registratur: „Berliner Besuch".

[2] Heuss weilte in Berlin vom 31. 10. bis 2. 11. 1949; Unterlagen zur Organisation des Aufenthaltes in: B 122, 613.

Nr. 2 B
An Theo Sieber, Lubtheide bei Köln
12. Oktober 1949
BArch, B 122, 5682: ms. Schreiben, Durchschlag, von Heuss diktiert (Diktatz. H/Hr) und ms. gez.[3]

Sehr geehrter Herr!

Ihr Brief vom 18. 9. ist, wie das nun bei dem Masseneingang der Korrespondenz[4] sich ergab, erst heute in meine Hand gekommen. Es mag Sie beruhigt haben, daß ich inzwischen in München einen offiziellen Besuch gemacht habe,[5] aber freilich die innere Haltung Ihres Briefes muß ich ablehnen. Ich glaube nicht, daß jeder Rheinländer, wie Sie meinen, einen Besuch von mir in Berlin als eine Ohrfeige empfindet. Das wäre ein sehr trauriges Zeichen für die Rheinländer, die mit Recht geschichtlich gesehen den Anspruch erheben, immer Mitträger einer gesamtdeutschen Orientierung gewesen zu sein. Ich weiß nicht, woher Sie Ihre Auffassung beziehen, daß andere Städte mehr gelitten haben als Berlin, das ja durch den Ausgang des Krieges in die unmöglichste und schwierigste Situation gekommen ist. Auf jeden Fall haben Sie Ihren Brief falsch adressiert, denn erstens haben Sie den Brief an einen Mann gesandt, der 33 Jahre in Berlin lebte[6] und die von ganz Deutschland, auch vom Rheinland her, mitgeschaffene Arbeitskraft dieser Stadt kennenlernte, und zweitens scheint es mir Zeit zu sein, daß man sich von dem Schema, in Berlin den „Unteroffizier" zu sehen, in Deutschland freimachen sollte, denn im Schicksal dieser Stadt entscheidet sich deutsche Geschichte schlechthin.

Ihr sehr ergebener

Theodor Heuss

---

[3] Absendevermerk vom 12. 10. 1949.

[4] Der Posteingang betrug 1949 – der Amtsantritt war im September – 4.786 Briefe, stieg 1950 auf 70.691, 1951 auf 75.693, 1952 auf 77.576 und erreichte 1953 80.066; B 122, 2139.

[5] Heuss weilte am 6. 10. 1949 offiziell in München; Unterlagen in: B 122, 613.

[6] Heuss lebte in Berlin, nachdem er dort bereits zwei Semester (Wintersemester 1903/04 und Sommersemester 1904) studiert hatte, von 1905 bis 1912 und von Januar 1918 bis Oktober 1943. Als Student wohnte er zunächst in der Elsässer Str. 38, in der Nähe des Stettiner Bahnhofs; von 1905 bis 1912 wechselte er vier Mal seine Bleibe (Friedenau, Wilmersorf, Schöneberg, Steglitz). 1918–1930 wohnte er in der Fregestraße 80 in Friedenau, 1930–1943 in einem Haus in Lichterfelde, Kamillenstraße Nr. 3, das 1937 erworben wurde. Vgl. Artikel „Hier ist Heuss zu Hause" aus der „Berliner Morgenpost" vom 17. 7. 1954, Ausschnitt in: B 145, 16308. Über Besuche in der Kamillenstraße berichten mehrere Beiträge in der Festschrift Heuss, u. a. von Bott; vgl. H. BOTT / H. LEINS, Begegnungen, S. 107–116.

Nr. 3 A
Von Suse Wirth, Schülerin, Stuttgart
30. September 1949
BArch, B 122, 5680: hs. Schreiben, behändigte Ausfertigung
Angeordnetes „Spalier" für den Bundespräsidenten

Sehr verehrter Herr Bundespräsident!

Heute besuchen Sie wieder Ihre alte Heimat, und darüber freuen sich alle Stuttgarter herzlich.[1] Zum Empfang werden die Stuttgarter Schüler Spalier bilden. *Freiwillig* würden wir Ihnen diese Ehre gerne erweisen, zumal da Sie Stuttgarter sind, und weil wir uns alle freuen, daß gerade Sie Bundespräsident geworden sind. Aber nun hat unser Oberbürgermeister und auf seine Anregung hin das Kultministerium *befohlen*, daß es Pflicht für alle Schüler ist zu erscheinen, und daß jeder, der nicht kommt, eine schriftliche Entschuldigung der Eltern bringen muß.

Warum zwingt man uns denn schon wieder in politischer Hinsicht? Das verleidet uns die ganze Bundesrepublik. Wir haben gedacht, jetzt leben wir in einer Demokratie!

Einzelne von uns versuchten, ihre Meinung über die Presse kund zu tun. Außerdem hat der Stuttgarter Schülerausschuß angeblich an das Kultministerium geschrieben. Wir haben uns auch an unser Rektorat gewendet, das unsere Meinung beim Kultministerium vertrat. Alles blieb ohne Erfolg. (Der Befehl wurde in vielen Schulen erst sehr spät durchgegeben, was gemeinsame Gegenmaßnahmen erschwerte.)

Warum tritt man uns gegenüber wieder mit solchen nazistischen Zwangsmethoden auf?

Ich glaube, daß dies nicht in Ihrem Sinne ist, und deshalb schreibe ich Ihnen diesen Brief. Könnten Sie Ihre Ansicht zu diesem Punkte nicht der Stadtverwaltung klar machen?

Entschuldigen Sie bitte, daß ich meiner Meinung auf diesem Wege Ausdruck gebe, den ich selbst nicht sehr glücklich finde. Aber anders bringt man es in unserem „Demokratischen" Staate schon nicht mehr durch.

Ich möchte hier ausdrücklich betonen, daß ich von diesem Brief nichts zu einem Erwachsenen und zu meinen Eltern gesagt habe, und ich bitte Sie, ihn für das zu nehmen was er ist, für die Meinung einer sechzehnjährigen Schülerin.

Hochachtungsvoll   Suse Wirth

---

[1] Der Besuch erfolgte aus Anlass des Ausscheidens von Heuss und seiner Frau aus dem Landtag am 1. 10. 1949. Druck der dabei gehaltenen Ansprachen in: B 122, 2886.

Nr. 3 B

An Suse Wirth, Schülerin, Stuttgart

5. Oktober 1949

BArch, B 122, 5680: ms. Schreiben, Durchschlag, von Heuss diktiert (Diktatz. H/Hr) und ms. gez.[2]

Sehr geehrtes Fräulein Wirth!

Für Ihren offenen Brief bin ich Ihnen sehr dankbar, denn ich habe erst durch ihn erfahren, was für eine decidierte Anordnung vorangegangen war, an dem Empfang teilzunehmen. Ich habe der Behörde gegenüber meine Auffassung zum Ausdruck gebracht und denke, es wird sich eine andere Form als die diesmalige entwickeln lassen.[3]

Mit freundlichem Gruß   Theodor Heuss

Nr. 4 A

Von Gisela Selzer, Honnef am Rhein

28. September 1949

BArch, B 122, 391: hs. Schreiben, behändigte Ausfertigung[1]

Beitrag für ein neues Paddelboot

Sehr geehrter Herr Bundespräsident!

Ich bin Sparkassenangestellte und habe alles, was ich von meinem Verdienst erübrigen konnte, gespart, um ein Paddelboot zu bekommen. Ein Boot war mein

---

[2] Absendevermerk vom 5. 10. 1949.

[3] Ähnliches spielte sich in Brühl ab, wo gegen eine Obersekunda des städtischen Gymnasiums disziplinarisch eingeschritten werden sollte, die sich nicht am zugeteilten Platz mit schwarz-rot-goldenen Fähnchen eingefunden hatte. Heuss ließ dem Schuldirektor mitteilen, seine Sympathien lägen auf Seiten der Obersekunda. In einem Rundschreiben, das nicht zu ermitteln war, wurde mitgeteilt, dass der Bundespräsident „nirgends" eine „angeordnete Schulspalierordnung erbitte"; Heuss an Hans-Georg Hirsch, 29. 12. 1950, in: N 1221, 294. Dem Direktor, der auf drei Seiten die Vorgänge erläutert hatte, schrieb er, es solle „bei den jungen Menschen nicht irgend etwas wie die Vorstellung entstehen: so war es unter Hitler ja auch"; 8. 10. 1949, in: N 1221, 179. Auch in Tübingen gab es beim Besuch von Heuss Anfang Juni 1950 unter den Studenten Unwillen, als sie Spalier bilden sollten; Friedrich Middelhauve an Bott, 12. 6. 1950, in: B 122, 612.

[1] Eingangsstempel vom 30. 9. 1949; daneben von Heuss hs. Vermerk: „Bott"; von Botts Hand: „Ministerialdirektor Wandersleb".

größter Wunsch. In diesem Sommer hatte ich dann so viel beisammen, daß ich mir alles kaufen konnte, und mein Vater baute es mir. Und Sie wissen es sicherlich, wie es ist, wenn man es geschafft hat und der so lang gehegte Wunsch nun endlich greifbare und benutzbare Wirklichkeit geworden und wenn man dann selbst noch so gespart und auf vieles andere verzichtet hat.

Abb. 2: Theodor Heuss auf der Bundesfeier der Deutschen Jugend und des Deutschen Sports in Bonn, 25. 9. 1949

Am Sonntag kam ich auch mit meinem Boot nach Bonn zwischen all den vielen Paddlern, um Sie mit der gesamten deutschen Jugend zu ehren.[2] Und ich danke Ihnen auch an dieser Stelle für die Worte, die Sie für die Jugend fanden.[3]

Bei der Rückfahrt kam ich zwischen zwei Schlepper und kenterte. Mit Mühe konnte ich mich selbst herausbringen, mein Boot ist aber weg. Aber es kann doch nicht in einem kurzen Augenblick all das dahin sein, was so lange Zeit brauchte, einfach weg.

---

[2] Dabei handelte es sich um eine Bundesfeier der Deutschen Jugend und des Deutschen Sports in Bonn am 24./25. 9. 1949: „Sportjugend aus allen deutschen Landschaften waren nach Bonn gekommen, um dem neuen Bundespräsidenten die Grüße der Jugend zu überbringen und sich zum werdenden demokratischen Staat zu bekennen." Vorbemerkung zum Abdruck der Rede, vgl. Anm. 3; Unterlagen zur Organisation der Veranstaltung in: B 122, 615.

[3] Ansprache vom 25. 9. 1949 in: B 122, 211. Abgedruckt unter dem Titel „In der Pflicht zum Guten" in: TH. HEUSS, Reden an die Jugend, S. 13–18.

Ich weiß nicht, was ich noch tun soll und deshalb schreibe ich Ihnen. Vielleicht können Sie mir helfen.

Ich grüße Sie hochachtungsvoll   Gisela Selzer

Nr. 4 B

An Gisela Selzer, Honnef am Rhein

27. Oktober 1949

BArch, B 122, 391: ms. Schreiben, Entwurf, von Heuss diktiert (Diktatz. H/Hr) und ms. gez.[4]

Sehr geehrtes Fräulein Selzer!

Sie müssen entschuldigen, daß die Beantwortung Ihres Klagebriefes sich hinausgezögert hat, aber die Last der Korrespondenz in diesen Wochen war zu stark.

Es hat mir sehr leid getan, daß der frohe Tag für Sie mit einer schmerzlichen Erfahrung endet. Gemeinsam mit dem Arbeitsausschuß für die Veranstaltung der Bundesfeier wollen wir mit einem Beitrag helfen, um den Verlust bald wieder ersetzen zu können.[5]

Mit freundlicher Empfehlung   Theodor Heuss

---

[4] Gestrichen: „Az. I/1100"; Verfügung: „2. Herrn Bott", mit Paraphe vom 4. 11.; Absendevermerk vom 28. 10. 1949; links unten Vermerk: „50,– DM bezahlt! 28. 10. Winter, RI."

[5] Der Bundesausschuss der Wassersportler beschloss einmütig, aus ersparten Mitteln weitere 50 DM zur Verfügung zu stellen; vgl. Schreiben an Bott vom 24. 10. 1949, in: B 122, 391. Die „Bonner Rundschau" berichtetete am 24. 10. 1949 über das Geschehen unter dem Titel „.... und Giselas Bötchen war weg"; Ausschnitt in: ebd.

Nr. 5 A
Von Walther Bacmeister, Oberstaatsanwalt i. R., Stuttgart-Nord
13. Oktober 1949
BArch, B 122, 2054: hs. Schreiben, behändigte Ausfertigung[1]
Hilfe für den Sohn im KZ Buchenwald; beschlagnahmtes Haus in Sillenbuch

Sehr verehrter Herr Bundespräsident!

Sie erhalten viele Briefe, vielleicht Tausend und mehr und können unmöglich alle lesen oder gar beantworten. Ich weiß es. Ich muß also damit rechnen, daß mein Brief an Sie unbeantwortet, vielleicht ungelesen bleibt. Trotzdem erlaube ich mir als Landsmann und früherer Heilbronner an Sie zu schreiben und Ihnen eine Bitte vorzutragen, die nicht meine Bitte allein, sondern die vieler Leidensgenossen ist.

Unser einziger Sohn Arnold Bacmeister, verheiratet, 42 Jahre alt, Dr. jur., Oberregierungsrat, ist seit Mai 1945 gefangen. Er war Volkssturmmann in Berlin. Drei lange lange Jahre wußten wir nichts von ihm, wußten nicht, ob er überhaupt noch am Leben [ist]. Da, im August 1948 erfuhren wir von drei Heimkehrern – unabhängig voneinander –, daß er noch lebe: Er war damals Gefangener im K.Z. Buchenwald,[2] wo er wohl heute noch ist, wenn er nicht inzwischen irgendwohin verschickt wurde. Er weiß nichts von uns und von seiner Frau, darf nicht schreiben, was auch uns nicht möglich ist.

Es ist für ihn und uns eine Seelenmarter, deren folternde Qual kaum mehr zu ertragen ist.

Wir flehen Sie an: erlösen Sie uns, die vielen Tausende, die diese Qualen zu tragen haben, von ihnen und bieten Sie Ihren Einfluß auf, daß dieses tödliche Schweigen endlich endlich aufhört!

Noch eine zweite Bitte erlaube ich mir, Ihnen kurz vorzutragen. Ich habe mir vor 10 Jahren in Sillenbuch[3] ein Häuschen erbaut als Alters- und Ruhesitz. Ich war über 40 Jahre im württembergischen Justizdienst als Richter und Staatsanwalt. Dieses Haus ist vor vier Jahren beschlagnahmt worden, weil ich Pg. war; Pg. ohne Amt, Mitläufer. Die Letten, die drei Jahre in ihm hausten und die es verwüsteten, sind ausgezogen. Man hatte uns versprochen, nach Weggang der Letten bekommen wir – 50 Familien in Sillenbuch! – dieses Eigentum zurück.

---

[1] Eingangsstempel vom 15. 10. 1949; unter dem Absender von der Hand Botts vermerkt: „Sohn in Buchenwald, Haus in Sillenbuch beschlagnahmt".

[2] Nach der Befreiung des KZ Buchenwald durch die Amerikaner war dort von der sowjetischen Besatzungsmacht im Sommer 1945 ein Speziallager errichtet worden, in dem sich ständig etwa 12.000 Gefangene befanden, von denen viele ums Leben kamen. 1948 und 1950 kam es zu zwei Entlassungsaktionen. Weit über 2000 Häftlinge wurden 1950 in das Zuchthaus Waldheim überführt und dort in berüchtigten Prozessen verurteilt; vgl. Nr. 99, Anm. 2.

[3] Stadtteil im Süden von Stuttgart.

Die amerikanische Militär-Regierung hat ihr Wort nicht gehalten, sondern die Häuser wieder beschlagnahmt, für eigene Zwecke. Es ist hart, so seines Eigentums beraubt zu werden. O, könnten Sie nicht da ein Wort für uns einlegen?

Mit dem Ausdruck der Hochschätzung habe ich Ehre zu sein
Ihr ergebenster   Walther Bacmeister

Nr. 5 B
An Walter Bacmeister, Oberstaatsanwalt i. R., Stuttgart-Nord
18. Oktober 1949
BArch, B 122, 2054: ms. Schreiben, Durchschlag, von Heuss diktiert (Diktatz.: H/Hr.) und ms. gez.[4]

Verehrter Herr Bacmeister!

Freundlichen Dank für Ihren Brief. Wenn auch in diesen letzten Wochen einige Tausend Briefe hier eingegangen sind, so wird dafür gesorgt, daß alle die, die einen individuellen Charakter haben, so rasch es geht, zu mir kommen.

Freilich,[5] die Macht des Bundespräsidenten ist, wie Sie wissen, begrenzt, und viele Deutsche leben noch in der Auffassung, daß die Spitze des Bundes nur eine Anweisung zu geben habe, und sehen nicht seine Kompetenz und Komplikation. Das furchtbare Schicksal, daß in den KZs in der Ostzone Deutsche noch festgehalten werden, ist mir aus einer Reihe von Einzelfällen bekannt. Die prekäre Situation der Bundesrepublik Deutschland zu der Neubildung von Mittel- und Ostdeutschland macht konkrete Auseinandersetzungen politisch sehr heikel. Der Protest gegen den Zustand ist ja von allen Parteien schon erhoben worden.

Ich werde aber Ihren Brief gern zum Anlaß nehmen, mit Herrn Minister Kaiser diese Frage zu besprechen.[6]

Ihr sehr ergebener   Theodor Heuss

---

[4] Absendevermerk vom 18. 10. 1949.
[5] Dieser Absatz an der linken Seite angestrichen.
[6] Über eine derartige Besprechung ließ sich nichts ermitteln. Am 3. 7. 1950 wandte sich Bacmeister noch einmal an Heuss. Inzwischen hatte er erfahren, dass sein Sohn in Waldheim am 9. 5. 1950 zu 18 Jahren Zuchthaus verurteilt worden war; B 122, 2054. Noch 1955 befand sich der Sohn Bacmeisters in Haft; Bacmeister an Heuss, 23. 6. 1955, in: ebd. 1957 bat der inzwischen aus der Gefangenschaft entlassene Dr. Arnold Bacmeister über den Neffen von Heuss, den Esslinger Arzt Alfred Würz, um Unterstützung für seine Bewerbung um die Stelle des Leiters der Landesbildstelle in Karlsruhe. Bott wies im Auftrag von Heuss auf die Bewerbung hin und benannte Alfred Würz als Referenzperson; Bott an das Kultusministerium, 20. 2. 1957, in: ebd.

Nr. 6 A

Von Dr. ing. Gottfried Wilhelm Zimmermann, Berlin-Steglitz

3. November 1949

BArch, B 122, 5680: ms. Schreiben, behändigte Ausfertigung[1]
Neubewertung nationaler Traditionen; Broschüre über die deutsche Revolution von 1848

Sehr geehrter Herr Bundespräsident!

In Ihren Ansprachen an die Berliner Studentenschaft[2] forderten Sie „neues Nationalgefühl" auf dem Boden „bedingungsloser Wahrhaftigkeit" und der „Selbstkritik". Sie hoben hervor, daß die „alten Maßstäbe" ihre Gültigkeit verloren hätten.

So vorbehaltlos man diesen grundsätzlichen Erkenntnissen und Forderungen zustimmen kann, so dürfte doch deren praktische Verwirklichung das Entscheidende sein. Hierzu wird es aber vor allem einmal der Überprüfung unseres nationalen Geschichtsbildes und der Neubewertung unserer nationalen politischen Traditionen bedürfen. Aus dem politischen Gesamterlebnis unserer Nation wird das Zeitbedingte und fragwürdig Gewesene und daher verhängnisvoll Gewordene ausfindig gemacht und ausgeschieden werden müssen. In Gegenüberstellung hierzu wird man endlich das bisher so sträflich vernachlässigte wirklich Wertvollere und daher auch Wertbeständigere zur Geltung zu bringen haben. Wir werden uns daher vor allem von der bisher üblich gewesenen ausschließlichen Bewertung unserer Geschichte nach den „äußeren Erfolgen", die sich hinterher in „Mißerfolge" verwandelten, auf das Kriterium des allgemeinverbindlichen und zeitlos gültigen „inneren Wertes" umzustellen haben. Auf Grund einer solchen Revision werden sich dann auch die „neuen Maßstäbe" gewinnen lassen, an denen sich das „neue Nationalgefühl" ausrichten kann, das Sie, Herr Bundespräsident, als eine unerläßliche Voraussetzung für eine echte Konsolidierung unseres nationalen politischen Zusammenlebens herausgestellt haben. Nationalgefühl muß ja aus den Wurzeln der Vergangenheit der Nation seinen Inhalt und seine Lebenssäfte beziehen, wenn die ganze Nation von ihm erfaßt, gleichzeitig aber auch gegen alle Verirrungen, denen sie bisher anheimgefallen war, geschützt sein soll.

Solche Überlegungen waren es, aus denen ich zur Jahrhundertfeier der deutschen Revolution des Jahres 1848 – dem letzten großen politischen Ereignis, das im unverfänglichen Sinne von der ganzen Nation getragen war – die beiliegende Broschüre[3] verfaßt habe. Wenn ich sie Ihnen hiermit zur Kenntnis bringe, geht

---

1 Als „Einschreiben" gekennzeichnet.
2 Die Ansprache vor der Berliner Studentenschaft vom 1. 11. 1949 in: B 122, 211; auch publiziert in: TH. HEUSS, Jugend, S. 13–29.
3 GOTTFRIED WILHELM ZIMMERMANN: 1848. Rechtfertigung und Vermächtnis, Berlin 1948.

es mir vor allem darum, sie Ihrem Urteil zu unterbreiten. Ich möchte wissen, ob Sie diesen Versuch eines im Dritten Reich in die innere Emigration Abgewanderten, bei der Wiederanknüpfung unseres gegenwärtigen und zukünftigen nationalen politischen Lebens an die wertvolle nationale Tradition mitzuhelfen, als einen wenn auch bescheidenen Beitrag in der Richtung ansehen, die Sie in Ihrem Appell an die Berliner Studentenschaft angedeutet haben.

Nicht zuletzt wende ich mich an Sie, Herr Bundespräsident, auch aus der Erkenntnis, daß es auf eine von höchster Staatsstelle inspirierte, zielbewußte und systematische Verfälschung hoher politischer Traditionswerte und Herausstellung bloßer nationaler Scheinwerte im Bewußtsein unseres Volkes zurückzuführen war, wenn wir schließlich in der Hitlerkatastrophe enden mußten. Ebenso wird es, wie ich glaube, heute einer gleichermaßen gründlichen, zielbewußten und systematischen Aufklärung – nicht Erziehung – der ganzen Nation über ihre echten, d. h. allgemeinverbindlichen und zeitunabhängigen nationalen Werte bedürfen und zwar unter vollem Einsatz der von Ihnen, Herr Bundespräsident, repräsentierten höchsten Staatsautorität. Diese Aufklärungstätigkeit muß von „bedingungsloser Wahrhaftigkeit" geleitet sein, sie darf vor „schonungsloser Selbstkritik" nicht zurückschrecken, hinter ihr müssen aber alle politischen Kräfte gesammelt werden. Anders würden wir den Wandel von Grund auf nicht herbeiführen können, nachdem sich – davon bin ich überzeugt – die ganze Nation heute mehr denn je zuvor sehnt.

In ausgezeichneter Hochachtung   Zimmermann

Anlage: 1 Broschüre 1848 „Rechtfertigung und Vermächtnis"

Nr. 6 B
An Dr. ing. Gottfried Wilhelm Zimmermann, Berlin-Steglitz
16. November 1949
BArch, B 122, 5680: ms. Schreiben, Durchschlag, von Heuss diktiert (Diktatz. H/Hr) und ms. gez.[4]

Sehr geehrter Herr Dr. Zimmermann!

Freundlichen Dank für Ihren Brief und die Zusendung Ihrer Schrift über das Jahr 1848. Ich habe selbst vor bald zwei Jahren ein kleines Buch geschrieben „1848 –

---

[4] Absendevermerk vom 16. 11. 1949, hs. Wiedervorlage-Verfügung, vermutlich von Bott, zum 3. 12. „z[ur] Erinnerung: später Büchlein 1848 – Werk und Erbe senden".

Werk und Erbe",[5] bei dem ich die verfassungspolitische Problematik und ihre Fernwirkung zu zeigen versuchte.[6]

Leider habe ich alle meine Bücher noch in Stuttgart, da ich nur sehr provisorisch untergekommen bin, sonst würde ich Ihnen mein Büchlein gleich als Gegengabe senden können. Ich hoffe, es werden sich noch einige Exemplare finden.

In der Fragestellung, wie sie in Ihrem Brief umschrieben ist, gehe ich mit Ihnen einig. Aber Sie müssen mit mir nachsichtig sein, wenn ich Ihnen jetzt nicht zusagen kann, Ihr Buch jetzt gleich zu lesen. Das ist mir vollkommen unmöglich. Ich habe in den zwei Monaten, seitdem ich in dem neuen Amt stehe, im ganzen 4 ½ Bücher lesen können und vieles, vieles bedrängt mich. Aber auch für mich hat der Tag nicht mehr wie 24 Stunden, und der tägliche Eingang von hundert oder mehr Briefen, Besuche und Konferenzen machen mir zunächst geschichtliche Lektüre zur völligen Unmöglichkeit.

Mit freundlicher Empfehlung   Theodor Heuss

Nr. 7 A
Von Dr. Walter Ballas, Rechtsanwalt, Essen
9. November 1949
BArch, B 122, 613: ms. Schreiben, behändigte Ausfertigung[1]
Kritik von Theodor Heuss am Wiederaufleben der alten studentischen Korporationen

Sehr geehrter Herr Bundespräsident!

Nach einem Zeitungsbericht in der „Welt" haben Sie sich anläßlich Ihres Berliner Besuchs gegenüber Vertretern der Berliner Studentenschaft gegenüber den Bestrebungen, die alten studentischen Korporationen wieder zu neuem Leben zu erwekken, in der Weise geäußert, daß dies nicht die studentische Jugend wolle, wohl aber die „Alten Herren", und daß es sich dabei wohl um „sehr alte Herren" handele.[2]

---

5 THEODOR HEUSS: 1848. Werk und Erbe, Stuttgart 1948; vgl. auch Nr. 72, Anm. 2.
6 Vgl. auch G. KRUIP, Gescheiterter Versuch, S. 189–208.
1 Eingangsstempel vom 10. 11. 1949; Tgb. Nr. 1522/49; Az. I/16/03.
2 Zur Ansprache vor Studenten in Berlin vgl. Nr. 6, Anm. 2. Da sich Heuss in dieser Rede gegen die Restauration der studentischen Verbindungen und ihrer Altherrenverbände aussprach, kam es zu zahlreichen Zuschriften; B 122, 613. Das Thema des Verbindungswesens in seiner alten Form führte er in seiner Rede vor Heidelberger Studenten am 16. 12. 1949 (B 122, 211) und in einer Ansprache zur Weihe des Christian-Albrecht-Hauses in Kiel am 23. 6. 1951 fort (B 122, 219). Zeitungsausschnitte zu den Stellungnahmen von Heuss zur Restauration der studentischen Verbindungen für 1951–1953 in: B 122 Anhang, 14.

Diese Stellungnahme des Mannes, der das höchste Amt in der deutschen Bundesrepublik bekleidet, ist selbstverständlich von außerordentlicher Tragweite. Die Bestrebungen weiter Kreise der akademischen Jugend gehen dahin, unter Anschluß an die Traditionen des früheren, vom Dritten Reich zerschlagenen Korporationsstudententums dessen hohe und bewährte Ideale als die Grundlage eines Zusammenschlusses betrachten zu können.

Wenn Sie bei Ihrer Äußerung von der Vorstellung ausgegangen sind, daß diese Bestrebungen nicht von der akademischen Jugend, sondern in erster Linie von den „Alten Herren" ausgingen, so sind Sie dabei offensichtlich einer falschen, mindestens aber einer sehr einseitigen Information zum Opfer gefallen. Bei bisher erfolgten Gründungen dieser Art ist meist die Anregung von der Jugend ausgegangen, und man kann ruhig behaupten, daß die akademische Jugend stärkstens nach derartigen Zusammenschlüssen drängt.

Die Altherrenschaft ist vielfach durchaus zögernd an diese Aufgabe herangegangen, hat aber gerade, weil sie sich der Jugend verbunden fühlt, geglaubt, sich diesen Wünschen im Interesse der Jugend nicht entziehen zu sollen. Bei diesem Drängen haben materielle Gründe nur eine untergeordnete Rolle gespielt. In erster Linie war es das Bedürfnis, auf fester Grundlage bewährte Ideale pflegen zu können, das die Jugend, nicht zuletzt die aus dem Kriege zurückkehrenden jungen Männer, veranlaßt hat, an die Altherrenschaften heranzutreten. Wir Alten Herren glauben, daß es nicht ein Zeichen von Senilität ist, wenn wir dazu beitragen, die Jugend im Sinne von Ehrenhaftigkeit, Mannhaftigkeit, Anständigkeit der Gesinnung, Vaterlandsliebe, Freundschaft und Toleranz zu erziehen, Ideale, denen nachzustreben auch heute noch für den jungen Studenten innerlicher Gewinn bedeutet. In welcher Form sich angesichts der völligen Veränderung der Verhältnisse in Zukunft das Leben in derartigen akademischen Verbindungen abspielen wird, muß der Entwicklung überlassen werden. Die äußere Form ist dabei, wenigstens nach meiner Auffassung, nicht das Wesentliche.

Als Vorsitzender des Altherren-Verbandes meines alten Korps und als Vorsitzender der Essener Vereinigung alter Kösener Korpsstudenten glaube ich es mir schuldig zu sein, Sie darauf aufmerksam zu machen, daß mit diesen Bestrebungen nicht so sehr das Wiederaufleben unserer alten Korporation bezweckt wird, sondern daß wir in erster Linie dabei von ernster Sorge um die Entwicklung unserer akademischen Jugend erfüllt sind, die einst berufen ist, die geistigen Führer unsereres Vaterlandes zu stellen. Die Notwendigkeit solcher Zusammenschlüsse wird auch von akademischen Lehrern anerkannt. Mir liegt u. a. ein Schreiben eines bekannten und erfahrenen Universitätslehrers vor, der erklärt, daß er aufgrund seiner Erfahrungen als Hochschullehrer die Erziehung in einigermaßen straff organisierten, auf ein ideales Ziel orientierten Studentenverbindungen für vollkommen unentbehrlich hält. Die Resonanz, die wir bei den jungen Studenten feststellen können, beweist uns, daß wir recht daran tun, uns der Mitarbeit bei

dieser Aufgabe nicht zu entziehen. Umso wichtiger erscheint es mir, dabei mitzuwirken, daß bei der höchsten Stelle unseres Staats sich nicht Auffassungen
festsetzen, die von einem unrichtigen Tatbestand ausgehen.

Ich würde es sehr begrüßen, sehr geehrter Herr Bundespräsident, mich, falls
es Ihre außerordentliche Inanspruchnahme gestatten würde, mit Ihnen über dieses Problem, das zweifellos nicht das Problem einer einzelne Gruppe ist, sondern
in akademischen Kreisen erhebliche Bedeutung gewinnen wird, unterhalten zu
können.

Mit vorzüglicher Hochachtung bin ich
Ihr sehr ergebener
Dr. Ballas
Rechtsanwalt

Nr. 7 B
An Dr. Walter Ballas, Rechtsanwalt, Essen
16. November 1949
BArch, B 122, 613: ms. Schreiben, Entwurf, von Heuss diktiert (Diktatz. H/Hr) und ms. gez.[3]

Sehr geehrter Herr Dr. Ballas!

Als ich in Berlin meine Bemerkungen über die Wiederkehr der alten Form der
Korporationen machte, mußte ich damit rechnen, daß viele Widersprüche erfolgen würden. Ich bin nun auch von Briefen reichlich eingedeckt worden, die z. T.
eine Unkenntnis oder eine Animosität von meiner Seite voraussetzten.[4] Mein
Vater, meine beiden Brüder und die Brüder meiner Mutter waren Waffenstuden-
ten, Angehörige alter angesehener Burschenschaften. Ich bin selber durchaus in
dieser Atmosphäre groß geworden, habe aber dann den eigenen Weg genommen
und wurde nicht aktiv, wie fast alle meine Schulkameraden.[5] Ich verkenne nicht,
was an Kameradschaften und an wechselseitiger Erziehung in Korporationen

---

[3] Az. I/16/03 gestrichen und ersetzt durch III/3/07 – Berlin – ; Absendevermerk vom 16. 11.
1949; zdA-Verfügung, von Bott paraphiert.

[4] Zuschriften in: B 122, 613. Als im September 1950 Erich R. Bohrer bei Heuss um die Zustimmung zum Abdruck seiner Korrespondenz mit ihm über die studentischen Verbindungen bat,
antwortete Bott ablehnend aus der Sorge, „daß die an sich abgeschlossene Auseinandersetzung
erneut losgehe und der Briefeingang wieder zunehme"; 28. 9. 1950, in: ebd. Weitere Korrespondenz zu den studentischen Korporationen abgedruckt in: TH. HEUSS, Bundespräsident, Briefe
1949–1954.

[5] Heuss konnte allerdings schon deswegen nicht in eine schlagende Verbindung eintreten, weil er
an einer Schulterluxation litt, die dazu führte, dass sein rechter Arm bei Anstrengungen immer
wieder auskugelte; vgl. TH. HEUSS, Vorspiele, S. 207f.

geleistet wurde, weiß aber auch davon, welche Verkrampfung und welche intimen Gegensätze in ihnen gepflegt oder getarnt waren. Ich glaube nicht, daß die Korporationen, welcher Art sie auch seien, ein Monopol für Ehrenhaftigkeit und Vaterlandsliebe beanspruchen dürfen oder gar der Toleranz. Diese Werte wachsen unabhängig von Formen, die ich für meine Person für verjährt halte.

Es ist jetzt in den Briefen ein Streit entstanden, ob die Studenten, ob die „alten Herren" die Initiatoren seien. Ich kann nur so viel sagen: Schon vor ein paar Jahren, als ich noch Kultminister war, baten mich „alte Herren", Leute, die in der Industrie stehen, ihnen zu helfen gegen ihre „Mit-alten Herren", damit nicht einfach die alte Formwelt erneuert wird. Ich konnte damals nur den Rat geben, Pflegschaften zu bilden, die alten Korporationshäuser, soweit sie sich dazu eignen, zu Wohn- und Arbeitsheimen umzugestalten, für Unterstützung mit Büchern und Geld zu sorgen, aber auf die spezifische Pseudoromantik zu verzichten. Es ist mir natürlich klar, daß die Studentenschaft nicht ein amorpher Haufe bleiben kann.

Ich habe selber in Heidelberg oder Stuttgart – wenn man mich bat – in sich neu bildenden studentischen Kreisen Vorträge gehalten und mich mit den jungen Menschen auseinandergesetzt. Meine Stellungnahme konnte nicht beanspruchen, ein Verdikt sein zu wollen, aber ich wäre mir vor mir selbst unredlich erschienen, wenn ich meine innere Haltung zu diesen Dingen verschwiegen hätte.

Meine Stellungnahme in Berlin erfolgte übrigens ohne Kenntnisnahme einer Entschließung der Rektoren-Konferenz in Tübingen von Mitte Oktober, die, wenn freilich nicht so pointiert, einen verwandten Standpunkt eingenommen hatte.[6]

Mit freundlichem Gruß   Theodor Heuss

---

[6] Die Rektorenkonferenz hatte Mitte Oktober 1949 in Tübingen einen Beschluss zur Korporationsfrage gefasst, in dem es hieß: „Im Bilde der kommenden studentischen Gemeinschaft wird kein Platz mehr sein für Veranstaltung von Mensuren, die Behauptung eines besonderen Ehrbegriffs, die Abhaltung geistloser und lärmender Massengelage, die Ausübung einer unfreiheitlichen Vereinsdisziplin und das öffentliche Tragen von Farben." B 122, 2317. In den Hochschulordnungen vieler Universitäten wurden daraufhin die farbentragenden und schlagenden Korporationen verboten. Da diese sich damit nicht abfanden und das Verbot von Gerichten später auch für unrechtmäßig erklärt wurde, blieb das Thema aktuell; vgl. das Protokoll des Plenums der Kultusministerkonferenz (KMK) vom 1./2. 10. 1951 in Flensburg, TOP 3. Dort wurde u. a. darüber diskutiert, ob man die Beschlüsse von 1949 bekräftigen solle; ebd.

Nr. 8 A
Von Lic. Dr. Kressel, Erster Pfarrer, St. Johannis, Nürnberg
14. November 1949
BArch, B 122, 110: ms. Schreiben, behändigte Ausfertigung[1]
Grußwort und Spende für die Friedensglocke der Friedenskirche

Hochzuehrender Herr Präsident!

Am 1. Adventssonntag (27. Nov.) soll die große Friedensglocke auf dem Turm unserer 1928 eingeweihten und 1944 durch Fliegerangriff ausgebrannten Friedenskirche nach einem feierlichen Weiheakt zum erstenmale wieder läuten.

Die Friedensglocke wurde seinerzeit zum Gedächtnis an die im ersten Weltkrieg Gefallenen und aus Dankbarkeit für den endlich geschenkten Frieden gestiftet. Während des zweiten Weltkrieges mußte auch sie allen Bittegesuchen zum Trotz abgeliefert werden.[2] Wie durch ein Wunder blieb sie nach der Invasion der Alliierten beim Abtransport der wertvollen Glocken aus der Eisenhütte Call in der Eifel nach Hettstadt im Harz in Call liegen. Erst zwei Jahre nach Kriegsende wurde sie nach längerem vergeblichen Suchen auf dem Hamburger Glockenfriedhof[3] in Call wieder entdeckt. Unter großen Opfern konnten wir den Rücktransport, den Ausbau der Glockenstube, die Herstellung eines neuen Glockenstuhles und die ganze Montage bewerkstelligen, und bald wird die Friedensglocke als die größte Glocke Bayerns mit ihren 175 Ztr. – sie hat ja die gleiche Größe wie die Kaiserglocke in Speyer[4] – über den Raum von Nürnberg wieder hinläuten.

Da hätten wir nun die Bitte, daß Sie uns, sehr verehrter Herr Präsident, zum Weiheakt am 27. November ein Grußwort senden wollten.

Sollte es möglich sein, auch eine Festgabe, wie wir sie von anderen kirchlichen Stellen erbitten müssen, hinzuzufügen, wären wir auch dafür von Herzen dankbar. Aber diese Bitte soll erst in zweiter Linie gelten.

Unser größter Wunsch wäre freilich der, daß die Bemühungen unserer Regierung bald mit Erfolg gekrönt und unserem deutschen Volk ein echter Frieden geschenkt würde. Möchte dann unsere Friedensglocke – ich weiß nicht, ob sonst noch eine Friedensglocke von gleicher Größe im deutschen Lande existiert – dazu auserlesen sein, den Frieden einläuten zu dürfen.

---

[1] Eingangsstempel vom 17. 11. 1949; Az. Nr. III/1/06; am linken Rand hs. Vermerk: „Bitte um Grußwort zur Glockenweihe".

[2] Zwischen 1939 und 1945 wurden zahlreiche Glocken eingezogen und für Zwecke der Rüstungsindustrie eingeschmolzen, da es sich bei Bronze um kriegswichtiges Material handelte.

[3] In Hamburg wurden die für Rüstungszwecke eingezogenen Glocken gesammelt.

[4] Glocke im Dom von Speyer, um die sich eine Sage um das Ableben von Heinrich IV. rankt.

Ich bitte, dieses unser Anliegen freundlich aufnehmen und würdigen zu wollen.

In Verehrung und Ehrerbietung!

Lic. Dr. Kressel
Erster Pfarrer

Nr. 8 B
An Lic. Dr. Kressel, Erster Pfarrer, St. Johannis, Nürnberg
21. November 1949
BArch, B 122, 110: ms. Schreiben, Durchschlag, von Heuss diktiert (Diktatz. H/Kg) und ms. gez.[5]

Sehr geehrter Herr Pfarrer,

freundlichen Dank für Ihren Brief. Da der Posteingang so unendlich stark ist, ist Ihre Frage erst gestern in meine Hand gekommen. Ich hoffe, daß die kleine Widmung auf dem beiliegenden Blatt[6] noch rechtzeitig zu Ihnen kommt.

Unter der Voraussetzung, daß davon öffentlich kein Gebrauch gemacht wird, lasse ich Ihnen aus dem sogenannten Dispositionsfond DM 200.- überweisen. Die Bitte um nicht-öffentliche Behandlung hat eine Vorgeschichte: In der Zeit von Ebert und Hindenburg ist, wie man mir mitteilte, jeder Beitrag für Glocken abgelehnt worden, weil man berechnet hat, daß, wenn auf die entsprechenden Ersuchen ein irgendwie nennenswerter Beitrag geleistet würde, der ganze Dispositionsfond für Glocken aufgebraucht würde. Und man kann nicht hier ja und dort nein sagen.[7] Der an sich nicht sehr große Betrag, der zur Verfügung steht,

---

[5] Az. III/1/06. Die weiteren Verfügungen lauteten: „Notiz: Zahlstelle: Bitte DM 200,– an obige Anschrift überweisen", mit Paraphe von unbekannter Hand vom 21. 11. 1949; „2. Herrn Bott, 3. z.d.A. (Jetter)".

[6] Vgl. Anlage.

[7] Die zahlreichen Eingaben mit der Bitte um Hilfen für Kirchenbauten, nicht selten begründet mit früheren Dotationen des Kaisers, wurden in der Folgezeit grundsätzlich und konsequent abgelehnt. Für neu errichtete oder wieder aufgebaute Kirchen stiftete Heuss eine Altarbibel. Bis August 1957 war dies bereits rund 200 Mal geschehen; vgl. Bott an die Evangelische Gesamtgemeinde Worms, 20. 8. 1957, in: B 122, 300. Anekdotisch verdichtet erzählte Heuss am 6. 2. 1957 dem Oldenburger Bischof, Dr. Gerhard Jacobi, anfangs habe er in die gestiftete Bibel seinen eigenen Konfirmationsspruch eingetragen, später habe er eine der Losungen des Tages ausgewählt, bis er am Tage seines 70. Geburtstages hätte schreiben müssen: „Ich bin der Herr, der da sagt, was recht ist"; B 122, 42. Als mit Heinrich Lübke ein Katholik Bundespräsident wurde, versuchte Heuss das Verfahren auf den evangelischen Bundestagspräsidenten Eugen Gerstenmaier zu übertragen; Heuss an Gerstenmaier, 29. 9. 1959, in: N 1221, 66; vgl. auch Briefwechsel mit Heinrich Held, in: B 122, 298.

soll möglichst wenig für Institutionen, sondern für individuelle Notfälle verwendet werden, wo das gesetzliche System nicht ausreicht.

Ihr sehr ergebener   Theodor Heuss[8]

[Anlage][9]
Vom Klang der Glocke kann man sagen, daß sie mit mehr als Menschenzungen redet und daß ihre Sprache verständlich ist, wo immer christliches Wesen lebenswirksam blieb.[10] So kann auch weit über die Landesgrenzen hinaus gehört werden, was diese Glocke verkündigt: den Frieden, der höher ist als alle Vernunft.

Theodor Heuss

Nr. 9 A
Von E. Dafinger, Mühlingen-Bahnhof über Stockach, Baden
15. November 1949
BArch, B 122, 50: ms. Schreiben, behändigte Ausfertigung[1]
Politische Überlegungen: Kritik an Politikern, Preis- und Lohnerhöhungen, verschwenderischer Repräsentation usw.

Sehr geehrter Herr Prof. Heuss!

Die Tatsache, daß Sie ein „Schwabe" und kein „Preuße" sind, sowie die vielen erfreulichen Mitteilungen, die man über Sie hört und liest, geben mir den Mut und die Veranlassung, Ihnen heute meine politischen Überlegungen zu unterbreiten. Ich hoffe, damit Ihre Zeit nicht über Gebühr in Anspruch zu nehmen und Ihr Interesse zu finden:

I.

Seit über 20 Jahren verfolge ich aufmerksam die deutsche Politik. In den Jahren vor 1933 habe ich als junger Mensch voll Entsetzen den Kuhhandel der Parteien, die Korruption und vor allem das unwürdige Verhalten unserer Volksvertreter in

---

[8] Mit Schreiben vom 1. 12. 1949 dankte Kressel und berichtete über den Verlauf der Feierlichkeiten; B 122, 110.
[9] Die Anlage liegt in einer hs. und in einer ms. Fassung vor. Aus der hs. Fassung ergibt sich, dass die Zeilen von Elly Heuss-Knapp verfasst wurden.
[10] Von Heuss verändert aus „wo immer christliches Erbgut noch lebt."
[1] Eingangsstempel vom 18. 11. 1949; Az. Nr. I/1/00; einige Absätze wurden, vermutlich von Bott, mit Rotstift unterstrichen und mit stenografischen Bemerkungen versehen.

den Parlamenten gesehen. Las man aber die Zeitungen oder sprach mit Männern der Parteien oder der Regierung, dann war man immer wieder überrascht über die vernünftigen Ansichten und die sachliche Kritik, die in krassem Gegensatz zu dem tatsächlichen Zeitgeschehen stand.

II.

Dann kam das „Dritte Reich". Man war wieder entsetzt über so vieles, was wir erlebten, wenn man auch das Schlimmste erst später erfuhr. Damals mußten Presse und Rundfunk schweigen, aber wenn man Gelegenheit hatte, mit maßgebenden Männern dieser Zeit zu sprechen, dann war man wieder überrascht über die „privaten" Ansichten dieser Leute, die wiederum im Gegensatz zu ihren Taten standen.

III.

Und was erleben wir jetzt? Wie erfreulich und gut ist fast alles, was man täglich von Presse und Rundfunk hört, aber wie unerfreulich ist schon wieder so vieles, was wir mit Regierungen und Parlamenten erleben!

Man muß sich fragen, ob unsere Minister, Parlamentarier und Parteipolitiker wirklich nicht wissen, wie es in Deutschland aussieht, oder ob sie es nicht wissen wollen, weil ihnen Parteiprogramm, Diäten und Pöstchen näher liegen. Sollte der Staatspräsident unseres kleinen Südbadens die Katze aus dem Sack gelassen haben, als er kürzlich bei einer Radio-Ansprache zu seinem müßigen Streit um den Südweststaat sagte: „Ich lasse mir den Löffel nicht so schnell aus der Hand nehmen!"[2]

Wir sind noch nicht so weit, daß wieder die Meinungsverschiedenheiten im Parlament mit Tintengläsern als Wurfgeschoß ausgetragen werden, aber man darf nie vergessen, daß ein Hitler niemals an die Macht gekommen wäre ohne die Zustände in den Jahren vor 1933!

Seit Monaten hört man in Regierungserklärungen und allen anderen schönen Reden neben kleinlichem Parteienstreit nur Außenpolitik. Man spricht von der Oder-Neiße-Linie, von Berlin, dem Saargebiet oder den Grenzberichtigungen. Es wird der starke Mann markiert, und man hascht nach Beifall, obwohl jeder weiß, daß diese Fragen nicht von uns, sondern von den Besatzungsmächten entschieden werden. Wäre es nicht vielleicht klüger, in allen diesen Fragen etwas Geduld zu üben und lieber darauf abzuheben, diese Probleme einmal im Rahmen eines geeinten Europas zu lösen?

Auf jeden Fall hat die breite Masse des Volkes kein Verständnis dafür, daß man nur wenige Worte und keine Taten erlebt bezüglich der Sorgen und Nöte,

---

[2] Ließ sich nicht ermitteln. Leo Wohleb bekämpfte hartnäckig die Schaffung des Südweststaates (Baden-Württemberg). Zum Südweststaat vgl. Nr. 52, Anm. 4.

die uns im Innern bewegen und viel näher liegen. Was geschieht praktisch zur Behebung der Arbeitslosigkeit, des Flüchtlingselendes, der Wohnungsnot und vor allem der schweren sozialen Spannungen, die durch das Mißverhältnis zwischen Preisen und Löhnen entstanden sind?

Ich höre oft die Arbeiter meines und anderer Betriebe, sowie Kleinbauern unserer Gegend. Leute, die bestimmt politisch nicht so aktiv sind wie etwa die Industriearbeiter anderer Bezirke, aber man muß auch hier viele bittere Worte hören. Die allgemeine Preiserhöhung schwankt zwischen 50 und 300 %. Die Lohnerhöhung beträgt durchschnittlich 25%.

Was glauben Sie, daß diese Arbeiter sagen, wenn sie davon lesen, daß uns jeder Volksvertreter im Parlament rund 2.000 DM pro Monat kostet,[3] während nachweislich ein großer Teil der Bevölkerung nicht mehr alle Nahrungsmittel kaufen kann, die ihm auf seine Karten zugeteilt werden, während die Kohlenhändler Absatzschwierigkeiten haben, weil selbst die zugeteilten geringen Mengen an Kohle für den Winter infolge der heutigen Preise für viele unerschwinglich sind?

Was glauben Sie, daß der Arbeiter sagt, wenn er in einer Illustrierten die Bilder von einem Gartenfest in Bonn sieht, zu dem 1.500 Gäste geladen waren, und auf einem anderen Bild dieses Festes einen unserer Parlamentarier in vorgerückter Stunde, ein Mädchen im Arm und vor sich eine Batterie leerer Weinflaschen. Darunter die Mitteilung dieses Bildberichters: Alle Getränke waren frei! Vergessen Sie bitte nicht, daß der Arbeiter sich das Bier in der Werkskantine nicht mehr recht leisten kann, weil ein Liter Bier einen ganzen Stundenlohn kostet. An ein Viertele Wein darf er gar nicht denken! Selbst des Rauchen geht über seinen Geldbeutel, denn früher hat er die billigste Cigarette für 2 ½ Pfg. gekauft und heute kostet sie 8 ½ Pfg., das ist mehr als das Dreifache!

Oder was sagt wohl ein Fliegergeschädigter, der mit Frau und Kind in einem Raum von neun qm wohnen, schlafen und kochen muß, die Betten übereinander gestellt, damit man sich noch umdrehen kann, wenn er davon liest, daß in Bonn über 100 Millionen verbaut werden, um „würdige" Gebäude zu schaffen?! Einer meiner Arbeiter sagte mir: „Ich würde alle Regierungen und Parlamente in die windigsten Baracken tun, bis der letzte Flüchtling eine Wohnung hat. Dann würden die Herren bestimmt etwas mehr und schneller arbeiten!"

Noch viele solche Beispiele ließen sich anführen, aber Sie verfolgen das alles sicher viel eingehender als ich.

Man hat gewiß Verständnis für eine Repräsentation, die nun einmal notwendig ist, aber ich meine, man sollte das in unserem verarmten Deutschland auf das Notwendigste beschränken. Wenn man die Eleganz unseres Bundeskanzlers

---

[3] Zu den Diäten der Abgeordneten des Deutschen Bundestages vgl. Nr. 28, Anm. 2.

und anderer Persönlichkeiten mit den einfachen Straßenanzügen der amerikanischen und englischen Politiker vergleicht, dann hat man so seine eigenen Gedanken. Oder sollte das daran liegen, daß in Amerika und England gearbeitet wird, während es sich bei uns mehr um Bankette, Empfänge und große Reden handelt?!

Wenn man liest, daß beim Empfang des Bundespräsidenten in München[4] neben besonderem Porzellan aus Nymphenburg auch goldenes Besteck aufgelegt wurde, dann frägt man sich: Muß das sein?

Das deutsche Volk ist so arbeitsam und friedlich in seinen breiten unteren Schichten, aber es stöhnt jetzt wieder unter der Steuerlast und allen anderen Nöten unserer Zeit. Deshalb sollten sich unsere regierenden Männer bewußt sein, daß sie den Bogen nicht überspannen dürfen.

Man hört heute oft zwei Redensarten, die mir sehr gefährlich erscheinen: Die einen stellen Vergleiche mit der Hitler-Zeit an und meinen, daß es ihnen damals viel besser ging. Die anderen liebäugeln mit dem Kommunismus. Es scheint mir viel mehr Kommunisten zu geben, als die Wahlresultate zeigen, weil es diese Leute vorerst nur im Herzen sind und der Verstand sie noch von dem offenen Bekenntnis abhält.

IV.

Und welchen Schluß möchte man ziehen aus diesem immer wiederkehrenden Widerspruch zwischen den tatsächlichen Verhältnissen und der vernünftigen und erfreulichen Einstellung von Presse, Rundfunk u. s. w.?

Meine persönliche Meinung geht dahin, daß bei uns immer wieder die falschen Männer in der Staatsführung beschäftigt sind. Es scheinen mir reine Parteipolitiker oder verknöcherte Beamte [zu sein]. Die Besten des Volkes sollten für das Regieren gerade gut genug sein, aber bei uns wollen gerade die Besten, die wirklichen Könner, nichts davon wissen. Bei uns hat die Politik wohl noch immer den Geruch eines „schmutzigen Geschäftes“. Bei uns ist es noch nicht möglich, daß sich der Staat die besten Männer aus Wirtschaft und Volksleben für seine Aufgaben holt, wie wir das in anderen Ländern sehen. Bei uns kommt an die Regierung, wer sich über irgend eine Partei dazu meldet. In anderen Ländern hilft der Tüchtige auch dann seiner Regierung, wenn ihm dadurch keine Pension und „sichere“ Staatsstellung winkt, selbst wenn sein Verdienst dadurch geringer wird, als er bisher war.

Daran, glaube ich, kranken wir, und so muß man sich vieles erklären, was wir immer wieder erleben, vor allem aber den immer wiederkehrenden Widerspruch zwischen öffentlicher Meinung und Staatsgeschehen.

---

[4] Unterlagen über den Antrittsbesuch von Heuss in München in: B 122, 613; die Ansprache von Heuss beim Empfang der bayerischen Staatsregierung am 6. 10. 1949 in: B 122, 211.

Oder sollte es so sein, wie bei meinen Arbeitern, daß der Deutsche einfach unfähig ist, Rang und Macht zu führen? Ich habe eine sehr gute Belegschaft, die in bester kameradschaftlicher Weise seit vielen Jahren zusammenarbeitet. Wenn ich aber irgend einen herausgreife und nur zum kleinen Vorarbeiter einer Gruppe mache, dann steigt ihm das jedesmal in den Kopf, er vergißt das ganze frühere Leben mit seinen Kameraden, kennt nur mehr Befehle, tyrannisiert und chikaniert seine Untergebenen, daß ich immer wieder eingreifen muß.

Vor kurzem besuchte mich ein alter schweizer Geschäftsfreund. Ein sehr kluger und vernünftiger Mann, der immer ein Freund Deutschlands war. Er zeigte mir voll Entsetzen einen Bericht aus Bonn, in dem geschildert wurde, wie unser Bundeskanzler zwei fragwürdige Rußlandheimkehrer dazu benützte, um einen politischen Gegner im Parlament mundtot machen zu lassen. Der Schweizer sagte mir dazu: „Und wenn dieser Gegner auch ein Kommunist war, so hat er auch das Recht zum Sprechen. Wenn man das in Deutschland noch nicht weiß, dann ist es auch noch keine Demokratie! Überhaupt habe ich den Eindruck, daß es diesmal keine 14 Jahre dauern wird, wie nach dem ersten Weltkrieg, bis Deutschland wieder reif für einen Hitler ist."

Sehr geehrter Herr Professor Heuss, ich schließe mit der Bitte an Sie, setzen Sie Ihre ganze Tatkraft und den ganzen Einfluß Ihres hohen Amtes dafür ein, daß dieser Schweizer nicht recht behält und daß wir endlich einmal zu anderen politischen Verhältnissen in Deutschland kommen. Glauben Sie mir bitte, daß Millionen Deutscher so denken wie ich, wenn sie es auch nicht schriftlich niederlegen, und daß diese Menschen alle voll Hoffnung auf Sie blicken.

Mit vorzüglicher Hochachtung   E. Dafinger

Nr. 9 B
An E. Dafinger, Mühlingen-Bahnhof über Stockach/Baden
31. Dezember 1949
BArch, B 122, 50: ms. Schreiben, Durchschlag, von Heuss diktiert (Diktatz. H/Hr.) und ms. gez.[5]

Sehr geehrter Herr Dafinger!

Man muß mit mir nachsichtig sein, wenn man eine Antwort erst nach Wochen und dann nur kurz erhält. Der Posteingang wirft täglich einige hundert Briefe in

---

[5] Absendevermerk vom 31. 12. 1949; weiterer Nachweis: N 1221, 290: Durchschlag.

meine Stube, die ich gar nicht alle selber erledigen kann, da es ja auch sonst Arbeit genug gibt. Ich danke Ihnen für Ihren freundlichen und mahnenden Brief, der in einigem wohl recht hat, im anderen aber das Opfer verzerrender Darstellungen wurde, die bei Beginn des Bundestages der Sport von einigen illustrierten Zeitungen waren.

Der Garten-Empfang in Brühl war eine Einladung der Regierung von Nordrhein-Westfalen,[6] sehr geglückt, Tee mit etwas Kuchen und weiter gar nicht üppig. Eine gewisse Repräsentation kann der Staat nicht entbehren, zumal bei dieser Gelegenheit auch die fremden Delegationen aus den verschiedenen Ländern Deutschlands anwesend waren.

Die Darstellungen über die Diäten der Abgeordneten[7] geben auch ein verzerrtes Bild. Für einen großen Teil der Abgeordneten – ich weiß das aus früherer eigener Erfahrung – bedeutet das Mandat mehr ein wirtschaftliches Opfer als einen wirtschaftlichen Gewinn, denn die Begleitausgaben (Sekretärin, großer Briefwechsel, Verlust für eigene Berufsarbeit) werden von der Mehrzahl der Kritiker nicht veranschlagt. Es ist eigentlich nur für die beamteten Leute eine zusätzliche „Einnahme" verbunden, aber Beamte sind wenig mehr im Parlament.[8]

Daß ich in München mit goldenem Besteck gegessen habe, erfahre ich erst durch Ihren Brief. Daß die Staatskanzlei von ihrem Nymphenburger Porzellan etwas aufstellte, was sie keinen Pfennig gekostet hat, ist doch eigentlich ganz in Ordnung, wenn sie schon einen festlichen Eindruck machen will. Auch dort gab es keinerlei „Üppigkeit". Sie dürfen überzeugt sein, daß wir unsererseits in dem der Unmittelbarkeit unterstehenden Bereich mit einem sehr kleinen Mitarbeiterstab, der bis an den Rand mit Arbeit zugedeckt ist, sparsam und gut unsere Pflicht zu tun suchen.

Mit guten Neujahrsgrüßen

Theodor Heuss

---

[6] Über die Fahrt nach Brühl berichtete Heuss-Knapp in einem Rundbrief ihren Freunden am 24. 10. 1949: „Das stärkste Erlebnis war für mich eigentlich, abgesehen vom Wahltag selbst, unsere Fahrt nach Brühl in langsamer Fahrt im offenen Wagen. Da haben jedes Mal, wenn wir durch ein Dorf kamen, die Glocken geläutet, und einmal stand der Kaplan auf seiner Treppe zur Kirche und hat eine Ansprache gehalten, und die fing so an: ‚Hochverehrter Herr Bundespräsident! Liebe Frau Gemahlin!' Das fand ich zu nett." E. HEUSS-KNAPP, Bürgerin, S. 335. Über den Empfang der Landesregierung in Brühl war durch die KPD-Zeitung „Freies Volk" (Düsseldorf) verbreitet worden, der Aufwand habe pro Person 82 DM betragen. In Wirklichkeit beliefen sich die Kosten jedoch nur auf 8 DM, weil den Gästen lediglich Kuchen und Tee gereicht worden war. Unterlagen, darunter auch Zuschriften, in: B 122, 625.

[7] Zu den Diäten der Bundestagsabgeordneten vgl. Nr. 28, Anm. 2.

[8] Im ersten Deutschen Bundestag waren 22,4 % der Parlamentarier Beamte; dies steigerte sich auf 36,3 % in der 13. Wahlperiode; vgl. P. SCHINDLER, Datenhandbuch, Bd. 1, S. 680.

Nr. 10 A
Von Dr. med. Hans Friess, Marburg an der Lahn
10. Dezember 1949
BArch, B 122, 5682: hs. Schreiben, behändigte Ausfertigung[1]
„Kollektivscham": Reaktion auf die Rede von Theodor Heuss in Wiesbaden bei einer Feierstunde der Gesellschaft für christlich-jüdische Zusammenarbeit

Sehr geehrter Herr Bundespräsident!

Zu Ihrer Wiesbadener Rede möchte ich bitten, daß Sie auch einmal alle anderen Verfolgten des Naziregimes ebenso erwähnen wie Sie es jetzt bei den jüdischen Verfolgten so anerkennenswerter- und notwendigerweise getan haben.[2]

Ich muß als Nazigegner und politisch Verfolgter die Kollektivschuld, aber auch die Kollektivscham, von der Sie jetzt sprachen, entschieden ablehnen. Scham kann man doch nur gegenüber eigenem Verschulden oder Mitwirken empfinden. Für die natürliche Tatsache, in einem bestimmten Land und Volk geboren zu sein (das man unter den heutigen Verhältnissen[3] nicht verlassen konnte), trifft niemanden eine Schuld, so wenig wie etwa für eine angeborene Mißbildung.

Wenn die Zugehörigkeit zur deutschen Sprachgemeinschaft schon ein ausreichender Grund sein soll, dann müßten die Deutsch-Schweizer und -Österreicher auch diese Kollektivschuld empfinden.

Alles Fordern von Kollektivempfinden, Schuld oder Scham, ist Nazigeist und fördert die Interessen der Nazi heute noch, die ihre Schuld in der Kollektivschuld, die sie selbst nicht kennen, untergehen lassen wollen. (Ich habe es erfahren, wie wenig politisch Verfolgte heute beliebt sind.)

Mit bestem Dank!   Dr. Hans Friess

---

[1] Az. III/ 3/07 – Wiesbaden – ; mit einzelnen Unterstreichungen von unbekannter Hand.

[2] Heuss sprach während seines Antrittsbesuches in Hessen am 7. 12. 1949 bei einer Feierstunde der Gesellschaft für christlich-jüdische Zusammenarbeit e.V. in Wiesbaden. Urfassung der Rede, mit Korrekturen von Heuss in: B 122, 211. Letzter Druck bei R. DAHRENDORF / M. VOGT, Theodor Heuss, S. 381–386. Die Rede, die den Titel „Mut zur Liebe" erhielt, erfuhr eine große Resonanz mit vielen zustimmenden und ablehnenden Zuschriften; vgl. B 122, 614. Vor allem Flüchtlinge verwiesen auf das ihnen zugefügte Unrecht und die deutschen Opfer. Zur Interpretation vgl. U. BAUMGÄRTNER, Reden, S. 185–209; zur Überlieferungsgeschichte ebd., S. 470f.

[3] Vermutlich gemeint: „im Gegensatz zu den heutigen Verhältnissen".

Nr. 10 B
An Dr. med. Hans Friess, Marburg an der Lahn
14. Dezember 1949
BArch, B 122, 5682: ms. Schreiben, Durchschlag, von Heuss diktiert (Diktatz. H/Hr.) und
ms. gez.[4]

Sehr geehrter Herr!

Freundlichen Dank für Ihren Versuch, mich zu belehren, daß es eine Kollektivscham nicht geben könne, zu schämen brauche sich nur der, der selber schuldig
geworden ist. Der Versuch mag logizistisch durchgeführt sein, er geht aber irgendwie an den psychischen Tatbeständen vorbei. Ich habe mich in der Nazi-Zeit geschämt, wenn ich einen Juden mit dem Judenstern bemerkte oder auf einer Bank
die Aufschrift fand „für Juden verboten".

Mit freundlichem Gruß

Theodor Heuss

Nr. 11 A
Von Tita Marsan-Buhle, Bad Dürkheim
Januar 1950
BArch, B 122, 53: hs. Schreiben, behändigte Ausfertigung
Gedicht zum 66. Geburtstag von Theodor Heuss

Hochverehrter Herr Bundespräsident,

zu Ihrem Geburtstag[1] nehmen Sie mein Gedicht als Zeichen der Verehrung! Ich
bin Mitglied des Süd-West-Deutschen Schriftsteller-Verbandes.
   Mein Los ist schwer, denn ich bin 70 Jahre alt und hatte unter der französischen
Censur schwer zu leiden; meine Rente beträgt 46 DM, und man machte es mir
unmöglich, durch meine Feder mein Los zu verbessern! Würden Sie das Gedicht
in Bonn veröffentlichen, so wäre ich sehr glücklich. Ich bin die Enkelin eines Englischen Oberst und Tochter eines deutschen Major!

In tiefer Ergebenheit

Tita Marsan

---

[4] Absendevermerk vom 14. 12. 1949; weiterer Nachweis: N 1221, 290: Durchschlag.
[1] Am 31. Januar.

[Anlage][2]
Herrn Bundespräsident Dr. Heuss zum 66. Geburtstag im Januar 1950

Da Du das Leben gemeistert,
Für Recht und Wahrheit begeistert,
Wählte Dich Gott zum Erhalter
Deutscher Nation –:
Dir ward der höchste Lohn,
Des Reiches weiser Verwalter!–
Aus Weisheit und Güte gepaart
Ist Deines Wesens Art.–

Millionen erheben die Hände
an dieser Schicksalswende,
Flehen zu Gott um Segen
Auf dunklen Zukunftswegen;
Du stehst auf schwankem Schiff,
Beherrschend Sturm und Riff:
Der Leuchtturm deutscher Treue
Strahlt über Not und Weh!
Wir grüßen Dich aufs Neue
Von Holstein bis zum Bodensee!

Wir wollen einig, einig sein
Von Bayern bis zum deutschen Rhein!
Sei stark!! Wir stehen Hand in Hand
Beglückt im neuen Vaterland! –

Tita Marsan-Buhle

---

2 Das Gedicht als Anlage auf einer Extraseite.

Nr. 11 B
An Tita Marsan-Buhle, Bad Dürkheim
5. Februar 1950
BArch, B 122, 53: ms. Schreiben, Durchschlag, von Heuss diktiert (Diktatz. H/Kg), von Bott
paraph. und ms. gez.[3]

Sehr geehrte Frau Marsan-Buhle,

der Herr Bundespräsident bittet um Nachsicht, wenn er Ihren freundlichen Brief nicht selber beantwortet. Es gehen täglich viele Hunderte von Schreiben ein. Er dankt Ihnen für die freundliche Gesinnung.

Für die Publikation Ihrer Verse kann er aber seinerseits nicht besorgt sein; denn erstens ist der Termin verstrichen und zweitens widerspricht es seiner Natur, sozusagen selber „Ersatz-Troubadur"[4] seines Ruhmes zu sein.[5]

Mit bester Empfehlung   Hans Bott
                                        Persönlicher Referent des Bundespräsidenten

Nr. 12 A
Von Annie Aretz, Heppenheim an der Bergstraße
27. Februar 1950
BArch, B 122, 57: ms. Schreiben, behändigte Ausfertigung[1]
Protest gegen die Verurteilung von Mathilde Ludendorff als Hauptschuldige im Spruchkammerverfahren

Hochgeehrte Frau Heuss-Knapp!

Als unbescholtene Deutsche wende ich mich voll Vertrauen an Sie und bitte Sie, den beigefügten Sonderdruck[2] aufmerksam zu lesen. Dieser Auszug aus dem

---

[3] Az. I/1/00 hs. hinzugefügt; Briefkopf irrtümlich: „Th. H."; weiterer Nachweis: N 1221, 291: Durchschlag.

[4] In der Vorlage irrtümlich „Ersatz-Troubour".

[5] Gegen Ende seiner Amtszeit schrieb Heuss am 17. 7. 1959 an Ruth Albrecht: „Ich bin nun in der eigentümlichen Lage, in diesen zehn Jahren Roman- und Dramen- und Gedichtmanuskripte zugesandt erhalten zu haben. Ich habe in ‚Notwehr' nichts davon gelesen mit der schönen Formel, daß ich weder ‚Bundeslektor' noch ‚Bundesdramaturg' sei." N 1221, 356.

[1] Eingangsstempel vom 3. 3. 1950; Az. I/12/10.

[2] Der Ausschnitt wurde nicht zu den Akten genommen. Möglicherweise handelte sich um einen Auszug aus der Zeitschrift „Der Quell. Monatsschrift für Geistesfreiheit", hg. vom Verlag Hohe Warte, Stuttgart, mit der Ziele der Ludendorff-Bewegung publizistisch verbreitet wurden.

Stenogrammbericht der Spruchkammerverhandlung gegen die Philosophin Mathilde Ludendorff[3] läßt nach dem Urteil vom 5. 1. 50 erkennen, daß im Wesen kein Unterschied zwischen diesem Prozeß und den Prozessen gegen Kardinal Mindszenty[4] und gegen den Philosophen Giordano Bruno[5] besteht: In jedem Fall wird der Andersdenkende durch Terror mundtot gemacht!

Wir können nicht glauben, daß Ihr verehrter Herr Gemahl zu dieser Ungeheuerlichkeit dauernd schweigen wird. Mein Mann schrieb dem Herrn Bundespräsidenten schon am 9. 1. 50 in dieser ernsten Sache einen Brief,[6] der bis heute ohne jede Antwort blieb. Wir wissen, daß auch andere Deutsche sich in dieser Angelegenheit an Ihren Herrn Gemahl, an Sie selbst und an andere Persönlichkeiten wandten.[7] Ein ausführlicher Brief an Sie wurde inzwischen veröffentlicht. Unseres Wissens haben weder Ihr Herr Gemahl noch Sie selbst bis jetzt gegen das ungeheuerliche Fehlurteil Stellung genommen. Was sollen wir darüber denken?

Wenn man die Geschichte der Hintergründe des grausamen Völkermordens betrachtet, so kann man von den Auswirkungen männlicher Machtgier nur aufs

---

3 Mathilde Ludendorff war am 5. 1. 1950 im Rahmen ihrer Entnazifizierung in einem Spruch-kammerverfahren, in dem sie sich von den Verbrechen des „Dritten Reiches" distanzierte, als „Hauptschuldige" verurteilt worden. In der Urteilsbegründung hieß es, sie habe im Kampf gegen Angehörige anderer Rassen, das Freimaurertum und die christlichen Konfessionen gegen die Prinzipien der Gerechtigkeit und Menschlichkeit verstoßen. Sie war mit ihrem Ehemann Erich Ludendorff in den Anfangsjahren der Weimarer Republik aktiv in der völkischen Bewegung und hatte auch Kontakte zu Hitler. Zwischen 1929 und 1933 gab es jedoch Differenzen zwischen den Ludendorffs und den Nationalsozialisten. Zeitgenössischer Abdruck des Urteils und Materialien aus der Berufung durch F. KARG VON BEBENBURG, Spruch und Berufung. In der Revision wurde Mathilde von Ludendorff mit Urteil vom 8. 1. 1951 nur noch als eine „Belastete" eingestuft.

4 Kardinal Josef Mindszenty, Erzbischof von Esztergom, stand seit 1945 in Opposition zu den ungarischen Kommunisten. Ende 1948 wurde er verhaftet und in einem Schauprozesss vom 3. bis 5. 2. 1949 vor einem Volksgericht wegen Umsturzes, der Spionage gegen Ungarn und wegen Devisenvergehen angeklagt. Nach eigenen Angaben war er vorher wochenlang gefoltert und durch Drogen zu Schuldeingeständnissen gezwungen worden. Zu lebenslanger Haft verurteilt, wurde er im Rahmen des ungarischen Volksaufstandes 1956 befreit und erhielt nach der Niederschlagung des Aufstandes in der US-Botschaft in Budapest Asyl.

5 Der Philosoph Giordano Bruno wurde in Rom von der Inquisition der Ketzerei angeklagt und am 17. 2. 1600 auf dem Scheiterhaufen hingerichtet. Er wurde zu einer Symbolfigur für Glaubens- und Gedankenfreiheit. Erst im Jahre 2000 erklärten der päpstliche Kulturrat und eine theologische Kommission die Hinrichtung für Unrecht.

6 Das Schreiben von Emil Aretz an Heuss vom 9. 1. 1950 im Umfang von vier eng getippten Seiten mit dem Betreff „Rechtsbeugung, Verletzung des Grundgesetzes und Geschichtsfälschung zwecks Diffamierung des Deutschen Volkes" enthielt in Kurzform die Ziele und Inhalte der „Luden-dorff-Bewegung". Demnach werde die Welt bestimmt durch das Weltherrschaftsstreben der katholischen Kirche sowie eingeweihter Juden und Freimaurer, und Hitler sei nur ein Werkzeug von „Rom und Juda" gewesen; B 122, 57; vgl. auch B. AMM, Ludendorff-Bewegung, S. 6, 272.

7 Klaiber hatte unter dem 11. 1. 1950 verfügt, dass Eingänge zu diesem Fragenkomplex ohne Antwort zu den Akten gelegt werden sollten, da es sich offensichtlich um eine Kampagne handele; B 122, 57, dort auch weitere Zuschriften.

Tiefste erschüttert sein. Ist es angesichts dessen nicht gerade die Verpflichtung der Frauen, darüber zu wachen, daß zu dem vielen Unrecht, welches schon geschah, nicht immer neues und vielfach schlimmeres hinzukommt? Das unerhörte Unrecht, das man Frau Dr. Ludendorff zufügte, ist an sich schon schlimm genug, um jeden, der davon erfährt, zu entschiedenem Protest zu veranlassen. Es handelt sich hier aber nicht nur um Frau Dr. Ludendorff, sondern auch darum, [daß] die wahren „Hauptschuldigen" an Hitlers Verbrechen, die z. T. in der internationalen Hochfinanz zu suchen sind, nun auch von amtlichen Stellen unmißverständlich genannt werden, damit die unerträgliche Beschimpfung und Verleumdung des Deutschen Volkes endlich aufhört!

Sie, Hochgeehrte Frau Heuss-Knapp, sind schriftstellerisch tätig; *Ihr* Protest gegen das Münchener Terror-Urteil und *Ihr* Hinweis auf die große Schuld der internationalen Hochfinanz würden von der Tagespresse gedruckt. Dieser Protest und dieser Hinweis wären eine wirklich befreiende Tat für Recht und Wahrheit! Und das Deutsche Volk würde erkennen, daß die im Grundgesetz festgelegten Grundrechte doch mehr sind als die schönen Worte.

Tausend und abertausend Deutsche warten mit steigender Besorgnis darauf, daß maßgebliche Persönlichkeiten sich endlich auf die selbstverständliche Pflicht besinnen, gegen den Münchener Terror Stellung zu nehmen. Machen Sie bitte, hochverehrte Frau Heuss-Knapp, den Anfang und rütteln Sie die trägen Gewissen der Anderen wach!

In der Hoffnung, daß dies bald und wirksam geschieht,
grüße ich Sie mit vorzüglicher Hochachtung!

Annie Aretz

Nr. 12 B
An Annie Aretz, Heppenheim an der Bergstraße
7. März 1950
BArch, B 122, 57: ms. Schreiben, Durchschlag, von Heuss diktiert (Diktatz. H/Hr), von Klaiber hs. paraph. und ms. gez.; Briefkopf: „Chef des Bundespräsidialamtes"[8]

Sehr geehrte genädige Frau,

da an den Herrn Bundespräsidenten und seine Gattin täglich einige hundert Briefe eingehen und zu ihrer Unterstützung nur ein kleiner Mitarbeiterstab zur Verfügung steht, ist es unvermeidlich, daß die Beantwortung der Zuschriften sich gelegentlich verzögert. Ich bitte, das zu entschuldigen.

---

[8] Az. I/12/10; weiterer Nachweis: N 1221, 291.

Frau Dr. Heuss selber weilt seit Anfang Januar in einem Sanatorium, und es darf ihr auf ärztliche Anweisung, da sie herzleidend ist, keinerlei Korrespondenz nachgesandt werden. Sie wird im Laufe des März zurückerwartet, aber sie wird auch dann ihre Arbeitskraft nur auf die ihr am Herzen liegenden sozial-politischen Unternehmungen, die sie angeregt hat, beschränken können. Von einem Eingreifen in politische Fragen hält sie sich zurück. Sie wird deshalb ganz sicher in der Frage der Frau Dr. Ludendorff nicht aktiv werden. Wir wissen von ihr, daß sie vor einigen Jahrzehnten einen Vortrag von Frau Dr. Ludendorff gehört hat und ihr durchaus ablehnend gegenübersteht.

Der Herr Bundespräsident ist von einige Seiten in der Angelegenheit von Frau Dr. Ludendorff angegangen worden, aber auch er muß es ablehnen, in dieser Frage irgendwie aktiv zu werden. Er hat amtlich dazu keine Berechtigung. Gegenüber Rechtsurteilen ist eine evtl. Zuständigkeit in Gnadenfragen nur auf die Fälle der unmittelbaren Bundesgerichtsbarkeit begrenzt. Ein sachliches Eingreifen in Spruchkammerentscheidungen, die bis heute der Länderzuständigkeit zugehören, mußte von ihm immer abgelehnt werden.

Die Geschichtsauffassung, die ihm in dem Brief Ihres Gatten[9] vorgetragen wurde, ist ihm nicht fremd, wonach der ganze Geschichtsablauf eine Art von Dauerverschwörung zwischen Vatikan, Freimaurerei und Judentum sei. Der Herr Bundespräsident, der weder Jude noch Freimaurer noch Katholik ist, sich also solche Auffassungen als „Unbeteiligter" anhören kann, hält von diesen Geschichtsbildern nichts, gleichviel ob sie aus dem Hause Ludendorff oder aus dem Büro Alfred Rosenberg[10] stammen, der ja Hitlers Berater in diesen Geschichtskonstruktionen war. Der Herr Bundespräsident glaubt, die Erscheinung des Generals Ludendorff in dem militärischen wie in dem politischen und geistigen Geschichtsablauf der deutschen Dinge wesentlich anders sehen zu müssen, als es offenbar Ihr Gatte tut, hat aber weder die Zeit noch das Bedürfnis, sich darüber mit ihm auseinanderzusetzen. Die Darstellung, die Frau Dr. Ludendorff vor ein paar Jahrzehnten über die Beziehungen Goethe-Schiller gegeben hat, hat ihm auch seinerseits jede Neigung genommen, um sich mit der „wissenschaftlichen" Produktion von Frau Ludendorff näher zu beschäftigen.[11] Der Herr Bun-

---

[9] Vgl. Anm. 6.

[10] Alfred Rosenberg hatte mit seinen Werken bereits während der Weimarer Republik die NS-Ideologie mitbegründet und verbreitet und war seit 1934 u. a. „Beauftragter des Führers für die Überwachung der gesamten geistigen und weltanschaulichen Schulung und Erziehung der NSDAP"; vgl. R. BOLLMUS, Amt Rosenberg.

[11] Heuss spielte dabei an auf das Buch MATHILDE LUDENDORFF: Der ungesühnte Frevel an Luther, Lessing, Mozart und Schiller. Ein Beitrag zur deutschen Kulturgeschichte, München 1926. Dort hatte die Autorin „nachgewiesen", dass Schiller von in jüdischem Sold stehenden Freimaurern vergiftet worden sei. Goethe habe davon gewusst, habe aus seiner Verschwiegenheits- und Gehorsamspflicht als Logenbruder dazu jedoch geschwiegen.

despräsident bedauert, daß diese Auskunft für Sie persönlich enttäuschend sein
muß.

Mit vorzüglicher Hochachtung!

Manfred Klaiber

Nr. 13 A
Von Lieselotte Schulz, Berlin-Britz
28. Februar 1950
BArch, B 122, 54: hs. Schreiben, behändigte Ausfertigung[1]
Ergebenheitsadresse; persönliches Schicksal in Berlin

Sehr geehrter Herr Bundespräsident, verehrter Herr Professor Heuss!

Beim Hören Ihrer Ebert-Gedenkrede,[2] die mich außerordentlich berührte, kam
mir der Gedanke, daß ich Ihnen ja persönlich schreiben könnte. Und schon der
Gedanke war plötzlich wie ein Geschenk, ein Geschenk der persönlichen Freiheit. Und da mein Schreiben kein Bittgesuch ist, sondern nur ein wenig zu dem
Menschen spricht, darf ich Ihnen vielleicht den Zeitverlust zumuten. Lesen Sie
bitte so, wie Sie auch bei angestrengtester Tätigkeit vielleicht ein Buch lesen.
   Natürlich würde es zu weit führen, wenn alle Angehörigen des Bundeslandes
auf den Einfall kämen, sich persönlich mit Ihnen in Verbindung zu setzen, – aber,
– es werden ja nicht alle tun, – aber, nun ja, und da ich Berlinerin bin, und mein
Leben gerade in politischer Beziehung ein zwar unblutiges, aber doch tragisches
Opfer der Spaltungspolitik werden wird, drängt es mich, trotzdem mein Einzel-
schicksal von Ihnen nicht geändert werden kann, Ihnen mein ganz persönliches
Vertrauen auszusprechen. Ihre Stimme und Art lassen gleiches menschliches
Bemühen spüren, wie es bei Ebert sich ausdrückte, an den ich noch Kindheits-
erinnerungen habe. Mein Vater, der im ersten Weltkrieg gefallen ist, hatte wohl
irgendwelche Verbindung zu ihm.
   Ja, und ich lebe nun in einer Umgebung, die sehr bezweifelt, daß in den bürgerlichen Kreisen der Demokratie hinter Worten auch Echtheit steht. Schaun
Sie, und das möchte ich nicht glauben müssen. Es werden in der großen Politik
immer wieder Schritte nötig sein, die für den Einzelnen Härten bringen oder ihm
unverständlich sind. Aber es ist da wie mit der Religion, man muß auch glauben

---

[1] Eingangsstempel vom 5. 3. 1950; Az. I/1/00; hs. von unbekannter Hand vermerkt: „Huldigung
   f[ür] Pr[äsidenten]“.
[2] Die Gedenkrede vom 28. 2. 1950 zum Todestag von Friedrich Ebert, gehalten im Deutschen
   Bundestag, in: B 122, 212; weitere Überlieferung in: N 1221, 3.

können und sein Vertrauen nicht gleich zurückziehen, wenn es uns persönlich mal schwer wird.

Nun geht es der kommunistischen Intelligenz, mit der ich durch meinen Mann (er ist Regierungsrat im Ostministerium[3]) oft zusammen komme, ja um grundlegend verschiedene Weltanschauung, aber nachdem ich kurze Zeit der Idee des Kampfes der Unterdrückten zustimmte, mußte ich bald einsehen, daß mit Mitteln einer Diktatur immer an der persönlichen Freiheit gerüttelt werden wird, und der Druck der Unfreiheit lastet jetzt stärker als während der Hitlerzeit. Bis jetzt ist, da wir im Westsektor leben, außer der Kündigung meiner Lektorentätigkeit im kulturellen Beirat mir noch nichts geschehen, aber die Angst schwebt immer im Hintergrund. Und ich werde meinem Mann, der gezwungen ist, in den Ostsektor zu ziehen, nicht folgen. Wirtschaftlich werde ich es nur noch kurze Zeit durchhalten können, aber da ich kein positiver Mensch bin, werde ich vor den Schwierigkeiten des Lebens kapitulieren, nicht vor der russischen Idee.

Sicher gibt es wesentlichere Dinge für Sie im großen Ablauf, Flüchtlingsschicksale etc., aber wie merkwürdig die Politik in privatestes Leben eingreift, kann Sie vielleicht doch interessieren. Ich stelle mir vor, daß Sie, überlastet mit Arbeit, weniger als vielleicht früher Gelegenheit haben, einen lebendigen Kontakt mit den verschiedenen Bevölkerungsschichten zu pflegen.

Wenn ich Ihnen nun, trotzdem ich unter der Unmöglichkeit, Arbeit zu finden, leide, Dank und Vertrauen ausspreche, ist das nur ein kleines Körnchen, aber vielleicht vermag dies auch dazu beitragen, Ihnen in Stunden der Erschöpfung zu sagen, daß Ihr Dasein seinen großen Sinn hat.

Danke also für Ihre spürbare Menschlichkeit, die mir eben den Mut gab, Ihnen diesen Gruß zu senden, der alle meine Hochachtung ausdrücken soll.

Lieselotte Schulz

---

[3] „Ostministerium" war eine 1949/50 gelegentlich benutzte Bezeichnung für das Bundesministerium für gesamtdeutsche Fragen. Dies passt allerdings nicht zu den folgenden Ausführungen, so dass davon auszugehen ist, dass ihr Mann in einem Ministerium der DDR arbeitete.

Nr. 13 B
An Lieselotte Schulz, Berlin-Britz
15. März 1950
BArch, B 122, 54: ms. Schreiben, Durchschlag, von Heuss diktiert (Diktatz. H/Hr) und ms. gez.[4]

Sehr geehrte Frau Schulz,

für Ihre freundlichen Zeilen darf ich Ihnen herzlich danken. Der Posteingang bringt täglich aus ganz Deutschland die verschiedensten Briefe, die ja oft nur schematisch beantwortet werden können, aber zwischendurch spricht das menschliche Gefühl an. Das, was Sie kurz von Ihrer eigenen Situation erzählt haben, ist in solchem Sinn für mich nicht unwichtig, sondern eine der täglichen Mahnungen, der ungeheuren individuellen Kompliziertheit unseres gegenwärtigen Daseins bewußt zu bleiben. Das ist nicht viel, aber aus solchen Schicksalen und Problemstellungen setzt sich ja ein Volksdasein zusammen.

Daß Ihnen meine Worte über Friedrich Ebert wichtig gewesen sind und daß ich das auch von mancher anderen Seite erfahren durfte, freut mich um Eberts willen.

Mit bester Empfehlung
Ihr ergebener

Theodor Heuss

Nr. 14 A
Von Dr. König, Oberstudiendirektor der Liselotteschule, Mannheim
21. März 1950
BArch, B 122, 339: ms. Schreiben, behändigte Ausfertigung[1]
Beschwerde über eine Zwischenbemerkung von Theodor Heuss bei einem Besuch mit Schülern in Bonn; Bedeutung der Aufgabe des Lehrers

Sehr geehrter Herr Bundespräsident!

Wenn ich auch persönlich der Überzeugung bin, daß die Bemerkung, mit der Sie meine Ausführungen unterbrachen, weder eine Abfuhr noch eine geringschätzige Beurteilung unserer Erzieherarbeit sein sollte, so erscheint es mir im Hinblick auf den beiliegenden Zeitungsausschnitt doch notwendig, Sie um eine beruhigende

---

[4] Az. I/1/00; Absendevermerk vom 15. 3. 1950; weiterer Nachweis: N 1221, 291: Durchschlag.
[1] Eingangsstempel vom 28. 3. 1950; Az. I/19/00.

Erklärung zu bitten, die den unangenehmen Eindruck in weiten Kreisen von Lehrern, Schülern und Eltern zu beseitigen vermag.[2] Es ist eine Binsenwahrheit, daß die aller Ideale beraubte Jugend zu entwurzeln droht und somit eine Gefahr für den jungen Staat werden kann, wenn es nicht gelingt, das im 3. Reich erschütterte Vertrauen zwischen Alt und Jung wieder herzustellen. Der Erzieherberuf ist deshalb heute schwerer und verantwortungsvoller denn je, und es gehört wirklich ein großes Maß von Idealismus seitens des Lehrers dazu, vor der ungeheuer schwierigen Aufgage nicht zu kapitulieren.

Indem ich Sie bitte, meine Ausführungen als diejenigen eines Mannes zu verstehen, der bestrebt ist, seine besten Kräfte für die Erziehung der Jugend im demokratischen Geiste einzusetzen,

bin ich mit verbindlichen Grüßen
Ihr   Dr. König

Nr. 14 B
An Dr. König, Oberstudiendirektor der Liselotteschule, Mannheim
27. März 1950
BArch, B 122, 339: ms. Schreiben, Durchschlag, von Heuss diktiert (Diktatz. H/Hr) und ms. gez.[3]

Sehr geehrter Herr Oberstudiendirektor,

freundlichen Dank für Ihre Zeilen. Ich muß aus ihnen herausspüren, daß ein Gefühl der Verletztheit bei Ihnen vorliegt, weil ich Ihre Ansprache – übrigens nicht wissend, wer der Sprecher ist – unterbrochen habe. Aber es ist mir nicht ganz klar, wie Sie sich vorstellen, daß ich eine „beruhigende Erklärung" abgeben solle, um den „unangenehmen Eindruck in weiten Kreisen von Lehrern, Schülern und Eltern" zu beseitigen. Ich weiß nicht, ob dieser „unangenehme Eindruck" bei den „weiten Kreisen" vorliegt. Ich habe natürlich keinen Augenblick daran gedacht, daß hier mit irgendeiner Presseberichterstattung zu rechnen ist, aber vor der Reaktion, wie sie sich bei Ihrer Begrüßungsansprache ergeben hat, ist (vielleicht leider) kein Mensch sicher. Ich gehöre zu den Menschen, von denen Fon-

---

[2] Der „Mannheimer Morgen", der eine Fahrt von 150 Schülern aus Mannheim und Weinheim nach Bonn gesponsort hatte, berichtete am 18. 3. 1950, Nr. 66 über den Empfang bei Heuss. „Als er [Dr. König] davon sprach, daß es darauf ankomme, in den jungen Menschen Ideale zu wecken, unterbrach Prof. Heuss, indem er liebenswürdig lächelte, mit den Worten: ‚Das sind Sprüch', um gleich darauf fortzufahren, es sei von großer Wichtigkeit, der Jugend die Bedeutung der staatsbürgerlichen Betätigung nahezubringen"; Zeitungsausschnitt in: B 122, 339.

[3] Absendevermerk vom 27. 3. 1950; weiterer Nachweis: N 1221, 162: Durchschlag.

tane über sich selber berichtend sagt, daß ihnen „das Talent für Feierlichkeit"[4] abgehe, und ich leide geradezu darunter, wenn man in einer Situation, die eigentlich nur durch eine improvisierte Lockerheit ihren Stil erhalten kann, mit dem Akzent des Pathos redet.

Man muß mich nun halt nehmen, wie ich bin. Fast möchte ich glauben, obwohl ich mit dem heiteren Beifall der Jugend gar nicht gerechnet hatte, sondern nur eben den offiziellen Ton des Gesprächs behandeln wollte, daß der „Integrationseffekt" des Staates für die Gemüter der jungen Leute nicht so unangenehm gewesen ist. Die Autorität der Lehrerschaft kann unmöglich davon abhängen, ob das Staatsoberhaupt ein steifes oder ein bewegliches Naturell hat. Wenn es so wäre, dann müßte mir das leid sein. Ich selber glaube das gar nicht, was in Ihrem Brief steht, daß die Jugend „aller Ideale beraubt" ist. Sie steht nur, nach dem, was sie in der Umwelt erfahren, in der Schule der Skepsis,[5] aus der sie nicht bloß mit Lehrhaftigkeit, sondern mit menschlicher Unmittelbarkeit herausgeführt wird. Das ist wenigstens meine Erfahrung, der ich mit jungen Menschen der verschiedensten Kategorien mein Leben lang in Fühlung gestanden habe.

Eine Geringschätzung der Lehreraufgabe hat wohl noch nie jemand bei mir entdecken können. Ich selber habe die ungetrübte Erinnerung an meine Heilbronner Schulzeit, die ich freilich völlig unsentimental als frisch – fromm – fröhlichen Krieg durchgestanden habe, mit den Zwischenanekdoten, daß ich, ein sogenannter guter Schüler, zwei Mal in den Karzer gesteckt wurde.[6] Es würde mir leid tun, wenn bei Ihnen eine persönliche Verstimmung zurückbliebe, aber ich müßte Sie halt dann um Nachsicht bitten. Die Natur hat mich gegen das Pathos, wo ich es nicht am rechten Platz finde, empfindlich gemacht, so daß ich meine gegenwärtige Aufgabe nur mit der Zubilligung der mildernden Umstände erfüllen kann.

Mit verbindlichen Empfehlungen   Theodor Heuss

---

[4] Ein von Heuss häufig verwendeter Ausspruch, der sich auf Fontanes Gedicht aus dem Jahre 1888 „Was mir fehlte" bezog. Im Kontext der Suche nach den Gründen für mangelnden Erfolg heißt es dort: „ [...] ach, suche nicht zu weit / was mir fehlte war: Sinn für Feierlichkeit." Und noch einmal am Schluss: „Suche nicht weiter. Man bringt es nicht weit / bei fehlendem Sinn für Feierlichkeit". TH. FONTANE, Autobiographisches, S. 195f.

[5] Lange bevor der Soziologe Helmut Schelsky diesen Begriff für eine Nachkriegsgeneration prägte, war er Heuss nach 1945 geläufig, so auch in seiner Rede vom 9. 9. 1948 vor dem Parlamentarischen Rat; vgl. TH. HEUSS, Vater der Verfassung, S. 53.

[6] Heuss berichtete in seinen Jugenderinnerungen eingehend über seine Schulzeit; vgl. TH. HEUSS, Vorspiele, S. 67–104.

Nr. 15 A
Von Meta Wilh. Müller, Uesen bei Achim
31. März 1950
BArch, B 122, 53: hs. Schreiben, behändigte Ausfertigung, ohne Anrede[1]
Übersendung eines Rings als Talisman

Im tiefen Glauben, weil ich gottesfürchtig bin und mich Ihnen sowie der gesamten Bundesregierung gegenüber verpflichtet fühle für das Gesetz, welches Sie vor Weihnachten 1949 in Kraft setzen ließen,[2] möchte ich Ihnen meinen aufrichtigen Dank aussprechen.

Viel Herzblut habe ich vergossen, meine Ehre und die Ehre meiner Vorfahren war stark angegriffen. Nur ganz langsam erhole ich mich von dem falschen Verdacht, wohinein mich böswillige Menschen gestoßen haben. Aus einer ganz großen Gefahr haben Sie mich ohne Ihr Wissen durch den Glauben an einen einigen Gott gerettet. Ich danke Ihnen aus tiefster Seele.

Aber nicht nur mit dem Mund will ich Ihnen danken, sondern mit meinem Herzen durch die Tat, indem ich Ihnen meinen goldenen Ring mit dem Rubinstein (ein Geschenk meiner verstorbenen Eltern) als Talisman solange zur Verfügung stelle, bis Sie mit der Bundesregierung zusammen den Frieden und die deutsche Ehre mit den anderen Völkern wieder hergestellt haben.

Dann bitte ich Sie, ihn mir mit Ihrem Autogramm zurückzugeben, weil ich glaube, daß dann auch meine Ehre vor der Bevölkerung durch Sie wieder hergestellt wird. Ich glaube immer, genau so wie alle Gläubigen mit heiligem Wasser getauft werden, daß bei kritischen Zeiten, wenn ein ganzes Volk in Not und Gefahr ist, daß ein hoher Staatsbeamter ein Kleinod bei sich tragen muß, von dem niemand etwas weiß, und ich voraussetze, daß Sie solches aus dem Volke noch nicht empfangen haben, ein kleines Heiligtum aus dem Volke sichtbar oder unsichtbar zu tragen für ein Volk, welches an einen Gott glaubt, der Himmel und Erde geschaffen hat. Mein Name ist in dem Ring eingraviert und mein Zeichen „Fisch" wissen Sie als Gelehrter zu entziffern.

Es gibt Ringe und Steine in der Welt, die Glück und Unglück bringen. So ist es auch mit meinem Ring. Wer sich seiner unrechtmäßig zu eigen macht und ihn nicht ans Ziel kommen läßt, streut Unglück über die Erde. Möge mein Ring, wenn Sie ihn als hoher, ehrenwerter und angesehener Staatsmann tragen werden, dazu beitragen, den Frieden und die Ehre Deutschlands baldmöglichst in der Welt wieder herzustellen.

Die Verantwortlichkeit, die ich als ein Glied des deutschen Volkes auf Sie lege, meinen Ring immer bei sich zu tragen, damit er nicht verlorengeht, hoffe ich,

---

1 Eingangsstempel vom 5. 4. 1950; Az. I/1/00; Vermerk der Registratur: „mit Ring".
2 Welches Gesetz gemeint war, ist unklar.

daß Sie die Last kaum spüren werden, da Sie mit der Bundesregierung zusammen den guten Willen in sich tragen, ein frommes Volk aus Not und Bedrängnis wieder in normale, sichere und wirtschaftlichere Verhältnisse mit den anderen Völkern hineinzusteuern.

Mit ergebener Hochachtung

Meta Wilh. Müller

Nr. 15 B
An Meta Wilh. Müller, Uesen bei Achim
6. April 1950
BArch, B 122, 53: ms. Schreiben, Durchschlag, von Heuss diktiert (Diktatz. H/Kg) und ms. gez.[3]

Sehr geehrte Frau,

es war eine gewiß sehr freundliche Absicht von Ihnen, mir Ihren Rubinring zu übersenden. Aber ich bedaure, Sie enttäuschen zu müssen. Geschenke dieser Art nehme ich weder als Geschenk noch als Leihgabe entgegen, weil damit eine Verpflichtung zur Achtsamkeit verbunden ist, die ich zu meinen übrigen Pflichten nicht noch hinzusammeln will. Ich habe in meinem Leben noch nie einen Ring getragen, sogar nicht einmal den Ehering und kann mich nicht entschließen, auf meine alten Tage mit einem Schmuck der Hand zu beginnen, der Ihnen als Talisman erscheint und mir nur ungewohnt und störend wäre.

Ich danke Ihnen für die freundliche Gesinnung und darf den Ring wieder zurückreichen.

Mit freundlicher Empfehlung

Theodor Heuss

---

[3] Absendevermerk vom 7. 4. und für den Ring vom 11. 4. 1950 (Einschreiben); weiterer Nachweis: N 1221, 292: Durchschlag.

Nr. 16 A
Von Juliana von Stockhausen, Gräfin von Gatterburg, Eberstadt, Osterburken-
Land
4. Mai 1950
BArch, B 122, 54: ms. Schreiben, behändigte Ausfertigung[1]
Bitte um einen Gesprächstermin über die künstlerischen Pläne von Juliana von
Stockhausen

Sehr verehrter Herr Bundespräsident!

Wie mir der Baron Wolf Berlichingen eben erzählte, hat er die Ehre und Freude
gehabt, von Ihnen, verehrter Herr Präsident, empfangen zu werden. Darf ich mir
erlauben, Sie um die gleiche Auszeichnung zu bitten? Es wäre für mich von
außerordentlichem Wert, wenn Sie es ermöglichen könnten, mir die Gelegenheit
zu geben, Sie verehrter Herr Präsident, persönlich sprechen zu dürfen.

Ich erlaube mir, Ihnen das einzige meiner Bücher, das neu erschienen ist,[2] zu
übersenden. Meine gesamte, andere Produktion, die in Leipzig verlegt war, ist
noch immer nicht neu aufgelegt, und ich bekomme von drüben nichts herüber.
Ein neuer Roman ist soeben abgeschlossen; er behandelt das Schicksal der Flüchtlinge in einer kleinen, süddeutschen Stadt und die Forderung, eben dies Schicksal
auch als das unsere zu erkennen und aus der Kraft des Herzens zu bewältigen.[3]
Eine Erzählung, in der sich das Erleben junger Kriegsteilnehmer und ihre geistige
Situation spiegelt, wird soeben in [den] USA übersetzt. Sie spielt in Heidelberg.[4]

Es wäre für meine künstlerischen Pläne von entscheidender Bedeutung, wenn
Sie die Güte hätten, mir die Möglichkeit zu geben, sie Ihnen vortragen zu dürfen.
Ich darf Sie ergebenst bitten, mir mitteilen zu lassen, ob mein Besuch in Bonn an
einem der Tage der kommenden Woche entsprechen würde?

Ich verbleibe, sehr verehrter Herr Bundespräsident mit dem Ausdruck meiner
vorzüglichsten Hochachtung
Ihre ganz ergebene   Juliana von Stockhausen

---

[1] Eingangsstempel vom 5. 5. 1950; Az. I/1/00.
[2] Vermutlich handelt es sich um JULIANA VON STOCKHAUSEN: Im Zauberwald, Bühl-Baden ³1949,
1. Aufl. Leipzig 1943.
[3] Vermutlich DIES.: Unser Herz entscheidet, Heidelberg 1952.
[4] Ließ sich nicht ermitteln.

Nr. 16 B

An Juliana von Stockhausen, Gräfin von Gatterburg, Eberstadt, Osterburken-Land

11. Mai 1950

BArch, B 122, 54: ms. Schreiben, Durchschlag, von Heuss diktiert (Diktatz. H/Hr) und ms. gez.[5]

Sehr geehrte gnädige Frau,

Ihr Brief hat mich etwas in Verlegenheit gebracht. An sich bin ich ein nicht unhöflicher Mann, aber Besuche von Schriftstellern zu empfangen, die mir ihre künstlerischen Belange vortragen wollen, geht eigentlich über meine Kraft und über meine Kompetenz. Ich kann mir gar nichts darunter vorstellen, wenn Sie mir sagen, daß es für Ihre „künstlerischen Pläne" von entscheidender Bedeutung wäre, wenn Sie sie mir vortragen könnten. Ich habe die Empfindung, künstlerische Produktion lebt nicht aus Gesprächen mit jemand, der selber leider so illiterat geworden ist, daß er seit Jahren kaum sogenannte Belletristik hatte lesen können. Das klingt wenig höflich, aber wenn ich nicht präziser weiß, was Ihr Anliegen ist, muß ich leider Nein sagen, denn ich befinde mich gegenüber Besuchswünschen und Briefen in einem Zustand dauernder Notwehr.[6] Das Gespräch mit Freiherr von Berlichingen hatte ja einen ganz anderen Charakter. Er erbat meine Stütze an seinem Versuch für die Jagsthausener Heimatspiele.

Ihr sehr ergebener   Theodor Heuss

---

[5] Az. I/1/00; Absendevermerk vom 11. 5. 1950; von Bott paraph. hs. Vermerk: „Hat Herrn Bott vorgelegen"; weiterer Nachweis: N 1221, 292: Durchschlag.

[6] Ähnlich formulierte Heuss am 29. 9. 1958 gegenüber Generalmusikdirektor Dammer: „Ich gebe nie eine ‚Audienz', sondern führe dann gern ein Gespräch, wenn es für beide Teile sinnvoll ist, d. h. ich erbitte bei der unsinnigen Beanspruchung auch für private Dinge immer vorher eine präzise Mitteilung, was eventuell besprochen werden soll, um nicht, was häufig genug früher der Fall war, eine Enttäuschung zu verursachen, da man mit Fragen an mich herankommt, für die ich weder rechtlich noch, von mir aus gesehen, sachlich eine Zuständigkeit besitze"; N 1221, 349.

17 A
Vom Zitherverein Edelweiß, Wuppertal-Langerfeld
17. Mai 1950
BArch, B 122, 55: ms. Schreiben, behändigte Ausfertigung[1]
Bitte um Übernahme der Schirmherrschaft

Hochverehrter Herr Bundespräsident!

Eine Notiz, die vor einiger Zeit in einer hiesigen Konzertzither-Zeitung erschien, veranlaßt mich und gibt mir den Mut, mich im Namen unseres Zithervereins-Edelweiß, W[uppertal]-Langerfeld, mit einer Bitte an Sie, hochverehrter Herr Bundespräsident, zu wenden. Besagte Notiz führte aus, daß Sie alter Konzertzitherspieler sind. Unser Verein besteht seit ca. 35 Jahren. Allerdings wurden wir in der Ausübung unserer uns so lieb gewordenen deutschen Volksmusik durch die Kriegswirren und deren Folgen eine ganze Reihe von Jahren unterbrochen. Erst im Mai vergangenen Jahres fanden wir uns, wenn auch ganz klein, wieder zusammen. Nach und nach kamen weitere Interessenten dazu, und wir haben bis zum heutigen Tag schon unendlich viele schöne Stunden im gemeinsamen Musizieren verlebt.

Unsere derzeitige Spielstärke umfaßt 14 Personen in folgender Besetzung: [...]

Unser größtes Bestreben ist, der in den vergangenen Jahren so sehr vernachlässigten Zithermusik als deutsche Volksmusik wieder alle Ohren zu öffnen und Herzen klingen zu lassen.

Dieses bewog uns, nach alter Tradition mit größeren Konzerten an die Öffentlichkeit zu treten. Am Sonntag, den 21. Mai steigt unser erstes Konzert, über dessen Folge Ihnen das beigefügte Programm Aufschluß geben wird.[2] Daß die Konzertzithermusik schon wieder viele Freunde hat, bewies uns der Karten-Vorverkauf. Bereits in den ersten acht Tagen waren über 600 von 800 Eintrittskarten veräußert. Und nun, sehr verehrter Herr Bundespräsident, erlaube ich mir, auf meine eingangs angedeutete Bitte zurückzukommen. Erfüllen sie unseren Wunsch und übernehmen Sie das Protektorat unseres Zithervereins–Edelweiß? Sie würden uns mit der Erfüllung dieses Wunsches eine große Freude bereiten, und außerdem würde es der Bewegung in der deutschen Volksmusik, in unserer Ausführung in der Zitherliteratur, außerordentlich dienlich sein, wenn es bekannt würde, daß unser allverehrter Herr Bundespräsident sich persönlich für dieselbe einsetzt.

---

[1] Eingangsstempel vom 18. 5. 1950; Az. III/2/14; hs. Randbemerkung von Heuss „Bundespräs. ‚zittert nicht‘"; einige Unterstreichungen und Fragezeichen von unbekannter Hand.

[2] Das Programm liegt dem Schreiben bei; es umfasst 14 Stücke; beteiligt war auch der Wuppertaler Kammerchor.

Wir hoffen alle, keine Fehlbitte getan zu haben, und verbleiben, auf baldige Antwort wartend, mit den besten und verbindlichsten Grüßen

Ihr   Zither-Verein-Edelweiß Wuppertal-Langerfeld,

i. A. Schenk

17 B

An den Zitherverein-Edelweiß, Wuppertal-Langerfeld

22. Mai 1950

BArch, B 122, 55: ms. Schreiben, Durchschlag, von Heuss diktiert (Diktatz. H/Hr) und ms. gez.[3]

Sehr geehrter Herr,

Ihr freundlicher Brief wurde mir nach der Rückkehr von meiner Münchener Reise vorgelegt. Sein Inhalt beruht auf einem totalen Mißverständnis. Ich weiß nicht, woher die Legende kommen soll, daß ich ein alter Konzertzitherspieler sei.[4] Dazu bin ich viel zu menschenfreundlich gesonnen. Ich habe in meiner Bubenzeit wohl einmal auf Wunsch meines Vaters, der ein großer Alpinist war, das Zitherspielen gelernt, aber über das 18. Jahr hinaus wohl nie mehr die Seiten angeregt.[5] Ich bin also in keiner Weise qualifiziert, von den Zitherspielern als ein Musikgenosse in Anspruch genommen werden zu können, und bitte, dieses ja nicht zu tun.

Ihr Wunsch, das Protektorat über Ihren Verein zu übernehmen, kann ich nicht erfüllen. Es ist eine fast tägliche Entscheidung, solche Bitten abzulehnen, da,

---

[3] Az. III/2/14; Absendevermerk vom 22. 5. 1950; weiterer Nachweis: N 1221, 292: Durchschlag.

[4] In der Antwort auf ein Schreiben des Deutschen Zithermusik-Verbandes e. V. vom 15. 8. 1950 wiederholte Heuss seine Aussage, dass er lediglich auf Wunsch seines Vaters in seiner Jugend etwas Zither gespielt habe und keinesfalls als „Spezialist" gelten könne; 30. 8. 1950, in: B 122, 2154.

[5] Gegenüber dem Komponisten Hermann Reutter schilderte Heuss am 1. 3. 1953 sein Verhältnis zur Musik mit den Worten: „Ich halte mich – und habe das oft ausgesprochen – in Musikdingen für unzuständig. Ich war zwar als junger Mensch wohl Mitglied eines Kirchenchores und habe dabei einige Oratorien auch mitgesungen, ohne sie umzuwerfen." Seine Mutter und beide Brüder hätten Klavier gespielt. Das Zither-Spielen habe er mit etwa 17 Jahren aufgegeben und das Instrument sofort nach dem Tode der Stifterin, der Großmutter, verkauft; N 1221, 302; vgl. auch TH. HEUSS, Vorspiele, S. 115–118. Am 3. 3. 1958 schrieb Heuss pointiert an Wenzel Jaksch: „Mit einer schier gewissenhaften Pedanterie lege ich Wert darauf, unmusikalischer zu scheinen als ich es tatsächlich vielleicht bin." Damit habe er Arbeitszeit für andere, ihm näher liegende Dinge gewinnen wollen; N 1221, 346.

wenn ich solche Schirmherrschaften übernehme, dies nur für gesamtdeutsche Veranstaltungen gilt; sonst würde die Sache kein Ende haben.[6]

Ihr sehr ergebener   Theodor Heuss

Nr. 18 A
Von Ludwig Walz, Bürgermeister der Stadt Riedlingen, Württemberg
12. August 1950
BArch, B 122, 54: ms. Schreiben, behändigte Ausfertigung[1]
Einladung zur 700-Jahrfeier der Stadt Riedlingen und Bitte um ein Geleitwort

Hochverehrter Herr Bundespräsident!

Die Stadt Riedlingen an der Donau beehrt sich, Sie, Herr Bundespräsident, zu der in den Tagen vom 16. bis 25. September 1950 stattfindenden 700 Jahrfeier ehrerbietigst einzuladen.

Aus Anlaß der Feier wird ein Jubliäumsbüchlein herausgegeben mit dem Zweck, den Heimatgedanken und den Sinn für die Vergangenheit von Jung und Alt zu vertiefen.[2] Den Text, von dem ein Rohabzug des I. Teils beiliegt, hat Herr Otto Heuschele, Waiblingen, geschrieben.

Namens der Stadt erlaube ich mir, Sie, hochverehrter Herr Bundespräsident, ergebenst zu bitten, uns für dieses Büchlein ein kurzes Geleitwort zu geben, wodurch Sie die Stadt mit einer ganz besonderen Ehre auszeichnen würden.

In aufrichtiger Verehrung!   L. Walz
                                                                       Bürgermeister

---

6 Etwa fünf Jahre später formulierte Heuss am 17. 3. 1955 in einem Schreiben an Alfred Töpfer, der ihn zu einer Schirmherrschaft für eine Tagung des „Vereins Naturschutzpark e.V." eingeladen hatte: „Mein Wort, daß die Schirmläden in Deutschland ausverkauft seien, ist schon angestaubt. Sie wollen es mir bitte nicht verübeln: Ich komme mir allmählich fast wie eine lächerliche Figur vor, daß man überall den Bundespräsidenten als Schirmherrn haben will"; N 1221, 326.

1 Eingangsstempel vom 14. 8. 1950; Az. I/1/02.

2 OTTO HEUSCHELE: Riedlingen. Das Lebensbild einer alten Donaustadt, hg. anläßlich der 700-Jahrfeier der Stadterhebung 1250–1950, Stuttgart-Bad Cannstatt 1950.

Nr. 18 B

An Ludwig Walz, Bürgermeister der Stadt Riedlingen, Württemberg

17. August 1950

BArch, B 122, 54: ms. Schreiben, Durchschlag, von Heuss diktiert (Diktatz. H/Hr) und ms. gez.[3]

Sehr geehrter Herr Bürgermeister,

es tut mir leid, Sie enttäuschen zu müssen. Ich liebe zwar Riedlingen, das ich wohl zum ersten Mal als zwölfjähriger Bub bei einer Albwanderung kennenlernte, und weiß etwas von seinem historischen Reiz. Aber es ist eine meiner Dauerbeschäftigungen, Bitten um Geleitworte für solche und verwandte Anlässe abzulehnen, wie ich auch keiner Einladung zu 700-Jahrfeiern Folge leistete, von denen 15–20 an mich gekommen sind. Wenn ich hier zusage und dort absage, gibt es irgendwo eine Verstimmung. Ich selber aber muß es mir zum Gesetz machen, wenn es sich nicht gerade um sehr persönliche Bindungen handelt, wie etwa die Schule in Heilbronn,[4] nur Veranstaltungen mitzumachen, die auf der sogenannten Bundesebene liegen, denn sonst würde ich meine Kraft völlig in solchen Anlässen aufbrauchen, die zwar an sich schön und berechtigt sind, aber in ihrer Massenhaftigkeit über die Kraft eines einzelnen Menschen hinausgehen.[5]

Ich darf Sie um Ihr Verständnis bitten und Ihnen zugleich für den Verlauf ein schönes Wetter und eine freudige Anteilnahme der Bevölkerung wünschen.

Mit freundlichen Grüßen

Theodor Heuss

---

[3] Az. I/1/02; weiterer Nachweis: N 1221, 293: Durchschlag.

[4] In Heilbronn wurde 1950/51 ein Theodor-Heuss-Gymnasium errichtet, dessen neuer Schulleiter sich am 31. 8. 1951 bei Heuss brieflich meldete; B 122, 109; vgl. Nr. 44. Heuss besuchte 1892–1902 das Karlsgymnasium in Heilbronn.

[5] Heuss schrieb dem Oberbürgermeister von Esslingen am Neckar am 7. 5. 1954, er habe sich „seit Beginn meiner Amtstätigkeit zum Gesetz machen müssen, Einladungen von Städten als solchen überhaupt nicht anzunehmen. Es gibt darin nur zwei Ausnahmen: einmal Köln, das ja sehr nahe liegt, und das andere Mal Heilbronn, als man dort auf die Idee kam, das neu errichtete Gymnasium mit meinem Namen zu benennen. Der Grund für meine Haltung ist sehr einfach. Ich müßte ein rotierender Kreisel werden"; B 122, 149.

Nr. 19 A
Von Heinrich Weber, Berlin SO 36
14. August 1950
BArch, B 122, 55: ms. Schreiben, behändigte Ausfertigung[1]
Protest gegen deutschen Wehrbeitrag

Herr Bundespräsident!

Der unterzeichnete Heimkehrer protestiert dagegen, daß er in Straßburg verkauft wird.[2] Ich frage Sie, wer hat wen beauftragt und bevollmächtigt, deutsche Wehrkraft anzubieten oder zu verhandeln, wer spricht in wessen Namen? Wie kommen Abgeordnete dazu, mit DM 72,00 Tagesdiäten[3] außer ihren sonstigen enormen Bezügen ohne Volksauftrag über uns zu verfügen, ohne uns gefragt zu haben. Ich verlange, daß jeder Abgeordnete, jeder Zeitungsschreiber, jedes Regierungsmitglied, ein jeder der Lust hat, sich von Anderen verteidigen zu lassen, ohne Rücksicht auf sein Alter selber zu Waffe greift. Ein Jeder soll öffentlich genannt werden und der Schande seines Volkes anheimfallen, der nicht als erster von ihnen sofort zum eigenen Waffendienst bereit ist. Uns und mich aber lassen Sie zufrieden. Ich will Ihnen sagen warum:

Wir Heimkehrer haben damit zu tun, die während des Krieges und die während unserer Kriegsgefangenschaft an unsere Familien gezahlten Unterstützungen, die notwendig waren, um sie am Leben zu erhalten, zurückzuzahlen, und haben entsprechende Aufforderungen hierzu erhalten (Siehe Anlage[4]). Wer verkauft uns, ohne daß wir vorher diese unsere Schulden bezahlt haben? Aber DM 403.000 Eintrittsgelder für das Berliner Philharmonische Orchester, die können aus öffentlichen Mitteln gezahlt werden, das ist wichtiger als das Leben der Angehörigen von Kriegsgefangenen – pfui Teufel! Und wie kommen die Abgeordneten dazu, einen Großteil meiner Kameraden zu verhandeln, bevor sie ihre letzte Entnazifizierungsrate bezahlt haben? Welcher entartete Deutsche verkauft sein eigen Blut, während Manstein[5] und Falkenhausen[6] in Gefängnissen schmachten.

---

[1] Eingangsstempel vom 17. 8. 1950; unter dem 30. 8. von Werz paraph.; Az. I/1/00; vom Einsender als „Zweites Schreiben" bezeichnet; ein „erstes Schreiben" ließ sich nicht ermitteln.

[2] Gemeint waren die Verhandlungen um den Beitritt der Bundesrepublik in den Europarat und Gespräche über einen deutschen Verteidigungsbeitrag; vgl. KABINETTSPROTOKOLLE 1950, passim.

[3] Zur Bezahlung der Abgeordneten des Deutschen Bundestages vgl. Nr. 28, Anm. 2.

[4] Die Anlage ließ sich in den Akten nicht ermitteln.

[5] Generalfeldmarschall Erich von Manstein wurde 1949 von einem britischen Gericht zu 18 Jahren Haft verurteilt und 1953 vorzeitig entlassen.

[6] General Alexander Freiherr von Falkenhausen, 1940–1944 Chef der Militärverwaltung in Belgien und Nordfrankreich, wurde Anfang 1948 von den Amerikanern verhaftet und nach Belgien ausgeliefert. In einem umstrittenen Prozess vor einem belgischen Militärgericht in Brüssel wurde er am 9. 3. 1951 wegen Deportation von 25.000 Juden und wegen der Erschießung von 240 Geiseln zu 12 Jahren Zwangsarbeit verurteilt, jedoch nach 16 Tagen bereits begnadigt.

Ob das Feldmarschälle sind oder Obergefreite, das ist uns egal, für uns ist das unser Blut, sind das unsere Kameraden, die schmutzige Politik kommt eine Weile dahinterher.

Ich hoffe, es geht Ihnen gut und auch den Abgeordneten, mit Aufmerksamkeit habe ich die Bildreportagen Ihres Urlaubs verfolgt. Ich hoffe, Sie sind nicht selbst einer Gemeinde gegenüber rückerstattungspflichtig. Verteidigen Sie mit den Abgeordneten Ihre Freiheit und Ihr Einkommen, ich glaube, es waren jährlich DM 800.000. Verteidigen Sie als erste mit der Waffe in der Hand, es lohnt sich, mich und uns aber lassen Sie zufrieden, wir haben nichts zu verlieren, nicht einmal Würde, und unsere Eisernen Kreuze liegen in den Scheißhäusern Rußlands.

Hochachtungsvoll   Weber

Nr. 19 B
An Heinrich Weber, Berlin SO 36
13. September 1950
BArch, B 122, 55: ms. Schreiben, Durchschlag, von Heuss diktiert (Diktatz. H/Hr.), von Oberüber hs. paraph. und ms. gez.[7]

Sehr geehrter Herr Weber,

der Bundespräsident kann bei dem täglich in die Hunderte gehenden Posteingang die einzelnen Briefe nicht selber beantworten, kann kaum alle lesen. Er hat auch einiges Verständnis für die derbe Tonlage, die zu ihm kommt, aber auf eine Auseinandersetzung mit Ihnen kann er sich bei der totalen Unrichtigkeit Ihrer Äußerungen nicht einlassen, umsomehr, als ihm das Geschimpfe keine gewohnte Verkehrsform ist.

Hochachtungsvoll   Horst Oberüber

---

[7] Absendevermerk vom 14. 9. 1950; weiterer Nachweis: N 1221, 293: Durchschlag.

Nr. 20 A
Von E. Mayer, Schwaikheim, Kreis Waiblingen
17. August 1950
BArch, B 122, 53: hs. Schreiben, behändigte Ausfertigung[1]
Neutralisierung Deutschlands

Sehr geehrter Herr Staatspräsident!

Von der Sorge um die Existenz meiner 7-köpfigen Familie geleitet, schreibe ich Ihnen als kleiner Mann aus dem Volke diesen Brief. – Ich weiß nun wohl, daß unsereins nicht über jenen Gesichtskreis verfügt, den ein in der Staatskunst geschulter Kopf besitzt. Was ich aber weiß, ist, daß ein neuer Krieg, in den wir verwickelt würden, unermeßliches Elend über unser Volk brächte.

Deshalb bitte ich Sie als Staatsoberhaupt, Ihren ganzen Einfluß und Ihre ganze Macht, Ihre Persönlichkeit!, dafür einzusetzen, daß von Ihrer Seite, von Seiten Ihrer Regierung, jetzt endlich in letzter Stunde *offiziell* in Ost und West wenigstens der Versuch unternommen wird, unser Vaterland durch eine Garantie jener Großmächte zu neutralisieren.[2]

Dabei leitet mich der Gedanke zu versuchen, ebenfalls die Kirche beider Konfessionen, die Presse, die Wirtschaftsführer, für einen solchen offiziellen Schritt zu gewinnen. Das Volk in seiner großen Mehrheit haben Sie sowieso für dieses große Ziel hinter sich.

Herr Staatspräsident! Wenn ein Mann von Ihrer Größe, von Ihrer Macht und Ansehen, und ich muß auch sagen, von Ihrer Menschlichkeit den offiziellen Ruf nach einer strikten garantierten Neutralität Deutschlands anhebt, kann er nicht ohne Widerhall sein! Ich bin überzeugt, eine Lawine käme ins Rollen – für die Neutralität unseres Vaterlandes, die in jedem Falle besser sein würde, als ein freiwilliges Hinüberneigen zu den Angloamerikanern oder die gezwungene zu den Sowjets.

Ergeht dieser Schrei nach Neutralität nicht schon vom Ersten Deutschen, den wir haben und den Sie verkörpern, aus, dann ade, Deutschland, wir werden entweder überrannt von den Sowjets oder nachher atomisiert!

Bedenken Sie ferner, Herr Staatspräsident, daß Sie in erster Linie das Geschick von Millionen Menschen mitbestimmen, daß es meiner Auffassung nach Ihr heiligste Pflicht ist, selbst mit Einsatz Ihrer großen Persönlichkeit den Versuch

---

[1] Eingangsstempel vom 21. 8. 1950; Az. I/1/00; mit zahlreichen Unterstreichungen von unbekannter Hand.
[2] Die Debatte um die Neutralisierung Deutschlands, um eine Wiedervereinigung zu ermöglichen oder zumindest längerfristig zu erreichen, wurde seit der Verfestigung der Teilung Deutschlands immer wieder geführt; vgl. R. DOHSE, Der Dritte Weg; W. WEIDENFELD / K.-R. KORTE; Handbuch.

wenigstens zu unternehmen, im vorgetragenen Sinne unser aller Vaterland aus dem kommenden Krieg herauszuhalten! So wie Hitler Millionen verfluchen, so würde Ihre Seele mit dem Todesröcheln vielleicht Millionen Sterbender belastet! Gott hat Ihnen ein großes Amt über ein ganzes Volk übertragen. Verschließen Sie Ihr Herz, Ihren Geist und Ihre Seele nicht mit Gründen der Staatsraison oder mit anderen spekulativen Erwägungen. Seien Sie in Wirklichkeit „der Vater des Vaterlandes", und die Nachwelt wird Ihnen ein ehrendes Andenken bewahren, Ihr Gott Ihnen ein guter Richter sein.

Herr Staatspräsident! Wenn ich zu offen oder zu unhöflich gewesen sein sollte, so halten Sie dies der außerordentlichen Wichtigkeit meiner Bitte zugute. Ich gedachte Ihnen meine Bitte und meine Mahnung als Mann zu Mann vorzutragen, eingedenk dessen, keinen Hitler, sondern einen Mann mit Herz vor mir zu haben.

Mit außerordentlicher Hochachtung! Mayer

Nr. 20 B
An E. Mayer, Schwaikheim, Kreis Waiblingen
25. August 1950
BArch, B 122, 53: ms. Schreiben, Durchschlag, von Heuss diktiert (Diktatz. H/Hr), von Bott hs. paraph. und ms. gez.[3]

Sehr geehrter Herr Mayer,

der Herr Bundespräsident hat Ihr Schreiben vom 17. 8. gelesen. Er bittet um Ihre Nachsicht, wenn er Ihnen nicht persönlich antwortet, aber der tägliche Eingang von ein paar hundert Briefen macht ihm dies nicht möglich.

Die Tendenz Ihres Briefes ist ihm schon oft vorgetragen worden, und es ist für ihn wichtig zu wissen, welche Auffassungen in der Bevölkerung draußen lebendig sind.

Mit vorzüglicher Hochachtung Hans Bott
Persönlicher Referent des Bundespräsidenten

---

[3] Az. I/1/00; Absendevermerk vom 26. 8. 1950; weiterer Nachweis: N 1221, 293: Durchschlag.

Nr. 21 A

Von Nicolai Rohkst, Eschweiler, Rheinland, z. Zt. Küdinghoven bei Bonn

4. Oktober 1950

BArch, B 122, 54: ms. Schreiben, behändigte Ausfertigung[1]

Persönliche Lebensumstände der Familie von Nicolai Rohkst; Vorschlag, der Bundespräsident möge Leute aus dem Volke hören

Sehr geehrter Herr Bundespräsident!

In meinem 54-jährigen Leben habe ich verschiedene Länder mit unterschiedlichen Staatsformen erlebt und dabei mich wiederholt gefragt, warum eigentlich ein Kaiser, König, Führer oder Präsident sich nie von Zeit zu Zeit einen Mann oder Frau aus dem Alltag, von der Straße holt, um in direkter Unterhaltung von den Gedanken, Empfindungen und Meinungen und Nöten des Volkes auf diese direkte Weise Kenntnis zu nehmen. Wahrscheinlich lassen sich die Herren ab und zu von bezahlten und beamteten Personen Vortrag halten, der jedoch wohl durchweg gefärbt sein dürfte, und die Umstände, in denen Millionen Volksgenossen leben und wirken müssen, gar nicht wiedergibt.

Deshalb will ich Ihnen heute von dem Schicksal und Erlebnissen meiner Familie erzählen mit der Bemerkung, daß eine sehr große Zahl deutscher Menschen viel schwerer[e] Erfahrungen durchmachen muß. Ich bin mir dabei bewußt, daß Ihnen sehr viele Briefe zugehen und Sie alle nicht lesen können. Hoffentlich lassen Sie sich jedoch die ungeöffneten Briefe vorlegen und wählen aus dem Stapel einige, die Sie wirklich aus erster Hand lesen, während der Rest von einem bestallten Briefleser bearbeitet wird. Solches um zu vermeiden, daß Ihnen nur solche Briefe vorgelegt werden, die bereits vorzensiert sind.

Zunächst ein allgemeiner Lagebericht: Meine alten Eltern von 82 und 75 Jahren haben im Osten erarbeitete Vermögenswerte von fast 100.000 Mark hinterlassen müssen. Hier im Westen haben sie bis Ende vorigen Jahres von ungefähr 21 Mark pro Person leben müssen. Wenn sie dabei hören und lesen, daß zum Beispiel Beamte aufgrund erworbener Rechte ihre volle Pension erhalten, auch wenn sie gar nicht so lange im Dienstverhältnis gestanden haben, so verstehen meine alten Eltern nicht, wieso sie kein Recht auf ihre schwer erarbeiteten Werte haben sollen. Sie fragen sich in dumpfer Verzweiflung, ob das etwa die westlich-abendländische Gesittung ist.

Ich selber war ehemals Student einer Technischen Hochschule und dann lange Jahre Bankangestellter, Offizier zweier Weltkriege und [habe] aus dem Osten nicht einmal ein Taschentuch retten können, denn ich und meine beiden Söhne

---

[1] Eingangsstempel vom 6. 10. 1950; Az. I/1/00; mit verschiedenen Unterstreichungen von unbekannter Hand.

waren zu der Zeit bei der Wehrmacht, und meine Frau mußte zu Fuß fliehen. Als ich im Soldatenrock aus amerikanischer Gefangenschaft heimkehrte und meine Frau in Holstein wiederfand, habe ich für meine Bekleidung lediglich Kleiderkarten bekommen, auf die mir nirgends jemand etwas verkaufen wollte. Nach der Währungsreform war hierfür kein Geld mehr vorhanden. Außer einigen Gelegenheitsarbeiten war und bin ich heute noch arbeitslos.

Im Juni 1948 kam mein Jüngster in erbarmungswürdigem Zustand aus Rußland heim [...].[2] Man liest und hört öfter von Bemühungen, die manche gut bezahlte Herren machen wollen, um die abseitsstehende Jugend für die Demokratie westlicher Prägung zu gewinnen und sie unserem heutigen Staat näherzubringen. Wenn solche Bemühungen wenig Resultat haben, dann möchte ich auf meine heutige Erzählung hinweisen. Damit Sie darüber etwas erfahren, deshalb schreibe ich. Es ist anzunehmen, daß so mancher gutgesinnte echte deutsche Mensch bereit sein wird, auch persönlich Ihnen vom Leben im Volk zu erzählen, denn diese Menschen haben es seelisch am schwersten. Der Osten wird von ihnen aus deutschem Empfinden grundsätzlich unter allen Umständen abgelehnt, aber – ein solches westliches Abendland können sie ebenfalls nicht bejahen. Ich bitte Sie, Herr Bundespräsident, mir meinen Freimut nicht zu verübeln, denn – es geht mir um Deutschland, um unser Volk, wie ich annehme, daß es auch Ihnen darum geht.

Es grüßt Sie mit vorzüglicher Hochachtung   Nicolai Rohkst

Nr. 21 B
An Nicolai Rohkst, z. Zt. Küdingshoven bei Bonn
11. Oktober 1950
BArch, B 122, 54: ms. Schreiben, Durchschlag, von Heuss diktiert (Diktatz. H/Hr) und ms. gez.[3]

Sehr geehrter Herr Rohkst,

es ist nun in der Tat so, daß der tägliche Posteingang in die Hunderte geht und, wie Sie begreifen werden, der Bundespräsident selber seine Zeit, die von vielen Dingen beansprucht wird, verplempern müßte, wollte er sie alle öffnen und nach ihrem Inhalt ordnen. Ein gut Teil der Briefe trägt uns Sorgen und Wünsche vor,

---

[2] Es folgen weitere Ausführungen über die desolaten finanziellen Verhältnisse seiner Familie und die bürokratische Behandlung durch die Verwaltung.
[3] Az. I/1/00; weiterer Nachweis: N 1221, 294: Durchschlag.

bei denen dem Bundespräsidenten jegliche gesetzliche Zuständigkeit eines Eingreifens fehlt, wie auch das Bundespräsidialamt – eine an sich kleine Behörde – an die Bestimmungen der Gesetzgebung der Verwaltungsordnung gebunden ist.

Eine „Vorzensur" der Briefe, die mir vorgelegt werden, findet nicht statt. Es ist mir aber, da Sie ja nun gegen den Bürobetrieb mißtrauisch sind, Ihr Brief doch vorgelegt worden, wie mir viele vorgelegt werden. – Wir leben übrigens auch sonst nicht in einem gläsernen Schloß, sondern kommen, wenn wir unterwegs sind, mit den Menschen der verschiedensten Herkünfte und Schicksale zusammen. Es kommt bei diesen Begegnungen auch viel Bitterkeit zu uns, aber auch vielerlei Echo von Berichten und Gerüchte, die ja nun der Wirklichkeit nicht immer entsprechen, sondern Ergebnis einer verstimmten oder verstimmenden Propaganda sind.

Völlig unmöglich ist es uns natürlich, bei diesen so großen Briefeingängen die Einzeldinge, ob Klage, ob Beschwerde, auf ihren Sondergehalt zu prüfen. Ich selber bin etwa in der Frage der Beurteilung der Behörden und Behördenangestellten gegen das Generalisieren, da ich weiß, daß es neben ungeschickten und gleichgültigen Menschen in dieser Kategorie auch hilfreiche und selbstlose Berater gibt.

Diese Zeilen wollen nur den Eindruck verwischen, der aus Ihrem Brief spricht, als ob die Sorgen und Nöte der breiten Gruppen des Volkes von uns ferngehalten würden. Aus allen Schichten und Gegenden kommen sie täglich zu uns.

Mit bester Empfehlung   Theodor Heuss

Nr. 22 A
Von Dr. M. Christophorus Elsen, Abtei Mariawald, Heimbach bei Düren
11. Oktober 1950
BArch, B 122, 53: hs. Schreiben, behändigte Ausfertigung[1]
Geschenk von Kräuterlikör und Hoffnung auf Einführung im Bundespräsidialamt

Hochverehrter Herr Bundespräsident!

Unterzeichneter Abt der Abtei Mariawald läßt Herrn Bundespräsident eine Flasche unseres Kräuter-Likörs übersenden und nimmt sich die Ehre, sie zum Geschenk darzubieten. Würde unser Likör Herrn Bundespräsident gefallen, so möchte ich mir davon viel versprechen. Unsere schwer kriegsgeschädigte Abtei hat diese

---

[1] Eingangsstempel vom 11. 10. 1950; Az. I/1/02 hs. hinzugefügt; Randbemerkung links „bei Herrn Bott".

Einnahme sehr nötig. Die Einführung unseres Likörs in die höheren und höchsten Kreise kann uns daher nur sehr wünschenswert sein.

In ehrfurchtsvoller Ergebenheit

Dr. M. Christophorus Elsen
O.C.S.O. Abt

Nr. 22 B
An Dr. M. Christophorus Elsen, Abtei Mariawald, Heimbach bei Düren
13. Oktober 1950
BArch, B 122, 53: ms. Schreiben, Durchschlag, von Heuss diktiert (Diktatz. H/Hr), von Bott hs. paraph. und ms. gez.[2]

Hochwürdiger Herr Abt,

der Herr Bundespräsident ist durch Ihre freundliche Gabe gerührt und läßt Ihnen sehr dafür danken. Er ist aber auch in einer leichten Verlegenheit, da er selber nie Likör trinkt, sondern, wenn schon, die schärferen Genüsse vorzieht. Er wird aber gern einmal Ihre liebenswürdige Gabe von Sachverständigen prüfen lassen, und er hat die Anweisung gegeben, daß im Bedarfsfall Ihres Erzeugnisses gedacht wird. Der Likörkonsum im Präsidialhaushalt ist, soweit wir das übersehen können, freilich gering.

Mit vorzüglicher Hochachtung

Hans Bott
Persönlicher Referent des Bundespräsidenten

---

[2] Az. I/1/02; Absendevermerk vom 14. 10. 1950; weiterer Nachweis: N 1221, 294: Durchschlag.

Nr. 23 A
Von Gottfried Leonhard, MdB, Bonn
12. Oktober 1950
BArch, B 122, 51: ms. Schreiben, behändigte Ausfertigung[1]
Kritik an der Bezeichnung „Theodor-Heuss-Brücke" für die Autobahnbrücke Frankenthal

Sehr geehrter Herr Bundespräsident!

Es ist mir ein Bedürfnis, auch Ihnen, sehr verehrter Herr Bundespräsident, zu danken, daß Sie das Zusammensein der württemberg-badischen Abgeordneten und unserer Regierung durch Ihre Anwesenheit bereichert und zu einem Erlebnis gestaltet haben.[2]

Eigentlich wollte ich Ihnen, sehr verehrter Herr Präsident, bei jenem gemütlichen Zusammensein noch etwas sagen und zwar handelt es sich darum, daß es verschiedentlich beanstandet wurde, daß neulich die eine Brücke den Namen „Theodor-Heuss-Brücke" erhielt. Persönlich bin ich davon überzeugt, daß es Ihnen, sehr verehrter Herr Bundespräsident, gar nicht lieb war, daß diese Brücke so bezeichnet wurde. Da aber diese Dinge im Volk, ich las dies z. B. in einer Zeitung, beanstandet wurden, darf ich vielleicht Sie, sehr verehrter Herr Bundespräsident bitten, solche Benennungen nach Ihrem Namen abzulehnen.[3]

Ich weiß, daß Sie, sehr verehrter Herr Bundespräsident, mir dieses offene Wort nicht übelnehmen, denn „offen un' gradaus usw." das ist ein altbekanntes Wort.

Mit freundlichen Grüßen verbleibe ich
Ihr sehr ergebener   Gottfried Leonhard

---

[1] Eingangsstempel vom 13. 10. 1950; Az. I/1/02.

[2] Unterlagen über dieses Treffen ließen sich nicht ermitteln.

[3] Die Bezeichnung der Brücke mit dem Namen Heuss hatte offenbar dazu geführt, dass man in der Pfalz annahm, Heuss würde an der Einweihung teilnehmen. Winzer aus Grünstadt stellten für Weihnachten 1950 ein Weinpräsent zusammen, für das sich Heuss am 28. 12. 1950 bedankte: „Daß man mich bei der Einweihung der Theodor-Heuss-Brücke erwartete, muß auf einem Mißverständnis beruhen. Ich war ja acht Tage vorher in Mannheim gewesen und kann nicht bei allen Brücken dabei sei, sonst ärgert das den Hl. Nepomuk. Es ist sogar so gelaufen, daß – wenn ich von der Benennung der Brücke mit meinem Namen vorher gewußt hätte – ich gebeten hätte, davon abzusehen, da ich nicht gern mich mit Vorschußlorbeeren der Geschichte drapiere"; B 122, 2293.

Nr. 23 B
An Gottfried Leonhard, MdB, Bonn
14. Oktober 1950
BArch, B 122, 51: ms. Schreiben, Durchschlag, von Heuss diktiert (Diktatz. H/Hr) und ms. gez.[4]

Sehr geehrter Herr Leonhard,

freundlichen Dank für Ihren Brief. Die Benennung der Autobahnbrücke zwischen Mannheim und Frankenthal ist völlig ohne mein Wissen und meinen Willen geschehen. Ich habe das auch dem Herausgeber des Evangelischen Gemeindeblattes in Mannheim, der darüber eine Zuschrift abdruckte, mitgeteilt.

Bundesverkehrsminister Dr. Seebohm, der die Brücke einweihte, hat vor seiner Reise wohl hier telefonisch angefragt. Ich selber war aber in dem Augenblick unerreichbar unterwegs. Es ist ihm von meinem Vertreter gesagt worden, daß, soweit er mich kenne, er nicht glaube, daß ich mit der Benennung einverstanden sei. Am Abend des Sonntags kam aber dann ein sehr, sehr großes Telegramm des Bundesministers Seebohm über den vollzogenen Akt.[5] Es war, nachdem das „Unglück" einmal geschehen, natürlich nicht gut möglich, den Minister Seebohm, der besten Willens war und den sonst offenbar nichts Gescheiteres einfiel, zu desavouieren. Ich lasse Ihnen zur vertraulichen Kenntnis den Durchschlag des Briefes zugehen, den ich an Minister Seebohm gesandt habe.[6]

Ich selber bin, wie Sie sich denken mögen, gar kein Freund von Vorschußlorbeeren und bitte, wo immer es geht, von Zweckehrungen abzusehen. Wir haben in der Hitlerzeit davon genug erlebt, und im übrigen kann man warten, bis ich gestorben bin, und vorher feststellen, ob ich mich vor der Geschichte blamiert habe oder nicht.

Mit freundlichen Grüßen
Ihr
                                                    Theodor Heuss

Anlage

---

[4] Az. I/1/02; weiterer Nachweis: N 1221, 294: Durchschlag.
[5] Das Fernschreiben in: B 122, 2154.
[6] Heuss an Hans-Christoph Seebohm, 12. 9. 1950, in: B 122, 2154. Heuss hatte darin u. a. ausgeführt: „Es ist ja nicht so, wie ich in den Zeitungen immer wieder lesen kann, daß ich ‚schlicht, einfach und bescheiden sei.' Man kann mit der Bescheidenheit ja auch kokettieren. Meine Zurückhaltung gegenüber solchen Fragen wie Benennungen und Ehrenprotektoraten u. s. f. ist wesentlich darin begründet, daß ich, wo immer es geht, keine Erinnerungskomplexe an das 3. Reich entstehen lassen möchte." Seebohm dankte am 15. 9. 1950, dass sich Heuss zu seiner Entscheidung bekannt habe; ebd.

Nr. 24 A
Von Heinz Schulz, Schulleiter, Leupoldsgrün bei Hof an der Saale
13. Oktober 1950
BArch, B 122, 53: hs. Schreiben, behändigte Ausfertigung[1]
Ankündigung eines Besuches mit Schülern

Verehrter Herr Bundespräsident!

Aus dem „fernen Osten Ihres Reiches" – wie es heute nett der „Hofer Anzeiger"
schrieb[2] – oder näher gesagt: Am Rande des Frankenwaldes: nahe der thüringi-
schen sächsischen Grenze, 20 km von der tschechischen Grenze entfernt – erlaube
ich mir, Ihnen, hochverehrter Bundespräsidnet, einen Wunsch meiner Schüler
vorzutragen:

In der kommenden Woche fahre ich mit 3 [sic!] Schülern meines achten Jahr-
gangs nach Bonn, um den Kindern einen Einblick in die verantwortungsvolle
Arbeit von Regierung und Parlament zu geben. Durch das in diesem Schuljahr in
den bayerischen Volksschulen neu eingeführte Fach „Sozialkunde" ist der Schule
Gelegenheit gegeben, dem Verfall der sozialen Bindungen in Familie, Gemeinde
und Staat entgegenzuwirken und den erhöhten Anforderungen gerecht zu werden,
welche das Einleben in die gesellschaftliche und politischen Ordnungen stellt.
So soll echtes Verständnis gefördert werden, daß der einzelne Mensch sich mit-
verantwortlich fühlt und in die sozialen Ordnungen fügt. Seichtes Reden ist da fehl
am Platze, sondern Einsicht und Erlebnis sollen sich in den Dienst der Erkenntnis
stellen, daß Hänschen leichter lernt als Hans!

Wir waren so auf Gerichten, wohnten Gemeinderats- und Kreistagssitzungen
bei, hatten den Besuch von Abgeordneten, Senatoren … und nun steht „Bonn"
vor der Tür!

Es wäre nun für uns eine hohe Ehre und ein einmaliges Glück, wenn in der
Mitte der kommenden Woche Sie, hochverehrter Herr Bundespräsident, meine
Schülerinnen empfangen würden, zumal diese schon seit Tagen fleißig für Ihre
sehr verehrte Gattin kleine Filetdeckchen knüpfen – ist hier doch der Sitz der
angegebenen Heimarbeit.

Mit der Versicherung meiner Hochachtung grüßt Sie
ergebener

Heinz Schulz

---

[1] Eingangsstempel vom 14. 10. 1950; Az. I/1/02.
[2] Der Zeitungsausschnitt „Von Leupoldsgrün nach Bonn" lag dem Schreiben bei; Hofer Anzeiger,
13. 10. 1950.

Nr. 24 B

An Heinz Schulz, Schulleiter, Leopolsgrün bei Hof an der Saale

16. Oktober 1950

BArch, B 122, 53: ms. Schreiben, Durchschlag, von Heuss diktiert (Diktatz. H/Hr), von Bott ms. gez.[3]

Sehr geehrter Herr Schulz,

der Herr Bundespräsdient bittet um Nachsicht, wenn er Ihnen nicht persönlich antwortet. Der tägliche Posteingang geht in die Hunderte. Es ist nun so, daß sehr viele solcher Besuchsankündigungen hier ins Haus kommen, wir sie aber im allgemeinen ablehnend behandeln müssen, da es für die Arbeitsinanspruchnahme des Herrn Bundespräsidenten bei allem freundlichen Willen, den er hat, unmöglich ist, all solchen Gesuchen zu entsprechen. Er selber meint, er sei doch kein Besichtigungsgegenstand. Ich kann Ihnen nichts anderes sagen, als daß Sie, wenn Sie mit der Schulklasse hierher kommen, mit mir Verbindung suchen, ob sich eine kurze Begrüßung des Herrn Bundespräsidenten einschieben läßt. Der beigegebene Zeitungsausschnitt hat den Herrn Bundespräsidenten freilich wenig ermuntert, weil er den Hinweis auf die Wochenschau als sehr deplaciert empfand.[4] Er wird sicher keine Wochenschauaufnahme genehmigen, da er sich sonst vor derlei, was ihm persönlich sehr zuwider ist, gar nicht retten kann.

Mit vorzüglicher Hochachtung

Hans Bott
Persönlicher Referent des Bundespräsidenten

---

[3] Az. I/1/02; Absendevermerk vom 17. 10. 1950; hs. Verfügung von Bott: „Herrn Oberüber zur Mitkenntnis"; weiterer Nachweis: N 1221, 294: Durchschlag.

[4] In dem beiliegenden Zeitungsausschnitt hieß es, der Bundespräsident werde es sich sicher nicht nehmen lassen, die Schüler zu empfangen; den Eltern sei empfohlen, die nächste Wochenschau nicht zu versäumen; wie Anm. 2.

Nr. 25 A

Von Friedel von der Heydt, Wennemannswisch über Wesselburen, Holstein

18. Oktober 1950

BArch, B 122, 52: hs. Schreiben, behändigte Ausfertigung[1]

Kritik an einem Redepassus von Theodor Heuss: „wir wollen fröhlich sein"; Einkommen von Theodor Heuss

Sehr geehrter Herr Prof. Heuss!

In einer Ihrer Reden haben Sie gesagt: „Wir wollen fröhlich sein!" Sie können es ja auch mit Ihrem hohen Gehalt.[2] Wie sollen aber wir es machen? Wir möchten auch gern einmal wieder wie früher so recht von Herzen fröhlich sein, aber wir sind drei Heimatvertriebene aus Königsberg/Pr. und seit fünf Jahren arbeitslos. Gibt es vielleicht in Bonn einen Quell, aus dem auch wir einen Trunk Fröhlichkeit schöpfen können?

Friedel von der Heydt

Nr. 25 B

An Friedel von der Heydt, Wennemannswisch über Wesselburen, Holstein

27. Oktober 1950

BArch, B 122, 52: ms. Schreiben, Durchschlag, von Heuss diktiert (Diktatz. H/Hr), von Bott hs. paraph. und ms. gez.[3]

Sehr geehrte Frau von der Heydt,

Ihr Brief vom 18. 10. ist dem Herrn Bundespräsidenten vorgelegt worden. Im allgemeinen ist es ihm völlig gleichgültig, was freundlich und unfreundlich von ihm geredet wird. Er ist erstaunt über Ihre Mitteilung, er habe in einer seiner Reden gesagt „wir wollen fröhlich sein", und nimmt Ihre Geschmacklosigkeit zur Kenntnis, zu meinen, daß er bei seinem hohen Gehalt das ja tun könne. Es würde ihn interessieren, von Ihnen zu erfahren, wo er und wann er diesen Satz

---

[1] Eingangsstempel vom 20. 10. 1950; Az. I/1/00.

[2] Heuss hatte anfangs als „Bundespräsident in Ausbildung" seine jährlichen Bezüge von 60.000 auf 50.000 DM heruntergesetzt. Angesichts der Bewegung der Beamtengehälter habe dann der Bundeskanzler aber nach einiger Zeit höhere Bezüge gehabt als er. Dies habe Finanzminister Schäffer dann wieder „in Ordnung gebracht"; Heuss an Wilhelm Heile, 6. 3. 1959, in: N 1221, 353. 1953 wurden die Bezüge erhöht; Aufstellung in: N 1221, 591.

[3] Az. I/1/00; Absendevermerk vom 28. 10. 1950; weiterer Nachweis: N 1221, 294: Durchschlag.

gesagt hat. Vielleicht, meint er, haben Sie sich einen Satz zurecht gemacht, um einen Anlaß für Ihren Brief zu finden. Als heimatvertriebene Schlesier und heimatvertriebene Sudetendeutsche an einem Abend mit bayerischen Ortsbewohnern zusammen ein kleines Fest in Anwesenheit des Herrn Bundespräsidenten begangen haben, hat er in einer sehr ernsten Ansprache die Frage aufgeworfen: „Haben wir denn ein Recht, fröhlich zu sein?" Er sagte dazu, daß das Fröhlich-Sein-Können eine dem Menschen hilfreiche Kraft sei. Das ist bislang von niemandem falsch verstanden worden. Es bleibt Ihnen vorbehalten, daraus den Anlaß zu Ihrem boshaften Brief zu finden.[4]

Mit vorzüglicher Hochachtung

Hans Bott
Persönlicher Referent des Bundespräsidenten

Nr. 26 A
Von Lina Treumann, Hildesheim
27. Oktober 1950
BArch, B 122, 55: ms. Schreiben, behändigte Ausfertigung[1]
Alltagsprobleme für Familien, insbesondere Preiserhöhungen; Gefahr der Radikalisierung der Bevölkerung

Hochzuverehrender Herr Bundespräsident!

Wenn ich als Hausfrau und Mutter einer kinderreichen Familie nachstehende Zeilen an Sie richte, so bitte ich Sie, daraus zu entnehmen, daß mein großes Vertrauen zu Ihnen mich dazu trieb, Ihnen die Nöte und Sorgen der Mütter und Hausfrauen zu schildern. Nicht meine persönlichen Sorgen sollen der Inhalt meiner Zeilen sein, nein, ich glaube annehmen zu dürfen, daß in meinen Ausführungen die Kümmernisse der meisten der deutschen Frauen enthalten sind. Ich bitte Sie auch, hochzuverehrender Herr Bundespräsident und Landesvater, meine Zeilen nicht als „Eingabe einer Unzufriedenen" anzusehen, sondern aus ihnen lediglich das schwere Los derjenigen Frauen zu erblicken, die tagaus-tagein die Bürde der Versorgung ihrer Familien auf den Schultern tragen.

---

[4] Am 12. 11. 1950 erläuterte Friedel von der Heydt noch einmal die Motive ihres ersten Schreibens: Die Bundesregierung versage völlig gegenüber den Flüchtlingen und Vertriebenen. Dort herrsche zunehmend die Stimmung „Uns kann nur noch der Russe helfen." B 122, 52. Das Schreiben wurde ohne weitere Kommentierung zu den Akten verfügt.
[1] Eingangsstempel vom 30. 10. 1950; Az. I/1/00; zahlreiche Sätze von unbekannter Hand mit Grünstift unterstrichen.

Kommt heute die Tageszeitung ins Haus, so ist diese überfüllt von Anzeigen aller Art für die Bedürfnisse des täglichen Lebens. Wir Frauen lesen die Anzeigen, besehen uns die Schaufenster und tragen dabei in uns manchen Wunsch zur Erstehung dieser oder jener Artikel, die dringend im Haushalt der Familie benötigt werden. Doch die Wünsche müssen weiterhin bestehen bleiben, denn die Erfüllung derselben ist unmöglich, weil die Preise zu hoch sind.[2] Nur für den allernotwendigsten Lebensbedarf reichen die Löhne und Gehälter, und auch hier klafft meistens noch eine Lücke, die zu überbrücken den Hausfrauen beim besten Willen nicht möglich ist, mögen sie rechnen wie sie wollen.

Gerade in der letzten Zeit hat sich eine Entwicklung der Preise nach oben so erschreckend bemerkbar gemacht, die Empörung in allen Kreisen der Bevölkerung hervorgerufen hat. Die Einstellung der Bevölkerung hierzu ist verschieden. Diese oder jene Frau schüttelt den Kopf, bezahlt schweren Herzens, da ihr ja keine andere Wahl bleibt, den „wieder erhöhten Preis" mit dem Bemerken: „Wie ist das nur möglich? Wo soll das noch hin?" Andere Frauen hingegen sind in der Äußerung ihres Unwillens schärfer und nicht selten hört man inhaltlich die Worte: „Alles kaputtschlagen sollte man, dann haben wenigstens alle nichts." Wenn auch derartige Ausdrücke nicht zu billigen sind, so spricht jedoch lediglich aus ihnen die Verzweiflung der Mütter. Wir alle wissen, daß es vom „Kaputtschlagen" nicht besser wird, sondern eher das Gegenteil eintritt. Doch kann ich mich des Eindrucks nicht erwehren, daß mancher Mann und manche Frau nur durch die Ungunst der Wirtschaftsverhältnisse einem Radikalismus in die Arme getrieben werden, ohne daß diese die Folgen eines solchen vorher einsehen. Wir alle haben die Maßnahmen unserer Bundesregierung über die Bekämpfung der zersetzenden Elemente begrüßt;[3] denn wir wissen, daß uns links- oder rechtsradikale Elemente nicht helfen können, sondern daß die Hilfe aus dem aufbauwilligen Teile unserer Bevölkerung kommen muß. Doch muß es m. E. die höchste Aufgabe der Regierung sein, durch Maßnahmen auf sozialem und wirtschaftlichen Gebiete zu verhindern, daß überhaupt jemand der Gedanke kommt, es würde durch „Alles-kaputtschlagen" besser werden. Ich bin eine Frau des Volkes und weiß nichts von Wirtschafts- und Preispolitik, aber ich weiß, daß diese Preisentwicklung nach oben nicht mehr weitergeht, auch nicht mehr weitergehen kann und nicht mehr weitergehen darf! Wie ist in den letzten Monaten der Geldbeutel der Bevölkerung zusammengeschrumpft, nicht etwa durch Mehrausgaben für Anschaffungen pp., nein, durch nicht zu verantwortende Preissteigerungen!

---

[2]   Zur Preisentwicklung in Westdeutschland seit der Währungsreform vgl. I. ZÜNDORF, Preis, S. 91–149.

[3]   Damit waren vermutlich die Maßnahmen der Bundesregierung gegen die politische Betätigung von Angehörigen des Öffentlichen Dienstes gegen die demokratische Staatsordnung gemeint, mit der rechtsradikale und kommunistische Bestrebungen bekämpft werden sollten; vgl. KABINETTS-PROTOKOLLE 1950, 97. Sitzung vom 19. 9. 1950, S. 702f.

Nicht nur die Preise der Lebenshaltung sind gestiegen, auch die sonstigen Abgaben sind erhöht. Was nützt es den Frauen, wenn die Männer eine Lohn- oder Gehaltserhöhung erhalten, wenn auf der anderen Seite die Preisen und Abgaben derartig ansteigen, wodurch jede Mehreinnahme, die einen Ausgleich bringen soll, illusorisch wird? [...][4]

Teilweise wird uns Frauen eine Erhöhung auch schmackhaft gemacht: Es sind ja „nur" 50 Pfg., und so geht das mit dem „Nur" immer weiter. Wann hört das „Nur" denn nun endlich auf. Diese vielen „Nur" betragen am Ende für uns Frauen 10 DM, 15 DM und noch mehr. Ist denn niemand da, der hier „Halt!" ruft? Einmal müssen doch die Preise den Einkommen angepaßt werden, und die Preise müssen stabil bleiben. Auf die kleinen Freuden des Lebens haben wir schon längst verzichtet, wir taten dies aus dem Gefühl heraus, daß wir anderes nötiger hatten. Was nützt uns aber alle Sparsamkeit, alle Enthaltsamkeit, wenn die erhöhten Preise doch alles aufzehren? Wir Frauen wissen uns bald keinen Rat mehr. Welche Frau denkt nicht schon mit Grauen an das Weihnachtsfest?

Hochzuverehrender Bundespräsident! Dieses sind nicht nur meine Worte, es sind die Worte vieler, vieler Frauen, die zu Ihnen sprechen. Ich weiß, Herr Bundespräsident, daß Sie eine schwere Bürde zu tragen haben, vielleicht ist diese noch schwerer als die unsrige. Aber Sie sind auch unser Landesvater und können unsere Sorgen den Männern oder Ministern zugänglich machen, die ebenfalls für das Wohl und Wehe des Volkes, unseres deutschen Volkes, verantwortlich sind. Sie, hochzuverehrender Herr Bundespräsident, besitzen das Vertrauen der Frauen, wir wissen auch, daß Ihre Gattin sich die Not der Mütter zur eigenen Not macht. Treten Sie dafür ein, daß die Preisleiter nun endlich abgesägt wird, denn sie reicht schon zu hoch. Wir Frauen kommen diese Leiter nicht mehr empor, wir fallen herunter und stehen nicht wieder auf.

Wer für die unermeßlichen Preise verantwortlich ist, weiß ich nicht, aber einer muß es doch sein. Ich verstehe nichts von einer freien Marktwirtschaft, insbesondere ob diese für uns günstiger ist wie eine Rationierung. Alles dieses soll die Regierung bestimmen, aber eines weiß ich: Die Preise müssen dem Einkommen angepaßt werden! Hochzuverehrender Herr Bundespräsident! Dieses sind meine Worte an Sie. Ich will nichts kritisieren, denn ich weiß nicht, wo ich kritisieren sollte. Nehmen Sie meine Worte als solche einer Frau, die ihre Sorgen mal ausschütten mußte.

Ich habe das feste Vertrauen zu Ihnen, daß Sie alles tun werden, um uns Frauen zu helfen und somit unseren Familien das zu geben, was diese bei bescheidensten Ansprüchen unbedingt haben müssen.

Ganz ergebenst   Frau Lina Treumann

---

[4] Weitere Ausführungen über Preissteigerungen.

Nr. 26 B
An Lina Treuman, Hildesheim
3. November 1950
BArch, B 122, 55: ms. Schreiben, Durchschlag, von Heuss diktiert (Diktatz. H/Hr), von Bott
hs. paraph. und ms. gez.[5]

Sehr geehrte Frau Treumann,

der Herr Bundespräsident bittet um Nachsicht, wenn er Ihren Brief nicht persönlich beantwortet. Der tägliche Posteinlauf geht in die Hunderte. Er hat Ihren Brief aber aufmerksam gelesen. Wie sich die Preisbewegung entwickelt, wird natürlich auch im Bundespräsidialamt aufmerksam verfolgt. Sie hat ja einen Teil ihrer so unerwünschten Aufwärtstendenz dadurch erhalten, daß mit der Entstehung des Korea-Konfliktes[6] auf dem Weltmarkt große Rohstoffkäufe erfolgten. Die Verknappung der Vorräte an Lebensmitteln und gewerblichen Rohstoffen hat damit auf dem Weltmarkt eine Preisbewegung ausgelöst, deren Folgen auch die Deutschen mitzuspüren bekommen.[7] Dabei ist nicht zu verkennen, daß bei der Unübersichtlichkeit der Entwicklung auch spekulative Gesichtspunkte wirksam wurden, denen die Bundesregierung auf dem Weg über die Landesregierungen entgegenzutreten sucht.

Mit vorzüglicher Hochachtung   Hans Bott
                              Persönlicher Referent des Bundespräsidenten

---

[5] Az. I/1/00; Absendevermerk vom 4. 11. 1950; weiterer Nachweis: N 1221, 294: Durchschlag.

[6] Der Korea-Konflikt begann am 25. 6. 1950, als Truppen der Volksrepublik Nordkorea in das Gebiet der südkoreanischen Republik eindrangen. Die USA und Truppen der UNO halfen Südkorea, während Nordkorea von China unterstützt wurde. Beide Kriegsparteien eroberten im Verlaufe des Krieges jeweils fast die gesamte koreanische Halbinsel, bis am 27. 7. 1953 ein Waffenstillstand geschlossen wurde, der die Teilung des Landes zementierte.

[7] Die Preiserhöhungen für Rohstoffe auf dem Weltmarkt und Bemühungen, entsprechende Erhöhungen im Inland zu vermeiden, waren mehrfach Gegenstand der Kabinettsitzungen des Jahres 1950; vgl. KABINETTSPROTOKOLLE 1950, passim.

Nr. 27 A

Von der Klasse 9 der Mittelschule Lebenstedt, Watenstedt-Salzgitter
1. November 1950

BArch, B 122, 55: hs. Schreiben, behändigte Ausfertigung[1]

Gruß aus Anlass der Einweihung einer Schulbaracke; Bitte um ein Foto

Hochverehrter Herr Bundespräsident!

Anläßlich des Einzugs unserer Schule in eine eigene Baracke erlaubt sich die 9. Klasse der Mittelschule Lebenstedt Ihnen, hochverehrter Herr Bundespräsident, einen Gruß von unserer Einweihungsfeierstunde zu übersenden.

Aus dem östlichsten Teil unserer Bundesrepublik Deutschland, aus dem in der letzten Zeit so oft genannten Notstandsgebiet Watenstedt-Salzgitter,[2] kommen diese Zeilen. Schwere Monate liegen hinter uns. Viele unserer Eltern waren durch die Demontage der Reichswerke in große Not geraten, und wir hatten durch die Schulraumnot ein schweres Arbeiten. Nur zwei Räume hatten wir in der benachbarten Volksschule zur Verfügung, so daß wir in vier Schichten unterrichtet werden mußten, d. h. 180 Kinder an einem Tage in einem Raume. Diese böse Zeit hat nun ein Ende. Groß ist unsere Freude, denn nun können wir unsere Pflichten erfüllen und weiterkommen.

Hochverehrter Herr Bundespräsident! Dürfen wir Ihnen einen Wunsch vortragen? Wir möchten unserm Schulleiter, Herrn Hobuß, für seine Arbeit eine Freude bereiten. Und da gibt es keine größere, als die Überreichung eines Bildes unseres Herrn Bundespräsidenten mit eigenhändiger Unterschrift, da unser Schulleiter, der in unserer Klasse den Geschichts- und Gegenwartsunterricht erteilt, zu Ihren Schülern in der Hochschule für Politik in Berlin[3] zählte. Ihr geschätztes Bild, hochverehrter Herr Bundespräsident, wäre der festlichste Schmuck, den wir uns für unsere neue Schule denken könnten.

---

[1] Eingangsstempel vom 4. 11. 1950; Az. I/1/02.

[2] Watenstedt-Salzgitter wurde nach der Zerstörung und Demontage der im „Dritten Reich" im Zuge der wirtschaftlichen Autonomiebestrebungen errichteten Stahlwerke („Reichswerke Hermann Göring") zum Notstandsgebiet, da zahlreiche Arbeitsplätze verloren gegangen waren. Die Bundesregierung versuchte, insbesondere durch Arbeitsbeschaffungsprogramme eine Verbesserung der Notlage zu erreichen; vgl. KABINETTSPROTOKOLLE 1950, passim.

[3] Die Deutsche Hochschule für Politik, eine nichtstaatliche Einrichtung mit dem preußische Innenminister Bill Drews als erstem Vorsitzenden, wurde im Herbst 1920 gegründet. Heuss war bis 1924 Studienleiter und bis 1933 Dozent; seine Vorlesungen betrafen insbesondere Parteien- und Verfassungsgeschichte. Vgl. R. DAHRENDORF / M. VOGT, Theodor Heuss, S. 126f; TH. HERTFELDER / CHR. KETTERLE, Theodor Heuss, S. 87f; D. LEHNERT, Politik. Nach 1945 wurde die Hochschule für Politik wiedererrichtet und zehn Jahre später als Otto-Suhr-Institut der Freien Universität Berlin eingegliedert. Heuss besuchte sie öfters, z. B. bei der „Semesterfeier" am 19. 7. 1954; Ansprache in: B 122, 236.

Wir bitten herzlich, die vorgetragene Bitte nicht als unbescheiden ansehen zu wollen.

In Verehrung grüßen die Jungen und Mädel der Klasse 9 der Mittelschule Lebenstedt.

Die Klassenvertretung: [Sechs Unterschriften]

Nr. 27 B
An die 9. Klasse der Mittelschule Lebenstedt, Watenstedt-Salzgitter
5. November 1950
BArch, B 122, 55: ms. Schreiben, Durchschlag, von Heuss diktiert (Diktatz. H/Kr) und ms. gez.[3]

Liebe 9. Klasse!

Schönen Dank für den Brief, dessen Schreiberin ja eine geradezu verblüffend saubere Handschrift hat. In der Beilage will ich Eurem Wunsch entsprechen mit der Bitte, Herrn Schulleiter Hobuß meine freundlichen Grüßen auszurichten.

Theodor Heuss

Nr. 28 A
Von Walter Achilles, Kirchheim unter Teck
5. November 1950
BArch, B 122, 50: ms. Schreiben, behändigte Ausfertigung[1]
Allgemeine Lage; Stimmung in der Bevölkerung; Preissteigerungen

Hochverehrter Herr Bundespräsident!

„Auf der schwäb'schen Eisenbahn da gibt's halt viel Statione ..." 37 Kilometer habe ich durch meine tägliche Bahnfahrt zum Arbeitsplatz nach Stuttgart zurückzulegen. Was man alles während solcher Fahrt hören kann, ist manchmal interessant, oftmals blöde Meckerei oder übles Geschwätz. Einiges davon möchte ich aber doch festhalten und dem Herrn zuleiten, der sich mehr Kopfzerbrechen

---

[3] Az. I/1/02; Absendevermerk vom 7. 11. 1950; weiterer Nachweis: N 1221, 294: Durchschlag.
[1] Eingangsstempel vom 8. 11. 1950; Az. I/1/00; einzelne Sätze von unbekanter Hand mit Grün- und Rotstift unterstrichen.

machen muß, was für die Bundesrepublik Deutschland am Notwendigsten ist, als ich kleines Rad im Volksgetriebe.

Zunächst möchte ich Ihnen, hochverehrter Herr Bundespräsident, meine Hochachtung aussprechen. Es ist für Sie und die Regierung nicht leicht und einfach, aus den Trümmern ein neues Deutschland erstehen zulassen. Oftmals konnte ich Ihre zu Herzen gehenden und ernsten Worte bei feierlichen Anlässen im Rundfunk hören. Sie haben sich bereits während Ihrer Amtszeit viele Freunde erworben, zu denen auch ich mich rechne.

Vielleicht ist es nicht richtig von mir, einem so hoch stehenden Staatsmann zu schreiben, dem es an Zeit mangelt, Privatbriefe zu lesen. Vielleicht ist es aber doch richtig, nur einen Ausschnitt der wahren Stimmung von einem Neuschwaben zu hören, der als freier Demokrat sein Herz ausschütten möchte.

Ich muß dabei erwähnen, daß ich keiner Partei angehöre und von keiner Person zum Schreiben aufgefordert wurde. Als Heimkehrer und Familienvater bin ich durch das, was ich alles während der letzten zehn Jahre erlebt, sehr nachdenklich geworden. Nur dieses veranlaßte mich zum heutigen Brief. Wohl habe ich vor dem 2. Weltkrieg bessere Tage gesehen, mit meinem heutigen Los muß ich und bin ich aber zufrieden. Meine Familie ist gesund und ich habe meine Arbeit.

Kommt man mit dem Lohn nach Haus, so ist wohl große Freude, aber ... ach wie bald ...

Somit komme ich zu Punkt:

1. Zur Preissteigerung der Butter, Eier, Fleisch usw. Für die Hausfrauen der Lohnempfänger, kleinen Angestellten und unteren Beamten ist es jetzt nicht so einfach, mit dem zur Verfügung stehenden Geldbeutel den Küchenzettel ausreichend zu gestalten, damit alle Familienmitglieder satt werden.

Wenn man sich etwas um die statthaften und von der Regierung gebilligten Höchstpreise kümmert und diese Preise mit den in den Einzelhandelsgeschäften geforderten Preisen vergleicht, so schlottert man doch die Ohren, da diese Preise doch öfters höher liegen. Der Konsument schimpft, schimpft nochmals, aber erreicht damit trotzdem keine Senkung. Ich nenne nur ein Beispiel: Ein Ei kostete vor dem Krieg RM –,07 und heute RM –,24. Ist das gesund?

Da es in vielen Artikeln der Lebensmittelbranche ähnlich ist, kann eine Hausfrau kaum noch Molkereibutter oder Schweinebraten auf den Tisch bringen, nur immer Margarine oder Hammelbraten als Vertreter der billigen Sorten marschieren auf. Warum wird seitens der städtischen Behörden nicht schärfer aufgepaßt, daß die von der Regierung festgesetzten Preise nicht [wenigstens] annähernd befolgt werden? Die vorgenannten Berufsgruppen verbrauchen dadurch das Wirtschaftsgeld für die häusliche Speisekarte und können nicht an andere Anschaffungen denken (Bekleidung, Betten etc.), wie es auch bei mir der Fall ist – meine Familie wurde 1945 in Mitteldeutschland total ausgebombt, während ich mich in französischer Kriegsgefangenschaft befand.

2. Löhne–Gehälter–Rente. Über diesen Punkt wird natürlich am meisten geschwätzt. Der Lohn für die geleistete Arbeit ist das A und O. Jeder verlangt mehr, angefangen beim Lohnempfänger bis hoch zum Beamten. Was aber stark kritisiert wird. Der niedrige Satz der Altersrente für Invalidenversicherte. Wenn man mit 65 Jahren aufhört zu schaffen, gibt es die Rente, die aber für viele völlig unzureichend ist. Aus diesem Grund sieht man noch viele „Opas" mit 68–72 Jahren als Maurer, Packer, Hilfsarbeiter, die täglich acht bis neun Stunden und mehr schaffen müssen, um das dazu zu verdienen, was man zum Leben braucht.

Ich kann mir denken, daß die Renten nicht ruckartig höher steigen können, es wird auch Ihnen Kopfschmerzen bereiten, diesen sozialen Punkt von Grund auf so zu ändern, daß der Lebensabend *für alle* gesichert wird und dann gesichert ist.

3. Arbeitslosigkeit. Wenn der voraufgegangene Punkt gelöst ist, wird auch die Zahl der Erwerbslosen sinken, denn dort, wo die vorgenannten „Opas" aus dem Arbeitsverhältnis dann ausscheiden, können Erwerbslose eintreten. Zwei Firmen als Beispiel: 14 über 65 Jahre alte Männer werden hier beschäftigt.

4. Diäten für die Herren Bundestagsabgeordneten![2] Vor mehreren Wochen konnte man in der Presse über Diäten der Bundestagsabgeordneten, Gehälter der Herrn Minister usw. lesen. Da konnte man während der Bahnfahrt wunderbare Ausdrücke hören. Die Volksseele kochte förmlich. Trümmerdeutschland – DM 1100,– für einen Abgeordneten!

Mir ist noch in Erinnerung, welche Entschädigung den Reichstagsabgeordneten vor und während des 3. Reiches gewährt wurde. Gestatten Sie mir hierzu eine Frage. Können wir uns diese Ausgabe in der Bundesrepublik überhaupt leisten? Man kennt wohl nur noch Materialisten? [...][3]

5. Remilitarisierung. Im Osten wie im Westen predigt man für den Frieden. Im Geheimen rüsten aber die Mächte für den 3. Weltkrieg, bzw. wird für das Wiederaufflackern des 2. Weltkrieges gearbeitet, denn noch ist kein Friedensvertrag vom letzten Krieg unterzeichnet.

Wir, die wir den letzten Krieg mitmachen mußten oder miterlebten, haben – offen gesagt – die Schnauze voll, wieder Soldat zu spielen. Die Westmächte hätten sich ja noch 1942 mit Hitler verbinden können, um den Endkampf gegen den Osten, gegen den Kommunismus, zu führen. Nun soll Deutschland wieder die Kampfarena sein und das Kanonenfutter liefern!

---

[2] Am 31. 3. 1950 wurde das erste Diätengesetz für die Abgeordneten des Deutschen Bundestages verabschiedet, das eine Aufwandsentschädigung von monatlich 600 DM vorsah. Daneben wurde für jeden Sitzungstag ein Tagegeld von 30 DM und ein allgemeiner Kostenersatz in Höhe von 100 DM monatlich gezahlt. Gegen Einzelnachweis konnte zusätzlich ein Betrag von 200 DM in Anspruch genommen werden, die KfZ-Benutzung wurde mit einem Kilometergeld von 0,25 DM oder einer Pauschale von 200 DM abgegolten. Zur weiteren Entwicklung der Diäten vgl. P. SCHINDLER, Datenhandbuch, Bd. 3, S. 3198–3227.

[3] Weitere Ausführungen über die Abgeordneten-Diäten.

Diese fünf Punkte sollen genügen, mein Herz habe ich ausgeschüttet, die Hauptdebatten des schaffenden Volkes aus dem Schwabenlande habe ich geschildert. Die Eisenbahn-Unterhaltung sei damit beendet.

Möge der Herrgott Ihnen die Kraft geben, die Geschicke des westdeutschen Volkes auf ein normales Gleis zu führen und endlich eine Wiedervereinigung mit den deutschen Brüdern und Schwestern in der Ostzone zu erwirken.

Große Schwierigkeiten stehen Ihnen und der Regierung noch bevor. Millionen Deutsche spüren noch die Folgen des Krieges, noch mangelt es an Nahrungsmitteln, Kohlen, Wohnraum und sonstigen Verbrauchsgütern. Tausenden von Umsiedlern und Flüchtlingen ist noch nicht die materielle Sicherheit und das Gefühl der völligen Gleichberechtigung in der deutschen Heimat gegeben.

Gerade in dieser Notzeit wird aber der Allmächtige uns Deutsche nicht verlassen und Ihnen mit seiner Kraft und Hilfe zur Seite stehen.

Ich begrüße Sie hochachtungsvoll!
Ihr ergebener

Walter Achilles

Nr. 28 B
An Walter Achilles, Kirchheim unter Teck
17. November 1950
BArch, B 122, 50: ms. Schreiben, Durchschlag, von Heuss diktiert (Diktatz. H/Hr), von Bott hs. paraph. und ms. gez.[4]

Sehr geehrter Herr Achilles,

der Herr Bundespräsident dankt Ihnen für Ihren freundlichen Brief, bittet aber um Nachsicht, daß er bei dem täglichen Posteinlauf von ein paar hundert Schreiben Ihnen nicht persönlich antworten kann. Er hat Ihre Darstellungen aufmerksam gelesen. Die Probleme der Preis- und Lohnentwicklung werden natürlich auch hier bei den regelmäßigen Konferenzen eingehend behandelt.[5] Die Problematik liegt ja wohl darin, daß sehr viel in der inneren Preisgestaltung mit den Schwankungen der Weltrohstoffpreise (Korea) zusammenhängt.[6]

---

[4] Az. I/1/00; Absendevermerk vom 20. 11. 1950; weiterer Nachweis: N 1221, 294: Durchschlag.
[5] Derartige Konferenzen im BPrA ließen sich nicht nachweisen. In den Gesprächen zwischen Heuss und Adenauer wurden die wirtschaftspolitische Situation und die Anpassung der Inlandspreise an die Entwicklung auf dem Weltmarkt mit den Konsequenzen auf die Lebenshaltungskosten erst am 2. 3. 1951 besprochen; vgl. K. ADENAUER / TH. HEUSS, Unter vier Augen, S. 53f.
[6] Vgl. Nr. 26, Anm. 6.

Die Auseinandersetzung über die sogenannten Diäten der Abgeordneten ist ja in zahlreichen Briefen mit dem Bundespräsidialamt geführt worden.[7] Sie werden verstehen, daß der Bundespräsident in seiner Stellungnahme zu diesem Problem zurückhaltend ist. Er macht aber darauf aufmerksam, daß die Arbeitsleistung, die von den Abgeordneten im Bundestag und in den Ausschüssen sowie in den Verpflichtungen gegenüber den Wählern (Berichterstattung, Korrespondenz usf.) getätigt wird, sehr groß ist. Ein Abgeordneter, der seinen Pflichten entspricht, ist in den meisten Fällen in seiner (bürgerlichen) Berufstätigkeit außerordentlich begrenzt.

Der Herr Bundespräsident läßt Ihnen für die freundliche Gesinnung bestens danken. Als Schwabe macht er Sie darauf aufmerksam, daß das Verslied nicht heißt: „Auf der Schwäb'schen Eisenbahn, da gibt's halt viel Statione..." sondern: „Auf d'r Schwäb'sche Eisebahne, gibt's gar viele Haltstatione."

Mit vorzüglicher Hochachtung   Hans Bott
                              Persönlicher Referent des Bundespräsidenten

Nr. 29 A
Von Dr. Franz Lorenz, Mainz
14. November 1950
BArch, B 122, 53: ms. Schreiben, behändigte Ausfertigung[1]
Übersendung seiner Übersetzung von Johannes Saaz „Der Ackermann aus Böhmen"; Vorschlag, einen „Tag der neuhochdeutschen Sprache" einzuführen

Hochverehrter Herr Bundespräsident!

Gestatten Sie mir, bitte, Ihnen für Ihre Bibliothek das beiliegende Büchlein zu widmen: Johannes von Saaz „Der Ackerman aus Böhmen."[2] Ich habe darin das Meisterwerk der dialektischen Kunst der deutschen Frührenaissance in einer Weise übertragen, die nach meinem Gefühl den Geist und die Sprachkraft des Originals werkgetreu wiedergibt ...

Mit dieser Widmung verbinde ich eine stille Hoffnung. Ich will sie zuerst sachlich begründen. Die Dichtung des Johannes von Saaz ist das erste kostbare Angebinde, das der neuhochdeutschen Sprache in die Wiege gelegt wurde. Diese

---

[7] Vgl. Anm. 2.
[1] Eingangsstempel vom 15. 11. 1950; Az. I/1/00.
[2] JOHANNES SAAZ: Der Ackermann aus Böhmen, hg. v. Franz Lorenz, Augsburg 1950.

neuhochdeutsche Sprache wurde in der Prager Hofkanzlei „geschmiedet". Gern gebraucht unser Dichter das Bild vom Hammer und Amboß. Aus dem deutschen Süden (Österreich, Bayern, Schwaben) kam der sprachliche Rohstoff. Aus dem deutschen Osten kamen die Schmiede (aus Schlesien Johannes von Neumarkt, aus dem deutschen Böhmen Johannes von Saaz). Diese neuhochdeutsche Sprache wurde das mächtigste Werkzeug für die politische Einheit des Deutschen Reiches. Nie haben Ost und West schöpferischer zusammen gearbeitet. Nach dem furchtbaren Zusammenbruch im Dreißigjährigen Kriege beginnt der Aufstieg wieder auf dem Feld der Sprache. Und im 18. Jahrhundert? Gottsched, Gellert, Lessing – Wegbereiter eines neuen Sprachgefühles. Wieder kommt der Anstoß aus dem Osten. Wieder führt er zum Erlebnis einer neuen geistigen Einheit in der Sprache.

Heute ist der deutsche Osten bedrängt wie noch nie in seiner Geschichte. Müßte in dieser schicksalsvollen Zeit der deutsche Westen von Süden bis Norden nicht dafür eintreten, was der Osten nicht mehr leisten kann? Heute *muß* der Westen den Kampf um die Sprache als Seele der deutschen Kindheit aufnehmen. In einem „Gedenktag der neuhochdeutschen Sprache" könnte man der *geschichtlichen Leistung* gedenken. In der Dichtung ihren *Geist* erneuern. Das aus dem Geiste der Sprache geschöpfte *erzieherische* Erbe des 18. Jahrhunderts für unsere Zeit fruchtbar machen. Von all dem würde eine starke Welle neuen Lebens in den heute leidenden Osten fließen. In uns Heimatvertriebenen, denen die „Sprachgrenze" im Osten immer heiß erlebtes Sinnbild deutscher Existenz war, würde solche Haltung das Gefühl der Geborgenheit wecken.

Aber es geht nicht nur um die innere Einheit von Ost und West. Eine kulturpsychologische Analyse, die ich an der „Forschungsstelle für Volkspsychologie" in Wiesbaden durchgeführt habe, und die persönliche Bekanntschaft mit bedeutenden Männern des Geisteslebens haben mich überzeugt, daß das, was wir einst „deutsche Literatur" nannten, heute völlig heimatlos ist im eigenen Volk. Die Aufnahmefähigkeit des Volkes für echte Dichtung ist katastrophal gesunken. Überfremdung beherrscht den „Markt", und das Ausland ironisiert uns deshalb. Man kann eine neue, existenzverbundene Literatur nicht in der Retorte erzeugen. Man muß den Urgrund der geistigen Schöpfung pflügen – die Sprache.

Ich habe lange überlegt, ob ich diese Zeilen schreiben soll. Hinter mir steht weder ein Verein noch eine Partei. Ich kann mich auf keine „Resolution" berufen. Ich schreibe nur, was ich denke und fühle. Ich schreibe es dem Manne, von dem ich glaube, daß er nicht in politischer Taktik aufgeht. Es gibt im heutigen Staat kein „Amt", das den Gedanken eines „Gedenktages der neuhochdeutschen Sprache" zum Erlebnis der deutschen Einheit machen könnte. Meine einzige Hoffnung ist der Herr Bundespräsident.

In Verehrung begrüße ich Sie, Herr Bundespräsident, als
Ihnen sehr ergebener

Dr. Franz Lorenz

Nr. 29 B
An Dr. Franz Lorenz, Mainz
16. November 1950
BArch, B 122, 53: ms. Schreiben, Durchschlag, von Heuss diktiert (Diktatz. H/Hr) und ms. gez.[3]

Sehr geehrter Herr Dr. Lorenz,

für die freundlichen Zeilen und die Übersendung des „Ackermans aus Böhmen",
den ich vor Jahren schon einmal in der Hand gehabt habe, herzlichen Dank. Die
Hinweise in Ihrem Begleitbrief über die ost-westdeutsche Kombination in der
deutschen Sprachgeschichte, wenn ich so sagen darf, werden richtig sein. Ich bin
selber kein Spachgeschichtler, habe aber einigen Sinn für die Fragestellung, und
ich glaube auch, etwas davon zu wissen, was uns an Sprachpflege not tut, nicht
zum wenigsten vor der Aufgabe, in den Zeitungen und in den Reden sehr viel
Zeug wieder herauszukriegen, was in der Nazi-Zeit hereingekommen ist: „einmalig, schlagartig, unter Beweis stellen, Ausrichtung" usf. usf. Ich würde Ihnen
empfehlen, mit der Gesellschaft für deutsche Sprache in Lüneburg[4] einmal Fühlung zu nehmen. Die leitenden Herren haben mich vor einiger Zeit besucht. Ich
selber kann bei einer sinnlosen Überlastung nicht die Arbeit im einzelnen verfolgen. Ihren Vorschlag aber, sozusagen einen Gedenktag der „neuhochdeutschen"
Sprache" zu begehen, kann ich durch mein Bewußtsein noch nicht recht verdichten. Auf jeden Fall ist das Wort „neuhochdeutsch" vor die Öffentlichkeit hingestellt
eine Unmöglichkeit, denn es ist ein philologisch-historischer Fachbegriff und
klingt sehr nach Schule. Ich selber habe bei einer Rede vor einigen Monaten
eingehend auf die Kräfte aus Ostpreußen und Schlesien, auf Kant, Herder und
Hamann[5] wie auf Böhmer, Eichendorff und Freytag hingewiesen, um deren Beitrag für den Ausdruck des geistigen deutschen Wesens den Zuhörern gegenwärtig
zu machen.[6] In diesem Sinn bin ich also mit Ihrer Anregung völlig einverstanden,
wie ich immerhin auch glaube, daß die Überfremdung mit ausländischer Dichtung
einmal aufhören wird. Es ist nicht nur eine Folge von Besatzungs-Kultur-Politik,
sondern auch der relativ langen Abgeschlossenheit von dem, was draußen in der
Welt literarisch geleistet oder auch nicht geleistet worden war.

Mit freundlicher Empfehlung   Theodor Heuss[7]

---

3 Az. I/1/00; weiterer Nachweis: N 1221, 294: Durchschlag.
4 Unterlagen über die 1947 gegründete Gesellschaft in: B 122, 322.
5 In der Vorlage Hermann.
6 Die Ansprache ließ sich nicht ermitteln.
7 Lorenz dankte am 23. 11. 1950 für die schnelle Antwort und sicherte zu, der Anregung, sich an
   die Gesellschaft für deutsche Sprache zu wenden, nachzukommen, und fügte sein Schreiben an
   die Gesellschaft als Durchschrift bei; B 122, 53.

Nr. 30 A

Von Heinrich Nolte, Oberst im Generalstab a. D., Oberhausen-Osterfeld

21. Dezember 1950

BArch, B 122, 54: hs. Schreiben, behändigte Ausfertigung[1]

Ablehnung eines deutschen Verteidigungsbeitrages unter den USA wegen Äuße-
rungen Dwight D. Eisenhowers in seinen Memoiren über Erwin Rommel

Hochverehrter Herr Bundespräsident!

In dem leider berechtigten Gefühl, daß der Herr Bundeskanzler Urteil und Sorgen eines alten Soldaten geringschätzt, dazu in der Hoffnung, daß er sich eher
von Ihnen beraten als vom Führer der Opposition verwarnen läßt, überreiche ich
Ihnen, Herr Bundespräsident, anliegende Stellungnahme zum deutschen Verteidigungsbeitrag unter Eisenhower.[2] Sehen Sie bitte darin nicht das Ergebnis nationalistischen Ressentiments oder auch zu weit gehender Heldenverehrung, sondern
ausschließlich ernste Sorge. Vertrauen ist in so desolaten Umständen ja noch
wichtiger als Kanonen. Das gilt insbesondere „gegen" Eisenhower, für den jeder
nicht ganz vergeßliche Deutsche nur abgrundtiefe Verachtung haben kann.

Man gebe uns völlige Gleichberechtigung, man sichere unsere Wiederaufrüstung
zuverlässig, annuliere die Nürnberger Rache-Justiz und bestelle z. B. Clay oder
auch Montgomery als atlantischen Feldherren. Dann werden wir auch unseren
Beitrag zu der Verteidigung Europas leisten.

Ich übersende meine Stellungnahme gleichzeitig an die „Besatzungsblätter"
Welt und Neue Zeitung, an den NWDR, die Oberhausener Presse und einige
Freunde, jedoch ohne dabei meinem Mißtrauen gegen den Bundeskanzler so
deutlichen Ausdruck zu geben.

Mit der Versicherung meiner aufrichtigen Verehrung bin ich

Ihr, sehr geehrter Herr Bundespräsident, ergebener   Nolte

---

[1] Eingangsstempel vom 23. 12. 1950; Az. I/1/00; mit zahlreichen Unterstreichungen von unbekannter Hand.

[2] Heinrich Nolte, der 1943 Chef des Generalstabes des Deutschen Afrika-Korps war, bezog sich
in seiner beigefügten Aufzeichnung vom 20. 12. 1950 auf einen Artikel in der „Welt" (Nr. 147,
18. 12. 1948), in dem aus Eisenhowers Memoiren – gemeint war wohl dessen 1947 in Bern erschienenes Buch „Von der Invasion zum Sieg" – folgende Äußerung über Rommel zitiert worden
war: „Rommel selbst entfloh noch vor dem endgültigen Zusammenbruch. Er sah offenbar das
Unvermeidliche voraus und war tunlichst darauf bedacht, seine eigene Haut in Sicherheit zu bringen". Nolte meinte, damit habe sich Eisenhower vor der Weltgeschichte selbst gerichtet; B 122,
54.

Nr. 30 B
An Heinrich Nolte, Oberst im Generalstab a. D., Oberhausen-Osterfeld
2. Januar 1951
BArch, B 122, 54: ms. Schreiben, Durchschlag, von Heuss diktiert (Diktaktz. H/Kg), von Krantz ms. gez.[3]

Sehr geehrter Herr Nolte,

der Herr Bundespräsident läßt Ihnen für Ihren Brief danken. Die Auseinandersetzungen über Bemerkungen in Eisenhowers Memoiren sind ihm nicht unbekannt. Aber er hält in der gegenwärtigen Situation eine Erörterung, wie sie von Ihnen vorgeschlagen zu werden scheint, für wenig angebracht. Es ist ihm selber, wenn er auch kein Fachmann ist, genügend militärische Memoiren-Literatur bekannt, die in ihrer Bewertung immer höchst relativ sein wird, wann sie geformt wurde. Von deutscher Seite eine Art von Diskussion über den geplanten Oberbefehl über die atlantischen Streitkräfte einzuleiten, zu denen Deutschland ja einstweilen gar nicht gehört, ist keine Politik, sondern Publizistik.

Mit vorzüglicher Hochachtung   Hans-Ulrich Krantz

Nr. 31 A
Von Helmi Nolte, Celle
23. Dezember 1950
BArch, B 122, 647: ms. Schreiben, behändigte Ausfertigung[1]
Bitte um Berücksichtigung der Gefangenen in Landsberg, denen die Vollstreckung der Todesstrafe droht, in der Silvesteransprache des Bundespräsidenten

Exzellenz!

Ehe ich für meine Kinder die Lichter des Weihnachtsbaumes anzünde, bitte ich darum, Ihnen, hochverehrter Herr Bundespräsident, schreiben zu dürfen, was mir in den letzten Vorweihnachtstagen Mütter vieler Kinder und Mütter, die im zweiten Weltkrieg Ernährer und Söhne hingegeben haben, mit sorgendem Herzen vorgetragen haben.

---

[3] Az. I/1/00; Absendevermerk vom 5. 1. 1951; neben der zdA-Verfügung eine Paraphe von Albert Einsiedler vom 5. 1.; weiterer Nachweis: N 1221, 295: Durchschlag.
[1] Eingangsstempel vom 25. 12. 1950; Az. I/10/36a.

Die Tatsache, daß die amerikanische Besatzungsmacht zu Beginn des Neuen Jahres in Landsberg neue Hinrichtungen durchführen lassen will,[2] nimmt uns nicht nur die Freude am Weihnachtsfest, sondern auch den Glauben an die hochtönenden Botschaften, die uns die berufenen Sprecher des amerikanischen Volkes schon seit Jahren verkünden.[3]

In diesem Augenblick vereinigte sich über persönliches Ressentiment hinaus unser Schmerz mit dem Leid jener amerikanischen Mütter, die ihre Männer und Söhne in Korea der gleichen Situation ausgesetzt sehen,[4] die den Deutschen von Landsberg zum Verhängnis werden soll.

In diesem Augenblick vermögen wir in dem Wahnsinn der Sieger keine juristische Frage mehr zu entdecken, sondern wissen aus sicherem mütterlichen Instinkt zu sagen, daß hier die Verantwortlichen mit einer erschreckenden Blindheit geschlagen sind.

Der Hohe Kommissar der Regierung der Vereinigten Staaten[5] hat offensichtlich zu wenig Einblick in die Seelen der deutschen Mütter, wenn er in einer Anwandlung von Frivolität erklären läßt, daß man die Todesurteile ruhig vollstrecken könne, da die deutschen Nation ohnehin nicht am Schicksal der Verurteilten interessiert sei.

Nur wenige Mütter können heute ahnen, mit welchem Unrecht und welcher Schmach das Neue Jahr beginnen soll. Unser ganzes Volk in allen Zonen war bis zur Stunde davon überzeugt, daß man die Menschen in Landsberg nach so vielen Jahren aus ihrer Not zwischen Tod und Leben erlösen würde. Diese Sturmzeichen unserer Zeit, so hofften wir alle, hätten auch die weniger nachdenklichen Sieger in ihrer immer zweifelhafter werdenden Rolle zur Einsicht gebracht. Die meisten Menschen in Deutschland wissen ja gar nicht, was in Dachau, Landsberg und Schwäbisch Hall an Unmenschlichkeiten an Deutschen geschehen ist.[6] Sie können es nicht wissen – dank der gut funktionierenden Pressezensur. Aber das Unrecht schreit heute zum Himmel.

---

[2] In Landsberg wurden von den Amerikanern von 1945 bis 1958 deutsche Kriegsverbrecher inhaftiert, die in der zeitgenössischen deutschen Publizistik nicht selten als „Kriegsgefangene" bezeichnet wurden; vgl. N. Frei, Vergangenheitspolitik, S. 163–194.

[3] Die letzten sieben Todesurteile wurden in der Nacht vom 6. auf den 7. 6. 1951 vollstreckt. Dabei handelte es sich vor allem um Verurteilte aus dem Einsatzgruppen-Prozess: Erich Naumann, Werner Braune, Otto Ohlendorf, Paul Blobel, zudem um Oswald Pohl (Pohl-Prozess) sowie Hans Schmidt und Georg Schallermair (Dachauer Prozesse). Zu Hans Schmidt vgl Anm. 7.

[4] Vgl. Nr. 26, Anm. 6.

[5] John McCloy.

[6] Die amerikanischen Besatzungsbehörden hatten im befreiten Konzentrationslager Dachau im Juli 1945 ein Internierungs- und Kriegsgefangenenlager für die höheren NS-Funktionsträger eingerichtet, das Ende August 1948 aufgelöst wurde; vgl. G. Hammermann, Internierungs- und Kriegsgefangenenlager. In Schwäbisch Hall befand sich ebenfalls ein alliiertes Kriegsgefangenenlager.

Sie werden in der letzten Nacht des Jahres zu uns sprechen, hochzuverehrender Herr Bundespräsident, und Sie werden in einer so herzbewegenden Stunde auch über die Dinge reden müssen, die ein ganzes Volk in stiller Verzweiflung erleidet. Wir deutschen Mütter fühlen in der Not dieser Weihnacht zu keinem deutschen Menschen größeres Vertrauen als zu Ihnen, und dieses Vertrauen ist stärker als es Ihnen Ihr Amt gegeben hat.

So bitten wir Sie, hochverehrter Herr Bundespräsident, in der Silversternacht die Sorgen der deutschen Mütter zu verkünden und dem Hohen Kommissar der Regierung der Vereinigten Staaten zu sagen, daß der Galgen von Landsberg der Galgen für alle deutschen Mütter sein wird. Was will eine Welt beginnen, in der nicht mehr das Herz der Mütter mitschlägt. Mit den Deutschen von Landsberg wird auch unsere Liebe sterben.

Sie, hochzuverehrender Herr Bundespräsident, haben noch die Möglichkeit, vor der Weltöffentlichkeit die Stimme der Deutschen zu erheben und zu sagen, daß die Gefahren unübersehbar sein werden, wenn man sechs Jahre nach dem Kriege fortfährt, ein Volk zu demütigen. Ich bitte Sie, im Namen vieler Frauen bedenken zu wollen, welche Verantwortung wir in der letzten Stunde des Jahres in Ihre Hand legen.

Mit dem Ausdruck meiner Verehrung bin ich Euer Exzellenz
ergebene

Helmi Nolte[7]

Nr. 31 B
An Helmi Nolte, Celle
2. Januar 1951
BArch, B 122, 647: ms. Schreiben, Durchschlag, von Heuss diktiert (Diktatz. H/Kg), von Werz hs. paraph. und ms. gez.[8]

Sehr geehrte Frau Nolte,

der Herr Bundespräsident bittet um Ihr Verständnis, wenn er Ihnen bei dem täglich in die Hunderte gehenden Posteinlauf nicht persönlich antwortet. Die auf Minuten

---

[7] Weitere vier Ausfertigungen dieses Schreibens mit jeweils zehn, acht, 14 und 16 Unterschriften in: B 122, 647. Sie wurden nicht gesondert beantwortet. Am 12. 6. 1951 erhielt das BPrA aus Holzminden die Todesanzeige für den am 7. 6. 1951 in Landsberg hingerichteten Hans Schmidt – mit den seine Unschuld beteuernden letzten Worten: „Ich erkläre, daß ich nichts anderes getan habe, als was Sie, meine Herren, eben jetzt auch tun. Ich habe Befehle ausgeführt, die mir rechtmäßig gegeben worden sind. Ich scheide als der letzte der Landsberger Todeskandidaten. Ich sterbe unschuldig"; B 122, 648.

[8] Az. I/10/36a; Absendevermerk vom 2. 1. 1951; weiterer Nachweis: N 1221, 295: Durchschlag.

festgelegte Sylvesteransprache war bereits technisch bei Eingang Ihre Schreibens abgeschlossen. Es konnte in ihr nichts mehr geändert werden. Der Herr Bundespräsident versteht durchaus die Motive Ihrer Anregung. Er hat sowohl in der Sylvesteransprache des vergangenen Jahres[9] wie in der Ansprache des 1. Mai 1950[10] zu dem Komplex Stellung genommen. In seiner jetzigen Sylvesterrede, die stofflich mit anderen Problemen überfüllt war, konnte das nicht der Fall sein. Aber das Schicksal einer Anzahl der in Landsberg Inhaftierten wird hier laufend verfolgt.[11]

Mit vorzüglicher Hochachtung   Luitpold Werz
                                               Regierungsdirektor

Nr. 32 A
Von Erich Rau, Berlin-Reinickendorf/Ost I
31. Dezember 1950
B 122/450: ms. Schreiben, behändigte Ausfertigung[1]
Reaktion auf die Silvesteransprache von Theodor Heuss; Auseinandersetzung mit dem Kommunismus

Sehr verehrter Herr Bundespräsident!

Ihre heutige Ansprache[2] habe ich gehört und möchte Ihnen in aller Offenheit meinen Eindruck schildern, ganz frisch unter der unmittelbaren Wirkung Ihrer

---

[9] Heuss hatte gesagt: „Die Tage vor Weihnachten brachten einen tröstlichen Vorgang: Aus dem Gefängnis in Landsberg sind einige Dutzend Verurteilte freigegeben worden. Dafür sind wir dankbar, ohne sagen zu wollen oder sagen zu können, daß es in jedem Fall gerade die waren, an die wir denken. Denn wir denken an sie und an Männer in den Kerkern anderer Staaten. Da ist irgendein Stachel in unserem Bewußtsein. Das Recht ist eine harte Sache – es wird, tiefe Weisheit, dort nur richtig gefunden, wo der Richter selber in der Lebensluft des Angeklagten stand." B 122, 212.

[10] Konkret ging Heuss in dieser Ansprache nicht auf diesen Fragenkomplex ein; Wortlaut seiner Rundfunkansprache in: B 122, 213.

[11] Ein diesbezügliches Schreiben von Heuss an McCloy vom 16. 1. 1951 abgedruckt in: TH. HEUSS, Bundespräsident, Briefe 1949–1954. Noch im Herbst 1954 schrieb Heuss an Hans Stempel, der sich um die von den Alliierten verurteilten deutschen Kriegsverbrecher kümmerte, er habe bei einem Abendessen beim französischen Botschafter André François-Poncet Gelegenheit gehabt auszudrücken, „daß ich es für sehr verhängnisvoll halten würde, wenn Todesurteile vollzogen würden. Ich habe das gerade auch im Zusammenhang mit der Frage, wie weit meine Rede zum 20. Juli eine seelische Wirkung haben könne, vorgetragen"; 10. 8. 1954, in: B 122, 298. Der Vollzug von Todesurteilen musste schon deshalb für die bundesdeutsche Politik problematisch sein, weil im Grundgesetz die Todesstrafe ausdrücklich abgeschafft worden war.

[1] Eingangsstempel vom 3. 1. 1951; Az. IV/1/06.

[2] Silvesteransprache 1950/51 in: B 122, 216. Die meisten kritischen Zuschriften bezogen sich auf eine Bemerkung von Heuss über den Zusammenschluss von Einheimischen gegen Flüchtlinge,

Worte. Ich habe die Stimme eines Mannes vernommen, der mit gutem Herzen aus dem vollen Inhalt seines reichen Innenlebens heraus das Beste will und seine ganze Initiative in die Waagschale wirft, um ein unabdingbares Schicksal abzuwenden zu versuchen. Dieser Mann, dessen Stimme mit väterlichem Wohlwollen an die Deutsche Seele appelliert, ist aber ein Dichter, ein Denker, ein Philosoph, kurz ein Repräsentant besten deutschen Geisteslebens, der in der heutigen mehr als materiellen Zeit wie jeder andere Idealist auch Schiffbruch erleiden muß, denn Politik läßt sich nicht mit philosophischen Gesichtspunkten allein lösen und handhaben. Wir kommen um den Grundkern des Europäischen Problems nicht herum mit einem Appell an das philosophische Menschheitsgewissen schlechthin, weil darob alle Bewegungen der Geschichte Schiffbruch erlitten haben. Selbst das Christentum konnte nicht aus uns Engel machen, sondern der Herrgott hat uns einmal in diese materialistische Welt gestellt, und wir müssen damit versuchen, so anständig als möglich fertig zu werden. Deshalb sind Ihre Worte, Herr Bundespräsident, bei aller Herzlichkeit und Schönheit, die ihnen innewohnt, leider in den Wind gesprochen und werden auf der kommunistischen Gegenseite nur eine mehr oder weniger sachliche Kritik erfahren. Allein schon die Tatsache der Propagierung einer neuen Nationalhymne[3] wird Ihre Persönlichkeit der Lächerlichkeit preisgeben, denn ich sage Ihnen heute schon, daß im Osten demnächst gerade diese Tatsache als Hauptargument dienen wird, zu sagen, daß der Westen alles nachmachen muß und dabei im Ergebnis eine neue Nationalhymne hervorbringen kann, die mit der östlichen nicht mitkommt.[4]

Ihre gutgemeinten Worte werden auf der Gegenseite nur einen neuen Aufschwung der Gegenpropaganda hervorrufen. Es muß in aller Deutlichkeit gesagt werden, daß man diesen Brüdern nur mit der eisernen Faust begegnen kann. Mit einem Appell an das Deutsche Gemüt ist die Schwierigkeit keineswegs zu besei-

---

was allgemein auf die „Schleswig-Holsteinische Gemeinschaft" bezogen wurde. Zahlreiche Zuschriften wiesen darauf hin, dass die Verhältnisse in diesem Lande immer noch katastrophal seien und die Flüchtlinge in dem BHE ein machtvolles politisches Organ hätten, so dass eine Interessenswahrung der Einheimischen verständlich und notwendig sei; Unterlagen in: B 122, 450; vgl. auch TH. HEUSS, Bundespräsident, Briefe 1949–1954.

[3] Heuss hatte seine Silvesteransprache, die über alle Sender der Bundesrepublik Deutschland gesendet wurde, mit der Verlesung des von Rudolf Alexander Schröder geschaffenen und als neue Nationalhymne vorgesehenen Gedichts „Land des Glaubens, deutsches Land" beendet. Anschließend wurde die Hymne in der Vertonung durch Hermann Reutter von einem Knabenchor vorgetragen. Fassung der Ansprache mit Korrekturen von Heuss sowie vervielfältigte Fassung in: B 122, 216; Abdruck bei R. DAHRENDORF / M. VOGT, Theodor Heuss, S. 401–406.

[4] In der DDR war bereits im Februar 1950 nach Vorbereitungen im Oktober/November 1949 eine von Johannes R. Becher gedichtete und von Hanns Eisler komponierte neue Nationalhymne („Auferstanden aus Ruinen") offiziell eingeführt worden.

tigen, sondern es erfordert Männer mit boxerischer Härte, gegenwartsnahe sachliche Menschen, die die Notwendigkeiten klar erkennen und es sich getrauen, sie beim rechten Namen zu nennen. […][5]

Wenn man also nicht alle Kräfte, auch die dreimal verfluchten Nazis, zusammenfaßt und das Ganze mit Europäischen Gedanken handhabt, wird man [ein] Fiasko erleben. Die europäische Abwehrfront gegen den Kommunismus wird deutschnational sein oder sie wird überhaupt nicht sein, und wir werden dann in spätestens fünf Jahren an der gleichen Stelle eine Schlacht auf den Katalaunischen Gefilden[6] erleben, wo wie damals auf beiden Seiten Deutsche mit gleicher Tapferkeit und Erbitterung sich einsetzen werden, zu ihrem eignenen Schaden. Diese Prophetie mag von einem kleinen Manne ziemlich dreist und kühn anmuten, aber sie wird richtig sein. Mit parlamentarischem Gewurstel wird man den Iwan niemals klein kriegen, sondern es gibt nur eins, was ich auf gut Berlinerisch in der Boxersprache hier aussprechen möchte: Den Kerl nach allen Regeln der Kunst zum Handkoffer zusammenschlagen, daß ihm ein für allemal das Wiederkommen vergeht! Etwas anderes ist Quatsch mit Soße und führt nur zu einem Schrecken ohne Ende, so daß wir überhaupt vor dauernder Unruhe niemals wieder auf einen grünen Zweig kommen können.

Wenn das Interesse der Westmächte nicht soweit geht, in absehbarer Zeit (man hat schon vier Jahre zu lange damit gewartet) das Erforderliche zu tun, dann bleibt uns als Deutsche nichts Anderes übrig, als den gegebenen Tatsachen Rechnung zu tragen und zu versuchen, mit Gott und gutem Wind mit unserem großen Sowjetnachbarn in einen vernünftigen Ausgleich zu gelangen, denn uns ist das Hemd näher als der Rock.

Man könnte über das ganze Problem noch dicke Bücher schreiben, aber ich will Sie nicht weiter langweilen. Bitte entschuldigen [Sie] meine impulsiven Ausführungen, aber sie resultieren aus dem Gefühl der Dankbarkeit, das sich ergab aus Ihren heutigen Sylvesterworten, die für mich die Gewähr geben, daß unser Bundespräsident ein Mann mit echtem deutschem Gemüt ist. Ich danke Ihnen dafür, Herr Bundespräsident, daß Sie mein Herz ansprachen und dem Deutschen Volk einen Weg wiesen, um aus dem krassen Materialismus heraus zu reinem Menschengefühl zu kommen. Wenn dieser Weg auch illusorisch sein muß, Ihre Absicht zeugt von reinster Lauterkeit der Gesinnung. Wenn Ihnen auch die jetzt erforderliche boxerische Härte fehlt, so sind sie trotzdem für

---

[5] Ausführungen zur Notwendigkeit, alle Kräfte zusammenzufassen und dafür auch ehemalige Nationalsozialisten zu rehabilitieren.

[6] In der Schlacht auf den Katalaunischen Feldern trafen im Jahre 451 n. Chr. die Römer unter Aetius und die Hunnen unter Attila aufeinander. Das römisch-westgotische Heer besiegte die Hunnen und stoppte ihren Vormarsch in Europa. Die Schlacht wurde lange Zeit als eine der wichtigen Entscheidungen der Weltgeschichte gesehen.

mich der verehrungswürdige Deutsche, dem ich für das Neue Jahr herzlichst das Beste wünsche und dem ich mich empfehle,

mit aller Hochachtung

ergebenst
Erich Rau

Nr. 32 B
An Erich Rau, Berlin-Reinickendorf-Ost I
6. Januar 1951
B 122/450: ms. Schreiben, Durchschlag, von Heuss diktiert (Diktatz. H/vK), von Bott hs. paraph. und ms. gez.; Briefkopf: „Bundespräsidialamt"[7]

Sehr geehrter Herr Rau!

Der Herr Bundespräsident bekommt täglich Hunderte von Briefen. Er hat den Ihrigen – obwohl er umfangreich genug war – gelesen, bittet aber um Ihre Einsicht, daß er ihn nun nicht im gleichen Umfang persönlich beantwortet; dazu hat er einfach keine Zeit. Er läßt Ihnen aber folgendes sagen:

1) Daß er sich noch nie für einen Philosophen gehalten hat und daß er sich für einen nüchternen, real denkenden Menschen hält,

2) daß er freilich keine Boxernatur ist, weil eine solche offenbar nach Ihrer Auffassung zur politischen Arbeit gehört, und er hat die Empfindung, daß die Boxer-Politik, wo sie heute mit starken Worten proklamiert wird, nichts anders ist als eine psychologische Überkompensierung eines Ohnmachtsgefühls.

Der Bundespräsident hat die Empfindung, daß er sich noch immer getraut hat, die Dinge beim rechten Namen zu nennen. Dr. Heuss glaubt, daß Sie in der Darstellung einiger psychologischer Voraussetzungen der innerdeutschen Situation die Dinge richtig sehen, aber er ist etwas erstaunt zu erfahren, daß die alten Nazis die richtigen Leute seien, um den Kommunismus zu bekämpfen. Es scheint ihm, daß Sie nicht gemerkt haben, daß der Nationalsozialismus und der Kommunismus schon im Jahre 1932 (Berliner Verkehrsstreik[8]) das Kooperieren verstanden. Vielleicht – meint er – haben Sie gar nicht bemerkt, daß es die nationalsozialistische Politik gewesen ist, die die Sowjets bis zur Wartburg geführt

---

[7] Az. IV/1/06; Absendevermerk vom 8. 1. 1951.
[8] Bei einer Urabstimmung vom 2. 11. 1932 in Berlin über ein neues Lohnabkommen wurde die für einen Streik notwendige Dreiviertelmehrheit nicht erreicht. Die kommunistische Gewerkschaftsopposition deutete das Abstimmungsergebnis dennoch als Streikbeschluss um und gewann die nationalsozialistische Betriebszellenorganisation für die Streikleitung, in der neben Walter Ulbricht auch Goebbels vertreten war. Gestreikt wurde vom 3. bis 7. 11. 1932; vgl. H.-A. WINKLER, Weg, S. 765–773.

hat. Daß der Begriff des Nationalsozialismus vielerlei Menschen von verschiedenster Artung und Gesinnung umfaßt – voll- und minderwertige – ist Dr. Heuss selber sehr deutlich.

Der Bundespräsident hat sich leicht amüsiert, daß Sie auf der einen Seite die Überzeugung haben, daß er sich der Lächerlichkeit preisgegeben hat, und daß er auf der anderen Seite in Ihren Schlußworten eine so warme Würdigung seiner Person erfährt.

Mit vorzüglicher Hochachtung

Hans Bott
Persönlicher Referent des Bundespräsidenten

Nr. 33 A
Von Walter Bloem, Lübeck-Travemünde
2. Januar 1951
BArch, B 122, 71: ms. Schreiben, behändigte Ausfertigung
Vorschlag für eine neue Nationalhymne

Hochzuverehrender Herr Bundespräsident,

ich habe die Aufführung der Hymne von R. A. Schröder und H. Reutter angehört.[1] Hier sende ich Ihnen ein Gegenstück.[2] Ich darf darauf hinweisen, daß bei meiner Hymne Text und Weise von mir herrühren, und daß meine Melodie eine neue musikalische Idee verkörpert: Strophe I und III werden in Dur, Strophe II dem Stimmungswandel entsprechend, in Moll gesungen, bei sonst unveränderter Melodie.

Der Klaviersatz stammt von dem Travemünder Komponisten Fritz John; die Entwürfe für die Chor- und Orchesterstimmen sind fertig und brauchen nur noch ausgeschrieben zu werden – wenn Sie wünschen. Der Text mag für sich selber sprechen.

Ich bitte Sie, auch diesen Entwurf in gleicher wahrnehmbarer Form dem Urteile der Nation zu unterbreiten.

Mit der Versicherung meiner vollkommensten Hochachtung habe ich die Ehre zu zeichnen als
Ihr verehrungsvoll ergebener

Walter Bloem

---

[1] Vgl. Nr. 32, Anm. 3.
[2] Die Noten sind in B 122, 71 nicht vorhanden, weil sie nach dem abschlägigen Bescheid zurückerbeten und mit Schreiben vom 13. 1. 1951 zurückgeschickt wurden.

Nr. 33 B
An Walter Bloem, Lübeck-Travemünde
5. Januar 1951
BArch, B 122, 71: ms. Schreiben, Durchschlag, von Heuss diktiert (Diktatz. H/Hr) und ms. gez.[3]

Verehrter Herr Bloem,

freundlichen Dank für Ihre Zeilen und die Anregung, ich möge nun auch Ihre Hymne in gleicher Weise wie die von Schröder-Reutter zur Kenntnis des deutschen Volkes bringen. Ein ähnlicher Wunsch ist auch von anderen geäußert worden, aber ich muß alle, die mit solchen Anregungen an mich herantreten, enttäuschen.[4] Ich bitte Sie, dafür Verständnis zu haben. Der Gedanke zu einer neuen Hymne und der Versuch, einer solchen einen Eingang zu schaffen, ohne daß sie „angeordnet" würde, beschäftigt mich seit dem Beginn meiner Amtstätigkeit. Er hat sich bei mir aus den Erfahrungen vertieft, daß es bei dem Absingen der Verse von Hoffmann von Fallersleben zu unerfreulichen Zwischenfällen gekommen ist und weiter zu kommen scheint. Das wird man bedauerlich finden, aber er ist ein Tatbestand. Ich selber wollte von der an sich prachtvollen Haydn'schen Melodie wegkommen, weil ich glaube, daß dann je nach dem Gesinnungsbedürfnis verschiedene Texte in den Wettgesang der stärkeren Stimmen eintreten.[5] Das war der Hintergrund meines Gesprächs mit Rudolf Alexander Schröder.[6] Wir hatten vor der Reutter'schen Vertonung auch andere liedmäßige melodische Versuche vorliegen, die wir aber dann doch nicht annehmen konnten, weil wir eine Melodie brauchten, die auch vom Text vollkommen unabhängig als Musikkörper in sich stünde. Ich bin selber nicht musikalisch genug und habe auch nicht die Kräfte zur Verfügung, die mir eindeutig klarmachen können, ob das bei Ihrer und der John'schen Vertonung auch der Fall sein würde – bei der Reut-

---

[3] Az. I/18/03a; am linken Rand undat. Paraphe von Werz; weiterer Nachweis: N 1221, 295: Durchschlag.

[4] Die zahllosen Zuschriften zur Frage einer neuen Nationalhymne wurden in der Regel nicht in den „allgemeinen Eingaben" abgelegt, sondern in einer gesonderten Serie im Umfang von nicht weniger als 39 Bänden; vgl. B 122, 60–98. Zentrale Dokumente zur politischen Diskussion über die Hymne bei K. ADENAUER / TH. HEUSS, Unserem Vaterlande zugute, passim; TH. HEUSS, Bundespräsident, Briefe 1949–1954; ferner in den Bänden der KABINETTSPROTOKOLLE 1950, 1951, 1952; Noten und Text abgedruckt bei U. GÜNTHER, ... über alles in der Welt?, S. 12.

[5] Heuss argumentierte bei seinem Werben um eine neue Hymne häufig damit, dass es zu „unliebsamen Vorkommnissen" gekommen sei, indem ein Teil einer Versammlung die nationalistisch auslegbare erste Strophe („Deutschland, Deutschland über alles"), ein anderer Teil hingegen die dritte Strophe sang; Heuss an Adenauer, 24. 1. 1952, in: K. ADENAUER / TH. HEUSS, Unserem Vaterlande zugute, S. 99–102.

[6] Unterlagen hierzu in: B 122, 2242.

ter'schen Melodie ist das von einer Anzahl sehr wesentlicher Musiksachverständiger, die ich um das Urteil bat, bejaht worden.

Ihr Vorschlag aber, nun in gleicher Weise von mir aus Ihre Hymne anzubieten, ist von mir aus gesehen vollkommen unmöglich, denn während ich einen in Gang befindlichen Hymnenstreit auslöschen will, kann ich nicht gleichzeitig mit einer neuen Hymne in verwandter Form an die Bevölkerung herantreten; das würde einen Hymnenstreit herbeiführen und nur verwirren.[7]

Ich will jetzt nicht in eine vergleichende Kritik Ihrer und der Schröder'schen Fassung treten, ich finde die Schröder'sche in ihrer Struktur hymnisch geschlossener und kann den Ausgang des Gedichtes „bleiben stolz wir Deutsche doch" unmöglich als eine gute Lösung empfinden. Sie wollen mir das bitte nicht übelnehmen. Auch ist im zweiten Vers für ein bleibendes Lied eine zu starke Aktualisierung, während Schröder, den ich darum gebeten hatte, das Schicksal dieser Zeit durchspüren zu lassen, die Dinge mit einer, wie mir scheint, indirekten Aussage schier wirkungsvoller gemacht hat.

Wollen Sie bitte für diese Auffassung Verständnis haben.

Mit freundlichem Gruß

Theodor Heuss

Nr. 34 A
Von Margarete Hütter, MdB, Stuttgart-Süd
2. Januar 1951
BArch, B 122, 80: ms. Schreiben, behändigte Ausfertigung[1]
Nationalhymne

Sehr geehrter Herr Bundespräsident!

Gestatten Sie mir, daß ich, statt mit der üblichen Visitenkarte, diesmal meine Wünsche zum Jahreswechsel in einem Brief ausdrücke. Möge das neue Jahr Ihnen und Ihrer Gattin Gelegenheit geben, weiterhin ausgleichend und schützend für das deutsche Volk zu wirken.

Sie haben Ihre Neujahrsrede[2] geschlossen mit den Worten von Rudolf Alexander Schröder, die Sie – man spürt es wohl – gerne zum Inhalt der neuen deutschen Nationalhymne machen würden. Ich möchte Ihnen nicht verhehlen, daß sie mich

---

[7] Vgl. K. GOEBEL, Streit.
[1] Eingangsstempel vom 8. 1. 1951; Az. I/18/03a; mit einigen Unterstreichungen durch grünen Stift.
[2] Vgl. Nr. 32, Anm. 3.

berührten wie ein Gebet, und daß ich deshalb gut verstehe, wenn Sie ihnen eine besondere Bedeutung geben möchten.

Aber es gibt zwei Gründe, die dagegen sprechen. Der eine betrifft die Melodie. Sie wird nie populär sein. Dazu ist sie in der Tonlage zu hoch und viel zu kompliziert.

Das andere ist die Abweichung von der Erhaltung des Alten, soweit es gut war. In einem persönlichen Gespräch sagten Sie mir einmal zutreffend, als wir nämlich über Ihre Erfolge sprachen: „Ich muß mich vorsehen, denn ich muß eine neue Tradition schaffen." Dieses „Tradition schaffen" bezog sich, wenn ich mich recht erinnere, vor allem auf den Bundespräsidenten und seinen Wirkungskreis. Ich bin überzeugt, Sie meinten damit nicht das Schaffen einer neuen deutschen Tradition, wo sie noch vorhanden ist und wo wir sie nur aufzugreifen brauchen. Ich meine, das Deutschlandlied ist ein Stück guter deutscher Tradition, wenngleich der Text zum großen Teil unaktuell geworden ist. Im Sinne der Konservierung des Alten, soweit es gut ist, und der Volkstümlichkeit einer Nationalhymne, würde ich persönlich dafür sein, die dritte Strophe des Deutschlandliedes als deutsche Nationalhymne gelten zu lassen.

Die Worte Rudolf Alexander Schröders möchte ich jedesmal dann sprechen hören, wenn die dritte Strophe des Deutschlandliedes gesungen wird. Das gesungene und das gesprochene deutsche Wort vereint, das Lied und das Gedicht mögen eine neue Quelle deutscher Kraft werden.

Indem ich Ihnen in meiner Eigenschaft als deutsche Bürgerin für alles danke, was Sie im vergangenen Jahr für Deutschland durch Ihre Arbeit erreicht haben, bin ich mit verehrungsvollen Grüßen

Ihre   Margarete Hütter

Nr. 34 B
An Margarete Hütter, MdB, Stuttgart-Süd
10. Januar 1951
BArch, B 122, 80: ms. Schreiben, Durchschlag, von Heuss diktiert (Diktatz. H/Hr) und ms. gez.[3]

Sehr geehrte Frau Hütter,

freundlichen Dank für Ihre Zeilen. Zu der Hymne Schröder-Reutter nur die kurze Bemerkung: Ich halte mich selber nicht für sehr musikalisch, glaube aber zu

---

[3] Az. I/18/03a; mit unterstrichenem Kreuz in Rot neben der Anschrift; weiterer Nachweis: N 1221, 295: Durchschlag.

wissen, daß Tonlagen verschieden gewählt werden können. Die Melodie gilt als sangbar. Mir kam es darauf an, nachdem auch andere Vertonungen hier vorgelegen haben, eine musikalische Fassung zu erhalten, die auch ohne Anlehnung an den Text in der rein instrumentalen Wiedergabe eine in sich ruhende Figur darstellt.

Daß die Haydn'sche Melodie eine wunderbare Sache ist, weiß ich auch. Ungezählte Leute haben uns seit Jahr und Tag Text und Änderungen vorgeschlagen.[4] Ich selber glaube, die Deutschen gut genug zu kennen, um zu wissen, daß dann ein Wettsingen der kräftigeren Stimmen mit verschiedenen Texten eintreten würde. Und selbst, wenn man den letzten Vers für sich allein stellen wollte, so ist es doch so, daß eine Strophe nicht ausreicht.

Für mich war eine der Hauptveranlassung für den neuen Versuch, daß es bei dem Singen des Deutschlandliedes jetzt wiederholt zu peinlichen Szenen gekommen ist. Davor möchte ich dieses Lied um seiner geschichtlichen Würde willen behütet wissen.

Mit freundlichen Grüßen
Ihr

Theodor Heuss

Nr. 35 A
Von Nico Kimmel, Solingen-Ohligs
18. Januar 1951
BArch, B 122, 81: ms. Schreiben, behändigte Ausfertigung[1]
Nationalhymne

Sehr zu verehrender Herr Bundespräsident!

In Ihrer Sylvester-Ansprache[2] wünschten Sie, daß eine neue Hymne Nationallied werden möge. Warum, Herr Bundespräsident, warfen Sie einen neuen Zankapfel in unser zerrissenes Volk? Wir bedürfen so dringend der Stetigkeit in unserem Wesen und unserer politischen Gestaltung.

Die nationalen Symbole, Farben, Wappen und Hymne erfüllen ihren Sinn nur, wenn sie unabhängig vom Zeitgeschehen vom Volk und von einer Führung geachtet und bewahrt werden. Sie müssen unantastbar sein, besonders für die als Lenker des staatlichen Geschickes Berufenen. Schwerer als die Untreue des Geführten wiegt die Untreue des Führers.

---

[4] Vgl. Nr. 33, Anm. 4.
[1] Eingangsstempel vom 1. 2. 1951; Az. I/18/03a; einige Sätze von unbekannter Hand mit Grünstift unterstrichen.
[2] Zur Silvester-Ansprache 1950/51 vgl. Nr. 32, Anm. 3.

Gestalt, Gesetz und Führung des Staates sind a priori dem Wechsel unterworfen, die Symbole nicht. Sie verleihen einem Gefühl und oftmals einer fast imaginären Vorstellung sichtbaren Ausdruck. Je reicher ihre Tradition, um so mehr werden sie zu Gesetzestreue und vaterländischer Gesinnung im guten Sinne mahnen.

Glauben wir nicht, es hätte abermals eine neue Zeit begonnen, wir wären berufen, ein neues Deutschland zu gestalten. Es ist das alte Deutschland, in dem wir wurzeln, und zu dem wir uns in unserem Lied bekennen.

Zeigen wir wohl, daß dieses Deutschland nach seinem innersten Wesen ein Land der Liebe ist, daß es über seine Grenzen hinaus verstehen will und um Verständnis bittet. Klären wir, wenn nötig, die sich vielleicht aus Worten ergebenden Mißverständnisse durch brüderliche Tat, aber lassen Sie, Herr Bundespräsident, Deutschland und uns Deutschen das „Deutschland Lied." Oder auch, lassen Sie uns schweigen, bis Mißgunst und Nichtverstehen geschwunden sind.

Nur bitte ich abschließend, werden Sie, sehr geehrter Herr Professor Heuss nicht „zum Mehrer deutscher Zwietracht."

Mit geziemender Hochachtung
Ihr sehr ergebener   Nico Kimmel

Nr. 35 B
An Nico Kimmel, Solingen-Ohligst
2. Februar 1951
BArch, B 122, 81: ms. Schreiben, Durchschlag, von Heuss diktiert (Diktatz. H/Sch), von Bott hs. paraph. und ms. gez.[3]

Sehr geehrter Herr Kimmel!

Der Herr Bundespräsident bittet um Nachsicht, wenn er bei dem übergroßen täglichen Briefeingang Ihnen nicht persönlich antwortet. Er stellt fest, daß Sie offenbar noch nicht bemerkt hatten, daß in den letzten anderthalb Jahren ein Hymnenstreit in Gang war, fast überall, wo das „Deutschland-Lied" gesungen oder gespielt wurde. Gerade aus dieser peinlichen Entwicklung die deutschen Dinge herauszuholen ist das innere Anliegen des Bundespräsidenten bei seinem Vorschlag gewesen.

Der Bundespräsident hat mich beauftragt, mit aller Schärfe Ihren Satz zurückzuweisen: „Schwerer als die Untreue des Geführten wiegt die Untreue des Führers." Er selber lehnt ja den Begriff des Führers ab, verbittet sich aber solche

---

[3] Az. I/18/03a; Absendevermerk vom 3. 2. 1951; weiterer Nachweis: N 1221, 295: Durchschlag.

Formulierungen, zu denen er niemandem, auch Ihnen nicht, die innere Berechtigung anerkennt.[4]

Mit vorzüglicher Hochachtung

Hans Bott
Persönlicher Referent des Bundespräsidenten

Nr. 36 A

Von Hans Bruckmann, Generalmajor a. D., Baden-Baden

2. März 1951

BArch, B 122, 99: ms. Schreiben, behändige Ausfertigung[1]

Pensionen ehemaliger Wehrmachtsangehöriger

Sehr verehrter Herr Bundespräsident!

Wenn Sie meinen Namen lesen, werden Sie vielleicht an Heilbronn denken. Dort habe ich im Jahr 1900 am humanistischen Gymnasium das Abitur gemacht. Ein älterer Bruder[2] von Ihnen war, wenn ich mich nicht irre, auch einmal einige Zeit mit mir in derselben Klasse, auf jeden Fall aber ein Jugendfreund von mir. Meine Heilbronner Verwandten werden Ihnen wohl auch nicht unbekannt sein. Wir haben also wohl einiges Gemeinsame in Bildung und Weltanschauung.

Ich möchte Sie heute dringendst bitten, daß Sie Ihren großen Einfluß nochmals einsetzen, um eine Verabschiedung des Gesetzes zur Regelung der Pensionen für die ehemaligen Wehrmachtsangehörigen usw. herbeizuführen. Vor kurzem las man in den Zeitungen von der Erhöhung der Beamtengehälter, von den Pensionen für die alten Soldaten usw. liest man immer noch nichts. Die Folge ist eine immer mehr anwachsende Erregung in den betroffenen Kreisen. Die Gefahr einer Radikalisierung ganz nach rechts und ganz nach links in den Kreisen der alten Soldaten und ihrer Familien hat ein Ausmaß erreicht, daß nach meiner Ansicht kein verantwortlicher Staatsmann darüber hinwegsehen kann. Ich übertreibe bestimmt nicht.[3]

---

[4] Heuss resümierte das erste Echo auf seinen Hymnen-Vorschlag gegenüber Toni Stolper am 16. 1. 1951: „Das unmittelbare Echo war günstig, aber in den Zeitungszuschriften mehren sich die Stimmen, die an der Hoffmann-Haydn-Tradition festhalten wollen. Die Sangbarkeit wird von den Sach- und Nichtsachverständigen höchst gegensätzlich beurteilt." N 1221, 295.

[1] Eingangsstempel vom 3. 3. 1951; Az. 08/51.

[2] Dabei handelte es sich entweder um Ludwig Heuss, geb. 1881, oder Hermann Heuss, geb. 1882.

[3] Es agitierte insbesondere der Bund versorgungsberechtigter ehemaliger Wehrmachtsangehöriger/ Deutscher Soldatenbund, dessen Vorsitzender Admiral Gottfried Hansen war; vgl. K. FRHR. SCHENK ZU SCHWEINSBERG, Soldatenverbände.

Es wäre ein großes Unglück für unser Staatswesen, wenn dieses Problem der Pensionen wiederum auf die lange Bank geschoben werden würde, „weil andere Fragen dringender seien." Eine große Anzahl wertvoller Männer würde in gefährliche Richtungen abgedrängt werden. Ich weiß natürlich, daß ich Ihnen kaum etwas Neues sage. Da ich aber nie zu den politischen Heißspornen gehört habe, darf ich – vielleicht auch unter Berücksichtigung meines Lebensalters und meiner Erfahrung – doch vielleicht hoffen, daß mein Schreiben nicht ganz erfolglos bleiben wird. Schon eine kurze Pressenotiz über den Stand der leidigen Angelegenheit und den Zeitpunkt der Vorlage des Gesetzentwurfes an den Bundestag würde beruhigend wirken und wäre sicher besser als völliges Stillschweigen.

Mit den besten Wünschen für weitere, erfolgreiche Führung Ihres schweren Amtes verbleibe ich, Herr Bundespräsident

Ihr ergebener   Hans Bruckmann

Nr. 36 B
An Hans Bruckmann, Generalmajor a. D., Baden-Baden
6. März 1951
BArch, B 122, 99: ms. Schreiben, Durchschlag, von Heuss diktiert (Diktatz. H/Sch) und ms. gez.[4]

Verehrter Herr General!

Freundlichen Dank für Ihre Zeilen. Ich entsinne mich durchaus Ihrer und Ihres Bruders aus der gemeinsamen Heilbronner Pennälerzeit.

   Das von Ihnen vorgetragene Problem ist mir durchaus vertraut. Ich darf sogar sagen, daß ich der erste deutsche Publizist gewesen bin, der vor über vier Jahren die Frage der Versorgung der ehemaligen Berufssoldaten in der Rhein-Neckar-Zeitung aufs Tapet gebracht hat.[5] Ich habe auch im Württemberg-Badischen Landtag wiederholt zu der Sache gesprochen und in zahllosen Briefen und auch persönlichen Konferenzen auf die positive Förderung der Angelegenheit eingewirkt.[6] Auch in meinen Reden als Bundespräsident habe ich das Thema des öfteren angeschnitten. Bloß ist die Situation im Augenblick diese, daß der Komplex

---

[4] Az. 08/51; weiterer Nachweis: N 1221, 295: Durchschlag.

[5] Dabei handelte es sich um einen Artikel „Pensionen für Offiziere" in der Rhein-Neckar-Zeitung, Nr. 27, 4. 3. 1948, in dem Heuss von einem „Sonder-Unrecht" sprach, das abzuschaffen sei; abgedruckt in: R. DAHRENDORF / M. VOGT, Theodor Heuss, S. 346–349.

[6] Unterlagen in: N 1221, 383; Rede von Heuss im württemberg-badischen Landtag in: VERHANDLUNGEN DES WÜRTTEMBERG-BADISCHEN LANDTAGS, Wahlperiode 1946–1950, Protokollbd. VI, S. 3275–3277; vgl. auch Heuss an Franz Blücher, 2. 7. 1948, abgedruckt in: TH. HEUSS, Erzieher, S. 381f.

bei den Organen der Legislative liegt und dadurch die Möglichkeit des Eingreifens des Bundespräsidenten staatsrechtlich nicht gegeben ist. Sie dürfen jedoch überzeugt sein, daß ich wie bisher alle Gelegenheiten wahrnehmen werde, moralisch auf eine baldige rechtliche Regelung der Frage einzuwirken.

Mit freundlichem Gruß
Ihr

Theodor Heuss

Nr. 37 A
Von Alfred Mühr, Zusmarshausen bei Augsburg
12. März 1951
BArch, B 122, 104: ms. Schreiben, behändigte Ausfertigung[1]
Publizistische Beiträge über „Größen" des „Dritten Reiches"

Hochverehrter Herr Bundespräsident! Sehr geschätzter Herr Kollege!

Die zwiefache Anrede darf an Ihren Vortrag bei dem Deutschen Journalistenverband erinnern, in dem Sie als Staatsoberhaupt, Journalist und Autor eine Mahnung aussprachen.[2] Diese Mahnung galt der „endlosen Verherrlichung von Nazigrößen" in der Presse.

Ich bin der Mitautor einer Folge „Emmy Göring geb. Sonnemann",[3] die in der „Revue" erscheint. Nach der Absicht des Verlegers Helmut Kindler, der ein Inhaftierter des Naziregimes, und nach der Absicht der Autoren, Erich Ebermayer und Alfred Mühr, die keine PG gewesen sind, besteht die von Ihnen, Herr Bundespräsident, gerügte „endlose Verherrlichung von Nazigrößen" wohl nicht. Wenn man nachweisen kann, daß wir Klatsch zusammengestellt und kritiklos wiederholt haben, dann nur trifft Ihre Mahnung auch uns.

---

[1] Eingangsstempel vom 15. 3. 1951; Az. 001/51.

[2] Die Ansprache von Heuss vor dem deutschen Journalistenverband in Bonn am 9. 3. 1951 wurde offensichtlich nicht protokolliert. Überliefert ist nur eine von Heuss korrigierte Zusammenfassung; B 122, 218. Darin hieß es: „In diesem Zusammenhang wandte sich der Bundespräsident gegen die gewerbstüchtige Verkitschung der deutschen Volkstragödie in deutschen Zeitschriften, die die nationalsozialistische Zeit in endlosen Fortsetzungsreihen verherrlichten und eine falsche Romantisierung des Nationalsozialismus betrieben."

[3] Emmy Göring war eine von Reichsmarschall Hermann Göring zunächst protegierte Schauspielerin, die dieser 1935 mit großem Pomp heiratete. Ihre Entnazifizierung und die Frage der Entziehung des Vermögens machten lange Jahre Schlagzeilen. Ihr Leben blieb auch in den sechziger Jahren noch ein Thema der Presse: Vom Oktober bis Dezember 1966 veröffentlichte die Zeitschrift „Quick" eine Artikelserie unter dem Titel „Mein Leben mit Hermann Göring", und 1967 erschienen ihre Memoiren unter dem Titel „An der Seite meines Mannes".

160

Die Idee der Niederschrift der Emmy Göring-Folge entstand aus dem Wunsch, an dieser Gestalt den Bogen der Ereignisse der letzten 50 Jahre darzustellen und die verhängnisvolle Zeit ad absurdum zu führen. Es ist schon ein dramatisches Frauenschicksal, von der Tochter eines Bonbonfabrikanten über die Provinzschauspielerin zur Reichsmarschallin und ersten Frau des Hitlerreiches aufzusteigen und nach Gefangenschaft und Zuchthaus in einer Bahnhofsbaracke zu wohnen und sich immer noch dem Wahn auszuliefern, den vergifteten Mann als Gespenst einst wieder auftauchen zu sehen ... Ein Shakespeare im Jahre 2000 wird darin vielleicht den Stoff zu einer braunen Lady finden, deren Glanz und Sturz nicht der Lessingschen Fallhöhe entbehrt.

Diese Lessingsche Fallhöhe darzustellen, war auch für uns wichtig, um an die Untergründe heranzuführen und die treibenden Affekte festzustellen.

Offenbar ist dies auch der Anlaß, daß sich französische, englische, amerikanische Autoren, nicht zuletzt die ehemaligen deutschen Emigranten mit ähnlichen Sujets auseinandersetzen. Auch wir müssen uns meiner Meinung nach auseinandersetzen, sonst überwinden wir nie die Schatten der Vergangenheit.

Ich habe nach 1945 andere Schatten beschworen. Das Schicksal des französischen Arbeiterpaters Viktor Dillard. Das Schicksal eines deutschen Pastors im französischen Kriegsgefangenenlager. Schicksal und Anteil der deutschen Juden in unserem Kulturleben. Die Schicksale von Ernst Barlach, Käthe Kollwitz, Bruno Cassirer ... Die Beschwörung dieser Schatten verursacht allerdings in der Öffentlichkeit keinen Wirbel. Die Verleger reagieren schwer. Wo ein gutes Echo vorhanden ist, stellt sich die Verwirklichung nicht ein. Die große Presse nimmt von den erschienenen Büchern wenig Notiz.

Aber für die Emmy Göring-Folge interessiert sich sogar der Rundfunk, auf so abstoßende und undemokratische Weise, daß z. B. Radio Bremen gegen den Unterzeichneten, einen jahrelangen Mitarbeiter, ohne Diskussion den Boykott aussprach ...[4]

Es kommt mir manchmal so vor, als verstünde man in Deutschland nicht mehr zu lesen. Es muß alles schwarz oder weiß sein. Was erwarten wir vom künstlerischen und geistigen Menschen, wenn er nicht beunruhigt, indem er schwerwiegende Bilder der Wahrheit und Wirklichkeit aufzeigt? Soll es dem Schriftsteller nicht erlaubt sein, von der Schwelle des Heute einen Blick in den Kerker des Gestern und auf die gleisnerischen Wächter zurückzuwerfen, um immer wieder zu fragen, wie es dahin kommen konnte?

Ich bin ein Feind aller Fanatismen geworden. Vor 1933 habe ich am Mikrophon mit Ernst Toller[5] und Valeriu Marcu diskutiert. Ich habe nach 1933 mich

---

4 Vgl. Anm. 7.

5 Mühr hatte bereits 1930 eine Publikation über ein Gespräch mit Ernst Toller herausgegeben: Nationalsozialismus. Eine Diskussion über den Kulturbankrott des Bürgertums zwischen Ernst Toller und Alfred Mühr, Berlin 1930.

nicht gescheut, kulturkritisch und -praktisch aufzutreten („Der Parasit" am Berliner Staatstheater 1943).[6] Auch heute vermeide ich es nicht, mich mit der jüngsten Vergangenheit auseinanderzusetzen, denn wir haben unser politisches Schicksal als Richter und Gerichtete durchzustehen.

Wir lernen nur am Menschlich-Allzumenschlichen, das sich mit den Idee- und Machtträgern auf der Bühne der Weltgeschichte bewegt und als Charakter meist erst nach ihrem Abtreten für die Allgemeinheit sichtbar werden kann.

Alles, was der Mensch tut, führt zu seiner Enthüllung. Dies darzustellen ist und bleibt meine alleinige Absicht und Bemühung. Darf ich Sie, sehr verehrter Herr Bundespräsident, bitten, meinen Brief als eine Stimme in der von Ihnen angeregten Diskussion aufzunehmen.

Respektvoll

Alfred Mühr

N.B. Von den Anlagen erbitte ich die Fotokopie[7] zurück.

Nr. 37 B
An Alfred Mühr, Zusmarshausen bei Augsburg
16. März 1951
BArch, B 122, 104: ms. Schreiben, Durchschlag, von Heuss diktiert (ohne Diktatz.) und ms. gez.[8]

Sehr geehrter Herr Mühr!

Freundlichen Dank für Ihren Brief wegen der Publikationen in einigen der deutschen illustrierten Zeitschriften.

Ich bin unsicher, ob irgendein Bericht über meine kurze Ansprache vor den Journalisten[9] erschienen ist oder ob Sie selber an dem Abend mit anwesend waren. Es mag sein, daß ich – die Rede war ja weithin ganz improvisiert – den Ausdruck

---

[6] Seit 1942 wurde am Preußischen Staatstheater unter der Generalintendanz Gustaf Gründgens' das Lustspiel inszeniert von Friedrich Schiller: Der Parasit oder die Kunst sein Glück zu machen, in: F. SCHILLER, Sämtliche Werke, Bd. III, S. 457–528. Anfang 1943 kam es zu einer Beschwerde seitens des Reichspropagandaministeriums über die Aufführung des Stückes, das dennoch weitergespielt werden konnte; vgl. P. JAMMERTHAL, Theater, S. 145f.
[7] Die Kopie war ein Schreiben des Programmdirektors von Radio Bremen an Mühr vom 3. 3. 1951, in dem dieser aufgefordert wurde, zu versichern, dass er nicht der Alfred Mühr sei, der zusammen mit Erich Ebermeyer die „abstoßende Artikelserie über Emmy Sonnemann" geschrieben habe. Träfe dies zu, sei die Zusammenarbeit beendet.
[8] Az. 00/51; weiterer Nachweis: N 1221, 295: Durchschlag.
[9] Vgl. Anm. 2.

von der „endlosen Verherrlichung von Nazigrößen" gebraucht habe. Sicher aber habe ich mich gegen die gewerbstüchtige Verkitschung einer Volkstragödie gewandt. Darum geht es.

Ich habe keine einzige dieser „Folgen" systematisch gelesen, sondern habe mir nur neulich einmal, als ich von Dritten auf diese Fragen hingewiesen worden war, einen Stoß der verschiedensten Zeitschriften aus dem letzten Halbjahr vorlegen lassen, habe dann einzelne Proben natürlich auch gelesen, und die Geschichte war mir – verzeihen Sie das derbe Wort – zum Kotzen. Ich bin, glaube ich, literarisch feinfühlig genug, um zu merken, daß alle die Autoren oder Verfasser von Reportagen sich zwischendurch von dem Stoff, den sie behandeln, distanzieren. Ja, sie geben sich in den Stücken, die ich las, zum Teil als Enthüller, die mit Differenzierungen zwischen der und der Figur ein Global-Urteil individualisieren wollen. Darum handelt es sich bei meinem Empfinden gar nicht. Wenn die Deutschen heute etwas notwendig haben, ist es eine kühle, nüchterne Kenntnis von facts. Das brauchen keine „Greuelgeschichten" zu sein, das braucht kein polemisches Herumwühlen in den Gemeinheiten der Nazizeit zu bringen. Aber wenn man schon Dinge, die dieser Generation noch so nahe sind, darstellt, dann soll man es ohne Schleim tun. Wollen Sie bitte dieses Wort nicht auf die Arbeit beziehen, an der Sie, wie Sie mitteilen, beteiligt sind. Ich habe sie nicht gelesen und beabsichtige auch kaum, das zu tun, da ich, wie Sie verstehen mögen, mit Arbeit über[be]setzt bin. Daß das Lebensschicksal von Frau Göring eine bemerkenswerte Spannweite besitzt, liegt ja auf der Hand. Ob es im Jahre 2000 einen Shakespeare reizen mag, wie Sie als Möglichkeit andeuten, mag auf sich beruhen. Aber dann sind 50 Jahre vorbei, und etwas wie ein Abstand der seelischen Empfindlichkeit und des Enthüllungsbedürfnisses der Sensation im Intimen ist entstanden. Wir alle werden dann nicht mehr sein. Es mag dann auch von diesem „Shakespeare" das Problem stehen, wie er diese Dinge sieht. Manche Menschen werden ihm dann vielleicht zuhören, vielleicht mein kleines Enkelkind, das sich vielleicht dann daran erinnern wird, daß sein anderer Großvater von den Menschen, die dann dramatisiert erscheinen, ermordet wurde.[10] Das mag dieser späteren Generation überlassen bleiben.

---

[10] Dabei handelte es sich um Fritz Elsas, einen persönlichen Freund von Heuss, dessen Tochter Hanne 1945 Ernst Ludwig Heuss heiraten sollte. Er hatte nach dem Attentat auf Hitler am 20. 7. 1944 Ende Juli vergeblich versucht, für Carl Goerdeler schwedischen Schutz zu erhalten, und hatte ihm in seinem Hause Unterkunft gewährt. Nachdem Goerdeler erkannt und denunziert worden war, wurde Elsas in das KZ Sachsenhausen eingeliefert und dort mit weiteren Opfern des 20. Juli ohne Prozeß und Urteil erschossen. Vgl. die Würdigung von Heuss in seiner Ansprache „In Memoriam" aus dem Jahre 1945, abgedruckt in: R. DAHRENDORF / M. VOGT, Theodor Heuss, S. 302–308. Als im Juli 1954 in Berlin eine Straße mit der Bezeichnung „Am Park" nach Fritz Elsas benannt wurde, übernahm Heuss die Ansprache zur Einweihung; Heuss an Toni Stolper, 29. 7. 1954, in: N 1221, 320.

Ich bitte nicht für so primitiv gehalten zu werden, daß ich meine, in Deutschland müßten die Dinge schwarz oder weiß gemalt werden. Ich habe nur das lebhafte Empfinden, daß, was nach meinen Eindrücken auf diesem Gebiet heute geschieht, sehr wenig mit wissenschaftlicher Akkuratesse, auch wenig mit Kunst zu tun hat, sondern ganz legitim ein Geschäft ist, das dem einzelnen gut bekommen mag, aber dem Magen des deutschen Volkes nicht gut bekommt.

Ich finde den Brief, den Sie mir in Photokopie beilegen,[11] eigentlich fast interessanter als die Argumentationen Ihres persönlichen Schreibens. Das ist ein fact, das, wenn es nicht schon veröffentlicht ist, der Veröffentlichung durchaus würdig ist.

Ich bitte mir nicht übelzunehmen, daß ich die mir freundlich übersandten Bücher[12] Ihnen wieder zurückgebe. Daß ich sie lese, ist bei meiner Arbeitsbeanspruchung vollkommen ausgeschlossen.

Mit freundlichen Grüßen   Theodor Heuss

1 Anlage

Nr. 38 A
Von Ursula Dessin, München-Pasing
19. April 1951
BArch, B 122, 100: hs. Schreiben, behändigte Ausfertigung[1]
Vasen in der Villa Hammerschmidt

Sehr geehrter Herr Bundespräsident!

In unserer Tageszeitung lasen wir heute zu unserem großen Entsetzen, daß Sie sich in der Villa Hammerschmidt[2] für Ihre Blumen mit gläsernen Säureflaschen

---

[11] Vgl. Anm. 7.

[12] Welche Bücher übersandt worden waren, ließ sich nicht ermitteln.

[1] Eingangsstempel vom 21. 4. 1951; Az. 00/51.

[2] Die Villa Hammerschmidt, ein spätklassizistischer Bau in Bonn, Koblenzer Straße 135, war nach dem Zweiten Weltkrieg von den Briten beschlagnahmt, dann aber 1949 freigegeben worden. Die Bundesrepublik erwarb 1950 die Villa und bestimmte sie zum Amtssitz des Bundespräsidenten. Heuss liebte die Ästhetik des Baus zunächst gar nicht und ließ zwei Türme beseitigen. Gegenüber Stolper sprach er am 12. 2. 1950 von einem „Renaissance-Protzenbau" der 80er Jahre, dessen Park eine Sehenswürdigkeit für die Bonner Schulausflüge sei; abgedruckt in: E. PIKART, Theodor Heuss, S. 312f. Über den Aufwand bei der Einrichtung, die anfangs zum Teil aus Leihgaben der Länder bestand, kam es zu Auseinandersetzungen im Haushaltsausschuss; vgl. KABINETTSPROTOKOLLE 1950, S. 542f. Der Umzug fand im Januar 1951 statt. Die Amtsräume in der Viktorshöhe wurden noch bis Ende Februar 1951 benutzt. Nachdem Richard von Weizsäcker 1994 den ersten Amtssitz des Bundespräsidenten in das Schloss Bellevue in Berlin verlegt hatte,

behelfen müssen.[3] Wir sind der Meinung, daß dieser Zustand auf keinen Fall länger bestehen darf, und erlauben uns daher, Ihnen und Ihrer sehr verehrten Frau Gemahlin anbei eine kleine Blumenvase zu übersenden.

Hochachtungsvoll!   Ursula Dessin[4]

Nr. 38 B
An Ursula Dessin, München-Pasing
22. April 1951
BArch, B 122, 100: ms. Schreiben, Durchschlag, von Heuss diktiert (Diktatz. H/vK) und ms. gez.[5]

Sehr geehrte Frau Dessin,

freundlichen Dank für die liebenswürdige Fürsorge für die bundespräsidentielle Hausausstattung. Die kleine Vase wird nun als liebenswürdige Anekdote ihren Platz finden. Aber Ihr Mitleid, daß wir uns mit Säureflaschen begnügen müßten, geht ein bißchen an der Pointe vorbei. Diese paar industriellen Glasgefäße, in denen 50 Liter Wasser Platz haben, sind eine Erfindung meiner Frau, auf die sie besonders stolz ist, weil in ihnen, die in irgendeiner Raumecke aufgestellt sind, das Knospengrün von Kastanie usf. reizvoll zur Entfaltung kommt.

Mit freundlicher Empfehlung
Ihr ergebener   Theodor Heuss

---

wurde die Villa zum zweiten Amtssitz; vgl. B. ZIMMERMANN, Bundespräsidialamt, S. 80; zur geschichtlichen Entwicklung vgl. F. SPATH, Bundespräsidialamt, S. 167f. Heuss verfügte in der Villa über insgesamt ca. 130 Quadratmeter Wohnfläche, zu denen noch einige Dienstbotenzimmer kamen. Auch sein engster Mitarbeiter Bott wohnte in dem Anwesen; vgl. den Artikel „Heuss seit gestern Bonner Bürger", in: Generalanzeiger, 16. 12. 1950, Ausschnitt in: B 145, 16289.

[3] In der „Süddeutschen Zeitung" Nr. 90 vom 19. 4. 1951 war ein Bericht von Ursula von Kardorff über eine Besichtigung der Villa Hammerschmidt durch 70 Journalisten zur Einführung des „Mutterhilfswerkes" unter dem Titel „So wohnt man in der Villa Hammerschmidt" erschienen, in dem von als Vasen verwendeten Säureflaschen, die 3,50 DM gekostet hätten, die Rede war; Ausschnitt in: B 145, 16290.

[4] Eine zweite Unterschrift unleserlich.

[5] Az. 00/51; weiterer Nachweis: N 1221, 296: Durchschlag.

Nr. 39 A
Von A. Gabor, Fahrschule, Würzburg
21. April 1951
BArch, B 122, 100: ms. Schreiben, behändigte Ausfertigung[1]
Angebot, Fahrstunden zu geben

Hochverehrter Herr Bundespräsident!

Zu meinem maßlosen Entsetzen entnahm ich Ihrer Rede anläßlich der Automobil-ausstellung in Frankfurt,[2] daß Sie, verehrter Herr Präsident, des Kraftfahrens un-kundig sind.

Ich bin zwar wohl einer der jüngsten Fahrlehrer des Bundesgebietes, aber an-maßend genug, mir zuzutrauen, auch Sie in die Anfangsgründe dieser sowohl edlen als auch nützlichen Kunst einführen zu können.

Da ich einerseits vermeiden möchte, Sie bei der Eröffnung der nächsten Auto-mobil-Ausstellung in der gleichen Verlegenheit zu sehen (Herr Präsident, es ist beinahe a Schand ...!), andererseits ich die Ehre wohl zu schätzen wüßte, welche meinem zwar noch kleinen, aber schon soliden Unternehmen Ihre Fahrschüler-schaft bedeuten würde, erlaube ich mir, den durchaus ernstgemeinten Vorschlag zu unterbreiten, Ihnen – selbstverständlich privatissime sed gratis – die für Sie so dringend nötigen Fahrstunden zu geben. Allerdings würde ich empfehlen, die Stunden auf einem von Ihnen gestellten Fahrzeug zu absolvieren, weil bei meinem die eine Türe klappert.

Ihrem geschätzten Auftrag gern entgegensehend, verbleibe ich mit aller Hoch-achtung
Ihr ergebener Untertan
A. Gabor

[Anlage]: 1 Antragsformular; im Bedarfsfalle bitte ausfüllen zu wollen und nebst 2 Paßbildern bei der zuständigen Polizeibehörde abzugeben.

---

[1] Eingangsstempel vom 27. 4. 1951; Az. 00/51; rechts oben hs. Vermerk: „Präs[ident]" sowie „...der hat Sorgen".
[2] Rede auf der Internationalen Automobilausstellung in Frankfurt a. M. vom 19. 4. 1951 in: B 122, 218.

Nr. 39 B
An A. Gabor, Fahrschule, Würzburg
30. April 1951
BArch, B 122, 100: ms. Schreiben, Durchschlag, von Heuss diktiert (Diktatz. H/Sch), von Bott
hs. paraph. und ms. gez.; Briefkopf: „Bundespräsidialamt"[3]

Sehr geehrter Herr Gabor!

Dem Herrn Bundespräsidenten ist Ihr Brief vorgelegt worden, in dem Sie Ihr „maßloses Entsetzen" zum Ausdruck bringen über die Mitteilung, daß der Bundespräsident selber nicht Auto fährt. Diese Gemütserregung erscheint ihm und uns ziemlich überflüssig.

Der Herr Bundespräsident hat zwar durch sein Buch über Robert Bosch einen wesentlichen Beitrag zur Geschichte des Automobilismus geschrieben.[4] Er hat sich aber dadurch nicht verpflichtet gefühlt, selber Autofahren lernen zu müssen. Wenn er im Auto fährt, pflegt er zu arbeiten.

Mit freundlichem Gruß   Hans Bott
                                  Persönlicher Referent des Bundespräsidenten

Nr. 40 A
Vom Tierschutzverein Wilhelmshaven
8. Mai 1951
BArch, B 122, 110: ms. Schreiben, behändigte Ausfertigung[1]
Aufruf gegen den Missbrauch von Luftgewehren und sonstigen Kleinwaffen gegen Singvögel

Hochgeehrter Herr Professor!

Als Vertreter aller Finken und Meisen, aller Rotkehlchen, Laubsänger und Drosseln, aller Pieper und Lerchen und auch der Spatzen, als Vertreter des ganzen Heeres aller gefiederten Sänger wenden wir uns in großer Not an Sie, Herr Professor, und bitten um Ihre Hilfe.

---

[3] Az. 00/51; Absendevermerk vom 30. 4. 1951; weiterer Nachweis: N 1221, 296: Durchschlag.

[4] THEODOR HEUSS: Robert Bosch. Leben und Leistung, Stuttgart/Tübingen 1946. Bereits 1931 hatte Heuss ein Buch über Robert Bosch herausgegeben; TH. HEUSS, Robert Bosch.

[1] Eingangsstempel vom 10. 5. 1951; darüber hs. Vermerk: „Das müßte der BPräs. selbst beantworten." Links unten unter dem P.S. hs. Vermerk: „Auch eine Idee!!".

Vor drei Wochen noch sangen wir in Ihrem Park. Sie standen in der Morgensonne auf dem Balkon, und wir sahen es Ihren Augen an, daß unser Sang Sie erfreute. Tiefer Friede herrschte dort im Park, und gerne wären wir wohl noch geblieben, wenn nicht die Sehnsucht nach der Heimat uns weiter getrieben hätte. Den Frieden aber fanden wir nirgends mehr, unterwegs nicht und auch nicht hier, wo unsere Eltern uns zuerst gelehrt, zu singen vom Göttlichen, wie es sich zeigt in aller Erscheinung im All.

Wir klagen an! Wir leiden bittere Not!

Überall in Gärten und auf Wegen, an Wällen, Knicks, im Feld und in den Parks lauern halbwüchsige Männer, ja Knaben selbst, mit Luftgewehren, Luftpistolen, Flitschen und anderen Mordinstrumenten auf uns und schießen und morden, was sich nur zeigt in Baum und Strauch! Rubinchen, Rotkehlchens Brüderlein, zerschossen sie den Fittich, daß im Abendrot die Katze ihn sich holte, die Lerche mordeten sie am Nest, den Hänflich vor der gierenden Brut! Und täglich sterben die göttlichen Lieder!

Wir klagen an! Wir bitten um Ihre Hilfe!

Darf denn jeder Händler ungestraft die Kugeln verkaufen an Kinder? Darf jeder Unverstand denn schießen und quälen und morden? Müssen nicht die Alten wehren, müssen nicht die Alten lehren, wenn sich die junge Menschenbrut zum Göttlichen soll kehren?

Wir klagen an und bitten um Ihre Hilfe, da wir sonst nirgends Hilfe finden und unserer Bitten ungehört verhallen.

Bitte, helfen Sie, denn überall im ganzen Lande geht das Morden um!

Wir danken es mit unseren Liedern!

Schackea Zipp, Drossel,
Wübkedina Akkermann, Bachstelze,
Hinnerk Schwart, Amsel,
Fidi Timtam, Weidenlaubsänger.

P.S. Bitte, teilen Sie dem Vorsitzenden des Tierschutzvereins Wilhelmshaven mit, was Sie zu tun gedenken. Er wird es uns verdolmetschen.
Hochachtungsvoll   Jan Driest, Sperling

Nr. 40 B
An den Vorsitzenden des Tierschutzvereins Wilhelmshaven
15. Mai 1951
BArch, B 122, 110: ms. Schreiben, Durchschlag, von Bott diktiert (Diktatz. Bo/Sa), ungez.;
Briefkopf: „Th. H."[2]

Sehr geehrte Herren!

Sie haben sich zum Sprecher der Singvögel in meinem Garten gemacht, doch muß ich hier in Bonn feststellen, daß die Finken, die Meisen, die Lerchen, die Stare, aber auch die Spatzen noch alle da sind und mich nicht nur morgens aufwecken, sondern bei meinem Spaziergang früh um 7. 00 Uhr mit einem Pfeifkonzert begrüßen. Hier gibt es also keine bösen Buben mit Luftgewehren und sonstigen „Mordinstrumenten", zumindest sucht sich die Bonner Jugend andere Ziele, nämlich Scheiben.

Ich kann nur wünschen, daß die Wilhelmshavener Jugend auch so vernünftig wird und das nützliche Gefieder in Ruhe läßt, macht es uns doch so viel Freude.

In der Zeitung las ich allerdings, daß auch anderenorts solcher Unfug getrieben wird und Regierungspräsidenten und anderere Leute Verbote aussprechen mußten, weil auch Menschen verletzt wurden.

Ich vertraue in die Wilhelmshavener, daß sie kein Verbot brauchen, weil es viel schöner ist, wenn man das Vernünftige freiwillig tut.

Mit freundlichem Gruß   [Theodor Heuss]

Nr. 41 A
Von Otto Zeides, Wilhelmshaven
9. Juni 1951
BArch, B 122, 107: hs. Schreiben, behändigte Ausfertigung, ohne Anrede[1]
Bitte um eine Zeichnung von Theodor Heuss als Wandschmuck

„Wandschmuck"

In der Folge Nr. 24 der Rundfunkzeitung „Hör zu" habe ich den Aufsatz „auch der Bundespräsident ist zuweilen Privatmann" mit großem Interesse gelesen.

---

[2] Az. 02/51, korrigiert aus 00/51; Absendevermerk vom 16. 5. 1951.
[1] Eingangsstempel vom 11. 6. 1951; Az. 001/5.

Nachdem ich mir als Flüchtling und Arbeitsloser in meiner jetzigen Wohnung keinen Wandschmuck leisten kann, würde ich mich freuen, ein selbstgezeichnetes „Landschaftsbild" zu erhalten. Vielleicht erscheint mein Wunsch nicht gerade unberechtigt oder unerwünscht.

Hochachtungsvoll   Otto Zeides

Nr. 41 B
An Otto Zeides, Wilhelmshaven
14. Juni 1951
BArch, B 122, 107: ms. Schreiben, Durchschlag, von Heuss diktiert (Diktatz. H/Jr), von Bott hs. paraph. und ms. gez.[2]

Sehr geehrter Herr Zeides,

wenn der Herr Bundespräsident Ihrem Wunsch entsprechen würde und Ihnen eines seiner Ferienzeichnungen sendet, dann würden die Skizzenbücher, die sein Leben begleitet haben, in ein paar Wochen leer sein. Denn wie würde er dazu kommen, dem einen ein Bild zu senden und dem anderen es zu verweigern?
    Der Herr Bundespräsident selber hält seine Zeichnungen nicht für „Kunstwerke", sondern für persönliche Erinnerungsdokumente, die keinen Menschen sonst etwas angehen.[3]

Mit vorzüglicher Hochachtung   Hans Bott
                               Persönlicher Referent des Bundespräsidenten

---

[2] Az. 001/51; weiterer Nachweis: N 1221, 297: Durchschlag.
[3] Dennoch pflegte Heuss das Zeichnen nicht ohne Bewusstsein für Qualität. Bott schrieb hierüber am 4. 12. 1958 an Hermann Heimpel, wie er heimlich wisse, sei Heuss auf seine „zeichnerische Betätigung" stolzer „als über eine gute Rede"; N 1221, 645.

Nr. 42 A

Von der Volksschule Martensplatz Süd in Hannover[1]

31. Juli 1951

BArch, B 122, 108: ms. Schreiben, behändigte Ausfertigung

Besuch von Schülern

Sehr geehrter Herr Bundespräsident!

Als wir Sie und Ihre Gattin vor einigen Monaten anläßlich der Eröffnung der Ersten Bundesgartenschau in Hannover[2] sahen und hörten, faßten wir den Entschluß, Ihnen einmal einen Gegenbesuch in Bonn abzustatten.

Es ist gar nicht so leicht, diese Absicht zu verwirklichen. Wenn wir auch eine ganz moderne, neue Volksschule mit quadratischen Tischen und Drehstühlen besuchen, so wohnen wir doch im ärmsten Viertel Hannovers, und unsere Eltern haben für eine so weite Reise kein Geld.

Da kamen wir auf die Idee, uns an dem Wettbewerb „Jugend und Eisenbahn" zu beteiligen. Wir schrieben Aufsätze, fertigten Zeichnungen an und machten daraus eine Gemeinschaftsarbeit der Klasse, an der sich jeder nach seinem Können beteiligen mußte. Wir hatten Glück und gewannen eine Eisenbahnfreifahrt von insgesamt 600 km. Das genügt, um kostenlos an den Rhein fahren zu können!

Um Übernachtung und Verpflegung bestreiten zu können, haben wir mehrere Elternabende veranstaltet und den Bauern beim Rübenverziehen und in der Ernte geholfen.

Nun kann es also losgehen! Wir werden am 22. September von Hannover abfahren und in der Jugendherberge Linz am Rhein Quartier nehmen. Wir haben bereits die Genehmigung erhalten, Montag, den 24. September, das Bundeshaus zu besichtigen.

Wenn es Ihnen recht ist, würden wir Ihnen nun am gleichen Tage einen ganz kurzen Besuch abstatten und ein Lied singen – ganz leise natürlich, damit wir Sie nicht in der vielen Arbeit stören!

Mit den herzlichsten Grüßen. 40 Jungen und Mädel der Klasse 7c der Volksschule Martensplatz Süd.   I. A. Wilh. Furch

---

[1] Das Schreiben wurde von MdB Ernst August Farke, der den Besuch der Klasse im Bundeshaus organisiert hatte, mit einem eigenen Anschreiben vom 29. 8. 1951 übersandt; B 122, 108.

[2] Die erste Bundesgartenschau auf dem Gelände der Stadthalle wurde am 28. 4. 1951 von Elly Heuss-Knapp eröffnet. Die Eröffnungsreden wurden gedruckt: Was wäre unsere Erde ohne die Gärten? Eröffnungsworte zur „Ersten Bundesgartenschau Hannover 1951" am 28. 4. 1951, Braunschweig 1951. Unterlagen zur Organisation des Besuchs, bei dem zugleich am 29. 4. 1951 die Deutsche Industriemesse Hannover eröffnet wurde, in: B 122, 2301.

Nr. 42 B

An die Volksschule Martensplatz Süd, Hannover

10. September 1951

BArch, B 122, 108: ms. Schreiben, Durchschlag, von Heuss diktiert (Diktatz. Th.H./R), von Bott hs. paraph. und ms. gez., ohne Anrede; Briefkopf „Bundespräsidialamt"[3]

Es ist ein sehr liebenswürdiger Gedanke, dem Herrn Bundespräsidenten bei dem Besuch in Bonn einen Besuch machen zu wollen, um ihm ein Ständchen zu bringen. Aber nachdem der Herr Bundespräsident bei einigen Gelegenheiten mit den sogenannten „Berliner Sängerknaben" oder der „Dinkelsbühler Kinderzeche" einen Empfang gemacht hat, ist es nun so, daß wöchentlich einige Male solche Bitten an ihn herangetragen werden. Daher hat sich das Bundespräsidialamt entschließen müssen, zunächst von den so gut gemeinten Besuchen und Ständchen der Kinder abzusehen. Diese sind im übrigen bei der außerordentlich starken Inanspruchnahme des Herrn Bundespräsidenten normalerweise gar nicht rechtzeitig durchzuführen.

Ich muß sehr bitten, dafür Verständnis zu haben, denn es gibt bei einer einzigen solchen Zusage einfach keine Grenzen mehr.[4]

Mit freundlichem Gruß

Hans Bott
Persönlicher Referent des Bundespräsidenten

---

[3] Az. 02/2/51; Absendevermerk vom 10. 9. 1951; weiterer Nachweis: N 1221, 299: Durchschlag.

[4] Die Angst, von Zuschriften von Schülern überrollt zu werden, hatte Heuss bereits im März 1950. Einer Oberprima der Kruppschule Essen, die ihm am 17. 3. 1950 ein Telegramm geschickt hatte: „Große Freude Abitur Bestanden" antwortete er: „Da Ihr nur die einzigen seid, die auf die Idee kamen, mir ein Telegramm über Euer bestandenes Abitur zu schicken, sende ich Euch ausnahmsweise meine Grüße und besten Wünsche für das zukünftige Leben. Zu meiner Zeit sind immer einige durchgefallen. [...] Erzählt nicht weiter, daß ich Euch geschrieben habe, sonst bekomme ich morgen schon Dutzende von Telegrammen, die ich dann bei der vielen Arbeit nicht mehr beantworten könnte"; B 122, 340.

Nr. 43 A
Von Thomas von Villiez, Schüler, Köln
7. August 1951
B 122, 107: hs. Schreiben, behändigte Ausfertigung[1]
Bruch eines Armes

Lieber Herr Bundespräsident!

Ich habe in der Zeitung gelesen, daß Du die rechte Schulter in Gips tragen mußt.[2] Bei mir ist es der linke Arm. Ich brach ihn vor einer Woche, als ich beim Spielen in einen Trümmerkeller fiel, an dem ich vorbei mußte. Jetzt ist meine Ferienreise verdorben, genau wie bei Dir. Hoffentlich sind wir Beide bald wieder gesund!

Dein   Thomas v. Villiez
            Köln, Balthasarstr. 14. Geboren am 28. August 1943 in Oppeln

Nr. 43 B
An Thomas von Villiez, Schüler, Köln
11. August 1951
BArch, B 122, 107: ms. Schreiben, Durchschlag, von Heuss diktiert (Diktatz. H/Jr) und ms. gez.[3]

Lieber Thomas,

Du stellst Dich mir als Leidensgenossen vor. Du hast aber Glück gehabt, daß es bei Dir nur der linke Arm war. Ich habe mir zudem noch den Arm gebrochen. Ich nehme an, daß Du, da Du so viel jünger bist, im Gesundwerden vor mir fertig werden wirst.

Freundlichen Gruß und gute Besserung   Theodor Heuss

---

[1] Eingangsstempel vom 8. 8. 1954; Az. A/2/51.
[2] Dem Schreiben lag ein kleiner Zeitungsausschnitt „Rechte Schulter in Gips" (Herkunft unbekannt) bei, der darüber informierte, dass Heuss in Bonn die „Folgen eines leichten Unfalls" auskuriere. Er sei sonst aber wohlauf. Heuss hatte sich bei einem Sturz während seines Urlaubs in Aschau im Chiemgau den Oberarm gebrochen; vgl. K. ADENAUER / TH. HEUSS, Unserem Vaterlande zugute, S. 78.
[3] Az. A/2/51; links unten undat. Paraphe von Bott; weiterer Nachweis: N 1221, 298: Durchschlag.

Abb. 3: Theodor Heuss in der Ausstellung „Kriegsgefangene Reden" in Braunschweig, 1951

Nr. 44 A
Von Dr. Karl Weiss, Oberstudiendirektor, Theodor-Heuss-Gymnasium, Heilbronn
31. August 1951
BArch, B 122, 109: ms. Schreiben, behändigte Ausfertigung[1]
Mitteilung, dass Karl Weiss die Leitung des Theodor-Heuss-Gymnasiums in Heilbronn übernommen hat

Sehr geehrter Herr Bundespräsident!

Mit Beginn des neuen Schuljahres habe ich die Leitung des Theodor-Heuss-Gymnasiums übernommen. Es ist mir ein Bedürfnis, Ihnen dies mitzuteilen und zu sagen, daß ich mich sehr auf meine neue Aufgabe freue.

---

[1] Eingangsstempel vom 5. 9. 1951; Az. 02/2/51.

Wenn ich selbst auch Germanist und Neusprachler bin (als Schüler war ich Gymnasiast in Weimar), so habe ich die Leitung eines humanistischen Gymnasiums doch besonders gern übernommen; denn ich bin überzeugt, daß in unserer hastigen Zeit, in der Illustrierte, best-seller und Kino weitgehend den Lebensstil der Menschen bestimmen, die Frage nach konstanten Werten wichtiger ist als je. Die alten Sprachen *können* auch heute noch zu lebendiger Wirklichkeit werden, wenn sie nicht als philologischer Selbstzweck betrachet werden, sondern als Schlüssel zum Erfassen der unverlierbaren Werte der antiken Kultur.

Was Sie in Ihrer Rede im April vor dem Stuttgarter Lehrerkongreß[2] sagten, entspricht durchaus meiner pädagogischen Anschauung: Ich will keine genormten Schüler, die auf die Worte ihrer Lehrer schwören, sondern lebendige junge Menschen, die fragen und zweifeln dürfen und mit uns Lehrern gemeinsam nach Wahrheit suchen. Es soll kein Schüler meiner Schule zu sagen brauchen, was ein Ostzonenjunge beim Berliner Kirchentag sagte: „Wir müssen lügen, um leben zu können."

Daß es der ganzen Schule und mir persönlich eine große Freude wäre, wenn Sie uns auf einer Dienstreise nach Süddeutschland besuchten, möchte ich nachdrücklich an den Schluß meines Briefes setzen.

Mit den herzlichsten Grüßen Ihrer alten Schule bin ich
Ihr sehr ergebener
Dr. Karl Weiss

Nr. 44 B
An Dr. Karl Weiss, Oberstudiendirektor, Theodor-Heuss-Gymnasium, Heilbronn
12. September 1951
B 122, 109: ms. Schreiben, Durchschlag, von Heuss diktiert (Diktatz. H/Sch) und ms. gez.[3]

Verehrter Herr Dr. Weiss!

Für Ihren freundlichen Brief darf ich Ihnen herzlich danken und zugleich alle guten Wünsche aussprechen für die Arbeit, vor der Sie stehen. Ich halte es – verzeihen Sie, wenn ich in Pädagogik mache – für mit eine der besten und

---

2 Ansprache von Heuss auf dem Kongress der Deutschen Lehrerverbände am 17. 5. 1951 in Stuttgart, in: B 122, 218. In erheblich überarbeiteter und erweiterter Fassung auch gedruckt in: THEODOR HEUSS: Kräfte und Grenzen einer Kulturpolitik, Tübingen/Stuttgart 1951. Heuss sprach u. a. über das Bildungsideal des 19. Jahrhunderts, gab einen Abriss über die historische Entwicklung des Schulwesens und der Kultusbürokratie und behandelte Probleme einzelner Schultypen.

3 Az. 02/2/51, weiterer Nachweis: N 1221, 299: Durchschlag.

schönsten Aufgaben, einen kameradschaftlichen Geist im Lehrerkollegium selber zu erreichen und zu pflegen, der sich dann einer ganzen Schule mitzuteilen vermag.

Da ich leider zur Zeit durch einen ungeschickten Oberarmbruch sehr behindert bin, ist der Plan, im Sommer wieder einmal in die Heimat zu fahren, nicht ausführbar gewesen. Ich muß mich auf die dringendsten Dinge beschränken. Aber ich werde gerne, wenn ich wieder einmal dort bin, die Fühlung mit Ihnen und mit der Schule, die ja nun meinen Namen trägt, erneut aufnehmen.[4]

Mit freundlichen Grüßen
Ihr

Theodor Heuss

Nr. 45 A
Von Elisabeth Maaß, Hamburg-Land 1
4. September 1951
BArch, B 122, 86: hs. Schreiben, behändigte Ausfertigung[1]
Kritik an dem Vorhaben, eine neue Nationalhymne einzuführen

Sehr geehrter Herr Professor.

Je öfter man die „Neue Nationalhymne" hört, um so mehr kommt es einem zum Bewußtsein: eine Nationalhymne läßt sich nicht machen! Sie muß irgendwann und irgendwo geboren sein und vom Volk zu seiner Hymne erhoben worden sein. Wenn auch die Franzosen oder Engländer zehn Kriege verloren hätten, nie würden sie klein beigeben und sich ihre Nationalhymne verbieten lassen – nur die Deutschen sind leider solche Waschlappen – das muß man schon sagen. Ich kann das behaupten, denn ich bin als Auslandsdeutsche in Frankreich geboren und habe 27 Jahre da gelebt, und mein lieber Mann war lange in England.

Wenn die anderen Völker so schlecht deutsch können, daß sie meinen, „Deutschland über alles in der Welt" wolle heißen, daß wir die ganze Welt uns untertan machen wollten, so sollen sie gefälligst die Sprache so lernen, daß sie sie recht verstehen und kapieren, daß dieser Satz heißen soll, daß jedem Deutschen sein Deutschland über alles in der Welt gehen soll. Fragen Sie doch mal

---

[4] Heuss besuchte das Schulsportfest im Juni 1953 und sprach am 7. 6. 1953 bei einer Festversammlung des Vereins ehemaliger Heilbronner Obergymnasiasten e.V. über die Zukunft der Schulform „Gymnasium", seine persönlichen Schulerfahrungen unter Hinzufügung von Anekdoten und über seine Tätigkeit als württemberg-badischer Kultminister; Ansprache in: B 122, 230.

[1] Eingangsstempel vom 6. 9. 1951; Az. I/18/03-a-.

Mr. François-Poncet, ob er das auch so verkehrt versteht? Ich meine, der müßte es doch richtig verstehen und demnach einsehen, daß keinem Volk seine Nationalhymne verboten werden darf.

Man sollte doch einmal das deutsche Volk veranlassen, Stellung zu nehmen zu dieser Frage, und würde sicher erleben, daß, abgesehen von den paar Interessenten, keiner für die neue Hymne ist. Mein ältester Sohn, Kapellmeister Gerhard Maaß, der ganz nur aus Musik zusammengesetzt ist (er spielte schon mit drei Jahren alles, was er hörte), wurde, als er aus dem Kriege kam, von den Briten neun Monate lang eingesperrt, weil er mit der HJ musiziert und Konzerte gegeben hatte. Er ist so unpolitisch, wie man nur sein kann, und war auch nicht in der Partei – aber als er aus der Haft herauskam, waren alle Stellen besetzt, auch in Stuttgart, wo er jahrelang das Landesorchester mit viel Erfolg geleitet hatte – und seitdem hat er kein's mehr bekommen. Während der Haft in Neuengamme[2] aber hat er segensreich gewirkt. Er suchte unter den 12.000 Häftlingen alles heraus, was gut musikalisch war, und stellte Orchester, Chöre, Soloquartette etc. zusammen, mit denen er mehrmals in der Woche Konzerte gab, um die sie jede Großstadt hätte beneiden können, wie mir solche, die entlassen wurden, erzählten. Unvergeßlich werde ihm immer der Abend bleiben (erzählte er uns dann, als er endlich, mit ruinierter Gesundheit, wieder nach Hause kam), an dem er es gewagt hatte, das Kaiserquartett von Joseph Haydn zu spielen. Eine atemberaubende Stille habe geherrscht, nur ab und zu unterbrochen durch ein leises Naseschneuzen oder ein Hüsteln, das wie Schluchzen klang, und da und dort fuhr eine harte Hand sich über die Augen. Und dann, als das Stück zu Ende war, brauste ein so ohrenbetäubender, nie enden wollender Applaus auf – daß selbst der britische Kommandant Gerhard die Hand schüttelte. Das war ein Ehrenmann, der auch die Häftlinge nicht zwang (wie es anderswo geschah), sich den Film „Die Todesmühle"[3] – oder wie er hieß – anzusehen, der darunter schreiben ließ, jeder solle selbst entscheiden, was darinnen Wahrheit und was „Propaganda" sei. Man sollte also auch dem deutschen Volk keine neue Hymne aufzwingen, sondern die alte wieder aufleben lassen, was auch unsere lieben Feinde dazu sagen könnten. Eine schönere kann man ja gar nicht machen.

Mit vorzüglicher Hochachtung   Frau Elisabeth Maaß

---

[2] Das Lager Neuengamme war eines von sechs Internierungslagern in der britischen Besatzungszone, in denen Mitglieder derjenigen nationalsozialistischen Organisationen, die vom Internationalen Militärgerichtshof in Nürnberg für verbrecherisch erklärt worden waren, verwahrt wurden, bis sie in Spruchgerichtsverfahren entnazifiziert wurden; vgl. H. WEMBER, Umerziehung.

[3] Gemeint war der Film „Die Todesmühlen", ein Ende 1945 von der amerikanischen Militärregierung hergestellter 22-minütiger Dokumentarfilm, der Aufnahmen verwendete, die bei der Befreiung der Konzentrationslager von alliierten Kameraleuten hergestellt worden waren. Der Film unter der Regie von Hanus Burger wurde auch von Billy Wilder mitgestaltet und kam Anfang 1946 in die deutschen Kinos; vgl. B. S. CHAMBERLIN, Todesmühlen.

Nr. 45 B
An Elisabeth Maaß, Hamburg-Land
10. September 1951
BArch, B 122, 86: ms. Schreiben, Durchschlag, von Heuss diktiert (Diktatz. Th.H./R), von
Bott hs. paraph. und ms. gez.; Briefkopf „Bundespräsidialamt"[4]

Sehr geehrte Frau Maaß!

Der Herr Bundespräsident hat Ihren Brief erhalten, beabsichtigt aber nicht, mit
Ihnen in eine historische oder psychologische Unterhaltung über Elemente einer
Nationalhymne einzutreten. Er macht Sie darauf aufmerksam, daß die Voraussetzungen Ihres Schreibens voreilig sind, denn die vorgenannte Nationalhymne
war nie eine Angelegenheit von „Verboten-werden", wie auch Ihre Bemerkung
über die Waschlappen völlig ungehörig ist.[5]

Hans Bott
Persönlicher Referent des Bundespräsidenten

Nr. 46 A
Von Georg Hellbig, Berlin-Wilmersdorf
12. September 1951
BArch, B 122, 102: hs. Schreiben, behändigte Ausfertigung[1]
*Persönliche Beziehung zu Theodor Heuss; Aufruf, das Amt des Bundespräsidenten
von Berlin aus zu führen*

Hochverehrter Herr Präsident!

In den Tagen Ihres Berliner Aufenthaltes[2] haben Sie bestimmt gefühlt, wie die
Berliner Sie verehren. Sie werden aber keine Möglichkeit während Ihres kurzen
Besuches gehabt haben, mit den einfachen Menschen in Berührung zu kommen,
wie auch in den Tagen, als Sie zum ersten Male den Fuß in Berlin setzten. Als
einer der ersten von damals noch lebenden Bekannten habe ich Sie als junger
Doktor verehren und schätzen gelernt. Sie wohnten damals einige Jahre bei mei-

---

[4] Absendevermerk vom 10. 9. 1951; weiterer Nachweis: N 1221, 299: Durchschlag.
[5] Eine weitere Entgegnung von Frau Maaß vom 15. 9. 1951 wurde ohne Kommentar zdA geschrieben; B 122, 86.
[1] Eingangsstempel vom 13. 9. 1951; Az. A/2/51; oben links von unbekannter Hand Vermerk:
„privat".
[2] Heuss weilte vom 4. bis 7. 9. 1951 in Berlin; vgl. Anm. 5.

nen Eltern, der Familie Hellbig in Friedenau, Friedrich-Wilhelm-Platz 2.[3] Als
16jähriger Schriftsetzerlehrling stand ich Ihrem Beruf ja nicht fremd gegenüber.
Somit ergab es sich von selbst, daß ich eifriger Mitleser Ihrer „Hilfe"[4] und all
der vielen Bücher, die Sie zur Rezension bekamen, wurde. Somit ist es auch verständlich, daß Sie der Familie Hellbig auch weiterhin nach dem 1. Weltkrieg im
Blickfeld blieben. Der alte Hellbig prophezeite uns, daß der Dr. Heuss noch mal
die Führung in Deutschland übernehmen wird. Unter welchen Bedingungen, das
hat er nicht mehr erlebt. Auf Grund dieser alten Bekanntschaft nehme ich mir
den Mut, diesen Brief zu schreiben.

Anläßlich der Wiederkehr des Tages, an dem Sie, Herr Prof. Dr. Heuss, zum
Präsidenten der West-Deutschen gewählt wurden, gibt mir Veranlassung, Ihnen
den Ausdruck meiner Hochschätzung zu entbieten. Als Sie, Herr Präsident, die-
ses schwere Amt übernahmen, standen Sie genau vor derselben schweren und
undankbaren Aufgabe wie der Präsident, dessen Büste Sie jetzt im Schöneberger
Rathaus enthüllt haben.[5] Mit welcher Begeisterung die unzähligen Zuhörer den
Ausführungen Ihres ehemaligen langjährigen Mitbürgers gefolgt sind, läßt sich
in Worten nicht ausdrücken. Gefühlt werden Sie haben, Herr Präsident, welche
Verehrung man Ihnen ehrlichen Herzens darbringt, daß es wohl wert wäre, an der
Spitze der Berliner den Kampf für die Freiheit aufzunehmen.

Alle anderen Regierungsvertreter haben wir Berliner gehört, aber kaum haben
sie dieser schwergeprüften Stadt den Rücken gekehrt, waren schon alle Verspre-
chungen vergessen. Berlin wird zu einer verwaisten Provinzstadt herabgesetzt,
Bonn zu einer Bundeshauptstadt gewaltsam aufgebaut. Dabei wissen von zehn
Deutschen nicht acht genau auf der Karte zu zeigen, wo Bonn liegt. Wenn ein
amerikanischer Präsident schon nicht genau wußte, wo Oberschlesien liegt,[6] wie
soll da erst ein Ausländer wissen, wo Bonn liegt. Ist das nun Wahnsinn, liegt
darin System oder geschieht das alles wegen der Religion? Alles läßt sich nicht

---

[3] Vgl. Anm. 9.

[4] Heuss wurde nach seinem Studium (März 1905) Redakteur in der von Friedrich Naumann herausgegebenen Wochenzeitschrift „Die Hilfe". Dort redigierte er zunächst die Kunstbeilage, ab 1907
war er für den politischen Teil verantwortlich; vgl. TH. HEUSS, Erinnerungen, vor allem S. 169–
175; R. BURGER, Theodor Heuss, S. 53–107.

[5] Die Büste von Reichspräsident Friedrich Ebert vor dem Schöneberger Rathaus wurde von Heuss
am 5. 9. 1951 enthüllt. Seine Rede aus diesem Anlass in: B 122, 220; vgl. zur Einschätzung von
Ebert durch Heuss U. BAUMGÄRTNER, Republik, S. 104–109.

[6] Bei der Grenzziehung auf den Konferenzen der Alliierten gab es vermeintliche Missverständnisse,
weil es eine Glatzer Neiße und eine Lausitzer Neiße gab. Aus neuen Archivalienfunden geht hervor, dass Stalin zunächst an eine Grenzziehung entlang der Linie Oder – Glatzer Neiße dachte und
erst Ende 1944 eine Grenzziehung an der Lausitzer Neiße anstrebte und Niederschlesien damit
Polen zugeschlagen wurde; vgl. BOGDAN MUSIAL: Die Rechnung Stalins ging auf, in: Frankfurter
Allgemeine Zeitung, Nr. 59, 10. 3. 2007, S. 6. Als zeitgenössische Dokumentation vgl. G. RHODE /
W. WAGNER, Quellen.

auf alliierte Bestimmungen verweisen, Herr Präsident, ich bin überzeugt, daß Ihnen berichtet wird, daß Sie der Präsident der West-Deutschen nur sein können, indem Berlin als Vorposten im neuen russischen Reich den Widerstand leistet, damit Westdeutschland ruhig arbeiten und leben kann und seine Frauen für den reinen Nachwuchs sorgen können. Diese Überzeugung können wir Berliner von den anderen führenden Männern im Westen trotz ihrer schönen Worte nicht haben. Ist es nicht beschämend, daß unser hochverehrter Oberbürgermeister zur Witzblattfigur herabgewürdigt wird, daß er wie ein Freudenmädchen dauernd nach Bonn fahren muß, um ein paar Millionen zu betteln, häufig in Bonn nicht verstanden wird, dann mit leeren Händen und Taschen vor seinen Berlinern stehen muß?[7] Wir Berliner brauchen keine Wohltaten und Geschenke, wir brauchen Arbeit und Verständnis dafür, daß der Widerstand, der Kampf um die Freiheit Berlins, nicht nur für uns allein geführt wird. Nur Arbeit kann Berlin retten, aber nicht beten in Rom, sondern arbeiten in Berlin. Hier sollten die führenden Männer sitzen und die Geschäfte führen. Hier würde ihnen bewußt werden, daß dieser Kampf um die Freiheit nicht nur Berlin angeht. Von der Kanzel des Kölner Doms würde man dann vielleicht die Worte hören, wem man es zu verdanken hat, daß dieser herrliche Dom noch kein russischer Pferdestall ist. Wir Berliner müssen aber leider sehen, daß fast alle guten Geister uns verlassen haben. Herr Präsident, werden Sie der gute Geist! Geben Sie der Jugend wieder etwas, zu dem sie aufblicken kann. Setzten sie sich über alle Fallstricke und alliierten Bestimmungen hinweg, verlegen Sie Ihren Sitz aus dem Bundesdorf nach der wirklichen Bundeshauptstadt Berlin, hinein mitten ins Herz aller Deutschen, und Sie werden Deutschland retten.

Mit dem Wunsch, daß mein Brief nicht die Meinung aufkommen läßt, der Ausdruck eines einzelnen Berliners zu sein, sondern die Meinung aller Berliner ist, genehmigen Sie, Herr Präsident, den Ausdruck meiner vorzüglichen Hochachtung.

Georg Hellbig

---

[7] Oberbürgermeister von Berlin war Ernst Reuter.

Nr. 46 B
An Georg Hellbig, Berlin-Wilmersdorf
25. September 1951
BArch, B 122, 102: ms. Schreiben, Durchschlag, von Heuss diktiert (Diktatz. H/Sch) und ms.
gez.[8]

Sehr geehrter Herr Hellbig!

Freundlichen Dank für Ihren Brief, der mich an die Zeiten erinnerte, die nun
schon über vier Jahrzehnte zurückliegen. Manchmal, wenn ich an dem Friedrich-
Wilhelm-Platz vorbeifuhr, habe ich an die Zeit gedacht, da ich oben in dem nach
vorn gehenden, ins Eck geklemmten Zimmer bei Ihren Eltern wohnte.[9] Es war
noch eine geruhsame Zeit.

Sie dürfen überzeugt sein, daß das Problem Berlin nicht bloß mich, sondern für
mehr Leute als Sie anzunehmen scheinen, das zentrale deutsche Problem geblieben ist. Wir haben ja auch schon oft genug verhandelt, in welcher Form ich den
Wünschen der Berliner Stadtverwaltung entsprechen kann, nicht bloß besuchs-
weise, sondern im Zusammenhang längere Zeit in Berlin zu sein. Ich nehme an,
daß die Pläne sich auch verdichten werden.[10] Aber die Dinge hängen ja nicht von
einem Entschluß von mir ab, sondern auch jeder über 8 bis 14 Tage sich ausdeh-
nende Aufenthalt setzt eine organisatorische Sondermaßnahme voraus, aus dem
ganz einfachen Grund, weil laufend, Tag um Tag, Regierungsgeschäfte erledigt
werden müssen, die nicht liegen bleiben können. Ich kann aber nicht zwei Büros
unterhalten, ich kann nicht mit Registraturen hin- und herreisen, denn dann würden die Leute nicht ohne Grund über Verschwendung klagen. Was die Berliner
Arbeitssituation anlangt, so haben Sie recht genug. Ich selber habe nicht nur bei
meinen Reden, sondern auch bei den Beratungen in dem Berliner Arbeitsproblem
eine Zentralfrage der deutschen Entwicklung erkannt und ausgesprochen.

Mit freundlichen Grüßen
Ihr   Theodor Heuss

---

[8] Weiterer Nachweis: N 1221, 299: Durchschlag.

[9] Heuss schrieb in seinen Erinnerungen, er habe der Reihe nach Zimmer in Friedenau und Wilmers-
dorf „bevölkert", um seine ehedem im Norden Berlins begonnenen Studien über den Berliner
Mittelstand zu erweitern; vgl. TH. HEUSS, Erinnerungen, S. 14.

[10] 1957 wurde Schloss Bellevue in Berlin zweiter Amtssitz des Bundespräsidenten; vgl. F. SPATH,
Bundespräsidialamt, S. 169. Dennoch wurde, insbesondere in Pressekampagnen, auch später
immer wieder der Ruf laut, Heuss solle seine Amtsgeschäfte von Berlin aus führen. Beim Besuch im September 1955 riefen ihm Berliner zu „Wat denn Theo, und wieder ohne Möbel?" und
„Theo, wo hast Du denn Deine Klamotten?" Bott an Werner Finck, 19. 9. 1955, in: B 122, 2325;
vgl. auch TH. HEUSS, Bundespräsident, Briefe 1954–1959.

Nr. 47 A

Von Melchior, Regierungsdirektor a. D., Hamburg-Klein Flottbek

6. Oktober 1951

BArch, B 122, 104: ms. Schreiben, behändigte Ausfertigung[1]

Kritik an der Verwendung des Begriffes „Integration Europas "

Hochverehrter Herr Bundespräsident!

Integer vitae scelerisque purus
Non eget Mauris jaculis u. s. w. singt Horaz.[2]
Ist aber frei von Fehle, wer, wie hohe Regierungsstellen belieben, von *Integration*
Europas spricht; schon ein Akademiker bedarf einigen Nachdenkens, was das
heißen soll, wird aber wohl vermöge bewahrter Lateinkenntnisse dann sich sagen,
daß damit die *Aufrichtung eines Europas* gemeint ist. Unseren Volksgenossen
ohne humanistische Bildung wird der Ausdruck aber sicher einigermaßen schleier-
haft bleiben. Sie sollen aber doch teilhaben am politischen Geschehen. Unsere
glücklich neuerrichtetete Sprachgesellschaft, die sich Ihre Mitgliedschaft zur Ehre
anrechnet, ist gewiß kein Kampfbund gegen Fremdwörter. Wo solche aber, wie
hier, durch ein noch dazu besser verständliches deutsches Wort ersetzbar sind, tritt
auch sie für dieses ein.

Mit der Bitte, Herr Bundespräsident, mir diese freimütigen Zeilen nicht zu verübeln, zeichen ich als
Ihr sehr ergebener   Melchior
          Vorstandsmitglied der Deutschen Sprachgesellschaft, Zweig Hamburg

---

[1] Eingangsstempel vom 8. 10. 1951; Az. A/2/51.

[2] Bekannte Ode von Horaz (1, 22), deren erste Strophe in deutscher Übersetzung lautet: „Untadelig
im Leben und von Frevel frei, / nicht bedarf man maurischer Speere und Bogen / noch, schwer
gefüllt mit giftgetränkten Pfeilen, / Fuscus, des Köchers"; Q. HORATIUS FLACCUS, Oden, S. 44–47.

Nr. 47 B
An Melchior, Regierungsdirektor a. D., Hamburg-Klein Flottbek
22. Oktober 1951
BArch, B 122, 104: ms. Schreiben, Durchschlag, von Heuss diktiert (Diktatz. H/Sch) und ms. gez.[3]

Sehr geehrter Herr Melchior!

Sie hatten die Freundlichkeit, mir eine kleine Belehrung über den Gebrauch des Wortes „Integration" zu senden. Ich bin nicht ganz sicher, ob ich für Sie die richtige Adresse war. Ich entsinne mich nicht, den Begriff in einer meiner Reden oder Äußerungen in der letzten Zeit verwendet zu haben, bin aber freilich dessen nicht ganz sicher. Die Horaz'sche Ode, die Sie zitieren, ist mir durchaus geläufig, ich kann sie sogar noch singen. Aber es scheint mir, daß Sie verkannt haben, daß Worte im Laufe der Geschichte Ausweitungen oder Einengungen ihrer Sinngebung erfahren.

Ob die jetzt häufig gewordene Verwendung des Begriffes einen Umweg über den angelsächsischen Gebrauch genommen hat, kann ich nicht beurteilen. Solche Dinge vollziehen sich ja in gelegentlicher Wortrezeption. Ich möchte Sie nur darauf aufmerksam machen dürfen, daß für die deutsche Staatsrechtslehre seit dem vor vielleicht 20 oder 25 Jahren erschienenen Buch des Göttinger Professors Rudolf Smend über Verfassungswesen und Verfassungsrecht der Begriff des Integrierens und der Integration in der deutschen wissenschaftlichen Diskussion ein unbestrittenes Heimatrecht bekommen hat.[4] Sie müssen also Ihre Klage vielleicht dorthin adressieren, obwohl mir das zwecklos erscheint, denn der Begriff hat sich seine sonderliche Atmosphäre geschaffen.

Seien Sie bitte mit mir nachsichtig, daß diese Zeilen eine Reihe von Fremdwörtern enthalten.

Mit freundlichen Grüßen
Ihr
                                       Theodor Heuss

---

3 Az. A/2/41; weiterer Nachweis: N 1221, 299: Durchschlag.
4 Rudolf Smend: Verfassung und Verfassungsrecht, München/Leipzig 1928; vgl. dazu auch F. Günther, Denken.

Nr. 48 A

Von Reinhold Zimmermann, Rektor a. D., Aachen

19. November 1951

BArch, B 122, 107: ms. Schreiben, behändigte Ausfertigung[1]

„Frageverbot" vor und nach 1945; Wiederbewaffnung; Einfluss von „Rom" auf die Politik

Sehr geehrter Herr Bundespräsident!

Die[2] „Aachener Nachrichten" von heute berichten über Ihre Rede gelegentlich der Deutschen Philologen-Verbandes-Kundgebung u. a.: „Das Fragen sei mehr als ein Jahrzehnt für Lehrer und Schüler verboten gewesen, erklärte Bundespräsident Heuss am Samstag ... Jetzt dürfe man wieder fragen ..."[3]

Aus meiner Erfahrung während jener zehn ominösen Jahre muß ich Ihnen leider entgegenhalten: Beide Behauptungen sind nicht wahr! Ich habe meine Schüler und Schülerinnen jederzeit fragen lassen, was sie fragen wollten, und ihnen auch immer nach bestem Wissen und Gewissen geantwortet, andererseits in Lehrgängen selber auch frei und offen gefragt oder gesprochen. Ich bin zwar 1942 aus der NSDAP ausgeschlossen worden – aber nicht deshalb, weil ich tausendfach gegen das Frageverbot verstoßen hätte. Das gab es nämlich gar nicht.

Natürlich gab es kleine Geister – sogar unter den Philologen –, mit dem bekannten Drang zur 150- oder gar 200-Prozentigkeit. Wie sie selber zu feige waren, den Mund aufzutun, – sie waren immer zu feige, sich irgendwelchen Unbequemlichkeiten auszusetzen, auch beim Beantworten von Schülerfragen.

Hand aufs Herz, Herr Präsident: Ist das heute anders?!? Ich behaupte: Nein.

Beispiel: Dürfte ich als bejahrter Mann, der einiges hinter sich hat, Herrn Bundeskanzler Dr. Adenauer nach den eigentlichsten Triebfedern und den wahren Zielen unserer (gegen den fast einmütigen Willen des Volkes erfolgten) Wiederbewaffnung,[4] insbesondere nach den dahingehenden Einwirkungen Roms, befra-

---

[1] Eingangsstempel vom 20. 11. 1951; Az. A/2/51.

[2] Von hier bis zum Ende des Absatzes linke doppelte Randanstreichung mit Rotstift.

[3] Rede von Heuss vom 17. 11. 1951 auf einer öffentlichen Kundgebung des Deutschen Philologenverbandes im Bundeshaus in Bonn, in: DLA, A: Heuss, 73.4026. Heuss hatte das Thema bereits in seiner Ansprache auf dem Deutschen Kongreß der Lehrer und Erzieher in Stuttgart vom 17. 5. 1951 mit teils identischen Ausführungen behandelt; B 122, 221. Auf beiden Veranstaltungen hatte er gesagt: „Das Fragen war in der deutschen Schule mehr als ein Jahrzehnt verboten, den Lehrern und den Schülern, da die genormte, wenn auch nicht immer geglaubte Antwort *vor* der Frage stand. Aus dieser Atmosphäre ist die Schule herausgetreten. Man darf, man soll wieder fragen. Das ist nicht immer bequem, denn auch der Lehrer ist kein Allerweltswisser. Er soll, er kann es gar nicht sein. Der Schüler spürte, wenn ein Lehrer ins Schwindeln oder, seien wir höflich, ins Schwimmen gerät bei seinen Antworten. (Heiterkeit) Der Lehrer soll ruhig seine Grenzen zeigen."

[4] Zum Gesamtkomplex der Wiederbewaffnung vgl. Anfänge westdeutscher Sicherheitspolitik, Bd. 1.

gen?!? Weder öffentlich noch privat! Öffentlich würde die Frage nicht zugelassen („demokratisch" wirkende Zensur!), und privat würde Herr Adenauer mich durch seine neuesten persönlichen Schutzmannschaften zur Türe hinausbefördern lassen – ohne geantwortet zu haben. Ich hätte eben nicht fragen dürfen!

Und stellen Sie sich vor, Schüler oder Schülerinnen des konfessionellen Religionsunterrichts erlauben sich, nach der Geschichte etwelcher Dogmen oder Sakramente oder – in Aachen akut – nach den Echtheitsbeweisen der sog. Heiligtümer zu fragen – würden sie eine vernünftige, sachliche Antwort bekommen? Kaum anzunehmen: Solche Fragen zu stellen, ist nicht nur verboten, sondern gesündigt! Wer sie dennoch stellt, muß sich mit 50-prozentiger Sicherheit auf – meist – geistliche Ohrfeigen gefaßt machen. „Vor Gott" verantworten die „Hüter des Glaubens" ihre seltsamen Lehren, vor fragenden Menschenkindern nicht –: „Verboten!"

Und so weiter. Schade, Herr Präsident, daß Sie am Samstag der Wirklichkeit nicht gerecht wurden.

Hochachtungsvollst! R. Zimmermann

Nr. 48 B
An Reinhold Zimmermann, Rektor a. D., Aachen
22. November 1951
BArch, B 122, 107: ms. Schreiben, Durchschlag, von Heuss diktiert (Diktatz. H/Kg), von Bott hs. paraph. und ms. gez.[5]

Sehr geehrter Herr Zimmermann,

im Auftrage des Herrn Bundespräsidenten übersende ich Ihnen beiliegende Rede, die er auf dem Philologentag in Bonn gehalten hat. Er übersieht nicht, in welcher Art die Berichterstattung der dortigen Zeitung erfolgt ist.

Er beabsichtigt im übrigen nicht – um so mehr als der tägliche Briefeingang in die Hunderte geht und er dringlichere Aufgaben hat –, mit Ihnen in eine briefliche Auseinandersetzung einzutreten. Ob seine Bewertung der pädagogischen Übungen des Nationalsozialismus wahr ist oder nicht, jeder fußt dabei auf seinen eigenen Erfahrungen.

Ihre politischen Erörterungen, die Sie ihrem Brief anhängen, entnimmt der Herr Bundespräsident den Eindruck, daß Sie von einem – wie er sich ausdrückt –

---

[5] Absendevermerk vom 12. 11. 1951; weiterer Nachweis: N 1221, 300: Durchschlag.

ziemlich billigen Ressentiment bestimmt sind und nun das Bedürfnis hatten, es an dem Bundespräsidenten los zu werden. Das ist ein ziemlich typischer Vorgang.

Mit vorzüglicher Hochachtung   Hans Bott
                                    Persönlicher Referent des Bundespräsidenten

1 Anlage

Nr. 49 A

Von Helmut Paudtke, Leibniz-Schule, Klasse 9a, Hannover

28. November 1951

BArch, B 122, 105: ms. Schreiben, behändigte Ausfertigung, ohne Anrede[1]

Diskussion in einer Schulklasse über einen Ausspruch von Theodor Heuss

Protokoll eines Zwischenrufes

Der Lehrer sagte zu Beginn der Stunde, daß Bundespräsident Prof. Dr. Theodor Heuss auf einer Lehrertagung die Bemerkung gemacht habe, die abendländische Kultur gehe von drei Hügeln[2] aus. – Übrigens sei es ein Glück, daß wir ihn besäßen. – Welche seien nun wohl die drei Hügel? Wir nannten die Akropolis und das Capitol. Darauf meinte der Lehrer, daß für ihn das Capitol am wenigsten bedeute. Wir gaben dann eine Definierung der Anwendung des römischen Rechts und sagten, daß die Römer fast durchweg die griechische Kultur weitergeführt hätten. Doch der dritte Hügel war noch immer nicht gefunden, als einer rief: „Der Petersberg",[3] worauf ein großes Gelächter folgte. Der Lehrer schlug vor, doch eine Postkarte mit dieser Antwort an den Bundespräsidenten zu richten. Endlich nannte Hoffmann Golgatha. Doch einer der Schüler stellte sofort die Frage: wieso? Daraufhin stellten wir den ungeheuren Einfluß der christlichen Religion auf sehr vielen Gebieten der Kultur noch bis in die Zeit von Mozart und Beethoven fest. (Kultur des Mönchtums, Malerei, Gotik, Musik der Bachzeit.)

---

[1] Eingangsstempel vom 1. 12. 1951; Az. A/2/51.

[2] Heuss hatte bei der Einweihung der Robert-Mayer-Oberschule und der Rosenau-Volksschule in Heilbronn am 16. 9. 1950 gesagt: „Es gibt drei Hügel, von denen das Abendland seinen Ausgang genommen hat: Golgatha, die Akropolis in Athen, das Kapitol in Rom. Aus allen ist das Abendland geistig gewirkt, und man darf alle drei, man muss sie als Einheit sehen"; TH. HEUSS, Reden an die Jugend, S. 32.

[3] Der Petersberg bei Rhöndorf war von 1949 bis 1952 Sitz der Alliierten Hohen Kommission.

Eine kleine Nebendiskussion wurde abschließend durch das Wort „Requiem" ausgelöst.

Helmut Paudtke
Leibnitz-Schule, Klasse 9 a

Nr. 49 B
An Helmut Paudtke, Leibniz-Schule, Klasse 9a, Hannover
7. Dezember 1951
BArch, B 122, 105: ms. Schreiben, Durchschlag, von Heuss diktiert (Diktatz. Th. H./R) und ms. gez.[4]

Sehr geehrter Herr Paudke,

für das Protokoll eines Zwischenrufes freundlichen Dank. Ich habe diese Diskussion mit einem seltsamen Zwischengefühl gelesen, weil es mir auch Spaß macht, daß eine These von mir einen Anreiz zu einer pädagogischen Reflexion gab. Ich glaube, der Einfluß der Christenreligion ist aber nicht mit der Zeit von Mozart und Beethoven abgeschlossen, wie es nach der protokollarischen Notiz den Anschein hatte.

Mit freundlichem Gruß   Theodor Heuss

Nr. 50 A
Von Dr. phil. Dr. jur. W. Kühn, Wiesbaden
2. Januar 1952
BArch, B 122, 114: ms. Schreiben, behändigte Ausfertigung[1]
Neujahrsansprache; Zurückweisung der Kritik von Theodor Heuss am „Ohnemich-Standpunkt"; Wiederaufrüstung

Sehr verehrter Herr Bundespräsident!

Mit Ihrer Neujahrsansprache[2] haben Sie sich an das ganze deutsche Volk und damit auch an mich gewandt. Ich bitte Sie deshalb, mir zu einem wesentlichen Punkt Ihrer Ansprache eine Erwiderung zu gestatten.

---

[4] Az. A/2/41; weiterer Nachweis: N 1221, 300: Durchschlag.
[1] Eingangsstempel vom 3. 1. 1952, von Klaiber mit Rotstift unter dem 3. 1. abgez.; Az. A/Ch/52; als „Persönlich!" gekennzeichnet.
[2] Manuskript der Silvesteransprache des Bundespräsidenten, Urfassung sowie Fassung mit Korrekturen von Heuss, ferner mit thematischen Vorschlägen von Werz und Klaiber, in: B 122, 221.

Sie haben mit scharfen Worten den „Ohne-mich-Standpunkt"[3] verurteilt. Ohne Einschränkung stimme ich Ihnen zu, soweit Sie sich damit gegen die Distanzierung des einzelnen von seinem Staat, also von der demokratischen Bundesrepublik, wenden.

Aus Ihren Worten ist aber, wenn ich Sie nicht ganz mißverstanden habe, nicht nur dies, sondern zugleich eine scharfe Kritik an dem „Ohne mich" gegenüber der machtpolitischen Integrationspolitik der Bundesregierung zu entnehmen.

Erlauben sie mir, Ihnen frei zu bekennen, daß ich diese Politik nicht nur mit einem „Ohne mich" beantworte, sondern auf das schärfste ablehne. Mein Standpunkt ist weder politisch noch religiös verbrämt; er entspringt vielmehr, so scheint es mir, der Anwendung des gesunden Menschenverstandes auf die heikle gesamtdeutsche Situation.

Niemand, auch nicht dem ersten Bürger der Bundesrepublik gestehe ich das Recht zu, mich wegen meiner Überzeugung zur Ordnung zu rufen. Würde sich die Bundesregierung weniger mit gefühlsbetonter Propaganda als mit sachlicher Klärung befassen, so stieße sie wohl bald auf die entscheidenden Fragen: Was wird aus der Ostzone, wenn Westdeutschland rüstet?[4]

Wer kann es verantworten, das westdeutsche Volk zu einem offensichtlichen Bruch seiner Verpflichtungen aus der Kapitulation zu verleiten?

Wer steht dafür ein, daß nicht gerade eine massive westdeutsche Aufrüstung den Anstoß zu einem dritten Weltkrieg gibt?

Wer schützt im Ernstfall Westdeutschland vor einem kriegerischen Überfall? (Daß Rußland jeder westlichen Landmacht Armeen von mehrfacher Stärke entgegenstellen kann, ist allgemein bekannt.)

Wie läßt es sich verantworten, deutsche Soldaten einem derart überlegenen Gegner auszuliefern, der in den Kontrollratsgesetzen Nr. 34[5] und 43[6] einen Rechtstitel hat, jeden einzelnen und zahllose Zivilisten vor Gericht zu stellen und zum Tod verurteilen zu lassen?[7]

Mit dieser kurzen Aufzählung hoffe ich, Sie, sehr verehrter Herr Bundespräsident, überzeugt zu haben, daß mein Standpunkt nicht gerade auf Sand gebaut ist.

---

[3] Heuss hatte sich generalisierend geäußert, die Demokratie sterbe „als Institution wie als Lebensgesinnung an dem ‚Ohne Mich', sie lebt aus dem ‚Mit mir'. Und dieses ‚Mit mir' buchstabiert weiter: ‚Mit Dir'" B 122, 221. In der politischen Auseinandersetzung um die Wiederbewaffnung der Bundesrepublik im Rahmen der NATO wurden die Gegner der Wiederbewaffnung – Teile der Gewerkschaften, der SPD, der Kirchen und Vertreter pazifistischer Überzeugungen – als „Ohne mich"-Bewegung bezeichnet; vgl. M. WERNER, „Ohne-mich"-Bewegung.

[4] Vgl. Nr. 48, Anm. 4.

[5] Kontrollratsgesetz Nr. 34 vom 20. 8. 1946 bezüglich der Auflösung der Wehrmacht, in: Amtsblatt, Nr. 10, 31. 8. 1946, S. 172. Zum Alliierten Kontrollrat vgl. G. MAI, Alliierte Kontrollrat.

[6] Kontrollratsgesetz Nr. 43 vom 20. 12. 1946 bezüglich des Verbots der Herstellung, der Einfuhr, der Ausfuhr, der Beförderung und der Lagerung von Kriegsmaterial, in: Amtsblatt, Nr. 13, 31. 12. 1946, S. 234.

[7] In beiden Gesetzen gab es eine Strafandrohung, die sogar die Todesstrafe vorsah.

Ihre Wendung über „Entscheidungen, deren Folgen vorher nicht bis in die letzten Winkel errechenbar sind", kann die Verantwortung für das, was nun geschieht, weder abschwächen noch verlagern.

Da ich in der Demokratie die einzige würdige Form des politischen Lebens einer Kulturnation erblicke, ist es mir schmerzlich, gegenüber dem Präsidenten unserer jungen Bundesrepublik meine politisch-moralische Position verteidigen zu müssen. War diese Abtönung Ihrer Neujahrsansprache nötig?

Mit vorzüglicher Hochachtung bin ich, sehr verehrter Herr Bundespräsident, Ihr ganz ergebener   Kühn

Nr. 50 B
An Dr. phil. Dr. jur. W. Kühn, Wiesbaden
9. Januar 1952
BArch, B 122, 114: ms. Schreiben, Durchschlag, von Heuss diktiert (Diktatz. Th.H./R), von Bott hs. paraph. und ms. gez.[8]

Sehr geehrter Herr Dr. Kühn!

Der Herr Bundespräsident hat Ihren Brief erhalten und gelesen, rechnet aber mit Ihrer Einsicht, daß er bei einem täglichen Posteingang von einigen Hundert Briefen gar nicht in der Lage ist, alle Schreiben persönlich zu beantworten, und daß er auch mit einem Fremden nicht in eine politisch-ideelle Unterhaltung eintreten kann. Es bleibt jedem selbstverständlich unbenommen, dem Bundespräsidenten zu schreiben. Sie bestreiten dem Bundespräsidenten das Recht, Sie wegen Ihrer Überzeugung „zur Ordnung zu rufen". Der Bundespräsident ist sich gar nicht bewußt, das getan zu haben, muß es aber natürlich Ihnen überlassen, ob Sie sich zur Ordnung gerufen fühlen. Einer Erinnerung an seine Verantwortung glaubt der Bundespräsident nicht zu bedürfen. Der offenkundige Sinn seiner Ansprache war doch der, den durchschnittlichen Deutschen von der rein individualistischen, gefühlsmäßigen Betrachtung der politischen Dinge zu lösen.

Mit bester Empfehlung   Hans Bott
                                                Persönlicher Referent des Bundespräsidenten

---

[8] Az. A/Ch/152; weiterer Nachweis: N 1221, 301: Durchschlag.

Nr. 51 A

Von Lothar Neunhoeffer, München

31. Januar 1952

BArch, B 122, 116: hs. Schreiben, behändigte Ausfertigung[1]

Fotografien vom gefallenen Neffen Conrad Heuss; Kritik an der „Selbsterniedrigung des deutschen Volkes"

Hochverehrter Herr Bundespräsident!

Als Landsmann, Schul-, Regiments- und Kriegskamerad Ihres noch kurz vor Kriegsende auf so tragische Weise gefallenen Neffen Conrad Heuss[2] erlaube ich mir dieses Schreiben in der Hoffnung, daß Sie trotz der gegenwärtigen außerordentlichen Belastung dieses seltsame Geburtstagsgeschenk zu Gesicht bekommen. Den zahlreichen Gratulationen zu Ihrem heutigen Geburtstag[3] füge ich meine herzlichen Wünsche an, daß Sie in voller Frische und Gesundheit noch lange Jahre Ihre ordnende Autorität in diesen für Deutschland so turbulenten Zeiten geltend machen können.

Fürchten sie bitte nicht, daß ich Sie mit privaten Wünschen überfallen werde; wenn ich auch als ehemaliger aktiver Offizier 1945 vor dem Nichts stand, so habe ich doch für mich und meine Familie wieder eine sichere Existenz. Es muß aber jeden gerecht denkenden die Art empören, wie man heute noch die gefallenen Kameraden mit Nichtachtung und Vergessen entehrt und die, welche Gesundheit und Existenz im Dienst am Vaterland eingebüßt haben, diffamiert. Nicht zu begreifen ist, welcher Selbsterniedrigung und Entwürdigung die anonyme Masse des deutschen Volkes fähig ist. Nicht im erwarteten Dank oder für Hitler haben wir im Osten gekämpft; warum Ihr Neffe Conrad Heuss bei Clisarevo-Gorki[4] gefallen und damit hunderten in Eis und Schnee zumindest das Los russischer Gefangenschaft erspart hat, wissen Sie von ihm selbst. Auch der Ritterkreuzträger

---

[1] Eingangsstempel vom 2. 2. 1952; Az. A/2/52; oben rechts hs. Vermerk: „Präs[ident]".

[2] Conrad Heuss, in der Vorlage durchgehend „Konrad" geschrieben, Sohn des ältesten Bruders von Theodor Heuss und sein Patenkind, fiel kurz vor Kriegsende als Oberstleutnant und Regimentskommandeur bei Danzig; Heuss an Rudolf Adam, 10. 2. 1955, in: B 122, 154; vgl. auch Heuss an Hedwig Heuss, 13. 7. 1945, abgedruckt in: Tн. Heuss, Erzieher, S. 101f. Seine Mutter, Hedwig Heuss, Witwe des bereits im Jahre 1931 verstorbenen ältesten Bruders Ludwig Heuss, der Stadtarzt in Heilbronn war, führte den Haushalt von Theodor Heuss nach dem Tode seiner Frau Heuss-Knapp am 19. 7. 1952 zusammen mit Elsbeth Mann bis zum Ende der zweiten Amtszeit als Bundespräsident am 15. 9. 1959; vgl. den Artikel von Walter Henkels „Dem Bundespräsidenten zur Seite", in: Trierischer Volksfreund, Nr. 23, 28. 1. 1955, Ausschnitt in: B 145, 16306.

[3] Heuss feierte am 31. 1. 1952 seinen 68. Geburtstag. Die Geburtstagsglückwünsche wurden – soweit überhaupt erhalten – jahrgangsweise formiert; die Glückwünsche zum Geburtstag im Jahre 1952 in: B 122, 7.

[4] Der Ortsname ist nicht eindeutig zu lesen.

von Hof[5] hat sich um Gesundheit und Leben deutscher Menschen mehr verdient als eine nasse Dachkammer.

Hochverehrter Herr Bundespräsident, vielleicht hat doch noch unser Herr Bundeskanzler für die Beilagen Interesse.[6] Unsere Generation zwischen 30 und 40 erwartet eigentlich, in manchem mehr angesprochen und gefragt zu werden und Gelegenheit zu haben, aus persönlicher und menschlicher Erfahrung die Gründe für den geistigen Vorbehalt zu dem als kleinerem Übel unvermeidlichen Wehrbeitrag darzulegen.

Von den Bildern aus meinem privaten Kriegstagebuch erbitte ich mir nur eines von Conrad zurück, die anderen geben Sie, Herr Bundespräsident, bitte seiner leidgeprüften Mutter, falls Sie es für richtig halten.

Zuletzt darf ich Sie, Herr Bundespräsident, noch für die geraubte Zeit um Entschuldigung bitten, die sie mir sicher gewähren, wenn Sie sich noch meines inzwischen verstorbenen Vaters erinnern, der bis 1933 in Schwaigern/O.A. Brackenheim Bürgermeister und Schwager von Herrn Willi Dürr/Heilbronn war.

Mit angelegentlichen Empfehlungen und den besten Wünschen für Ihre Gesundheit bin ich in vorzüglicher Hochachtung

Ihr sehr ergebener   Lothar Neunhoeffer

[Anlagen]
6 Fotos
2 Zeitungsausschnitte
1 Bericht aus der Frontzeitung

Nr. 51 B
An Lothar Neunhoeffer, München
4. Februar 1952
BArch, B 122, 116: ms. Schreiben, Durchschlag, von Heuss diktiert (Diktatz. H/Sch) und ms. gez.[7]

Sehr geehrter Herr Neunhoeffer!

Freundlichen Dank für Ihren Brief. Sie müssen entschuldigen, wenn ich die Empfindung habe, daß Sie sich in der Tonlage vergriffen haben, wenn Sie davon

---

5 Dies bezog sich vermutlich auf beigefügte Zeitungsausschnitte, die jedoch nicht vorliegen.
6 Dem Schreiben waren sechs Fotos, zwei Zeitungsausschnitte und ein Bericht aus der „Frontzeitung" beigefügt, die jedoch nicht mit abgelegt wurden.
7 Az. A/2/52; Stempel: „Pers[önlichem] Ref[erenten] vorgelegen"; weiterer Nachweis: N 1221, 301: Durchschlag.

sprechen, daß man „heute noch die gefallenen Kameraden mit Nichtachtung und Vergessen entehrt." Ich habe das nirgendwo gesehen oder erlebt. Man ist traurig über die ungezählten Menschen, die ihr Leben oder ihre Gesundheit einer von Anbeginn an sinnlosen Politik opfern mußten.

Ich halte auch das Wort von der „Selbsterniedrigung und Entwürdigung der anonymen Masse des deutschen Volkes" für eine vollkommen unberechtigte Zensur an den Deutschen, an denen gewiß, wie an jedem Volk, vielerlei zu tadeln ist, oder doch an seinen Einzelentscheidungen.

Die Bilder, die sie mir freundlicherweise von Conrad sandten – einige davon waren mir bereits bekannt –, lasse ich an meine Schwägerin weitergehen. Ihren Vater in Schwaigern habe ich persönlich ganz gut gekannt.

Wollen Sie es mir bitte nicht verübeln, wenn ich die Tonlage Ihrer Vorwürfe zurückgewiesen habe. Aber ich glaube, so viel Verständnis ich für individuelle Bitterkeit habe und so sehr ich mich, wohl als erster deutscher Publizist, vor fünf Jahren gegen manche Kränkung, denen deutsche Offiziere ausgesetzt waren, gewandt habe,[8] daß die ungeheuren Schwierigkeiten, unter denen dieser Staat aufgebaut werden soll, leicht verkannt werden. Es ist doch auch nicht so, als ob man die Generation von 30–40 Jahren nicht „anspreche". Ich glaube, es ist heute jeder Deutsche von seinem Gewissen her angesprochen, dem Vaterland auf seine Weise zu dienen. Ich selber habe noch nie etwas von Generations-Unterscheidungen gehalten, da die Traditionen der Familie, der Herkunft, des Bildungsweges bei den wertvollen Menschen wichtiger sind als die Atmosphäre, die Ihnen aus Zeitungen oder Berufserlebnissen entgegentritt.

Mit freundlichen Empfehlungen
Ihr
Theodor Heuss

---

[8] Vgl. Nr. 36, Anm. 5.

Nr. 52 A

Von der Landsmannschaft der Badener in Berlin e. V. und dem Verein der Württemberger in Berlin e. V.

5. Februar 1952

BArch, B 122, 122: ms. Schreiben, behändigte Ausfertigung[1]

Vergebliches Warten auf Theodor Heuss auf dem Flugplatz Berlin-Tempelhof

Sehr verehrter Herr Bundespräsident!

Anläßlich Ihres Besuches der „grünen Woche" in Berlin[2] wollten wir Ihnen und uns die Freude machen, Sie in der heimatlichen Volkstracht, die uns immer ein besonderes Symbol der Heimat war, zu begrüßen.

Sie würdig zu empfangen standen wir am Tempelhofer Flughafen. Nur uns allein hat man vergessen, richtig Bescheid zu sagen, und wir haben umsonst gewartet und uns natürlich geärgert.

Damit Sie sehen, welche Mühe wir uns gegeben haben, zum Ziel zu kommen – wozu noch persönliche Gänge ins Rathaus kamen –, fügen wir die Durchschläge unseres Schriftwechsels bei.[3] Weiter fügen wir unser letztes Vereinsorgan, das wir „Blättle" nennen, bei, woraus Sie ersehen können, daß die Badener und Württemberger in Berlin wie bisher gute Freunde sind und die Südweststaatsbildung bestimmt fortschrittlich behandeln.[4] So haben wir demnächst gemeinsame Fastnacht, wie im „Blättle" zu lesen ist.

Vielleicht wird es uns später einmal leichter gemacht, Ihnen ein schwäbisch-alemannisches „Guten Tag" zuzurufen.

Mit herzlichen landsmannschaftlichen Grüßen

Emil Hanser, Landsmannschaft der Badener in Berlin e.V., Vorsitzender

Carl Summ, Verein der Württemberger in Berlin, 1. Vorsitzender

---

[1] Eingangsstempel vom 15. 2. 1952; Az. 02/2/52.

[2] Heuss eröffnete die „Grüne Woche" – eine Ausstellung zur Repräsentation und Förderung der Landwirtschaft – auf einer Kundgebung des Deutschen Bauernverbandes am 17. 1. 1952; Ansprache in: B 122, 222.

[3] Schreiben an den Regierenden Bürgermeister von Berlin vom 17. 1. 1952 sowie an den Kommandeur der Schutzpolizei vom 4. 2. 1952, in: B 122, 122.

[4] Im „Südweststaat" sollten die von den Besatzungsmächten gebildeten Länder Baden, Württemberg-Baden und Württemberg-Hohenzollern zusammengeschlossen werden. Eine Volksabstimmung vom 9. 12. 1951 hatte dafür eine Mehrheit ergeben; vgl. P. SAUER, Entstehung.

Nr. 52 B

An die Herren Vorsitzenden der Landsmannschaft der Badener in Berlin e. V.[5]
15. Februar 1952

BArch, B 122, 122: ms. Schreiben, Durchschlag, von Heuss diktiert (Diktatz. H/R) und ms. gez.[6]

Sehr geehrte Herren!

Freundlichen Dank für Ihre Zeilen, aus denen ich von der freundlichen Absicht erfahren habe, daß Sie mich am Flugzeug in Berlin bei meinem kürzlichen Besuch begrüßen wollten. Die Sache ist ja nun schief gegangen. Wir selber haben erst zwei, drei Minuten vor dem Abflug in Bonn erfahren, daß wir in Tegel und nicht wie bisher in Tempelhof landen würden, und einer der Herren vom Flugplatz Bonn hat es dann, als wir schon unterwegs waren, übernommen, die Nachricht nach Berlin durchzugeben, woraus auch sonst für manche Leute ein bedauerliches Durcheinander entstand. Es hat daran eigentlich niemand „schuld". Wir kannten die Dispositionen des französischen Flugzeuges vorher nicht und waren – zumal wir den Flug der Freundlichkeit von François-Poncet zu verdanken hatten[7] – natürlich auch gar nicht in der Lage, in diesem Bereich der Vorbereitung zum Schluß noch eine Umdisposition zu erbitten.

Was nicht war, kann einmal nachgeholt werden. An sich sind ja die Berliner Tage immer ziemlich dicht besetzt. Als ich kürzlich in Bremen war, war ich übrigens auch im Ratskeller mit der württembergisch-badischen Trachtengruppe zusammen. Man verträgt sich auch dort gut und gern.

Mit freundlichen Empfehlungen
Ihr

Theodor Heuss

---

[5] Die nicht ganz zutreffende Anschrift – es wurde ja lediglich das Briefpapier mit der Anschrift der Landsmannschaft der Badener verwendet, der Brief war jedoch ein Gemeinschaftswerk der Badener und Württemberger – wurde offensichtlich nachträglich eingefügt.

[6] Az. 02/2/52; Stempel: „Pers[önlichem] Ref[erenten] vorgelegen"; weiterer Nachweis: N 1221, 301: Durchschlag.

[7] Heuss dankte persönlich François-Poncet am 22. 2. 1952 für die Bereitstellung eines Flugzeuges; B 122, 443. Auch bei späteren Besuchen des Bundespräsidenten in Berlin mussten Flugzeuge der Alliierten benutzt werden. Anlässlich seiner Wiederwahl im Juli 1954 durfte Heuss das Privatflugzeug und die persönliche Flugbesatzung des Oberbefehlshabers der Luftstreitkräfte der USA in Europa nutzen; Dankschreiben vom 22. 7. 1954, in: B 122, 26.

Nr. 53 A
Von Annemarie Pohl, Kassel
23. Februar 1952
BArch, B 122, 89: ms. Schreiben, behändigte Ausfertigung[1]
Deutsche Hymne bei der Winterolympiade in Oslo

Sehr geehrter Herr Bundespräsident!

Mit großem Befremden haben viele Deutsche davon Kenntnis genommen, daß bei der Olympiade in Oslo[2] für die deutschen Sieger nicht die National-Hymne, sondern ein Satz aus Beethovens 9. Symphonie gespielt wurde.[3] Die deutsche Hymne ist, oder müßte wenigstens überparteilich sein, denn auch schon vor den Nazis wurde diese gespielt, und niemand hat dabei an ein Verbrechen gegen die Menschlichkeit gedacht. Aus welchem Anlaß Sie nun „unsere National-Hymne" verboten haben, fragen sich ungezählte deutsche Menschen, und es wäre vielleicht angebracht, Ihre Abneigung gegen „Deutschland, Deutschland über alles" der breiteren Masse näher zu erklären.

Hochachtungsvoll   Annemarie Pohl
                                                    [und weitere 21 Unterschriften]

---

[1] Eingangsstempel vom 25. 2. 1952; Az. I/18/03-a-; mit Unterstreichungen von unbekannter Hand.

[2] Die VI. Olympischen Winterspiele fanden vom 14. bis 25. 2. 1952 in Oslo statt.

[3] Ausdrücklich begrüßt wurde dies in einer Zuschrift von Heinrich Weirich, 23. 2. 1952, in: B 122, 97. Heuss antwortete ihm am 28. 2. 1952: „Von jedem Verständigen aber mußte diese im übrigen von dem Olympischen Komitee vorher verabredete Lösung akzeptiert werden, denn das sogenannte Deutschland-Lied ist nun eben heute in Norwegen noch als Lied der Übermachtung im Ohr der Menschen. Denn diese sind nicht gewohnt, was in Deutschland möglich ist, den Horst-Wessel-Schlager und das Hoffmann-Haydn'sche Lied geschichtlich und textlich zu trennen"; ebd. Ähnlich äußerte sich Heuss auch gegenüber Adenauer am 24. 1. 1952; abgedruckt in: K. ADENAUER / TH. HEUSS, Unserem Vaterlande zugute, S. 99f. Heuss war bereits am 26. 9. 1951 von Willy Brandt über Besorgnisse in Norwegen informiert worden, das Abspielen des „Deutschlandliedes" bei der Eröffnung der Winterolympiade könne zu einem Eklat führen; ebd., S. 382f. Der „Spiegel" wusste dennoch von „Pannen" bei Siegerehrungen zu berichten; so wurde bei einem Eishockeyspiel in Oslo versehentlich der Marsch „Alte Kameraden" abgespielt, ohne dass es zu Zwischenfällen kam; vgl. Der Spiegel, Nr. 9, 27. 2. 1952, S. 25.

Nr. 53 B
An Annemarie Pohl, Kassel
28. Februar 1952
BArch, B 122, 89: ms. Schreiben, Durchschlag, von Heuss diktiert (Diktatz. H/Sch), von Bott
hs. paraph. und ms. gez.[4]

Sehr geehrtes Fräulein Pohl!

Der Herr Bundespräsident hat Ihren Brief vom 23. 2. erhalten. Er läßt Ihnen
empfehlen, ehe Sie solche Briefe schreiben und diese Tonart wählen, sich mit
dem Sachvorgang vertraut zu machen. Dann hätten sie feststellen können, daß
der Vortrag von Teilen aus Beethovens 9. Symphonie zwischen dem Deutschen
Olympischen Komitee und den norwegischen Veranstaltern verabredet war. Der
Bundespräsident hat hier nichts „befohlen" und nichts „verboten", aber er ist mit
dieser Lösung, die er politisch für sehr verständig hält, sehr einverstanden gewesen.[5] Er läßt Ihnen mitteilen, daß er Ihre Bemerkung, daß die Nationalhymne
mit keinem „Verbrechen gegen die Menschlichkeit" zusammenhänge, albern und
anmaßend findet. Er beabsichtigt im übrigen nicht, mit Ihnen in eine briefliche
Kontroverse über das angeschlagene Problem einzutreten.

Mit besten Empfehlungen

Hans Bott
Persönlicher Referent des Bundespräsidenten

---

[4] Az. I/18/03-a-; Absendevermerk vom 29. 2. 1952; weiterer Nachweis: N 1221, 301: Durchschlag.
[5] Heuss hatte wegen der Hymnenfrage am 10. 1. 1951 Vertreter des Deutschen Sportverbandes
und des NOK (Carl Diem, Willi Daume, Peco Bauwens) empfangen, nachdem eine Pressemit-
teilung der Associated Press erschienen war, vom NOK sei der Beschluss gefasst worden, die
3. Strophe des Deutschlandliedes zu spielen. Heuss legte dar, dass er „einen solchen Beschluß
als eine schwere Ohrfeige betrachten müsse." Die Sportfunktionäre entgegneten, es handele sich
um einen geheimen Beschluss, der noch mit den zuständigen Stellen besprochen werden sollte.
Es habe ihnen ferngelegen, „den Absichten des Bundespräsidenten zuwider zu handeln. Es wurde
verabredet, daß den Sportverbänden möglichst bald die Grammophonplatten mit der neuen
‚Hymne an Deutschland' zugestellt werden. Die drei Herren erklärten, daß sie die Hymne jeweils
nach Sportveranstaltungen spielen würden"; Aufzeichnung von Werz vom 12. 1. 1951, in: B 122,
396.

Nr. 54 A
Von Schwester Sibylle Schmitz, Katholisches Pfarramt St. Clemens, Berlin SW 11
20. März 1952
BArch, B 122, 122: ms. Schreiben, behändigte Ausfertigung[1]
Unterstützungsgesuch für ein Holzhaus für Flüchtlingskinder in Berlin

Sehr geehrter Herr Bundespräsident Heuss!

Unsere arme Gemeinde wohnt in den weiten Trümmerstraßen an der 3-Sektoren-grenze am Anhalter- und Potsdamer Bahnhof in Berlin. Der damit verbundene ungesunde Straßenhandel beeindruckt die Kinder sehr stark. Außerdem sind hier 600 politische Flüchtlinge mit 100 Kindern in Bunker, Heimen und möblierten Zimmern untergebracht. Die Kinder sind auf die Straße oder auf die primitiven Räume, in denen oft zwei und mehr Familien zusammen wohnen, angewiesen. Der Mangel an Fahrgeld und die Nähe des russischen Sektors bannt die Jugend in die Trümmer. Die 80 % nicht anerkannter Flüchtlinge haben keine Aussicht, sich wieder ein eigenes Heim zu schaffen, sei es auch noch so primitiv. Familien mit Kindern nimmt niemand in Untermiete. Für alles und jedes sind sie auf fremde Hilfe angewiesen. Dadurch verlieren selbst die Besten mit der Zeit sehr viel charakterlich, da die natürliche Entwicklung fehlt. Diese Kinder brauchen doppelt ein gemeinsames Erleben mit den Kindern unserer Gemeinde in Gottes freier Natur.

Durch die Hilfe vieler kleiner Wohltäter aus dem Westen konnten wir im vergangenen Jahr ein kleines Waldgrundstück in Lichtenrade erwerben. 57 Kinder von 6–15 Jahren (darunter 24 Flüchtlingskinder ohne Unterschied der Konfession) haben im geliehenen Möbelwagen von Schenker u. Co., Zelt und kleiner Baracke schöne Ferien verlebt.

Nun können wir ein transportables Holzhaus sehr günstig erwerben, müssen aber bis 17. Juni 1952 über die Hälfte des Kaufpreises 3000 Mk. zahlen. Unsere Gemeinde ist zu arm. Es fehlt der Mittelstand in den Trümmern. Auf der Insel Westberlin leben ja die Hälfte der Einwohner von Unterstützung oder Rente. Über die Jugendnothilfe ist in diesem Jahre keine Hilfe mehr zu erwarten.

Wenn Sie, Herr Bundespräsident, uns nun in irgend einer Weise helfen könnten, wären wir Ihnen sehr dankbar. Ich selbst bin Rheinländerin und seit 19 Jahren in Berlin als Pfarrschwester tätig. Der Optimismus des Rheinländers ist mir in den Kampfjahren noch nicht abhanden gekommen. Dieser läßt mich zuversichtlich auf Hilfe hoffen.

Es grüßt ergebenst   Schwester Sibylle Schmitz

---

[1] Eingangsstempel vom 21. 3. 1952; Az. 02/2/52.

Nr. 54 B

An Schwester Sibylle Schmitz, Katholisches Pfarramt St. Clemens, Berlin SW 11
24. März 1952

BArch, B 122, 122: ms. Schreiben, Durchschlag, von Heuss diktiert (Diktatz. H./R.), von
Bott hs. paraph. und ms. gez.; Briefkopf: „Bundespräsidialamt"[2]

Sehr geehrte Schwester Sibylle!

Der Herr Bundespräsident läßt Ihnen den eindrucksvollen Brief vom 20. März
bestätigen, läßt Ihnen aber gleichzeitig mitteilen, daß Ihr Brief ihn in eine nicht
geringe Verlegenheit gebracht habe, denn Bitten verwandter Natur gehen täglich
bei uns ein, und gerade vor ein paar Tagen mußte einer ganz ähnlich motivierten
Bitte auch eine Ablehnung erteilt werden. Die Sache liegt so: Der Dispositionsfonds des Herrn Bundespräsidenten ist an sich sehr begrenzt. Es mußte deshalb
schon vor 2 ½ Jahren vom Bundespräsidialamt grundsätzlich der Beschluß gefaßt
werden, weder an Organisationen noch für bestimmte Sachleistungsaufgaben
Gelder zur Verfügung zu stellen, die in dem erbetenen Sinne für nutzbringende
Veranstaltungen verwendet werden sollen. Es ist auch nie für wissenschaftliche
oder künstlerische Unternehmungen etwas verausgabt worden. Der Dispositionsfonds wird nur in kleinen Beträgen für individuelle Notstände als Unterstützung
aufgebraucht. Würden wir hier anders verfahren, so wäre der für ein Jahr bestimmte Gesamtbetrag in 2–3 Wochen verausgabt sein.

Mit einer für Ihre Zwecke wirklich ins Gewicht fallenden Summe kann das
Bundespräsidialamt also nicht behilflich sein. Der Herr Bundespräsident hat
mich aber angewiesen, Ihre Bitte als einen Ausnahmefall zu betrachten und
Ihnen 100 Mark an das Konto des Pfarramtes St. Clemens in Berlin überweisen
zu lassen.

Mit freundlicher Empfehlung   Hans Bott
                                    Persönlicher Referent des Bundespräsidenten

---

[2] Az. 02/02/52; Absendevermerk vom 25. 3. 1952; als Verfügung 2: „Herrn Bott zur weiteren
Veranlassung", darüber hs. Vermerk: „bez[ahlt] 15. 2. 51" mit Paraphe von unbekannter Hand.

Nr. 55 A
Von Friedrich Heuss, Schiffer, Haßmersheim am Neckar, z. Zt. Salzig
4. April 1952
BArch, B 122, 113: hs. Schreiben, behändigte Ausfertigung[1]
Bitte um Kredit für Reparaturen an seinem Frachtkahn „Anna"

An den Bundespräsidenten Prof. Heuss. Bonn/Rhein.

Vor allem muß ich mich bei Ihnen wegen meiner Bittschrift entschuldigen, aber was tut man in der Not nicht alles.

Ich, Friedrich Heuss, stamme aus einem alten Schiffergeschlecht aus Haßmersheim.[2] Um nun meinen Beruf weiter ausüben zu können und meine Familie zu ernähren, bin ich gezwungen, an meinem Schiff „Anna" eine größere Reparatur vorzunehmen. Das Schiff braucht einen neuen Boden. Da mir dazu das Bargeld fehlt und von der Bank nicht alles zu bekommen ist, möchte ich mich mit der Bitte an Sie wenden und höfl. anfragen, ob es Ihnen vielleicht möglich wäre, daß Sie mir vielleicht zu ein paar Tausend Mark auf längere Frist und zu einem billigen Prozentsatz verhelfen könnten. Sollte das Ihnen nicht möglich sein, so wäre ich Ihnen auch sehr dankbar, wenn Sie mir mit einem kleineren Betrag etwas behilflich sein könnten. Bin z. Zt. auf der Reise nach Heilbronn.

Auf baldige Nachricht von Ihnen hoffen zu dürfen zeich[net]
Hochachtungsvoll!

Friedrich Heuss
Schiffer, Kahn „Anna"

---

[1] Eingangsstempel vom 5. 4. 1952; Az. A/2/7/52; oben rechts Paraphe von Heuss, undatiert; unten links von unbekannter Hand mit blauem Stift Vermerk: „nein !"

[2] Die Vorfahren von Heuss väterlicherseits waren ebenfalls Schiffer in Haßmersheim gewesen. Die Hoffnung der Gemeinde, Heuss unter Bezugnahme auf seine persönlichen Beziehungen zu Besuchen zu bewegen, scheiterten allerdings. Nach der Wahl zum Bundespräsidenten übersandte am 21. 9. 1949 der Bürgermeister im Namen des Gemeinderates und der Bürgerschaft ein Bild des Hauses des Großvaters und ein Bild der Fahne der Bürgerwehr des Jahres 1848, unter der der Großvater gekämpft habe. Zugleich wurde die Benennung einer Straße beschlossen. Heuss dankte am 27. 9. 1949 und erinnerte an die zahlreichen Besuche in seiner Jugend. Die Familienlegende besage, die Familie Heuss sei mit Gustav Adolf in das Land gekommen; N 1221, 146; vgl. auch TH. HEUSS, Vorspiele, S. 17–22.

Nr. 55 B
An Friedrich Heuss, Schiffer, Haßmersheim am Neckar
7. April 1952
BArch, B 122, 113: ms. Schreiben, Durchschlag, von Heuss diktiert (Diktatz. H./R.), von Bott
ms. gez.; Briefkopf: „Bundespräsidialamt"[3]

Sehr geehrter Herr Heuss!

Der Herr Bundespräsident hat Ihren Brief noch kurz vor seiner Abreise erhalten.
Aber er bedauert, Sie enttäuschen zu müssen. Sein Beihilfe-Fonds wird nur in
Klein-Beträgen für unmittelbare Notlagen benutzt – es sind nie Darlehen aus
ihm gewährt worden, weil er dann in 14 Tagen aufgebraucht wäre.
    Da Herr Dr. Heuss selber aus einer alten Schifferfamilie stammt, sind ihm die
Schwierigkeiten in dem Binnenschiffahrtsberuf brieflich schon mehrmals vorgetragen worden, aber es ist weder ihm noch seinem Amt möglich, billige Kredite
zu vermitteln.

Mit freundlichem Gruß   Hans Bott
                          Persönlicher Referent des Bundspräsidenten

Nr. 56 A
Von Walter Ostwald, Heppenheim an der Bergstraße
26. April 1952
BArch, B 122, 116: ms. Schreiben, behändigte Ausfertigung[1]
Soziale Lage der Schriftsteller und Freiberufler

Hochzuverehrender Herr Bundespräsident!

Mit brennendem Interesse las ich in der heutigen „Neuen Zeitung" Ihren Schriftwechsel mit Walter v. Molo zur Lage der Schriftsteller.[2] Ich bin selbst ein – alter –
Fachjournalist, z. B. auch den Boschleuten und Dr. Schildberger dort gut bekannt.

---

[3] Absendevermerk vom 8. 4. 1952; weitere Nachweise: N 1221, 302: Durchschlag; B 122, 113:
hs. Schreiben, Entwurf von Heuss, undat. und ungez.

[1] Eingangsstempel vom 28. 4. 1952; Az. A/2/52.

[2] Zur Vorbereitung einer Stiftung für notleidende deutsche Schriftsteller regte Heuss einen öffentlichen Schriftwechsel zwischen von Molo und ihm an, der am 26. 4. 1952 in der „Neuen Zeitung", Nr. 99 publiziert wurde. Heuss hatte hierüber mit von Molo seit Januar 1951 sehr engen
Kontakt, und er gestaltete persönlich den Briefwechsel. Umfangreiche Unterlagen in: B 122,
332; der Schriftwechsel Heuss/von Molo publiziert u. a. im Bulletin vom 29. 4. 1952, S. 505–
507.

In der Auseinandersetzung scheint mir ein Punkt nicht ausreichend zur Sprache gekommen zu sein, der mich so sehr erbittert; – anderen geht es nicht anders: Vorsorgliche Angehörige der freien Berufe sorgten für ihre Angehörigen und ihr Alter durch Lebensversicherungen und Ersparnisse (Staatspapiere usw.). Zum zweiten Male im selben Leben wurden mir und anderen Freiberuflichen die Lebensversicherungen – sit venia verbo[3] – gestohlen, dieses Mal um so vollständiger, je älter sie waren,[4] – und die anderen Ersparnisse natürlich auch. Wenn man dagegen sieht, wie die Beamten und andere „organisierte" Volksgenossen ungerupft blieben …

Freiberufliche dürften im Durchschnitt für das Deutsche Volk wertvoller sein als Beamte und andere Organisierte. Die geradezu selbstmörderische deutsche Dummheit, ausgerechnet die Freiberuflichen zum zweiten Male so ungerecht auszuplündern, kann ich nicht begreifen.

Sie, hochverehrter Herr Bundespräsident, haben gewiß formal keine Aktiv-Legitimation, hier einzugreifen. Aber wer außer Ihnen hat zugleich Einsicht und Autorität, an dem engstirnigen Egoismus der Kollektive zu wackeln?

Vergeben Sie die vertrauensvoll offene Sprache
Ihrem Sie sehr verehrenden   Walter Ostwald

Nr. 56 B
An Walter Ostwald, Heppenheim an der Bergstraße
29. April 1952
BArch, B 122, 116: ms. Schreiben, Durchschlag, von Heuss diktiert (Diktatz. H./R.), von Bott hs. paraph. und ms. gez.; Briefkopf: „Bundespräsidialamt"[5]

Sehr geehrter Herr Ostwald!

Der Herr Bundespräsident läßt Ihnen für Ihre Zeilen bestens danken. Die Erfahrung mit Lebensversicherungen hat er als Angehöriger des freien Berufes auch

---

3 Lateinisch für „mit Verlaub".
4 Aus der Sicht der Assekuranz sah dies freilich anders aus. Auf der Verbandstagung der Westdeutschen Lebensversicherungen, die Heuss am 24. 5. 1950 in Düsseldorf eröffnet hatte, berichtete der Vorsitzende, Generaldirektor Alex Möller, mit Genugtuung, die Erhaltung des Versicherungsschutzes in einem „relativ hohem Ausmaß" nach der Währungsreform sei dadurch ermöglicht worden, dass nur das am Währungsstichtag vorhandene Deckungskapital von der Währungsumstellung betroffen worden sei. „Die Versicherungssumme ist also nur insoweit ermäßigt worden, als dies dem am Währungsstichtag vorhandenen Deckungskapital entsprach"; Die Neue Zeitung, Nr. 122, 25. 5. 1950, Ausschnitt in: B 145, 16289.
5 Az. A/2/52, mit Absendevermerk vom 30. 4. 1952; weiterer Nachweis: N 1221, 302: Durchschlag.

zweimal durchgemacht. Er kann natürlich aber, nachdem das Schicksal auf seine alten Tage mit ihm einen anderen Weg beschlossen hat, Ihnen mit diesem Hinweis nur sagen wollen, daß die Fragestellung ihm recht vertraut ist, die ja auch in Zuschriften und mannigfachen Besprechungen, die er etwa in der Frage der Altersversorgung der Journalisten usf. geführt hat, immer wieder an ihn herangetragen wird. Eine Möglichkeit in diesen Dingen sonderlich aktiv zu werden, besitzt er aber nicht. Es ist wohl auch kaum denkbar, für Lebensversicherungen, die allgemein eingegangen sind, eine spezielle Interpretation für diesen oder diesen Berufsstand zu erhalten.

Der Herr Bundspräsident bleibt aber bemüht, in der Frage der Altersunterstützung der Dichter, Schriftsteller, Künstler usf. die sich bietenden Möglichkeiten zu stützen und zu formen.

Mit freundlicher Empfehlung

Hans Bott
Persönlicher Referent des Bundespräsidenten

Nr. 57 A
Von Josef Kubick, Amberg, Oberpfalz
10. Mai 1952
BArch, B 122, 114: ms. Schreiben, behändigte Ausfertigung[1]
Ähnlichkeit im Aussehen mit Theodor Heuss

Sehr geehrter Herr Bundespräsident!

Befürchten Sie bitte nicht, daß ich Sie um eine Unterschrift, ein Foto oder gar Verdienstkreuz bitte. Ich will Sie lediglich von etwas unterrichten, das auch Sie ein wenig interessieren dürfte.

Als ich Ende 1949 zu einem hiesigen Facharzt erstmalig zur Behandlung kam, sagte dieser sofort zu mir: „Ich glaubte, der Herr Bundespräsident wäre hier in Amberg und will sich von mir behandeln lassen." 1950, als ich in der Chirurgischen Universitätsklinik in Erlangen zu einer Operation in den Operationsraum gebracht wurde, kam sofort einer der Ärzte zu mir mit der Frage, ob ich der Bruder des Herrn Bundespräsidenten sei.

Im April des Jahres war ich zu einer TB-Untersuchung in Schwandorf. Dort sagte mir der untersuchende Arzt, daß ich eine frappierende Ähnlichkeit mit dem Herrn Bundespräsidenten hätte.

---

[1] Eingangsstempel vom 12. 5. 1952; Az. A/2/52; Unterstreichungen und Ausrufezeichen von unbekannter Hand im vorletzten Abschnitt des Schreibens.

Solche Behauptungen höre ich aber sehr oft und fast überall, wo ich hinkomme. Ich weiß nicht, ob diese Meinung richtig ist, denn ich kenne Sie, Herr Bundespräsident, nicht persönlich, sondern habe Sie nur als guten Politiker in der Zeit vor 1933 schätzen gelernt.

Ich freue mich daher aufrichtig, daß ich Ihnen, Herr Bundespräsident, als dem ersten Repräsentanten der Bundesrepublik, ähnlich sehen soll. Ärgern würde ich mich, wenn ich z. B. dem Herrn Bundesjustizminister[2] ähnlich wäre.

Zum Schluß wünsche ich Ihnen, Herr Bundespräsident, viel Erfolg zum Wohle unserer Bundesrepublik und Ihnen persönlich beste Gesundheit und alles Gute! Mit vorzüglicher Hochachtung! Josef Kubick

Nr. 57 B
An Josef Kubick, Amberg, Oberpfalz
15. Mai 1952
BArch, B 122, 114: ms. Schreiben, Durchschlag, von Heuss diktiert (Diktatz. H./R.), von Bott hs. paraph. und ms. gez.; Briefkopf: „Bundespräsidialamt"[3]

Sehr geehrter Herr Kubick!

Der Herr Bundespräsident hat sich über Ihren freundlichen Brief gefreut. Es ist nun so, daß in unserer Registratur mindestens 15 Eingaben vorliegen[4], in denen sich Männer – mit und ohne Photographie – um ihrer Ähnlichkeit willen an den Präsidenten gewandt haben, so daß scherzhaft schon davon geredet wurde, eine Doubletten-Konferenz zu veranstalten.[5]

Mit freundlicher Empfehlung Hans Bott
Persönlicher Referent des Bundespräsidenten

---

2 Thomas Dehler.

3 Az. A/2/52; Absendevermerk vom 16. 5. 1952; weiterer Nachweis: N 1221, 303: Durchschlag.

4 Heuss sprach bereits im Oktober 1950 von einem Dutzend Doubles, die sich gemeldet hätten; Heuss an Hans Scheibel, 12. 10. 1950, in: B 122, 54.

5 Derartige Zuschriften erfolgten auch künftig. Am 24. 2. 1958 schrieb Heuss an ein weiteres „Double": „Eine Zeitlang war ich damit beschäftigt, einen Verband der Heuss-Double ins Leben zu rufen. Aber ich habe dann doch darauf verzichtet, weil es vermutlich Händel darüber gegeben hätte, wer der eigentliche Vereinsvorsitzende sein würde. Und einige haben mir auch geschrieben, daß sie in der Sache nicht ganz sicher sind wegen Dialekt und Tonfall"; Heuss an F. Darstein, in: B 122, 869.

Nr. 58 A
Von Dr. Richard Stiegler, Oberstudiendirektor, Nürtingen am Neckar
11. Mai 1952
BArch, B 122, 120: ms. Schreiben, behändigte Ausfertigung[1]
Übersendung des Buches von Richard Stiegler „Mathematik für jedermann"

Sehr verehrter Herr Bundespräsident!

Ich erlaube mir, Ihnen in der Anlage mein soeben erschienenes Buch „Mathematik für jedermann"[2] zu übersenden, in der Hoffnung, daß es Ihnen eine kleine Freude mache.

Mit ergebenen Grüßen
Ihr
R. Stiegler

Nr. 58 B
An Dr. Richard Stiegler, Oberstudiendirektor, Nürtingen am Neckar
30. Mai 1952
BArch, B 122, 120: ms. Schreiben, Durchschlag, von Heuss diktiert (Diktatz. H./R.) und ms. gez.[3]

Verehrter Herr Oberstudiendirektor!

Das war eine sehr freundliche pädagogische Absicht von Ihnen, mir „Mathematik für jedermann" zu senden. Ich habe schon in dem Buch herumgeblättert: an manchen Stellen blitzten Erinnerungen auf, an manchen trat das Versagen ein.

Vor neun Jahren hätte ich das Buch ausgezeichnet gebrauchen können, da ich einmal, als wir uns von Berlin – wie man so schön sagte – „abgesetzt" hatten wegen der Bomberei, ein paar Wochen auf einem Landgut, wo auch einige Kinder zu unterrichten waren, mich aufhielt.[4] Meine Frau, die nun das Lehrerinnen-Examen als solches hinter sich hat, hat die Sache mit Vehemenz angefaßt, aber

---

[1] Eingangsstempel vom 15. 5. 1952; Az. A/2/52; mit einem „d[iktieren]" mit Paraphe von Heuss versehen.

[2] RICHARD STIEGLER: Mathematik für jedermann, Stuttgart 1952.

[3] Az. A/2/52.

[4] Damit war der „Boschhof" bei Beuersberg in Oberbayern gemeint. Elly Heuss-Knapp organisierte dort im September und Oktober 1943 ein „Schülchen" für die Kinder auf dem Gut. Sie berichtete darüber in Briefen an ihren Sohn Ernst Ludwig; vgl. E. HEUSS-KNAPP, Bürgerin, S. 287f; vgl. auch Heuss an Paul Reusch, 25. 9. 1943, in: TH. HEUSS, Defensive, S. 468.

beim Rechnen hat sie gesagt: „Dieses nicht!" Dafür mußte ich dann eintreten. Die Kinder waren gerade in der Gegend der Bruchrechnungen, und ich habe Ihnen das dann in vier Wochen in gewissen Abständen beigebracht. Ich war aber klug genug, mir vorher die Rechnungen selber zurecht zu legen, sowohl logisch als auch in der Empirie des Gerechnet-Habens, um mich nicht zu blamieren. Nach dem Studium Ihres Buches würde mir das jetzt wohl leichter möglich sein.

Ob ich die Sache noch einmal durcharbeiten kann, ist mir freilich bei meiner starken Inanspruchnahme fraglich. In der Schule war ich zur Betrübnis meiner Lehrer in der Mathematik nur ein durchschnittlicher Schüler, denn meine Interessen lagen viel stärker in den literarischen und künstlerischen Dingen.[5] Es ergab sich dann aber auf einmal die jähe Situation, daß ich in der Oberklasse in der Stereometrie plötzlich der Beste war, was bei dem damaligen Professor erhebliches Mißtrauen weckte und auch zu einer Konfliktslage führte, daß ich bei Fremden „Anleihe" gemacht hätte. Für mich selber ist die Situation sehr bald deutlich geworden, ich war der einzige in der Klasse, der dauernd Weinberghäuschen und andere schöne Sachen gezeichnet hatte, so daß das kubische Vorstellungsvermögen stärker ausgebildet war als bei den anderen, und auf einmal hatte ich ein gutes Zeugnis weg.

Freundlichen Dank für Ihre liebenswürdige Gesinnung
Ihr   Theodor Heuss

Nr. 59 A
Von Franz Wolfschlag, Heilbronn am Neckar
26. Mai 1952
BArch, B 122, 2154: ms. Schreiben, behändigte Ausfertigung[1]
Kritik an Theodor Heuss, dass er Gewerkschaftsfunktionäre umarme

Sehr geehrter Herr Bundespräsident!

Kein Mensch erwartet, daß Sie zu einer Maifeier einen Zylinder aufsetzen, ich hätte auch Verständnis, wenn Sie mit Herrn [Oberbürgermeister] Reuter oder Herrn Ministerpräsidenten Arnold eingehakt hätten, kein Verständnis aber, daß Sie ausgerechnet die führenden Funktionäre des DGB, die jetzt sogar Herr Bundeskanzler Dr. Adenauer eindringlich davor warnen mußte, durch verfassungs-

---

5 Vgl. die Ausführungen über die Schulzeit in TH. HEUSS, Vorspiele, S. 93–104.
1 Eingangsstempel vom 27. 5. 1952; Az. A2/22.

widrige Kampfmaßnahmen gegen die verfassungsrechtliche Ordnung zu verstoßen,[2] heiter in den Arm nehmen.

Mit meiner Ansicht befinde ich mich nicht allein, gesprächsweise habe ich bei
mehreren Heilbronner Herren aus Gewerbe, Handel und Industrie festgestellt,
daß sie mit meiner Ansicht konform gehen.

Wer mich persönlich kennt – fragen Sie bitte einmal Ihren Freund, Herrn
Rechtsanwalt Sihler –, weiß, daß ich sehr für Humor bin, aber alles in seinem
Rahmen.

Hochachtungsvoll

Franz Wolfschlag

Nr. 59 B
An Franz Wolfschlag, Heilbronn am Neckar
28. Mai 1952
BArch, B 122, 2154: ms. Schreiben, Durchschlag, von Heuss diktiert (Diktatz. H/Sch) und ms.
gez.

Sehr geehrter Herr Wolfschlag!

Eine Weiterführung unserer brieflichen Unterhaltung über den Begriff der Würde
scheint mir etwas aussichtslos zu sein. Es hat mich fast amüsiert, daß ein „Ein-
haken" mit Herrn Reuter und mit Herrn Arnold von Ihnen konzediert wird, aber
nicht mit Herrn Fette und mit Herrn Scharnowsky. Ich finde es großartig, daß
Sie für heiter-menschliche Beziehungen, die sich aus einer Situation ergeben,
eine Art von politischem Tarif aufstellen und mir nun jetzt auch noch in der
Kampfsituation der Gewerkschaften unter die Nase reiben wollen, wenn Sie den
Ausdruck gestatten.

Sagen Sie den „mehreren Heilbronner Herren aus Gewerbe, Handel und Industrie", daß es mir für sie leid tut, wenn sie von einer pedantischen Zensurerteilung
angesteckt worden sind.

Meinen Sie denn, ich führe mein Leben unter dem Gesichtspunkt „Wo könnte
der Pharisäismus Dir etwas anhaben?" – Dann würde ich mir selber leid tun.

Mit bester Empfehlung

Theodor Heuss

---

[2] Im Rahmen der Auseinandersetzungen um das Betriebsverfassungsgesetz hatte Adenauer am 16. 5.
1952 an den DGB-Vorsitzenden Christian Fette geschrieben, dass er Streiks, „die nur unternommen werden, um der Parlamentsmehrheit den gewerkschaftlichen Willen aufzuzwingen, als
einen Verstoß gegen das Grundgesetz und als eine gefährliche Störung der inneren Ordnung
unseres Staatswesens ansehen muß." K. ADENAUER, Briefe 1951–1953, S. 217.

Nr. 60 A
Von Axel Rodenberger, Dortmund
30. Juni 1952
BArch, B 122, 115: ms. Schreiben, behändigte Ausfertigung[1]
Übersendung seines Buches „Der Tod von Dresden"; Kriegsfurcht

Hochverehrter Herr Bundespräsident.

In einer Zeit größter politischer Spannungen erscheint die 3. Auflage des Buches „Der Tod von Dresden".[2] In diesem Buch habe ich eine der furchtbarsten Menschheitstragödien dokumentarisch niedergelegt. Dieser Bericht vom Sterben einer Stadt soll eine Warnung an die Menschheit sein, nichts zu unterlassen, was die Völker vor einer Wiederholung der größten Menschenvernichtung bewahren könnte.

Als am 8. 5. 1945 Deutschland bedingungslos kapitulierte, atmete die Welt auf in der Hoffnung, daß durch die furchtbaren Leiden der Völker und die Vernichtung von annähernd 30 Millionen Menschen[3], die der zweite Weltkrieg als Opfer verlangte, die Menschheit hinreichend gewarnt worden und einsichtig genug geworden wäre, alle künftigen Kriege zu vermeiden.

Es hat aber den Anschein, als ob es nicht möglich wäre, die Völker der Erde in Frieden nebeneinander leben zu lassen. Mit mir ist aber sicherlich der weitaus größte Teil der Menschen der Meinung, daß diese Möglichkeit bei gutem Willen und bei einer verständnisvollen Einstellung der Staatsmänner aller Länder gegeben sein müßte.

Wir alle sind Menschen, denen von Natur aus Liebe und Furcht mitgegeben wurden, und die Angst vor neuen Kriegskatastrophen ist es, die im Unterbewußt-

---

[1] Eingangsstempel vom 14. 7. 1952; Az. A/2/52; von Heuss mit einem „d[iktieren]" versehen.

[2] AXEL RODENBERGER: Der Tod von Dresden. Ein Bericht über das Sterben einer Stadt, Dortmund 1951. Das Buch erlebte zwischen 1951 und 1963 acht Auflagen, 1995 eine nochmalige Neuauflage. Die lange Jahre kursierende Zahl von mehr als 100.000 Opfern wurde aufgrund neuer amtlicher Quellen von G. BERGANDER, Dresden im Luftkrieg, korrigiert. Demnach rechnet man heute mit etwa 35.000 Bombenopfern. Die zum 60. Gedenktag der Zerstörung Dresdens erschienenen Publikationen sowie die Arbeit einer Historikerkommission, die ihre Ergebnisse 2006 vorlegte, ergaben keine grundsätzlich neuen Erkenntnisse; vgl. W. SCHAARSCHMIDT, Dresden 1945; F. TAYLOR, Dresden.

[3] Eine genauere Statistik der Opfer des Zweiten Weltkrieges lässt sich vermutlich nicht erstellen. Entsprechende Versuche von Historikern haben jedoch noch höhere Zahlen erbracht. Für den Kriegsschauplatz Europa sind ca. 50 Millionen Opfer anzunehmen: 13 Millionen Opfer verbrecherischer Maßnahmen des NS-Regimes, im Kriege umgekommene Militärpersonen nichtdeutscher Nationalität ca. 17,2 Millionen, Zivilpersonen nichtdeutscher Herkunft mehr als 15,8 Millionen, Tote und Vermisste von Wehrmacht und paramilitärischen Verbände 4,2 Millionen, zivile Luftkriegstote über 500.000, auf der Flucht und durch Vertreibung umgekommene deutsche Zivilpersonen aus den Ostgebieten etwa 1,39 Millionen; vgl. H. AUERBACH, Opfer.

sein eines jeden schlummert. Diese Angst den Menschen zu nehmen, damit sie in Frieden ihrer Arbeit nachgehen können, das müßte das ehrenvollste Bestreben eines jeden Staatsmannes sein.

Ich habe wenig Hoffnung, daß das beifolgende Buch „Der Tod von Dresden" jemals von Ihnen gelesen wird. Möglicherweise bekommen Sie das Buch gar nicht in die Hand. Vielleicht sind es auch nur flüchtige Minuten, die Ihr Auge auf den Bildern des Grauens verweilt. Sollte das der Fall sein, dann habe ich allerdings die Überzeugung, daß Sie diese Bilder und auch das Buch selbst nachdenklich stimmen werden.

Ich bin für Sie irgendein Unbekannter, nur ein Mensch, der wie unzählige andere im Bombenhagel das Grauen des Krieges miterleben mußte; ich erlebte den Untergang Dresdens, einer der schönsten Städte der Welt. Aus diesem grausigen Erleben heraus fühlte ich mich autorisiert, die Todesnacht von Dresden zu schildern. Ich appelliere an Sie, tun Sie alles, um die Menschheit vor der Angst und dem Grauen eines neuen Krieges zu bewahren.

Mit dem Ausdruck ausgezeichneter Hochachtung!   Axel Rodenberger

P.S. In diesen Tagen ging durch die gesamte deutsche Presse eine Meldung darüber, daß ich mir erlaubt habe, dieses Schreiben mit einem Exemplar meines Buches an die Anschrift des Adressaten zu richten. Eine, wenn auch nur kurze Stellungnahme zu meinem Buche und zum Inhalt meines Schreibens käme daher dem Interesse der deutschen Öffentlichkeit sehr gelegen. D.U.

Nr. 60 B
An Axel Rodenberger, Dortmund
16. Juli 1952
BArch, B 122, 177: ms. Schreiben, Durchschlag, von Heuss diktiert (Diktatz. H/Sch), von Oberüber hs. paraph. und ms. gez.[4]

Sehr geehrter Herr Rodenberger!

Ihr Schreiben vom 30. 6. mit der Beilage Ihres Buches ist erst vor zwei Tagen hier eingegangen und dem Herrn Bundespräsidenten vorgelegt worden. Er läßt Ihnen sagen, daß Ihr Buch ihm nicht fremd geblieben ist, wenn er es auch nicht in extenso gelesen hat. Er kennt das Schicksal Dresdens aus der Schilderung, mit

---

[4] Absendevermerk vom 17. 7. 1952; weiterer Nachweis: N 1221, 304: Durchschlag.

der das vor einigen Jahren erschienene Buch von Bruno E. Werner „Die Galeere"[5] schließt.

Der Herr Bundespräsident würde Ihnen vielleicht persönlich geantwortet haben, wenn nicht das Nachwort Ihres Briefes davon spräche, daß die gesamte deutsche Presse eine Meldung über die Zusendung dieses Buches gebracht hat und eine Stellungnahme des Bundespräsidenten „dem Interesse der deutschen Öffentlichkeit sehr gelegen komme."

Auf diese Art von Inanspruchnahme pflegt der Bundespräsident absolut negativ zu reagieren und bittet dafür um Ihr menschliches und journalistisches Verständnis.

Mit besten Empfehlungen   Horst Oberüber
              Für den Persönl[ichen] Referenten des Bundespräsidenten

Nr. 61 A
Von Wolfgang Martin, Langstadt, Kreis Dieburg
5. Juli 1952
BArch, B 122, 116: ms. Schreiben, behändigte Ausfertigung[1]
Allgemeine Kritik an den Verhältnissen; Probleme und Motivation der Jugend;
Entnazifizierung

Lieber Herr Bundespräsident!

Diese „formlose" Anrede wähle ich bewußt: Sie soll Vertrauen ausdrücken. Auch denke ich dabei an jene Zeit, als Ihr ehemaliger König sich mit seinen Bauern auf dem Cannstätter Volksfest unterhielt – ohne Grenzschutzleibwache. Diese Zeit habe ich allerdings selbst nicht erlebt. Ich gehöre zur „Jungen Generation", die indes alt genug war, die Hauptlast des letzten Krieges zu tragen.

Was mich heute an Sie wenden läßt, sind schwere Zweifel in diesen Staat. Wenn auch im Dritten Reich aufgewachsen, so hoffe ich doch, soviel denkender Mensch zu sein, daß ich die damals begangenen Fehler und Vergehen einsehen konnte. Das Menschliche war in größter Gefahr damals. Aber ist diese Gefahr uns heute so sehr fern? Haben wir nicht daneben ein geistiges Vakuum, das es früher nicht gab? Wo sind die neuen Ideale anstelle der alten, falschen, die man in uns zerbrach? Wo sind geistige Erziehung, Freiheit, Recht, Sauberkeit und Gemeinwohl?

---

[5] BRUNO E. WERNER: Die Galeere, Frankfurt a. M. 1949.
[1] Eingangsstempel vom 5. 7 1952; Az. A/2/52; oben hs. Vermerk: „will B[undes] Pr[äsident] antworten?"

Während man die ohnehin gefährdete Jugend durch Schundliteratur und -filme zu Verbrechen förmlich anleitet, wird es nicht für notwendig gehalten, etwa dies durch Subventionierung bildender Lektüre (wie z. B. Reclam) zu steuern. Ist es demokratisch, hier dem Verderber Freiheit zu gewähren, während auf der anderen Seite auf Demonstranten geschossen wird? Hätten in Essen nicht auch Wasserwerfer genügt?[2] Und dann: Während die eine Versammlung, die nur zum geringsten Teil aus Kommunisten bestand, niedergeknüppelt wurde, erhielt am selben Ort zur gleiche Zeit eine andere – allerdings katholische – Versammlung Polizeischutz. Muß ich darin die „Innenpolitik der starken Hand" erblicken, die Herr Dr. Lehr im Winter 1950 auf seiner Stuttgarter CDU-Wahlversammlung verlangte? Sieht so das Recht der freien Meinungsäußerung aus? Solche Methoden werden doch heute am Hitler-Regime als diktatorisch gebrandmarkt.

Um das Recht scheint es nicht besser bestellt zu sein: Auf der einen Seite beläßt man Sittlichkeitsverbrechern die bürgerlichen Ehrenrechte, um „ihnen den Rückweg ins anständige Leben nicht zu verwehren". Auf der anderen Seite dagegen kam z. B. mein Schwiegervater wegen seiner Parteizugehörigkeit, ohne daß man ihm sonst irgend etwas hätte zur Last legen können, 13 Monate hinter Stacheldraht, verlor sein Amt und die besagten Ehrenrechte. Ein gutgläubig Irrender also schlimmer als ein Sittlichkeitsverbrecher? Gibt es denn zweierlei Recht?

Was schließlich das Gemeinwohl betrifft, so bin ich fast noch skeptischer. Die immer höher steigenden direkten und indirekten Steuern, wo gehen sie hin? Wie ist das Verhältnis zwischen den Ausgaben für kulturelle und soziale Zwecke und denen für die staatlichen Organe und für die Rüstung?

Ich habe nur einige wenige Beispiele erwähnt, um Ihre Zeit nicht über Gebühr in Anspruch zu nehmen. Aber diese werden genügen zum Verständnis folgender Fragen: Will man uns Junge durch solche Dinge – von der Korruption ganz zu schweigen – denn unbedingt in die passive oder gar aktive Resistance zwingen? Sollen wir diesem Staat dasselbe Ende wünschen wie dem letzten? Will man uns, die wir zu neuem Anfang bereit waren, den fanatischen Unbelehrbaren gegenüber ins Unrecht setzen?

Ich möchte mit dieser Kritik nur zeigen, daß wir Junge eben doch nicht so ganz desinteressiert sind, wie dies so oft in Presse und Funk bedauernd festgestellt wird. Aber wo ist unter solchen Verhältnissen der Weg zu ehrlicher Mitarbeit? Lieber Herr Bundespräsident! Ich wende mich an Sie, weil Sie der Einzige dort „oben" in Bonn sind, von dessen gutem Willen ich überzeugt bin.[3] Sollte aber der Staatsbürger nicht heute wieder, wie zu Königs Zeiten, zu persönlichem

---

[2] Am 11. 5. 1952 wurde bei von der FDJ gesteuerten gewalttätigen Protesten gegen die Wiederbewaffnung der 21jährige Philipp Müller aus München von der Polizei in Essen erschossen; vgl. W. Buschfort, Philipp Müller.

[3] Dieser Satz wurde von unbekannter Hand unterstrichen und am Rand angestrichen.

Konnex zum Staatsoberhaupt übergehen, anstatt an der Anonymität des bürokratisierten Staates zu verzweifeln?

Ich kann mir denken, daß Sie kaum Zeit zu einer Antwort haben werden, hoffe aber doch, daß Sie diese Zeilen persönlich lesen können, daß sie nicht in einem Sekretariats-Papierkorb verschwinden. Vielleicht finden sich doch gelegentlich ein paar Minuten zu einigen Zeilen. Es könnte ein schöner Auftrieb sein!

Mit herzlichen Grüßen   Wolfgang Martin

Nr. 61 B
An Wolfgang Martin, Langstadt, Kreis Dieburg
8. Juli 1952
BArch, B 122, 116: ms. Schreiben, Durchschlag, von Heuss diktiert (Diktatz. H/Sch) und ms. gez.[4]

Sehr geehrter Herr Martin!

Es ist sehr nett von Ihnen, daß Sie mir mitteilen, daß ich „der Einzige dort ‚oben' bin, von dessen guten Willen Sie überzeugt sind." Sie haben mir damit gewiß eine Freude machen wollen, aber das ist Ihnen nun nicht geglückt. Denn ich kann darin leider nur eine Geste der Überheblichkeit sehen gegenüber dem „guten Willen", der nicht bei mir allein, wie Sie zuzugestehen bereit scheinen, vorhanden ist, sondern bei vielen, vielen Menschen in dem Kabinett, in den hohen Beamtungen usf. Von dem Maß der hier geleisteten Arbeit scheinen Sie sich keine rechte Vorstellung zu machen.

Sie werden gewiß nicht erwarten, daß ich, so vertrauensvoll Ihr Brief angelegt ist, nun in ein Plädoyer gegenüber Ihren allgemeinen Vorwürfen eintrete. Dazu habe ich keine Zeit bei einem täglichen Posteingang von ein paar hundert Briefen, und dazu sind auch im ganzen Ihre Vorwürfe oder Vorbehalte zu allgemeiner Natur. Selbstverständlich gibt es in dieser Zeit im Bezirk des Politischen diesen und diesen Fehlgriff, diese und diese Fehlbesetzung – das hat es in aller Geschichte immer gegeben. Aber die Leistung dieser sieben Jahre gegenüber diesem ungeheuren Berg an sachlicher Not und moralischer Verderbnis, die von dem Hitlersystem hinterlassen worden sind, wird, dessen bin ich völlig überzeugt, einmal geschichtlich bedeutend gesehen werden.

Ich habe nie zu denen gehört, die über Desinteresse der Jugend geklagt haben oder klagen. Diese Klage ist viele Jahrzehnte alt und ist in der Zeit des National-

---

[4] Az. A/2/52; weiterer Nachweis: N 1221, 304: Durchschlag.

sozialismus nur durch den kommandierten Lärm überhört worden, während in der „Hitlerjugend" selber, soweit ich das beobachten konnte, auch viel abwartende Ironie ihre Heimat gefunden hatte.

Ich glaube, Sie haben sich auch nie vertraut gemacht mit den Bemühungen, die durch den Bundesjugendplan[5] für die Weckung freiwilliger Kräfte für das kulturelle Leben gemacht werden. Sie haben sich auch keine Rechenschaft abgelegt, wie die Etatverteilung in Ansehung zumal der sozialen Ausgaben sich darstellt (die reinen Verwaltungsausgaben treten demgegenüber zurück).

Wollen Sie mir bitte nicht übelnehmen, wenn ich Ihnen sage, daß die stille Epidemie der deutschen Seele, der Pharisäismus, auch Sie ein bißchen zu bedrohen scheint.

Mit freundlichen Empfehlungen
Ihr

Theodor Heuss

Nr. 62 A
Von Georg Hothum, Anried bei Dinkelscherben
30. September 1952
BArch, B 122, 113: ms. Schreiben, behändigte Ausfertigung[1]
Übersendung seines Buches „ Wirtschaftliche Geflügelzucht "

Sehr geehrter Herr Bundespräsident!

Gestatten Sie mir als Verfasser des volkswirtschaftlichen Buchwerkes: „*Wirtschaftliche Geflügelzucht*"[2] von der eben erschienenen IV. Auflage [Ihnen] ein Exemplar zu widmen mit der ergebensten Bitte, dem Werk in ihrer Bibliothek eine freundliche Aufnahme zu gewähren.

Gerne hoffe ich, daß auch Ihnen, sehr geehrter Herr Bundespräsident, das Werk gefallen und Freude bereiten wird und das Werk in seiner Auswirkung zur Hebung der deutschen Geflügelzucht und damit volkswirtschaftlich zur Besserung der Ernährungsverhältnisse beitragen wird.

---

[5] Den ersten Bundesjugendplan, mit dem Mittel zur Förderung der Jugendarbeit bereitgestellt wurden, verkündete die Bundesregierung am 18. 12. 1950. Abdruck der aus diesem Anlass gehaltenen Heuss-Rede „Jugend und Staat" in: TH. HEUSS, Reden an die Jugend, S. 74–85.

[1] Eingangsstempel vom 3. 10. 1952; Az. A/2/52.

[2] GEORG HOTHUM: Wirtschaftliche Geflügelzucht. Illustriertes Lehr- und Nachschlagewerk, 4. Aufl. neu bearb., Reutlingen 1952.

Sehr dankbar bin ich Ihnen, sehr geehrter Herr Bundespräsident, für eine freundliche Empfangsanzeige und empfehle mich Ihrem freundlichen Wohlwollen mit ergebenen Grüßen!   Hothum

Nr. 62 B
An Georg Hothum, Anried bei Dinkelscherben
17. Oktober 1952
BArch, B 122, 113: ms. Schreiben, Durchschlag, von Heuss diktiert (Diktatz. H/Sch) und ms. gez.[3]

Sehr geehrter Herr Hothum!

Freundlichen Dank für die Übersendung Ihres Buches „Wirtschaftliche Geflügelzucht“, das so schön ausgestattet ist und mir beim Durchsehen den Eindruck einer sorgfältigen und gewissenhaften Bearbeitung gemacht hat.

An sich bin ich ja auf diesem Gebiet Laie, nur zwischendurch einmal im Jahre 1943 zwei Monate lang eine Art von Eleve gewesen, als ich, von Berlin wegziehend, auf dem sogenannten Boschhof bei Benediktbeuren gastliche Aufnahme gefunden hatte[4] und nun von der dortigen „Geflügelprinzessin“, wie wir die Verwalterin der Geflügelsachen nannten, mich in einige der eierlegenden Funktionen der einzelnen Typen einführen ließ und vor allem lernte, daß die Enten die besten Fettproduzenten sein könnten. Damals wurde vielerlei an volkswirtschaftlichen Grundproblemen erörtert, die mit Rassenauswahl und Futtermittelversorgung, -anbau und -preislage zusammenhängen.

Die Erinnerung an diese Gespräche ist durch Ihre freundliche Sendung wieder lebendig geworden.

Mit den besten Empfehlungen
Ihr   Theodor Heuss

---

[3] Az. A/2/52; Stempel: „Pers[önlichem] Ref[erenten] vorgelegen“; weiterer Nachweis: N 1221, 306: Durchschlag.

[4] Während Heuss an der Biographie über den württembergischen Industriellen Robert Bosch schrieb, hielten er und seine Frau sich im September/Oktober 1943 auf dem „Boschhof‘ in Oberbayern auf; vgl. auch Nr. 58, Anm. 4.

Nr. 63 A

Von Bruno Täumer, Oberingenieur, Bischofsheim, Kreis Hanau

2. Oktober 1952

BArch, B 122, 120: hs. Schreiben, behändigte Ausfertigung[1]

Beschwerde über Bott, weil dieser Verse des Einsenders dem Bundespräsidenten nicht vorgelegt habe

Hochverehrter Herr Bundespräsident!

Ich nehme höflichst Bezug auf mein an Sie, hochverehrter Herr Bundespräsident, persönlich gerichtetes Einschreiben vom 22. 8. 1952.

Mit Schreiben vom 30. 8. 1952 Aktz. A/2/52-Bo/Sa. erhielt ich von Ihrem Persönlichen Referenten Herrn Hans Bott die Mitteilung, daß er die Anweisung hätte, meine Arbeit wieder zurück zu schicken. Aber bis heute ist dieselbe mir noch *nicht* zugegangen und bin ich dieserhalb etwas enttäuscht.

Mit meinen 61 Jahren habe ich als guter Demokrat und aus großer Vaterlandsliebe sowie als begeisterter Anhänger unseres Bundeskanzlers Herrn Dr. Adenauer diese sechs Strophen „An mein Vaterland" zustande gebracht und war offen gesagt sehr bedrückt, daß nun laut Herrn Bott davon nicht einmal Notiz genommen worden ist.

Ich hatte für den Fall der Zustimmung beabsichtigt, Ihnen hochverehrter Herr Bundespräsident, dieses vom Herzen kommende Lied persönlich zu widmen.

Darf ich die bescheidene Bitte aussprechen, es sich trotz der Ablehnung durch Ihren Herrn Bott doch einmal ansehen zu wollen?

Ich habe volles Verständnis für Ihre außerordentliche Arbeitsüberlastung, hoffe jedoch, daß einige wenige Minuten sich gegebenenfalls doch noch für mein Anliegen abzweigen lassen.

Mit dem Ausdruck meiner ausgezeichneten Hochachtung begrüße ich Sie, sehr verehrter Herr Bundespräsident, als

Ihr sehr ergebener und dankbarer

Bruno Täumer

---

[1] Eingangsstempel vom 4. 10. 1952; von Heuss mit einem „d[iktieren]" versehen; links hs. Vermerk: „Frl. Sachse z[ur] Feststell[un]g".

Nr. 63 B
An Bruno Täumer, Oberingenieur, Bischofsheim, Kreis Hanau
14. Oktober 1952
BArch, B 122, 120: ms. Schreiben, Durchschlag, von Heuss diktiert (Diktatz. H/Sch) und ms. gez.[2]

Sehr geehrter Herr Täumer!

In Ihrem Brief vom 2. 10. haben Sie sich leicht über meinen Persönlichen Referenten beschwert, weil die Verse, die Sie vor einigen Monaten gesandt hatten, mir nicht vorgelegt worden waren.

Diese Vorlage ist nun geschehen, aber die Entscheidung des Herrn Bott ist durchaus richtig in dem Sinn gewesen, daß ich – wollen Sie bitte dafür Verständnis haben – unmöglich nebenher noch Zensor und Begutachter über lyrische Gedichte sein kann. Es werden mir dauernd Gedichte in einer guten und schönen Gesinnung zugesandt, aber es ist mir völlig unmöglich, bei einer überstarken Beanspruchung, nun dem einzelnen Einsender zu schreiben: Das hat mir gefallen und das finde ich weniger gut.

Mit der Bitte um freundliches Verständnis
Ihr
                                                                    Theodor Heuss

Nr. 64 A
Von Berthe Schlüter, Heidelberg
3. November 1952
BArch, B 122, 119: ms. Schreiben, behändigte Ausfertigung[1]
Verbot von Paketsendungen in die DDR

Lieber Herr Heuss!

Wenn Ihre Frau noch lebte, die diese zwei einzigen Gaben in sich vereinigte: Die Liebe zu den Menschen und zugleich die schöpferischen Einfälle des Helfens und Eingreifens, hätte ich ihr meine Sorgen geschrieben.

---

2 Stempel: „Pers[önlichem] Ref[erent] vorgelegen"; weiterer Nachweis: N 1221, 306: Durchschlag.
1 Eingangsstempel vom 4. 11. 1952; Az. A/2/52; rechts oben hs. Notiz von Heuss: „Bachstraße 24";
   von Heuss mit einem „d[iktieren]" versehen.

Nun wende ich mich in meiner Ratlosigkeit an Sie, in dem Vertrauen, daß Sie vielleicht doch es möglich machen würden, aus Ihrem warmen, liebenden Herzen etwas Wirksames für die hungernde Bevölkerung der russischen Zone veranlassen zu können.

Es ist nun so, daß in dem Augenblick, in dem die Russen eine schwere Versorgungskrise in ihrer Zone zugeben, sie die Paketsendungen aus dem Westen dorthin verbieten und auf den für sie vorteilhaften Einfall kommen, man müsse das Geld für die gewünschten Pakete an die Notenbank Berlin überweisen; natürlich würde das zu ihrem gutgeheißenen Kurs von eins zu eins gewechselt, und der HO überwiesen, die dann die Waren den Empfängern schicken würde. Wir können aber hier unmöglich zwanzig Mark von unserer Währung für ein Pfund Butter zahlen, noch sieben Mark für ein Pfund Margarine. Es ergibt sich also daraus, daß man nichts mehr wird schicken können, gerade im Augenblick einer schweren Ernährungskrise dort und gerade vor Weihnachten.

Und diese so sorgenvollen Zustände werden hier in unseren Zeitungen ganz nebenbei bemerkt, in kleinen Notizen. Müßte man nicht eine riesen Campagne unternehmen in großer Aufmachung, in Leitartikeln; müßte das Radio nicht immer wieder darüber sprechen und die ganze Welt auf diese unmöglichen und grausamen Zustände aufmerksam machen? Sollte man nicht mit allen denkbaren Mitteln an das Gewissen der Welt appellieren, daß da ein Volk vor dem Hunger steht und in diesem Moment ihm die Grenzen zugeschlossen werden? Als Berlin von den Russen abgesperrt wurde, haben sich die Amerikaner die Luftbrücke ausgedacht,[2] in erster Linie weil ihre eigenen Interessen Gefahr liefen. Jetzt geht es um Deutsche. So müssen wir Deutsche nun uns etwas anderes ausdenken, um unseren Brüdern zu helfen, oder sollten wir uns an die UN wenden, damit von dort eingegriffen wird?

Vielleicht fällt Ihnen etwas ein, lieber Herr Heuss! Ich weiß, daß Sie sich die Angelegenheit zu Herzen nehmen werden, und ich bitte Sie, mir zu verzeihen, daß ich Sie, in alledem, was Sie schon belastet, noch in Anspruch nehme. Meine Tochter und meine Enkelinnen leben in Eisenach, der Heimat meines Schwiegersohnes. Ich kann es als Mutter nicht ertragen, daß sie nichts zu essen haben und ich ihnen nicht mehr durch Pakete helfen kann.

---

[2] Als Reaktion auf die Währungsreform in den Westzonen und den Westsektoren Berlins verhängte die sowjetische Besatzungsmacht am 24. 6. 1948 eine Blockade aller Land- und Wasserwege zwischen den Westsektoren von Berlin und den westlichen Besatzungszonen. Hinter dieser Aktion der sowjetischen Militärregierung stand letztlich die Absicht, die sich abzeichnende Weststaatsgründung zu verhindern oder zumindest ganz Berlin in die eigene Besatzungszone zu integrieren. Die Westalliierten ließen aber ihre Truppen in Berlin und versorgten fast ein Jahr lang die Stadt mit allem Lebensnotwendigen über Transportflugzeuge aus der Luft. Angesichts des Scheiterns der Berlin-Blockade lenkte die sowjetische Regierung schließlich ein und hob am 12. 5. 1949 die Abriegelung der Stadt auf; vgl. W. BENZ, Berlin-Blockade, S. 485-494.

Ich danke Ihnen im voraus, wenn Sie sich die Sache etwas überlegen wollen und einen Weg finden, der vielleicht helfen kann.

Ich grüße Sie herzlich.

Ihre   Berthe Schlüter[3]
(Freundin von Gisela Pütter, falls Sie sich an mich nicht mehr erinnern sollten)

[PS] Anbei die Verordnung einer Ostzeitung, die vor einer Woche drüben erschien.[4] Sie ist in keiner Westzeitung noch abgedruckt worden. Werden denn die Ostzeitungen nicht an zuständiger Stelle in Bonn gelesen? Daß 50.000 Pakete an der Ostgrenze beschlagnahmt wurden in diesen Tagen, das berichtet die hiesige Zeitung, wenn es zu spät ist und unzählige arme Menschen hier ihre letzten Groschen ausgeben, um noch ärmeren Verwandten oder Freunden dort zu helfen.

Nr. 64 B
An Berthe Schlüter, Heidelberg
5. November 1952
BArch, B 122, 119: ms. Schreiben, Durchschlag, von Heuss diktiert (Diktatz. H/Sch), von Bott hs. paraph. und ms. gez.[5]

Sehr geehrte gnädige Frau!

Der Herr Bundespräsident bittet um Ihre Nachsicht, daß er Ihnen, der täglich ein paar hundert Briefe erhält, auf Ihr Schreiben nicht persönlich antwortet. Die Arbeitsüberlastung ist gerade in der letzten Zeit über die Maßen gestiegen.

Die von Ihnen vorgetragene Frage hat uns schon in den letzten zwei Wochen wiederholt beschäftigt.[6] Den rettenden Einfall, den Sie bei dem Herrn Bundes-

---

3 Das folgende hs. hinzugefügt.
4 Der dem Schreiben beigefügte Zeitungsausschnitt unbekannter Herkunft bezog sich auf eine ADN-Meldung vom 25. 10. 1952 und hatte die Überschrift „Schwerer Schlag gegen Schieber und Spekulanten". Schieber und Spekulanten hätten in letzter Zeit zunehmend versucht, „mit Hilfe von angeblichen Geschenksendungen Waren zu Spekulationszwecken in die DDR einzuführen."
5 Az. A/2/52; Absendevermerk vom 6. 11. 1952; Verfügung 2: „W[ieder]v[or]l[age] Herrn Ober- über (Stellungnahme Bmin. f[ür] ges[amt]d[eu]tsch[e] Fragen)"; weiterer Nachweis: N 1221, 307: Durchschlag.
6 Mit Schreiben vom 23. 10. 1952 hatte das Hilfswerk „Bruderhilfe ‚Ost' E. V.", Wiesbaden, den Bundespräsidenten gebeten, eine neue Verordnung über die Einschränkung von Geschenksendungen an Bewohner der Ostzone in einer Ansprache zu brandmarken. Nach einer Stellungnahme des Bundesministers für gesamtdeutsche Fragen vom 17. 11. 1952, die diesem Verlangen dringend widersprach, wurde dies jedoch unterlassen; B 122, 2225.

präsidenten erwarten, hat auch er in dieser Frage nicht, aber wir hoffen, bald eine Stellungnahme von dem zuständigen Ministerium zu erhalten, das diese Dinge zu verfolgen, zu beobachten und zu beeinflussen hat, was ja von dem ganz klein gehaltenen Bundespräsidialamt aus gar nicht geschehen kann.

Wir hoffen sehr, daß eine halbwegs befriedigende Lösung in dieser bösen Sache gefunden werden wird.[7]

Mit freundlichen Empfehlungen   Hans Bott
                              Persönlicher Referent des Bundespräsidenten

Nr. 65 A
Von Dr. med. Friedrich von Rohden, Lübeck
16. November 1952
BArch, B 122, 177: hs. Schreiben, behändigte Ausfertigung[1]
Übergabe eines Erinnerungsbuches mit Feldpostbriefen als Reaktion auf die Rede von Theodor Heuss zum Volkstrauertag

Hochverehrter Herr Bundespräsident!

Als Dank für Ihre Gedenkrede zum heutigen Volkstrauertag[2] erlaube ich mir, die Feldpostbriefe von zwei Tapferen aus dem Millionenheer unserer Toten zu über-

---

[7] Am 23. 11. 1952 teilte Heuss in einem von Bott unterzeichneten Schreiben Schlüter mit: „Die neueren Erhebungen in der Sache, wegen der Sie kürzlich an den Herrn Bundespräsidenten sich gewandt haben, haben ergeben, daß die ersten Nachrichten nicht völlig dem entsprachen, was zu befürchten war. Man ist nicht bei der Zusendung von Lebensmitteln auf HO-Läden angewiesen, das wird nur, wie es scheint, sehr empfohlen"; B 122, 119.

[1] Eingangsstempel vom 21. 11. 1952; Az. A/2/52.

[2] Die Ansprache von Heuss zum Volkstrauertag im Plenarsaal des Bundeshauses in Bonn am 16. 11. 1952, Manuskript und als Broschüre gedruckt, in: B 122, 226. Zugleich wurde aus diesem Anlass ein Aufruf zugunsten der Tätigkeit des Volksbundes Deutsche Kriegsgräberfürsorge erlassen, unterschrieben u. a. von Heuss, Adenauer, Hermann Ehlers, Kardinal Josef Frings, Bischof Otto Dibelius; Entwürfe und Schlussfassung in: B 122, 620. Die Resonanz auf die Rede von Heuss war beträchtlich; vielfach wurde das Manuskript der Rede erbeten. Unter den Zuschriften war auch ein Nachruf auf den am 24. 3. 1945 gefallenen Neffen Conrad Heuss, übersandt von Walter Ziegler am 13. 11. 1952, in: ebd. Unterlagen zu der Veranstaltung in: ebd. Zur Interpretation der Ansprache vgl. U. BAUMGÄRTNER, Reden, S. 278, zur Überlieferungsgeschichte S. 473f. Das Verhalten der Journalisten und Filmteams der Wochenschauen während der Feierstunde, die mit ihren Lampen gleißendes Licht verbreiteten und während der Ansprache umherliefen, veranlasste Heuss nicht nur, seine Ansprache zu unterbrechen, sondern er schrieb auch am 17. 11. 1952 an den Vorstand des Deutschen Journalistenverbandes und bat, künftig solche Störungen zu vermeiden; ebd. Gegen die Form der Publikation seiner Rede durch die Bundeszentrale für Heimatdienst erhob Heuss Einwände, so dass die äußere Gestaltung noch revidiert wurde; Heuss an Paul Franken, 10. 2. 1952, in: ebd.

reichen.[3] Es sind zwei meiner Brüder, die als Marburger Theologiestudenten 1914 mit Begeisterung hinauszogen und ihr Leben willig hingaben. Sie gingen meinen beiden Söhnen voraus, die Opfer des zweiten Weltkrieges wurden. Ihr Opfer sei unsere Verpflichtung: Frieden!

Ihr sehr ergebener   Friedrich v. Rohden

Nr. 65 B
An Dr. med. Friedrich von Rohden, Lübeck
24. November 1952
BArch, B 122, 177: ms. Schreiben, Durchschlag, von Heuss diktiert (Diktatz. H/Hk) und ms. gez.[4]

Sehr geehrter Herr Dr. von Rohden!

Freundlichen Dank für Ihre Zeilen und für das Erinnerungsbuch an Ihre beiden Brüder, das ja nun auch Ihren beiden Söhnen stellvertretend gilt.

Ich habe in dem Buch einiges mit Bewegung gelesen. Ich glaube, die Tonlage der meisten Briefe von damals ist doch ein bißchen eine andere als die des letzten Krieges. Freilich haben wir selber den Zuruf von wechselnden Generationen erfahren.

Mit freundlichen Empfehlungen
Ihr   Theodor Heuss

---

[3] FRIEDRICH VON ROHDEN (Hg.): Zwei Brüder. Feldpostbriefe und Tagebuchblätter von Gotthold und Heinz von Rohden, Tübingen 1918.

[4] Az. A/2/52; Stempel: „Pers[önlichem] Ref[erenten] vorgelegen"; weiterer Nachweis: N 1221, 307: Durchschlag.

Nr. 66 A
Von Erika Hörmann, Leer, Ostfriesland
30. November 1952
BArch, B 122, 113: hs. Schreiben, behändigte Ausfertigung[1]
Reaktion auf die Rede von Theodor Heuss in Bergen-Belsen; rechtsradikale Tendenzen in Deutschland und in der FDP

Sehr geehrter Herr Bundespräsident!

Ich stehe noch unter dem Eindruck Ihrer Ausführungen, die Sie heute nachmittag anläßlich der Einweihung des Ehrenmals in Belsen[2] machten. Ich erlebte diese Feier im Rundfunk.

Sie haben mir aus dem Herzen gesprochen, und ich danke Ihnen dafür. Man möchte wünschen, daß Ihre überzeugende Ehrlichkeit ihren Eindruck auf die Betroffenen der damaligen Schandtaten und das Ausland nicht verfehlt. Noch mehr wünsche ich jedoch, daß das, was Sie von der Scham sagten, die uns niemand nehmen kann, sich die Menschen zu Herzen nehmen, die für die damaligen Taten verantwortlich sind oder sie schweigend gut geheißen haben.

Denn sehen Sie, Sie und jeder anständige Deutsche hat sich während der Nazizeit geschämt für alles, was damals geschehen ist. Und man tut es heute noch. Aber das ist eben immer nur der eine Teil des Volkes. Die Verantwortlichen des Nazi-Regimes hatten damals keinen Sinn für Recht und Menschlichkeit, und wie sieht es heute damit aus? Statt daß diese Menschen sich schämen, sich zurückziehen und versuchen, das angerichtete Unheil helfen gutzumachen, machen sie sich in Behörden und politischen Parteien breit. Erschreckend ist doch die Bereitschaft der führenden Parteien, ehemals maßgebende Leute der NSDAP aufzunehmen und ihnen leitende Stellungen einzuräumen.

Das alles wird m. E. im Ausland mehr betrachtet als das, was Sie und andere einsichtige Deutsche sagen und tun. Leider spricht nicht nur der Schein gegen uns. Das beweist die Rede des Herrn Ramcke[3] mit dem erfolgten Beifall.

---

[1] Eingangsstempel vom 2. 12. 1952; Az. A/Ch/52; Paraphe von Klaiber vom 2. 12. 1952.

[2] Manuskript der Rede zur Einweihung des Ehrenmals im KZ Bergen-Belsen am 30. 11. 1952, die später die Überschrift „Das Mahnmal" erhielt, in: B 122, 226; dort auch als Broschüre, deren Titelblatt und Titelseite von Heuss persönlich gestaltet worden waren; abgedruckt in: R. DAHRENDORF / M. VOGT, Theodor Heuss, S. 407–411; vgl. auch U. BAUMGÄRTNER, Reden, S. 232–259. Im Jahre 1957 publizierte der S. Fischer Verlag die Rede auf Schallplatte; der Gewinn sollte an ein Anne-Frank-Stipendium gehen; Unterlagen in: B 122, 597.

[3] General Hermann-Bernhard Ramcke hatte bei einem Treffen von Frontsoldaten der ehemaligen Waffen-SS in Verden am 25. und 26. 9. 1952, das „zur Aufklärung von Vermißtenschicksalen" dienen sollte, unter anderem gesagt, die Westalliierten seien die eigentlichen Kriegsverbrecher, und die schwarze Liste, auf der die SS gestanden habe, werde bald wieder eine Ehrenliste sein; vgl. Der Spiegel, Nr. 45, 5. 11. 1952, S. 8f.

Wenn ich Ihre Zeit mit diesem Schreiben in Anspruch nehme, dann nur aus der Sorge heraus, daß der politische Kurs in Deutschland wieder extrem rechts gehen könnte und wir früher oder später vor den gleichen Problemen stehen wie 1933. Ich stamme aus einer sozialistischen Familie und gehöre seit meiner Jugend der sozialistischen Bewegung an. Jetzt, als Hausfrau, nehme ich noch regen Anteil am politischen Geschehen, zumal mein Mann beim DGB tätig ist. Wir haben vor ca. zwei Jahren die Ostzone verlassen, weil wir den politischen Druck und das unwürdige Leben dort nicht länger ertragen wollten.

Obwohl wir mit viel Hoffnung kamen, hatten wir keine Illusion in Bezug auf die verschiedenen Parteien. Aber was sich nun nach Auflösung der S.R.P.[4] vollzieht, ist doch in hohem Grade besorgniserregend. Jeder Demokrat begrüßte das Verbot dieser Deutschland kompromittierenden Partei. Und nun erlebt man, daß der Geist der Nazizeit in den Parteien an die Oberfläche kommt, die augenblicklich die deutsche Demokratie repräsentieren. Der Partei-Tag der F.D.P. in Bad Ems[5] und seine Beurteilung im Ausland zeigen das deutlich.

Sehr geehrter Herr Präsident! Sie genießen das Vertrauen der demokratischen Deutschen aller Richtungen. Nehmen Sie dieses Schreiben bitte so, wie es gemeint ist. Nämlich als Bitte, Ihren politischen und persönlichen Einfluß so stark wie möglich geltend zu machen, daß die F.D.P. eine wahrhaft demokratische Partei und der Geist [Friedrich] Naumanns in ihr erhalten bleibt.

Mit den besten Wünschen für Ihr persönliches Wohlergehen und in der Hoffnung, daß Sie noch recht lange der Repräsentant des deutschen Volkes bleiben, zeichne ich mit vorzüglicher Hochachtung   Erika Hörmann

---

4 Zum Verbot der rechtsradikalen Sozialistischen Reichspartei vgl. KABINETTSPROTOKOLLE 1952, passim; H. HANSEN, Sozialistische Reichspartei.

5 Auf dem Parteitag der FDP in Bad Ems im November 1952 war über ein Grundsatzprogramm diskutiert worden. Ein Entwurf des Landesverbandes Nordrhein-Westfalen, bei dem die britische Besatzungsmacht wenige Monate später eine Unterwanderung durch ehemalige Nationalsozialisten (Werner Naumann, ehemaliger Staatssekretär im Reichsministerium für Volksaufklärung und Propaganda, und andere Funktionäre des „Dritten Reiches") aufdeckte, verstand sich als „Aufruf zur nationalen Sammlung". Darin forderten die Verfasser die Wiederaufrichtung des „Deutschen Reiches" als der „überlieferten Lebensform unseres Volkes", verschwiegen das Unrecht des „Dritten Reiches" und verlangten die „Wiedergutmachung des an den Deutschen begangenen Unrechts". Ein Programmentwurf des Landesverbandes Hamburg („Liberales Manifest") forderte hingegen als Gebot der Stunde die „Sammlung aller liberalen Kräfte" sowie ein Bekenntnis zum „demokratischen Staat" und lehnte „jeden Radikalismus von links und rechts" ab. Die Gegensätze konnten auf dem Parteitag nicht überbrückt werden. Im Januar 1953 kam es zur Verhaftung von Naumann und seinen Anhängern durch die Briten wegen Verdachts verfassungsfeindlicher Bestrebungen; vgl. N. FREI, Vergangenheitspolitik, S. 361–396; J. DITTBERNER, FDP, S. 39–42.

Nr. 66 B
An Erika Hörmann, Leer, Ostfriesland
4. Dezember 1952
BArch, B 122, 113: ms. Schreiben, Durchschlag, von Heuss diktiert (Diktatz. H/Sch) und ms. gez.[6]

Sehr geehrte Frau Hörmann!

Freundlichen Dank für den Brief, den Sie als Echo auf meine Rede in Bergen-Belsen mir gesandt haben.[7] Die Sorgen, die in ihm zum Ausdruck kommen, werden von mir durchaus gewürdigt und in einem Stück weit auch geteilt. Es ist nun so – wie ich Sie bitte, zu verstehen –, daß ich mich in die Parteidinge im einzelnen nicht mehr einmischen kann. Zum Teil, weil mir das zu viel Zeit wegfrißt in einem arbeitsmäßig höchst überladenen Dasein. Zum anderen, weil mich meine Amtsstellung ja nun in eine Position gerückt hat, die den taktisch-tagespolitischen Dingen gegenüber eine gewisse Zurückhaltung zur Pflicht macht. Ich kann in die spezifischen Fraktions- und Parteidinge nicht mehr einwirken. Was ich zu leisten versuche, ist, das Ethos einer anständigen demokratischen Grundhaltung im Bewußtsein des Volkes und auch der Parteien lebendig zu halten, soweit mir das nun eben gegeben ist.

Mit freundlichen Empfehlungen
Ihr
                                                    Theodor Heuss

---

[6] Az. A/Ch/52; Stempel: „Pers[önlichem] Ref[erenten] vorgelegen"; weiterer Nachweis: N 1221, 307: Durchschlag.

[7] Heuss erhielt mehrere zustimmende und – aufgrund verkürzender Presseberichte – ablehnende Zuschriften. Da sich einige auf einen Beitrag in der „Celleschen Zeitung" vom 4. 12. 1952 beriefen, kritisierte er in einem Schreiben an diese Zeitung vom 15. 12. 1952 deren Berichterstattung: „Der Journalist Heuss hat aber die Meinung, daß gerade Sie, die Sie in der Nähe von Bergen-Belsen erscheinen, eigentlich die Pflicht gehabt hätten, die Rede von Dr. Heuss in ihrer lokal abgetönten Darstellung zu berücksichtigen. Er hat nämlich selber ausdrücklich davon gesprochen, daß er die Namen Belsen und Auschwitz zum ersten Mal nach 1945 gehört hat. Die Meinung, daß Dr. Heuss die These von der Kollektivschuld unterstützt habe, muß für jeden abwegig erscheinen, der weiß, daß der Bundespräsident bereits wenige Wochen nach dem Amtsantritt sich in einer großen Rede sehr unzweideutig dagegen gewandt hat"; B 122, 2083.

Nr. 67 A
Von Franz Ambs, Bergmann, Mühlheim an der Ruhr
11. Dezember 1952
BArch, B 122, 123: ms. Schreiben, behändigte Ausfertigung[1]
Sprache und Form eines Gedichtes mit 60 Strophen von Franz Ambs; Bitte um Beurteilung und Hilfe

Sehr geehrter Herr Bundespräsident Prof. Heuss!

Güte hat Grenzen, ist notwendig. Wo ist sie angebracht, wo nicht? Wenn ich Sie um Güte bitte, so bin ich sicher einer unter vielen, die bitten, und bitte um etwas, für das Sie nicht zuständig zu sein brauchen. Ich bin mir bewußt, daß Sie meine Zuschrift anmaßend, unangebracht, zudringlich auffassen können, daß ich also Ihrem Urteil nach kein Mensch [bin], der Ihrer Auffassung von Benehmen entspricht.

Taktgefühl hätte die Zeilen unterbinden sollen, die Sie auffordern, sich mit mir zu beschäftigen, der ich Ihnen unbekannt [bin]. Wissen Sie, es fällt mir schwer, mich aufzudrängen, eine Person anzusprechen, die Ihre Stellung innehat, die sich mit Wichtigerem, Ernsterem zu beschäftigen hat als dem, das ich ihr vorzutragen habe.

Wollen Sie bitte doch die Güte haben, Ihre Urteilsfähigkeit, -kraft, Ihre weise reiche Lebenserfahrung, Ihren Lebensreichtum, alles was Ihre Größe ausmacht, Ihre wohltuende Ruhe, die Sie ausstrahlen, all dies anwenden, frühe, einfache Versuche zu beurteilen, rückhaltlos vielleicht zu verurteilen, ihre Mängel betonen.

Sehen Sie, eines Tages entdeckte ich, wie schön, groß, wie lebendig unsere Sprache ist. Goethe trug niemand zu mir, niemand in meiner näheren Umgebung kannte mehr als seinen Namen, niemand empfahl ihn mir, wies mich auf ihn; ich aber fand ihn, denn ich suchte, mich begehrte es, etwas zu hören, sinnvoll, lebensweisend.

Da ich jung war, ich bin heute noch jung, 24 Jahre, als ich noch ganz jung war, begeisterte ich mich für Edles, vielleicht träumte ich auch. Als ich nun fünfzehnjährig, vollkommen unbekümmert, den Krieg erlebte, an ihm teilnahm, verschüttete er mich, er bewirkte, daß ich mich verbarg. Wo ist hier in dieser Welt unter Menschen Einigkeit, Edelmut? Diese Frage kennen Sie selbst, Sie können sie auch beantworten, positiv. Einzelne sind einig, edel, Völker, leider noch nicht

Eine lange Zeit verging nach den Erlebnissen des Krieges, andere drängten sich auf, aber heute steht die Vergangenheit wieder auf, sehe ich wieder, was ich

---

[1] Eingangsstempel vom 17. 12. 1952; Az. A 12/52.

sah. Ich sehe aber auch die Arbeit des Menschen, die friedlich, aufbauend, urtümlich, unverfälscht, einfach und schwer [ist].

Nun ist es so, ich wollte ursprünglich Maler werden, besuchte auch einige Semester eine Academie, aber immer mehr drängte es mich zur Sprache. Das Hindernis mit ihr zu gestalten lag, liegt noch, in der Unkenntnis derselben. Mein Volksschuldeutsch war nicht lückenlos, es kostetete mich später Mühe, es selbständig etwas zu verbessern. Hierbei war ich vollkommen auf mich angewiesen, Sie müssen wissen, ich habe wenig Bekannte, und die ich habe, sie vermögen mir nicht zu helfen, sie sehen hierzu auch keine Notwendigkeit, sie sind Arbeiter. Auch ist es so, wenn man jemandem sagt, man versuche zu „dichten", so lächelt der „Jemand". Ist es eine gebildete Person, so ist er der Auffassung, man solle dies Tun Leuten überlassen, welche die Voraussetzung hierzu mitbringen, eine Galerie gebildeter Menschen, mit geistigen Berufen [...][2]

Ich stelle mir ein Gedicht vor, das Leben umfassend in seiner Vielfalt, durchzogen mit dem Streben nach Menschlichkeit, eingewoben jenes, das tief uns erschreckt, das Krieg heißt. Was ich unternahm bisher, ist noch keine Frucht, aber es soll eine werden. Oft drängt es mich; während ich schreibe, werde ich dann unsicher, da ich ja nicht die Sprache vollkommen beherrsche. Ich meine natürlich, was ich tat, sei etwas, ich habe ja nicht den Standort, den Sie haben, der es Ihnen erlaubt zu urteilen, einen Rat zu geben. Warum ich nicht an einen Dichter schrieb? Ich bin der Auffassung, daß Sie richtiger sind als er, weil es sich bei mir um die Unmöglichkeit handelt zu studieren, da sozial gesehen, der Staat begrenzt Menschen aus den unteren Schichten hilft, ihm auch ein kleiner Vorwurf zu machen ist. Ich weiß, daß man das Leben nicht zu staatlich durchdringen soll, daß persönliche Initiative entscheidend ist, die Impulse zu meiner Bildung, meinem Beruf von meinen Eltern ausgehen sollten, wenn ich erwachsen genug, von mir selbst. Alles kommt auf den Menschen an, und doch braucht er Hilfe. Unausgesprochen schwingt in den Zeilen eine Bitte, einen Rat Ihrerseits zu bekommen, Unterstützung, verschiedener Art, sind also, da ich Ihnen unbekannt, anmaßend, bettlerisch, der Brief schmerzt mich selbst, aber mir scheint, ich komme nicht um ihn. Wie gesagt, vielleicht haben Sie die Güte, den Versen einige Aufmerksamkeit zu widmen, und für mich einige Worte zu finden.

In Erwartung Ihrer geschätzten Antwort verbleibe ich hochachtungsvoll
Ihr
                                                      Franz Ambs

---

[2] Weitere Ausführungen zu seiner persönlichen Befindlichkeit, seiner Tätigkeit unter Tage im Bergwerk als „Schlepper" und seiner Situation im Wohnheim in einem Zimmer mit sechs jungen Bergleuten.

Nr. 67 B
An Franz Ambs, Mühlheim an der Ruhr
20. Januar 1953
BArch, B 122, 123: ms. Schreiben, Durchschlag, von Heuss diktiert (Diktatz. H/Bk) und ms. gez.[3]

Sehr geehrter Herr Ambs!

Der große Brief, den Sie mir Mitte Dezember sandten, der aber dann eintraf, als ich bereits über Weihnachten in der Familie meines Sohnes weilte, ist mir jetzt vorgelegt worden[4], da der ungeheure Berg von Hunderten ja Tausenden von Zuschriften, der sich hier angesammelt hatte, langsam allmählich abgearbeitet wird. Daher die Verspätung einer Antwort.

Freilich, ob diese Antwort für Sie nicht nun doch etwas enttäuschend ist, weiß ich nicht. Ich habe Ihren Brief aufmerksam gelesen und auch das Gedicht, obwohl seine 60 Strophen ein bißchen viel sind.[5] Brief wie Verse bewegen mich. Aber was soll ich Ihnen dazu sagen?

Zunächst habe ich Ihnen zu danken für das persönliche Vertrauen, daß Sie zu Ihrer Sendung ermutigt hat. Es ist ja nicht der einzige Fall. Ich bekomme oft Verse zugesandt mit der Bitte, meine Meinung dazuzugeben, auch Manuskripte, bei denen man um eine Verlagsvermittlung bittet. Ich habe, was Sie verstehen werden, dann immer nur büromäßig antworten lassen, da ich nicht neben einer an sich übermäßig besetzten Arbeitszeit noch Literaturkritik und Verlagslektorat betreiben kann. Die amtlichen Pflichten sind ausfüllend genug, so daß das, was ich früher einmal gern getan habe, die beobachtende und auch fördernde Mitwirkung am literarischen Leben bei mir der Vergangenheit angehören muß. Ich komme selber kaum je dazu, ein mir wichtiges Buch zu schreiben.

Ich spüre, daß eine starke nach Form und Ausdruck suchende Kraft in Ihnen vorhanden ist. Es hat mich auch interessiert, daß Sie einmal Maler werden wollten und eine Akademie besuchten. Aber es ist mir dabei die innere Struktur und der soziale Hintergrund Ihres Werdens doch nicht deutlich genug.

Ich möchte zu den Reflexionen über die Sprache, die in Ihrem Brief enthalten sind, nur dies sagen: Man braucht kein Abitur, um mit der Sprache in ein sicheres

---

[3] Az. A/2/53; Absendevermerk vom 27. 1. 1953; Verfügung Nr. 2: „Herrn Bott mit der Bitte um Besprechung".

[4] Ambs hatte zunächst am 18. 12. 1952 eine Eingangsbestätigung von Oberüber erhalten, die ankündigte, dass sein Schreiben dem Bundespräsidenten erst etwas später vorgelegt werde; B 122, 123.

[5] Das titellose Gedicht umfasste 60 Strophen, von der die letzte lautete: „Ich weiß, er ist mir nicht feind, ich / liebe ihn, die mögliche Größe, und / doch, doch, ich versteck' mich vor ihm, / dem der lauert, einen Auftrag hat, einen sehr einfachen, bequemen, / Töten muß er, er vermeint sich / verteidigen zu müssen, dies vermeint er, / vor ihm versteck ich mich, ein Mensch."

Verhältnis zu kommen! Ich kenne genügend Leute, die aus dem, was Sie Volks-schuldeutsch nennen, als Dichter wie als Schriftsteller viel herausgeholt haben. Und ich kenne noch mehr Akademiker, die zur Sprache ein miserables Verhältnis besitzen. Sprachstudien selber sind etwas wunderschönes (ich selber bin hier ganz Dilettant), aber es ist für die künstlerische Formkraft wenn nicht ganz unerheblich so doch zweit- oder drittrangig.

Ich habe auch das Gefühl, daß Sie zur Sprache ein selbständiges Verhältnis haben mit genügendem Wortschatz und mit einem starken rhythmischen Gefühl, das mir nur, da Sie Kritik erwarten, gelegentlich etwas forciert erscheint. Sie haben in den Versen mit der Wiederholung der Worte, vor allem bestimmter primitiver Worte eine gewisse eigene Form gefunden, die zunächst etwas Beeindruckendes besitzt, aber als über Seiten hinweggehende Äußerungsform fast zu sehr – was viel-leicht gar nicht ist – als bewußte Technik wirkt und dann etwas ermüdet. Würde ich Rezensionen zu schreiben haben, so würde ich sagen, daß Sie vor der Aufgabe stehen, den Gedankengang eines Gedichtes zu straffen und zu disziplinieren und dann in ihm dem Formendruck eine plastischere Beweglichkeit zu geben.

Dieses große Gedicht ist für den Leser eine Überforderung, für den Autor aber eine Mahnung, aus dem Chaotischen der Bildfolge, die ihn bedrängt und die recht eindrucksvoll ist, die Klärung zu erstreben.

Sie mögen denken, dass dies etwas billig klingt, aber wenn Sie schon einen Rat haben wollen, so kann er nach der Seite ihrer gestalterischen Begabung von mir aus gesehen, der ich freilich kein Literaturrezensent ex officio[6] bin, in solcher Richtung gehen.

Bedrückend ist freilich nun das, was Sie über die Lebensumstände Ihrer Unter-kunft sagen. Ich kann ja nun, wie Sie sich wohl denken können, von mir aus nicht unmittelbar in solche Dinge hereinwirken wollen, denn dies würde einfach über meine Kraft gehen. Aber einer meiner Mitarbeiter will sich einmal umsehen, ob irgendwie hier für eine Änderung oder Erleichterung gesorgt werden kann.[7] Denn es müßte ja schließlich sich auch in einer Stadt wie Mühlheim ergeben, daß Sie mit Kreisen, die eine Volkshochschule tragen, in vertrauensvolle freund-schaftliche Beziehung kommen[8] und einen verständnisvollen Umgang gewinnen, was Sie jetzt zu entbehren scheinen. – Mein Mitarbeiter will auch sehen, den Rat eines befreundeten Dichters zu gewinnen, der nun eben auch wie Sie „nur Volksschule" hinter sich hat und den dies gar nicht stört, schöne Gedichte und schöne Erzählungen zu schreiben.[9]

---

6 Lateinisch für „von Amts wegen".
7 Bott informierte den Bildungsobmann im DGB in Düsseldorf, Heinz Küppers, am 26. 1. 1953; B 122, 123.
8 Bott informierte den Oberstadtdirektor der Stadt Mülheim an der Ruhr, Bernhard Witthaus, über den Briefwechsel am 26. 1. 1953; ebd.
9 Dabei handelt es sich um den Dichter Max Barthel aus Niederbreisig, an den sich Bott am 26. 1.

Der Brief ist nun etwas ungewöhnlich lang geworden, und ich bitte Sie, ihn still und brav für sich zu behalten, sonst erwarten noch der und der und der, daß ich ihm in seelischen oder sozialen Nöten schreibe. Aber ich wollte Ihnen doch ein persönliches Echo geben.[10]

Mit freundlichen Empfehlungen
Ihr   Theodor Heuss

Nr. 68 A
Von Dr. Jan Möhren, Heidelberg-Handschuhsheim[1]
18. Dezember 1952
BArch, B 122, 128: hs. Schreiben, behändigte Ausfertigung[2]
Übersendung eines von ihm gemalten Bildes von Heidelberg

Hochverehrter Herr Bundespräsident!

Seit einigen Monaten habe ich vom Fenster meiner neuen Wohnung aus Ihr früheres Handschuhsheimer Domizil am Kehrweg[3] vor Augen. Als der Herbst den Hang des Heiligenberges vergoldete, bannte ich schnell den Zauberdunst auf die Leinwand mit der Absicht, Ihnen das Bild zu dedizieren als Erinnerung an die Zeiten, da Ihre Sorgen begrenzter waren als heute.

1953 wandte; ebd.; Barthel widmete Heuss zu seinem 71. Geburtstag ein Gedicht unter dem Titel „Fortuna"; B 122, 29.

[10] Wahrscheinlich war das Gedicht von Ambs gemeint, als Heuss auf der Tagung des Journalistenverbandes von dem Eindruck sprach, „den das großmächtige Gedicht eines Bergarbeiters" auf ihn gemacht habe. Doch beängstigte ihn zugleich eine Darstellung der Agentur „Dimitag", „als ob es die Beschäftigung des Bundespräsidenten wäre, lyrische Gedichte zu lesen", weil er dann noch mehr zugesandt erhalte. Werde die Notiz über Bonn hinaus bekannt, werde er „in den nächsten vierzehn Tagen 100–200 lyrische Zusendungen" erhalten. „Diese Sparte meines Daseins wollen wir lieber nicht in die Publizistik tragen"; Heuss an Werner Lohe, Parlamentarische Redaktion „Dimitag", 14. 3. 1953, in: B 122, 604. Dem Chefredakteur des „Generalanzeigers" Erich Wagner dankte Heuss am 14. 3. 1953 für das „journalistische Spürgefühl", dies nicht weiter verbreitet zu haben; ebd. Ambs dankte Heuss für sein Schreiben am 10. 2. 1953; B 122, 123. Er verließ bald den Bergbau, um in Schweinfurt bei einer Stahlbaugesellschaft zu arbeiten; Mitteilung vom 15. 10. 1953, in: ebd.

[1] In seiner Anschrift hatte er hinzugefügt „Dr. phil. und Kustos a. D., (131er ohne Bezüge)".

[2] Von Heuss mit einem „d[iktieren]" versehen.

[3] Das Ehepaar Heuss hatte im August 1943 „wegen der Bomberei" (Heuss an Gottfried Treviranus, 9. 1. 1946, abgedruckt in: TH. HEUSS, Erzieher, S. 143) und wegen des Herzleidens seiner Frau Berlin verlassen und sich in zwei Dachstuben im Haus von Heuss-Knapps Schwester Marianne Lesser in Heidelberg-Handschuhsheim, Kehrweg 4 zurückgezogen. Abbildung des Hauses in TH. HEUSS, Erzieher, S. 94.

Ihr Motto „Sieh Dich um und hilf!" möchte ich auch in diesem Falle von mir aus Ihnen gegenüber anwenden dürfen; denn ich hoffe, mein Bild wird Ihnen etwas mehr geben als Erinnerung allein.

So verbleibe ich mit den schönsten Festtagswünschen
Ihr sehr ergebener
Jan Möhren

Nr. 68 B
An Dr. Jan Möhren, Heidelberg-Handschuhsheim
6. Januar 1953
BArch, B 122, 128: ms. Schreiben, Durchschlag, von Heuss diktiert (Diktatz. H/Bk) und ms. gez.[4]

Sehr geehrter Herr Dr. Möhren!

Ihren freundlichen Brief und die Sendung habe ich angetroffen, als ich von dem Weihnachtsaufenthalte bei meinem Sohn zurückkehrte.

Ich darf Ihnen offen gestehen, daß ich durch die Sendung in einige Verlegenheit gekommen bin, da ich sehr gebeten hatte, von Weihnachtsgeschenken Abstand zu nehmen, und weil ich, wie in früheren Jahren, auch in diesem Jahr Kunstgemälde und farbige Blätter, die mir zugesandt wurden, einfach zurückgehen lasse. Ich bitte das nicht mißzuverstehen. Ich empfinde hier manche freundliche Grundhaltung, aber ich habe in meinem Leben mir Bilder nur angeschafft oder, da ich mit vielen Malern befreundet war, von ihnen angenommen, zu denen ich ein unmittelbares Verhältnis besessen habe. Es ist meine Sorge, daß sich im Bundespräsidialamt ein Magazin ansammeln könnte, das nicht nur mich sondern auch für meinen Nachfolger eine Verlegenheit darstellte, und in der Wohnung, die ich später einmal wieder haben werde, habe ich, wie ich jetzt schon weiß, aus Gründen, daß alle Wände von Büchern beansprucht sein werden, kaum Platz.

Dieser Brief klingt, wie Sie sehen, etwas unfreundlich, aber auf der anderen Seite hat ja das Bild mit seinem malerischen Reiz und seinem anekdotischen Charakter der Erinnerung an zwei Jahre des eigenen Lebens einen Reiz, dem ich mich nicht verschließe. Ich möchte also doch von meinem gewohnten Verfahren

---

[4] Az. A/53; neben der Anschrift eine Paraphe von Heuss; weiterer Nachweis: N 1221, 308: Durchschlag.

eine Ausnahme machen, zumal ich Sie nicht verletzen möchte, und darf also nun einfach Dankeschön sagen mit einer Erwiderung ihrer guten Wünsche.

Ihr   Theodor Heuss[5]

Nr. 69 A
Von Adelheid Dalitz, Markelfingen über Radolfzell
27. Dezember 1952
BArch, B 122, 124: hs. Schreiben, behändigte Ausfertigung[1]
Kritik an der Novelle „Klingsors letzter Sommer" von Hermann Hesse

Hochverehrter Herr Bundespräsident!

Als Weihnachtsgruß wurde mir von einer evangelischen Gemeindehelferin, die es sicher vorher nicht gelesen hat, beiliegendes Büchlein geschickt. Ich freute mich auf die Lektüre dieser Erzählung: Hermann Hesse, Inselverlag, Klingsor, eine Gestalt aus dem Mittelalter![2] Wie enttäuschte mich aber der Inhalt dieses Buches! Ich wollte es soeben ins Feuer werfen, dann aber sagte ich mir, daß es vielleicht meine Pflicht sei, Sie zu bitten, einmal festzustellen, ob „Klingsors letzter Sommer" nicht auch unter die Rubrik „Schmutz und Schund" gehört. – Ich bin 76 Jahre alt, habe meinen edlen Mann bereits 1914 im 1. Weltkrieg verloren; mein tüchtiger, einziger Sohn, Jurist, ist seit Februar 1945 verschollen.

Frau Adelheid Dalitz,
gebürtig aus Hamburg

---

5 Am 8. 1. 1953 folgte ein weiteres, von Heuss gefertigtes (Diktatz. H/Bk), aber von Bott unterzeichnetes Schreiben, das davon ausging, dass man mitgeteilt hatte, das Bild werde zurückgeschickt: „Es ist mir geglückt, den Bundespräsidenten doch davon zu überzeugen, daß die Rücksendung Ihres ihm freundlicher Weise zugesandten Bildes von Ihnen unfroh empfunden werden könnte." Ferner wurde die Überweisung von 300 DM aus dem Beihilfefonds angekündigt, da sich der Bundespräsident nicht gerne etwas schenken lasse; B 122, 128. Bis in den Herbst hinein versuchte Möhren mehrfach, Hilfe bei Heuss für Bewerbungen (Bundeszentrale für Heimatdienst, Kustos in Göttingen) zu erhalten; ebd.
1 Eingangsstempel vom 29. 12. 1952; Az. A/2/52.
2 HERMANN HESSE: Klingsors letzter Sommer, Wiesbaden 1951, war eine im Jahre 1920 geschriebene Erzählung, die von einem Maler handelt, der die Vision hat, dass er in wenigen Monaten sterben wird, und sich in diesen Monaten noch einmal voll auslebt.

Nr. 69 B
An Adelheid Dalitz, Markelfingen über Radolfzell
6. Januar 1953
BArch, B 122, 124: ms. Schreiben, Durchschlag, von Heuss diktiert (Diktatz. H/Sch), von Bott
hs. paraph. und ms. gez.[3]

Sehr geehrte Frau Dalitz!

Der Herr Bundespräsident hat Ihre Zuschrift gelesen. Aber er bittet Sie nun doch, Hermann Hesse, den er für den wohl größten lebenden deutschen Dichter hält,[4] nicht mit Ihren Augen allein zu betrachten. An sich ist er gar nicht in der Lage, in der von Ihnen vorgeschlagenen Form „aktiv" zu werden, aber er glaubt auch, daß Deutschland sich maßlos blamieren würde, wenn ein so großer und bedeutender Dichter, weil er Ihnen nicht gefällt, nun mit einem seiner Bücher vor dem öffentlichen Bewußtsein herabgesetzt würde. Offenbar hat die Gemeindehelferin, die Ihnen das Buch in schöner Absicht sandte, Ihre literarische Geschmacksrichtung nicht gekannt.

Mit vorzüglicher Hochachtung

Hans Bott
Persönlicher Referent des Bundespräsidenten

---

[3] Az. A/2/52; Absendevermerk vom 7. 1. 1953; weiterer Nachweis: N 1221, 308: Durchschlag.

[4] Heuss war Hermann Hesse seit Jahrzehnten auch persönlich verbunden, seitdem er 1913 die Leitung der Zeitschrift „März" übernahm, zu deren engen Mitarbeiterstamm auch Hesse gehörte. Zudem stand er dem Schriftsteller publizistisch zur Seite, als dieser im November 1915 von der Presse als Vaterlandsverräter beschimpft wurde; vgl. R. BURGER, Theodor Heuss, S. 123–154, 179f; Heuss an Hesse, 31. 10. und 5. 11. 1915, abgedruckt in: TH. HEUSS, Aufbruch, S. 469–471; vgl. auch die Worte von Heuss im Rahmen der Feier zu Hesses 75. Geburtstag im Großen Theater zu Stuttgart am 2. 7. 1952; Manuskript in: B 122, 225, abgedruckt in H. BOTT, Theodor Heuss, S. 77–84. Hesse, der 1946 den Nobelpreis für Literatur erhalten hatte, war mit einer Gesamtauflage von 120 Millionen Exemplaren einer der erfolgreichsten Dichter seiner Generation.

Nr. 70 A
Von Albert Heins, Berlin-Tempelhof
27. Dezember 1952
BArch, B 122, 126: ms. Schreiben, behändigte Ausfertigung[1]
Aufforderung, mit dem Rauchen aufzuhören

Sehr geehrter Herr Präsident!

Ich empfehle Ihnen, das Rauchen ganz oder teilweise einzustellen. Sie haben ja eine richtige „Raucherstimme" bekommen, wie ich am Radio höre. Diese hatten Sie noch nicht, als ich mit Ihnen in Lichterfelde sprach.

Sie ruinieren ja durch das viele Rauchen Ihre Gesundheit, denken Sie doch bitte daran, daß Sie als Präsident auch etwas an Ihre Gesundheit denken müssen. Wir wollen doch, daß Sie gesund bleiben. Sie sind doch für uns alle da, da ist es ratsam, Ihre persönlichen Wünsche nach Rauchen einzustellen oder stark zu vermindern. Ich meine es gut mit Ihnen.

Mit freundlichem Gruß auch an Ihren Herrn Sohn in Lörrach
Ihr sehr ergebener   Albert Heins

Nr. 70 B
An Albert Heins, Berlin-Tempelhof
8. Januar 1953
BArch, B 122, 126: ms. Schreiben, Durchschlag, von Heuss diktiert (Diktatz. H/Bk), von Bott hs. paraph. und ms. gez.; Briefkopf irrtümlich: „Th. H."[2]

Sehr geehrter Herr Heins!

Der Bundespräsident hat die Weihnachtstage in der Familie seines Sohnes in Lörrach verbracht, aber nun bei seiner Rückkehr viele viele Hunderte von Briefen vorgefunden, so daß er mit Ihrer Nachsicht rechnen möchte, wenn er Ihnen nicht persönlich auf Ihr Schreiben antworten kann.

Dr. Heuss ist gerührt, daß Sie ihm den Rat geben, nicht mehr oder doch weniger zu rauchen, aber er muß fürchten, daß auch dieser Rat eine Fehlanzeige bleiben wird. Es ist seiner Gattin nicht geglückt, ihn auf den Weg der Tugend zu bringen. Die Ärzte haben resigniert, da sie sich überzeugen mußten, daß die Gesundheit des Bundespräsidenten erfreulich gut geblieben ist trotz der großen Anstrengun-

---

1 Von Heuss mit einem „d[iktieren]" versehen.
2 Az. A/2/50; Absendevermerk vom 9. 1. 1953; weiterer Nachweis: N 1221, 308: Durchschlag.

gen[3] – und mit der Raucherstimme hat der Bundespräsident sich selber seit vielen Jahren geruhsam abgefunden.

Dr. Heuss läßt nun, was die politischen Fragen anlangt,[4] Ihnen mitteilen, daß er natürlich nicht in der Lage ist, mit einem ihm fremden Menschen in eine briefliche Diskussion über prekäre politische Probleme einzutreten. Er hat seinen Standpunkt zu den in den letzten Wochen umstrittenen Fragen in der Neujahrsansprache[5] darzustellen versucht.

Mit vorzüglicher Hochachtung

Hans Bott
Persönlicher Referent des Bundespräsidenten

---

[3] Das Rauchen war häufiger Gegenstand der Korrespondenz mit Ärzten. Bereits 1950 hatte Heuss auf einem Ärztekongress scherzhaft gesagt, „nach meiner Erfahrung unterscheide ich die Ärzte in zwei Gruppen: die eine, die mir das Rauchen verbietet, und die andere, die es mir erlaubt." H. FRIELINGHAUS-HEUSS, Heuss-Anekdoten, S. 68f. Hans Neuffer, der Vorsitzende des Präsidiums des Deutschen Ärztetages, gratulierte Heuss am 28. 1. 1955 zum Geburtstag mit den Worten: „Es ist für mich eine besondere Befriedigung festzustellen, daß Ihre Arbeitskraft unvermindert ist und meine Auffassung, Ihnen das Rauchen nicht zu verbieten, die richtige war"; B 122, 30. Als Heuss im Frühjahr 1957 an Lungenentzündung erkrankt war, bemühte sich sein Arzt Paul Martini um eine Verringerung des Zigarrenkonsums, der bei 15 bis 20 Stück pro Tag lag (Bott an Walter Riezler, 16. 3. 1957, in: N 1221, 190), indem er ihm sogar ein warnendes Gedicht widmete; 9. 7. 1957, in: N 1221, 173. Einem Dr. F. Hell aus Kiel, der ihm eine „sozialärztliche Betrachtung über das Trinken und Rauchen" geschickt hatte, schrieb Heuss am 10. 9. 1958: „Ich selber darf mich für einen verhältnismäßig fleißigen Mann halten. Ich mache alle meine Arbeiten, zumal alle Reden in der Vorbereitung selber und habe nie die Rede gehalten, die ein anderer entworfen hat. Das sind dann die Stunden, in denen ich am Abend bis spät in die Nacht eine halbe Flasche, manchmal auch eine ganze Flasche Wein trinke und eine Zigarre und eine Zigarre und noch eine rauche. Ich muß fürchten, daß der Zustand, den ich einmal die Produktivität des Behagens nennen möchte, Ihnen völlig fern ist. – Ihr Aufsatz läßt mich das wenigstens vermuten, aber etwas derartiges gibt es in der individuellen Bedingtheit"; N 1221, 349. In der von Heuss mitgestalteten Anekdotensammlung hieß es leicht abgewandelt: „Ich trinke abends eine Flasche Rotspon und rauche eine, zwei oder drei Zigarren dazu, das bedeutet für mich ‚produktive Behaglichkeit!'" H. FRIELINGHAUS-HEUSS, Heuss-Anekdoten, S. 120.

[4] Heins hatte sich in einem weiteren Schreiben vom 28. 12. 1953 für eine Politik der Neutralisierung Deutschlands ausgesprochen; B 122, 126.

[5] Die am 31. 12. 1952 über alle Rundfunksender der Bundesrepublik Deutschland gesendete Neujahrsansprache des Bundspräsidenten in: B 122, 227, mit Vorentwürfen. Heuss hatte in seiner Ansprache Vorwürfe zurückgewiesen, er habe seine „neutrale Position" verlassen, weil er sich nicht in Sachen mische, sondern sich aus ihnen zurückziehe, „damit sein Amt nicht von dem Wechsel taktischer Überlegungen und prozesstechnischer Entscheidungen in Mitleidenschaft gezogen werde." ebd.

Nr. 71 A
Von H. W. Heil, Steuer- und Wirtschaftskanzlei, München
31. Dezember 1952
BArch, B 122, 126: ms. Schreiben, behändigte Ausfertigung[1]
Kenntnisgabe eines Schreibens von Dwight D. Eisenhower; Enttäuschung über eine „büromäßige" Antwort aus dem Bundespräsidialamt

Sehr geehrter Herr Bundespräsident!

Ich erlaube mir, Ihnen beiliegend zum Jahreswechsel die Fotokopie eines Schreibens zu übersenden, das vielleicht auch für Sie von Interesse ist. Ich habe mich sehr darüber gefreut, daß der zukünftige Präsident der U.S.A. es für angebracht hielt, sich mit mir, einem ihm bisher unbekannten Deutschen, persönlich in Verbindung zu setzen. Leider kann ich das gleiche nicht von dem Schreiben behaupten, das ich unterm Datum vom 18. Juni von Ihrer Kanzlei erhielt.[2] Offengestanden war ich maßlos enttäuscht, als ich erfahren mußte, daß der Präsident, die erste Person der jungen (hoffentlich) im Werden begriffenen Bundesdemokratie, sinnlos überlastet ist.

Mit den besten Wünschen für ein nicht sinnlos überlastetes Jahr 1953 verbleibe ich mit vorzüglicher Hochachtung! H. W. Heil

Nr. 71 B
An H. W. Heil, Steuer- und Wirtschaftskanzlei, München
7. Januar 1953
BArch, B 122, 126: ms. Schreiben, Durchschlag, von Heuss diktiert (Diktatz. H/Bk) und ms. gez.[3]

Sehr geehrter Herr Heil!

Es war von dem General Eisenhower sehr sehr liebenswürdig, daß er Ihnen einen netten unverbindlichen Antwortbrief geschrieben und unterzeichnet hat, und Sie empfinden es, was ich durchaus verstehe, als nicht ganz so liebenswürdig, viel-

---

[1] Eingangsstempel vom 2. 1. 1953; Az. A/2/52; von Heuss mit einem "d[iktieren]" versehen.

[2] Heil hatte Heuss am 10. 6. 1952 eine Broschüre „Sozial- und Steuer-Reform auf neuer Grundlage" überreicht und dazu eine persönliche Meinung erbeten. In der Antwort von Bott vom 18. 6. 1952 hieß es, der Bundespräsident sei „sinnlos überlastet" und er habe ihn beauftragt, für die Übermittlung der Schrift zu danken; B 122, 126.

[3] Stempel: „Pers[önlichem] Ref[erenten] vorgelegen"; weiterer Nachweis: N 1221, 308: Durchschlag.

leicht auch nicht als ganz so „demokratisch", daß eine Zusendung von Ihnen aus dem vergangenen Juni büromäßig erledigt wurde, nachdem mir Ihre Zuschrift vorgelegt worden war. Aber da ist nun nicht sehr viel zu machen. Ihr Brief kam damals in einer Zeit, die mich wirklich überfordert hatte, da meine Frau im Krankenhaus lag und sich auf das Sterben vorbereitete. Aber es ist dann auch so, daß bei uns ein täglicher Briefeingang von ein paar hundert an mich gerichteten Schreiben sich vollzieht, während wir ein etatsmäßig begrenztes Amt haben in der Absicht, möglichst sparsam unseren Apparat aufzubauen. Die Folge ist, daß wir *alle* überfordert sind und daß ich selber die Zuschriften überhaupt nur im geringen Umfang selber durcharbeiten kann. Das ist natürlich für sehr viele Menschen enttäuschend; aber es bleibt mir gar nichts anderes übrig, als mich mit mancher Enttäuschung abzufinden, denn jeder, das werden Sie mir zugestehen, hat nur einen bestimmten Umfang von Leistungsfähigkeit. Ich glaube, den meinen bis an den Rand der Kraft auszufüllen, aber daß damit persönliche Enttäuschungen am laufenden Band verbunden sind, ist niemandem mehr bewußt als mir selber.

Mit vorzüglicher Hochachtung   Theodor Heuss

Nr. 72 A
Von Dr. Werner Walz, Karlsruhe
1. Januar 1953
BArch, B 122, 131: hs. Schreiben, behändigte Ausfertigung[1]
Übersendung des Buches von Werner Walz „Das tolle Jahr"; Bitte um Namenseintrag in ein Exemplar von Theodor Heuss „1848. Werk und Erbe"

Hochverehrter, lieber Herr Bundespräsident,

in den Tagen nach Weihnachten habe ich den CES-Band „1848 Werk und Erbe"[2] gelesen. Dabei habe ich Ihre Gabe bewundert, die zahllosen Quellen, Strömungen und Unterströmungen dieser seltsamen Erscheinung sichtbar zu machen und zu verdeutlichen.

---

[1] Eingangsstempel vom 5. 1. 1953; Az. A/2/53.
[2] TH. HEUSS, 1848, erschien 1948 im Verlag Curt E. Schwab, Stuttgart (CES-Bücherei 1). Heuss hatte das Buch im Spätsommer 1947 während eines Ferienaufenthaltes im Engadin geschrieben, und es wurde mit einer Auflage von 10.000 Stück verlegt. Im Jahr 1950 wurde das Werk in verbesserter Ausstattung herausgegeben. Für eine Neuauflage im Jahre 1954 wurde es überarbeitet, ein neues Schlusskapitel geschrieben und der Titel geändert in: „Ein Vermächtnis – Werk und Erbe von 1848". Heuss drängte im Oktober 1954 auf die Fertigstellung, da er frühzeitig seine individuellen Weihnachtsgeschenke vorbereiten wolle. Er wolle das Buch vor allem an „politische Persönlichkeiten" verschenken; Heuss an Curt E. Schwab, 25. 10. 1954, in: N 1221, 322. Dies geschah auch; N 1221, 323; B 122, 28.

Ich habe den Band deshalb mit besonderer Spannung gelesen, weil ich vor 10 Jahren einen süddeutschen Teilausschnitt des Themas zum Gegenstand eines Romans gemacht habe.[3] Es war das Schicksal des schwäbischen „Journalisten" Elsenhans, das ich zugleich mit dem Gedankenkreis, der sich an Bad Boll[4] bindet, als einen Ausdruck der süddeutschen politischen und religiösen Romantik zu gestalten versucht habe. Dabei haben mich besonders die Kräfte interessiert, die, dem Leben zugewandt, die unterirdischen Gewalten des aufkommenden Maschinenzeitalters zu spüren und zu bannen versuchten.

Lieber Herr Bundespräsident, unsereinem, der sich in all seiner Kleinheit so wichtig vorkommt, daß er nie für eine Sache genug Zeit zu haben glaubt, ist es beschämend zu sehen, wie Sie bei allen Ihren großen und entscheidenden Aufgaben immer noch Zeit für das Kleine und Einzelne finden. So habe ich die Bitte und die Hoffnung, Sie könnten vielleicht die Zeit finden, einmal in das „Tolle Jahr", das ich Ihnen schenken möchte, hineinzusehen und in das beigefügte Exemplar von „1848. Werk und Erbe" Ihren Namen hineinzuschreiben.

Ich würde mich sehr darüber freuen. Ihnen ein gutes Neues Jahr, Gesundheit und Segen wünschend grüßt Sie
Ihr
                                                        Werner Walz

Nr. 72 B
An Dr. Werner Walz, Karlsruhe
7. Januar 1953
BArch, B 122, 131: ms. Schreiben, Durchschlag, von Heuss diktiert (Diktatz. H/Bk) und ms. gez.[5]

Sehr geehrter Herr Walz!

Freundlichen Dank für Ihre Zeilen und die liebenswürdige Gesinnung, die [ich] auch aus ihnen spüren darf. Ihrem Wunsch, in das Büchlein „1848. Werk und Erbe" einen kleinen Eintrag zu machen, habe ich gern entsprochen.

---

3 Der Roman von WERNER WALZ: Das tolle Jahr (1848), Stuttgart 1942, hatte im Jahre 1949 die fünfte Auflage erlebt. Walz verfasste auch zahlreiche andere Sachbücher, insbesondere über die Eisenbahn.

4 Bad Boll war Standort einer evangelischen Akademie, die von der evangelischen Landeskirche in Württemberg getragen wurde und seit 1945 gesellschaftliche Fragen diskutierte, u. a. den deutschen Wehrbeitrag. Heuss eröffnete dort den vierten Presselehrgang am 8. 3. 1952 (Ansprache in: B 122, 223) und hielt am 29. 9. 1955 die Festrede zum zehnjährigen Bestehen (Manuskript in: B 122, 243); vgl. auch M. FISCHER, Evangelische Akademie.

5 Az. A/2/53; Stempel: „Pers[önlichem] Ref[erenten] vorgelegen"; weiterer Nachweis: N 1221, 308: Durchschlag.

Ich danke Ihnen auch für die Übersendung Ihres Romans „Das tolle Jahr", in dem Sie die Figur von Elsenhans mitverwertet haben, der mir bei früheren Studien zu jener Zeit auch einige Male begegnet ist. Nun kann ich freilich nicht sagen, wann ich dazu kommen werde, mich mit Ihrem Buch vertraut zu machen, denn, wie Sie sich denken können, ist die Bedrängtheit meines Lebens bei einem täglichen Posteingang von ein paar hundert Briefen, zahlreichen Konferenzen und durch die Vorbereitung irgendwelcher Vorträge überaus stark.

Es sind jetzt gerade 40 Jahre her, da ich selber einmal, noch ungewiß, wohin mein Leben mich führen würde, als junger Redakteur in meiner Heimatstadt Heilbronn plante, einen 1848-Roman zu schreiben.[6] Ich habe damals, um in die Luft der Zeit hereinzukommen, eine ganze Anzahl Zeitungsbände aus jener Zeit durchgelesen, mir Notizen gemacht und dann tapfer mit dem Schreiben angefangen. Den „Helden" sollte mein eigener Großvater abgeben und der Bruder meines Urgroßvaters, der nach 1849 lange in Rastatt saß. Ich bin aber über die Anfangskapitel nicht herausgelangt, habe auch keine Ahnung mehr, ob dieser Anmarsch in die epische Dichtung in irgend einem Winkel meiner Papiere noch existiert.[7] Ich habe künftighin nie mehr den Versuch gemacht, einen Roman zu schreiben. Aber ihr freundlicher Brief hat diese in einem Winkel des Gedächtnisses schlummernde Lebensanekdote geweckt und damit auch den Wunsch, einmal an Ihr Buch heranzugehen.

Mit freundlichen Empfehlungen
Ihr
                                        Theodor Heuss[8]

1 Anlage
Einschreiben

---

[6] Elly Heuss-Knapp schrieb ihren Vater Georg Knapp am 12. 9. 1908, sie „hetze den Theodor immer auf einen Roman, den er schreiben möchte – als Held sein Großvater, schwäbischer Demokrat nach achtundvierzig –, Milieu die Schiffer und Weingärtner der Heilbronner Gegend. Es könnte sehr interessant werden. Aber bisher ist's mehr ein im ‚Spernst' besprochenes Thema"; E. HEUSS-KNAPP, Bürgerin, S. 111; vgl. auch Heuss an Lulu von Strauß und Torney, 14. 1. 1909, abgedruckt in: TH. HEUSS, Aufbruch, S. 280.

[7] Das Romanfragment „Der alte Mack" aus dem Jahre 1909 liegt im Nachlass Heuss im Bundesarchiv vor; N 1221, 659; weiteres Exemplar im DLA, A: Heuss, 73.3945.

[8] Walz übersandte Heuss auch künftig seine Werke, so z. B. am 16. 1. 1956 seinen Kriegsroman „Die tödlichen Tage", Hamm 1956; B 122, 163.

Nr. 73 A

Von Martin Reisch, Sporthochschule Köln-Müngersdorf

6. Januar 1953

BArch, B 122, 129: ms. Schreiben, behändigte Ausfertigung[1]

Bitte um Kommentierung von Sentenzen von Friedrich Ludwig Jahn für seine Examensarbeit

Hoch verehrter Herr Bundespräsident!

Ich bin Student an der Sporthochschule Köln. Zum Thema der schriftlichen Arbeit für meine Abschlußprüfung habe ich Friedrich Ludwig Jahn gewählt. Nach eingehendem Studium seiner Werke habe ich einige Aussprüche von ihm herausgestellt, von denen ich glaube, daß sie auch für unsere Zeit von Bedeutung sind.[2] Ich bitte Sie, hochverehrter Herr Bundespräsident, sehr herzlich, durch eine kurze Stellungnahme zu diesen Worten Jahns mir die Möglichkeit zu geben, meine Prüfungsarbeit in der gedachten Weise durchzuführen.

Mit herzlichem Dank   Martin Reisch

Nr. 73 B

An Martin Reisch, Sporthochschule Köln-Müngersdorf

9. Januar 1953

BArch, B 122, 129: ms. Schreiben, Durchschlag, von Heuss diktiert (Diktatz. H/Bk), von Bott hs. paraph. und ms. gez.[3]

Sehr geehrter Herr Reisch!

Der Bundespräsident hat Ihren Brief vom 6. Januar erhalten. Er kann sich aber bei allen Überlegungen kein Bild von dem machen, was Sie eigentlich von ihm

---

[1] Eingangsstempel vom 8. 1. 1953; Az. A/2/53.
[2] Der Einsender hatte auf drei Seiten jeweils einen Spruch – ohne Herkunftsnachweis – von Jahn aufgeführt: „1. Volkstum ist das seelische Gemeingut eines Volkes. Nichts ist ein Staat ohne Volk, ein seelenloses Kunstwerk; nichts ist ein Volk ohne Staat, ein leibloser, luftiger Schemen; – Staat und Volk in eins geben erst ein Reich, und dessen Erhaltungsgewalt bleibt das Volkstum. 2. Wir wollen für Volk und Vaterland keinen Gedanken zu hoch, keine Arbeit zu langsam und mühevoll, keine Unternehmung zu kleinlich, keine Tat zu gewagt und kein Opfer zu groß halten. 3. Mensch zu werden ist der Mensch bestimmt, und diesen Adel kann er nicht allein erringen; eine Welt im kleinen ist er wohl, nur nicht die alleinige Welt ... er strebe dem Höchsten von Tiefen der Seele nach, und wolle es wahr und lauter und rein."
[3] Az. A/2/52; Absendevermerk vom 10. 1. 1953; weiterer Nachweis: N 1221, 308: Durchschlag.

erbitten. Erwarten sie, daß Dr. Heuss Ihnen nun seinerseits die Jahn-Worte kommentiert, damit Sie Ihrerseits entweder die Heuss-Kommentare kommentieren oder die Heuss-Kommentare als Unterlage eigener Betrachtungen nehmen? Der Bundespräsident fühlt sich weder berufen noch berechtigt, bei Examensarbeiten von Studenten mitzuwirken, und wird deshalb Ihrer Bitte nicht entsprechen können. Mir selber wollen Sie bitte die Bemerkung erlauben, daß diese „Art der Inanspruchnahme der Zeit des Bundespräsidenten" fast den Begriff der Naivität überrundet.

Mit vorzüglicher Hochachtung   Hans Bott
                          Persönlicher Referent des Bundespräsidenten

Nr. 74 A
Von Karin Poletow, Rendsburg
12. Januar 1953
BArch, B 122, 129: hs. Schreiben, behändigte Ausfertigung[1]
Kritik an der Heuss-Büste von Gerhard Marcks

Sehr geehrter Herr Bundespräsident.

Als ich heute die „Hamburger Anzeige" las, sah ich zufällig das nebenbeiliegende Bild von Ihnen. Obwohl ich erst 14 Jahre alt bin und noch nicht viel von der Kunst verstehe, mußte ich furchtbar lachen, als ich diese Karikatur sah, denn auf den Photographien sehen Sie ganz anders aus. Ich begreife nicht, daß Sie sich diese Verunstaltung gefallen lassen.[2]

Herzliche Grüße sendet Ihnen   Karin Poletow

---

[1] Eingangsstempel vom 15. 1. 1953; Az. A/2/53.
[2] Dass die von Gerhard Marcks im Jahre 1952 im Auftrag des Landes Nordrhein-Westfalen ge-schaffene Büste (vgl. Abb. 4) nur eine geringe Ähnlichkeit mit Heuss hatte, legt auch eine längere Anekdote nahe. Demnach pflegte Heuss seine Besucher zu fragen, wen die Büste wohl darstelle. Ernst Reuter hielt sie für einen Kopf von Konrad Adenauer, Konrad Adenauer tippte auf Hans Bott; vgl. H. FRIELINGHAUS-HEUSS, Heuss-Anekdoten, S. 55.

Abb. 4: Theodor Heuss; Künstler: Gerhard Marcks, Bronze, 1952

Nr. 74 B
An Karin Poletow, Rendsburg
16. Januar 1953
BArch, B 122, 129: ms. Schreiben, Durchschlag, von Heuss diktiert (Diktatz. H/Sch), von Bott hs. paraph. und ms. gez.[3]

Liebe Karin!

Dem Herrn Bundespräsident hat die Mitteilung Spaß gemacht, daß Du die Büste von Gerhard Marcks für eine Karikatur hältst, was sie aber gar nicht ist. Sie ist der Versuch eines großen Künstlers, das Wesen des Bundespräsidenten, wie es ihm innerlich erscheint, in die plastische Form zu bringen.

Wir werden Herrn Marcks gelegentlich Deinen Unwillen mitteilen, aber er wird sich vermutlich damit abzufinden wissen.[4]

Mit freundlichen Grüßen   Hans Bott
                                          Persönlicher Referent des Bundespräsidenten

---

[3] Az. A/2/53; Absendevermerk vom 17. 1. 1953; weiterer Nachweis: N 1221, 308: Durchschlag.

[4] Marcks und Heuss standen bis 1959 in losem brieflichen Kontakt. Marcks berichtete in der Festschrift zum 70. Geburtstag von Heuss über die Entstehung seiner Heuss-Büste; vgl. H. Bott /

Nr. 75 A
Von Dr. Wilhelm Bittner, Medizinalrat, Nürnberg
10. Februar 1953
BArch, B 122, 123: ms. Schreiben, behändigte Ausfertigung[1]
*Übersendung eines Vortrages über die Lage der Jugend: Jugendverwahrlosung
und Jugendkriminalität*

Hoch verehrter Herr Bundespräsident!

Dieser Brief mag manchem vermessen erscheinen und jenseits der Grenze liegen, hinter die vor allem ein Beamter spontan nicht zu reichen hat. Ich finde eine
solche Grenze manchmal etwas unnatürlich und habe zu diesem Schreiben vor
allem aus der Art Ihrer Persönlichkeit, sehr verehrter Herr Präsident, und aus der
Ihrer verewigten Gattin den Mut gefunden.

Es handelt sich um die Niederschrift eines Vortrags über ein Thema, das mich
jahrelang bedrückt, weil ich beruflich stets mit seinen Belastungen zu tun habe.[2]
Ich sehe in den letzten Jahren überall zu wenig Verständnis für die biologischen
Grundlagen unseres Lebens in dieser Zeit. Es wird in diesem Aufsatz nur ein
kleiner Teil des großen Gebietes berührt. Wenn man als Gerichtsarzt so gut wie
nur Gutachten zu machen hat, aber ein warmes Herz behielt, also weiter im richtige Sinne Arzt blieb, muß es immer wieder dazu drängen, aktiver zu werden,
wenigstens seine Erfahrungen und Geschichte mitzuteilen.

Dabei wäre es möglich, daß ich hochmütig bin. Dieses sicher nicht in dem
Sinn, als ich von vornherein annehme, daß meine dargelegten Gedanken nicht
völlig abgerundet sind. Möglicherweise in dem Sinn, als daß alles das, was ich
berichten kann, längst bekannt ist und nach Kräften berücksichtigt wird. Für diesen Fall bitte ich um Entschuldigung. Dieser Vortrag hätte dann nur für den kleinen Kreis seine Bedeutung gehabt. Es betrübte mich dann aber, daß von den
nach Kräften angesetzten Mitteln so wenig zu spüren ist.

Es mögen zwischen den einzelnen deutschen Ländern Unterschiede bestehen,
die Not der Jugend ist aber sicher überall sehr groß.

Ich bin auch gerade deshalb, weil ich selber als Beamter vier Kinder habe,
orientiert. Ich habe die Wohnungsnot, das jahrelange getrennte Leben und die
daraus möglichen Gefahren der Kinder selber miterlebt und, wie ich hoffe, bisher ohne größere Schäden überwunden. Ich sehe daneben die oft erschreckende

---

H. Leins, Begegnungen, S. 319–320. Heuss schickte ihm 1955 einige „dilettantische" Bleistift-
zeichnungen aus seiner Jugendzeit; Heuss an Marcks, 23. 1. 1955, in: B 122, 2065. Marcks antwortete, sie seien „gar nicht so dilettantisch, sie sind vielleicht nicht geschult, aber es ist etwas
gesehen, erlebt"; 28. 1. 1955, in: ebd.
[1] Eingangsstempel vom 11. 2. 1953; Az. A/2/53; von Bott hs. zdA-Verfügung.
[2] Das Manuskript umfasste 16 Seiten; B 122, 123.

Gemütsarmut der regierenden Generation, die Kinder oft nicht verstehen und nicht erziehen kann.

Parteiamtliche Stellen, denen ich mich in diesen Fragen auch mit Gedanken für Lösungen näherte, ohne ausgesprochener Parteigänger zu sein, haben sich stets sehr höflich benommen, haben aber niemals den Eindruck hinterlassen können, daß sie das Problem der Jugendverwahrlosung und Jugendkriminalität in der richtigen Bedeutung sehen können. Es beschäftigen sie wohl immer noch dringendere Probleme, obwohl es kaum etwas Dringenderes geben kann als die Wohlfahrt unserer Kinder. Ich bin auch überzeugt, daß dieses Problem keinen Prestigeverlust mit sich bringen kann, wenn es nur richtig angefaßt würde.

Es hat neuerdings schmerzlich berührt, daß auch bei den jüngsten Gedanken an Steuersenkungen mit kaum einem kleinen Gedanken an die Jugend gedacht wurde und mit keinem Gedanken an die Familien.

In Verehrung und aller Ehrerbietung
erg[ebenst]   Dr. Wilhelm Bittner

Nr. 75 B
An Dr. Wilhelm Bittner, Medizinalrat, Nürnberg
17. Februar 1953
BArch, B 122, 123: ms. Schreiben, Durchschlag, von Heuss diktiert (Diktatz. H/Sch), von Bott
hs. paraph. und ms. gez.[3]

Sehr geehrter Herr Medizinalrat!

Der Herr Bundespräsident läßt Ihnen für Ihre freundlichen Zeilen und für Ihre Denkschrift bestens danken. Er hat Ihre Darstellung über die Situation der deutschen Jugend gestern eingehend und mit Interesse gelesen, rechnet aber mit Ihrer Nachsicht, wenn er bei dem täglichen Posteingang von ein paar hundert Schreiben Ihnen nicht persönlich antwortet. Denn er müßte dann, was ihm zu viel Zeit kosten würde, in eine Einzelbehandlung Ihrer Gesichtspunkte eintreten, denen er in der Grundhaltung durchaus zustimmt. An einigen Stellen aber glaubt er, daß die Grundanlage etwas zu pessimistisch klingt. Er teilt natürlich durchaus Ihre Auffassung, daß die Wohnungsfrage mit den zu klein gehaltenen Wohnungen einen aus der Notzeit entstandenen Unsicherheitsfaktor für die Zukunft darstellt, aber es wird auch Ihnen bekannt sein, daß in dem amtlichen Wohnungsbau-

---

[3] Az. A/2/53; Absendevermerk vom 19. 2. 1953; weiterer Nachweis: N 1221, 308: Durchschlag.

programm jetzt die etwas größeren Wohnungen vorgesehen sind. Es ist Dr. Heuss ungewiß, ob nicht für die Erkenntis der Sachlage eine stärkere Differenzierung zwischen den großstädtischen, dem kleinstädischen oder dem dörflichen Milieu notwendig wäre. Aber es ist bei ihm selber jetzt schon etwas zu lange her, daß er einmal diesen Fragenkomplex näher verfolgt hat, so daß er über den jetzigen Stand nicht unterrichtet ist.

Etwas zu pessimistisch scheint Dr. Heuss das Problem der Jugendherbergen bei Ihnen beurteilt zu werden; wenn freilich noch eine ganze Anzahl ehemaliger Jugendherbergen vernichtet oder durch die Wohnungsnot ihrem Zweck entfremdet sind, so hat, wie sich aus einer kürzlichen Konferenz ergab, das Jugendwandern doch wieder einen beträchtlichen Umfang erreicht.[4] Natürlich liegt auch nach der Meinung des Bundespräsidenten jetzt nicht mehr die psychologische Situation vor, die seinerzeit die Jugendbewegung mitgetragen hat, aber bestimmte Formen und Grundhaltungen haben sich doch in einer Objektivierung als Lebensform mit gehalten, und es will uns nach unseren Beobachtungen erscheinen, daß in einzelnen Jugendgruppen bestimmt ein ordentliches Leben der wechselseitigen Selbsterziehung vorhanden ist. Der Staat selber soll hier nur fördern, aber nicht zu viel selber eingreifen, weil sonst sich im Anschluß an ihn allzu leicht ein spezifisches Funktionärtum auch in diesen doch auf freier Bewährung ruhenden Verbänden entwickelt.

Entscheidend wichtig scheint dem Herrn Bundespräsidenten neben der Sicherung des Familiengefühls die Neugewinnung einer Freudigkeit am Lehrerberuf zu sein.

Mit freundlichen Empfehlungen

Hans Bott
Persönlicher Referent des Bundespräsidenten

---

[4] Heuss hatte im Januar 1953 den Vorstand des Deutschen Jugendherbergswerkes, dessen Schirmherr er war, empfangen. Er erhielt laufend Informationen über dessen Arbeit; Unterlagen in: B 122, 348.

Nr. 76 A
Von Ferdy Dittmar, Hoffotograf, Stuttgart
14. Februar 1953
BArch, B 122, 124: ms. Schreiben, behändigte Ausfertigung[1]
Vorschläge für die Kleidung bei einer Foto-Sitzung

Sehr geehrter Herr Ministerialrat!

Mit aufrichtiger Freude entnehme ich Ihrem freundlichen Schreiben vom 10. 2. 53,[2] daß der Herr Bundespräsident meiner Bitte entsprechen will, und darf ich Sie, sehr geehrter Herr Ministerialrat bitten, meinen besten Dank übermitteln zu wollen.

Nachdem der Herr Bundespräsident in liebenswürdiger Weise es mir überläßt, wo ich die Aufnahmen machen darf, ziehe ich es vor, gelegentlich eines Besuches im Rheinland, dieselben in Bonn zu machen. Dies umsomehr als ich annehme, daß er dort leichter über seine Zeit und auch bezüglich der Kleidung disponieren kann. Es wäre m. E. mir daran gelegen, der Aufnahme einen etwas repräsentativen Charakter geben zu dürfen – das gütige Einverständnis des Herrn Bundespräsidenten voraussetzend –, was im Frack mit der Ordensschärpe mir am besten gefallen würde. [...][3]

Indem ich Sie, sehr geehrter Herr Ministerialrat bitte, mich dem Herrn Bundespräsidenten empfehlen zu wollen, danke ich Ihnen für Ihre Liebenswürdigkeit und verbleibe mit dem Ausdruck vorzüglicher Hochachtung
Ihr sehr ergebener   Dittmar

---

[1] Das Ende des 2. Absatzes von Heuss unterstrichen und mit Fragezeichen versehen. Unter dem Text wurde von Heuss hs. vermerkt: „ Wird von mir natürlich strikt abgelehnt, da ich nicht für Textil-Industrie photographiert werde. [...] Die Bitte macht mich mißtrauisch." Heuss war von Dittmar bereits während seines Besuches in Stuttgart im Mai und Juni 1950 fotografiert worden; B 122, 613.
[2] Das Schreiben ließ sich nicht ermitteln.
[3] Es folgen Ausführungen zum Termin.

Nr. 76 B
An Ferdy Dittmar, Hoffotograf, Stuttgart
18. Februar 1953
BArch, B 122, 124: ms. Schreiben, Durchschlag, von Heuss diktiert (Diktatz. H/Bk), von Bott
hs. paraph. und ms. gez.[4]

Sehr geehrter Herr Dittmar!

In den letzten Tagen des Monats Februar wird der Herr Bundespräsident in Bonn sein. Sie müssen sich also nur rechtzeitig von Düsseldorf aus melden. Es wird sich dann der Termin feststellen lassen.[5]

Ihren Vorschlag, den Bundespräsidenten im Frack und mit Ordensschärpe zu fotografieren, hat Dr. Heuss strikt abgelehnt, da er nicht für die Textilindustrie fotografiert werden soll. Der Bundespräsident trägt, wie er mich Ihnen mitzuteilen bittet, den Orden nur bei Diplomaten-Empfängen, und der Orden verlangt also, wenn überhaupt fotografiert wird, einen Partner. Dr. Heuss würde sich selber wie ein Pfingstochse vorkommen, wenn er sich nur um der Dekorationswirkung in einem Schaufenster willen so fotografieren lassen würde, wie er in meist unfrohem Entschluß bei Diplomaten-Empfängen aussehen muß.

Mit freundlicher Begrüßung

Hans Bott
Persönlicher Referent des Bundespräsidenten

Nr. 77 A
Von Paul Monglowski, Berlin-Dahlem
15. Februar 1953
BArch, B 122, 127: Fernschreiben, ohne Anrede[1]
Beendigung des Karnevals wegen Naturkatastrophen

Angesichts der großen Naturkatastrophen und der bevorstehenden neuen Sturmflut in Westeuropa[2] erbitte schlagartige Beendigung des Karnevals zumindestens der öffentlichen Veranstaltungen.

Paul Monglowski

---

[4] Az. A/2/53; Absendevermerk vom 20. 2. 1953; von Bott hs. zdA-Verfügung; weiterer Nachweis: N 1221, 308: Durchschlag.
[5] Als Termin wurde der 2. 3. 1953, 11. 45 Uhr vereinbart; B 122, 124.
[1] Eingangsstempel vom 17. 2. 1953, Az. A/2/53; hs von Bott. zdA-Verfügung.
[2] In der Nacht vom 31. 1. 1953 hatten die Niederlande die größte Naturkatastrophe ihrer jüngeren Geschichte erlitten, als in der Provinz Zeeland bei einer Sturmflut die Deiche brachen und 1835 Menschen ertranken.

Nr. 77 B
An Paul Monglowski, Berlin-Dahlem
19. Februar 1953
BArch, B 122, 127: ms. Schreiben, Durchschlag, von Heuss diktiert (Diktatz. H/Bk), von Bott hs. paraph. und ms. gez.[3]

Sehr geehrter Herr Monglowski!

Der Bundespräsident hat Ihre Depesche erhalten, in der Sie eine „schlagartige" Beendigung des Karnevals durch ihn erbitten. Dr. Heuss hat sich auf der einen Seite darüber amüsiert, daß das furchtbare Wort „schlagartig" noch in Ihrem Sprachgebrauch aufbewahrt ist, zum anderen aber läßt er Ihnen mitteilen, daß Sie über die Zuständigkeit eines Präsidenten in einer Bundesrepublik eine undeutliche Vorstellung haben. Derartige Verbote oder Begrenzungen sind nur durch die Innenminister der Länder oder durch die Landespolizei möglich.

Mit vorzüglicher Hochachtung   Hans Bott
                              Persönlicher Referent des Bundespräsidenten

Nr. 78 A
Von Hannelie Jauch, Studentin, Gengenbach, Schwarzwald
21. Februar 1953
BArch, B 122, 127: hs. Schreiben, behändigte Ausfertigung[1]
Bitte um Autogramm und Widmung

Hochverehrter Herr Bundespräsident.

Es ist ja ziemlich gewagt, an Sie zu schreiben, und ich habe es mir auch lange überlegt, ob ich es wagen soll. Aber nun habe ich den großen Schritt getan und hoffe auch, daß Sie meinen z. Zt. größten Wunsch erfüllen und mir Ihr wertes Autogramm auf der Karte schenken. Noch glücklicher und vor allem stolzer wäre ich, wenn Sie mir eine kleine Widmung auf die Rückseite schrieben. *Die* Karte ist dann mein teuerstes Stück.

Ich bin nämlich eine ganz große Verehrerin von Ihnen und Ihrer zu früh verschiedenen Gattin. Vor allem seit ich Sprachstudentin bin, bewundere ich Ihre und Ihrer Gattin Taten immer aufrichtiger.

---

[3] Az. A/2/53; Absendevermerk vom 20. 2. 1953; weiterer Nachweis: N 1221, 308: Durchschlag.
[1] Eingangsstempel vom 23. 2. 1953; Az. A/2/53.

In der Hoffnung, daß Sie, verehrter Herr Bundespräsident, meinen Wunsch erfüllen, bin ich immer

Ihre
                                                                    Hannelie Jauch

Nr. 78 B

An Hannelie Jauch, Studentin, Gengenbach,Schwarzwald

23. Februar 1953

BArch, B 122, 127: ms. Schreiben, Durchschlag, von Heuss diktiert (Diktatz. H/Sch), von Bott hs. paraph. und ms. gez.[2]

Sehr geehrtes Fräulein Jauch!

Der Herr Bundespräsident läßt Ihnen die mit seiner Unterschrift versehene Karte zurückgeben. Er war eine Zeit lang versucht, Ihrer Bitte nach einer „Widmung" zu entsprechen, die sich dann wohl der Verse von Ludwig Uhland bedient hätten: „Wann hört der Himmel endlich auf, zu strafen mit Albums und mit Autographen!"[3]

Aber Dr. Heuss hat dann gemeint, daß Ihnen dies doch nicht erwünscht sein könnte. Er selber findet die Autogrammjägerei eine schreckliche Zeiterscheinung.[4]

Mit freundlichen Grüßen
                                                                    Hans Bott
                                    Persönlicher Referent des Bundespräsidenten

---

[2] Az. A/2/53; Absendevermerk 24. 2. 1953; weiterer Nachweis: N 1221, 308: Durchschlag.

[3] Diese Verse Uhlands lassen sich nur als Anekdote nachweisen: Uhland soll 1853 in ein Stammbuch eines ihm Unbekannten diese Verse geschrieben haben, um damit wohl seinen Ärger über die zahllosen Autogrammwünsche Fremder in die damals populären Stammbücher zum Ausdruck zu bringen; vgl. OTTO JAHN: Ludwig Uhland, Bonn 1863, S. 82; KARIN DE LA ROI-FREY: Uhland von A bis Z, Leinfelden-Echterdingen 1998, S. 98. Auch später wurde der Spruch in der Beantwortung von Autogrammwünschen verwendet, so z. B. in einem Schreiben an H. Spieth, 7. 6. 1955, in: N 1221, 327.

[4] Vom Anfang bis zum Ende seiner Amtszeit reagierte Heuss unwirsch auf Autogramm-Bitten. Dem Schüler Gerd Bachert aus Essen übersandte er am 16. 12. 1950 sein Bild mit seiner Unterschrift unter der Bedingung, damit nicht vor seinen Klassenkameraden zu renommieren; N 1221, 294. Harry Schulze aus Berlin schrieb er am 5. 9. 1959 mit der Unterschrift seiner Sekretärin: „Er bittet, es ihm nicht zu verübeln, wenn er meint, man solle mit solchen Bitten, die Rückporto verlangen, weder die Staats- noch die Privatkasse belasten"; B 122, 885. Autographen-Sammlern pflegte er sich in der Regel zu versagen. Er reagierte auf eine entsprechende Bitte im Jahre 1956 mit den Worten: „Wer ohne persönliche Beziehungen zu Ihrer Familie in diesem Buch sich einträgt, hat gewiß einige Freude daran, auf dem Jahrmarkt der Eitelkeiten eine Konzession zu machen. Dieses aber ist nicht die Art von Dr. Heuss"; Heuss an G. Lemke-Knapp, 29. 6. 1954, in: B 122, 141.

Nr. 79 A

Von Käthe Wohmann, Frankfurt a. M.

22. Februar 1953

BArch, B 122, 131: ms. Schreiben, behändigte Ausfertigung[1]

Kritik am Redestil von Theodor Heuss

Hochverehrter Herr Bundespräsident!

Darf ich daran anknüpfen, daß ich gestern die Eröffnungsrede zum Studenten-
haus an der Uni in Frankfurt/Main[2] genau im Rundfunk verfolgte – und vertragen
Sie ein ehrliches, offenes Wort als notwendige Kritik?

Dazu will ich vorweg schicken, daß ich den Plan zu diesem Brief ganz spontan schon gestern abend faßte, ihn wieder aufgab, – Gott, was geht mich das
schon an – daß ich aber nach dem Überschlafen genau weiß, daß ich das tun
muß, weil wohl kein Mensch bei Ihnen ist, der ein offenes Wort wagt,– ein
Wort, das aber einmal gesagt werden muß! Ich will mir nicht den Vorwurf der
Feigheit machen – und ich will Ihnen ehrlich helfen mit meiner Kritik.

Die Zeiten, in denen Sie, Herr Bundespräsident, als Professor an einer Universität dozierten – und wahrscheinlich von einer begeisterten Studentenschaft um-
geben waren, die sind endgültig für Sie vorbei, darüber müssen Sie sich viel
bewußter klar werden. Nie mehr, selbst dann nicht, wenn Sie wie an der Universität Frankfurt vor einem Kreis von Studenten sichtbar stehen und zu ihnen reden,
sprechen Sie zu einem Kreis von geistig wachen und intelligenten Menschen
allein. Auch nicht nur zu wohlwollenden. Immer stehen dahinter und darunter
auch alle die anderen, die Sie repräsentieren, die unsichtbaren Tatmenschen, die
Bauern, die Arbeiter, die Hausfrauen, die Gewerbe- und Geschäftreibenden,
eben alle die, welche wenig Zeit haben und sich immer kurz fassen müssen. Alle
diese machen erst das Volk aus, nicht der kleine Ausschnitt, der vor Ihnen steht.
Und zu denen allen reden Sie, in jedem Falle. Und schon diese beschleicht dann
eine leise Ungeduld, wenn Sie breiter werden, als der Augenblick erfordert. Von
den weniger erfreulichen Äußerungen der Unzulänglichen, – und das sind nicht
so wenige, um übersehen zu werden – will ich gar nicht reden, genug, sie sind
da.

---

[1] Eingangsstempel vom 24. 2. 1953; Az. A/2/53.

[2] Rede von Heuss bei der Eröffnung eines Studentenhauses an der Universität Frankfurt a. M. vom
21. 2. 1953 in: B 122, 228; ferner in: B 122, 620. Sie betraf u. a. das Korporationswesen und den
Widerstand der Geschwister Scholl gegen den Nationalsozialismus. Der Rektor der Universität,
Max Horkheimer, dankte Heuss am 2. 3. 1953: B 122, 620. Heuss hatte schon früh den amerikanischen Hochkommissar in Deutschland John McCloy dazu bewegt, ihm zur Verfügung stehende
Mittel für den Bau von Studentenwohnheimen zu verwenden; vgl. Heuss an Oscar Meyer, 18. 2.
1952, abgedruckt in TH. HEUSS, Bundespräsident, Briefe 1949–1954.

Ich will aber nicht, daß irgendwer an Ihnen zu tadeln hat, und ich selber weiß, wie kurz man sich fassen kann, um präzise und genau das auszudrücken, was gesagt werden muß. Sie selber, Herr Bundespräsident, haben es nicht nötig, auch nur im geringsten an die Hohlköppe zu erinnern, die „es nicht lassen können", das Reden, nur das Reden (ohne Zweck).

Praktisch und kurz gefaßt, bitte ich Sie herzlich, sich die Sprechbänder von der Rede an der Uni/Frankfurt zu beschaffen, um sie ein paarmal für sich durchlaufen zu lassen. Und möglichst außer der Ihren auch die von Mr. Conant[3], der mit wenigen menschlichen Worten sich in die Herzen der Zuhörer, drinnen und draußen, gesprochen hat. Und dann schneiden Sie in Gedanken alles heraus, was nicht unbedingt nötig gewesen wäre, lassen das fort, was irgendwie dozierend klingt, nehmen also Ihren Geist für die Zukunft richtig an die Kandare, – Sie werden sehen, daß Sie dabei die Herzen Ihres deutschen Volkes immer mehr gewinnen und daß Sie damit den „tumpen" Deutschen, die so leicht ungeduldig werden, am allerbesten dienen. Was Worte anbelangt, sei Ihr Wahlspruch: „Halb so viel genügt", und dann haben Sie genau das, was für alle Teile das beste ist, nicht zuletzt aber auch für Sie, Herr Bundespräsident, dem ich hoffe, mit diesem Brief ehrlich und offen gedient zu haben.

In tiefster Verehrung   Käthe Wohmann

Nr. 79 B
An Käthe Wohmann, Frankfurt a. M.
25. Februar 1953
BArch, B 122, 131: ms. Schreiben, Durchschlag, von Heuss diktiert (Diktatz. H/Bk) und ms. gez.[4]

Sehr geehrte Frau Wohmann!

Das „ehrliche offene Wort als notwendige Kritik", das Sie mir gesandt haben, hat mir viel Spaß gemacht. Ich fürchte nur, daß Ihre erzieherische Ermunterung erfolglos sein wird. Es haben mir auch schon andere Leute nahe gelegt, wenn ein

---

[3] Die Rede des US-amerikanischen Botschafters James Conant ist in B 122, 620 nicht überliefert. Die „Frankfurter Allgemeine Zeitung", Nr. 53 vom 23. 2. 1953, S. 4, berichtete nur kurz darüber. In einem kleinen, besonderen Beitrag „Rüge für Kolb" erwähnte sie, dass Heuss seine Rede mit den Worten „Ja, mei lieber Kolb, wenn Sie sich unterhalte, kann ich nicht weiterrede" unterbrochen habe, als Kolb mit Ministerpräsident Zinn getuschelt habe.
[4] Az. A/2/53; Stempel: „Pers[önlichem] Ref[erenten] vorgelegen".

Mikrophon vorhanden ist, nicht zu den Leuten, die ich vor mir habe, sondern auch zu den Leuten, die evtl. am Rundfunk sitzen, zu sprechen. Dies aber tue ich nicht und werde es auch nicht tun. Wenn ich eine Rundfunkansprache als solche halte, die auch an Termin gebunden ist, richte ich mich darauf ein. Aber wenn ich Menschen einer bestimmten Gruppe, denen ich glaube etwas für sie Wesentliches sagen zu können, als Zuhörer vor mir habe, ist meine Rede ein Gespräch mit ihnen und auch abhängig von der Atmosphäre des Raumes, von der Willigkeit mitzugehen. Sie mögen das für altmodisch halten, aber das stört mich dann nicht. Im allgemeinen wird mir nicht der Vorwurf gemacht, daß ich zu lange rede. Aber die, denen meine Rede am Rundfunk zu lang ist, können ja die wunderbare Einrichtung dieses Instruments wahrnehmen und abschalten.

Es war sehr nett, daß Sie sich meiner erzieherisch so entschlossen angenommen haben, aber ich fürchte, bei einem Mann, der im 70. Lebensjahr steht und der nun seine Tradition des Redens und Lehrens für sich entwickelt hat, werden Sie nicht mehr viele Änderungen erreichen.

Mit freundlichen Empfehlungen
Ihr

Theodor Heuss

Nr. 80 A
Von Dr. Fritz Rahn, Studienrat, Schorndorf, Württemberg
1. März 1953
BArch, B 122, 143: ms. Schreiben, behändigte Ausfertigung[1]
Übersendung der „Deutschen Spracherziehung" von Fritz Rahn; Zustimmung zur Ansprache im ehemaligen KZ Bergen-Belsen

Verehrter Herr Bundespräsident!

Durch meinen Bruder Rudolf Rahn erfuhr ich kürzlich von dem freundlich zustimmenden Anteil, den Sie und Ihre verehrte Frau vor 25 Jahren an meinem kleinen Erstling, den „Gedichten meiner Buben"[2] angenommen hätten. Dies läßt mich hoffen, Sie werden es nicht falsch verstehen, wenn ich Ihnen heute das endliche Ergebnis einer 25-jährigen, ebenso geliebten wie verzehrenden Bemühung vorlege.

---

[1] Eingangsstempel vom 5. 3. 1953; Az. A/2/53; unten links hs. Vermerk: „insgesamt 12 Hefte".
[2] FRITZ RAHN: Gedichte meiner Buben. Versuche dichterischer Gestaltung in der Schule mit einer methodischen und psychologischen Einführung, Silberburg 1927.

Ich tue es zögernd und zagend, denn was den bewunderten Schriftsteller und Redner salutieren soll, könnte dem verehrten Bundespräsidenten vielleicht lästig fallen. Zu meiner Entschuldigung kann ich nur eine kleine Hoffnung anführen: Möglicherweise ist auch dem Staatsmann und Repräsentanten des geistigen Deutschland die Gelegenheit erwünscht zu erfahren, nach welchen Grundsätzen und in welchem Geist heute an den meisten deutschen Oberschulen und – in Parallelwerken – an vielen Volks- und Mittelschulen der muttersprachliche Unterricht erteilt wird.[3]

Es wäre mir eine Genugtuung, wenn meine Arbeit die Zustimmung des Mannes fände, der sich mit seiner Belsener Rede[4] dem Selbstverständnis wie dem Gewissen der Nation so hilfreich erwiesen hat.

Mit ehrerbietigem Gruß
Ihr stets ergebener

Fritz Rahn

Nr. 80 B
An Dr. Fritz Rahn, Schorndorf, Württemberg
10. März 1953
BArch, B 122, 143: ms. Schreiben, Durchschlag, von Heuss diktiert (Diktatz. H/Sch) und ms. gez.[5]

Sehr geehrter Herr Dr. Rahn!

Freundlichen Dank für Ihre Zeilen und die Hefte der „Deutschen Spracherziehung", die Sie mir gesandt haben. Die Frage, die Sie behandelt haben, interessiert mich natürlich, bloß kann ich, wie Sie begreifen werden, jetzt nicht systematisch darangehen und mich in die pädagogische Problematik hineinlesen und hineindenken. Meine Frau, die ja selber am Pestalozzi-Fröbel-Haus[6] und an anderen Schulen eine Art von Sprechunterricht gab, indem sie die Technik des Erzählens lehrte – sie war selber eine meisterhafte Erzählerin –, würde mit dem leidenschaftlichsten Interesse an dem Weitergang Ihrer Bemühungen teilnehmen. Ich kann im Augenblick nur sagen: Die Hefte werden in Reichweite aufgestellt bleiben

---

[3] Die von Fritz Rahn in Zusammenarbeit mit Wolfgang Pfleiderer verfassten und im Ernst Klett Verlag, Stuttgart, erscheinenden Hefte „Deutsche Spracherziehung" waren in den fünfziger Jahren an vielen höheren Schulen Deutschlands eingeführt und erlebten zahlreiche Auflagen.

[4] Vgl. Nr. 66, Anm. 2.

[5] Az. A/2/53; Stempel: „Pers[önlichem] Ref[erenten] vorgelegen".

[6] Im Pestalozzi-Fröbel-Haus in Berlin-Schöneberg erteilte Heuss-Knapp ab 1918 Unterricht in Sozialpädagogik, Staatsbürgerkunde und Deutsch.

und an die Reihe kommen, wenn ich nicht Denkschriften, diplomatische Berichte, Bundestagsprotokolle und Gesetzentwürfe zu lesen habe.

Mit freundlichen Grüßen
Ihr   Theodor Heuss

PS. Teils literarische, teils bundespräsidentielle Rückfrage: Darf ich noch sagen und schreiben „ich frug", oder muß ich sagen und schreiben „ ich fragte". Über diesen Punkt haben mir Schulmeister Vorhaltungen gemacht, weil ich ihre ganzen Bemühungen in diesem Bezirk zerstört hätte.[7]

Nr. 81 A
Von Gertrud von Elterlein, Moyland bei Kleve
15. März 1953
BArch, B 122, 124: hs. Schreiben, behändigte Ausfertigung[1]
Kritik, dass die Bundesregierung bei den Beisetzungsfeierlichkeiten für General-
feldmarschall Gerd von Rundstedt nicht vertreten war

Sehr verehrter Herr Bundespräsident,

als ich erfuhr, daß bei der Beisetzung des verstorbenen Generalfeldmarschalls von Rundstedt in Hannover kein hoher Vertreter unserer Bundesregierung diesem hervorragenden Soldaten die Ehre des letzten Geleites gegeben hat, erfüllte mich dieser Beweis von Mißachtung unserem ehemaligen Soldatenstand gegenüber mit schmerzlicher Erbitterung.

Ich glaube, es ist sinnvoller, daß unser Bundespräsident erfährt, wie ein großer Teil unseres Volkes hierüber denkt, als daß wir es verschweigen. Wenn ich auch hoffe, daß Ihnen aus berufenerem Munde als dem meinen viele Zuschriften in diesem Sinne zugehen werden, so möchte ich doch im Andenken an meinen gefallenen Mann und Sohn nicht zögern, Ihnen zu schreiben, wie tief uns die Zurückhaltung von „Bonn" bei diesem Ereignis verletzt hat.

---

[7] Rahn antwortete am 12. 3. 1953: Da er sich weder als Grammatik- noch als Stilpapst fühle, könne er die Frage nicht entscheiden. „Die heute angegriffene Form ‚frug' ist literarisch bestens legitimiert. Ich persönlich ziehe ‚fragte' vor. Die Sprache ist eben im Fluß und ändert sich wie eine geologische Schicht. Oft entscheiden auch Rhythmus und Klang über die bessere Form." B 122, 143. Die Korrespondenz wurde noch fortgesetzt, indem Rahn seine Ansprache auf der Eröffnung einer Ausstellung des Malers Reinhold Nägele vom 3. 9. 1954 übersandte, für die Heuss am 10. 9. 1954 dankte; ebd.
[1] Eingangsstempel vom 17. 3. 1953; Az. A/Ch/53; mit undatierter Paraphe von Klaiber.

Es drängt sich uns der Vergleich auf, wie „Bonn" sich verhielt, als Herr Böckler[2] und Herr Dr. Schumacher[3] zu Graben getragen wurde n.

Daß das Geschlecht der von Rundstedt jahrhundertelang unserem Vaterland gute Dienste als Offiziere geleistet hat, erfuhr ich durch eine Notiz in der Zeitung. Was aber der verstorbene Geneneralfeldmarschall von Rundstedt als überragender Soldat und tadelloser Mensch bedeutet hat im letzten Kriege, würdigte bisher nur erschöpfend in objektiver und ritterlicher Weise der Engländer Liddell Hart.[4]

Wie wären wir Ihnen, sehr verehrter Herr Bundespräsident, dankbar gewesen, hätten Sie oder ein von der Bonner Regierung Berufener diesem Toten die letzte Ehre erwiesen und geschähe ein Ehren des ehemaligen deutschen Soldaten nicht nur aus Zweckgründen im Zusammenhang mit den EVG-Verträgen.[5] Wäre es nicht ein schönes Vorbild für Ritterlichkeit gewesen?

Mir fällt ein Vers ein, der mir nicht mehr aus dem Sinn will; darf ich ihn Ihnen schreiben? Er drückt am besten aus, was ich empfinde und warum ich schreibe:

„Wenn des Liedes Stimmen schweigen von dem überwund'nen Mann,

so will ich für Hector zeugen, hub der Sohn des Tydeus an ..."[6]

Daß unser Generalfeldmarschall von Rundstedt im Tode keinen Diomedes in Bonn fand, das ist es, was uns enttäuscht und schmerzt, sehr verehrter Herr Bundespräsident.

Ihre Ihnen sehr ergebene   Gertrud von Elterlein

---

[2] Die Traueransprache von Heuss für Hans Böckler, Vorsitzender des DGB, vom 21. 2. 1951 in: B 122, 21.

[3] Die Traueransprache von Heuss für Kurt Schumacher im Bundeshaus am 23. 8. 1952 in: B 122, 225.

[4] Vgl. B. H. LIDDELL HART, German Generals, S. 71–78, vor allem 71.

[5] Der EVG-Vertrag von 1952 sah vor, dass Frankreich, die Bundesrepublik Deutschland, Italien und die drei Benelux-Staaten eine europäische Armee unter übernationaler Führung bilden sollten. Die französische Nationalversammlung lehnte den Plan jedoch ab; vgl. H.-E. VOLKMANN / W. SCHWENGLER, Europäische Verteidigungsgemeinschaft.

[6] Zitat aus dem Gedicht Schillers „Das Siegesfest" von 1803, in: F. SCHILLER, Sämtliche Werke, Bd. I, S. 423–428, hier S. 426f. Sohn des Tydeus (Diomedes) war einer der griechischen Helden vor Troja.

Nr. 81 B
An Gertrud von Elterlein, Moyland bei Kleve
20. März 1953
BArch, B 122, 122: ms. Schreiben, Durchschlag, von Heuss diktiert (Diktatz. H/Sch), von Klaiber unter dem 21. 3. hs. paraph. und ms. gez.[7]

Sehr geehrte, gnädige Frau!

Der Herr Bundespräsident dankt Ihnen für Ihren Brief vom 15. 3. 53, den er aufmerksam gelesen hat. Er hat gar nichts dagegen einzuwenden, wenn ihm solche Sorgen unmittelbar vorgetragen werden. Im übrigen, da Sie meinen, daß viele Zuschriften in dieser Sache an den Bundespräsidenten gekommen wären: Ihr Brief ist der einzige gewesen.

Der Herr Bundespräsident weiß nicht, ob innerhalb der Bundesregierung wegen einer Teilnahme an den Beisetzungsfeierlichkeiten für den Generalfeldmarschall von Rundstedt Überlegungen stattgefunden haben.[8] Er selber fühlt sich nicht berufen, über die militärischen Leistungen des Verstorbenen ein Urteil abzugeben. Aber Dr. Heuss läßt Ihnen doch mitteilen, da Sie sich auch freimütig an ihn gewandt haben, daß er persönlich sich nicht in der Lage gefühlt hätte, einer Anregung, wie Ihr Brief sie enthält, zu entsprechen. Denn für sein Erinnerungsbild bleibt mit dem Generalfeldmarschall von Rundstedt verbunden, daß er sich dazu bereit fand, bei dem Staatsbegräbnis für Generalfeldmarschall Rommel Hitler zu vertreten, obwohl ihm gewiß nicht unbekannt geblieben war, daß Rommel sich gezwungen fühlte, Gift zu nehmen, um den für ihn reservierten Galgen zu vermeiden.[9]

Mit vorzüglicher Hochachtung   Manfred Klaiber[10]

---

[7] Az. A/Ch/53; weiterer Nachweis: N 1221, 309: Durchschlag.

[8] Nach den Kabinettsprotokollen wurde die Frage im Kabinett nicht behandelt.

[9] Hitler hatte einen Prozess gegen den populärsten deutschen Heerführer wegen Mitwisserschaft über die Attentatsplanung vom 20. Juli 1944 gescheut. Am 14. 10. 1944 schickte er Generalmajor Ernst Maisel und Generalleutnant Wilhelm Burgdorf zu Rommel nach Herlingen bei Ulm und ließ ihn vor die Wahl stellen, ein mitgebrachtes Gift einzunehmen und ein Staatsbegräbnis zu erhalten oder aber vor den Volksgerichtshof gestellt zu werden – mit allen Folgen für seine Familie. Rommel nahm das Gift; der große Staatsakt wurde am 18. 10. 1944 in Ulm begangen; vgl. P. HOFFMANN, Widerstand, S. 630.

[10] Mit Schreiben vom 25. 3. 1953 bestätigte Frau von Elterlein die Antwort und teilte am 19. 4. 1953 mit, sie habe nunmehr Kenntnis von einem Brief des Generals Blumentritt vom 4. 4. 1953 an Ditha von Rundstedt, der Schwiegertochter des Verstorbenen, aus dem hervorgehe, dass von Rundstedt über die Umstände von Rommels Tod nichts gewusst habe. Blumentritt hatte u. a. geschrieben: „Die Leute scheinen nicht zu wissen, wie geheim diese Dinge behandelt wurden. Der Feldmarschall war sehr erschüttert, als er sehr viel später die Wahrheit erfuhr. Von allen diesen und anderen Dingen wußten die hohen Kommandostellen an der Front nur sehr wenig und nur durch Gerüchte"; B 122, 124.

Nr. 82 A

Von der Klasse II b der Realschule Dagobertstraße 79 in Köln
26. März 1953
BArch, B 122, 132: hs. Schreiben, behändigte Ausfertigung[1]
Gebrauch des Artikels „der" bei Eigennamen

Sehr geehrter Herr Prof. Heuss!

In Ihrer schönen Abschiedsrede[2] nach dem Länderspiel Deutschland : Österreich, das nun leider zu Gunsten keiner der beiden Mannschaften ausging, haben Sie einen kleinen Fehler gesagt, nähmlich, „*Der* Dr. Bauwens"[3] usw. Es heißt aber nur „Dr. Bauwens." Da ich nun mal ein Sportanhänger bin und die Sportzeitung immer lese, viel mir dieses auf. Diese Regel, daß vor Eigennamen nie ein Artikel steht, nehmen wir gerade in der Schule durch. Damit Sie das nicht etwa als einen Vorwurf betrachten, können wir Ihnen sagen, daß es nur ein kleiner Spaß von uns war.

Seien Sie herzlich gegrüß von den 46 braven Jungen samt Herr Lehrer der Klasse 2b der Realschule Dagobertstraße 79 in Köln.

Nr. 82 B

An die Klasse II b der Realschule Dagobertstraße 79 in Köln
28. März 1953
BArch, B 122, 132: ms. Schreiben, Durchschlag, von Heuss diktiert (Diktatz. H/Sch), von Bott hs. paraph. und ms. gez.[4]

Liebe Klasse IIb!

Der Herr Bundespräsident dankt Euch für Eure Bemühungen, ihm sprachlichen Unterricht zu erteilen, und läßt Euch sagen, daß es für einen braven Aufsatz sicher

---

[1] Ferner wurden vier weitere Schreiben von einzelnen Schülern dieser Klasse übersandt sowie ein undatierter Zeitungsausschnitt aus der Westdeutschen Presse. Die orthographischen Fehler des Schülers wurden im folgenden nicht korrigiert.

[2] Das Freundschaftsspiel Deutschland – Österreich am 22. 3. 1953 in Köln im Beisein von Heuss, dem Bundeskanzler und einigen Bundesministern endete 0 : 0. Eine Ansprache von Heuss ist nicht überliefert. Bauwens dankte Heuss am 27. 3. 1953 für dessen Besuch, weil damit der deutsche Fußballsport gleichsam „hoffähig" gemacht worden sei; B 122, 407.

[3] Die von den Schülern beanstandete Anredeform verwendete Heuss nochmals in seiner Ansprache vom 18. 7. 1954 in Berlin; vgl. Nr. 126, Anm. 3.

[4] Az. 02/2/53; Absendevermerk vom 30. 3. 1953; weiterer Nachweis: N 1221, 309: Durchschlag.

zutrifft, daß ein Eigenname ohne den Artikel „der" gebraucht wird. Falls aber, wie ich hoffe, Euer Lehrer ein Mann von Humor ist, wird er Euch zugestehen, daß in der heiter-behaglichen Form eines Gesprächs auch ein Artikel vor einen Namen gesetzt werden kann, wie etwa: „Der Heuss hat Wichtigeres zu tun, als mit Schulbuben einen Briefwechsel über Grammatik zu führen."

Mit freundlichen Grüßen   Hans Bott
                              Persönlicher Referent des Bundespräsidenten

Nr. 83 A
Von Elisabeth Bartels, Berlin-Tempelhof
8. April 1953
BArch, B 122, 123: ms. Schreiben, behändigte Ausfertigung[1]
Errichtung eines Denkmals zur Erinnerung an die Hexenverfolgungen in Lemgo

Hochverehrter Herr Bundespräsident!

Darf ich mich als eine in der Alten Hansestadt Lemgo geborene und aufgewachsene Berlinerin vorstellen? Lemgo ist eine kleine Stadt im Tal der Bega am Teutoburger Wald, die Sie vor zwei Jahren mit Ihrer Frau Gemahlin anläßlich eines Heimatfestes besuchten.[2] Sie hat den Beinamen „das Hexennest" und die traurige Berühmtheit, die meisten Hexen in Deutschland verbrannt zu haben. Sicher hat man Ihnen das Heimatmuseum und die Instrumente, mit denen die armen Opfer gefoltert wurden, gezeigt; denn wir Lemgoer sind im Grund etwas stolz auf die Einzigartigkeit und die Vielzahl der Hexenprozesse.[3] Doch in anderen Städten machen wir die Erfahrung, daß selbst die Erinnerung daran als abstoßend und borniert beurteilt wird. Man sollte sich davon distanzieren und zwar im Rahmen einer umfassenden Idee. Darf ich mir erlauben, hochverehrter Herr Bundespräsident, Ihnen diese Idee vorzutragen? Auf Grund mancher Sätze aus Ihren Reden wage ich es, auf Ihre Billigung zu hoffen. Von den Lemgoer Mitbürgern erwarte ich zum Teil heftige Proteste, weil für sie der Sinn eines Denkmals Stolz bedeuten soll und nicht Bescheidenheit.

Ich habe heute folgenden „Leserbrief" an die Neue Lippische Rundschau, Lemgo, geschickt:

---

[1] Eingangsstempel vom 11. 4. 1953; Az. A/2/53.
[2] Heuss besuchte den „Lippischen Heimattag" in Lemgo am 1. 7. 1951. Unterlagen zum Besuch in: B 122, 617; Ansprache in: B 122, 219.
[3] Als zeitgenössische Arbeit siehe G. KLEINWEGENER, Hexenprozesse.

In Ihrer Heimatbeilage brachten sie in Fortsetzung, endend am 21. 3., „Die Opfer der Lemgoer Hexenprozesse". Mit Erschütterung las ich dieses Dokument über die Leiden von Menschen, die offensichtlich unschuldig zu qualvollstem Tode verurteilt wurden. Ich bin überzeugt, daß ein Teil der Richter beim Fällen dieser Urteile nach bestem Wissen und Gewissen gehandelt hat. Der Grund dieser Grausamkeiten liegt also nicht allein in der Böswilligkeit der Menschen, sondern in dem tragischen Schicksal der Menschheit, das die Einzelwesen nur mit begrenzter Vernunft ausgestattet hat.

Um den Menschen diese Tatsache vor Augen zu halten, sollte ein Mahnmal errichtet werden, das eine Hexe darstellt als Sinnbild der Verirrungen menschlicher Vernunft und zwar im Rahmen einer umfassenderen Idee. Mein Vorschlag mag auf heftige Ablehnung stoßen, deshalb bitte ich Sie, ihn als Leserbrief in Ihrer Zeitung zu veröffentlichen und eine Diskussion darüber zu gestatten.

In den vier Perioden der Lemgoer Hexenprozesse wurden rund 250 Menschen umgebracht. Die meisten und grausamsten Prozesse fanden zu einer Zeit statt, da Lemgo durch die Folgen des 30jährigen Krieges nur auf den Umkreis seiner eigenen Mauern beschränkt blieb. Die Bürger hatten keine wirtschaftliche Verbindung mehr mit der großen Welt, sie waren dadurch gezwungen, sich ganz den kleineren Problemen ihrer nächsten Umwelt zu widmen. Das führte zu kleinlichen Zänkereien, Habsucht und Sensationsgier, die sich in den Hexenprozessen entluden. Parallelen zu Zeiten und Geschehnissen nach großen Kriegen lassen sich hierzu mühelos bis in die Gegenwart hinein finden.

Man könnte einwenden, daß ein eindrucksvolleres Mahnmal als die Sammlung der zierlichen Instrumente im Heimatmuseum, mit denen Meister David seine armen Mitbürgerinnen so peinigte, schwerlich denkbar sei. Damit aber ist der Sinn dieses Mahnmals nicht erfaßt. Es geht um weit mehr als nur um die Hexen und auch um mehr als das, was die Denkmäler für den „Unbekannten politischen Gefangenen" oder den „Namenlosen KZ-Häftling", die jetzt in vielen Städten errichtet werden, ausdrücken sollen. Dieses Mahnmal soll an die Leiden erinnern, die durch die tragische menschliche Unzulänglichkeit schlechthin verursacht worden sind. Dabei denke ich an Kriegsopfer, Kriegsgefangene, politisch und religiös Verfolgte, Vertriebene. Die Hexe möchte ich als bildhafte Darstellung vorschlagen, weil die Erkenntnis über das zu Unrecht erduldete Leid jener Menschen heute allgemeine Gültigkeit hat. Dieses Denkmal würde Geistiges und Politisches, Weltliches und Kirchliches, Historisches und Aktuelles in sich vereinen. Zu keiner Zeit könnte irgendeine Regierungsform es als unpassend niederreißen. Es würde viele zum Nachdenken anhalten, die heute die irdische Vernunft über alles setzen; denn in unserem so schwierigen und eiligen Leben ist wenig Raum für besinnliche Einkehr.

Zwar widerstrebt es uns, die Unzulänglichkeit unserer Vernunft zuzugeben, doch wenn wir an alle die Leiden denken, die sie über die Welt gebracht hat, erscheint uns solch ein Denkmal nicht unberechtigt. Vielleicht werden wir bescheidener und vorsichtiger in schwerwiegenden Entschlüssen.

Ich danke Ihnen, hochverehrter Herr Bundespräsident, daß Sie diesen Brief gelesen haben, und erlaube mir, Sie um eine billigende oder mißbilligende Antwort zu dieser Idee zu bitten.

Hochachtungsvoll   Elisabeth Bartels

Nr. 83 B
An Elisabeth Bartels, Berlin-Tempelhof
13. April 1953
BArch, B 122, 123: ms. Schreiben, Durchschlag, von Heuss diktiert (Diktatz. H/Sch), von Bott hs. paraph. und ms. gez.[4]

Sehr geehrte Frau Bartels!

Der Herr Bundespräsident hat Ihren Brief gelesen, bittet aber um Nachsicht, wenn er Ihnen bei einem täglichen Posteingang von ein paar hundert Briefen nicht persönlich antwortet.

Lemgo ist ihm schon von früheren Besuchen her wohl vertraut. Er hat auch über den größten Sohn dieser Stadt, Engelbert Kämpfer, einmal gearbeitet.[5] Ihren Vorschlag aber, nun, weil dort die Hexenverbrennungen eine Zeit lang etwas wie eine geistige Seuche gewesen sind, eine Hexe als Denkmal zur Mahnung an die Vernunft aufzustellen, hält er für durchaus abwegig, vor allem wenn Sie meinen, daß hiermit sozusagen ein Erziehungsfaktor zur Vernunft sichtbar gemacht würde. Dr. Heuss hat die Auffassung, daß Geld heute sinnvoller verwendet werden kann.

Mit den besten Empfehlungen   Hans Bott
                                      Persönlicher Referent des Bundespräsidenten

---

[4] Az. A/2/53; Absendevermerk vom 13. 4. 1953; weiterer Nachweis: N 1221, 309: Durchschlag.

[5] THEODOR HEUSS: Engelbert Kämpfer. Der erste deutsche Forschungsreisende, in: Frankfurter Zeitung, Nr. 445–446, 1. 9. 1940 (Bilder und Berichte); außerdem in: Fränkischer Kurier, 16. 4. 1944; abgedruckt in: Th. HEUSS, Schattenbewörung, S. 17–23.

Nr. 84 A
Von der Kerzen- und Wachswarenfabrik Drechsler & Buchal, Berlin[1]
17. April 1953
BArch, B 122, 124: ms. Schreiben, behändigte Ausfertigung[2]
Geschenk einer Berliner Wappen-Kerze

Sehr geehrter Herr Bundespräsident!

Wir erlauben uns, Ihnen hiermit eine Kerze zu überreichen, die symbolisch Berlin mit seinen Sorgen und Nöten verkörpern soll.

Wenn Sie, Herr Bundespräsident, diese Kerze auf Ihrem Schreibtisch stehen haben oder in Ihren Erholungsstunden dieselbe brennen, so denken Sie bitte immer an Berlin, an die Stadt, die Ihre persönliche Zuneigung besonders benötigt.

Mit verehrungsvoller Begrüßung!   Buchal

Anlage!
1 Berliner Wappenkerze

Nr. 84 B
An die Kerzen- und Wachswarenfabrik Drechsler & Buchal, Berlin
4. Mai 1953
BArch, B 122, 124: ms. Schreiben, Durchschlag, von Heuss diktiert (Diktatz. H/Sch) und ms. gez.[3]

Sehr geehrte Herren!

Man muß mit mir nachsichtig sein, was das Tempo der Korrespondenz betrifft, denn der tägliche Posteingang geht ja in die Hunderte, und da es auch sonst an Arbeit nicht fehlt, verzögert sich manches. Darunter also etwa auch die Antwort auf die freundliche Zusendung der Berliner Kerze, die mich noch am Wannsee erreicht hat. Sie steht in der Tat auf meinem Schreibtisch, aber ich weiß nicht recht, ob ich sie ihrer Funktion, zu verbrennen, eigentlich zuführen darf.

Mit freundlichen Empfehlungen
Ihr   Theodor Heuss

---

[1] Das Schreiben war an das Gästehaus am Wannsee in Berlin addressiert.
[2] Undatierte Paraphe von Heuss.
[3] Az. A/53; Stempel: „Pers[önlichem] Ref[erenten] vorgelegen"; weiterer Nachweis: N 1221, 310: Durchschlag.

Nr. 85 A
Von Hermann Schweikardt, Stadtrat a. D., Erpfingen, Württemberg
13. Mai 1953
BArch, B 122, 130: ms. Schreiben, behändigte Ausfertigung[1]
Einladung zum Besuch der Bärenhöhle in Erpfingen

Sehr verehrter Herr Bundespräsident!

Ich erlaube mir im Auftrag der Gemeinde Erpfingen meine Bitte, die ich vor drei Jahren an Herrn Bundespräsidenten richtete,[2] der hiesigen Bärenhöhle[3] einen Besuch abzustatten, zu wiederholen. Nachdem weit über eine Million Besucher dieses Naturwunder bestaunten, darf ich wohl annehmen, daß auch Herr Bundespräsident Interesse an den Sehenswürdigkeit der engeren Heimat hat. Eine angesehene württembergische Zeitung hat unlängst geschrieben, daß wenn heute jemand sagt, daß er die Bärenhöhle nicht kennt, mit dem müsse man Mitleid haben. Da ich aber weiß, daß Herr Bundespräsident nicht bemitleidet sein will, würden wir es begrüßen, wenn bei einem gelegentlichen Besuch im Schwabenland Herr Bundespräsident auch unsere Höhle besuchen würde.

Mit besonderer Hochachtung
Ihr sehr ergebener   H. Schweikardt

Nr. 85 B
An Hermann Schweikardt, Stadtrat a. D., Erpfingen, Württemberg
26. Mai 1953
BArch, B 122, 130: ms. Schreiben, Durchschlag, von Heuss diktiert (Diktatz. H/Sch) und ms. gez.[4]

Sehr geehrter Herr Landsmann!

Es ist sehr freundlich, daß Sie mich wieder ermuntern, zu den Bärenknochen in die Höhle zu steigen. Die Sache ist so: Ich würde den Versuch machen müssen, damit fertig zu werden, daß man mich „bemitleidet", weil ich die Höhle noch

---

[1] Eingangsstempel vom 22. 5. 1953; Az. A/2/53.
[2] Ließ sich nicht ermitteln.
[3] Die Bärenhöhle von Erpfingen, die mit der seit 1834 bekannten Karlshöhle verbunden ist, wurde 1949 von Karl Betz entdeckt und für touristische Zwecke genutzt; vgl. G. WAGNER, Bärenhöhle.
[4] Az. A/2/53; Stempel: „Pers[önlichem] Ref[erenten] vorgelegt"; weiterer Nachweis: N 1221, 310: Durchschlag.

nicht gesehen habe. Es ist mir auch ohne Ihr freundliches Zusprechen von der interessanten Entdeckung berichtet worden von Menschen, die schon dort waren. Aber ich bin nun eben leider mit meinen Terminen entsetzlich gespannt, und das Privatleben, das sich Dinge aussucht, die man gern neu oder wieder sieht, hat ziemlich aufgehört. In der so sehr geliebten württembergischen Heimat aber meinen Urlaub zuzubringen, wage ich einstweilen nicht, weil ich bei den vielen, vielen guten Freunden, die ich in diesem Lande habe, dann einfach von Besuchen und Inanspruchnahmen so zugedeckt würde, daß die Ruhe, deren ich nach sehr strapaziösen Arbeitswochen bedarf, futsch wäre. Schenken Sie mir also bitte ruhig etwas Mitleid, auch wenn Sie in Ihrem Brief meinen, daß ich nicht bemitleidet werden wolle.

Mit landsmannschaftlichem Gruß
Ihr
                                                            Theodor Heuss

Nr. 86 A
Von Willi Heymann, Bergshausen über Kassel 7
17. Mai 1953
BArch, B 122, 126: ms. Übertragung eines stenographierten Schreiben[1]
Fragen der Stenografie

Sehr geehrter Herr Bundespräsident, lieber Schriftfreund!

Obgleich ich bis zur Auflösung der „Allgemeinen Schriftwechselvereinigung des deutschen Jugendbundes für Einheitskurzschrift, angeschlossen dem Deutschen Stenographenbund" durch die Nazi Gauobmann der Schriftwechselvereinigung für Schlesien war, glaube ich bis heute nicht an die Existenz einer Deutschen Einheitskurzschrift;[2] denn wenn der kleine Prozentsatz von Stenographen der erdrückenden Masse der stenographischen Analphabeten gegenübersteht, muß man zugeben, daß es gar keine Einheitskurzschrift gibt, d. h. eine Kurzschrift für das ganze Volk.
   Um eine solche tatsächliche Einheitskurzschrift zu schaffen, muß man die allgemeine Schulpflicht für die Erlernung der Kurzschrift einführen, d. h. zunächst,

---

[1] Eingangsstempel vom 20. 5. 1953 auf dem stenographierten Eingang; Az. A/2/53.
[2] Die Einführung einer Einheitskurzschrift für den amtlichen Gebrauch wurde bereits bald nach der Jahrhundertwende angestrebt und während der Weimarer Republik vom Staatssekretär im Innenministerium Heinrich Schulz, der selbst keine Stenographie beherrschte, mit dem Ziel vorangetrieben, sie zum 1. 4. 1926 gültig werden zu lassen.

daß für die 12–14jährigen Schulkinder die Erlernung der Verkehrsschrift der Deutschen Einheitskurzschrift zur Erfüllung der allgemeinen Schulpflicht gehören muß.

An der Vorbereitung der Verwirklichung dieses Planes arbeite ich seit Jahrzehnten, glaube aber trotzdem, es wäre verfrüht, in dieser Angelegenheit mit Behörden Fühlung zu nehmen; denn ich habe in jahrzehntelanger Erfahrung mit Behörden einwandfrei festgestellt: Sobald es sich um Neuerungen handelt, sind Behörden ausschließlich zur Sabotage geneigt, nicht zum Aufbau und zur Mitarbeit, ausgenommen, wenn die „Neuerung" eine Erhöhung der Beamtengehälter zum Gegenstand hat, und dann ist es ja eigentlich keine Neuerung, sondern das alte höchste Kampfziel jeder waschechten Beamtenseele!

Darum schreibe ich Ihnen nicht als dem höchsten Staatsbeamten, sondern als Kurzschriftfreund, dessen ausgezeichnetes Buch über Anton Dohrn[3] ich während des Krieges mit dem größten Interesse studierte (ich schätze unter den Malern Hans von [Marées][4] ganz besonders), ohne sonst jemals von einem Politiker Heuss gehört zu haben, da ich die Politiker fast durchweg als Gauner oder Narren verabscheue.

Wenn Sie also einmal während eines Urlaubs oder was weiß ich wann sonst ein paar Minuten Zeit haben, können sie mir in stenographischer Schrift eine Postkarte schreiben, ob Sie sich für meinen Plan interessieren, ohne vorläufig irgendwelche sabotierenden Behörden ....

Einen Schriftwechsel mit Behörden über die Angelegenheit lehne ich solange ab, bis ich eine Reihe führender Persönlichkeiten, schrittweise einen nach dem anderen, in rein persönlicher privater Form für die Sache gewonnen habe.

Sie sind der erste, dessen Zustimmung ich zu gewinnen für wichtig halte. Wenn Sie zusagen, sende ich Ihnen einen kurzen Brief, nicht länger als dieser hier. Sie brauchen also keine Belästigung zu befürchten und kein Drängen; denn ich will auch meine Ruhe haben! Ich arbeite nämlich gegenwärtig als Bauhilfsarbeiter und habe selbst nur ganz wenig Freizeit, die durch Fremdsprachenerlernung einschließlich fremdsprachlicher Kurzschrift und Studium der Maltechnik und Aktzeichnen etc. reichlich besetzt ist.

Mit freundlichen Kurzschriftgrüßen
Ihr ergebener   Willi Heymann

---

[3] THEODOR HEUSS: Anton Dohrn in Neapel, Berlin/Zürich 1940.
[4] In der Vorlage nur drei Punkte. Hans von Marées malte u. a. die Fresken in der Zoologischen Station in Neapel.

Nr. 86 B
An Willi Heymann, Bergshausen über Kassel 7
23. Mai 1953
BArch, B 122, 126: ms. Schreiben, Durchschlag, von Heuss diktiert (Diktatz. H/Bk), von Bott
hs. paraph. und ms. gez.[5]

Sehr geehrter Herr Heymann!

Der Bundespräsident bittet um Ihr Verständnis, wenn er Ihnen auf Ihren Brief in
der Stenografiesache jetzt nicht persönlich antwortet. Die Beanspruchung durch
Reisen, durch täglich ein paar Hundert Briefe und daneben noch laufend durch
Konferenzen geht über das Maß des Erträglichen hinaus.

Dr. Heuss wird Ihrer Erwartung, sich für die obligatorische Einführung der
Einheitskurzschrift einzusetzen, nicht entsprechen können. Er benutzt ja, wie Ihnen
vielleicht bekannt ist, die Stenografie Stolze-Schrey[6] und hat infolgedessen Ihre
Anfrage nicht unmittelbar lesen, aber bei seinen bedrängten Stunden sich auch
nicht die Mühe machen können, mit dem getippten Brief die Sache zu vergleichen.
Es geht nicht nur über seine Kompetenzen, sondern auch über das, was er arbeitstechnisch noch an Plänen vor sich hat, hinaus, in diese Frage sich noch einmal in
seinem Leben hineinzubegeben. Für Dr. Heuss ist das Stenografie-Lernen eine
heitere Jugenderinnerung der Freiwilligkeit,[7] die ihm dann auch in allerhand
Menschenkenntnis des polemischen Systemstreits hereingeführt [hat]. Aber das
liegt nun ein halbes Jahrhundert zurück – und daß Dr. Heuss vor 25 Jahren im
Reichstag eine Rede über die Stenografie gehalten hat,[8] veranschlagt er nicht so,
als daß er sich selber hier jetzt eine neue Aufgabe gestellt sähe. Dr. Heuss bittet
Sie, für einen arbeitsmäßig überlasteten Menschen Nachsicht zu haben.

Mit freundlicher Begrüßung   Hans Bott
                                    Persönlicher Referent des Bundespräsidenten

---

[5] Az. A/2/53; Absendevermerk vom 23. 5. 1953; weiterer Nachweis: N 1221, 310: Durchschlag.
[6] Die Stenographie nach Stolze-Schrey war 1897 entwickelt und von Heuss als Schüler gelernt
   worden.
[7] Heuss berichtet darüber auch in seinen Jugenderinnerungen; vgl. Th. HEUSS, Vorspiele, S. 80f.
   Über den Systemstreit, der durch die Einführung einer „Einheitskurzschrift" gelöst werden sollte,
   erzählt er auch in: DERS., Erinnerungen, S. 334.
[8] Heuss sprach im Reichstag am 16. 5. 1925 über Stenographie; VERHANDLUNGEN DES DEUTSCHEN
   REICHSTAGS, 61. Sitzung, 15. 5. 1925, S. 1828–1830, abgedruckt in: R. DAHRENDORF / M. VOGT,
   Theodor Heuss, S. 152–156. Diese Rede habe seinen „Ruf als Redner begründet", meinte Heuss
   später; vgl. Th. HEUSS, Erinnerungen, S. 334.

Nr. 87 A

Von Willy Purwins, Lehrer, Dambeck, Kreis Salzwedel, DDR, z. Zt. West-Berlin

25. Mai 1953

BArch, B 122, 129: hs. Schreiben, behändigte Ausfertigung[1]

Bekenntnis zur Freiheit

Hochverehrter Herr Bundespräsident!

Anläßlich eines kurzen Aufenthalts in West-Berlin ist es mir endlich möglich, einen schon lange gehegten Wunsch zu verwirklichen: ein Schreiben an Sie, Herr Bundespräsident, zu richten. Ich bin ein Lehrer in einem kleinen Dorf in der Ostzone, und mein Wirkungskreis ist eng. Es war mir jedoch möglich, mit einer großen Zahl meiner Kollegen freien Meinungsaustausch zu pflegen. Dabei habe ich festgestellt, daß alle Maßnahmen der Verwaltungsstellen der Zone, die einen Gewissenszwang auf Lehrer und Schüler hervorrufen, von dem überwiegenden Teil der Kollegen auf das schärfste verurteilt werden. Ich glaube daher, im Namen vieler Kollegen sprechen zu können, wenn ich Sie, hochverehrter Herr Bundespräsident, bitte, auch weiterhin den Gedanken an die Treue der Lehrerschaft, an ihre Liebe zur Freiheit und zum Deutschtum zu bewahren, wenn auch das Verhalten Einzelner irreführend erscheint. Wir sind entschlossen, unsere Erziehungsarbeit auch weiterhin im Geiste der Freiheit fortzuführen, um damit einen bescheidenen Teil zur Unterstützung der freiheitlichen Gesinnung in der Zone beizutragen. Eingedenk Ihres Appells, Herr Bundespräsident, wollen wir unseren Platz nicht verlassen. Wir hoffen, daß Ihre Regierung konsequent den Weg weiterhin verfolgt, der in die Freiheit auch für uns führt. Wenn ich nun nach einigen Tagen West-Berlin verlasse, um an meinem Arbeitsplatz in der Zone zurückzukehren, nehme ich Hoffnung und Glauben genug mit, um auch auf meine Kollegen einen Teil davon übertragen zu können.

Willy Purwins
Lehrer in Dambeck, Kreis Salzwedel

[PS] Wenn Sie, Herr Bundespräsident, den Empfang dieses Schreibens zu bestätigen wünschen, und einige gute Worte fänden, dann bitte ich aus Gründen meiner persönlichen Sicherheit um die Wahl folgender Anschrift: Edwin Westphal, Berlin-Zehlendorf, Kolonie Schweizerland Nr. 198.

---

[1] Eingangsstempel vom 28. 5. 1953; Az. A/2/53.

Nr. 87 B
An Willy Purwins, z. Zt. Berlin-Zehlendorf
30. Mai 1953
BArch, B 122, 129: ms. Schreiben, Durchschlag, von Heuss diktiert (Diktatz. H/Bk) und ms.
gez.[2]

Sehr geehrter Herr Purwins!

Freundlichen Dank für Ihre Zeilen. Ich erhalte manchmal solche Briefe aus der
Sowjetzone,[3] die mir auch wichtig sind, weil sie ein Stück des unzerreißbaren
inneren Zusammenhangs darstellen. Berlin ist ja der große Briefkasten des Vaterlandes.

Ich spüre, wie gerade Ihr Beruf voll Schwierigkeiten und voller Verantwortung
ist, um dem geistigen und seelischen Auseinanderleben der Deutschen entgegenzuwirken. Aber ich bin zutiefst davon überzeugt, daß die Substanz eines Volkes in
dem Wesenhaften unverderblich ist.

Mit freundlichem Dank
Ihr
Theodor Heuss

Nr. 88 A
Von Prinz Friedrich Christian, Markgraf von Meißen, Schloss Altshausen, Kreis
Saulgau
18. Juni 1953
BArch, B 122, 128: ms. Schreiben, behändigte Ausfertigung[1]
Solidaritäts-Adresse aus Anlass des Aufstandes in der DDR am 17. Juni 1953

Verehrter Herr Bundespräsident!

Als erster Vorsitzender der Arbeitsgemeinschaft deutscher Adelsverbände ist es
mir ein Bedürfnis, Ihnen in diesen für die Ostzone unseres geliebten Vaterlandes
bedeutungsvollen Tagen[2] zum Ausdruck zu bringen, wie wir alle uns solidarisch

---

[2] Az. A/2/53; Stempel: „Pers[önlichem] Ref[erenten] vorgelegen"; neben der Anschrift Vermerk:
„Umschlag Deckname"; weiterer Nachweis: N 1221, 310: Durchschlag.
[3] Am 26. 5. 1953 hatte z. B. Leni Kowitz einen detaillierten Bericht über die Lage in Kühlungsborn und die Verfolgung der dortigen Hotelbesitzer übersandt; B 122, 127.
[1] Eingangsstempel vom 21. Juni 1953; Az. A/Ch/53.
[2] Gemeint war die Streik- und Protestbewegung vom 16./17. Juni 1953 in Ost-Berlin und vielen
anderen Orten der DDR, die durch den massiven Einsatz sowjetischer Truppen niedergeschlagen
wurde; vgl. H. KNABE, 17. Juni 1953.

fühlen mit der Mehrheit unseres Volkes östlich des eisernen Vorhangs – Gott, den Herren, bittend den Zeitpunkt bald heranrücken zu lassen, wo wir alle wieder in einem geeinten deutschen Vaterland zusammenleben können.

Mit der Versicherung meiner Hochachtung bin ich, verehrter Herr Bundespräsident,
Ihr ergebener   Friedrich Christian,
                                                                Markgraf von Meißen

Nr. 88 B
An Prinz Friedrich Christian, Markgraf von Meißen, Schloss Altshausen, Kreis Saulgau
24. Juni 1953
BArch, B 122, 128: ms. Schreiben, Durchschlag, von Heuss diktiert (Diktatz. H/Sch) und ms. gez.[3]

Eurer Königlichen Hoheit

darf ich für die freundlichen Zeilen, die Sie an mich gerichtet haben, bestens danken. Ich habe mich über die Bekundung der gemeinsamen Gesinnung und gemeinsamen Hoffnung aufrichtig gefreut.

Mit freundlichen Empfehlungen
Ihr   Theodor Heuss

Nr. 89 A
Von Werner Hübner, Frankfurt a. M.
20. Juni 1953
BArch, B 122, 126: ms. Schreiben, behändigte Ausfertigung[1]
Vorschläge für eine Propaganda in die DDR nach dem 17. Juni 1953

Herr Bundespräsident!

Es ist das erste Mal – so alt ich bin –, daß ich mich mit meiner geringen Meinung an eine öffentliche Persönlichkeit wende.

---

[3] Az. A/Ch/53; weiterer Nachweis: N 1221, 310: Durchschlag.
[1] Eingangsstempel vom 21. 6. 1953; Az. A/Ch/53.

Allein die Art und Weise, in welcher bis zur Stunde von allen unseren im öffentlichen Leben stehenden Personen und Gruppen, besonders aber von unserer staatlichen Repräsentation – der Regierung – auf die Ereignisse vom 16./17. 6. reagiert, beziehungsweise nicht reagiert worden ist, treibt mich zu diesen Zeilen.

Mir ist klar, daß die Bundesregierung machtmäßig keinen Einfluß auf den weiteren Ablauf der Dinge nehmen kann. Aber alle Welt – scheint mir – und vor allem die Menschen in der Ostzone, die einen (wenn man die Verhältnisse aus Erfahrung kennt) wunderbar erscheinenden Mut bewiesen haben, erwarten von der Bundesrepublik *wenigstens eine groß angelegte und so laute wie nur mögliche* Kundgebung der gesamten freien Bevölkerung Deutschlands.

Die Menschen drüben müssen jetzt für ihren Mut bitter zahlen – und gerade das wußten sie alle vorher schon, weil sie eben das Gesindel, dem sie ausgeliefert sind, kennen! Daß sie es wagten, ohne Waffen und ohne Möglichkeit, sich der auf dem Fuße folgenden asiatischen Rache entziehen zu können, beweist das Maß ihrer Not.

Die Menschen drüben haben uns und die Welt durch ihr Beispiel aufrufen wollen, und sie erwarten alles jetzt von uns – nur keine mittelmäßigen Proteste und ähnliche Sprüche.

Ich verstehe deshalb Sie, Herr Präsident, sowie den Bundeskanzler und die paar wenigen Persönlichkeiten – von denen ich eigentlich bisher für möglich gehalten habe, daß sie etwas mehr besitzen als den üblichen lahmen Bürgercharakter – nicht, daß man weder für den 18., noch den 19., noch für den 20. einen *Staatsprotest* organisiert hat, an dem das deutsche Volk eben teilzunehmen hat. (Dabei erscheint mir nebenbei, daß heute kein Mensch in Deutschland – außer den Karlshorster Spezialisten[2] – das richtige Fingerspitzengefühl für Propagandanotwendigkeiten und -gelegenheiten mehr hat!)

Ein Volkstrauertag, ohne Arbeit, ohne öffentliche Musik, aber mit einer in alle Welt und in allen Sprachen zu verbreitenden Central-Kundgebung, auf der Sie, Herr Präsident, z. B. den amerikanischen Regierungschef zu schneller, schützender Vermittlung für die Vogelfreien und die Kremlherren zu zivilisierter Vernunft aufrufen sollten, wäre wohl Gesetz der Stunde.

Stattdessen, entschuldigen Sie, eröffnen Sie irgend etwas in München,[3] weil es auf dem Plan steht! Und der von mir eigentlich geschätzte Bundeskanzler balgt sich in diesen Tagen in Bonn mit der mir schon lange reichlich satt und ideenlos erscheinenden Parlamentsbürokratie um ein Wahlgesetz herum![4] In der

---

[2] In Karlshorst, einem Ortsteil im Berliner Verwaltungsbezirk Lichtenberg, befand sich die Sowjetische Militäradministration Deutschland (SMAD), welche de facto die Regierungshoheit über das Gebiet der SBZ von 1945 bis 1949 besaß; vgl. SMAD-HANDBUCH.

[3] Heuss hatte am 20. 6. 1953 in München die Verkehrsausstellung eröffnet; Ansprache in: B 122, 230.

[4] Zur Diskussion um eine Reform des Wahlrechts (absolute oder relative Mehrheitswahl) 1952/53 vgl. E. JESSE, Wahlrecht, S. 98–103.

Ostzone hoffen die Menschen auf den *Kanzler*, und er hat dort in allen Schichten wahrscheinlich mehr Sympathien als er selber für möglich hält.

Seine Zurückhaltung ist falsch. Sie kann Befremden auslösen und Enttäuschung. In solche Stunden der physischen und psychischen Not erwartet eine Bevölkerung von ihrem Staatschef, daß er ihr sein *Herz* auch offen zeigt. Sie erwartet dann kein taktisches Verhalten, sondern impulsive Zuneigung und Wärme, wenn sie schon mit einem Mehr nicht rechnen darf!

Sie, der Kanzler und die paar anderen, auf die das arme Volk da drüben noch hofft, gehören seit dem 17. 6. nach Berlin und an gar keinen anderen Ort.

Morgen sollen Sie in Bonn (!) vor dem Bundestag sprechen.[5] *Viel mehr Gewichte hätte es, Sie sprächen am Brandenburger Tor, und die Herren Parlamentarier stünden vor Ihnen unter dem freien Himmel.* Bitte bedenken sie das, Herr Präsident.

Es geht darum, den geeignetsten Rahmen zu wählen bei dem Versuch, die Moskauer Asiaten und ihre jämmerlichen Büttel nachdenklich zu machen, wobei es gerade Ihnen – als Humanist – gut möglich sein wird, die Worte richtig zu wägen.

Es geht auch darum, von der, der Welt bekanntesten Stelle aus diese Welt laut (und ohne es vorher abzusprechen) zu erinnern an ihre Mitverantwortung und an ihrem menschlichen Gewissen zu rütteln.

Es geht aber auch darum, den Opfern drüben von dem Platz aus, an dem Sie und wir ihnen am nächsten sind, Zuversicht und etwas Hoffnung zuzusprechen in ihrer sehr schweren Stunde.

Der morgige Anlaß wäre schon der geeignete, um einer solchen Kundgebung den Rahmen zu geben, den sie haben müßte – und könnte! Es ist ein Fehler, diese Proklamation in Bonn abzuhalten.

Es kann sein, daß die nächsten Tage oder Wochen erneut Gelegenheit und bedauernswerten Anlaß bieten für einen Staatsprotest der Bundesrepublik. Sorgen Sie bitte mit dafür, daß eine solche Stunde nicht wieder verschenkt wird.

Diese Zeilen mögen Sie bitte richtig verstehen: Es ist längst nicht etwa eine billige Kritik beabsichtigt. Ich halte es schon weit langem für eine dringendes Gebot, daß unsere Staatsführung viel sorgfältiger darauf achtet, dem Gesindel dort drüben so wirkungsvoll und schlagartig schnell wie nur eben möglich zu begegnen.

Das bedarf aber einer entscheidend größeren Aktivität als sie bisher gezeigt worden ist. Wir verfügen doch auch für die Behandlung dieser Fragen sogar über

---

[5] Heuss sprach am 21. 6. 1953 im Bundestag im Rahmen einer Gedenkstunde für die Opfer in Berlin und in der DDR vom 17. Juni; Manuskript und Druck in: B 122, 230.

ein Ministerium.[6] Sind dort die Planstellen an alte Leute zur Verteilung gelangt? Aber gerade da gehören keine halben Herzen hin!

Ich begrüße Sie mit dem Ausdruck meiner Hochachtung   Werner Hübner

Nr. 89 B
An Werner Hübner, Frankfurt a. M.
21. Juni 1953
BArch, B 122, 126: ms. Schreiben, Durchschlag, von Heuss diktiert (Diktatz. H/Sch), von Bott hs. paraph. und ms. gez.[7]

Sehr geehrter Herr Hübner!

Ihr Brief an den Herrn Bundespräsidenten ist hier eingegangen, als er die Ansprache zu der Situation in der Sowjetzone bereits konzipiert hatte.[8] Er hat um dieser Sache willen sein ganzes Programm umgeworfen, ist in der Nacht von München zurückgekehrt und mußte am gleichen Abend wieder nach Kiel fahren.

Dr. Heuss hat den Eindruck, daß Sie sich bei allem anerkennenswerten Eifer und bei der inneren Beteiligung die Kritik und Ihre Vorschläge etwas zu billig gemacht haben bzw. daß Sie ein Freund von dem verjährten Propagandabetrieb geblieben sind.

Sowohl der Bundespräsident wie der Bundeskanzler sind über die seelische Situation in der Sowjetzone unterrichtet, und sie wissen auch, daß ihr Wort dort immer gehört worden ist. Daß Sie eine Rede am Brandenburger Tor erwarten und sozusagen eine Bundestagssitzung auf dem Potsdamer Platz, ist doch wohl kaum etwas anderes als agitatorische Romantik aus, verzeihen Sie, den Schubladen von Goebbels und geht an der Natur der angesprochenen Persönlichkeiten wie an dem verantwortungsvollen Ernst der Gesamtsituation vorbei. Daß die Kundgebung in Bonn stattfindet, ist eine fast selbstverständliche technische Gegebenheit. Sie wendet sich ja an das ganze deutsche Volk wie auch an das Ausland.

Mit vorzüglicher Hochachtung   Hans Bott
                                    Persönlicher Referent des Bundespräsidenten

---

[6] Erster Bundesminister für gesamtdeutsche Fragen war Jakob Kaiser (CDU), der am 20. 9. 1949 ernannt worden war.

[7] Az. A/Ch/53; Absendevermerk vom 22. 6. 1953; weiterer Nachweis: N 1221, 310: Durchschlag.

[8] Vgl. Anm. 5.

Nr. 90 A
Von E. F. Regius, Journalist, Rosenheim 2, Oberbayern
24. Juni 1953
BArch, B 122, 129: ms. Schreiben, behändigte Ausfertigung[1]
Bitte um einen vom Bundespräsidenten benutzten Bleistift

Sehr geehrter Herr Bundespräsident:

Mein Schreiben wird Sie, hoffentlich, erreichen; gerade weil sein Inhalt belang-
los ist. Wichtige Briefe verschwinden ja oft in den Schubladen der Vorzimmer
und erreichen nie denjenigen, an den sie gerichtet wurden.

Herr Bundespräsident, sollten Sie in den wenigen Minuten der Lektüre meines
Briefes an Sie keinen Bleistift zur Hand haben, so haben Sie gewiß einen auf
dem Schreibtisch liegen. Um diesen Bleistift, Herr Bundespräsident, mit dem *Sie*
bereits geschrieben haben – also einen bereits abgenützten – bitte ich!

Eine bescheidene Bitte, die mir noch niemand – aus der ganzen Welt – abgeschlagen hat. Und darum hoffe ich, daß ich zu meiner Sammlung (jeder Mensch
hat eben „sein" Steckenpferd) bald auch *Ihren* Bleistift hinzufügen kann. Ich
freue mich schon sehr darauf!! Und ich danke!! Gerade für mich als Journalist,
Schriftsteller, Redakteur und Verleger macht es einen ganz besonderen Spaß –
und es entbehrt nicht eines ganz besonderen Reizes –, in stillen Stunden die
Bleistifte jener Menschen zu nehmen, Zwiesprache mit ihnen zu halten und dann
selber einen Aufsatz zu schreiben, mit jenen Bleistiften, mit denen – z. B. Sie,
Herr Bundespräsident – ebenfalls das Manuskipt eines Aufsatzes oder einer
Rede auf einen Bogen weißes Papier schrieben. Mein Zimmer – ich bin Heimat-
vertriebener aus Siebenbürgen – ist sehr klein. Und doch ist meine Welt groß in
Gedanken einer weltweiten Verbundenheit mit allen jenen, die ich verehre, liebe
und – die ich bat, mir einen Bleistift zu schicken!

Auch Ihnen, Herr Bundespräsident, will ich gerne dienen, und bei dieser Gelegenheit dies ausdrücklich versichern!

Ihr sehr ergebener   E. F. Regius

---

[1] Eingangsstempel vom 26. 6. 1953; Az. A/2/53; von Heuss mit einem „d[iktieren]" versehen;
rechts hs. Vermerk: „Will Bleistift des BPräs.!!"; links hs. Vermerk: „verrückter Gedanke". Zwei
Ausrufezeichen an dem Abschnitt, in dem die Bitte geäußert wird.

Nr. 90 B
An E. F. Regius, Journalist, Rosenheim 2, Oberbayern
27. Juni 1953
BArch, B 122, 129: ms. Schreiben, Durchschlag, von Heuss diktiert (Diktatz. H/Sch), von
Bott hs. paraph. und ms. gez.[2]

Sehr geehrter Herr Regius!

Der Herr Bundespräsident hat Ihren Brief noch eben erhalten, bevor er in seinen
Erholungsurlaub weggefahren ist. Er wird Sie aber enttäuschen müssen: er schreibt
gar nicht mit Bleistiften.

Er läßt Ihnen aber mitteilen, daß es zweifelhaft wäre, ob er Ihnen einen Bleistift senden würde, falls er sich solcher bei seiner Arbeit bedienen würde. Sie
müssen mit ihm nachsichtig sein. Er hält das – ohne Ihrem hobby etwas von der
für Sie vielleicht wichtigen Würde wegzunehmen – für einen Sport, für den er
selber, so viel Humor er sonst besitzt, keinen Sinn hat.

Mit den besten Empfehlungen   Hans Bott
                              Persönlicher Referent des Bundespräsidenten

Nr. 91 A
Von der Firma J. S. Staedtler, Mars-Bleistiftfabrik, Nürnberg
10. Juli 1953
BArch, B 122, 130: ms. Schreiben, behändigte Ausfertigung
Übersendung von Materialien zum Zeichnen während des Urlaubs

Hochverehrter Herr Bundespräsident!

Der Presse haben wir entnommen, daß Sie, hochverehrter Herr Bundespräsident,
auch während Ihrer diesjährigen Ferientage den Zeichenblock als Ihren ständigen
Begleiter bei sich führen.

Gestatten Sie uns, bitte, die besondere Freude, daß wir Ihnen zur Ausführung
der verschiedensten Arbeiten, vom Aquarell bis zur Kohlezeichnung, einiges aus
unserem Fabrikationsprogramm überreichen. Die fast dreihundertjährige Tradition unseres Hauses bürgt für hervorragende Qualität unserer Erzeugnisse, die
Sie bei noch vielen sonnigen Ferientagen begleiten mögen.[1]

Mit dem Ausdruck vorzüglicher Hochachtung   J. S. Staedtler

---

[2] Az. A/2/53; Absendevermerk vom 28. 6. 1953; weiterer Nachweis: N 1221, 310: Durchschlag.
[1] Von der ebenfalls in Nürnberg befindlichen Bleistift-Fabrik Schwan-Stabilo erhielt Heuss am
13. 7. 1953 ebenfalls ein Etui mit Zeichenstiften, für das er sich am 17. 7. 1953 bedankte; B 122, 49.

Nr. 91 B
An die Geschäftsleitung der Firma J. S. Staedtler, Mars-Bleistiftfabrik, Nürnberg
13. Juli 1953; Kurhaus Schwaltenweiher, Seeg bei Füssen, Allgäu
BArch, B 122, 130: ms. Schreiben, Durchschlag, von Heuss diktiert (Diktatz. H/Sch) und ms. gez.[2]

Sehr geehrte Herren!

Was die Zeitungen doch alles zu berichten haben! Es ist in der Tat richtig, daß ich, da ich ja sonst arbeitsmäßig ziemlich überfordert bin, seit eh und je in meinen Ferien Kohlestift- und Buntfarben-Zeichnungen machte und daß ich mich auch für die diesjährige Reise genügend ausgestattet hatte. Aber es ist bei diesem fast ununterbrochen schlechten Wetter bisher noch kein Strich gezeichnet worden, da es beinahe dauernd regnete oder doch so viel Nässe im Boden steckt, daß man nicht draußen herumsitzen kann.

Aber vielleicht darf ich Ihre so überaus liebenswürdige Sendung als eine Ermunterung an das Ferienschicksal ansehen, nun für die letzten Wochen der Sache noch einen anderen Schick zu geben, damit ich mich mit dem Kunstinstrumentarium Ihrer alten Tradition wie die vorangegangenen Generationen versuchen kann – hoffentlich mit formal genügendem Erfolg.

Mit bestem Dank
Ihr
                                                        Theodor Heuss

Nr. 92 A
Von Georg Friess, Fischbach bei Nürnberg
17. Juli 1953
BArch, B 122, 125: ms. Schreiben, behändigte Ausfertigung[1]
Kritik an Politikern und an der Bürokratie: Wohnraumhilfe, Kreditvergabe, Wahlmüdigkeit

Sehr geehrter Herr Bundespräsident!

Wenn ich mir erlaube, einmal an Sie einen Brief zu schreiben, so hätte ich vor allem eine Bitte, daß Sie mir diesen Brief persönlich beantworten wollten und nicht irgendein Angestellter Ihrer Kanzlei oder sonst ein Ministerium. Denn was

---

[2] Az. A/53; weiterer Nachweis: N 1221, 311: Durchschlag.
[1] Eingangsstempel vom 21. 7. 1953; Az. A/2/53.

ich hier schreibe ist nicht eine Sache irgendeiner Stelle, sondern eine grundsätzliche. Als Soldat und dann während meiner dreieinhalbjährigen Kriegsgefangenschaft in den USA habe ich mir sagen lassen, wenn in anderen Ländern jemand sich an den Staatspräsidenten wendet, er auch von diesen persönlich beantwortet wird. Bei uns in Deutschland ist es meist nicht so, man bekommt von irgendeiner Stelle, Ihre Anfrage wurde zur Erledigung nach da oder dort überwiesen. Dies zur Einleitung.

Wir stehen nun wieder einmal davor, einen Bundestag zu wählen. Als wirklicher Demokrat steht man heute vor der Frage, ja wen wählt man, und kommt zu dem Schluß, überhaupt nicht. Denn welcher Abgeordnete oder [welche] Partei ist wirklich für den kleinen Mann. Da ist keiner da, nur während der Wahlpropaganda, aber nachher, nein da hat keiner mehr Zeit, sich wirklich in das Volksdenken hineinzufinden. Am Rande macht man ein paar Gesetze, mit viel Tamm Tamm, das dann so aussieht als wäre wirklich etwas geschafft, das auch mal für die kleinen gut ist. Was kommt aber wirklich heraus. Bis es durch alle Behörden und zuständigen Beamten läuft, sind diese Gesetze so zurecht frisiert mit Verordnungen und Richtlinien, daß es gar keine Hilfsgesetze mehr sind. Was nützt nun alle Demokratie, wenn sich jeder Staatsbürger einfach der Behörden-Diktatur fügen muß. Ich will nun einige Beispiele anführen. Da hat man im Lastenausgleich eine Wohnraumhilfe und Existenzaufbauhilfe geschaffen. Zuerst die Wohnraumhilfe. Da werden Richtlinien beachtet, wenn nun ein Bauwilliger sich etwas baut, das nicht diesen entspricht, bekommt er nichts. Wie aber sind diese Richtlinien. Ich habe mir zum Beispiel ein Häuschen, drei Zimmer, Küche usw. gebaut, nachdem ich eben eine Wohnung brauchte, als total Fliegergeschädigter. Verschiedenes Holzmaterial hatte ich noch, und so mußte ich mich nach diesem Material richten. Es kam nun ein Bau heraus, der sehr praktisch ist, aber eben nicht den Vorstellungen der Behörden entspricht. Für mich genügt ein drei Meter hohes Dach. Wie es eben mein Lebensstandard erlaubt. Vorgeschrieben wird aber nun ein viel höheres, so daß die angeforderte Hilfe schon allein das Dach verschlingen würde, was bleibt übrig, auf die Hilfe zu verzichten und weiter unter äußerster Sparsamkeit zu warten, bis man selbst das Geld hat, weiter zu machen.

Dann habe ich vor dem Kriege eine Bäckerei gehabt, alles vernichtet, Geld durch die Währung verloren usw. Also war ein Berufswechsel vonnöten. Schlecht und recht schlage ich mich nun als Vertreter durch. Um nun aber diese Vertretung zu erhalten und das Einkommen zu steigern, bin ich gezwungen, mir ein Auto bis 1. 9. 53 anzuschaffen. Wo aber das Geld hernehmen, denn Bauen und Auto kaufen [und] alles herbringen ist zu viel. Im Januar nun habe ich um ein Darlehen bei der Existenzaufbauhilfe nachgesucht. Nach einigen Monaten habe ich den Bescheid erhalten, abgelehnt. Nochmals Beschwerde eingereicht mit Unterlagen, daß die Firma die Bürgschaft übernimmt, daß ich die Autospesen ersetzt bekomme, mit Berechnung, daß sich das Auto bei mir bezahlt macht und ich meine Existenz erweitern und sichern kann. Ja bis heute habe ich darauf noch keinen Bescheid. Bei Rückfragen hat man durchblicken lassen,[2] meinen Antrag zurückzuziehen, weil es wenig Aussicht hat auf Erfolg. Sehen Sie, Herr Bundespräsident, so sieht die wirkliche Hilfe des Staates aus für uns, die wir mehr als drei Jahre in Kriegsgefangenschaft waren usw. Und da soll man an einen demokratischen Staat glauben, da soll man wählen? Muten Sie uns das nicht zu. Es gäbe noch vieles, was ich hier anbringen könnte, aber solange will ich Ihre Zeit nicht in Anspruch nehmen.

Nur eines noch. In der Kriegsgefangenschaft in der USA ging es soweit Verpflegung und Unterkunft ganz passabel, darüber ist nicht zu klagen. Für unsere Arbeit erhielten wir pro Tag 80 Cent. Die meisten Kameraden haben es in den Kantinen für alles mögliche unnützliche ausgegeben. Ich habe nun immer wieder gepredigt, Kameraden, verhaut Euer Geld nicht so leicht, sondern spart, wenn wir wieder heimkommen, haben wir einen Notpfennig bitter nötig. Viele haben den Ratschlag befolgt. Was aber war, der Staat hat es uns vor der Währung[sreform] ausbezahlt und kaputt gemacht. Was meine Kameraden mir heute sagen, brauche ich Ihnen wohl nicht zu erzählen. Und da soll man zu einem Staat Vertrauen haben.

Hochachtungsvoll!   Georg Friess

Nr. 92 B

An Georg Friess, Fischbach bei Nürnberg

6. August 1953

BArch, B 122, 125: ms. Schreiben, Durchschlag, von Heuss diktiert (Diktatz. H/Sch) und ms. gez.[3]

Sehr geehrter Herr Friess!

Der Brief, den Sie mir unter dem 17. 7. geschrieben haben, hat mich hier bei der Rückkehr aus meinem Urlaub erwartet. Wenn Sie aber meinen, daß die Briefe, die an einen Staatspräsidenten geschrieben werden, überall von diesem persönlich beantwortet werden, so sind Sie ein Träumer. Ich weiß, daß es Staatsleitungen gibt, die Dutzende von Beamten mit der Beantwortung der Zuschriften beschäftigen. Ihre eigene Phantasie muß Ihnen doch sagen, daß ich gar nicht in der Lage bin, bei einem täglichen Posteingang von etwa 500 an mich gerichteten Briefen diese alle zu lesen oder gar zu beantworten. Aber da Sie ein so großer Skeptiker

---

2 In der Vorlage: „wurde mir durchblicken lassen".
3 Az. A/2/53; Stempel: „Pers[önlichem] Ref[erenten] vorgelegt"; weiterer Nachweis: N 1221, 311: Durchschlag.

sind, will ich Ihnen diesen Brief selber schreiben, freilich nur um Ihnen mitzuteilen, daß diese Art von Briefen, wie Sie mir einen gesandt haben, immer wieder
kommen und auch von uns verstanden werden, bei der Not und der Enttäuschung,
die in zahllosen Fällen in unserem Volke, aber nicht nur in unserem Volke vorhanden ist. Bloß dürfen Sie von mir nicht erwarten, daß ich Ihnen Ratschläge
über das Wählen gebe oder mich über Fragen einer Bürgschaft bei einem Auto-
kauf oder über die Frage der Konstruktion eines Dachstuhles mit Ihnen unterhalte,
denn diese Dinge sind ja immer nur aus der Spezialkenntnis zu beantworten.

Ich möchte Ihnen nur dies sagen, daß das Schimpfen auf die Parteien und auf die
Kandidaten eine ewige Beschäftigung von Menschen ist, die nicht wissen oder
nicht wissen wollen, welche ungeheure Last auf den meisten der Abgeordneten
ruht und welche schier unlösbaren Aufgaben in den Beamtungen warten, wenn
irgendwelche notwendigen und grundsätzlich zu gebenden gesetzlichen Vorschriften in die Auseinandersetzung mit dem ja immer wieder besonders liegenden
Individualfall kommen. Das Auf-den-Staat-schimpfen und gleichzeitig Nach-dem-
Staat-rufen ist ein Verfahren, in dem für viele eine Art von seelischer Ausflucht
liegt.

Mit freundlichen Empfehlungen
Ihr
                                            Theodor Heuss

Nr. 93 A
Von Edith Flaischlen, Berlin-Charlottenburg 4
18. September 1953
BArch, B 122, 136: ms. Schreiben, behändigte Ausfertigung[1]
Neuauflage von Werken von Cäsar Flaischlen

Herr Bundespräsident!

Cäsar Flaischlen, dem Sie in dem Sieben Schwaben-Band[2] des Eugen Salzer-
Verlages in Heilbronn einst eine mir unvergeßlich gebliebene Würdigung schenk-
ten, würde am 12. Mai 1954 neunzig Jahre alt. Aber seit seinem Tode 1920[3] ist
er Jahr für Jahr immer mehr auch den nachwachsenden Generationen abgestorben,

---

[1] Eingangsstempel vom 22. 9. 1953; Az. A/2/53.
[2] Vgl. die Einführung THEODOR HEUSS: Vom jungen Schwaben, in: SIEBEN SCHWABEN; außerdem
TH. HEUSS, Bücherwand, S. 230–233.
[3] Flaischlen war am 16. 10. 1920 verstorben. Heuss hatte seiner Witwe am 31. 10. 1920 kondo-
liert; abgedruckt in: TH. HEUSS, Bürger, S. 147.

zumal die Nachfolgerin seines ständigen Verlegers Egon Fleischel & Co (der für seine Bücher bis zu 150 tausend Auflage erreicht hatte[4]), die Deutsche Verlagsanstalt, offenbar kein Interesse mehr an ihm nahm. 1942 noch hatte ich wenigstens einen Auswahlband „Freude ist Leben"[5] durchsetzen können, dessen dreitausend Exemplare schnell vergriffen waren, indes zu weiteren Versuche blieb man ungeneigt, so daß ich mir die Verlagsrechte zurückerbeten und auch bereitwillig erhalten habe.

Mehr als ein Menschenalter habe ich mich unablässig um das Lebenswerk meines Mannes bemüht, der durch seine Gedichte und Spruchlyrik tief die Masse gerade des Unbekannten angesprochen und vielen das lastende Grau eintöniges Werkeldaseins zerteilt hatte.

Sollte eine solche Aufgabe nicht gerade heute erhöhten Auftrag in sich tragen, und wäre sie nicht zu leisten, wenn etwa ein neuer Sammelband sich des Zuspruchs des nunmehr erlauchtesten Sohnes schwäbischer Erde erfreuen dürfte? Ein schwäbischer Verlag stände dann gewiß sofort meinen Absichten zur Verfügung, und die beflügelnden Worte aus Ihrer Seele und aus Ihrer Feder würden als günstigstes Propemptikon[6] über alle Wetterstörungen der Zeit hinweg zum ersehnten Ziele führen.

Habe ich Unmögliches erbeten, so sehen Sie es mir gütigst nach, doch hätte es schlecht zu meinem jahrzehntelangen Ringen gepaßt, wenn ich den letzten, höchsten Weg unversucht gelassen hätte. Denn wie einst Hölderlin Schiller gegenüber wage ich nur zu wiederholen: „Der Segen eines großen Mannes ist für die, die ihn erkennen oder ahnen, die beste Hilfe."[7]

Edith Flaischlen

---

[4] In einem weiteren Schreiben von Edith Flaischlen, undatiert, am 28. 9. 1953 im BPrA eingegangen, wurden die Auflagezahlen noch nach oben korrigiert: „Von Alltag und Sonne" erreichte demnach eine Auflage von 262.000, „Heimat Welt" sogar 282.000.

[5] CÄSAR FLAISCHLEN: Freude ist Leben. Gedichte in Vers und Prosa, Stuttgart 1943.

[6] Griechisch für „Geleitgedicht für einen Abschiednehmenden".

[7] Aus einem Brieffragment von Friedrich Hölderlin an Friedrich Schiller vom September 1799, wo es heißt: „Der Seegen eines großen Mannes ist für die, die ihn erkennen und ahnden, die beste Hülfe, wenigstens bedurft' ich diese von Ihnen am ersten." F. HÖLDERLIN, Sämtliche Werke, Bd. 6, S. 363.

Nr. 93 B
An Edith Flaischlen, Berlin-Charlottenburg 4
21. September 1953
BArch, B 122, 136: ms. Schreiben, Durchschlag, von Heuss diktiert (Diktatz. H/Sch) und ms.
gez.[8]

Sehr geehrte Frau Flaischlen!

Freundlichen Dank für Ihre Zeilen. Leider muß meine Antwort Sie enttäuschen,
insoweit als ich ja von mir aus nicht die Möglichkeit habe, Neuausgaben zu veranlassen. Ich weiß nicht, ob Sie daran denken, daß ich evt. eine Auswahl treffen
und sie mit einem Geleitwort ausstatten sollte. Gerade solche Bitten aber, für
Sammelwerke oder Neuauflagen ein Geleitwort zu schreiben, habe ich schon dut-
zendfach abgelehnt, weil ich sonst mit einer Kettenreaktion rechnen müßte und
mich vor solchen Bitten einfach nicht mehr retten könnte, ganz abgesehen davon,
daß mein Arbeitstag so ausgefüllt ist, daß ich an Dinge der Dichtung, handle es
sich um neue Erzeugnisse oder um ältere, nur ganz selten noch herankomme.

Ich kann ja, wenn ich in Württemberg bin, einmal den einen oder anderen
Verleger, wenn ich ihm begegne, davon erzählen, daß die Verlagsrechte von Cäsar
Flaischlen frei geworden sind, und ich könnte mir denken, daß es vielleicht einer
mit einem Auswahlband wagt.[9] Aber es ist ja nun, nachdem der große und schöne
Bucherfolg vorhanden gewesen, das Schicksal wohl einer Generation geworden,
in einem Wandel der soziologischen und psychologischen Dinge von einer anderen
Welle wenn nicht abgelöst, so doch verdrängt worden zu sein. Ich selber sehe
die breite Wirkung, die Cäsar einmal gehabt hat, im Zusammenhang mit Gruppen
der sogenannten Jugendbewegung, aber diese selber ist ja nun in ihrem ursprüng-
lichen Stil auch bereits historisch geworden.

Wenn ich einmal in von sonstiger Bedrängnis befreiter Zeit dazu kommen
werde, meine Lebenserinnerungen, deren erster Teil als Jugendbild jetzt erscheint, fortzusetzen, so wird dort die Gestalt von Cäsar, der mir ja 1905 eine so
freundliche Aufnahme in Berlin gab, gewiß ein Denkmal finden.[10] Aber das wird
ja noch Jahre währen.

Mit freundlichen Grüßen
Ihr
Theodor Heuss[11]

---

[8] Az. A/2/53; Stempel: „Pers[önlichem] Ref[erenten] vorgelegen"; weiterer Nachweis: N 1221,
312: Durchschlag.
[9] Auf Anregung von Heuss prüfte der Eugen Salzer Verlag, Heilbronn, ob er einen Auswahlband
publizieren könnte. Das Vorhaben wurde aber nicht realisiert; Salzer-Verlag an Bott, 19. 11. 1953,
in: B 122, 136.
[10] TH. HEUSS, Erinnerungen, S. 91–94.
[11] Zum 90. Geburtstag von Flaischlen (12. 5. 1954) erhielt seine Witwe auf Anregung von Ernst
Jäckh einen Betrag von 300 DM aus dem Dispositionsfond des Bundespräsidenten; B 122, 136.

Nr. 94 A
Von Dr. Walter Niebuhr, Hamburg
21. September 1953
BArch, B 122, 128: ms. Schreiben, behändigte Ausfertigung[1]
Bitte um einen Beitrag zu einer Rundfunk-Hörfolge „Jugendsünden großer Männer" im NWDR

Sehr geehrter Herr Bundespräsident,

haben Sie wohl Lust und Interesse, für eine NWDR Hörfolge „Jugendsünden großer Männer" einen kleinen Beitrag aus ihrem frühesten literarischen Schaffen beizusteuern?

In dieser heiteren Sendung, die ich für den Jugendfunk schreibe und zusammenstelle, sollen sich die Schauerdramen, Kitschverse, unbekannten wenn möglich sogar ungedruckten Sünden unserer großen Dichter, Denker und Schriftsteller ein Stelldichein geben. Ich könnte mir denken, daß bei Durchsicht Ihrer Bücher oder beim Aufräumen des Schreibtischs plötzlich so eine Sache ans Licht kommt, die so völlig anders ist als alles andre, was Sie in den letzten vierzig Jahren geschrieben haben.

Nach dem Material, das ich bisher gesammelt habe, muß es eine sehr amüsante Sendung werden, leider ist schon am 1. Oktober Redaktionsschluß, da die Sendung schon in den ersten Oktobertagen produziert werden soll.

Es wäre wirklich sehr liebenswürdig, wenn Sie, sehr geehrter Herr Bundespräsident, dieser Hörfolge durch einen kleinen Beitrag ein besonderes Glanzlicht aufsetzen würden. Sie befinden sich auf jeden Fall in der allerbesten Gesellschaft, ich nenne nur Schiller, Goethe, Kleist, Ibsen, Benn, Wedekind u. a.

Indem ich hoffe, daß trotz der knapp bemessenen Frist noch Aussicht auf eine „Heusssche Sünde" besteht, verbleibe ich mit vorzüglicher Hochachtung
Ihr sehr ergebener   Walter Niebuhr

---

[1] Eingangsstempel vom 22. 9. 1953; Az. A/2/53; von Bott paraph. Randbemerkung: „Vorspiele Hinweis".

Nr. 94 B
An Dr. Walter Niebuhr, Hamburg
24. September 1953
BArch, B 122, 128: ms. Schreiben, Durchschlag, von Heuss diktiert (Diktatz. H/Sch), von Bott
hs. paraph. und ms. gez.[2]

Sehr geehrter Herr Dr. Niebuhr!

Der Herr Bundespräsident läßt Ihnen für Ihren freundlichen Brief vom 21. 9.
danken. Er findet die Idee dieser Hörfolge, von der Sie ihm schreiben, recht amü-
sant, aber wenn Sie mitteilen, daß er sich bei dem Unternehmen „in allerbester
Gesellschaft" befände, so läßt er Ihnen sagen, daß ihm die Gesellschaft sozusagen
zu gut ist. Jugendsünden in jeglicher Form, literarische und andere, hat er genügend auf Lager, und das in diesen Tagen in einem Tübinger Verlag erschienene
Buch seiner Jugenderinnerungen „Vorspiele des Lebens" enthält darauf manchen heiteren Rückblick. Aber Dr. Heuss wünscht nicht auf Vorrat in die Reihe
„großer Männer" aufgenommen zu werden und hat bei dem Gedanken ein pein-
liches Gefühl, daß er sozusagen durch Ausgraben von bestimmten Dingen, die er
zur Verfügung stellt, sich selber in eine geschichtliche Reihe plaziert hätte. Er
bittet, daß Sie dafür Verständnis haben.

Mit den besten Empfehlungen
Hans Bott
Persönlicher Referent des Bundespräsidenten

Nr. 95 A
Von William Wauer, Berlin-Tempelhof
22. September 1953
BArch, B 122, 131: ms. Schreiben, behändigte Ausfertigung[1]
*Fehlen von Künstlern und „kulturellen" Persönlichkeiten im Deutschen Bundes-
tag; Vorschlag, „Kulturräte" zu schaffen*

Sehr geehrter Herr Professor![2]

Mit Bestürzung und Besorgnis nahm ich Kenntnis von der berufsmäßigen Zusammensetzung des künftigen Bundestages.[3] Nicht ein einziger Künstler und

---

[2] Az. A/2/53; Absendevermerk vom 5. 9. 1953; weiterer Nachweis: N 1221, 312: Durchschlag.
[1] Eingangsstempel vom 24. 9. 1953; Az. A/2/53.
[2] Wauer, der sich zu den abstrakten Künstlern zählte, hatte bereits im Februar 1953 mit Heuss eine
Korrespondenz über „abstrakte Kunst" geführt; er hatte ihm eine 25 Jahr alte Denkschrift zugesandt,

keine *betont* „kulturelle" Persönlichkeit von Ruf ist zur Wahl gestellt worden. Danach scheint es, daß Sie, sehr geehrter Herr Professor Heuss, der einzige Kulturmensch in der deutschen Regierung sind. Sie werden begreifen, daß ich die Bezeichnung Kulturmensch der höflicheren Umschreibung „kulturelle Persönlichkeit" in Ihrem Falle vermeide, weil diese Bezeichnung Ihre Bedeutsamkeit verflachen würde.

In keinem Parteiprogramm, in keiner Regierungserklärung ist von Kultur jemals die Rede. Was soll aus dem deutschen Volke werden, wenn seine Betreuung mit einer so verhängnisvollen Unterlassung betrieben wird? Schätzen die regierenden Parteien und Beamten in ihrer Ahnungslosigkeit Kulturwerte überhaupt nicht mehr ein?

Seitdem man die Kunst den Schulmeistern anvertraut hat, untersteht sie pädagogischen Absichten. Es sollte auch den Schulmeistern klar sein, daß man mit Kunst nicht „erziehen" kann. Mit Kunst kann man „bilden"! Nur mangelndes Verständnis kann beides miteinander verwechseln. „Erziehen" kann man „gebildete" Menschen. Der gebildete Mensch ist aber weniger als der „Kulturmensch" sein *muß*, denn er besteht ja zumeist nur aus viel Wissen und guten Manieren. Der Kulturmensch aber besteht noch aus etwas mehr, nämlich aus seinen Beziehungen und seinem Verständnis für Kultur- und Kunstwerte.

Welche Torheiten die Schulmeister auf dem Gebiete des Weckens und der Pflege der schöpferischen Fähigkeiten der Menschen zu unternehmen imstande sind, zeigt ihr Entschluß, künftig in den Schulen wieder Kunstwerke zu zeigen. Sie wissen nicht, daß sie damit den Schaffenstrieb ihrer Jugend lahm legen. Welches Kind wagt sich angesichts von reifen Künstlerarbeiten selbst noch etwas zu schaffen?

Es wird höchste Zeit, daß man die Kunst wieder Künstlern und die Kulturbelange Kultursachverständigen anvertraut. Ernennen Sie „Kulturräte", schaffen Sie ein Gremium, das Kulturangelegenheiten für politische Entschließungen vorbereiten und für die Erörterung im Plenum zurecht stutzen kann. „Kulturräte" aus allen Kunstgebieten in Deutschland als eine Institution zu schaffen, wäre eine politische Tat von historischem Ausmaß.

Das Gremium der „Kulturräte" könnte nach Notwendigkeit zusammentreten. Auch Einzelgutachten könnte die Regierung einholen. Der zu schaffende Nutzen wäre unabsehbar. Und die Erstarrung Deutschlands in Parteiintellekt und politischen und weltanschaulichen Doktrinen und Dogmen würde endlich ein Ende finden. Ich muß mich wohl für den Eifer, mit dem ich Ihnen meinen Vorschlag

---

die er seinerzeit dem Preußischen Kultusminister Carl Heinrich Becker übersandt hatte; B 122, 131.

3 Die Wahlen zum zweiten Deutschen Bundestag am 6. September 1953 hatten einen deutlichen Stimmenzuwachs für die CDU/CSU ergeben.

mache, entschuldigen. Aber es drängt mich zur Äußerung meiner Überzeugung, denn ich wiederhole: So kann es nicht weitergehen!

Ich begrüße Sie mit ausgezeichneter Hochachtung als
Ihr ergebener

William Wauer

Nr. 95 B
An William Wauer, Berlin-Tempelhof
29. September 1953
BArch, B 122, 131: ms. Schreiben, Durchschlag, von Heuss diktiert (Diktatz. H/Bk), von Bott hs. paraph. und ms. gez.[4]

Sehr geehrter Herr Wauer!

Der Bundespräsident läßt Ihnen für Ihren freundlichen Brief bestens danken, hält aber Ihre „Bestürzung", daß keine Künstler im Bundestag seien, sozusagen für etwas übertrieben. Nach seiner Erinnerung war auch in den zurückliegenden Jahrzehnten nur einmal ein Mann, der sich als Künstler bezeichnete, Mitglied des Reichstages gewesen – aber nach seiner Erinnerung ein Mann, der in die Politik ging, weil es mit seiner Kunst nicht weit her war. Die Mitgliedschaft des Bundestages setzt nun eben den Willen, im politischen Kampf und in der politischen Auseinandersetzung ein Volksmandat zu erringen, voraus, d. h. auch eine Bereitwilligkeit auf eine vorangegangene politische Betätigung – und die ist bei Künstlern äußerst selten anzutreffen. Aber soweit Dr. Heuss das übersieht, sind im Bundestag selber eine ganze Anzahl von Persönlichkeiten, die für die musischen Dinge Sinn und Verständnis haben.

Nur liegt bei Ihnen ein grundsätzliches Mißverständnis vor. Die sogenannten kulturpolitischen Dinge werden nicht im Bundestag, sondern in den Ländern und Länderparlamenten sowie auf den Rathäusern behandelt, und hier gibt es an manchen Stellen schon die Position von Beiräten, von denen Sie sich soviel versprechen.

Der Bund selber hat ja vor geraumer Zeit auch einen unabhängigen Ausschuß für Formgebung der industriellen Arbeit zusammenberufen,[5] der beratend gewisse

---

[4] Az. A/2/53; Absendevermerk vom 1. 10. 1953; weiterer Nachweis: N 1221, 312: Durchschlag.
[5] Heuss hatte hierfür bei Bundesfinanzminister Fritz Schäffer am 11. 7. 1952 um Mittel geworben (B 122, 2277), abgedruckt in: TH. HEUSS, Bundespräsident, Briefe 1949–1954. Hans Schwippert, auf dessen Inititative hin der Werkbund 1947 in Form von Landesverbänden wiederbegründet

Werkbund–Tendenzen weitergeführt, und er hat kürzlich auch aus völlig unabhängigen Menschen einen deutschen Ausschuß für Erziehung und Bildung berufen, der als Ratgeber für die Verwaltung wie für die Parlamente zur Verfügung stehen soll. Der Bundespräsident läßt Ihnen das Blatt zusenden, in dem die Ansprachen, die bei der Konstituierung dieses Ausschusses gehalten wurden, abgedruckt sind.[6] Sie werden daraus sehen, daß er selber einige Bemerkungen machte über die Bewertung der Pflege der künstlerischen Phantasie in der Schule. Man darf aber nach der Meinung des Bundespräsidenten vom Staat in diesen Dingen nicht so viel erwarten, wie es mancher Enthusiast tut. Es kann nämlich auch schief gehen, wie in der nationalsozialistischen Zeit, wo ein politisch drapiertes Geschmacksmonopol maßgebend wurde. In zwei Vorträgen über „Grenzen und Kräfte einer Kulturpolitik"[7] und „Was ist Qualität?"[8] hat Dr. Heuss seine Meinung in grundsätzlichen Dingen ausgesprochen. Aber eine organisatorische Aktivität, wie sie von Ihnen offenbar gewünscht wird, kann von ihm bei seiner außerordentlichen Überlastung mit den rein tagespolitischen und amtlichen Fragen nicht erwartet werden.

Mit vorzüglicher Hochachtung   Hans Bott
                              Persönlicher Referent des Bundespräsidenten

3 Anlagen

---

wurde, berichtete in der Festschrift Heuss über die vom Deutschen Werkbund angeregte Bildung eines Rates für Formgebung; vgl. H. BOTT / H. LEINS, Begegnungen, S. 341–343.
6 Ansprache von Heuss bei der Konstituierung des Ausschusses für Erziehung und Bildungswesen vom 22. 9. 1953 in: B 122, 231.
7 Ansprache vom 17. 5. 1951 in: B 122, 218; auch in erweiterter Fassung als Druck; TH. HEUSS, Kräfte.
8 Ansprache vom 10. 2. 1951 in: B 122, 217. Auch als gesonderter Druck erschienen; TH. HEUSS, Qualität.

Nr. 96 A
Von Fritz-Werner Müller-Laskowski, Düsseldorf-Kaiserswerth
25. September 1953
BArch, B 122, 128: ms. Schreiben, behändigte Ausfertigung[1]
Beschwerde, dass seine Eingaben nicht dem Bundespräsidenten vorgelegt worden
seien; Bitte um Unterredung

Sehr geehrter Herr Bundespräsident!

Erlauben Sie mir bitte Herr Bundespräsident, daß ich mich nochmals an Sie
wende, da ich auf meine beiden Schreiben vom 15. und 18. September[2] keinen
Brief von Ihnen, Herr Bundespräsident, erhalten habe.[3] In meinen beiden Schreiben habe ich Sie, Herr Bundespräsident, höflichst um eine dringende Unterredung
gebeten, diese Bitte, sehr geehrter Herr Bundespräsident, möchte ich wiederholen.

Ich habe Ihnen, Herr Bundespräsident, den Grund meiner Bitte bereits im ersten
Schreiben vom 15. 9. mitgeteilt. Im übrigen möchte ich erwähnen, daß das
Bundespräsidialamt gemäß der Verfassung und dem Gesetz verpflichtet ist, die
an Sie, Herr Bundespräsident, adressierten Briefe Ihnen zu übergeben. Ich
möchte Sie, Herr Bundespräsident, höflichst bitten, mir meine Bitte gütigst zu
gewähren.

Sehr geehrter Herr Bott, ich möchte Sie höflichst darauf aufmerksam machen,
daß Sie verpflichtet sind, die dringenden Schreiben, die an den Herrn Bundespräsidenten gerichtet werden, unverzüglich weiterzuleiten haben, andernfalls,
wenn Sie dies nicht tun sollten, werde ich bei dem Herrn Bundespräsidenten persönlich um eine Unterredung bitten.

Mit vorzüglicher Hochachtung!
Ihr   Fritz-Werner Müller-Laskowski

---

[1] Eingangsstempel vom 28. 9. 1953; darüber von Heuss ein „d[iktieren]"; links unten von Oberüber hs. Vermerk: „Unverschämtheit".

[2] Die Zuschriften in: B 122, 128. Demnach hatte der Einsender, der im Zweiten Weltkrieg bei der
Waffen-SS gedient hatte und mehrfach verwundet worden war, nach 1945 Journalistik zu studieren
begonnen; daneben hatte er eine Geschichte der lateinischen Sprache angefangen und eine medizi-
nische Dissertation in die lateinische Sprache übersetzt. Es ging ihm nunmehr um den Druck
seiner Werke, ein Vorhaben, mit dem er beim Rektor der Universität Köln bereits gescheitert
war. Er wollte diese Heuss zur Begutachtung schicken und erhoffte sich ferner Hilfe bei der Suche
nach einer Anstellung.

[3] Zunächst hatte Oberüber am 17. 9. 1953 darauf hingewiesen, dass eine Zuständigkeit für die Anliegen des Einsenders nicht gegeben sei; auf die erneute Eingabe hatte Bott unter dem 22. 9. 1953
noch einmal auf die fehlende Zuständigkeit hingewiesen; B 122, 128.

Nr. 96 B
An Fritz-Werner Müller-Laskowski, Düsseldorf-Kaiserswerth
30. September 1953
BArch, B 122, 128: ms. Schreiben, Durchschlag, von Heuss diktiert (Diktatz. H/Sch) und ms. gez.[4]

Sehr geehrter Herr Müller-Laskowski!

Der Inhalt und die Tonlage Ihres Briefes vom 27. 9. veranlassen mich, Ihnen kurz persönlich zu antworten, um Ihnen eine knappe Belehrung zu geben.

Es ist geradezu lächerlich zu meinen, daß das Grundgesetz mich und meine Mitarbeiter verpflichtet, alle Briefe, die an mich gerichtet werden, zu lesen. Da könnte ich von morgens 4 Uhr bis nachts damit ausgefüllt sein, da täglich Hunderte von Briefen an mich gerichtet werden.

Es ist eine glatte Selbstverständlichkeit, daß einige meiner Mitarbeiter die Briefe durchsehen und mir von den Dingen Vortrag halten. Auch Ihre Sache ist mir seinerzeit vorgetragen worden, aber es erging Ihnen wie zahllosen anderen, die eine Rücksprache bei mir erbitten, die ich ihnen einfach aus zeitlichen Gründen verweigern muß, weil das Ergebnis nur eine Enttäuschung sein würde, da ich weder Stellungen noch Stipendien beschaffen kann und auch keine Gelder besitze für die Drucklegung von Arbeiten usf. usf.

Es ist Ihnen seinerzeit vollkommen korrekt nach Rücksprache mit mir geantwortet worden.[5] Sie überschätzen offenbar die Kraft eines einzelnen Menschen und wissen nicht genügend Bescheid, wie die rechtlichen Zuständigkeiten liegen. Ich gebe gerne Hilfe und Unterstützung, wo ich eine Zuständigkeit im Sinne der Gegebenheit einer Sachberatung sehe. Aber dies lag in Ihrem Falle einfach nicht vor, und ich möchte Sie bitten, sich damit, so enttäuschend die Sache für Sie ist, abzufinden. Ich habe in einer ganzen Reihe von Reden die Fachwissenschaften der verschiedenen Kategorien dringend auf die sogenannten Außenseiter hingewiesen und ihnen nahegelegt, sie zu beachten. Ich selber kann aber diese Funktion nicht für alle Fakultäten und Kategorien auf mich nehmen wollen.

Ich schreibe Ihnen das deshalb, weil die Tonlage Ihres Briefes gegenüber meinen Mitarbeitern völlig unangebracht war.

Hochachtungsvoll   Theodor Heuss

---

[4] Az. A 2/53; rechts neben der Anschrift Verfügung: „Herrn Oberüber zur Kenntnis", von Oberüber unter dem 1. 10. 1953 abgezeichnet sowie zdA-Verfügung, von Bott unter dem 1. 10. 1953 abgezeichnet; weiterer Nachweis: N 1221, 312: Durchschlag.
[5] Vgl. Anm. 3.

Nr. 97 A
Von Mary Hall, Stolk, Kreis Schleswig
29. September 1953
BArch, B 122, 126: hs. Schreiben, behändigte Ausfertigung[1]
Befreiung des Sohnes vom Kriegsdienst

Sehr geehrter Herr Bundespräsident!

Eine tiefbetrübte Mutter hat eine große Bitte auf dem Herzen, die sie Ihnen, lieber Herr Bundespräsident vorbringen möchte.

Das Schicksal hat mir schweres Leid und Kummer gebracht. – Mein Mann starb im Jahre 1938 an Lungenentzündung. 1944 fiel mein kleiner lieber Sohn Horst mit knapp 19 Jahren in Italien. Zwei Jahre später mußte auch meine liebe Tochter Lisa ihre Augen für immer schließen, sie starb an Lungentuberkulose im Alter von 21 Jahren. (Die Beiden waren ein Zwillingspaar.) – 1945 kam mein ältester lieber Sohn Heinz in russische Kriegsgefangenschaft, wo ich Monat für Monat auf ein Lebenszeichen wartete, und endlich wußte ich, daß er lebte, das war schon viel, aber er war krank und nun die Sorge, kommt er wieder! Aber er kam im Jahre 1948 mit Gottes Hilfe.

Durch dieses harte Schicksal bin auch ich vor Krankheit nicht verschont geblieben, ich leide an Angina Pectoris. – Auf diesen, nun noch einzigen Sohn Heinz liegt meine ganze Hoffnung, er steht im 34sten Lebensjahre. – In dieser unruhigen Zeit mache ich mir neue große Sorgen, daß es wieder zu einem Kriege kommen könnte und daß mein einzigster und letzter Sohn wieder mit muß.

Lieber Herr Bundespräsident, so schwer es mir ist, diese Bitte auszusprechen, möchte ich Sie doch bitten, meinen Sohn Heinz Clausen von einem eventuell kommenden Kriege befreien zu wollen.

Mit dem sehnlichsten Wunsch auf Erfüllung meiner Bitte grüßt Ihnen, werter Herr Bundespräsident,
hochachtungsvoll   Frau Mary Hall, verw[itwete] Clausen

---

[1] Eingangsstempel vom 1. 10. 1953; Az. A/2/53.

Nr. 97 B
An Mary Hall, Stolk, Kreis Schleswig
5. Oktober 1953
BArch, B 122, 126: ms. Schreiben, Durchschlag, von Heuss diktiert (Diktatz. H/Bk), von Bott
hs. paraph. und ms. gez.[2]

Sehr geehrte Frau Hall!

Der Bundespräsident läßt Ihnen für Ihren Brief, in dem Sie Ihr Lebensleid erzählt haben, bestens danken, rechnet aber mit Ihrer Einsicht, daß er, der täglich ein paar hundert persönliche Briefe erhält, diese unmöglich alle selber beantworten kann.

Der Bundespräsident bittet Sie aber, dem Gerede vom kommenden Krieg Ihre Ohren zu verschließen. Mit solchem Angstgerede, wozu zudem kein Anlaß vorliegt, verdirbt man sich selber seinen Lebenssinn.

Mit freundlicher Begrüßung   Hans Bott
                    Persönlicher Referent des Bundespräsidenten

Nr. 98 A
Von Paul-Erich Wiegand, Bochum-Dahlhausen
29. September 1953
BArch, B 122, 133: hs. Schreiben, behändigte Ausfertigung[1]
Persönliche Berufsproblematik; Lebenssorgen der jungen Generation

Sehr geehrter Herr Bundespräsident!

Mit diesen Zeilen möchte ich gerne einen ganz besonderen Wunsch in Erfüllung gehen sehen, nämlich den, daß ich Sie herzlichst bitte, mir persönlich zu antworten.

In der Hoffnung, daß Sie die nötige Zeit besitzen und aufwenden werden, diesen Brief zu lesen und zu beantworten, möchte ich nun auf den eigentlichen, nun folgenden Inhalt hinweisen.

---

[2] Az. A/2/53; Absendevermerk vom 7. 10. 1953; weiterer Nachweis: N 1221, 312: Durchschlag.
[1] Eingangsstempel vom 1. 10. 1953; Az. A/2/53; mehrere Anstreichungen im Text, vermutlich von Bott; dabei ein Zettel mit Vermerk von Bott: „Interessanter, wenn auch wohl nicht charakteristischer Brief eines 25jährigen mit zwei Kindern".

Ich bin 25 Jahre alt, verheiratet und Vater von zwei goldigen Buben. Im ersten Moment wird man sagen können, es gibt viele Männer, auf die etwas derartiges zutrifft, aber es gibt auch ebenso viele, wenn nicht noch mehr, die ein Dasein führen, daß man tatsächlich manchmal verzweifeln könnte.

Sehr geehrter Herr Bundespräsident, ich bin einmal Idealist gewesen und könnte es für eine gute Sache wieder sein. Sie werden vielleicht sehr erstaunt sein, wenn Sie gelesen haben, daß ich einmal Idealist war.

Aber dem ist so. Betrachten wir doch bloß die Zeitgeschehnisse, in denen wir aufgewachsen sind und in denen wir denken gelernt haben. Wir kannten ja nichts anderes als die national-sozialistische Idee, deshalb darf uns von keiner Seite ein Vorwurf gemacht werden, wir hätten das eine oder das andere verhindern müssen. Einen derartigen Vorwurf müßte ich schärfstens zurückweisen. Man kann kein Küken der Glucke nehmen und einer anderen untersetzen, denn das Küken würde ein Opfer der falschen „Mutter" werden oder es würde davonlaufen.

Uns wurde der damalig geltende deutsche Gedanke von den drei einflußreichsten Erziehungsstätten Jungvolk, H.J. und Schule eingepaukt.

Am 25. Februar 1928 wurde ich geboren. Mit sieben Jahren ging ich zur Elementarschule, bereits drei Jahre später, also 1938, erhielt ich die verfrühte Erlaubnis, auf Grund meiner Leistungen in der Schule, die höhere Schule besuchen zu können. Ich bekam, der damaligen Zeit entsprechend, eine Freistelle. Ich absolvierte fünf reguläre Schuljahre und das sechste vom Januar 1944 bis Dezember 1944 als Flakhelfer. Dann wurde ich Feldgrauer. Nach meiner Rückkehr aus dem Felde, ich war der jüngste von sieben Jungen, die Soldat waren, davon sind drei gefallen, einer bei Stalingrad, einer bei Minsk, und der dritte bei Stettin, stand ich vor einem Nichts. Was sollte ich nun beginnen. Zur Schule konnte ich nicht mehr gehen, weil meiner Mutter das nötige Geld zu einem Schulbesuch fehlte, denn sie bezog damals eine Witwenrente von 47 RM, und zweitens wußten wir ja auch nicht, wer von meinen Brüdern zurückkam und vor allen Dingen wie. Ich entschloß mich also, umgehend Arbeit aufzunehmen, und da blieb mir nur noch der Bergbau, da ja auch zu einer Berufsausbildung Geld nötig ist.

Es ging alles lange gut, bis dann plötzlich festgestellt wurde, daß ich nicht tauglich war für den Bergbau, da ich Kriegsverletzter bin. Nun bemühte ich mich, anderweitig Beschäftigung aufzunehmen. Arbeitsamt und Fabriken waren meine Stationen. Überall erklang die Frage: „Was haben Sie gelernt?" „Lateinische und englische Vokabeln, Mathematik und Schießen" war meine Antwort. Prompt erwiderte mir einmal ein Herr vom Arbeitsamt: „Ja das verstehe ich nicht, da besteht doch gar kein Grund zu Aufregung und Sorge, gedulden Sie sich doch noch kurze Zeit, dann können Sie wieder schießen."

Für diese „Lebensweisheit" habe ich mich natürlich sehr „bedankt". Ich schaffte es aber trotzdem, für die Saison eines Betriebes Beschäftigung zu bekommen. Dann stand ich wieder auf der Straße. Mein Glück nochmals im Bergbau zu versuchen hatte Erfolg, aber als 1952, kurz vor Weihnachten mein ältester Bruder tödlich verunglückte, da war der Bergbau für mich nur noch ein „horror", dem ich nicht mehr widerstehen konnte. Seitdem arbeite ich bezw. nicht, bei Unternehmern, im Gleis- und Straßenbau.

Soll das nun, Herr Bundespräsident, unser ganzes Leben sein? Sollen wir nun unser ganzes Leben lang von den verheerenden Erscheinungen einer vergangenen Zeit verfolgt werden? Glauben Sie, daß wir jemals den Weg ins Leben finden werden, wenn so verfahren wird? Glauben Sie, daß diese Menschen jemals für die Demokratie zu gewinnen sind?

Dieses Leben ist der sicherste Wegweiser für den Nationalsozialismus. Denn Sie, Herr Bundespräsident, und unsere Eltern-Generation, kennen mehr wie nur das „Dritte Reich". Und glauben Sie, die Jugend ist stärker wie das Alter. An die Zeit des Ausruhens denken wir noch nicht, sondern an das Leben. Die Jugend ist ganz allein der Kern eines Volkes und wohl der Regierung, die erstens die Jugend und dann erst das Alter für sich gewinnen kann.

Ich stelle hier keine Forderungen und rufe keine Drohungen aus, sondern mahne nur zum Wohle des Volkes. „Die Treue kann nur dann eine Tugend sein, wenn sich die Menschen in ihrem Herzen verstehen, sonst ist sie nur ein Mittel zum Geschäft."

Mit diesem Zitat, das von mir stammt, möchte ich diesen Brief beschließen und verbleibe hochachtungsvoll

Ihr   Paul-Erich Wiegand

Nr. 98 B
An Paul-Erich Wiegand, Bochum-Dahlhausen
6. Oktober 1953
BArch, B 122, 131: ms. Schreiben, Durchschlag, von Heuss diktiert (Diktatz. H/Bk), von Bott hs. paraph. und ms. gez.[2]

Sehr geehrter Herr Wiegand!

Der Bundespräsident läßt Ihnen für Ihren Brief bestens danken. Er hat ihn aufmerksam gelesen, bittet aber gleichzeitig um Ihre Nachsicht, wenn er Ihnen nicht, wie Sie erwarten, persönlich antwortet. Denn bei einem täglichen Posteingang von

---

[2] Az. A/2/53; Absendevermerk vom 7. 10. 1953; weiterer Nachweis: N 1221, 312: Durchschlag.

einigen hundert Briefen, die an ihn gerichtet werden, und seiner sonstigen über-starken Beanspruchung ist es ihm gar nicht möglich, was Sie begreifen werden, eine individuell gehaltene Korrespondenz zu führen. Und Sie werden auch ein-sehen, daß er mit einem ihm völlig fremden Menschen, das ist kein Mißtrauen, nicht im Hin und Her argumentierend das Problem der Generationen und die ihm aus eigener Kenntnis wohl vertraute Berufsproblematik und die Lebenssorgen der jungen Generation erörtert.

Die Adresse scheint uns insofern falsch gewählt, als der Bundespräsident noch nie in seinen Reden sich mit abwehrenden Vorwürfen über die Jugend geäußert hat. Er hat nur wiederholt davon gesprochen, daß ihm das billige Verdammen der Jugend ebenso töricht erscheint wie das unsichere Umschmeicheln der Nach-wachsenden.

Diese Scheidung zwischen alt und jung, so gängig sie ist, hat der Bundespräsi-dent sein Leben lang nicht akzeptiert, sondern immer für ein kameradschaftliches Wechselverhältnis plädiert, daß die Jungen von den Alten wohl etwas lernen, die Alten aber bei den Jungen ihre zeitliche Umwelterfahrung selbst mit als Bereiche-rung und Aufgabe erspüren mögen.

Mit freundlicher Begrüßung

Hans Bott
Persönlicher Referent des Bundespräsidenten

Nr. 99 A

Von Dr. Hans Heintz, Landgerichtsdirektor a. D., Göttingen

17. Oktober 1953

BArch, B 122, 126: ms. Schreiben, behändigte Ausfertigung[1]

Bitte, auch der Gefangenen in Waldheim zu gedenken

Hochzuverehrender Herr Bundespräsident!

Gestatten Sie die Unterbreitung einer Bitte, die nicht mir gilt, sondern guten Kameraden.

Am 5. Oktober vorigen Jahres wurden wir, rund 900 Männer und Frauen, aus Waldheim[2] entlassen, nachdem wir hier in in Mühlberg, Buchenwald und anderen KZ-Lagern sieben Jahre hatten verbringen müssen.

---

[1] Eingangsstempel vom 18. 10. 1953; Az. A/2/53; oben rechts ungez. hs. Verfügung: „Dem Herrn BPräs. z. Kts.".

[2] In den Waldheim-Prozessen wurden in der DDR im Jahre 1950 durch Sondergerichte in Schau-prozessen, die sich an die sowjetische Spruchpraxis anlehnten, etwa 3.400 Männer und Frauen, zu-

Die Freude darüber war und ist ebenso groß wie der Kummer darüber, daß noch etwa 10.000 anderer grundlos Verurteilter drüben in Haft sind, davon etwa 1.500 in Waldheim.

Was diesen Menschen, deren Totenziffern weiterhin abnorm steigt, seelisch und körperlich zugemutet wird, ist unbeschreiblich. Ihre Hoffnung auf die Freiheit wird immer geringer, und die Verzweiflung, die aus ihren Briefen spricht, immer größer. Kein Wunder, denn sie spüren, daß die Deutschen – auch im Westen – dabei sind, sie zu vergessen.

Man hat sich immer wieder der Kriegsgefangenen[3] und auch der Gefangenen der Nazi-KZ-Lager erinnert. Aber von den Waldheimern, Buchenwaldern u. s. w. wird kaum noch gesprochen.

Meine ganz ergebene Bitte geht dahin, Sie, hochverehrter Herr Bundespräsident, möchten Ihren großen Einfluß dahin geltend machen, daß die führenden Männer des Staates und der Presse, wenn sie die Kriegsgefangenen erwähnen, immer auch der Menschen in Waldheim gedenken, und daß sie, wenn von den KZ-Lagern der Nazis die Rede ist, immer zugleich auch die KZ-Lager der Sowjetzone als die Beispiele der großen Unmenschlichkeit nennen, als Beispiele auch für den Satz: Die Geschichte lehrt, daß die Geschichte nichts lehrt.

Dabei gestatte ich mir, zweierlei hervorzuheben: Die neuen KZ-Lager sind den alten nicht nur gleichzustellen, sondern sie waren – in Bezug auf Gesamtbehandlung und Sterblichkeit – viel schlimmer als jene. Das haben uns die Kommunisten, die zwischen uns saßen und bereits die alten KZ-Lager durchgemacht haben, immer wieder versichert. Weiter aber mögen die noch im Westen inhaftierten politischen Gefangenen vielfach irgendeine konkrete Schuld auf sich geladen haben. Bei den Waldheimern indes fehlt es fast durchweg an einer solchen Schuld. Sie haben nichts anderes getan als alle die übrigen Deutschen auch. Sie büßen für 60 Millionen Deutscher. Ihre weitere Inhaftierung hat keinen anderen Sinn als die Aufrechterhaltung der völlig hohlen Fiktion, als handele es sich bei diesen Menschen – unter denen kaum ein Gauleiter oder Kreisleiter zu finden ist – um die eigentlichen „Verbrecher" des Krieges. Was auf sie zutrifft, aber in gleicher Weise auch auf die übrigen Deutschen, das ist allenfalls das skeptische Dostojewski-Wort: Alle sind an allem Schuld.

Das Mindeste, was wir tun können, ist, die „Waldheimer" und ihre verzweifelte Lage immer wieder – wo es auch sei – der Vergessenheit zu entreißen und

---

meist wegen Vergehen im „Dritten Reich", zu oft hohen Strafen verurteilt; vgl. W. OTTO, Waldheimer Prozesse; F. WERKENTIN, Politische Strafjustiz.

[3] Heuss gedachte nicht nur in einigen seiner Silvesteransprachen, sondern auch bei anderen Gelegenheiten, insbesondere im Rahmen von „Kriegsgefangenenwochen" der deutschen Kriegsgefangenen. Vgl. die Ansprachen im Rundfunk vom 26. 10. 1950 in: B 122, 216, vom 8. 5. 1951 in: B 122, 218, vom 19. 10. 1951 in: B 145, 16291, vom 19. 10. 1952 in: B 122, 640.

dafür zu sorgen, daß der ständige Appell an die Welt, sie endlich zu befreien, nie zum Schweigen kommt. Dazu uns, den Entlassenen, und den noch Gefangenen Ihre große Hilfe zu gewähren, ist meine ebenso ergebene wie dringende Bitte.

In aufrichtiger Verehrung
ergebenst

Dr. Hans Heintz

Nr. 99 B
An Dr. Hans Heintz, Landgerichtsdirektor a. D., Göttingen
20. Oktober 1953
BArch, B 122, 126: ms. Schreiben, Durchschlag, von Heuss diktiert (Diktatz. H/Bk) und ms. gez.[4]

Sehr geehrter Herr Dr. Heintz!

Freundlichen Dank für Ihren Brief mit dem Hinweis auf die noch in Waldheim, Buchenwald usf. usf. festgehaltenen deutschen Männer und Frauen.

Ich darf Ihnen die Ansprache beilegen, die ich vor ein paar Wochen bei dem Empfang einer Heimkehrergruppe in dem Lager Friedland gehalten habe.[5] Sie sehen daraus, daß ich, wenn auch nur in ein paar knappen Sätzen, Ihrem Wunsche bereits entsprochen habe. Die Rede war in der Dunkelheit improvisiert, und ich konnte bei diesem Anlaß auch keine diffizileren politischen Ausführungen machen. Aber es war mir selber ein Bedürfnis, an diese unglückseligen Menschen zu erinnern. Ich hatte zudem kurz zuvor die vertrauliche Denkschrift eines aus Waldheim entlassenen Mannes gelesen, dessen Anregung, den Ausdruck „Kriegsgefangene der Sowjetzone" zu gebrauchen, ich übernommen habe. Die Ansprache von mir ist auch, wie ich höre, in dem Bulletin der Bundesregierung abgedruckt worden, und ich hoffe, daß durch diesen Abdruck das so schlimme Problem automatisch auch von den späteren Rednern aufgenommen wurde oder aufgenommen wird. Ich werde es nicht versäumen, darauf hinzuweisen. An sich

---

[4] Stempel: „Pers[önlichem] Ref[erenten] vorgelegen"; weiterer Nachweis: N 1221, 312: Durchschlag.

[5] Heuss sprach am 1. 10. 1953 im Lager Friedland vor 716 Heimkehrern aus der sowjetischen Kriegsgefangenschaft, die aus dem Lager 6104/10 Schachty, Südrußland gekommen waren: „Ich denke in diesen Stunden auch noch an die deutschen Menschen, die nicht so weit, wo unsere Phantasie schwer den Weg hin findet, am Ural oder so, liegen, sondern die in Bautzen, in Torgau, in Waldheim noch festgehalten werden, Kriegsgefangene der Sowjetzone, auch an 20.000 Menschen, um deren Freiheit unsere Seele mitkämpft und mitringt." B 122, 231.

ist das Problem hier nicht vergessen, sondern in seinem quälenden Charakter immer im Bewußtsein.

Mit vorzüglicher Hochachtung
Ihr
                                                          Theodor Heuss

1 Anlage

Nr. 100 A
Von Vera Arnold, Berlin-Lankwitz
10. November 1953
BArch, B 122, 123: hs. Schreiben, behändigte Ausfertigung[1]
Einstellung zur Jagd; Begegnung mit Theodor Heuss in Berlin-Lichterfelde

Sehr geehrter Herr Bundespräsident!

Wenn ich auch kaum hoffen darf, daß diese Zeilen in Ihre Hände gelangen, so *muß* ich dennoch an Sie schreiben und zwar deshalb, weil mich der beiliegende kleine Zeitungsausschnitt,[2] der mir zufällig unter die Augen kam, so gerührt und gleichzeitig begeistert hat. Es ist wunderbar, daß es auch unter großen Politikern Tierliebhaber gibt. Leider sind die Tiere als stumme Kreaturen bei uns Menschen so vielem Leid ausgesetzt. Abgesehen von Treibjagden und dergleichen werden auch ansonsten die Tiere oft gequält, zumindest verhindert der Mensch selbst bei gegebenen Möglichkeiten nicht unnötige Quälereien an Tieren. Meine Liebe – nach Ansicht meiner Mitmenschen eine stark übertriebene – gilt allen

---

[1] Eingangsstempel vom 12. 11. 1953; Az. A/1/53.

[2] Der dem Schreiben beiliegende kleine Zeitungsausschnitt enthielt eine DPA-Meldung aus Münster vom 8. 11. 1953 mit der Überschrift „Jagd im Geisterholz": „Im Staatsforst Geisterholz bei Oelde in Westfalen fand gestern eine Treibjagd statt, zu der Bundespräsident Heuss das in Bonn akkreditierte Diplomatische Corps eingeladen hatte. Heuss, mit grünem Hut und langer Fasanenfeder, sah dem Jagen der Diplomaten allerdings nur zu. Wie er schmunzelnd sagte, könne er einfach keinem Tier etwas zuleide tun." Am 28. 12. 1957 schrieb Heuss an Peter A. Martini, diese Geschichte mit dem goldenen Wort, „daß die Tiere mir eigentlich leid tun, verfolgt mich seit vier oder fünf Jahren und hat mir schon außerordentlich viel pro und contra Correspondenz eingetragen. Es stammt aber gar nicht von mir, sondern irgendwann hat mein Fahrer, da ich nie Schütze war, zum Journalisten gesagt: ,Mei Herr tuet keim Dierle was.' Und seitdem ist das eine Wandergeschichte geworden, die fast Jahr um Jahr wiederkehrt"; B 122, 868; vgl. auch Heuss an Fritz Sänger, 9. 12. 1957, in: B 122, 624. Die „Westdeutsche Allgemeine" vom 24. 11. 1953 hatte die Begebenheit in ihrem Bericht über die Diplomatenjagd richtig als Ausspruch des Fahrers von Heuss wiedergegeben; Ausschnitt in: B 145, 16293, dort auch umfangreiche Unterlagen zu den Diplomatenjagden in Oelde (1953, 1955, 1957) und im Soonwald (1954, 1956).

leidenden Tieren. Bei uns hier sind es wohl die Katzen, die am meisten zu leiden haben, und so bin ich nach besten Kräften und den mir gegebenen Möglichkeiten bemüht, diesen armen in den Ruinen hausenden Tieren zu helfen, sie möglichst unterzubringen, sie wenigstens aber zu versorgen. Wenn man sich nun fast ausschließlich mit solchen Dingen befaßt, fallen einem solche kleinen Notizen besonders auf, und man ist dankbar dafür, daß es doch eine ganze Anzahl von Menschen gibt, die im Tier eben auch Lebewesen und Gefühle sehen. Und das von Ihnen, sehr verehrter Herr Bundespräsident, zu wissen ist für mich ein geradezu beglückendes Gefühl. Deshalb *muß* ich schreiben.

Abb. 5: Diplomatenjagd mit Theodor Heuss bei Springe/Hannover, 19. 12. 1953

Wenn ich diesen kleinen Artikel schon früher hätte lesen können, wäre meine Freude im Frühjahr noch größer gewesen, als ich Sie anläßlich Ihres Besuches hier in Berlin zum erstenmal persönlich sah. Sie kamen von der Einweihung des Altersheims in Marienfelde (oder war es das Flüchtlingsheim) und fuhren durch Laubnitz-Lichterfelde-Zehlendorf nach Wannsee. Vor der amerikanischen Kaserne in der Lichterfelder Finckensteinallee mußte ich mit meinem Fahrrad anhalten. Ich wußte nicht, warum, wurde aber durch das Rufen und Winken der am[erikani-schen] Soldaten aufmerksam und sah Sie dann vorbeifahren. Sie grüßten lächelnd heraus und ich stand wie ein Ölgötze da, was mich später immer wieder geärgert hat. Aber manchmal hat man halt unbewußte Hemmungen. So hole ich meinen unterlassenen Gruß heute doppelt gern nach, weil er nicht nur einem Politiker, sondern auch einem Tierfreund gilt.

Sollten Sie tatsächlich in den Besitz meines Schreibens kommen, dann seien Sie mir bitte nicht böse, wenn ich Ihre kostbare Zeit mit so nebensächlichen Dingen gestohlen habe. Aber wie schon gesagt, es trieb mich dazu.

Ich wünsche Ihnen Gesundheit und immer Gottes Segen und grüße Sie herzlich.
Ihre   Vera Arnold

Nr. 100 B
An Vera Arnold, Berlin-Lankwitz
16. November 1953
BArch, B 122, 123: ms. Schreiben, Durchschlag, von Heuss diktiert (Diktatz. H/Bk), von Bott hs. paraph. und ms. gez.[3]

Sehr geehrte Frau Arnold!

Der Bundespräsident bittet um Ihre Nachsicht, wenn er bei einem täglichen Posteingang von Hunderten von Briefen Ihnen nicht persönlich antwortet.

Der Bundespräsident möchte aber ja nicht haben, daß man, weil er selber kein Jäger ist, auf die Idee kommt, die Jagd so etwas wie für vielleicht „böse Menschen" zu halten. Er hat selber sehr nahe und sehr vortreffliche Menschen unter seinen Freunden gehabt und hat sie noch, die in der Jagd eine besondere Freude ihres Lebens sehen.[4]

Mit freundlichen Empfehlungen   Hans Bott
                                  Persönlicher Referent des Bundespräsidenten

---

[3] Az. A/1/53; Absendevermerk vom 19. 11. 1953; weiterer Nachweis: N 1221, 313: Durchschlag.

[4] Dennoch äußerte sich Heuss bei Gelegenheit privat gegenüber Toni Stolper recht zynisch über die Jagdleidenschaft: „Die Jägerei ist eine Nebenform von menschlicher Geisteskrankheit, von der ich nie befallen war. Aber: sie ist. Auch Diplomaten und deutsche Staatsmänner, die dafür gelten, die sich dafür halten, sind anfällig"; TH. HEUSS, Tagebuchbriefe, S. 106, 2. 12. 1955.

Nr. 101 A

Von Theo Maas, Dipl.-Ing., Frankfurt a. M.-Süd 10

27. November 1953

BArch, B 122, 142: ms. Schreiben, behändigte Ausfertigung[1]

Bitte, in der Neujahrsansprache auch der deutschen Spezialisten in der UdSSR zu gedenken

Hochverehrter Herr Bundespräsident!

Seit der Entlassung aus meiner „Spezialistentätigkeit" in der UdSSR im Jahre 1950 habe ich mir erlaubt, mich in der Vorweihnachtszeit bzw. vor dem Beginn eines neuen Jahres an Sie zu wenden mit der Bitte, in Ihren Festansprachen außer der deutschen Kriegsgefangenen in aller Welt besonders auch der deutschen Spezialisten, die immer noch zu wissenschaftlich-technischer Zwangsarbeit in der UdSSR festgehalten werden, zu gedenken.[2] Unsere Kameraden stehen mit ihren Familien zum achten Male in ihrem Zwangsaufenthalt vor dem Weihnachtsfest. Jedes Wort, das über den Rundfunk zu ihnen dringt, ist ihnen eine seelische Stärkung.

Ich könnte mir denken, daß Sie in Ihrer Jahresübersicht und Ihrem Ausblick auf die Zukunft auf die Rückkehr der Kriegsgefangenen als eine bemerkenswerte Geste der Humanität hinweisen. Sollte das der Fall sein, so gedenken Sie auch der deutschen Spezialisten, die ohnehin viel zu wenig erwähnt werden, wo doch ihre Arbeit von einer so furchtbaren Tragweite ist.

Verzeihen Sie, wenn ich so dränge, aber ich muß ein Versprechen, alles für meine Kameraden zu tun, als ich selbst nach vier Jahren glücklich heimkehren konnte, erfüllen.

Ich danke Ihnen sehr, Herr Bundespräsident, und begrüße Sie in Hochachtung und Verehrung

Th. Maas

---

[1] Eingangsstempel vom 28. 11. 1954; Az. A/1/53; von Heuss mit einem „d[iktieren]" versehen; von Bott gez. Wiedervorlage-Verfügung zum 12. 12. 1953.

[2] In der Silvesteransprache vom 31. 12. 1951 erinnerte Heuss an die deutschen Spezialisten in der UdSSR; Manuskript in: B 122, 221. Seit Oktober 1946 waren mehr als 2.200 deutsche Spezialisten in die UdSSR verschleppt worden, insbesondere um deutsches Know-how der Rüstungsindustrie zu transferieren; vgl. C. Mick, Forschen.

Nr. 101 B
An Theo Maas, Dipl.-Ing., Frankfurt a. M.-Süd 10
15. Dezember 1953
BArch, B 122, 142: ms. Schreiben, Durchschlag, von Heuss diktiert (Diktatz. H/Bk) und ms. gez.[3]

Sehr geehrter Herr Maas!

Für den freundlichen Brief von Ende November habe ich Ihnen noch zu danken, in dem Sie anregten, daß ich der zurückgehaltenen deutschen Spezialisten in der Sowjetunion in meiner Neujahrsansprache gedenken möge. Es ist nun so, daß mannigfaltige Anregungen für diese Rede zu mir gekommen sind, während ich mir selber bereits den Duktus disponiert hatte und in diesen Tagen schon die Rede auf Band sprechen werde,[4] weil ich äußerst über[be]setzt mit Beanspruchungen mich auf ein paar ruhige Tage in der Familie meines Sohnes freue. Wir haben, da eine Reihe von Dingen gleicher Natur schon entfallen, nicht mehr fertig gebracht, diese Spezialfrage der Spezialisten unterzubringen, während ich einiges von meinem Eindruck beim Empfang der Kriegsgefangenen in Friedland sagen werde.[5] Aber ich werde nun in den nächsten Tagen wohl einmal, wie schon wiederholt, mit einer Gruppe von sogenannten Spätestheimkehrern zusammen kommen, und bei dieser Gelegenheit will ich das Problem dieser Zivilspezialisten zur Besprechung bringen, und wir haben vor, darüber dann in einem Kommuniqué einiges zu sagen. Ihre Anregung ist von meinen Mitarbeitern mit mir und von mir sehr überlegt worden. Es war sehr die Sorge, daß sie in den Rahmen der Ansprache als zu detailliert erscheint und dann ungezählte Briefe kommen: Warum sind nun unsere Einzelsorgen, die viel stärker sind, nicht an die Reihe gekommen. Ich muß etwas von den sogenannten Kriegsverbrechern in den Westländern sagen, worüber ich ja zahlreiche Gespräche mit politischen Faktoren dieser Länder führe,[6] aber, da ich dieses Problem schon wiederholt angeschnitten haben und im ganzen nur eine Viertelstunde zur Verfügung steht, muß ich hier sozusagen über die Frage hinwegdisponieren.

---

[3] Az. A/1/53; Stempel: „Pers[önlichem] Ref[erenten] vorgelegen; weiterer Nachweis: N 1221, 313: Durchschlag.
[4] Die Neujahrsansprache 1953/54 wurde am 31. 12. 1953 zwischen 19.00 und 20.00 Uhr von allen Sendern der Bundesrepublik Deutschland gesendet. Manuskript sowie Druck als Broschüre unter dem Titel „Geduld und Zuversicht" in: B 122, 232.
[5] Ebd.
[6] Detaillierte Unterlagen über die Bemühungen von Heuss zur Freilassung von deutschen Kriegsverbrechern und Kriegsgefangenen, insbesondere im Gewahrsam der Westmächte, in: B 122, 639–650.

Ich bitte, diesen Brief als einen persönlichen und vertraulichen anzusehen.

Mit freundlichen Weihnachtsgrüßen und bestem Dank für Ihre an sich von mir durchaus gewürdigte Anregung
Ihr

Theodor Heuss

Nr. 102 A

Von Georg Hamann, Hamburg 6, z. Zt. Düsseldorf

2. Dezember 1953

BArch, B 122, 126: hs. Schreiben, behändigte Ausfertigung[1]

Geschenk eines Feuerzeuges nach einer Begegnung in Düsseldorf

Hochverehrter Herr Bundes-Präsident.

Ich hatte die Ehre, Sie beim Verlassen des Düsseldorfer Schauspielhauses heute abend besonders zu begrüßen, erlaubte mir, an die Scheiben Ihres Wagens zu klopfen, und Sie waren so freundlich, mir – einem Knaben von 60 Jahren – besonders liebenswürdig zuzuwinken!

Zeuge war ich dann, als Sie sich Ihre Zigarre anzündeteten – mit einem Streichholz! Da ich annehmen muß, daß Sie kein Feuerzeug besitzen, und um diesem vermeintlichen Übel abzuhelfen, erlaube ich mir, Ihnen anbei ein neues ADE-Schnellwaagen-Reklame-Feuerzeug zu übersenden.

Zufrieden wäre ich, Ihnen damit eine kleine Freude bereitet zu haben, damit Sie Zündhölzer nicht mehr brauchen!

In tiefster Verehrung verbleibe ich
Ihr Mitbürger

Georg Hamann
Kaufmännischer Angestellter

---

[1] Eingangsstempel vom 4. 12. 1953; rechts oben von Heuss ein „d[iktieren]"; Az. A/1/53.

Nr. 102 B
An Georg Hamann, Hamburg 6
7. Dezember 1953
BArch, B 122, 126: ms. Schreiben, Durchschlag, von Heuss diktiert (Diktatz. H/Sch) und ms. gez.[2]

Sehr geehrter Herr Hamann!

Das war sehr liebenswürdig, daß Sie mir ein Feuerzeug gesandt haben, um mich von den Streichhölzern zu trennen. Das ist nun eine eigentümlich Geschichte: Ich habe in meinem Leben viele solcher Patentfeuerzeuge besessen, aber sie haben mich nie geliebt und immer nach einiger Zeit versagt, was vielleicht an mir lag. Ich will jetzt einmal sehen, ob dieses aus freundlicher Gesinnung gestiftete Feuerzeug, das Sie mir gesandt haben, sich besser bewährt als seine Vorgänger, die irgendwo in Schubladen herumliegen.

An unsere nette Begegnung bei der Abfahrt aus dem Schauspielhaus erinnere ich mich durchaus, weil die Intensität Ihres Grußes mir Freude gemacht hatte und ich die freundliche Gesinnung aus Ihren fröhlichen Augen erkannt habe.

Mit dankbarem Gruß
Ihr
Theodor Heuss

Nr. 103 A
Von Cornelia Cullmann, juristisches Seminar der Johann-Wolfgang-Goethe Universität, Frankfurt a. M.
3. Dezember 1953
BArch, B 122, 124: hs. Schreiben, behändigte Ausfertigung[1]
Gereimte Bitte um ein Autogramm

Verehrter, lieber Herr Bundespräsident!
Ein Wunsch in meiner Seele brennt,
um es vorweg gleich frei zu sagen,
dies Buch möcht' Ihren Namen tragen,
vielleicht ist Ihre Hand bereit
zu machen mir die große Freud',

---

[2] Az. A/1/53; Stempel: „Pers[önlichem] Ref[erenten] vorgelegt".
[1] Eingangsstempel vom 4. 12. 1953; von Heuss mit einem „d[iktieren]" versehen.

dann wird aus meinem Seelenbrand
ein weihnachtliches Festgewand,
in dem mein Dank für all' Ihr Tun
tief soll in dem Gebete ruhn,
daß bis in alle Himmelsweite
des Herrgotts Segen Sie begleite!
So grüße ich für jetzt und später
den besten aller Landesväter"

Cornelia Cullmann
(eine dankbare Bürgerin)

Nr. 103 B

An Cornelia Cullmann, juristisches Seminar der Johann-Wolfgang-Goethe Universität, Frankfurt a. M.

5. Dezember 1953

BArch, B 122, 124: ms. Schreiben, Durchschlag, von Heuss diktiert (Diktatz. H/Sch), von Bott hs. paraph. und ms. gez.[2]

Sehr geehrtes Fräulein Cullmann!

Dem Herrn Bundespräsidenten hat Ihr poetischer Wunsch Spaß gemacht.[3] Er hat Ihrer Bitte deshalb auch ganz gern entsprochen und Ihnen noch einen handschriftlichen freundlichen Ratschlag beigelegt, der nicht boshaft, sondern freundlich gedacht ist.

Mit den besten Empfehlungen

Hans Bott
Persönlicher Referent des Bundespräsidenten

---

[2] Az. B/1/53; Absendevermerk vom 5. 12. 1953; weiterer Nachweis: N 1221, 313: Durchschlag.

[3] Bereits im September 1950 war es zu einem in der Presse vielfach abgedruckten Austausch von „Gedichten" zwischen dem Heidelberger Schauspieler Arno Kießling und Heuss gekommen. Heuss antwortete dabei auf die Anspielung auf seinen wachsenden Bauchumfang mit den Versen: „Der Vorgang selber ist ganz klar, / Er stellt ein Durchschnittsschicksal dar, / Bei dem der Bundespräsident sich nicht von seinem Volke trennt." B 122, 2154, Sammlung der Presseausschnitte in: B 122 Anhang, 8, Buchstabe K.; Abdruck bei H. FRIELINGHAUS-HEUSS, Heuss-Anekdoten, S. 39–40.

Abschrift
Ratschlag an Cornelie[4] Cullmann

Wenn Cornelie dichtet, muß ich es auch,
das ist so altmodischer Cavaliersgebrauch …
Mir ist textiltechnisch interessant,
wie ein „Seelenbrand" wird zum „Festgewand."
Ich selbst empfehl' ganz nüchtern den Versuch
mit unversengtem soliden Tuch.

Bonn, Dezember 1953,   gez. Theodor Heuss[5]

Nr. 104 A
Von Albert Groß, Kassel
8. Dezember 1953
BArch, B 122, 125: ms. Schreiben, behändigte Ausfertigung[1]
Geburt einer Tochter von Albert Groß am 11. 11. um 11. 11 Uhr

Sehr geehrter Herr Bundespräsident,

der Karneval begann wie üblich am 11. 11. 11 Uhr 11. Nichts hätte mich veranlaßt, Ihnen dieses mitzuteilen, als die Tatsache, daß in diesem Augenblick
meine Frau mir eine Tochter geschenkt hat.

Bitten werden an Sie zweifellos in großer Zahl gerichtet. Sie werden es verstehen, wenn auch ich eine Bitte an Sie richte.

Diese lautet: Sorgen Sie bitte dafür, daß unsere Bundesregierung weiterhin den
Weg zur Freiheit verfolgt, und benutzen Sie die Gelegenheit, das zufällige Zusammentreffen der Geburt meines Töchterchens dazu „public relations" zu machen,
wenn nicht, darf ich Sie höflichst bitten, dem gegenwärtigen Herrn Bundeskanzler meinen Brief zur weiteren Auswertung zu übergeben.

Ergebenst
Ihr   Albert Groß

---

4 Heuss, wie auch die Schreibkraft, verwandte irrtümlich den Namen Cornelie anstatt Cornelia.
5 Im Jahr 1955 übersandte Cullmann zum Geburtstag von Heuss eine umgedichtete Version des
   Schwabenlobs von Eduard Paulus: „Der Schelling und der Hegel, / der Schiller und der Hauff, /
   das ist bei uns die Regel, / das fällt uns garnicht auf. / Doch um den Kreis zu schließe, /
   find' ich um jeden Preis, / daß mit hier zu begrüße / isch ‚unser' Theo Heuss!" 25.1. 1955, in: B 122, 29.
   Heuss dankte mit der Bemerkung, er sei sich ziemlich ungewiss, ob der „biedere Eduard Paulus
   die Fortsetzung seines berühmten Renommierverses akzeptiert hätte"; 10. 2. 1955, in: B 122, 29.
1 Eingangsstempel vom 12. 12. 1953; Az. B/1/53.

Nr. 104 B
An Albert Gross, Kassel
16. Dezember 1953

BArch, B 122, 125: ms. Schreiben, Durchschlag, von Heuss diktiert (Diktatz. Th.H./Sa.), von Bott hs. paraph. und ms. gez.; Briefkopf: „Ministerialdirigent Hans Bott"[2]

Sehr geehrter Herr Groß!

Der Herr Bundespräsident läßt Ihnen zur Geburt Ihrer Tochter seine freundlichen Glückwünsche aussprechen, hält dies aber nicht für eine karnevalistische Angelegenheit, falls Sie nicht selbst die Erwartung haben, daß Ihre Tochter in zwei Jahrzehnten die Karnevalsprinzessin sein wird. Ihrer Anregung, den Herrn Bundeskanzler mit dieser Sache auch noch zu befassen, wurde auf Anordnung des Herrn Bundespräsidenten nicht Folge geleistet. Wir müssen auch Sie bitten, davon Abstand zu nehmen, da auch der Herr Bundeskanzler etwas Wichtigeres und Dringenderes zu tun hat, als sich mit solchen Ansinnen abzugeben.

Mit vorzüglicher Hochachtung   Hans Bott
                              Persönlicher Referent des Bundespräsidenten

Nr. 105 A
Von Franz Juelich, Geschäftsführer des Heilpraktikerverbandes e. V., Union Deutscher Heilpraktiker, Köln am Rhein
14. Dezember 1953

BArch, B 122, 127: ms. Schreiben, behändigte Ausfertigung[1]
Glückwünsche zu Weihnachten und zum Neuen Jahr 1954

Sehr geehrter Herr Bundespräsident!

Im Namen der Union Deutscher Heilpraktiker wünsche ich Ihnen ein frohes Weihnachtsfest sowie Frieden, Gesundheit und Segen für das Jahr 1954!
    Das einliegende kleine Bändchen, in dem Günther Roennefahrt zwanzig Gemälde von Spitzweg ausdeutet,[2] möge Ihnen zwischen allen offiziellen Feiern am Weihnachtstage eine Stunde der heiteren Entspannung schenken, was wir u. a. auch als unschätzbares Mittel der „Heilung durch die Natur" ansehen.

---

[2] Az. B/1/53; Absendevermerk vom 17. 12. 1953.
[1] Az. Glu 53 durchgestrichen.
[2] Vermutlich GÜNTHER ROENNEFAHRT: Geliebte Sonderlinge. Zwanzig Bilder von Carl Spitzweg. Mit Versen von Günther Roennefahrt, Berlin 1952.

Die Zigarren sollen Ihnen beweisen, daß wir, entgegen unserem Ruf nicht jeden Genuß als gefährliches Übel verdammen, sondern daß unsere Union Deutscher Heilpraktier sich ebenfalls ganz einfach in die beiden von Dr. Heuss aufgestellten Kategorien der Heiler gliedert, nämlich:

1) in solche, die das Rauchen gestatten,
2) in solche, die das Rauchen verbieten.[3]

Mit vorzüglicher Hochachtung bin ich
Ihr sehr ergebener   F. Juelich

Nr. 105 B
An Franz Juelich, Geschäftsführer des Heilpraktikerverbandes e. V., Union Deutscher Heilpraktiker, Köln am Rhein
17. Dezember 1953
BArch, B 122, 127: ms. Schreiben, Durchschlag, von Heuss diktiert (Diktatz. H/Sch) und ms. gez.[4]

Sehr geehrter Herr Juelich!

Das war nun eine seltsame, aber liebenswürdige Überraschung, daß Sie sich an Weihnachten meiner zwischen Tugend und Untugend schwankenden Gewöhnung des Rauchens entsonnen haben und mir gleichzeitig auch von Ihrem Verband her die Absolution erteilen. Das hat für mich etwas Beruhigendes, denn es ist mir ein neuer Beweis, daß das gesundheitliche Problem vom verständig Heilenden nicht nach einer dogmatischen Meinung, sondern nach der individuellen Einsicht in eine seelische, geistige und soziale Konstitution beurteilt wird.

Die nette Beigabe über Spitzweg hat mir Freude gemacht.

Mit dankbarem Gruß
Ihr   Theodor Heuss

---

[3] Vgl. Nr. 70, Anm. 3.
[4] Az. 0/1/53; Stempel „Pers[önlichem] Ref[erenten] vorgelegt"; weiterer Nachweis: N 1221, 313: Durchschlag.

Nr. 106 A
Von Artur Purper, Idar-Oberstein
19. Dezember 1953
BArch, B 122, 143: ms. Schreiben, behändigte Ausfertigung[1]
Schutz der deutschen Sprache

Hochverehrter Herr Bundespräsident!

Als Sie vor zwei Jahren sich gegen die Sprachverluderung aussprachen, nahm ich es zum Anlaß eines mahnenden Schreibens.[2] Bei dem Ansehen Ihrer Persönlichkeit und Ihres hohen Amtes wären Sie mehr wie jeder andere in der Lage, durch mahnende Worte an Ämter, Behörden und an die Presse gegen das deutsche Sprachübel bessernde Wirkung zu erzielen. Könnte der Deutschen Akademie z. B. nicht eine ähnliche Aufgabe wie bei der Französischen Akademie zugeteilt werden? Denn diese ist die Hüterin der Sprache, und kein Neuwort darf ohne ihren Stempel in den „Verkehr" gebracht werden.

Bei uns aber herrscht völlige Willkür, und unser höchstes Volksgut, die Muttersprache, hat keinerlei Schutz, wo doch sonst bei allem Möglichen nach „Schutz" gerufen wird. Jeder beliebige Schreiber maßt sich das „Recht" an, seine „Blüten" in die Welt zu setzen, und hat die Genugtuung, daß es sofort aufgegriffen wird. Gesetz? Nein, das Beispiel von oben, daß es eine Schande ist, so mit unserer Sprache umzugehen, würde bessere Wirkung tun. Ich stelle nun eine ganze Reihe solcher Sumpfblüten vor. Hier und da gebe ich den Urheber an (G=Goebbels, H=Hitler).

Aktion (G), Bulletin (Bonn), Communiqué, diffamieren (H), diskriminieren (H), bagatellisieren (G), Etat, Integration, Investigation, Reportage, Interview, Sabotage (G), Ressentiments (ich glaube bei Hasselt vor einem Jahre[3]), Propaganda (Jesuitenwort und von Hitler wieder aufgegriffen), Studio, Essay, Sketch, Lokalderby (das klassische britische Pferderennen auf den Fußball zweier Ortsvereine umzunennen ist – verrückt!) und noch manche andere.

Wie man sieht hierbei auch einige „Nazi"-Ausdrücke! Warum macht man bei dem Eifer, alle Erinnerungen an die Hitlerzeit auszutilgen, denn vor deren Lieblingsworten Halt?

Indem ich, verehrter Herr Bundespräsident, Ihnen fürs neue Jahr Glück und Gesundheit wünsche, hoffe ich, daß meine Ausführungen Ihren Beifall finden.

Ihr ergebener   Artur Purper

---

[1] Eingangsstempel vom 20. 12. 1953; Az. B/1/53; von Heuss mit einem „d[iktieren]" versehen.
[2] Weder eine Rede von Heuss, in der er die „Sprachverluderung" kritisierte, noch das Schreiben von Purper ließen sich ermitteln.
[3] Es blieb unklar, was oder wer gemeint war. Ein Bezug zu dem belgischen Ort Hasselt ließ sich nicht herstellen.

Nr. 106 B
An Artur Purper, Idar-Oberstein
4. Januar 1954
BArch, B 122, 143: ms. Schreiben, Durchschlag, von Heuss diktiert (Diktatz. H/Kp), von
Bott hs. paraph. und ms. gez.; Briefkopf: „Min. Dirigent, Bundespräsidialamt"[4]

Sehr geehrter Herr Purper,

der Herr Bundespräsident bittet um Ihre Nachsicht, daß er auf Ihren Brief nicht
persönlich antwortet. Er hat bei seiner Rückkehr von dem Weihnachtsaufenthalt
bei seinem Sohn in Süddeutschland viele, viele Hunderte von Briefen vorgefunden, die er nur zu einem ganz geringen Teil selber beantworten kann.

Nun ist es so, daß Dr. Heuss selber wiederholt, vor allem bei Pressekundgebun-
gen davon gesprochen hat, daß nach der Entnazifizierung der Menschen jetzt eine
Entnazifizierung der Zeitungssprache folgen soll.[5] Er würde es auch für sehr erwünscht halten, daß entweder die Akademie in Darmstadt oder der Sprachverein
Lüneburg eine stärkere Wirkung ausüben könnten, vor allem auf dem Weg über
die Schulen und über die Beamtungen. Er selber, der sich bemüht, ein ordentliches Deutsch zu schreiben, ist ja nun in dem Bezirk des Gebrauchs von Fremdwörtern, wie er sich ausdrückt, mit einiger Sünde geschlagen.

Die Beispiele, die Sie gebracht haben, sind vielfach unzutreffend, wenn sie
den Herren Hitler oder Goebbels zugeschoben werden. Die sind genau wie etwa
Etat oder Ressentiment oder Studio schon längst vor diesen Herren in den Sprachgebrauch aufgenommen worden. Ressentiment ist ja eine wesentlich durch
Nietzsche mitgeschaffene Bezeichnung einer seelischen Haltung, für die es offenbar im Deutschen eine mit entsprechender Atmosphäre umgebene Bezeichnung
gar nicht gibt.

Aber Ihr freundlicher Brief wird von Dr. Heuss als eine Mahnung an ihn selber
begriffen. Der Staat als solcher kann hier nichts befehlen. Er würde in Deutsch-

---

4 Az. B/1/53; Absendevermerk vom 7. 1. 1954; weiterer Nachweis: N 1221, 314: Durchschlag.
5 Heuss wurde auch initiativ, wenn er NS-Sprachgewohnheiten in anderen Verwaltungen feststellte.
  So ließ er am 3. 12. 1957 dem Außenminister v. Brentano eine von ihm gefertigte Notiz zukommen, in der es hieß: „Auf die Gefahr hin, als Pedant zu gelten, möchte ich die Anregung geben,
  daß in Schriftstücken des AA dieser bombastische Ausdruck der Nazizeit ‚unter Beweis stellen‘
  strikt vermieden wird und durch ‚beweisen, zeigen‘ usf. ersetzt wird. Wie das zu erreichen ist,
  ist mir freilich unklar. Ich selber habe für das Bundespräsidialamt Worte wie ‚unter Beweis stellen‘ oder ‚beinhalten‘ einfach verboten, aber wir sind eine kleine Behörde, und die Mitarbeiter
  wissen, daß sie in dauernder Gefährdung wegen stilistischer Unebenheiten stehen. Nichts für
  ungut!" N 1221, 343; vgl. auch den Beitrag von Klaiber in: H. Bott / H. Leins, Begegnungen,
  S. 171. Gegenüber Kurt Sendtner, Mitarbeiter an den Memoiren von Gessler, die auch von
  Heuss im Entwurf mitgelesen wurden, bezeichnete er es geradezu als sein „Hobby", „nach der
  Entnazifizierung des Bürgers die Entnazifizierung der Sprache zu betreiben"; Heuss an Kurt
  Sendtner, 8. 10. 1957, in: N 1221, 342.

land sogar in der etwas ungeschickten Situation sein, daß die einzelnen Länder sagen, das geht den Bund gar nichts an, das ist Kultursache.

Mit vorzüglicher Hochachtung! Hans Bott
Persönlicher Referent des Herrn Bundespräsidenten

Nr. 107 A

Von Richard Hengstenberg, Weinessig-Konserven- und Senffabriken, Esslingen am Neckar

1. Februar 1954

BArch, B 122, 138: ms. Schreiben, behändigte Ausfertigung[1]

Übersendung von Sauerkraut-Dosen „Hengstenberg Mildessa"

Sehr verehrter Herr Bundespräsident!

Heute haben wir begonnen, unser mildes Wein-Sauerkraut, das Ihnen bereits bekannt ist, in kleineren Portions-Dosen unter der neuen Markenbezeichnung Hengstenberg MILDESSA[2] durch eine größere Werbe- und Verkaufs-Aktion im Raume Esslingen-Stuttgart auf den Markt zu bringen.

Da dieses Erzeugnis aus dem 1953 reichlich gewachsenen Filderkraut besonders gut geraten ist, möchte ich mir erlauben, Ihnen, sehr verehrter Herr Bundespräsident, den ersten Karton davon als nachträgliches Geburtstagsgeschenk zu überreichen. Meine besten Glückwünsche bitte ich noch beifügen zu dürfen.

Mit verbindlicher Empfehlung Rich. Hengstenberg

---

[1] Am linken Rand von unbek. Hand ein Fragezeichen.

[2] Die Firma Hengstenberg bot seit 1932 als erster Hersteller pasteurisiertes Sauerkraut an. Die hier erwähnte Marke „Mildessa" wurde ein großer Erfolg. Sie war noch 2002 führend in der Bundesrepublik, wobei noch immer die Masse des eingelegten Kohls aus Esslingen stammte; vgl. Frankfurter Allgemeine Zeitung, Nr. 298, 23. 12. 2002, S. 16, Artikel „Wir wollen dem Thema Sauerkraut neue Impulse geben."

Nr. 107 B
An Richard Hengstenberg, Weinessig-Konserven- und Senffabriken, Esslingen am Neckar
26. Februar 1954
BArch, B 122, 138: ms. Schreiben, Durchschlag, von Heuss diktiert (Diktat. Th. H./Sa.) und ms. gez.[3]

Sehr geehrter Herr Hengstenberg!

Das war sehr liebenswürdig von Ihnen, daß Sie an mich gedacht haben, obwohl ich eigentlich immer ein bißchen ein unsicheres Gefühl habe, wenn man mir gerade solche eßbaren Dinge schickt,[4] aber ich weiß die freundliche Gesinnung auch Ihrer Glückwünsche zu würdigen. Ich bin überzeugt, daß sich vor allem meine Schwägerin, die mir den Haushalt führt, sehr über Ihre Gabe freuen wird.

Mit freundlichen Grüßen   Theodor Heuss

Nr. 108 A
Von Gerd W. Beller, Köln-Lindenthal
8. Februar 1954
BArch, B 122, 134: ms. Schreiben, behändigte Ausfertigung[1]
Verwendung öffentlicher Mittel zum Ankauf eines Gemäldes von Botticelli

Hochverehrter Herr Bundespräsident,

mit Bestürzung lese ich in der Presse der letzten Tage zwei Berichte, deren reine Gegenüberstellung den Grund meines Unwillens, den ich mir erlaube, Ihnen

---

[3] Az. B/5; weiterer Nachweis: N 1221, 316: Durchschlag.
[4] Unter derlei Sendungen waren vor allem Zigarren, u. a. von dem mit ihm seit 1919 gut bekannten Bruno Jacubeit aus Heidelberg (Bundesverband der Zigarrenhersteller e.V., Korrespondenz in: B 122, 153), aber gelegentlich auch sonstige „Delikatessen", z. B. von Eugen Lacroix, der am 19. 12. 1951 unter Bezugnahme auf die Bekanntschaft aus Straßburger Zeit aus dem Sortiment seiner Firma Heuss beschenkte; B 122, 104. Die Doornkaat AG aus Norden schickte am 27. 12. 1952 auf Veranlassung von Ministerpräsident Hinrich Wilhelm Kopf eine Auswahl ihrer Erzeugnisse; B 122, 132. Die Brauerei Bayerischer Hof, Georg Renner KG, Sulzbach schickte zum 33jährigen „Braumeister-Jubiläum" am 6. 12. 1955 zwanzig Flaschen „Herzogtrunk", einige Monate später einige Flaschen „Ostertrunk"; B 122, 157 und 165. Aus Berlin erhielt Heuss offensichtlich regelmäßig von Margarete Grimm Quittenmarmelade, ein „Brauchtum", für das sich Heuss am 5. 11. 1955 bedankte; B 122, 161.
[1] Eingangsstempel vom 9. 2. 1954; Az. B/1/54 ; am linken Rand hs. Bemerkung: „meint Botticelli-Gemälde des Grafen Raczynski." Von Heuss mit einem „d[iktieren] versehen.

freimütig nahe zu bringen, erkennen läßt: Deutschland nimmt für seine Flüchtlinge ein Geschenk Dänemarks von DM. 750 000,- an. Deutschland kauft für
DM. 2.000.000,- ein Gemälde an.

Wenn jemand im privaten Bereich nicht ausreichende Mittel hat, um seine
schuldlos in Not geratenen Angehörigen zu unterstützen, darf er freiwillig an-
gebotene Hilfe eines Nachbarn annehmen. Das darf er aber nicht, wenn er gleichzeitig erheblich größere Beträge für die Befriedigung ästhetischer Genüsse aus-
gibt. Tut ein Staat es trotzdem, dann werden menschlicher und politischer Takt
vergessen, und man hat auch nicht das Recht, von Kultur zu sprechen.

Darüber kann es meiner, und ich bin sehr zuversichtlich, zu hören, auch Ihrer
Ansicht nach keinen Zweifel und keine Diskussion geben.

Genehmigen Sie bitte, Herr Bundespräsident, den Ausdruck meiner aufrichtigen
Hochachtung
                                                                    Gerd W. Beller

Nr. 108 B
An Gerd W. Beller, Köln-Lindenthal
13. Februar 1954
BArch, B 122, 134: ms. Schreiben, Durchschlag, von Heuss diktiert (Diktatz. H/Bk), von
Bott hs. paraph. und ms. gez.[2]

Sehr geehrter Herr Beller!

Der Bundespräsident vermutet, daß Sie das Problem, das bei dem Kauf eines
Gemäldes vorliegt, nicht übersehen. Hier geht es nicht darum, daß ästhetische
Genüsse „befriedigt" werden sollen, sondern darum daß eines der hervorragend-
sten Gemälde eines großen italienischen Meisters,[3] das unseres Wissens seit über
150 Jahren als Leihgabe einer Familie in den öffentlichen Museen Berlins ausgestellt und ein Stolz der Berliner Museen war, jetzt nicht in den internationalen

---

[2] Az. B/1/54; Absendevermerk vom 16. 2. 1954; weiterer Nachweis: N 1221, 315: Durchschlag.
[3] Dabei handelte es sich um das Gemälde „Madonna mit den singenden Engeln und Lilien" von
Boticelli, das für 1,95 Millionen DM in einer Gemeinschaftsaktion von Bund und Ländern von
dem in Chile lebenden Grafen Sigismund Raczynski gekauft wurde. Dessen Vorfahren hatten es
dem Land Preußen für das Berliner Kaiser-Friedrich-Museum zur Verfügung gestellt; vgl. Frankfurter Allgemeine Zeitung, Nr. 24, 29. 1. 1954, S. 4. Das Bundeskabinett hatte über die Modalitäten
des Ankaufs am 7. 7. 1953 beraten; vgl. KABINETTSPROTOKOLLE 1953, S. 380; weitere Unterlagen
in: B 122, 2312.

Handel kommt, sondern in Deutschland gehalten werden kann, nachdem die Familie des Leihgebers aus Ostdeutschland vertrieben worden ist.

Mit vorzüglicher Hochachtung   Hans Bott
                                      Persönlicher Referent des Bundespräsidenten

Nr. 109 A
Von Elsbeth Zarges, Deutsche Gesellschaft für Ernährung, München-Bogenhausen
10. Februar 1954
BArch, B 122, 2154: ms. Schreiben, behändigte Ausfertigung[1]
Gesundheitszustand und Ernährung von Theodor Heuss

Hochverehrter Herr Professor!

Als geborenes Schwabenmädle hegte ich den natürlichen Wunsch, Ihnen wie so viele andere zu Ihrem 70. Geburtstag zu gratulieren. Doch nahm ich davon Abstand in dem Gedanken, daß Sie armer Mann ja in einer Sintflut der wohlgemeintesten Briefe ersticken müßten, wenn jeder, der Sie von Herzen verehrt (und wer in Deutschland tut das nicht?), Ihnen schreiben wollte.

Daß ich nun entgegen dieser Erwägung heute doch schreibe, hat einen ganz anderen Grund, wenn er auch mit Ihrem Geburtstage indirekt zusammen hängt. Denn an diesem Tage hatten wir die Möglichkeit, Ihre schöne und sonore Stimme einmal wieder über das Radio zu hören. Sie meinen dabei selbst: Sie würden nun allmählich zu alt, und Ihr Organ sei nicht mehr geeignet über den Sender zu sprechen.

Verehrter Herr Präsident! Ihr tiefer und männlicher Baß ist noch so schön wie je zuvor, aber die Atempausen, diese Pausen, die jedem aufmerksamen Hörer einen bedrängten und schwer arbeitenden Brustkorb verrieten, dazu ein über Gebühr belastetes Herz, haben mir so zu denken gegeben (auf schwäbisch z'schaffe g'macht), daß ich nun heute doch zur Schreibmaschine greife, um Ihnen meine große Besorgnis mitzuteilen.

An den Tausenden von Glückwünschen können Sie ermessen, lieber Herr Professor, wie nötig wir Sie alle noch brauchen und wie dankbar wir sind, daß uns das Schicksal einen solchen Mann an die Spitze gestellt hat. Deshalb haben

---

[1] Eingangsstempel vom 11. 2. 1954; Az. B/1/54 hs. hinzugefügt; von Heuss mit einem „d[iktieren]" versehen; der dritte Absatz seitlich doppelt angestrichen; ferner einige Unterstreichungen von unbekannter Hand.

Sie die unabweisbare Pflicht, sich unserem Vaterland noch so lange als möglich zu erhalten. Das werden Sie aber nicht können, wenn Sie nicht sofort beginnen, weniger und richtiger zu essen – um eine bedeutende Gewichtsverringerung zu erreichen, die Ihr Körper einfach nötig hat.

Abb. 6: Bundestagspräsident Hermann Ehlers (3.v.l.) gratuliert Theodor Heuss im Namen des Deutschen Bundestages zum 70. Geburtstag und überreicht ein silbernes Kaffeeservice, 31. 1. 1954 (Hans Bott 2.v.l.)

An dem Kopf meines Briefes sehen Sie, daß ich Ihnen diesen wichtigen Rat nicht nur als Landsmännin und Schwäbin aus meinem beschränkten Untertanenverstand heraus erteile, sondern daß ich in der Branche der neuzeitlichen Ernährung arbeite und durch Berufung der besten Ärzte auf diesem Gebiet meinen Mitmenschen Vorträge halten darf – wie sie besser kochen und sich richtiger ernähren sollen.

Verzeihen Sie nun bitte, daß meine Sorge, angeregt durch die Senderübertragung, sich auch an Ihre werte Person heranwagt mit der dringenden Bitte, sich doch einem unserer auf dem Ernährungsgebiet so erfahrenen Ärzte anzuvertrauen und irgendwo in einem der vielen kleinen oder großen Sanatorien eine diesbezügliche Kur zu machen. Auch zu Hause müßten Sie eine richtige Diätköchin haben, und ich wünschte, Bonn wäre nicht so weit von München, daß ich Ihrer Wirtschafterin beibringen könnte, wie man herrlich und schmackhaft – und fast ohne

Salz kochen kann – ohne den Körper zu überlasten! Auch mit einmal „Spätzle" in der Woche!!!

Bitte, bitte hochverehrter Herr Professor, lassen Sie meine Worte nicht auf steinigen Boden fallen, sondern tun Sie was für Ihre Gesundheit, daß wir bei der nächsten Rundfunkansprache feststellen können, um wieviel gesünder und schlanker Sie wieder geworden sind.

In herzlicher Verehrung
Ihre   Frau Elsbeth Zarges, geb. Kölle

Nr. 109 B
An Elsbeth Zarges, Deutsche Gesellschaft für Ernährung, München-Bogenhausen
15. Februar 1954
BArch, B 122, 2154: ms. Schreiben, Durchschlag, von Heuss diktiert (Diktatz. H/Bk.) und ms. gez.[2]

Verehrte Frau Zarges!

Ihre freundschaftlich besorgte Ferndiagnose ist hier mit Dankbarkeit aufgenommen worden.

Es ist nicht der einzige Brief gewesen, der hier wegen des Schnaufens eintraf. Ein Arzt, der mir einen sehr reizenden Brief schrieb, weil er meine Bücher kennt, hat gleich ein Arzneirezept mitgeschickt.[3]

Nun ist es so, daß diese Briefe wie Ihr freundlicher Brief mitten in eine sozusagen fertige Situation hereingekommen sind. Ich selber fühle mich zwar selber völlig gesund, werde aber von Zeit zu Zeit ärztlich im großen Stil untersucht, und das hat man mit Bedacht hinter den Geburtstag verlegt, damit nicht, falls irgend etwas „entdeckt" würde, ärztliche Kuren oder etwas ähnliches vor diesem Termin veranlaßt würden.

Diese Untersuchung hat nun ergeben, daß mein Herz völlig in Ordnung ist, aber zwei Dinge wurden festgestellt, die an sich schon bekannt waren: daß auf der einen Seite der Bauch etwas dicker geworden ist – nicht durch viel Esserei, ich esse nur wenig – sondern durch zu geringe Bewegung; und daß die Kropfanlage, die auch seit vielen, vielen Jahren von den Ärzten mit etwas Mißtrauen

---

[2] Az. B/1/54 gestrichen, hs. geändert in I/2/22; Stempel: „Pers[önlichem] Ref[erenten] vorgelegt"; weiterer Nachweis: N 1221, 316: Durchschlag.

[3] Das Schreiben ließ sich nicht ermitteln.

angesehen wird, in der Kombination mit dem zu dicken Bauch diese Atempausen, von denen Sie schreiben, hervorruft.

Mein Sohn, der kein Arzt ist, hat ganz richtig einmal gesagt: Du mußt stehend sprechen, dann kommt es nicht zum Ausdruck. Während in der Tat bei dem Im-sesselsitzen und Plaudern die Kombination von zu dickem Bauch und Kropf dies Gestöhne erzeugt oder diese Pausen, die dann sachverständige Menschen draußen beunruhigen. Ich war mir aber dessen gar nicht bewußt, bis[4] ich einmal auch eine solche Kaminplauderei am Radio als Zuhörer entgegennahm.

Die Auffassung ist die, daß ich 8–10 Pfund abnehmen müsse, und ich werde vorher noch einmal wegen der Kropfgeschichte eine Spezialuntersuchung haben. Im übrigen wird in Aussicht genommen, daß ich einmal in ein Sanatorium gehe, um die Diätgeschichte durchzumachen, die ja hier bei dem Wechsel, auch von Einladungen, die ich geben muß oder denen ich zu folgen habe, nicht ganz so einfach ist.[5]

Mein Haushalt wird von meiner Schwägerin geführt.[6] Aber es ist eine treff-liche Köchin dabei, die schon während des Krieges im Lazarett Diät kochte, nur natürlich in den Grenzen, die dort bei solchen Gelegenheiten gezogen waren. Sie ist begeistert darüber, daß sie in der nächsten Zeit einmal mit der Leitung der Diätküche der hiesigen Universitätsklinik die Dinge etwas für mich systemati-sieren soll, wenn die Professoren sich darüber vollends ein Bild gemacht haben. Für mich ist es eine gräßlich langweilige Geschichte, weil ich nun auf einmal wieder anfangen soll, mich von Kalorien zu ernähren, während ich Linsen oder eine Bratwurst dem immer vorgezogen habe. Ein Kuchenesser bin ich nie gewesen, und Spätzle esse ich gern, aber auch mit Maßen.

Ich hoffe, daß diese Mitteilungen, die ich etwas ausführlicher gestaltet habe, weil Ihr Brief uns alle so angesprochen hat, Sie ein wenig beruhigen. Ich will sehen, daß ich mich brav an die Vorschriften der Ernährungstechniker halte. Das Essen ist mir selber nie so sehr wichtig gewesen. Zum Glück hat man mir aber die Zigarre noch nicht verboten, weil das Herz, wie gesagt, in Ordnung ist.[7]

---

[4] In der Vorlage: „weil".

[5] An Toni Stolper schrieb Heuss u. a. hierzu am 16. 2. 1954: „Nachdem der Trubel vorbei war, bin ich zu der lange geplanten Generaluntersuchung ins Krankenhaus gegangen. [...] Ich fühle mich zwar pudelwohl, und der Aufenthalt ist nur für wenige Tage angesetzt, aber es soll wegen Kropf und Bauch, die beide als zu dick gelten, alle paar Stunden etwas gemessen werden. Das Kardiogramm ist so gut wie es im vergangenen Jahr war, aber da Otto Gessler mir seit zwei Jahren klar macht, daß ich jetzt ein nationaler Wertgegenstand sei und nicht mehr so gleichgültig gegenüber meiner Gesundheit bleiben dürfe und deshalb, ehe ich einmal krank werde, überholt werden solle, gehe ich wahrscheinlich im April mit Ludwig, der solche Behandlung viel not-wendiger hat als ich, einmal 3–4 Wochen nach Kissingen in ein Sanatorium mit Diät-Küche, mit Massage und all dem Zeug, das die Ärzte erfunden haben"; N 1221, 316.

[6] Hedwig Heuss.

[7] Fünf Jahre später, am 2. 6. 1959, schrieb Heuss an Studienrat A. L. Müller: „Ich werde, um ein oder zwei Jahre länger zu leben, jetzt nicht eine andere Ernährungsweise beginnen, weil das biß-

Sie sehen, der steinige Boden, vor dem Sie sich fürchteten, ist hier nicht vorhanden, sondern ein angenehm gerodeter, fruchtbarer Boden hat den Samen, den Sie geworfen haben, entgegengenommen. Ob der Erfolg aber schon bei der nächsten Rundfunkansprache festzustellen sein wird, wie Sie erwarten, weiß ich nicht, zumal ich auch noch gar nicht weiß, wann dieses nützliche Stück Pflichterfüllung terminmäßig angesetzt ist.[8]

Mit dankbarem landsmannschaftlichem Gruß
Ihr
Theodor Heuss

Nr. 110 A
Von der Deutschen Liga für Menschenrechte, Berlin-Halensee
18. Februar 1954
BArch, B 122, 149: ms. Schreiben, behändigte Ausfertigung[1]
Einschränkung des Karnevals

Hochverehrter Herr Bundespräsident!

Uns erreichen Nachrichten, wonach der diesjährige Karneval in der Bundesrepublik nach seinem äußeren Aufwand in einer Form gefeiert werden soll, der die Feier der Vorjahre noch überbietet.

Wenn wir selbstverständlich auch keinem Menschen das Recht auf Lebensfreude absprechen wollen und volles Verständnis für landschaftliche Gegebenheit und Tradition haben, so bitten wir Sie, hochverehrter Herr Bundespräsident, unsere Bitte nicht mißverstehen zu wollen, daß Sie Ihren Einfluß in Richtung einer

chen Wein und das etwas mehr als ein bißchen Zigarre, das ich konsumiere, nun eben zu meiner Lebensführung gehört. Ich habe neulich noch einem Arzt erklärt, daß er offenbar von dem Problem einer produktiven Behaglichkeit nichts wisse"; N 1221, 355; vgl. auch Nr. 70, Anm. 3.

8 Heuss befand sich im April 1954 in Bad Kissingen. Über das Kurergebnis berichtete er Toni Stolper am 5. 5. 1954, dass sein Sohn, für den die Kur „eine viel ernstere Pflicht und Aufgabe" gewesen sei, mit einer Besserung des Blutdrucks und der Leberschwellung zurückgekommen sei. „Kissingen hat mich acht Pfund gekostet und meine Backenwampen etwas gemildert, so daß eine Chance sich zeigte, daß ich wieder ein ‚vergeistigtes' Gesicht erhalte. Aber da ich nun hier [in Bonn] sicher nicht nach der Statistik der Kalorien leben kann, wird sich dieser Zustand bald wieder ändern"; N 1221, 318. An Helene Ecarius schrieb Heuss am 10. 5. 1954, Kissingen sei ihm gut bekommen, da er sich so gesund wie zuvor fühle. Die Gewichtsabnahme werde „nicht sehr lange halten", da er die „puritanische Diät" nicht fortsetzen könne. „Das geht mit den Einladungen hier und dort nicht, wahrscheinlich aber auch nicht mit dem intensiven Arbeitsbetrieb, in dem ich dauernd stecke"; N 1221, 318.

1 Eingangsstempel vom 22. 2. 1954; Az. 02/1/54; von Heuss mit einem „d[iktieren]" versehen.

Einschränkung dieser Aufwendungen geltend machen mögen. Unsere Bitte entspringt der echten Sorge, daß unsere Brüder in der Ostzone das karnevalistische Treiben in der Bundesrepublik, wenn es in Übertreibungen ausartet, als unbrüderlich und unsolidarisch empfinden könnten. Gerade in diesen Tagen, in denen die Vierer-Konferenz[2] wahrscheinlich ohne nennenswertes Ergebnis für Deutschland zu Ende geht und damit manche Hoffnung der Menschen in der Ostzone für lange Zeit wieder begraben wird, müssen die Deutschen der Bundesrepublik Deutschland in ihrem Verhalten zeigen, daß sie sich zu jeder Stunde des schweren Schicksals bewußt sind, unter dem die deutschen Brüder der Ostzone zu schmachten haben. Gerade nach dem verlorenen Krieg wollen wir den westdeutschen und süddeutschen Brüdern den Ausdruck der wiedererwachten Lebensfreude im karnevalistischen Treiben gönnen. Wir glauben aber, daß ein gewisses Maß angesichts der Not der Brüder der Ostzone ein Gebot selbstverständlichen Taktes ist.

Wir geben uns der Hoffnung hin, daß gerade Sie, hochverehrter Herr Bundespräsident, unserem Anliegen wohlwollendes Verständnis entgegenbringen werden, und versichern sie unserer Verehrung und Hochschätzung.

Deutsche Liga für Menschenrechte
Das Präsidium, Jochen Klaus Schaefer, Präsident

Nr. 110 B

An das Präsidium der Deutschen Liga für Menschenrechte, Berlin-Halensee
24. Februar 1954

BArch, B 122, 149: ms. Schreiben, Durchschlag, von Heuss diktiert (Diktatz. H/Bk), von Oberüber hs. paraph. und ms. gez.[3]

Sehr geehrter Herr Schaefer!

Bitten, wie sie in Ihrem Brief an den Herrn Bundespräsidenten wegen der Karnevalsgeschichten ausgesprochen wurden, sind in den letzten Jahren wiederholt

---

[2] In Berlin tagten von Ende Januar bis Mitte Februar 1954 die Außenminister der vier Siegermächte des Zweiten Weltkrieges, um u. a. über die Deutschlandfrage zu verhandeln. Die Verhandlungen blieben ohne weiterführende Ergebnisse; vgl. KABINETTSPROTOKOLLE 1954, S. XXXVIIf; N. KATZER, Übung. Die Verhandlungen wurden zeitgenössisch publiziert vom PRESSE- UND INFORMATIONSAMT DER BUNDESREGIERUNG (Hg.): Die Viererkonferenz in Berlin 1954. Reden und Dokumente, Berlin [1954].

[3] Az. B 2/1/54; Absendevermerk vom 27. 2. 1954; weiterer Nachweis: N 1221, 316: Durchschlag.

an Dr. Heuss herangekommen.[4] Er hat selber mehrmals in öffentlichen Reden dazu Stellung genommen und um Rücksichtnahme auf die Notlage vieler Menschen und auf die Sowjetzone gebeten. Der Bundespräsident selber beteiligt sich an diesen Veranstaltungen nicht, obwohl man das im Rheinland von ihm erwartet hatte.[5] Eine rechtliche Einwirkungsmöglichkeit besitzt Dr. Heuss nicht, was Sie eigentlich wissen müßten, da diese Dinge bei den Ländern liegen. Der Bundespräsident kann eben nur, was er oft genug getan hat, mit den Herren, die mit diesen Problemen zu tun haben und mit ihm einmal zusammen kommen, in dem erbetenen Sinn sprechen.

Mit vorzüglicher Hochachtung   Horst Oberüber
Für den Persönlichen Referenten des Bundespräsidenten

Nr. 111 A
Von Joachim Diederichs, Bildjournalist, Berlin-Steglitz
23. Februar 1954
BArch, B 122, 135: ms. Schreiben, behändigte Ausfertigung[1]
Foto von Theodor Heuss; Aversion gegen das „Fotografiert-Werden"

Sehr verehrter Herr Bundespräsident!

Bei Ihrem Besuch vor 2½ Jahren in unserer Stadt anläßlich der Einweihung des wiedererstandenen Schiller-Theaters[2] hatte ich den Auftrag eines Berliner Blattes, ein paar besondere Fotos auf die Redaktion zu bringen.

---

[4] Vgl. Nr. 77.
[5] Auf eine Einladung von Hermann Dienz (Bonner Künstlerschaft) zu einem Künstlerfest „Bonn total abstrakt" vom 11. 2. 1950 hatte Heuss geantwortet: „Ich bin ja nun nicht bloß der Bundespräsident der rheinischen Bevölkerung mit ihrer spezifischen Tradition, sondern auch für das übrige Deutschland, dem eine vergleichbare Tradition fehlt. Ich habe mich deshalb schon vor Wochen grundsätzlich entschlossen, ohne damit irgend jemandem das Recht zur Fröhlichkeit mindern zu wollen, in einer Zeit der Massenarbeitslosigkeit und der Flüchtlingsnöte an keiner karnevalistischen Veranstaltung teilzunehmen"; B 122, 5682. Als ihm Fritz Erler einen Vorschlag zusandte, wegen der Ereignisse in Ungarn 1956/57 auf das Karnevalstreiben zu verzichten, schrieb ihm Heuss am 19. 12. 1956 leicht resignierend: „Die Versuche, einen Einfluß auf den längst industrialisierten Karnevalsbetrieb im Sinne einer Eindämmung zu gewinnen, habe ich schon vor ein paar Jahren einmal gemacht. Die Rheinländer hören das ja nicht"; B 122, 172.
[1] Eingangsstempel vom 1. 3. 1954; Az. B/1/54.
[2] Die Einweihung des Schiller-Theaters in Berlin hatte am 5. 9. 1951 stattgefunden. Manuskript der Ansprache von Heuss sowie Unterlagen für die Rede in: B 122, 219.

Anläßlich Ihres 70. Geburtstages ist dieses eine Bild nun erschienen, und ich hoffe, daß es Ihnen ebenso wie uns Freude macht. Als eine verspätete Geburtstagsgabe darf ich Ihnen dieses Foto mit den besten Wünschen überreichen.

Mit dem Ausdruck vorzüglicher Hochachtung bin ich
Ihr sehr ergebener   Joachim Diederichs

PS. Ganz nebenbei hoffe ich Ihre Aversion gegen das „Fotografiert-Werden" um ein kleines Stück abgetragen zu haben. D. O.

Nr. 111 B
An Joachim Diederichs, Bildjournalist, Berlin-Steglitz
1. März 1954
BArch, B 122, 135: ms. Schreiben, Durchschlag, von Heuss diktiert (Diktatz. Th.H./Sa.) und ms. gez.[3]

Sehr geehrter Herr Diederichs!

Freundlichen Dank für Ihre Zeilen und für das liebenswürdige geglückte Bild der stillen Unterhaltung mit dem Reichsminister Rudolf Wissell. Ich habe das Bild schon einmal in der Zeitung gesehen und habe mich darüber gefreut.

Das mit der „Aversion gegen das Fotografiertwerden" ist nicht so schlimm. Ich stehe mit den meisten Bildberichtern recht gut, habe aber einmal in einem journalistischen Fachblatt einen Beitrag geschrieben,[4] daß ich nun eben dies nicht wünsche, daß bei einer Veranstaltung, die vielleicht einen feierlichen, ja halb kultischen Charakter hat, die Kompanie der Fotografen zur zentralen Angelegenheit wird,[5] und die gewerbliche Technik, deren Tatbestände zu verkennen ich nicht dumm genug bin, das als Wesentliche gedachte einer Veranstaltung verdrängt.

Dann werd ich noch leicht „böse", wenn die Blitzlichtleute mich in der Dunkelheit aus der Nähe, oder wenn ich eine nasse Treppe heruntergehen muß, an-

---

[3] Az. B/1/54; Absendevermerk vom 1. 3. 1954; weiterer Nachweis: N 1221, 317: Durchschlag.

[4] Der Artikel ließ sich nicht ermitteln. Es gab immer wieder Auseinandersetzungen mit Fotografen, und Heuss war offensichtlich nicht bereit, ihre Umgangsformen zu akzeptieren. Vgl. auch Heuss an Wilhelm Keil, 24. 11. 1954, abgedruckt in: TH. HEUSS, Bundespräsident, Briefe 1949–1954; außerdem Nr. 65, Anm. 2.

[5] In seinen Anweisungen und Wünschen zur Formgebung seiner Beerdigung vom 4. 12. 1960 verfügte Heuss, beim Trauerakt auf dem Friedhof auf jegliches Blitzlicht-Fotografieren und auf einen Leiteraufbau für „Dokumentarfilme" zu verzichten. Man sterbe nicht „für die publizistische Aktualität." B 122, 38230.

schießen. Ich will nämlich nicht dann in der Blendung danebentreten.[6] Das ist alles. Aber Ihr Bild selber ist sehr reizend.

Mit freundlichem Gruß   Theodor Heuss

Nr. 112 A
Von Karl M. Kunz, Pfarrer, Frankfurt a. M.
25. Februar 1954
BArch, B 122, 140: ms. Schreiben, behändigte Ausfertigung[1]
Bitte um ein Exemplar der Naumann-Biographie zur Vorbereitung einer Abitur-Prüfung

Hochverehrter Herr Bundespräsident!

Ich bitte höflichst um freundliches Verständnis für mein Schreiben und für meine Bitte:

In einigen Wochen habe ich die Oberprima des Helmholtz Realgymnasiums in Religion anläßlich des Abiturs zu prüfen. Als Prüfungsgegenstand habe ich mir das Thema vorgenommen: Die Verantwortung des Christen im Lebensbereich des deutschen Volkes. Bei der Durcharbeitung dieses Aufgabengebietes von der Zeit der ersten Christenheit bis zur Gegenwart in unserem Volk wird auch das Werk von Friedrich Naumann eine entscheidende Darstellung erfahren müssen. Ich war selbst längere Zeit Pfarrer in Störmthal bei Leipzig und Schüler von Prof. Herz, Leipzig. Durch meine Flucht aus der Zone und den Verlust meiner Bücher und meines Amtes (infolge Ablehnung einer Rückkehr) kann ich mir leider Ihr Werk über Fr. Naumann[2] zur Zeit nicht anschaffen, obwohl es mir sehr am Herzen liegt und für die weitere Arbeit der nächsten Wochen recht wichtig ist.

Darf ich mir daher die Bitte erlauben, daß mir eines Ihrer Verlagsexemplare durch Ihre freundliche Vermittlung zugestellt werden kann? Meine Schüler würden zusammen mit mir für eine solche Freundlichkeit sehr dankbar sein.

---

6 Eine generelle leichte Unsicherheit beim Treppensteigen wurde durch einen Sturz in Lörrach am 19. 12. 1955, der zu einem Muskelriss führte, und durch einen weiteren Sturz im Park der Villa Hammerschmidt (April 1956), der eine Muskel- und Nervenzerrung im Oberschenkel bewirkte, verstärkt; Heuss an Georg Hohmann, 2. 4. 1956, in: N 1221, 333.
1 Eingangsstempel vom 1. 3. 1954; Az. B/1/54.
2 THEODOR HEUSS: Friedrich Naumann. Der Mann, das Werk, die Zeit, Stuttgart/Berlin 1937; 2., neubearbeitete Aufl. Stuttgart/Tübingen 1949.

Mit herzlichen Segenswünschen für Ihr verantwortungsvolles Amt in unserem lieben Volk und seinen arbeitenden Menschen grüße ich Sie, sehr verehrter Herr Bundespräsident, in der Verbundenheit des Glaubens:

Ihr sehr ergebener

Karl Kunz

Nr. 112 B

An Karl M. Kunz, Pfarrer, Frankfurt a. M.

5. März 1954

BArch, B 122, 140: ms. Schreiben, Durchschlag, von Heuss diktiert (Diktatz. H/Sch) und ms. gez.[3]

Sehr geehrter Herr Pfarrrer!

Unter der Voraussetzung, daß Sie Dritten gegenüber nichts davon erzählen, lasse ich Ihnen ein Exemplar meines Naumann-Buches zugehen. Die Verlags-Frei-exemplare sind natürlich schon längst vergeben. Ich bitte Sie, die Schenkung vertraulich zu behandeln, da es eine seltsame Gewöhnung vieler Deutscher ist, mich um meine Bücher zu bitten. Der Anlaß, zu dem Sie das Buch benötigen, veranlaßt mich, eine Ausnahme zu machen.

Mit den besten Empfehlungen

Ihr

Theodor Heuss

Nr. 113 A

Von Dr. med. Gärtner, Frauenarzt, Essen

27. Februar 1954

BArch, B 122, 137: ms. Schreiben, behändigte Ausfertigung[1]

Lebensumstände älterer Ärzte

Sehr verehrter Herr Bundespräsident!

Sie prägten kürzlich das Wort, der Arzt müsse wirtschaftlich unabhängig sein, um seinem Beruf ungestört nachgehen zu können.[2] Wir Ärzte waren von je Stief-

---

[3] Az. B/1/54; weiterer Nachweis: N 1221, 317: Durchschlag.
[1] Eingangsstempel vom 1. 3. 1954; Az. B/1/54; von Heuss mit einem „d[iktieren]" versehen.
[2] Diese Aussage von Heuss ließ sich nicht nachweisen.

kinder des Staates. Wir müssen in ihm nicht nur den bösen Stiefvater, sondern auch unsern Feind erblicken.[3] Er zwingt uns seit 1897 nach der Preugo[4] zu arbeiten, einem Tarif, der jedem Autoschlosser ein mitleidiges Lächeln entlocken würde. Diese Preugo ist erst kürzlich und völlig unzureichend erhöht worden.

Die Krankenkassen, die sich Millionenpaläste bauten, zahlen auch heute noch wegen angeblicher Notlage die uns zustehenden Gelder nicht aus – Ortskrankenkasse z. B. nur 81 %, andre noch keine 60 %. Sie wissen, daß wir Ärzte uns nicht wehren, schlecht einen Streik beginnen können. Mit Duldung des Staates fielen seiner Zeit die Kommunen über uns her und bürdeten uns die Gewerbesteuer auf – jahrelang, bis eine einsichtigere Regierung dahinter kam, daß der ärztliche Beruf gar kein Gewerbe sei.

Nachdem die Ärzte nach dem ersten Weltkrieg durch Kriegsanleihen und Inflation ins Proletariat abgesackt waren, zwang uns der Staat, damit wir ihm im Alter nicht zur Last fielen, zum Abschluß einer Zwangslebensversicherung von mindestens 10.000 M., aber er zwang nicht die Versicherungsgesellschaften, die fälligen Summen auszuzahlen, da sie, wie mir die Gothaer schrieb, erst ihre Verwaltungsgebäude wieder aufbauen müßten. Dadurch, daß der Staat die Versicherungsgrenze der Arbeiter und Angestellten, ohne die Ärzteschaft zu befragen, erhöhen ließ, gingen den Ärzten Millionen bisheriger Privatpatienten verloren.

Um die alten Kollegen vorm Verhungern zu schützen, wollte die Ärzteschaft von Nordrhein-Westfalen aus eigener Kraft eine Altersversorgung, wie sie in Süddeutschland schon seit Jahren besteht, ins Leben rufen. Die finanziellen Unterlagen stimmten, die Krankenkassen waren einverstanden. Schon in diesem Jahre sollte die Einrichtung in Kraft treten. Wir alten Ärzte waren die Sorge des Verhungernmüssens los. Da kommt der Arbeitsminister[5] – also wieder der böse Stiefvater Staat – und torpediert, anscheinend beeinflußt von den Lebensversicherungsanstalten, die geplante Einrichtung.[6]

Sylvester dieses Jahres werden 50 Jahre vergangen sein, seit ich mein Staatsexamen bestand. Ein halbes Saeculum liegt dann hinter mir, voll von einem besessenen Berufsfanatismus, im Dienste der Menschlichkeit und unseres Volkes. Das bedeutet Fußmärsche bei Tag und Nacht, mindestens zweimal um den Äquator, das bedeutet Tausende von Operationen in den Lazaretten des Ersten Weltkrieges, das bedeutet ungezählte Friedensoperationen, ungezählte, an Krankenbetten und in Kreißsälen durchwachte Nächte, wofür die Krankenkassen keinen roten Heller bezahlten.

---

[3] Vgl. zum Folgenden den Überblick in dem Beitrag „Gestaltung der Beziehungen zwischen Ärzten und Krankenkassen", in: GESCHICHTE DER SOZIALPOLITIK, Bd. 3, 1949–1957, S. 450–457.
[4] Preußische Gebührenordnung für ärztliche Leistungen, erstmals 1896 erlassen.
[5] Bundesminister für Arbeit und Sozialordnung von 1949 bis 1957, Anton Storch (CDU).
[6] Dieser Vorgang ließ sich nicht klären.

Ich habe nie einen Erholungsurlaub gehabt. Im Ersten Weltkrieg bin ich nach einer Operation wegen eines infolge Ruhr durchgebrochenen Darmgeschwürs mit noch nicht verheilter Bauchwunde wieder an die Front zu meiner Formation gefahren.

Seit Jahren hause ich kümmerlich mit Frau und Tochter in einem Trümmergrundstück. Daß ich die völlig zerbombte Einrichtung bisher nicht ersetzen konnte, dafür sorgt das Finanzamt.

Mit 73 Jahren keine Aussicht auf ein Ruhegeld, immer die Bitterkeit des Hungerns vor Augen; denn zum täglichen Brot reicht es schon längst nicht mehr.

Ich bin ja auch kein Ostflüchtling. Dann hätte ich wohl mit meinen 73 Jahren den Lastenausgleich erhalten. Jetzt wird er am besten gleich dem Finanzamt überwiesen.

Immer habe ich mich um andre gesorgt. Ich meine, jetzt wird es mal verdammt allmählich Zeit, an mich zu denken und an meine unerhört tapfere Frau und die alten Kollegen, denen es ebenso schlecht und noch schlechter geht. Und während ich dies hier noch selber tippe, heule ich Wasser und Spucke vor Wut und Scham über einen Staat, der es soweit kommen ließ.

Wir wollen keinen „Sanitätsrat", auch kein Verdienstkreuz. Ich würde mich für den Staat schämen, wenn er glaubt, er könne mit einem schöngeformten Stückchen Blech – und wäre es aus purem Golde – seine Verpflichtungen mir gegenüber ablösen, und wenn er dann noch von mir erwartet, daß ich mich geehrt fühlen soll. Wir verzichten auf alle sogenannten Ehrungen, die gar keine sind, solange das tägliche Brot mangelt. Wir wollen das, worauf wir einen Anspruch haben. Wir wollen unser Recht!!

Der Bundespräsident sagte kürzlich, der Arzt müsse wirtschaftlich gesichert sein. Das Wort Sie sollen lassen stan!![7] Herr Professor Heuss!

Ich bin mit vorzüglicher Hochachtung
Ihr

Dr. Gärtner

---

[7] Der Anfang der letzten Strophe aus Martin Luthers Kirchenlied „Ein feste Burg ist unser Gott" lautet: „Das Wort sie sollen lassen stahn / und kein' Dank dazu haben"; M. LUTHER, Werke, Bd. 35, S. 457.

Nr. 113 B
An Dr. med. Gärtner, Frauenarzt, Essen
4. März 1954
BArch, B 122, 137: ms. Schreiben, Durchschlag, von Heuss diktiert (Diktatz. H/Dal.) und ms. gez.[8]

Sehr geehrter Herr Dr. Gärtner!

Es ist eine Art von Berufsschicksal von mir geworden, daß viele Menschen das Bedürfnis haben – was ich durchaus verstehe –, ihren Groll an mir loszulassen. Und ich lerne ja auch bei solchen Darstellungen gern. Aber ganz deutlich geworden ist eigentlich nicht, was Sie von Ihrem Brief erwartet haben, wenn Sie am Schluß so schreiben, als ob ich mit dem Titel „Sanitätsrat", den ich ebenso wenig wie irgendeinen anderen Titel zu vergeben habe, oder mit einem Verdienstkreuz Menschen beglücken wolle, um sie damit über ein sachlich-wirtschaftliches Unglück hinwegzuführen. Eigentlich könnte ich mir diese Form Ihres Briefes energisch verbitten, da Sie auch gleichzeitig mir mitteilen, daß Sie auf alle sogenannten Ehrungen von diesem Staat verzichten. Ob Sie für eine sogenannte Ehrung in Frage kommen, ist ja eine Angelegenheit des Staates Nordrhein-Westfalen. Falls er Sie mir einmal vorschlagen sollte, dann können Sie das ja ruhig ablehnen.

Im Ernst ist es so, daß kaum eine Frage so oft an das Bundespräsidialamt herangetragen wird, obwohl die meisten Schreibenden ja wissen müssen, daß das Bundespräsidialamt weder mit den Verträgen zwischen dem Kassenärzteverband und den Krankenkassen noch mit der Legislative etwas unmittelbar zu tun hat. Wir haben uns aber immer um diese Dinge trotzdem gekümmert; gerade auch die von Ihnen herangeholte Frage der Ärzteschaft in Nordrhein-Westfalen ist der Gegenstand von Verhandlungen und von Briefwechseln gewesen, den einer meiner Mitarbeiter geführt hat.[9] Eine Zuständigkeit der Entscheidung liegt nicht vor, und soweit es sich ergeben hat, sind auch die Voraussetzungen, unter denen Ärzte aus Nordrhein-Westfalen sich an uns gewandt haben, in der Sachdarstellung unzutreffend gewesen.

Wenn sie den Staat dabei nun nicht nur als Ihren Stiefvater, sondern als den Feind ansehen, so kann ich gegen einen solchen Ausdruck Ihrer subjektiven Verstimmung ja weiter nicht viel tun. Sehr fruchtbar scheint mir aber diese Auffassung nicht zu sein.

Die schwierige Situation, in der sich der Ärztestand vor allem auch unter dem Nachwuchsdrang befindet, ist mir aus zahlreichen Besprechungen, auch aus

---

[8] Az. B/1/54; weiterer Nachweis: N 1221, 317: Durchschlag.
[9] Eine Korrespondenz des Bundespräsidialamtes über Ärzteversorgung in Nordrhein-Westfalen ließ sich nicht ermitteln.

Freundschaftsverbindungen und in der Familie, nicht fremd.[10] Ich habe infolgedessen auch, soweit ich zu den Dingen etwas zu äußern die Gelegenheit habe, in dem von Ihnen zitierten Sinne gesprochen, obwohl mir nicht ganz deutlich ist, auf welche Rede sich das bezieht. Aber mit einem Schimpf-Brief an sich sind die Sorgen als solche nicht behoben.

Erlauben Sie mir, daß ich Ihnen das mit dem Freimut antworte, mit dem Sie mir erfreulicherweise geschrieben haben.[11]

Ihr

Theodor Heuss

Nr. 114 A

Von Ludwig Krattenmacher, Niederdorf über Memmingen

14. März 1954

BArch, B 122, 140: ms. Schreiben, behändigte Ausfertigung[1]

Politische Witze

Sehr geehrter Herr Bundespräsident!

Gestatten Sie mir, daß ich Sie heute mit einigen Zeilen belästige.

Fürs erste entbiete ich Ihnen, sehr geehrter Herr Bundespräsident, Repräsentant des Hl. Römischen Reiches Deutscher Nation meine herzlichsten Sonntagsgrüße aus Niederdorf im schwäbischen Allgäu!

Wie ich kürzlich aus der Tagespresse erfuhr, soll der Herr Bundespräsident auch der humoristischen Seite ein freudiges Gehör schenken. Ich erinnere nur an die Clique mit dem Fasserl Bockbier, das am Faschingsdienstag per Spediteur ankam, alle Anerkennung, Herr Bundespräsident![2] Ich will Sie nicht um ein Bier angehen, sondern zwei zeitgenössische Episoden mitteilen, die mit dem Beigeschmack „Eigenfabrikat" gesättigt sind.

Die erste. Welcher Körperteil des Menschen hat am meisten Ähnlichkeit mit der Berliner Viererkonferenz?[3]

---

[10] Heuss hatte auf seine Beziehungen zu Ärzten auf dem Ärztetag in Bonn am 26. 8. 1950 in launiger Weise hingewiesen; ein Bruder seiner Mutter, der eigene Bruder und ein paar Neffen und Nichten seien Ärzte; vgl. B 122, 214.

[11] Ein weiteres Schreiben von Dr. Gärtner vom 17. 3. 1954 wurde von Bott ohne Antwort zu den Akten verfügt; B 122, 137.

[1] Eingangsstempel vom 16. 3. 1954; Az B/1/54.

[2] Dieses Geschenk ließ sich nicht nachweisen. Im Mai 1954 übersandte der Präsident des Bayerischen Senats als „Aufmerksamkeit der Bayerischen Staatsregierung" zehn Flaschen Maibock vom Hofbrauamt; B 122, 2.196.

[3] Zur Viererkonferenz vom März/April 1954 vgl. Nr. 110, Anm. 2.

Abb. 7: Kreidezeichnung von Theodor Heuss: Ottobeuren, 28. 7. 1953

Lösung: Mit dem Teil, auf dem man sitzt, die Konferenz war auch gespalten (Ost-West), hielt viel Sitzungen und was für Deutschland und Österreich heraus-kam, war Sch....e!

Die Zweite. Warum ist der Herr Bundeskanzler in die Türkei geflogen und nicht per Eisenbahn gereist?

Weil er höchste Zeit hat, daß er mit der Türkei ein Handelsabkommen in Tabak erreicht, damit die kommenden zwölf Divisionen reichlich mit Marketenderwaren versorgt werden können, denn ohne Rauchzeug ist mit den zukünftigen deutschen Soldaten nichts mehr anzufangen!

Es gehen ja sonst auch noch alle möglichen Witze um, die wegen der Vielzahl und z. T. Unsalonfähigkeit, nicht aufgeführt werden.

Unser Dorf befindet sich sieben Kilometer westlich von Ottobeuren, das der Herr Präsident voriges Jahr besuchte und vom Rathausfenster aus die Basilika zeichnete.[4] Mit einer Stellungnahme des Herrn Bundespräsidenten (was mein Wunsch ist) erwartend, möchte ich für heute schließen.

Es grüßt Sie, Herr Präsident, zusammen mit dem Herrn Kanzler
Hochachtungsvollst!

Krattenmachers Ludwig

Nr. 114 B
An Ludwig Krattenmacher, Niederdorf über Memmingen
17. März 1954
BArch, B 122, 140: ms. Schreiben, Durchschlag, von Heuss diktiert (Diktatz. H/Sch), von Bott hs. paraph. und ms. gez.[5]

Sehr geehrter Herr Krattenmacher!

Der Herr Bundespräsident läßt Ihnen für Ihren freundlichen Brief danken. Bei der großen Zahl der Briefe, die ihn täglich erreichen, ist er nun nicht in der Lage, alle selbst zu beantworten.

Was die Witze anlangt, die Sie ihm mitteilen, so bittet er Sie, ihm nicht übelzu-nehmen, wenn er sie nicht für so bedeutend hält, daß sich der Brief gelohnt hat.

Mit den besten Empfehlungen

Hans Bott
Persönlicher Referent des Bundespräsidenten

---

[4] Eine Zeichnung der Basilika von Ottobeuren von Heuss aus dem Jahr 1953 ist in dem Sammel-band TH. HEUSS, Von Ort zu Ort, S. 48/49 abgedruckt; vgl. Abb. 7.
[5] Az. B/1/54; Absendevermerk vom 18. 3. 1954; weiterer Nachweis: N 1221, 317: Durchschlag.

Nr. 115 A

Von Vicky Gräfin von Leyden, z. Zt. Kreiskrankenhaus Prien am Chiemsee

18. März 1954

BArch, B 122, 141: hs. Schreiben, behändigte Ausfertigung

Einschätzung des Buches „Das Treibhaus" von Wolfgang Koeppen

Hochverehrter Herr Bundespräsident. Lieber Herr Professor Heuss.

Diese Über- und Anschrift soll Ihnen von Verehrung und Liebe sagen. Ich bin „am Ende meines Lebens angelangt". 82 Jahre werde ich alt – seit fast drei Monaten hier – herzkrank im Krankenhaus. (Ich muß mich doch bei Ihnen auch einführen.) In Köln am Rhein geboren – Bundeskanzler Adenauer auch von mir hochgeehrt und geliebt – wenn Sie ihm sagen, daß ich die Schwester von Alfy und Flossy Oppenheim-Schlenderhan[1] bin, dann ist er über mich unterrichtet – und da Sissi Brentano[2] die große Güte hat, dafür zu sorgen, daß dieses Schreiben in Ihre Hände kommt, ist jede Schwierigkeit überwunden.

Aber nun „zur Sache." Vor drei oder vier Wochen las ich in der Weltwoche Zürich einen kleinen Artikel über ein in Deutschland erschienenes Buch „Skandälchen" in Bonn a[m]R[hein], „Bonner Skandälchen", Treibhaus von einem mir ganz unbekannten Autor.[3] Da ich mich trotz Alters für alles Weltgeschehen sehr interessiere – besonders das, was in der engeren Heimat vor sich geht –, ließ ich mir das Buch sofort kommen – und war und bin entsetzt! Ich habe täglich darauf gewartet, in einem Zeitungsbericht zu lesen, daß man gegen den Autor von der Regierung aus vorgehen möchte. Da dies nicht geschieht, läßt es meinem kranken Herzen keine Ruhe – ich muß Ihnen schreiben –, denn ich bekomme außerdem noch Briefe von überall (auch von der Schweiz) mit: Läßt man sich das in Regierungskreisen gefallen? Ein Gefühl des Ekels und des Abscheus muß einen überfallen, und die Frage stellte man mir: Fehlt es an Mut? Ein anderer Freund,

---

[1] Insbesondere mit Friedrich Carl Freiherr von Oppenheim kam Heuss gelegentlich bei Abendeinladungen in Kontakt; vgl. TH. HEUSS, Tagebuchbriefe, S. 167, S. 348, 453; ferner B 122, 626 mit Korrespondenz zur Terminabstimmung.

[2] Sissi (eigentlich Sophie) Brentano, Tochter von Lujo Brentano, eine Freundin von Elly Heuss-Knapp, hatte das Schreiben am 22. 3. 1954 an Bott gesandt; B 122, 141; Bott antwortete ihr am 26. 3. 1954, Heuss habe von Leyden direkt geschrieben. Das Buch habe nicht die Wirkung, dass es sich lohne, eine Polemik zu beginnen.

[3] Der Roman von WOLFGANG KOEPPEN, Das Treibhaus, Stuttgart 1953, gehörte neben weiteren Romanen Koeppens „Tauben im Gras" (1951) und „Der Tod in Rom" (1954) zu einer Triologie, die das geistige Klima in der „Adenauer-Republik" als Wiedererstarken der alten Eliten mit Restaurationstendenzen charakterisierte. Obwohl Koeppen in einer Vorbemerkung schrieb, „der Roman habe mit dem Tagesgeschehen, insbesondere mit dem politischen, nur insoweit zu tun, als dieses einen Katalysator für die Imagination des Verfasssers bildet", wurde er oft als Schlüsselroman verstanden, weil die Protagonisten „der Kanzler" Konrad Adenauer und der Oppositionspolitiker „Knurrewahn" Kurt Schumacher zu gleichen schienen.

25 Jahre früher Vortragender Rat im Auswärtigen Amt, schreibt: Nach Bonn bringen mich keine zehn Pferde mehr – auch wenn man mir einen Ministersessel anböte! Ein anderer: Wer nur ein ganz klein wenig hinter die Bonner Kulissen hat schauen können, würde statt von einem Treibhause von einem Sumpfe sprechen: Nichts wie Intrigieren, Querschießereien, catch as catch can Methoden auf dem glatten Parkett. Wird denn niemand dieses abscheuliche Geschwür aufstechen? U.s.w. Es ist mir dies alles so unverständlich, ein Gefühl des Grauens hat es in mir entwickelt! Um es loszuwerden – diese Zeilen. Ich liebe und verehre die zwei Säulen unserer Regierung so sehr, daß diese meine gewaltige Gefühlsbewegung mir keine Ruhe ließ! An den Verlag der Weltwoche und den von Stuttgart habe ich geschrieben. Sie verstanden mich beide!

Seien Sie, verehrter lieber Herr Bundespräsident, nachdem ich Ihnen mein Herz ausgeschüttet habe, mit tausend Segenswünschen gegrüßt von
Ihrer ergebenen   Gräfin Vicky von Leyden, geb. Freiin von Oppenheim

Nr. 115 B
An Vicky Gräfin von Leyden, z. Zt. Kreiskrankenhaus Prien am Chiemsee
24. März 1954
BArch, B 122, 141: ms. Schreiben, Durchschlag, von Heuss diktiert (Diktatz. H/Dal) und ms. gez.[4]

Sehr geehrte Gräfin Leyden!

Freundlichen Dank für Ihre Zeilen, die mich insofern in eine gewisse Verlegenheit bringen, als ich das Skandal-Buch „Treibhaus" nicht kenne, sondern nur eben auch von ihm gehört habe, aber keineswegs die Zeit und auch keine Lust besitze, mich damit zu befassen. Denn was mir darüber erzählt wurde – auch von kritischen Leuten – ist, daß es literarisch minderwertig ist und nun eben eine der mancherlei „literarischen" Produktionen, die heute aus irgendwelchen geschäftlichen Gründen gemacht werden. Ein Teil der illustrierten Presse beteiligt sich auch daran, ohne daß, wie Sie meinen, von Gerichts wegen etwas dagegen gemacht werden könnte. Ein gerichtliches Einschreiten wird immer mit einem Mißerfolg endigen, da es ja, soweit ich weiß, ein Roman mit lauter unklaren Angaben ist, und die Erfahrung zeigt, daß ein solcher Prozeß eigentlich nur eine Reklame für das Buch darstellen würde.

---

[4] Weiterer Nachweis: N 1221, 317: Durchschlag.

Soweit ich mich in der deutschen Presse umgesehen habe – aber ich bin bei meiner starken Beschäftigung ein schlechter Zeitungsleser –, ist das Buch um seiner rein boshaften Einstellung willen überwiegend abgelehnt worden. Es ist wenigstens nie eine Ermunterung für den Leser mitgeteilt worden.

Was Sie von den Meinungen eines ehemaligen Mitgliedes des Auswärtigen Amtes und auch von anderen Stimmen sagen, kann – verzeihen Sie – auf mich keinen weiteren Eindruck machen, denn das sind oft genug nun eben die Leute, die nicht in die Situation der Verantwortung zurückgeholt worden sind. Mag sein, daß ich mich in dieser Auffassung täusche, aber meine Erfahrung zeigt mir, daß das ja sehr häufige Geschimpfe auf Bonn wesentlich von diesem Typus ausgeht, der nicht mehr in die Aktion gestellt wurde.

Daß bei dem Neuaufbau eines Staates, wo vor allem auch die Ministerien neu zusammengestellt werden mußten, da eine Tradition zerrissen war, diese und diese Reibereien und Schwierigkeiten entstehen, ist bedauerlich genug, aber wird nun eben erst mit dem Entstehen einer neuen Tradition wirklich überwunden werden.

Mit Baron Waldemar von Oppenheim war ich wiederholt zusammen, auch einmal auf dem Gestüt in Schlenderhan.[5] Er wird ja ein Bruder, oder ein Vetter oder Neffe von Ihnen sein.

Mit freundlichen Empfehlungen
Ihr
                                                      Theodor Heuss

Nr. 116 A
Von Margrit Tigler, Fürstenfeldbruck
22. März 1954
BArch, B 122, 147: ms. Schreiben, behändigte Ausfertigung[1]
Wiedererweckung des „germanischen Gedankens" und Neuordnung Europas
nach rassischen Gesichtspunkten

Sehr verehrter Herr Bundespräsident!

Gestatten Sie einer alten, fast 80jährigen Frau, Ihnen einige Gedanken vorzutragen, für die Sie vielleicht nur Ihre berühmtes, nachsichtiges Schmunzeln haben

---

5 Über einen Besuch von Heuss im Gestüt Schlenderhan und einem sich anschließenden Besuch eines Pferderennens am Kölner „Union"-Renntag, deren Präsident Baron Waldemar von Oppenheim war, berichtete „Der Spiegel" in seiner Ausgabe Nr. 25 vom 22. 6. 1950, S. 33.
1 Eingangsstempel vom 24. 3. 1954; Az. B/1/54; von Heuss mit einem „d[iktieren]" versehen.

werden –: „Na ja, so a old's Weiberl!", über die Sie aber doch einige Minuten nachsinnen, denn hie und da findet doch auch das Alter ein weises Sprüchlein.

Mein Anliegen, das mir ganz plötzlich wie eine Art Erleuchtung kam und mich seither nicht mehr losläßt, ist so etwas wie das Zerhauen eines gordischen Knotens und das einfache, organische Neuknüpfen einer Schleife. Alle großen Dinge sind einfach, bleibt man in der naturgegebenen Nähe des organisch Gewachsenen. Nur ach, die Politik entfernt sich immer mehr davon und versucht, künstliche Gebilde entweder mit Gewalt oder Reden, sehr viel Reden aufzurichten. Nun stehen wir nach dem Ablauf der Viererkonferenz[2] wieder einmal am Grabe solcher fehlgeschlagener Versuche, und das Herz krampft sich uns zusammen bei dem Gedanken an die zutiefst enttäuschten Schwestern und Brüder jenseits dieses zerrissenen Organismus, der Deutschland heißt.

Ist denn da nirgends ein Ausweg? Nicht solange es vor dem Vorhang so aussieht, wie es aussieht! Da windet und krümmt sich das restliche Europa und kann nicht zusammenfinden, die widerstreitendsten Gefühle kämpfen gegeneinander. Ist es nicht, als ob die verschiedenen Ströme sich nicht amalgamisieren können, weil zu viel Fremdkörper darin enthalten sind, die sich nicht miteinander vertragen können?

Nun war eines der schlechtesten Dinge, wegen derer man den Nazismus in Grund und Boden verdammt, sein Rassengedanke und, soweit er größenwahnsinnig und verbrecherisch ausartete, völlig mit Recht. Ich selbst entging dem KZ mit knapper Not, war also zu 9/10 gegen das Ganze eingestellt, aber dieses eine Zehntel –. Kann man denn nicht vom Feinde das Gute übernehmen, zeigt sich darin nicht eigentlich erst die Stärke der eigenen Stellung? Und bezeugen nicht alle Diktaturen darin ihre Schwäche, daß sie alles Gegenteilige gewaltsam unterdrücken? Ich kann mir nun nicht helfen, aber der liebe Gott hat doch nun einmal die Menschen höchst unterschiedlich gestaltet, äußerlich und innerlich – gottlob! Eines der positiven Dinge, die von Hitler zu Anfang ausgingen und die ihm die Jugend in Scharen zutrieben, war doch die Wiedererweckung des germanischen Gedankens. Dafür konnte sie sich begeistern, das war ein neuer Aufschwung, eine positive Zielsetzung, für die es sich lohnte, sich einzusetzen. Sie merkte es nicht – und wer merkte es schon? –, wann der Knick einsetzte, von dem an nicht mehr der vermeinte Gott aus dem Führer rief, sondern der Dämon brüllte. Doch vielleicht wußte er es selber nicht und war nur ein Werkzeug höllischer Mächte (um in den üblichen Bildern zu bleiben). Seither ist es nun wieder still geworden um diesen Bereich, und jedes Rühren an das Autochtone unserer Vergangenheit, an die Urkraft unserer tiefsten Wesensart wurde erneut und verstärkt tabu. Aber vielleicht liegt gerade dennoch hier die einzige Möglichkeit zu einer Rettung.

---

[2] Zur Viererkonferenz vgl. Nr. 110, Anm. 2.

Das zerklüftete, anscheinend so vielgestaltige Europa besteht bekanntlich doch in der Hauptsache aus größeren Völkergruppen, den germanischen und den romanischen, denen sich ergänzend noch die slavischen anschließen. Nun wohl, warum nicht zunächst einmal diese durch Temperament, Charakter, Körper- und Wesensart miteinander verwandten Völker miteinander verbinden, also einerseits einen germanischen Block mit England als Hauptgaranten, andererseits einen romanischen zu bilden, einschließlich natürlich der iberischen Halbinsel, denen sich dann noch ein östlicher Mittelmeerblock angliedern könnte. Ich sehe nur Vorteile in solcher zunächst mehr artgemäßen Zusammenfassung, nach dem Grundsatz: getrennt marschieren – vereint schlagen. Anstelle eines mehr oder weniger gewaltsamen, zumindest erpreßten, allzu engen Verstricktwerdens der bockigen alten Widersacher Deutschland-Frankreich, diese doch etwas lockere, mehr Distanz ermöglichende Idealehe zwischen den männlich-germanischen und den weiblich-romanischen Partnern. Der Wildling Deutschland (sind wir wirklich *so* wild?) wäre gezähmt im Verbund mit England, das seinerseits unter solchen Umständen vielleicht eher bereit wäre, sich zu engagieren, zumal dann ja aus dem gefürchteten Konkurrenten ein Teilhaber würde. Deutschland könnte in die Nato oder gar ins Commonwealth mit aufgenommen werden, die heißumkämpfte EVG[3] bekäme ein anderes Gesicht, es würden ihr sozusagen die Giftzähne ausgebrochen, auch die Saarfrage ließe sich wohl natürlicher lösen, und die „Suretée"[4] wäre gerettet. Vor allem aber Frankreich spielte in einem romanischen Block wirklich eine gesicherte, so sehr erstrebte führende Rolle. Wenn das ganze Potential des doch noch immer gewaltigen englischen Weltreiches einerseits, sowie andererseits die Kolonialreiche der übrigen Welt geschlossen hinter einem so geeinigten Europa stünden, dann könnte man doch dem slavischen Block gefahrlos seinen Wunsch, daran beteiligte zu sein, erfüllen.

Nun aber das Wichtigste und wohl auch Schwierigste: Das Ganze müßte natürlich überdacht werden – was wäre bei solch einem vielgestaltigen Gebilde als Friedensgarant wohl geeigneter und wirkungsvoller, als wenn die oberste Spitze inne hätte – Europa's weiseste und edelste Frau!? So quasi als Schutzmantelmadonna. Nun schütteln Sie den Kopf und lächeln. Aber stellen Sie sich einmal vor, wenn vor aller Welt eine solche Frau aufstünde und diesen Kidnappern en gros, den Russen, zuriefe: „Gebt der germanischen Mutter die geraubten Kinder zurück, Ihr habt kein Recht mehr auf sie!" Wäre es dann nicht doch möglich, sie dazu zu zwingen? Eine solche Frau wird keinem Kriegsbunde vorstehen, und so hätte man die Sowjets in eine Falle gelockt und ihnen den Wind aus den Segeln genommen.

Wie gesagt, ich bin nichts als eine alte Frau, aber ich richte diese meine Vision an Sie, damit, wenn sie als „naives Altweibergeschwätz" abgetan werden muß,

---

[3] Vgl. Nr. 81, Anm. 4.
[4] Französisch für „Sicherheit".

Sie das tun mit dem mich immer ein klein wenig kongenial anmutenden Humor, den ich an Ihnen so liebe – enttäuschen Sie mich nicht!

Mit vorzüglicher Hochachtung   Frau Margrit Tigler

[PS] Da ich infolge einer arthritischen Handerkrankung nur noch per Stift einigermaßen schreiben kann, war ich zur Maschinenabschrift gezwungen. Aber ich hasse diese kalte, unpersönliche Gedankenübermittlung und gestatte mir daher, um wenigstens einen Hauch des Persönlichen zu Ihnen gelangen zu lassen, den Anfang des Originals beizulegen.[5]

Nr. 116 B
An Margrit Tigler, Fürstenfeldbrück
25. März 1954
BArch, B 122, 147: ms. Schreiben, Durchschlag, von Heuss diktiert (Diktatz. H/Dal.) und ms. gez.[6]

Sehr geehrte Frau Tigler!

Freundlichen Dank für Ihren eingehenden Brief, den ich mit Aufmerksamkeit gelesen habe – ob mit meinem „berühmten nachsichtigen Schmunzeln", weiß ich nicht recht, da ich mich nicht vor den Spiegel setze. Aber mit Ihrem Anliegen kommen Sie nun, was mir persönlich um Ihres gläubigen Eifers willen leid tut, an die falsche Adresse. Nämlich ich weiß gar nicht, was das ist, der „germanische Gedanke", der womöglich durch mich wiedererweckt werden soll. Wird er dargestellt durch Herrn Felix und Frau Therese Dahn, durch Herrn Richard Wagner, durch Herrn Heinrich Himmler, durch Herrn Alfred Rosenberg, oder durch die Interpretation des Tacitus? Ich kann mir ungefähr natürlich denken, was man sich darunter poetisch vorstellt, aber ich müßte Ihnen eine Broschüre herunterdiktieren – was ich aus zeitlichen Gründen nicht kann, und was Sie auch gar nicht erwarten –, um Ihnen zu sagen, warum ich diese ja im letzten auf den Franzosen Gobineau zurückgehende Betrachtungsweise[7] für eine konkrete Politik, die den

---

[5] Dabei handelte es sich um zwei Seiten.
[6] Az. B/1/54; Stempel „Pers[önlichem] Ref[erenten] vorgelegen"; weiterer Nachweis: N 1221, 317: Durchschlag.
[7] Arthur de Gobineau behauptete in seinem 1853–1855 erschienenen Werk „Versuch über die Ungleichheit der menschlichen Rassen", die treibende Kraft der menschlichen Geschichte sei die

Völkern helfen will, für eine illusionistische Konstruktion halte. Die Völker sind nach meinem Gefühl nicht von ihrer rassischen Herkunft bestimmt, sondern von ihrem Geschichtsbewußtsein, das die verschiedenen Rasse-Elemente in sich aufgenommen hat. Man braucht ja nur an das wechselvolle Schicksal des deutschen Siedlungsbodens oder an das Schicksal des monarchischen Gedankens in Österreich-Ungarn und so fort und so fort zu denken, um zu spüren, daß diese Vereinfachung, wie sie sich in Ihrer Konzeption darstellt, nach meiner Auffassung gar keine Geschichtswirklichkeit ist und darum auch keine Geschichtswirkung vollziehen kann. Sie müssen nun eben diese meine innere Auffassung hinzunehmen versuchen; – auch mit poetischer Bildhaftigkeit wird daran nichts geändert. Sie mögen mich darum für einen nüchternen Menschen halten, aber Nüchternheit ist, glaube ich, in der Lebensproblematik unseres Volkes wichtiger als gläubige Phantasie, die natürlich auch nicht fehlen darf.

Mit freundlichen Empfehlungen   Theodor Heuss

Nr. 117 A
Von Dr. phil. Maria Bauer, Kusel, Pfalz
25. März 1954
BArch, B 122, 133: ms. Schreiben, behändigte Ausfertigung[1]
Gefahren des „Amerikanismus" in der Pfalz

Sehr verehrter Herr Bundespräsident!

Die Freude der Pfälzer über Ihren Besuch[2] wird Ihnen gewiß von berufener Seite zum Ausdruck gebracht, gewiß auch die Sorgen unserer Heimat.

„Rassenfrage". „Rassenvermischung", insbesondere mit „minderwertigen Rassen", führten nach seinen Worten zu Degeneration und Untergang von Völkern und Nationen; A. GOBINEAU, Essai.

[1] Eingangsstempel vom 3. 4. 1954; Az. B/1/54; Unterstreichungen mit Rotstift von unbekannter Hand.

[2] Heuss bereiste vom 26. bis 28. 3. 1954 die Pfalz; Unterlagen zur Organisation der Reise in: B 122, 622. Dabei gab es bei einem Empfang in Neustadt insofern Verstimmungen, als sich Heuss nach Meinung einiger evangelischer Geistlicher zu lange mit dem Speyrer katholischen Bischof unterhalten hatte und nur verhältnismäßig kurz mit ihnen. Nachdem Heuss diese Kritik von Bott auf der Rückfahrt nach Bonn erfahren hatte, schrieb er dem ihm gut bekannten Kirchenpräsidenten Hans Stempel am 29. 3. 1954, er möge den Herren mitteilen, „daß ich mich nicht in die Fesseln der Subalternität binden lasse und daß ich nicht meine Gespräche sozusagen nach der Stoppuhr einer Partei- oder Konfessionsstatistik abhalte. Es habe sich um ein „von Konfessionsdingen völlig unabhängiges kunstgeschichtliches Gespräch gehandelt", und der Bischof habe schließlich zu ihm gesagt, „jetzt warten aber auch die evangelischen Geistlichen auf Sie"; ebd., abgedruckt in: TH. HEUSS, Bundespräsident, Briefe 1949–1954.

Darf ich hier eindringlichst unsere größte Sorge nennen: die Gefahr des Amerikanismus. Unser Land – Grund und Boden –, unsere geistige Eigenart, unser seelisches Sein, sie alle drei sind in gleicher Weise bedroht, ja es ist bereits die lebensnotwendige Substanz angegriffen und droht aufgezehrt zu werden.

Die Pfalz hat in der Franzosenzeit seit 1945[3] – unter General Kœnig – wahrlich schwere Zeiten durchgemacht. Damals hatten die Deutschen in der amerikanischen Zone ernste Sorge um uns und suchten uns zu helfen. Aber: es war dem Pfälzer mit seinem klaren Blick, seinem Humor und seiner echten Treue gelungen, die Macht- und Habgier der Franzosen zurückzudrängen. Zuletzt siegte selbst in dem Franzosen – der sich ja auch in Chauvinismus und Sadismus einiges geleistet hatte – die Ehrenhaftigkeit und angeborene Ritterlichkeit. Es siegte aber vor allem die seelische Kraft, die wir aus den schwersten Kriegsjahren in diese dunkle Zeit herübergerettet hatten.

Ganz anders ist es heute. Weitgehend hat Genußsucht und Stumpfheit weite Schichten der Bevölkerung ergriffen. Die ernsten Gefahren werden deshalb gar nicht gesehen. Es scheint mir, daß der Staat mit wachsamem Blick als Hüter und als Erzieher des Volkes seine Aufgabe zu sehen und zu erfüllen hat.

Weite Gebiete unserer Pfalz sind Bauernland: das nordpfälzische Bergland, die Sickinger Höhe, das Zweibrücker und Pirmasenser Hügelland, die Rheinebene in weiten Strecken, das Weinland. Warum wird dort überall das Land den Bauern weggenommen und der toten Kriegsmaschinerie hingegeben? Was Wander- und Heimatvereine dann noch zu pflegen versuchen, das verwässert in Sentimentalität, die den Menschen aushöhlt und lebensunfähig macht. Warum dürfen wir nicht der Tradition unseres Landes treu bleiben und das Bauerntum als Lebensfundament pflegen? Warum wird uns Deutschen von Fremden, die weder uns noch das eigentliche Europa kennen, vorgemacht, wir seien ja eigentlich ein Industrievolk? Die Industrie, d. h. der hemmungslose Raubbau an der Erde muß ja – das ist bereits Erkenntnis der führenden Kreise – in seine Schranken verwiesen werden. Nur dadurch wird der Zerstörung und Zersetzung Einhalt geboten und die wahre menschliche Freiheit, die immer mit Entsagung verbunden ist, erhalten. Das Volk durchschaut diese Zusammenhänge vielfach nicht – auch weil es immer wieder in die Irre geführt wird –, der Staat hat viele Möglichkeiten hier zu belehren und zu schützen.

Der Amerikanismus! Weit verheerender sind seine Wirkungen bereits heute in Seele und Geist der Jugend und der Erwachsenen eingedrungen. Was der Amerikaner an menschlich Echtem zu geben hat – ohne Zweifel –, das wird nicht an uns herangetragen auf Truppenübungsplätzen und in am Rand derselben aufgebauten

---

[3] Die Pfalz gehörte seit 1945 zur französischen Besatzungszone. Zusammenfassend zur französischen Besatzungspolitik vgl. W. Benz, Deutschland, S. 60–72.

Klubs![4] Ebensowenig werden die durch militärische Maßnahmen vorgenommenen Zerstörungen an unserer Natur – die allein unser Gemüt nähren und bilden kann – wieder gutgemacht durch Anpflanzen von geschützten Räumen bei einem Schulhaus.

Wir Deutsche haben unter bittersten Erlebnissen die Erkenntnis gewonnen, daß ein Krieg heute ein Anachronismus ist, daß er im Zeitalter der Perfektion der Technik nur eine automatisch betriebene Maschinerie zu sinnloser Zerstörung von Leben ist. Vielleicht hat Amerika, trotz des Koreakrieges,[5] diese Erkenntnis noch nicht so weitgehend gewonnen. Warum, sehr verehrter Herr Bundespräsident, ebnen wir den guten Kräften nicht immer wieder den Weg, so daß von Deutschland aus, das der zu Boden Geschlagene und Vernichtete nach zwei Weltkriegen war, eine wirklich Rettung der Menschheit ausgehen könnte? Sollte nicht hierin die deutsche Aufgabe für Europa beschlossen sein? Es ist tief schmerzlich zu erleben, daß auch weite Kreise in Deutschland von Geld- und Machtgier ergriffen sind, und zu fürchten, daß wir ein zweitesmal schuldig werden an einer Katastrophe, weit schuldiger als an dem Hitler-Elend.

Sehr verehrter Herr Bundespräsident, Sie werden es hören und sehen, daß unsere über alles geliebte Pfälzer Heimat, dieses frohe und schöne und treue Land an der Westgrenze Deutschlands, Ihnen als dem Staatsoberhaupt diese ernste Sorge zu sagen hat.

Mit vorzüglicher Hochachtung und Empfehlung   Dr. M. Bauer

Nr. 117 B
An Dr. phil. Maria Bauer, Kusel, Pfalz
2. April 1954
BArch, B 122, 133: ms. Schreiben, Durchschlag, von Heuss diktiert (Diktatz. H/Dal.), von Bott hs. paraph. und ms. gez.[6]

Sehr geehrte Frau Dr. Bauer!

Ihr an den Herrn Bundespräsidenten nach Neustadt gesandter Brief ist hierher nachgesandt worden. Dr. Heuss hat sich ja dort nur ganz kurz aufgehalten. Sie müssen aber etwas Nachsicht haben, wenn er Ihnen, von Briefen überschüttet und sonst gegenwärtig sehr beansprucht, nicht persönlich antwortet. Die Problematik

---

[4] Vgl. R. PLAPPERT, Land.
[5] Vgl. Nr. 26, Anm. 6.
[6] Az. B/1/54; Absendevermerk vom 3. 4. 1954.

ist ja deutlich genug: Es handelt sich darum, wie weit von der Seite der Erziehung und der sozialen Sicherung entgegengewirkt werden kann.

Herr Dr. Heuss selber ist der Auffassung, daß ein Volk in seiner Substanz nicht verderblich sei, wenn freilich Entartungserscheinungen in der Begleitung einer sinnlos raschen sogenannten Entwicklung unvermeidlich erscheinen.

Mit vorzüglicher Hochachtung

Hans Bott
Persönlicher Referent des Bundespräsidenten

Nr. 118 A
Von Lydia Zink, Wittershausen bei Bad Kissingen
26. April 1954
BArch, B 122, 148: hs. Schreiben, behändigte Ausfertigung[1]
Erinnerung an eine Begegnung mit Theodor Heuss bei einem Spaziergang in den Wäldern bei Bad Kissingen

Mein lieber Herr Bundespräsident!

Zum ersten Male in meinem Leben (52 Jahre alt) ist mir die Oberste Persönlichkeit der Bundesrepublik so nahe begegnet wie hier im Wittershauser Staats-Wald.[2] Kam da ein ehrwürdiger stattlicher Mann im weißen Haar einherspaziert und dachte ich mir, das muß doch unser lieber Herr Bundespräsident sein. Gedacht und es war auch so. So gerne hätte ich Ihnen die Hand gegeben und Guten Abend gesagt, aber die Hohe Polizei ließ mich nicht zurück.

Doch Herr Bundes-Präsident hatte es wohl geahnt, indem er mir zurückwinkte, worüber ich mich heute noch unbändig freue.

Ich bin die Frau, die mit Radl daher kam im Walde von Gawitz nach Wittershausen. Am 22. 4.

Darf ich Ihnen vielleicht meine Verhältnisse ein bißchen schildern. Ich habe nämlich sehr Heimweh nach München, und durch die Kriegsfolgen hat es uns in diese gottverlassene Gegend geschlagen, nach Wittershausen. Mein Mann krank,

---

[1] Von Heuss mit einem „d[iktieren]" versehen; oben rechts von Heuss hs. Vermerk: „Wiedervorlage nach Rückkehr".

[2] Heuss weilte hier, wie auch im Jahre 1955 in Gesellschaft mit seinem Sohn, zur Kur. Er berichtete hierüber am 15. 4. 1954 seiner Jugendfreundin Helene Ecarius: „Der Arzt hat mir zwar am 3. Tag bestätigt, was ich am 1. Tag ihm schon mitgeteilt hatte, nämlich daß ich gesund sei. [...] Es wird zwar ausgezeichnet gekocht, sehr genußfrei, und dadurch sehr langweilig." Er arbeite zwar nachts bis 12 oder ½ 1 Uhr, gehe aber jeden Tag brav ein bis anderhalb Stunden spazieren; N 1221, 126.

ausgebombt in München, heute bewohnen wir ein kleines Häuschen in Witters, zwei Zimmer 13 + 14 qm. Zwei Töchter in München ledig. Die Familie einfach zerrissen. Das Wasser trägt man hier noch auf dem Rücken. Doch ich will aufhören, sonst kommen mir wieder die Tränen.

Nehmen Sie, Herr Bundes-Präsident, es mir nicht übel, weil ich Ihnen schreibe; das nächste Mal, wenn Sie mir wieder begegnen, lasse ich mich bestimmt nicht mehr aufhalten.

Seien Sie, Herr Bundespräsident, aufs innigste auch von meinem lieben Mann gegrüßt, und wünschen wir Ihnen noch ein recht langes gesundes Leben, auf daß Sie der Bundesrepublik noch lange Jahre erhalten bleiben. Deutschland unser Vaterland braucht Sie.

Ihre ergebenste   Frau Lydia Zink

Nr. 118 B
An Lydia Zink, Wittershausen bei Bad Kissingen
12. Mai 1954
BArch, B 122, 148: ms. Schreiben, Durchschlag, von Heuss diktiert (Diktatz. H/Sch) und ms. gez.[3]

Sehr geehrte Frau Zink!

Ihre freundlichen Zeilen sind in Kissingen eingetroffen, als ich schon im Aufbruch war, und nach der Heimkehr haben mich hier viele Hunderte von Briefen erwartet, so daß sich die Antwort etwas verzögert hat.

An die Begegnung bei dem Spaziergang erinnere ich mich ganz gut. Wir hatten ja gemerkt, daß Sie mich, als Sie vorbeiradelten, erkannten, aber wir sind nun eben brav weitergegangen. Ich danke Ihnen aber für die freundliche Gesinnung, die aus Ihrem Brief zu mir spricht.

Mit den besten Grüßen   Theodor Heuss

---

[3] Az. B/1/51; Stempel „Pers[önlichem] Ref[erenten] vorgelegen"; weiterer Nachweis: N 1221, 318: Durchschlag.

Nr. 119 A

Von Gertrud T. Schulze-Brockmann, Sprechkunst, Düsseldorf

[22. Mai 1954]

BArch, B 122, 146: hs. Schreiben, behändigte Ausfertigun, o. D.[1]

Sprechweise von Theodor Heuss bei Ansprachen

Sehr geehrter Herr Bundespräsident!

Daß ich mir erlaube, Ihnen von meiner Tätigkeit zu berichten, bitte ich Sie herzlich, das nicht als eine Anmaßung ansehen zu wollen. Es ist lediglich der Ausdruck eines Wunsches, der oft in mir rege wurde, wenn ich Ihren Ansprachen im Rundfunk lauschte. Ich bedauerte es sehr, daß Ihre mich so sehr berührenden warmen Worte noch mehr Anklang finden könnten bei einer mühelosen Sprache, die ja in den seltensten Fällen als natürliche Sprache erhalten bleibt. Ein leichtes, weittragendes Sprechen würde Ihnen Ihre schweren Aufgaben gewiß oft erleichtern können. Ich würde mich glücklich schätzen, Ihnen in diesem Sinne helfen zu dürfen.[2] Meine Aufgabe ist es ja, so vielen in diesem schweren Leben helfen zu können, eine Aufgabe, die dem Leben noch Wert verleiht. Darum bitte ich Sie, diese Zeilen auch im guten und herzlichen Sinne auffassen zu wollen.

Mit vorzüglicher Hochachtung

Ihre

Gertrud T. Schulze-Brockmann

Nr. 119 B

An Gertrud T. Schulze-Brockmann, Sprechkunst, Düsseldorf

24. Mai 1954

BArch, B 122, 146: ms. Schreiben, Durchschlag, von Heuss diktiert (Diktatz. H/Bk), von Bott hs. paraph. und ms. gez.[3]

Sehr geehrte Frau Schulze-Brockmann!

Der Bundespräsident dankt Ihnen für Ihren freundlichen Brief, der ihn leicht gerührt hat, bittet aber um Einsicht, wenn er Ihnen bei einem täglichen Posteingang von ein paar Hundert Briefen nicht persönlich antwortet.

Dr. Heuss erinnert sich der Situation, daß vor vielen Jahren sich Leute bei ihm erkundigt haben, wo er denn eigentlich Sprechunterricht gehabt habe, denn seine

---

[1] Eingangsstempel vom 23. 5. 1954; Az. B/ 1/54.
[2] Dem Schreiben lag ein Werbeprospekt bei.
[3] Az. B/1/54; Absendevermerk vom 25. 5. 1954; weiterer Nachweis: N 1221, 318: Durchschlag.

Sprechart in ihrem langsamen Duktus schien den betreffenden Sprachmenschen als vorbildlich. Jetzt ist uns aber im Laufe der letzten Jahre von Rundfunkhörern wiederholt mitgeteilt worden, daß Dr. Heuss wohl falsch atme oder Bronchitis oder Asthma habe. Er hat aber nichts von alledem.[4] Der Bundespräsident hat die mannigfachen freundlichen Absichten, ihm ein besseres Sprechen beizubringen, aber abgelehnt, da er, der immerhin jetzt 70 Jahre alt ist, glaubt, daß er für diese Dinge ein unbrauchbarer Schüler geworden ist und daß die Unbefangenheit seines Redens durch eine rationale Technik gestört werden könne. Außerdem hat er gar keine Zeit, nun noch „Stunden" zu nehmen.[5]

Mit freundlichen Empfehlungen   Hans Bott
Persönlicher Referent des Bundespräsidenten

Nr. 120 A
Von Gerd Fuhrmann, Lübeck
5. Juni 1954
BArch, B 122, 136: hs. Schreiben, behändigte Ausfertigung[1]
Übersendung einer Karikatur von Mirko Szewczuk

Hochverehrter Herr Bundespräsident!

Beim Blättern in alten Zeitungen fand ich in der „Welt" vom 21. 1. 50 eine Karikatur von Ihnen, Herr Bundespräsident. Der Zeichner Szewczuk[2] hatte sie

---

[4] Vgl. auch Nr. 109 B. Nach der Silvesteransprache 1953/54 hatte Karl Marx, Herausgeber der „Allgemeinen Wochenzeitung der Juden in Deutschland", vorgeschlagen, Heuss möge solche Reden im Stehen halten. Heuss antwortete ihm am 10. 1. 1954: „Ich habe nun einmal seit vielen, vielen Jahren eine Kropfanlage und oft genug eine vom Rauchen her etwas verschleimte Kehle. Mich selber stören diese Dinge ja nicht"; N 1221, 324. Im Frühjahr 1955 unternahm Heuss allerdings doch atemgymnastische Übungen, weil er Atemprobleme hatte, die sich u. a. bei der Rundfunkübertragung seiner Rede zum 150. Todestag von Schiller zeigten; vgl. Korrespondenz mit Curt Brache vom Mai 1955 in: B 122, 157. Für die Aufnahme der Neujahrsansprache 1956/57 bat der Pressereferent Raederscheidt den Südwestfunk, man möge Heuss bitten, nicht zu langsam zu sprechen, „damit die Stimme nicht zu sehr im tiefen Keller versinkt." Die Techniker sollten einen Filter einbauen, der die tiefen Töne wegnimmt; 19. 12. 1956, in: B 122, 181. Auch die Neujahrsansprache 1957/58 übersandte Raederscheidt an Heuss mit der Bitte, „das Tempo dem sonst geübten Rhythmus gegenüber gering zu steigern. Die Erfahrung hat uns beim Vergleich mehrerer Bänder gezeigt, daß Ihre Stimme dann leichter verständlich wird, weil natürlicherweise dadurch die Stimmfrequenz höher liegt"; 23. 12. 1957, in: B 122, 183.
[5] Ein hierauf erfolgtes weiteres Schreiben der Einsenderin vom 30. 5. 1954 wurde zdA geschrieben.
[1] Eingangsstempel vom 9. 6. 1954; Az. B/1/54; von Heuss mit einem „d[iktieren]"versehen.
[2] Der Karikaturist Mirko Szewczuk war 1950 extra nach Bonn gefahren, um Heuss aus nächster Nähe zu sehen, was ihm aber nicht gelang. In seinem Kommentar zu seiner Karikatur (Die Welt,

DIE WELT

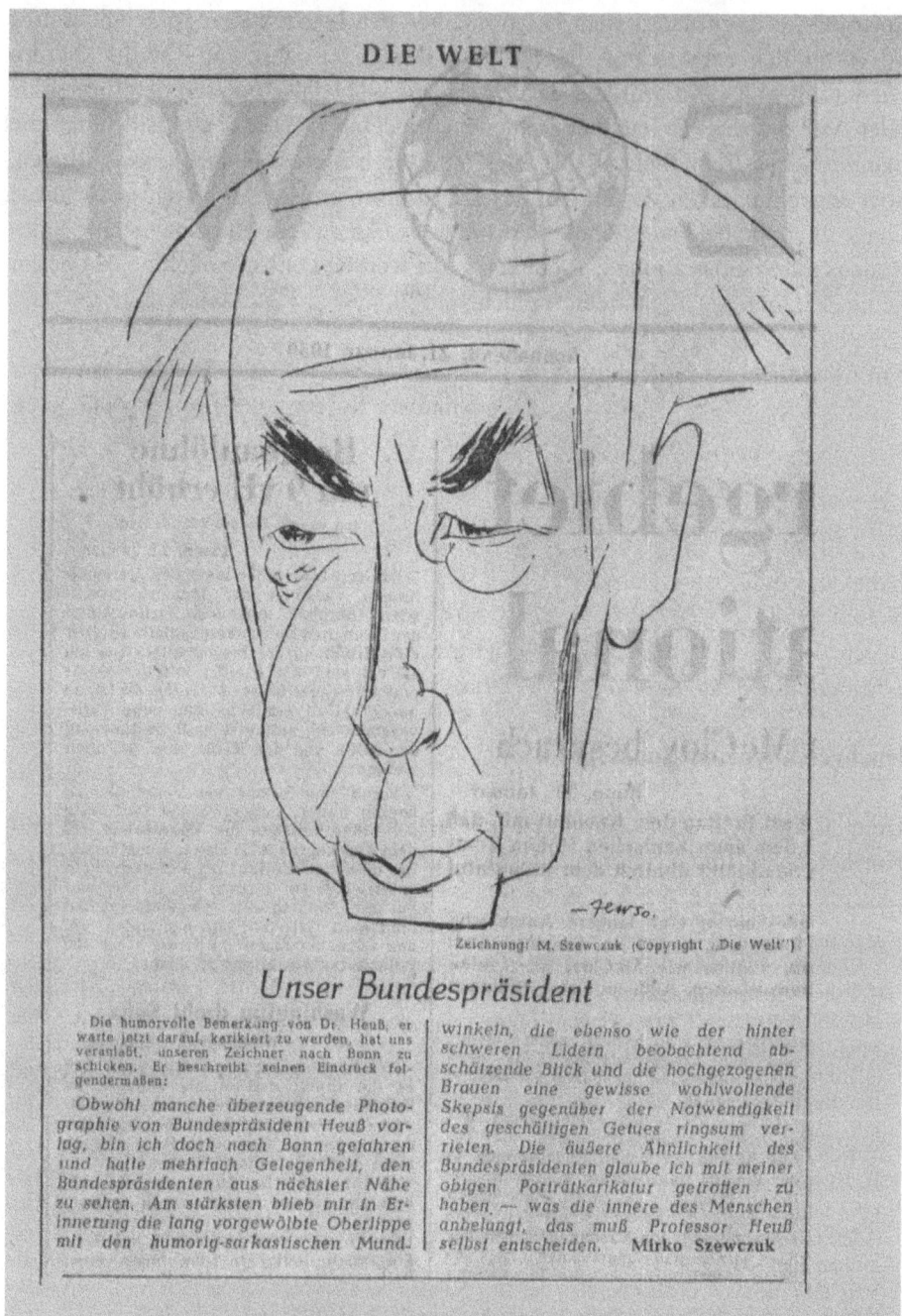

Zeichnung: M. Szewczuk (Copyright „Die Welt")

Unser Bundespräsident

Die humorvolle Bemerkung von Dr. Heuß, er warte jetzt darauf, karikiert zu werden, hat uns veranlaßt, unseren Zeichner nach Bonn zu schicken. Er beschreibt seinen Eindruck folgendermaßen:

Obwohl manche überzeugende Photographie von Bundespräsident Heuß vorlag, bin ich doch nach Bonn gefahren und hatte mehrfach Gelegenheit, den Bundespräsidenten aus nächster Nähe zu sehen. Am stärksten blieb mir in Erinnerung die lang vorgewölbte Oberlippe mit den humorig-sarkastischen Mund-

winkeln, die ebenso wie der hinter schweren Lidern beobachtend abschätzende Blick und die hochgezogenen Brauen eine gewisse wohlwollende Skepsis gegenüber der Notwendigkeit des geschäftigen Getues ringsum verrieten. Die äußere Ähnlichkeit des Bundespräsidenten glaube ich mit meiner obigen Porträtkarikatur getroffen zu haben — was die innere des Menschen anbelangt, das muß Professor Heuß selbst entscheiden. **Mirko Szewczuk**

Abb. 8: Karikatur von Theodor Heuss; Künstler: Mirko Szewczuk

gemacht, da Sie protestiert hatten, man würde zu selten von Ihnen Karikaturen bringen.

Die Auffassung jenes Zeichners deckte sich jedoch nicht mit meiner ganz. Ich habe nun nach einem neueren Foto von Ihnen eine Karikatur gemacht, von welcher ich mir erlaube, Ihnen eine Reproduktion zu übersenden.

Ich wäre glücklich, wenn Sie darüber schmunzeln könnten und daraus ersehen wollten, daß wir nach wie vor versuchen, unserem Landesvater „neue Züge" abzugewinnen.

Ergebenst   Gerd Fuhrmann

Nr. 120 B
An Gerd Fuhrmann, Lübeck
10. Juni 1954
BArch, B 122, 136: ms. Schreiben, Durchschlag, von Heuss diktiert (Diktaktz. H/Sch) und ms. gez.[3]

Sehr geehrter Herr Fuhrmann!

Freundlichen Dank für Ihre Zeilen vom 5. 6. und für die Übersendung der Karikatur.

Das Karikiert-Werden hat eine ganz bescheidene Vorgeschichte. Ich hatte einmal im Januar 1950 in Koblenz vor einer Gruppe von Presseleuten im Gespräch gesagt, daß den Pressezeichnern bis jetzt noch nicht eingefallen sei, wie sie mich karikieren könnten. Das war damals ein Alarmsignal, und fast alle Zeitungen setzten ihre Zeichner ein.[4]

Ich habe die Erinnerung, daß die Zeichnung von Szewczuk, die, glaube ich, in einer großen Linie im Profil gehalten war, ganz gut war. Ich habe auch gegen Ihre etwas melancholische Zeichnung meinerseits keinerlei Einwendungen zu machen.

Nr. 18, 21. 1. 1950, Berliner Ausgabe) schrieb er: „Am stärksten blieb mir in Erinnerung die lang vorgewölbte Oberlippe mit den humorig-sarkastischen Mundwinkeln, die ebenso wie der hinter schweren Lidern beobachtend abschätzende Blick und die hochgezogenen Brauen eine gewisse wohlwollende Skepsis gegenüber der Notwendigkeit des geschäftigen Getues ringsum verrieten"; Ausschnitt in: B 122 Anhang, 13, Sammlung der Karikaturen von 1949–1959 aus Zeitungen. Heuss reagierte am 23. 1. 1950 gegenüber dem Künstler anerkennend: „Die Zeichnung hat bei mir und meinen Mitarbeitern guten Beifall gefunden"; N 1221, 1291 sowie N 1221, 20. Zur Person von Szewczuk vgl. M. KRETSCHMER, Bildpublizist Mirko Szewczuk.

[3] Az. B/1/54; Stempel „Pers[önlichem] Ref[erenten] vorgelegen".
[4] Auf diesen Aufruf vom 11. 1. 1950 im Rahmen einer Pressekonferenz in Koblenz folgten zahlreiche Karikatur-Versuche, die im Rahmen der umfangreichen Sammlung von Zeitungsausschnitten überliefert sind; B 122 Anhang, 13.

Ich habe ja vor vielen, vielen Jahren einmal einen großen Essay über das Wesen der Karikatur losgelassen[5] und mich selber früher in dieser Kunst betätigt, so daß es mir Spaß macht, zu verfolgen, mit welcher Linienführung man dies oder dies Element herauskriegen will.

Mit freundlichen Empfehlungen
Ihr

Theodor Heuss

Nr. 121 A
Von Lil Dagover, München-Geiselgasteig
10. Juni 1954
BArch, B 122, 135: ms. Schreiben, behändigte Ausfertigung[1]
Bitte um Unterstützung beim Kampf gegen Tierversuche

Verehrter Herr Bundespräsident!

Zuerst möchte ich meiner großen Freude Ausdruck geben, daß wir Sie dieses Jahr wieder in Hersfeld begrüßen dürfen. Weil ich nicht weiß, ob ich während Ihrer Anwesenheit wieder Gelegenheit haben werde, mich länger mit Ihnen zu unterhalten, möchte ich in diesem Brief meine große Bitte vortragen, deren Erfüllung mir so sehr am Herzen liegt.

Seit einigen Jahren befasse ich mich mit den Fragen des Tierschutzes und insbesondere mit dem Problem des wissenschaftlichen Tierversuches. Ich habe dadurch Einblick in Dinge erhalten, von denen ich vorher keine Ahnung hatte und von denen die meisten Menschen ebenfalls nichts wissen. Diese Dinge sind aber so furchtbar, daß mein Leben seither umschattet ist und ich die heilige Verpflichtung in mir fühle, an der Beseitigung dieser Kulturschande mitzuarbeiten. Ich weiß sehr wohl, was alles auf Ihnen lastet, und ich würde nie mit dieser Bitte zu Ihnen kommen, wenn es sich hier nicht um eine Sache von größter Bedeutung handeln würde. Wir dürfen nicht schweigend mitansehen, wie das Wort Kultur immer mehr zu einem leeren Begriff wird und wie der Egoismus und der Materialismus unserer Zeit alle wirklichen Werte zerstören. Wenn wir dulden, daß im Namen der Wissenschaft jede Grausamekeit an der wehrlosen, stummen Kreatur

---

[5] THEODOR HEUSS: Zur Ästhetik der Karikatur, in: Patria 10 (1910), S. 113–138, Wiederabdruck in: DERS.: Zur Ästhetik der Karikatur, hg. v. der Gesellschaft der Bibliophilen zum 31. Januar 1954, München 1954; vgl. auch B 122, 323. Als die „Frankfurter Allgemeine Zeitung" (Nr. 148, 30. 6. 1954) daraus ohne Quellennachweis zitierte, beschwerte sich Heuss am 12. 7. 1954 bei Karl Korn; N 1221, 319. Im Jahre 1956 publizierte Heuss den Aufsatz noch einmal im Verbund mit seinem Vortrag über moderne Kunst; vgl. TH. HEUSS, Kunst. S. 89–136.

[1] Eingangsstempel vom 12. 6. 1954; Az. B/1/54; von Heuss mit einem „d[iktieren]" versehen.

begangen werden darf (und das ist heute mehr denn je der Fall), dann machen wir uns mitschuldig an dem „schwärzesten Verbrechen der Menschheit", wie Mahatma Gandhi gesagt hat. Ich habe auf dem „Kongreß der Ideale" einen Vortrag über die Vivisektion gehört, der mich wieder aufs neue erschüttert hat und den ich Ihnen in der Anlage beifüge. Außerdem erhalte ich laufend aufklärende Berichte und Schriften durch den „Bund gegen den Mißbrauch der Tiere e.V.", dem ich seit Jahren angehörte.

Ich möchte Sie nun, verehrter Herr Bundespräsident, von ganzem Herzen bitten, unseren Kampf zu unterstützen, damit es uns bald gelingt, neue Gesetze zu schaffen, die das Tier vor menschlicher Niedertracht und Bestialität schützen. Die derzeit bestehenden Gesetze in Bezug auf den wissenschaftlichen Tierversuch bieten keine Handhabe dazu. Sie sind aber durchaus geeignet, den *Vivisektor* in jeder Form zu schützen.

Der „Bund gegen den Mißbrauch der Tiere e.V.", in dem sich *die* Menschen zusammengeschlossen haben, die auch dem Tier gegenüber ein Gewissen besitzen, sollte unter Ihrer Schirmherrschaft stehen. Sie würden damit der guten Sache einen ungeheuren Dienst erweisen und gleichzeitig dem deutschen Volk vor Augen führen, daß es sich hier um ein schwerwiegendes Problem handelt, das auch von führenden Persönlichkeiten des öffentlichen Lebens ernst genommen wird. Es wäre für mich das schönste Geschenk, wenn ich mir am 3. Juli nach der Premiere von „Welttheater" ein JA von Ihnen holen dürfte.

In dieser freudigen Erwartung begrüße ich Sie auf das herzlichste!
Ihre   Lil Dagover

Anlagen!

Nr. 121 B
An Lil Dagover, München-Geiselgasteig
14. Juni 1954
BArch, B 122, 135: ms. Schreiben, Durchschlag, von Heuss diktiert (Diktatz. H/Bk), von Bott hs. paraph. und ms. gez.[2]

Sehr geehrte Frau Dagover!

Der Herr Bundespräsident dankt Ihnen für Ihren freundlichen Brief, bittet aber um Ihre Nachsicht, wenn er Ihnen nicht persönlich antwortet, denn gerade gegenwärtig ist er arbeitstechnisch außerordentlich überlastet.

---

[2] Az. B/1/54; Absendevermerk vom 15. 6. 1954; weiterer Nachweis: N 1221, 319: Durchschlag.

Dr. Heuss freut sich aber, Sie in ein paar Wochen in Hersfeld wiederzusehen.

In der ihm jetzt vorgelegten Frage hat Dr. Heuss schon viele viele Dutzende von Zuschriften im Laufe der letzten Jahre erhalten. Er ist selber Mitglied des Tierschutzbundes in Frankfurt und selbstverständlich auch für Bestrafung von Tierquälereien in den verschiedensten Formen, in denen sie sich abspielen. Dr. Heuss hat es aber immer abgelehnt, Stellung zu dem Problem der wissenschaftlichen Versuche an Tieren zu nehmen, weil er sich einfach die sachverständige Bewertung selber nicht zuerkennt, auf der anderen Seiten aber zu wissen glaubt, daß ohne die Behringschen oder auch die Ehrlichschen Tierversuche die Diphterie nicht ausgerottet wäre noch auch die Syphilis.

Mit vorzüglicher Hochachtung   Hans Bott
                            Persönlicher Referent des Bundespräsidenten

Nr. 122 A

Von den Deutschen Jungdemokraten (FDP), Kreisverband Bad Hersfeld
13. Juni 1954

BArch, B 122, 149: ms. Schreiben, behändigte Ausfertigung[1]
Einladung zu einem Fußballspiel während der Festspiele in Bad Hersfeld

Sehr verehrter Herr Bundespräsident!

Als Bürger der Lullus- und Festspielstadt Bad Hersfeld haben wir am 3. und 4. Juli des Jahres die große Freude, Sie wieder, jedoch wie immer nur aus *großer Ferne*, begrüßen zu dürfen.[2]

Wenn Sie, sehr verehrter Herr Bundespräsident, nun wüßten, daß die nordhessischen Jungdemokraten gerade an diesen beiden Tagen eine Arbeitstagung in Hersfeld veranstalten, würden Sie doch sicher Ihr Programm so einrichten bzw. unserem sehr tüchtigen Bürgermeister nebst Anhang für kurze Zeit zu entfliehen

---

[1] Eingangsstempel vom 15. 6. 1954; Az. 02/1/54; links am Rand von unbekannter Hand Vermerk: „Albern!", „unanständige Kritik!"

[2] Heuss hatte bereits die Festspiele des Jahres 1952 eröffnet und kam auch in den kommenden Jahren mehrfach als Schirmherr zur feierlichen Eröffnung, z. B. im Jahre 1956 (Ansprache in: B 122, 245) und im Jahre 1959 (Ansprache in: B 122, 252). In einem Brief an die Wochenzeitung „Die Zeit" vom 1. 8. 1958 begründete er die Übernahme der Schirmherrschaft als einzige über „dauernde Festspiele" damit, dass es sich bei Hersfeld um Grenzland handele und der Hauptakzent der Festspiele auf der Darstellung Hofmannsthalscher Werke liege; Ausschnitt in: B 145, 16317.

suchen (vielleicht sogar ganz gerne), um für ca. eine halbe Stunde – je länger um so besser natürlich – in unserem Kreis zu weilen und den Gruß unserer jungen Leute persönlich entgegenzunehmen bzw. unserem Fußballspiel Nord gegen Süd beizuwohnen und möglicherweise sogar dazu den Startschuß zu geben.

Wie denken Sie darüber??

Ich glaube, wir brauchen nicht zu betonen, wie sehr wir uns über Ihre zusagende Antwort freuen werden, und würden es sehr begrüßen, wenn Sie uns eine Zeit wissen ließen, in der Sie mit Erfolg dem Festspielrummel entgehen können.

Mit herzlichen Grüßen sind wir
Ihre   Deutschen Jungdemokraten, Kreisverband Hersfeld
                                E. H. Breil, 1. Vors.
                           Ursula Becker, Schriftführerin
                              H. Naumann, Sportwart

Nr. 122 B

An die Deutschen Jungdemokraten (FDP), Kreisverband Hersfeld
18. Juni 1954
BArch, B 122, 149: ms. Schreiben, Durchschlag, von Heuss diktiert (Diktatz. H/Bk), von Bott hs. paraph. und ms. gez.[3]

Sehr geehrter Herr Breil!

Dr. Heuss läßt Ihnen für Ihren Brief bestens danken, hat mich aber zugleich gebeten, Ihnen mitzuteilen, daß Ihre Einladung, zu einem Fußballspiel der nordhessischen Jungdemokraten zu kommen, auf einer völligen Verkennung seiner Person und seiner Bereitschaft, nach Hersfeld zu kommen, beruht.

Dr. Heuss geht nach Hersfeld nicht, um dort einen „Festspielrummel" mitzumachen, sondern weil es seinem Wunsche entspricht, dem Werk des von ihm verehrten Hugo von Hofmannsthal zu huldigen, und er ist geradezu erstaunt darüber, daß Sie annehmen könnten, er werde zwischen einem Vortrag über Hofmannsthal[4] und der Aufführung in der Stiftsruine den Startschuß zu einem Fußballspiel geben. Sie schreiben: „Wie denken Sie darüber?" Dr. Heuss läßt

---

3   Az. 02/1/54; Absendevermerk vom 19. 6. 1954; weiterer Nachweis: N 1221, 319: Durchschlag.

4   Die Ansprache von Heuss über Hugo von Hofmansthal zum 25. Todestag des Dichters am 3. 7. 1954 in: B 122, 235; sie wurde auch gesondert veröffentlicht; Th. Heuss, Hugo von Hofmannsthal. In leicht modifizierter Form wurde der Vortrag auch in Ders., Würdigungen, S. 63–76 übernommen.

Ihnen antworten: Ich denke darüber, daß dies im höchsten Maß geschmacklos und gegenüber einer Erscheinung wie Hofmannsthal unwürdig wäre.[5]

Mit vorzüglicher Hochachtung   Hans Bott
                                          Persönlicher Referent des Bundespräsidenten[6]

Nr. 123 A

Von Klaus Schneider, Student, Berlin-Lichterfelde-West

17. Juni 1954

BArch, B 122, 146: hs. Schreiben, behändigte Ausfertigung[1]

Gedenken an die Gefangenen in der DDR und Sowjetunion aus Anlass des 17. Juni 1953; persönliche Erlebnisse in Bautzen

Hochverehrter Herr Präsident!

Der heutige Tag ist besonders dazu bestimmt, Ihnen Dank zu sagen für meine Aufnahme in die Bundesrepublik. Vor einem Jahr standen unsere Landsleute jenseits des „Eisernen Vorhangs" auf, um für die Freiheit zu demonstrieren. Vor einem Jahr unterdrückten sowjetische Panzer jede freiheitliche Regung und hielten die kommunistischen Machthaber im Sattel. Vor einem Jahr wurde für Freiheit Blut vergossen.[2]

Deshalb erscheint mir die Wiederkehr jenes 17. Juni besonders geeignet, um dies zu schreiben. Auch mein Leben war die letzten Jahre durch Blut und Tränen bestimmt, denn ich war Häftling in einem sowjetischen Konzentrationslager bis zu jenem Tag im Januar dieses Jahres, als die Sowjets einen Teil ihrer deutschen politischen Häftlinge wegen der in Berlin stattfindenden Vier-Mächte-Konferenz[3] entließen. Für mich als entlassenen KZ-Häftling war es schier unfaßbar, so plötz-

---

[5] Heuss hatte „eine große Gedächtnisrede auf Hugo von Hofmannsthal" dem Ministerpräsidenten Georg August Zinn bereits am 31. 10. 1953 angekündigt und ihn aufgefordert, die Tradition der Festspiele mit den Aufführungen von von Hofmannsthals „Jedermann" mit zu begründen und zu fördern; abgedruckt in: TH. HEUSS, Bundespräsident, Briefe 1949–1954.

[6] Der Kreisverband der Deutschen Jungdemokraten entschuldigte sich am 22. 6. 1954 für die ungeschickten Formulierungen. Heuss ließ jedoch, von Bott unterschrieben, am 28. 6. 1954 antworten, die Art der Bitte habe gar keine andere Ausdeutung zugelassen, „als daß Sie Dr. Heuss baten, zu einem Fußballspiel zu kommen. Da Sie von Festspielrummel schrieben, mußte angenommen werden, daß die Hofmannsthal-Veranstaltung von Ihnen im Grunde als eine Störung Ihrer Tagung angesehen wurde"; B 122, 149.

[1] Eingangsstempel vom 21. 6. 1954; Az. B/1/54; oben rechts hs. hinzugefügt „17. Juni" sowie „W[ieder]v[or]l[age] B[undes]pr[äsident]".

[2] Vgl. Nr. 88, Anm. 2.

[3] Vgl. Nr. 110, Anm. 2

lich wieder frei zu sein. Anfang 1949 wurde ich durch die NKWD verhaftet und in ein sowjetisches Untersuchungsgefängnis geworfen. Nach Verhören unter den üblichen sowjetischen Vernehmungsmethoden wurde ich am 6. 4. 49 wegen antisowjetischer Propaganda und illegaler Gruppenbildung zum Tode verurteilt und anschließend zu 25 Jahren Arbeitslager begnadigt. Das Militärtribunal hatte seine Aufgabe gut gelöst. Rechtfertigt das Verteilen von Flugblättern denn nicht die Absicht, das Leben des „Staatsfeindes" zu vernichten?

Ich will keine Schilderung meines Leidensweges geben, jedoch möchte ich eine kleine Begebenheit aus dem KZ Bautzen anführen.

Politische Häftlinge dürfen nicht über die Weltlage informiert sein, sie dürfen keine Zeitungen lesen. Trotzdem hatte sich herumgesprochen, daß sich die sogenannte „DDR" wieder einmal um die Einheit Deutschlands „bemüht", diesmal durch ein Herantreten an den Bundespräsidenten.[4] Wie wird Professor Heuss antworten? Irgendwie werden wir es schon erfahren. Gerade in einem sowjetischen KZ wird die Frage diskutiert, wie sich der Westen hierauf verhält! 360 Menschen, die zusammengepfercht in einem Saal mit zweistöckigen Pritschen und schmutzigen Strohsäcken vegetieren, sind gespannt. Dann wird wieder Toilettenpapier ausgegeben, unsere einzige Informationsmöglichkeit, denn es besteht aus zerschnittenen Zeitungen. Einige haben auch die lang erwarteten Stücke dabei, schnell zusammengesetzt und damit zu den besten Kameraden geeilt. Binnen weniger Minuten weiß der ganze Saal die Antwort an den „sowjetdeutschen Präsidenten."

Tausende meiner Kameraden füllen jedoch heute noch sowjetische oder sowjetzonale KZ und Zuchthäuser; Menschen, die „politisch nicht tragbar", die unerwünschte politische Gegner waren, mußten verschwinden. Die Tore der Lager sind zwar hinter ihnen zugefallen, wir dürfen sie aber nicht vergessen! Ist der Tag, den sie leben, eine Gnade oder Strafe? Sie wissen es noch nicht. Sie hoffen genau wie einst auch ich, daß jeder Tag ihnen die Freiheit bringen möge. Sie glauben an Deutschland und hoffen, daß sie nicht allein stehen. Deshalb möchte ich Sie, hochverehrter Herr Präsident, bitten, keine sich einmal bietende Möglichkeit vorübergehen zu lassen, um den Insassen sowjetischer KZ die Freiheit wiederzugeben.

---

[4] Wilhelm Pieck, Staatspräsident der DDR, hatte sich am 2. 11. 1951 mit einem Vorschlag zu einem Treffen in Berlin über gesamtdeutsche Wahlen unter der Kontrolle der vier Mächte an Heuss gewandt (B 122, 2227), nachdem ein ähnliches Schreiben von Otto Grotewohl an Adenauer vom 30. 11. 1950 (B 136, 2126), in dem die Schaffung eines gesamtdeutschen Rates angeregt worden war, abschlägig beschieden worden war. Heuss hatte bereits zum Schreiben von Grotewohl einen Vorschlag für eine Antwort Adenauer übermittelt; Abdruck in: K. ADENAUER / TH. HEUSS, Unserem Vaterlande zugute, S. 52. Die Antwort von Heuss vom 7. 11. 1951 abgedruckt in: TH. HEUSS, Bundespräsident, Briefe 1949–1954. Das Schreiben an Heuss und dessen Antwort wurden auch im Kabinett behandelt; vgl. KABINETTSPROTOKOLLE 1951, S. 736f.

Entschuldigen Sie bitte meine Handschrift, aber für einen Studenten ist selten eine Schreibmaschine erschwinglich.

In der Hoffnung, daß Sie, hochverehrter Herr Präsident, noch recht lange zum Wohle der Bundesrepublik und unserer vom Kommunismus unterdrückten Landsleute, die voller Hoffnung auf die freie Welt schauen, wirken mögen, verbleibe ich mit vorzüglicher Hochachtung   Klaus Schneider

Nr. 123 B
An Klaus Schneider, Student, Berlin-Lichterfelde-West
23. Juni 1954
BArch, B 122, 146: ms. Schreiben, Durchschlag, von Heuss diktiert (Diktatz. H/Sch), von Bott hs. paraph. und ms. gez.[5]

Sehr geehrter Herr Schneider!

Der Herr Bundespräsident läßt Ihnen für Ihren freundlichen Brief, in dem Sie von Ihrem Schicksal berichten, bestens danken. Er hat den Bericht aufmerksam gelesen, bittet aber um Nachsicht, wenn er Ihnen nicht persönlich antwortet. Er ist gegenwärtig außerordentlich stark in Anspruch genommen.

Der Anregung, der noch in den Gefängnissen der Sowjetzone zurückgehaltenen Deutschen zu gedenken und ihre Freigabe zu fordern, hat Dr. Heuss in einer Reihe seiner Reden schon entsprochen und wird auch fernerhin dafür besorgt sein, daß das Schicksal dieser Menschen nicht im allgemeinen Bewußtsein untergeht.[6]

Mit freundlichen Grüßen   Hans Bott
                                    Persönlicher Referent des Bundespräsidenten

---

[5] Az. B/1/54; Absendevermerk vom 24. 6. 1954; weiterer Nachweis: N 1221, 319: Durchschlag.
[6] Vgl. E. WOLFRUM, Geschichtspolitik.

Nr. 124 A
Von Ursula Maus, Weidenau-Siegen
23. Juni 1954
BArch, B 122, 142: hs. Schreiben, behändigte Ausfertigung[1]
Enttäuschung über eine fehlende Reaktion von Theodor Heuss bei einer Begegnung in Wiesbaden

Hochzuverehrender Herr Bundespräsident,

am 17. Juni kamen wir bei unserem Betriebsausflug am Vormittag nach Wiesbaden. Wie groß war unsere Freude, daß wir die Möglichkeit haben sollten, unseren geliebten und verehrten Herrn Bundespräsidenten sehen zu können. Wir stellten uns kurz nach 10 Uhr auf und warteten klopfenden Herzens. Und um 11 Uhr war es dann endlich so weit. Alle waren wir freudig erregt und ergriffen, und konnten das nur durch Händeklatschen zum Ausdruck bringen.

Und nun hoffe und bitte ich sehr, daß Sie, sehr verehrter Herr Bundespräsident, es mir nicht verargen möchten, wenn ich es auszusprechen wage, daß wir etwas enttäuscht waren, weil Sie nicht aufschauten und Ihnen die Klatscherei eher lästig war. Ich weiß, daß es Ihre große Bescheidenheit ist, die sich gegen diese Dinge wehrt. Ich glaube aber, aus dem Herzen vieler Deutscher zu sprechen, wenn ich Ihnen, sehr verehrter Herr Bundespräsident, sagte, daß wir alle dankbar gewesen wären für einen Blick, eine Handbewegung oder ein Lächeln, das Sie uns geschenkt hätten.

Ich bitte sehr, daß Sie, verehrter Herr Präsident, meine Worte als das nehmen, was sie sind, nämlich ein Zeichen tiefer Verehrung, und verbleibe mit den besten Wünschen für Ihr Wohlergehen.
Ihre sehr ergebene   Ursula Maus

---

[1] Eingangsstempel vom 24. 6. 1954; Az. B/1/54.

Nr. 124 B
An Ursula Maus, Weidenau-Siegen
26. Juni 1954
BArch, B 122, 142: ms. Schreiben, Durchschlag, von Heuss diktiert (Diktatz. H/Bk) und ms.
gez.[2]

Sehr geehrtes Fräulein Maus!

Es tut mir recht leid, daß ich nach Ihrer Meinung dem freundlichen Klatschen
oder Zuwinken nicht mit einem „huldvollen Lächeln" geantwortet habe, und ich
will den Versuch machen, wenn unsere Wege sich wieder einmal kreuzen, die
Sünde gut zu machen. Aber ich lebe von der Nachsicht meiner Mitbürger.

Mit freundlichem Gruß   Theodor Heuss

Nr. 125 A
Von Elisabet Boldt, Oberin, Berlin-Halensee
16. Juli 1954
BArch, B 122, 134: ms. Schreiben, behändigte Ausfertigung[1]
Ausleihe und Rückgabe einer Bibel

Hochverehrter Herr Bundespräsident Heuss.

In Ihren großen Fest- und Ehrentagen,[2] zu denen wir Berliner fleißig rüsten,
werden Ihre Gedanken auch himmelwärts, zu Gott und Ihrer teuren, entschlafenen
Gattin gehen. Meine kleine Bibel soll dann nachts für Sie griffbereit sein. Sie hat
mich vom ersten Weltkrieg an, von Tannenberg über viele Fronten bis nach Naza-
reth begleitet. Sie war mir in guten und bösen Tagen ein lieber Freund und begleitet mich, außer Australien, durch alle Erdteile. Möge sie Ihnen in diesen kurzen
Tagen ein Freund werden.

---

[2] Az. B/1/54; Stempel „Pers[önlichem] Ref[erenten] vorgelegen"; weiterer Nachweis: N 1221,
    319: Durchschlag.
[1] Az. B/1/54; von Heuss mit einem „d[iktieren]" versehen; zdA-Verfügung der Sekretärin Schach
    vom 24. 7., weil „bereits gedankt" worden sei.
[2] Gemeint war der Besuch von Heuss in Berlin vom 16. bis 20. 7. 1954, in dessen Verlauf die
    Bundesversammlung Heuss am 17. 7. 1954 für eine zweite Amtszeit mit einer großen Mehrheit
    von 871 der 987 Stimmen wählte. Protokoll des Wahlaktes sowie Ansprache von Heuss an die
    Bundesversammlung vom 17. 7. 1954 in: B 122, 235; weitere Unterlagen in: B 122, 622.

Ihre treue Haushüterin wird sie auf Ihren Nachtisch legen, und ich werde sie mir bei ihr wieder abholen. Einen Umschlag füge ich bei.

Möge Gott sie, sehr verehrter Herr Bundespräsident, in den nächsten vier Jahren in seinen gnädigen Schutz nehmen.

Ihre sehr ergebene   Elisabet Boldt

Nr. 125 B
An Elisabet Boldt, Oberin, Berlin-Halensee
23. Juli 1954
BArch, B 122, 134: ms. Schreiben, Durchschlag, von Heuss diktiert (Diktatz. H/Bk) und ms. gez.[3]

Verehrte Frau Oberin!

Es war sehr freundlich und hat mich innerlich angerührt, daß Sie mir für die Berliner Tage die Bibel auf den Nachttisch haben legen lassen.

Nun aber sind in Berlin meine Tage so entsetzlich angefüllt gewesen, daß ich dort nicht zum Danken kam, und, da mir das Packen abgenommen war, ist erst jetzt das Buch wieder in meine Hand gekommen. Ich darf es Ihnen mit freundlichem Dank zurückreichen und Ihnen das kleine Gedenkheft beilegen, das vor zwei Jahren nach dem Tode meiner Frau für das von ihr geschaffene Mütter-Genesungswerk herausgegeben wurde.[4]

Mit dankbaren Grüßen
Ihr   Theodor Heuss

2 Anlagen. Einschreiben!
P.S. Mit dem zur Unterschrift fertigen Brief, der gestern von mir diktiert wurde, wird mir Ihr Brief vom 21. Juli[5] vorgelegt. Ich hoffe, daß die Bibel spätestens am Montag wieder in Ihrem Besitz ist.

---

[3] Az. B/1/54; Stempel „Pers[önlichem] Ref[erenten] vorgelegen".
[4] Dabei handelte es sich vermutlich um die Broschüre von CHRISTINE TEUSCH (Hg.): Im Dienst der Stunde. Aus Lebensweg und Lebenswerk von Elly Heuss-Knapp, o. O. 1953.
[5] Darin wurde nochmals die Rücksendung der „kleinen Bibel" angemahnt, die versehentlich nach Bonn mitgenommen worden war; B 122, 134.

Nr. 126 A
Von Charlotte Buchholz, Frankfurt a. M.
20. Juli 1954
BArch, B 122, 134: ms. Schreiben, behändigte Ausfertigung[1]
*Reaktion auf die Rede von Theodor Heuss bei der Siegerehrung der deutschen
Fußball-Weltmeister-Mannschaft im Olympiastadion Berlin*

Sehr geehrter Herr Bundespräsident!

Lassen Sie uns unseren Sport, wir lassen Ihnen Ihre Politik!

Bitte überlegen Sie einmal, wenn Sie 30 oder 40 Jahre jünger wären, ob bei einem so großen Ereignis, wie es für uns alle diese Fußball-Weltmeisterschaft[2] war, nicht eventuell auch mit Ihnen das Temperament durchgegangen wäre, und Sie hätten in Ihrer Riesenbegeisterung von einem „Fußballgott" gesprochen. Muß man um so etwas noch in aller Öffentlichkeit, wie am Sonntag im Olympia-Stadion, eine so große Brühe machen?[3] War die Reportage des Herrn Herbert Zimmermann nicht wunderbar?[4] Kann es da nicht passieren, daß auch mit ihm der Gaul einmal durchging und er sich in seiner Begeisterung steigerte, muß das gleich so tragisch genommen werden? Sind Sie nicht stolz darauf, ein Volk vor sich zu haben, das zu solch einer Begeisterung noch fähig ist? Warum dürfen wir Deutschen keinen Nationalstolz haben, der bei jedem anderen Volk eine Selbst-

---

[1] Eingangsstempel vom 23. 7. 1954; Az. B/2/54; als „persönlich" gekennzeichnet; von Heuss mit einem „d[iktieren]" versehen; oben rechts Verfügung: „Dem Herrn Bundespräsidenten vorzulegen, gez. H[eyden] 23. 7."

[2] Die Nationalmannschaft der Bundesrepublik Deutschland gewann am 4. 7. 1954 in Bern unter dem Trainer Sepp Herberger die Fußballweltmeisterschaft in einem dramatischen Endspiel gegen Ungarn.

[3] Am 18. 7. 1954 fand im Olympiastadion ein Volksfest mit sportlichen Darbietungen, Tanz, Gesang und Spiel statt. Zum Abschluss sprach Heuss beim Programmpunkt „Aufmarsch zur Huldigung, Auszeichnung des Fußballweltmeisters 1954 in der Ehrenloge"; Programmablauf in: B 122, 622, Ansprache in: B 122, 235. Heuss hatte in seiner Ansprache gesagt: „Aus ihrem uns alle so erfreuenden Sieg haben manche Leute draußen und drinnen so etwas wie ein Politikum gemacht [...]. Der gute Bauwens, dem ich nachher den Silberlorbeer geben werde, der meint offenbar: Gutes Kicken ist schon gute Politik. Das kann, doch muß aber nicht so sein – schön, wenn es das ist. Und ich habe gelesen, daß Turek ein ‚Fußballgott' sei. Lieber Turek, werden Sie das nicht. Turek soll ein zuverlässiger und wendiger Spieler sein und soll es bleiben. Wir haben uns gefreut, daß er es für Deutschland gewesen ist." B 122, 235, Unterlagen auch in: B 122, 407. An Senator Franz Burda formulierte er am 24. 7. 1954 in einem von Bott unterzeichneten Schreiben: „Er [der Bundespräsident] hat sich über den Sieg der deutschen Fußball-elf gefreut und dies auch in seiner Ansprache bei der Siegerehrung zum Ausdruck gebracht, zugleich aber sich aus pädagogischen Gründen gegenüber dem Überschwang der Sportpublizistik usf., der den Sieg in Bern begleitet hat, distanziert"; N 1221, 320; vgl. auch Nr. 130, Anm. 2 und 3.

[4] Herbert Zimmermann, Reporter der Rundfunk-Übertragung des Endspiels, gestaltete die Reportage außerordentlich emotional, so dass dieses Tondokument zu einer der Ikonen der Nachkriegszeit wurde; vgl. A. G. FREI, Finale Grande.

verständlichkeit ist. War der Triumphzug unserer Weltmeister nicht ein Erlebnis für uns alle? Wie weh tut es dann, wenn man „von oben" dann gleich eine kalte Dusche bekommt und das Gefühl nicht los wird, überhaupt nicht verstanden zu werden.

Abb. 9: Theodor Heuss zeichnet Fritz Walter, Mannschaftskapitän der deutschen National-mannschaft, anlässlich der gewonnenen Fußball-Weltmeisterschaft im Olympia-Stadion Berlin aus, 18. 7. 1954

Können Sie und Ihre Herren es denn nicht verstehen, was es für uns Deutsche bedeutet, auch mal wieder mit dabei zu sein und gerade auf einem so schönen sportlichen Gebiet, einmal auch die Weltmeisterschaft im Fußball zu erringen, was bisher noch nie gelang? Müssen wir da nicht unendlich froh und glücklich und stolz sein, schon „um den andern" zu beweisen, daß wir noch da sind. Es ist doch noch gar nicht lange her, da wurden wir noch als Verbrechernation bezeich-net, der man kein Gewehr mehr in die Hand geben darf, und nun waren wir auf einmal mit dabei, ob es den anderen Herren paßte oder nicht, denn diesen Sieg konnte uns niemand nehmen. Und wie scheußlich ist es dann, wenn man in be-stimmten deutschen Pressekreisen und in Rundfunkkommentaren darauf hingewie-sen wird, „daß gar kein Grund für uns vorliegen würde, so zu jubeln, denn wir sollten nicht vergessen, was gewesen ist, oder ob man gewillt wäre, wieder in die Fehler der Vergangenheit zurückzufallen und daraus keine Lehre gezogen hätte."

Sehen Sie, sehr geehrter Herr Bundespräsident, das tut weh, man merkt die Absicht und ist verstimmt!

Ein Artikel in der „Neuen Presse"[5] vom Sonnabend dem 20. des Monats, der tat wohl. „Die große Welle", von Herrn Herbert Hoffmann geschrieben. Ich kenne Herrn Hoffmann nicht, aber einen Händedruck für ihn. Dieser Artikel ist uns allen aus der Seele gesprochen, warum gab es nur einmal so eine Stimme, warum mußte gehetzt werden? Vielleicht interessiert es Sie, diesen Artikel ebenfalls zu lesen, er ist wunderbar.

Jedenfalls schämte ich mich seinerzeit nicht der Tränen, die mir anläßlich der Reportage die Wangen herunterliefen und beim Gesang des Deutschlandliedes „Deutschland, Deutschland über alles." So erging es vielen, die mit dabei waren. Wir haben es als Deutsche empfunden, das ist jedem zu verzeihen, dabei auch einmal überschwenglich zu sein, denn es gibt Situationen im Leben, die nie wiederkehren, und die soll man festhalten, so lange es geht.

Es war mir ein Bedürfnis, Ihnen diese Zeilen zu schreiben. Sie können versichert sein, daß ich kein hysterisches Frauenzimmer bin, sondern eine Berlinerin von Mitte dreißig, die ein sehr glückliches Familienleben führt und trotz vieler Enttäuschungen ihren Humor nicht verloren hat, aber über viele Dinge doch den Kopf schütteln muß, denn man hat uns schon viel mitgespielt im Leben und tut es auch heute noch.

Ich wünsche Ihnen, sehr geehrter Herr Bundespräsident, alles Gute für die Zukunft und empfehle mich Ihnen hochachtungsvoll   Charlotte Buchholz

Nr. 126 B

An Charlotte Buchholz, Frankfurt a. M.

26. Juli 1954

BArch, B 122, 134: ms. Schreiben, Durchschlag, von Heuss diktiert (Diktatz. H/Sch), von Bott hs. paraph. und ms. gez.[6]

Sehr geehrte Frau Buchholz!

Der Herr Bundespräsident hat Ihren Brief vom 20. 7. gelesen, bittet aber um Nachsicht, wenn er Ihnen bei dem gerade gegenwärtig überaus großen Posteingang nicht persönlich antwortet.

---

[5] Die „Neue Presse", eine in Hannover erscheinende Tageszeitung von überregionalem Charakter.
[6] Az. B/2/54; Absendevermerk vom 27. 7. 1954; weiterer Nachweis: N 1221, 320: Durchschlag.

Es hat den Bundespräsidenten leicht gerührt, in welcher Vehemenz Sie ihn zu belehren suchten, was der Fußballsieg bedeutet. Er glaubt dieser Belehrung nicht bedürftig zu sein, da er sich über den Erfolg der deutschen Mannschaft mit gefreut hat. Aber er glaubt, auch wenn er 30 oder 40 Jahre jünger wäre, würde er nicht in die Situation gekommen sein, einer Verschiebung der Werte so einfach zuzustimmen.

Der Herr Bundespräsident hat in Berlin, und das haben die meisten verstanden, jene nach seiner Meinung unechten, weil übertriebenen Töne etwas reduziert,[7] und er hat dabei nicht nur Verständnis, sondern auch Beifall gefunden.[8]

Wenn der Bundespräsident Ihnen Ihre Freude verdorben haben sollte, so würde es ihm leid tun, aber er hat aus Ihrem Brief keineswegs den Eindruck gewonnen, daß dies eingetreten ist.[9]

Mit den besten Empfehlungen   Hans Bott
                              Persönlicher Referent des Bundespräsidenten

Nr. 127 A

Von Dr. Eugen Bärhausen-Niemczyk, Berlin-Wilmersdorf
20. Juli 1954
B 122, 24: ms. Schreiben, behändigte Ausfertigung[1]
Glückwünsche zur Wiederwahl von Theodor Heuss; Propagierung des Gedenkens an den 20. Juli 1944

Exzellenz! Hochverehrter Herr Bundespräsident!

Sicher werden in diesen Tagen Ihnen viele Briefe geschrieben, und eher wird Sie der Wunsch bewegen, daß es lieber bei mancher Absicht geblieben wäre. Doch ist es nicht allein der Wunsch, Ihnen ehrfürchtig huldigend zu Ihrer Wiederwahl Glück zu wünschen, anderes noch drängt mich zum Schreiben.

---

7 Vgl. Anm. 3.
8 Zur Zustimmung vgl. Nr. 130, ferner Schreiben von Jürgen Steinkopff aus Darmstadt vom 19. 7. 1954, in: B 122, 147. Heuss bezeichnete in seiner Antwort an Steinkopff den Brief von Charlotte Buchholz als „aufgeregt, aber gut geschrieben"; 26. 7. 1954, in: ebd.
9 Heuss schrieb über die Veranstaltung vom 18. 7. 1954 im Olympiastadion an Toni Stolper: „Die Fußballer selber waren da und bekamen von mir eine Nadel und ein Diplom. Sie waren netter als die gräßlichen Sportjournalisten. Diese Rede im Olympia-Stadion hat vielen Leuten sehr gefallen und vielen sehr mißfallen. Die Menschen sind ja mit der Fußballerei verrückt"; 29. 7. 1954, in: N 1221, 320.
1 Von Heuss mit einem „d[iktieren]" versehen.

Als Sie das erste Mal zum Bundespräsidenten gewählt wurden, wußte ich noch nichts von Ihnen. Dann aber begannen Sie, manches unserem Volk zu sagen, so behutsam, so würdig, so fein, daß ich immer wieder einmal im Freundeskreis sagen mußte: es spricht für unser Volk, daß es Sie – zwar indirekt – zum Staatsoberhaupt erwählt hat. Und ich bin sehr froh, daß Sie uns wieder geschenkt worden sind. Möge Gott Sie behüten.

Noch etwas möchte ich sagen: Vor zehn Jahren hätte ich wohl als dreiwöchiger Soldat auf Seiten Hitlers einen eventuellen Aufstand in Wien niederwerfen müssen, – es kam nicht dazu. Man hat uns sehr, sehr falsch über den 20. Juli informiert. Seitdem ist dieser Tag mir zur ernstesten Frage geworden, und ich versäume keine Gelegenheit, im Unterricht davon zu sprechen. So gingen wir am letzten Schultag in die Bendlerstraße und legten dort am Denkmal einen Kranz nieder, und die Jungen waren sehr dabei. Ich sage das nicht um eines privaten Ruhmes willen, sondern um fragen zu können: Was sollten wir noch tun, daß der 20. Juli stärker in unserem Volk verankert wird? Nicht um einer billigen Heroisierung willen, sondern zur Prägung des Gewissens?! Ich hatte einmal an den 20. Juli als Staatsfeiertag gedacht, aber das tut es wohl nicht. Die Sommerzeit ist dafür nicht günstig, und es wäre für viele auch nur ein freier Tag mehr, um ihn vergnüglich zu verbringen. Aber es müßte im Rundfunk und in der Presse immer wieder davon gesprochen werden, die Verlage müßten Schrifttum darüber möglichst preiswert unter das Volk bringen – ich wandte mich deswegen bereits an Fischer und Rowohlt, an den letzten weniger gern –, und vielleicht sollte die Regierung unserer Jugend ein kleines Büchlein über den 20. Juli schenken, ähnlich wie das mit dem Grundgesetz gemacht wird.

Ich bin gewiß, daß die Fruchtbarkeit Ihres Geistes bessere Fomen des Näherbringens finden wird, – ich wollte nur kurze Andeutungen machen.

Bitte, entschuldigen Sie, da ich mit meinem Brief Ihrer ohnehin schweren Last noch einige Grämmchen hinzugefügt habe, aber es war mir ein wirkliches Anliegen.

Mit ehrfürchtiger Hochachtung verbleibe ich   Eugen Bärhausen-Niemczyk

Nr. 127 B
An Dr. Eugen Bärhausen-Niemczyk, Berlin-Wilmersdorf
24. Juli 1954
B 122, 24: ms. Schreiben, Durchschlag, von Heuss diktiert (Diktatz. H/Bk) und ms. gez.[2]

Sehr geehrter Herr Dr. Bärhausen-Niemczyk!

Unter den Hunderten, wenn nicht Tausenden von Briefen, die dieser Tage bei mir eingegangen sind und die ich alle wenigstens flüchtig durchsehen muß, werden mir dann doch die vorgelegt, die einen persönlichen Charakter haben.[3]

Ich darf Ihnen für den freundlichen Brief danken. Das, was Sie über das Problem des 20. Juli und das Bedürfnis, ihn in das Bewußtsein der Bevölkerung einzuführen, sagen, diese Auffassung wird von mir völlig geteilt.

Es ist, soweit ich sehe, die Absicht, zunächst einmal die Erinnerungsrede,[4] die ich gehalten habe, möglichst weit zu verbreiten.[5] Mir kam es ja vor allem darauf an, einmal die sittliche Grundfrage stark herauszuarbeiten, weshalb ich die geschichtliche Darstellung, die auch in dreiviertel-Stunden nicht zu geben gewesen wäre, völlig vernachlässigt habe.[6] Aber ich glaube, daß Sie recht haben, daß einfache und billige Ausgaben der Darstellung der Vorgänge notwendig sind. In der S. Fischer-Bücherei wird, wie ich kürzlich erfuhr, wenigstens das eindrucksvolle Buch von Inge Aicher-Scholl über ihre hingerichteten Geschwister wohl noch in diesem Jahr zu einem billigen Preis erscheinen.[7]

Mit freundlichen Empfehlungen und bestem Dank
Ihr
                                                              Theodor Heuss

---

[2] Az. B/1/54-Slg.; Stempel „Pers[önlichem] Ref[erenten] vorgelegen".

[3] Erhalten blieben lediglich einige, von Heuss persönlich beantwortete Glückwünsche zu seiner Wiederwahl, insbesondere von Staatsmännern, Politikern und Freunden; B 122, 24–26.

[4] Ansprache von Heuss in einer Feierstunde zur 10. Wiederkehr des 20. Juli 1944 im Auditorium der Freien Universität Berlin, in: B 122, 326; ebd. auch ms. Manuskript mit Korrekturen von Heuss; die hs. Version in: N 1221, 12. Die Ansprache, die im Zuge ihrer Veröffentlichung den Titel „Vom Recht zum Widerstand – Dank und Bekenntnis" erhielt, wurde zuletzt abgedruckt in: R. DAHRENDORF / M. VOGT, Theodor Heuss, S. 430–439; vgl. auch U. BAUMGÄRTNER, Reden, S. 299–333, zur Überlieferungsgeschichte S. 474f.

[5] Die Ansprache wurde sehr weit verbreitet. Auf Beschluss des Bundestages erhielten Lehrer, Schüler und Studenten kostenlos ein gedrucktes Exemplar der Rede. Ferner wurde sie in der Beilage der Wochenzeitung „Das Parlament" und im „Bulletin" der Bundesregierung abgedruckt; vgl. TH. HEUSS, Bundespräsident, Briefe 1954–1959.

[6] Heuss hatte die Ansprache – anders als gewohnt – vorher vollständig ausformuliert, damit „die Presse keinen Unsinn verzapfe"; über dieses Thema zu sprechen, sei seit Jahren sein Entschluss gewesen; Heuss an Toni Stolper, 29. 7. 1954, in: N 1221, 320; die Wirkung auf die Anwesenden, zumal auf Adenauer sei stark gewesen; Heuss an Otto Gessler, 5. 8. 1954, in: N 1221, 321.

[7] INGE SCHOLL: Die weiße Rose, Frankfurt a. M. 1955. Das Werk erlebte zahlreiche Neuauflagen.

Nr. 128
Danksagung für Glückwünsche zur Wiederwahl von Theodor Heuss für eine zweite Amtszeit als Bundespräsident am 17. Juli 1954
Juli 1954
N 1221, 608: gedrucktes Formscheiben (Kopie)[1], mit Faksimilestempel gez., ohne Anrede
Dank für Glückwünsche

Die Wiederwahl zum Präsidenten der Bundesrepublik Deutschland[2] ist von einer solchen Fülle freundschaftlicher Kundgebungen und guter Wünsche begleitet worden, daß es mir, da die Arbeitsverpflichtungen nun eben einfach weitergehen, unmöglich ist, mit dem persönlich gehaltenen Wort zu erwidern. Ich muß in diese gedruckten Zeilen die Empfindungen legen, die mich vor den so vielfältige Bezeugungen der menschlichen Verbundenheit und des sachlichen Helferwillens bewegen: Ich danke.

Theodor Heuss
Bonn, Juli 1954

Nr. 129 A
Von Dr. Karl Heinrich Schoenberg, Stuttgart-Zuffenhausen
22. Juli 1954
BArch, B 122, 146: ms. Schreiben, behändigte Ausfertigung[1]
Bitte um Intervention bei einer der Britischen Königsfamilie nahestehenden Persönlichkeit wegen des Copyrights für ein Tagebuch

Hochverehrter Herr Bundespräsident!

Um einem Freunde und Quasi-Patienten von mir behilflich zu sein, nachdem mir eine mir von ihm als schicksalsschwer und sogar unwägbar zukunftbestimmend erlebte Angelegenheit anvertraut wurde, darf nicht versäumt werden, Exzellenz eine Bitte vorzutragen. Der Patient glaubt, daß er sein Hauptanliegen mit Aussicht auf Hilfe nurmehr einer der Britischen Königsfamilie nahestehenden Persönlichkeit vortragen kann, indem er als Schriftsteller namentlich um die Möglichkeit einer Entschuldigung besorgt zu sein hat. Gegenstand seines Anliegens ist daher, daß er sich als Autor eines zeitgeschichtlichen Tagebuchs mit dem Gedanken

---

[1] Das Exemplar gelangte vermutlich nachträglich mit Kopien aus der Korrespondenz mit dem mit Heuss befreundeten Orthopäden Georg Hohmann in den Nachlass Heuss.
[2] Vgl. Nr. 125, Anm. 2.
[1] Von Heuss mit einem „d[iktieren]" versehen.

trägt, ein Mitglied des Britischen Königshauses um die Geneigtheit zu bitten, für einen Teil seines Tagebuchs das Copyright mit den Übersetzungsrechten übertragen zu dürfen, dergestalt, daß es im Einverständnisfall Ihrer Majestät der Königin Elisabeth dem Copyright-Inhaber anheimgegeben ist, Bestimmungen für die Freigabe dieses oder jenes Kapitels zu treffen. Nachdem die Konzepte jedoch kaum zu unterschätzende Beiträge zur Lösung politischer Probleme zugunsten Deutschlands (und erst in zweiter Linie auch zugunsten der Britischen Interessen an einer endgültigen Sanierung Europas) liefern könnten und namentlich dieser Bestimmung ihres Ursprungs verdanken, so daß es bemerkenswert ist, daß einem jeden Kapitel für die Waagschale gegenwärtiger Entscheidungen und Entwicklungen ein anderes Gewicht zukommen könnte, sollen Bestimmungen über die Beschränkung bzw. personelle Erweiterung der Urheberrechte nicht getroffen werden, ohne Sie, hochverehrter Herr Bundespräsident, von diesen Erwägungen in Kenntnis zu setzen. Wiederholte Versuche, politische und andere Dienststellen auf die den Schriftsätzen anhaftende Bedeutung für die bevorstehende Souveränisierung aufmerksam zu machen, blieben unbeantwortet, obwohl sie sicherlich nicht vergeblich waren. Der mir anvertrauten überpersönlichen Sache zuliebe fühle ich mich verpflichtet, das Inkognito der Urheberschaft im Sinne des Pseudonyms zunächst wahren zu helfen, da ich die Gründe, deretwegen es dem Urheber empfohlen erscheint, nicht zu übersehen vermag.

Genehmigen Sie, Exzellenz, in Dankbarkeit der Verehrung Ausdruck zu geben Ihrem ganz ergebenen   K. Schoenberg

[PS] Vorstehender Briefentwurf vom 22. 7. 54 wurde, mit einem handschriftlichen Begleitschreiben versehen, erst am 17. 10. postfertig gemacht.[2]

Nr. 129 B
An Dr. Karl Heinrich Schoenberg, Stuttgart-Zuffenhausen
5. November 1954
BArch, B 122, 146: ms. Schreiben, Durchschlag, von Heuss diktiert (Diktatz. H/Bk), von Bott hs. paraph. und ms. gez.[3]

Sehr geehrter Herr Dr. Schoenberg!

Der Herr Bundespräsident hat Ihren vom 22. Juli datierten und in diesen Tagen hier eingegangenen Brief zweimal aufmerksam durchgelesen. Er bittet Sie, es

---

[2] Bei dem Begleitschreiben handelte es sich um eine Postkarte.
[3] Az. B/1/54; Absendevermerk vom 6. 11. 1954; weiterer Nachweis: N 1221, 323: Durchschlag.

ihm aber nicht zu verübeln, wenn er schlechterdings gar nichts mit dem Schreiben anfangen kann.

Dr. Heuss hat, wie er sagt, nie Beziehungen zur Pythia unterhalten und ist in der Entzifferung sibyllinischer Bücher vollkommen unerfahren.

Die Frage, die Sie ihm vorlegen, beruht auf einem vollkommenen Mißverständnis seiner Person und seiner amtlichen Lage. Dr. Heuss weiß eigentlich gar nicht, was Sie von ihm wollen, denn zu dem britischen Königshaus hat er seinerseits gar keine Beziehungen, die ihm irgend eine Fühlungnahme über eine anonyme literarische Angelegenheit gestatten würden. Daß die Prinzessin Margaret Rose im Sommer einen sehr nett verlaufenen Höflichkeitsbesuch gemacht hat,[4] gibt ihm kein Recht, sich an das britische Königshaus zu wenden, noch würde Dr. Heuss die Geschmacklosigkeit begehen, auf Grund einer vollkommen unklaren Geschichte einen solchen Schritt zu tun.

Wie Sie wohl jetzt begreifen werden, kann Dr. Heuss in seiner amtlichen Position nicht an Dinge herangehen, die ihm vollkommen fremd sind. Auf der anderern Seite hat er aber auch gar nicht die Absicht und die Möglichkeit, nun etwa Manuskripte durchzuprüfen, ob er sie für sachlich wichtig hält. Es kommen ja ungezählte Manuskripte an ihn, die aber zurückgegeben werden müssen, da Dr. Heuss, wie er sich ausdrückt, nicht ein Bundeslektorat verwaltet.

Sie sprechen in ihrem Brief von einem quasi Patienten. Das allein muß hier so wirken, als ob die Frage, die Sie dem Bundspräsidenten vorlegen, eigentlich näher bei dem Bereich der Psychiatrie liegt.

Es sollte uns freuen, wenn diese Überlegung falsch ist, aber wenn Ihr Freund und quasi Patient, wie Sie sich ausdrücken, Beziehungen, die er nötig hält, haben will, so kann weder er noch können Sie über den Weg des Bundespräsidenten versuchen wollen, dazu zu kommen.

Der Herr Bundespräsident legt einen gewissen Wert darauf, nicht mit Exzellenz angesprochen zu werden.[5]

Mit vorzüglicher Hochachtung

Hans Bott
Persönlicher Referent des Bundespräsidenten

---

[4] Der Besuch hatte am 12. 7. 1954 in Bonn stattgefunden.
[5] Vgl. hierzu Nr. 1, Anm. 5.

Nr. 130 A

Von Dr. rer. pol. Hans Zinner, Schulrat a. D., Nürnberg

24. Juli 1954

BArch, B 122, 148: hs. Schreiben, behändigte Ausfertigung[1]

Zustimmung zur Rede von Theodor Heuss im Olympiastadion Berlin

Hochverehrter Herr Bundespräsident!

Daß Sie in Berlin bei der Verleihung des Silberlorbeers an die Weltmeister-Elf treffende, vortreffliche Worte fanden, um den anmaßenden *Herrn Fußballpräsidenten* in die Schranken zu verweisen – und daß Sie den 80.000 Teilnehmern an dem großen Sportfest endlich einmal den *Text Ihrer „neuen" Nationalhymne* Wort für Wort beibrachten,[2] hat ein hallendes und frohes Echo im ganzen demokratischen Deutschland gefunden.

Sie sind ein ausgezeichneter Pädagoge, Herr Bundespräsident, der sich sogar um die *von Sportfexen gehetzte deutsche Sprache* annimmt, die 14 Tage lang aus dem sprachlichen Überschwang und den pathetischen Salti mortali nicht mehr herausfanden.

Hochverehrter Herr Bundespräsident, dieser Herr Dr. Peco Bauwens[3] steht aber an der *Spitze einer nach Millionen zählenden Anhängerschaft von Fußball- und Sportbegeisterten.* Es ist unerträglich, in dieser wichtigen Position einen grollenden unbelehrbaren Nationalsozialisten zu wissen. Man verschaffe diesem Unbelehrbaren ein lukratives Pöstchen, wo er dann seine Dr.-Josef-Goebbels-Weisheiten in kleinem Kreise, also ungefährlich, an den Mann bringen kann. Die deutsche Jugend ist uns zu schade als Betätigungsfeld für einen braunen Experimentatoren.

---

[1] Az. B/1/54; von Heuss mit einem „d[iktieren]" versehen.

[2] Zur Veranstaltung im Olympiastadion vom 18. 7. 1954 vgl. Nr. 126, Anm. 3. Dabei wurde allerdings nicht die „neue" Hymne gesungen, sonderen die 3. Strophe des Deutschlandliedes, nachdem Heuss die Strophe zitierte, bevor sie gesungen wurde. „Das hat geklappt und war ja auch eine Korrektur zu der doch offenbar ungeschickt wirkenden Berner Veranstaltung." Heuss an Heinrich Weitz, 4. 11. 1954, in: N 1221, 323. Damit vermied er, was in dieser Zeit bei anderer Gelegenheit häufiger geschah, dass ein Teil des Publikums die erste Strophe, ein anderer Teil die dritte Strophe sang. In Bern war von den deutschen Fußballfans die erste Strophe gesungen worden.

[3] Peco Bauwens hatte bei der Siegesfeier der „Helden von Bern" am 6. 7. 1954 im Münchener Löwenbräukeller nationalistische Töne angeschlagen; Manuskript in: B 122, 407. Er dankte Heuss für die Ehrung der Nationalmannschaft in Berlin mit dem Silbernen Lorbeerblatt: „Der Sieg und die sportliche Haltung unserer Nationalmannschaft haben eine einzigartige Kundgebung der Freude in Deutschland ausgelöst. In vielen Tausenden von Zuschriften aus allen Schichten der Bevölkerung drückt sich ein so ergreifendes und allen nationalistischen Überspitzungen bares Bekenntnis zur deutschen Gemeinschaft aus, daß damit der Beweis für die Einigungskraft des Sportes erbracht ist. [...] Jedenfalls ist unverkennbar, daß der Sport in viel größerem Umfang ein Anliegen weitester Schichten des Volkes ist, als das in der deutschen Kultur- und Sozialpolitik bisher zum Ausdruck kommt." Bauwens an Heuss, 15. 8. 1954, in: B 122, 391.

Abb. 10: Theodor Heuss beim Volksfest im Olympia-Stadion Berlin, 18. 7. 1954

An seiner Stelle muß ein tüchtiger und wissender sportlicher Aktivist stehen, dem die harmonische körperliche Entwicklung und Ertüchtigung der gesamten deutschen Jugend, aber auch ihre demokratische Betreuung eine Herzensangelegenheit ist: 80.000 Zuschauer gegen 22 Sportler ist ein ungesundes, ans untergehende Rom gemahnendes Verhältnis. Die 80.000 Torschreier sollen Fußballspieler werden. Deutschland braucht eine körperlich gestählte Jugend, die ihre junge körperliche und frische geistige Kraft nicht für Krieg und Untergang einsetzt, sondern für Parkstädte, Autobahnen, Talsperren, für Beethoven, Richard Strauß, Hindemith, für biologische Düngung, Reformernährung und gift- und rausch-freie Gesundung, für Paul Gauguin, Emil Nolde, Oskar Kokoschka, für die neue Architektur des Einfamilienhauses, des Industriepalastes, des Domes, für Wiechert Ernst, Gide André, Theodor Plivier, für Jean Giraudoux, Kesten Hermann, Döblin Alfred, für das kommende Lustspiel, für das kommende große Schauspiel, für das kommende deutsche Klangspiel, für den erst noch zu schaffenden sozialistischen demokratischen deutschen Staat, geeint und frei.

Die große deutsche *Turn- und Sportbewegung* darf kein Tummelplatz für verdrängte Nationalismen – siehe Bern! – und ein Schmollwinkel für politische Schwachsinnige werden.

Hochverehrter Herr Bundespräsident, bitte suchen Sie der deutschen Turn-
und Sportbewegung einen neuen *jungen* (zwischen 35 und 70),
gutgewachsenen (auch geistig)
und gesunden (auch politisch)
Bundessportleiter aus. Die demokratischen Deutschen verbeugen sich in großer
Dankbarkeit und Verehrung vor Ihnen.

Dr. Hans Zinner

Nr. 130 B
An Dr. rer. pol. Hans Zinner, Schulrat a. D., Nürnberg
29. Juli 1954
BArch, B 122, 148: ms. Schreiben, Durchschlag, von Heuss diktiert (Diktatz. H/Bk), von Bott
hs. paraph. und ms. gez.[4]

Sehr geehrter Herr Dr. Zinner!

Der Herr Bundespräsident läßt Ihnen für Ihre freundliche Zustimmung zu seinen
Ausführungen in der Sportsache bestens danken. Er ist im Augenblick so stark
beansprucht, daß er die zahllosen Briefe, die er jetzt erhält, nicht persönlich beantworten kann.
Dr. Heuss läßt Sie nur darauf aufmerksam machen, daß die Vorsitzenden der
einzelnen Sportverbände natürlich nicht vom Bundespräsidenten eingesetzt oder
abgesetzt werden können. Sie sind aus dem Prinzip der Selbstverwaltung gewählt. Dieses Verfahren des amtlich bestimmten Sport-„Führers" hat es in der
Nazizeit gegeben.
Mit dem Leiter des Deutschen Sportbundes, Herrn Daume in Dortmund, bestehen freundschaftlich loyale Beziehungen. Wir nehmen auch an, daß Herr Dr. Bauwens den Überschwang, dem er sich überlassen hat, in Zukunft korrigieren wird,
nachdem er die öffentliche Einschränkung durch den Bundespräsidenten erhalten
hat.[5]

Mit freundlichen Empfehlungen   Hans Bott
                        Persönlicher Referent des Bundespräsidenten

---

[4] Az. B/1/54; Absendevermerk vom 30. 7. 1954; weiterer Nachweis: N 1221, 320: Durchschlag.
[5] Vgl. Nr. 126, Anm. 3.

Nr. 131 A
Von Rudolf Seiwald, Innsbruck
29. Juli 1954
BArch, B 122, 2079: ms. Schreiben, behändigte Ausfertigung, ohne Anrede[1]
Einspruch gegen die Ansprache von Theodor Heuss zum 20. Juli 1944

Würden Sie bitte einem Tiroler, der sich als deutschsprechender Österreicher auch als Deutscher fühlt, ein Wort erlauben.

Es hat mich betroffen – und auch getroffen –, als ich aus Ihrer Rede zum 20. Juli 1954 entnommmen habe, daß Sie die Widerstandskämpfer vom 20. Juli 1944 als die „Retter der deutschen Ehre" bezeichnet haben.

Von deutscher Ehre haben viele Deutsche, glaube ich, eine andere Auffassung, und da Sie der erste Mann Deutschlands sind, den auch ich respektieren möchte, hätte ich von Ihnen, Herr Bundespräsident, doch auch eine gewisse Rücksichtnahme auf die Gefühle aller Deutschen erwartet.

Ich bitte herzlich, diese freimütige Zuschrift nicht als persönlichen Vorwurf aufzufassen – Ihre persönliche Meinung auch in dieser Frage soll selbstverständlich unangetastet bleiben –, sondern als in Ihrer Eigenschaft als deutscher Bundespräsident an Sie gerichtet.

Mit ergebener Hochachtung!   Rudolf Seiwald

Nr. 131 B
An Rudolf Seiwald, Innsbruck
10. August 1954
BArch, B 122, 2079: ms. Schreiben, Durchschlag, von Heuss diktiert (Diktatz. H/Bk), von Bott hs. paraph. und ms. gez.[2]

Sehr geehrter Herr Seiwald!

Der Herr Bundespräsident dankt Ihnen für Ihr Schreiben und ist weit davon entfernt, Ihnen die freimütige Aussage Ihrer Auffassung zu verübeln. Die Proteste gegen seine Auffassung selber erfolgen ja meistens mit der Tapferkeit der Anonymität.[3]

---

[1] Eingangsstempel vom 5. 8. 1954; Az. B/1/54-Slg.; von Heuss mit einem „d[iktieren]" versehen.
[2] Az. B/1/54-Slg.; Absendevermerk vom 11. 8. 1954; weiterer Nachweis: N 1221, 321: Durchschlag.
[3] Zuschriften, vereinzelt auch anonyme, in: B 122, 2079. Heuss bat die Registratur mit einer schriftlichen Notiz, die Zuschriften zu seiner Rede vom 20. Juli so zu ordnen, „daß man Briefe findet, auch wenn man den Namen vergessen hat"; ebd.

Der Herr Bundespräsident läßt Ihnen den Abdruck seiner Rede zusenden, damit Sie Ihr eigenes Urteil kontrollieren mögen. Sie werden beim Lesen freilich den Eindruck bekommen, daß Dr. Heuss die Figur Hitlers aus sittlichen Gründen ablehnt. Die Rede, die er gehalten hat, ist keine „bundespräsidentielle", sondern ist, wie er sie aufgefaßt haben will, eine menschliche Rede gewesen.

Mit vorzüglicher Hochachtung
Hans Bott
Persönlicher Referent des Bundespräsidenten

1 Anlage

Nr. 132 A
Von Ferdinand Fuchs, Schwerkriegsversehrter, Mainroth, Oberfranken
8. August 1954
BArch, B 122, 136: ms. Schreiben, behändigte Ausfertigung[1]
Kritik an der Rede von Theodor Heuss zum 20. Juli 1944; 10-Punkte-Programm zur Wiederaufrüstung

Hochverehrter Herr Bundespräsident!

In Ihrer Rede vom 20. Juli 1954 in Berlin[2] haben Sie zwar die Leistung der kämpfenden Truppe erwähnt, Sie sagten aber auch in Ihrer ruhigen und sachlichen Form, daß Sie zu keiner Zeit Soldat gewesen seien. Ich war zwar kein Nazi, aber dieses Kunststück habe ich nicht fertig gebracht. Sagen Sie doch einmal öffentlich, wie sich ein einzuziehender Soldat von der Pflicht des Soldatentums drücken kann. Im übrigen lege ich Ihnen ein 10 Punkteprogramm vor, zu dem ich sie höflichst ersuche, Stellung zu nehmen.

Mit vorzüglicher Hochachtung!
Ferdinand Fuchs

Anlage 1
10 Punkte zur Wiederaufrüstung der Bundesrepublik

1. Jeder junge Mann, der das 18. Lebensjahr erreicht hat, ist wehrdienstpflichtig. (Befreiungen gibt es nicht, es sei gesundheitlich bedingt und von mindestens vier Ärzten nachgewiesen.)

---

[1] Eingangsstempel vom 14. 8. 1954; Az. B/1/54.
[2] Vgl. Nr. 127, Anm. 4.

2. Vor Beendigung der Wehrdienstpflicht kann kein Soldat eine Charge begleiten.[3]

3. Nach Beendigung der Wehrpflicht kann der charakterliche, einwandfreie und mit Verantwortungsbewußtsein ausgestattete Soldat die Offizierslaufbahn auf Staatskosten einschlagen. Berufsmusiker nach altem Schema gibt es nicht, wenn ja, dann nur als Mannschaftsdienstgrad, niemals in U[ntero]ff[i]z[iers]-Dienstrang.

4. Jeder junge Mann, dessen Elternbesitz (Gütertrennung gilt hier nicht) 75–100.000,– DM (Bar-, Haus-, Grund- oder Auslandsbesitz, Aktien oder Anteile etc.) beträgt, muß dienen und darf später einmal über den U[ntero]ff[i]z[iers]-Dienstrang, nur bei außerordentlichen Leistungen, nicht befördert werden.

5. Ab 100.000,– DM Familienbesitz (Bestimmungen lt. Abs. 4) darf [er] nur einen Mannschaftsdienstgrad begleiten. Der Soldat darf niemals im inneren Dienst und im Ernstfalle nur an der Front in vorderster Linie Verwendung finden.

6. Alle Familienangehörigen ab 18 Jahren der unter Abs. 5 fallenden Personen haben im Ernstfalle sich im Fronteinsatz zu bewähren. Alte Frauen in der Pflege der Verwundeten, aber niemals als Verwalterinnen oder in gehobenen Posten.

7. Im Ernstfalle ist jede Flucht (auch getarnte) eines jeden Deutschen und ohne Ansehen der Person, welche in die bezeichnete Gruppe ab 4 fällt, zu verhindern, es sei, mit Gewalt (Repressalien gegen die gesamte Familie und Verwandten).

8. Nach Erhalt der Souveränität der Bundesrepublik ist sofort eine neue Bestimmung über Landesverrat im Frieden oder im Kriegsfalle zu erlassen, welche die Mitverantwortung für die gesamte Familie und deren Verwandten vorsieht.

9. Wer im Ernstfalle durch Verrat irgendwelcher Art der kämpfenden Truppe in den Rücken fällt, haftet nicht allein mit seinem Kopf und seinem Vermögen, sondern auch mit seiner Familie und deren Verwandtschaft. (Ich gehe hier von dem Standpunkt aus, daß ein jeder Verrat ein Verbrechen gegen die kämpfende Truppe und die kämpfende Heimat ist.)

10. Jedes Auslandsguthaben ist für private Zwecke z. B. Kauf von Ländereien, Beteiligungen etc. sofort zu sperren. Getätigte Investitionen sind rückgängig zu machen und vom Staat zu übernehmen.

---

[3] Vermutlich gemeint „Charge [Amt] bekleiden".

Nr. 132 B
An Ferdinand Fuchs, Schwerkriegsversehrter, Mainroth, Oberfranken
7. September 1954
BArch, B 122, 136: ms. Schreiben, Durchschlag, von Heuss diktiert (Diktatz. H/Sch), von
Oberüber hs. paraph. und ms. gez.[4]

Sehr geehrter Herr Fuchs!

Dem Herrn Bundespräsidenten konnte, da er verreist war, Ihr Brief vom 8. 8. erst jetzt vorgelegt werden. Er ist sich nicht ganz klar gewesen, ob er einfache Frechheit oder Dummheit bei Ihrem Schreiben anzunehmen hat. Die Ausmusterung von Dr. Heuss hat schon vor über 50 Jahren wegen einer Schulterluxation[5] stattgefunden und ist bei verschiedenen späteren Musterungen bestätigt worden.

Der Herr Bundespräsident kann nicht glauben, daß Sie ernsthaft meinen, er werde mit einem Menschen, den er gar nicht kennt, in eine Diskussion über ein Programm eintreten, dessen Kernstück eine nach seiner Meinung unsittliche Rohheit ist.[6]

Mit vorzüglicher Hochachtung   Horst Oberüber
          Für den Persönlichen Referenten des Bundespräsidenten

Nr. 133 A
Von Franz Kaernbach, Prokurist, Kassel-Wilhelmshöhe
31. August 1954
BArch, B 122, 140: ms. Schreiben, behändigte Ausfertigung[1]
Einspruch gegen die geplante Weihe des Deutschen Volkes auf dem Katholikentag in Fulda

Sehr geehrter Herr Bundespräsident!

In der Anlage überreiche ich Ihnen Durchschrift einer an Herrn Kardinal Frings gerichteten Erklärung, da von ihm anläßlich des jetzt eröffneten deutschen Katho-

---

4 Az. B/1/54; Absendevermerk vom 7. 9. 1954; weiterer Nachweis: N 1221, 321: Durchschlag.
5 Heuss beschreibt die Erfahrungen mit diesem körperlichen Mangel in seinen Jugenderinnerungen; vgl. TH. HEUSS, Vorspiele, S. 207–209.
6 Ein weiteres ausführlicheres Schreiben von Fuchs vom 19. 9. 1954 (B 122, 136), in dem er unter anderem seine Erfahrungen als Soldat an der Ostfront beschrieb, wurde ohne weitere Antwort zdA verfügt.
1 Eingangsstempel vom 2. 9. 1954 ; Az. B/1/54.

likentages in Fulda[2] das gesamte deutsche Volk ohne Unterschied der Konfession oder religiösen Einstellung der Jungfrau Maria geweiht werden soll.

Ich protestiere gegen diesen symbolischen Akt und bitte Ihren Einfluß dahingehend geltend zu machen, daß Herr Kardinal Frings sich nicht Kompetenzen anmaßt, die ihm nicht zustehen.

Ich bin überzeugt, weil ich es häufig in Gesprächen mit nichtkatholischen deutschen Menschen bestätigt finde, daß weite Kreise der Bevölkerung die geplante symbolische Weihe ablehnen und sie als Eingriff in ihre persönlichen Rechte betrachten.[3]

Durch die beabsichtigte Handlung des Herrn Kardinal Frings können sehr wohl die Gefahren eines neuen Kulturkampfes heraufbeschworen werden, der für unser so schwer geprüftes Volk eine neue, nicht tragbare Belastung darstellen würde.

Ich bitte deswegen in letzter Minute Sie, sehr geehrter Herr Bundespräsident, Herrn Kardinal Frings zu veranlassen, daß bei dem geplanten Weiheakt eine Form gefunden wird, durch die die zahlreichen nichtkatholischen Menschen der Bundesrepublik nicht in ihrem religiösen Empfinden beleidigt werden.[4]

Mit verbindlicher Hochachtung   Franz Kaernbach

[Anlage] Erklärung

Durch die Presse geht die Mitteilung, daß anläßlich des soeben in Fulda eröffneten Katholiken-Tages das gesamte deutsche Volk ohne Rücksicht auf seine Zusammensetzung in konfessioneller Hinsicht der Jungfrau Maria geweiht werden soll.

Wenn es sich dabei auch nur um einen symbolischen Akte handelt, so erkläre ich ausdrücklich, daß ich in diesem Vorgehen eine geistig-seelische Vergewaltigung erblicke und dagegen protestiere, daß ich mit meiner Familie in diese Handlung eingeschlossen werde. Ich lehne jeden derartigen Machtanspruch über meine persönlichen Belange ab und betrachte es als Rückfall in die Zustände des Mittelalters, wenn die geplante kultische Handlung ohne ausdrückliche Zustimmung der

---

[2] Der Deutsche Katholikentag fand im Jahre 1954 in der Zeit vom 31. 8. bis 5. 9. in Fulda statt. Dabei weihte Kardinal Frings Deutschland dem „Unbefleckten Herzen der Gottesmutter".

[3] Eine andere protestierende Zuschrift von evangelischer Seite (Pfarrer S. Heinzelmann, Mannheim, 11. 9. 1954, in: B 122, 298) war von Heuss (gez. von Oberüber) mit dem Hinweis beantwortet worden, schließlich sei Maria ja auch die Patrona Bavariae, ohne dass sich die Protestanten dadurch beeinträchtigt sähen; Artikel „Der Bundespräsident antwortet" in: Die Gemeinde, Evangelisches Kirchenblatt, Mannheim, 26. 9. 1954, S. 1, Ausschnitt in: ebd. Heuss warf Heinzelmann nach dieser Veröffentlichung, die ohne seine Zustimmung erfolgte, mangelnden „menschlichen Anstand" und „Taktlosigkeit" vor; 25. 9. 1954, in ebd.

[4] Heuss schickte – wie üblich – seine Grüße und Wünsche an den Präsidenten des Deutschen Katholikentages, Bundesminister Anton Storch; Abdruck in: Bulletin, 7. 9. 1954, Ausschnitt in: B 145, 16305.

gesamtdeutschen Volksvertretung durchgeführt wird, weil sonst jegliche rechtliche Voraussetzung fehlt.

Mit dem gleichen Anspruch könnte morgen eine andere Konfession an mir und meinen Angehörigen irgendeine symbolisch-rituelle Handlung vornehmen, die ich in gleicher Weise ablehnen müßte. Wenn sich die Weihe auf Katholiken, Protestanten und Juden beschränkt, so könnte aus der für alle drei Konfessionen gemeinsamen Quelle – dem alten und neuen Testament – vielleicht eine Rechts-Konstruktion möglich sein. Wenn ich mich recht erinnere, ist von dem Apostel Paulus das Wort überliefert worden: „So ihr Christi seid, seid ihr ja Abrahams Samen."[5]

Ich selbst und meine Familie stehen jedoch außerhalb konfessioneller Bindungen, und ich lehne daher jeden irgendwie gearteten kirchlichen Anspruch ab, über meine Familie und mich in irgendeiner Form zu verfügen. Da nach den Erkenntnissen moderner Wissenschaft kein Grashalm dem anderen gleich und auch kein Mensch dem anderen körperlich und seelisch kongruent ist, da eine Unzahl Gestirne sich im Weltall bewegen und sich auch hier die ungeheuersten Varianten hinsichtlich der Natur, der Größe und Umlaufgeschwindigkeiten ergeben, kann man darauf schließen, daß im großen Sein die Verschiedenartigkeit der einzelnen Schöpfungen in materieller und ideeller Form gewünscht und gewollt ist.

Die Vermassung der Seele trägt so schwere Gefahren in sich, daß – wie ich der Presse entnehmen konnte – der Herr Bundespräsident sich in hohem Maße für Individualismus einsetzt.

Ich bitte deswegen bei der Veranstaltung anläßlich des Katholiken-Tages, die Weihe auf die Menschen des deutschen Bundesgebietes zu beschränken, für die dieser Akt zu keinem Widerspruch mit ihrem religiösem Gefühl führt.

Kassel, den 31. August 1954   Franz Kaernbach

---

[5] Paulus an die Galater, 3, 29, wo es nach der Übersetzung Luthers heißt: „Gehört ihr aber Christus an, so seid ihr ja Abrahams Kinder und nach der Verheißung Erben."

Nr. 133 B
An Franz Kaernbach, Prokurist, Kassel-Wilhelmshöhe
7. September 1954
BArch, B 122, 140: ms. Schreiben, Durchschlag, von Heuss diktiert (Diktatz. H/Sch), von Oberüber hs. paraph. und ms. gez.[6]

Sehr geehrter Herr Kaernbach!

Der Herr Bundespräsident läßt Ihnen auf Ihr Schreiben vom 31. 8. mitteilen, daß
nach seiner Meinung Ihre Bewertung des symbolischen Aktes auf dem Katholikentag in Fulda auf mannigfachen Mißverständnissen beruht und daß es nicht zu
verstehen sei, wenn Sie ihn als „Eingriff in Ihre persönlichen Rechte" betrachten.
Es ist doch keinerlei bürgerliche Rechtswirksamkeit in diesem symbolischen Akt
eingeschlossen.

Mit vorzüglicher Hochachtung   Horst Oberüber

Nr. 134 A
Von Emma Buttersack, Heilbronn am Neckar
12. Oktober 1954
BArch, B 122, 134: hs. Schreiben, behändigte Ausfertigung[1]
Elly Heuss-Knapp-Mädchengymnasium in Heilbronn; Glückwünsche zur Namens-
gebung

Sehr geehrter Herr Bundespräsident!

Als älteste Schülerin bei der 75-Jahrfeier der Mädchenschule, die ich 1879–88
als höhere Töchterschule besuchte und in der 9. Klasse mit nach der neu ge-
bauten Oberschule in der Turmstraße kam, möchte ich Ihnen meiner Freude
Ausdruck geben, daß das neu gebaute Mädchengymnasium künftig den Namen
Ihrer Gattin führen wird.[2] Man hätte keinen würdigeren, vorbildlicheren Namen
als „Elly Heuss-Knapp" finden können. Ich hatte das Glück, Ihre verehrte Gattin
in vereinstätigem Umgang näher kennen und schätzen zu lernen, war als Vorsit-

---

[6] Az. B/1/54; Absendevermerk vom 7. 9. 1954; weiterer Nachweis: N 1221, 321: Durchschlag.
[1] Eingangsstempel vom 13. 10. 1954; Az. B/1/54; von Heuss mit einem „d[iktieren]" versehen.
[2] Weitere Benennungen von Schulen sollten folgen, u. a. in Bonn; vgl. Heuss an den Bonner
  Oberstadtdirektor, 7. 7. 1956, in: N 1221, 33, mit Manuskript „persönliche Worte [zur] Weihe
  des Hauses".

zende des evangelischen Frauenbundes in dem von ihr gegründeten „Stadtverband der Frauenvereine" öfters mit ihr in Berührung gekommen, und deshalb ist es mir ein Bedürfnis, Ihnen zu sagen, welche Bereicherung unser liebes, altes Heilbronn durch das Denkmal, das ihm in dem Elly Heuss-Knapp Mädchengymnasium gesetzt worden ist, erfahren hat.

In alter Verehrung
Ihre   Frau E. Buttersack, geb. Heermann

Nr. 134 B
An Emma Buttersack, Heilbronn am Neckar
14. Oktober 1954
BArch, B 122, 134: ms. Schreiben, Durchschlag, von Heuss diktiert (Diktatz. H/Bk) und ms. gez.[3]

Sehr geehrte Frau Buttersack!

Für Ihre so freundlichen Zeilen darf ich Ihnen herzlich danken. Es hat etwas Rührendes, daß nun auch das Gedächtnis meiner Frau in Heilbronn mit einer Schule verbunden bleibt. Sie selber war ja durch ihr ganzes Leben hindurch, wenn auch natürlich immer nur nebenher, eine hingegebene Lehrerin. Sie hat auch durch all' die Berliner Jahre hindurch immer ein paar Stunden in der Woche Unterricht gegeben in sozialpolitischen und pädagogischen Fragen, weil sie dadurch mit den heranwachsenden Generationen in einer sie beglückenden Fühlung geblieben ist.

In ihrem Erinnerungsbuch „Ausblick vom Münsterturm" hat meine Frau ja von der Tätigkeit in Heilbronner Frauenorganisationen, zudem in den herben Jahren des Krieges, einiges erzählt.[4]

Mit freundlichen Empfehlungen
Ihr   Theodor Heuss

---

[3] Az. B/1/54; Stempel „Pers[önlichem] Ref[erenten] vorgelegen"; weiterer Nachweis: N 1221, 322: Durchschlag.
[4] ELLY HEUSS-KNAPP: Ausblick vom Münsterturm. Erlebtes aus dem Elsaß und dem Reich, Berlin-Tempelhof 1934. Heuss-Knapp gründete und betreute in den Jahren des Ersten Weltkrieges in Heilbronn eine Arbeitsbeschaffungsstelle für Soldatenfrauen, die insbesondere Heimarbeit vermittelte; vgl. ebd., S. 103–108.

Nr. 135 A

Von Georg Wegeleben, Hemmingstedt über Heide, Holstein

21. Oktober 1954

BArch, B 122, 148: ms. Schreiben, behändigte Ausfertigung[1]

Dank für den Auftritt von Theodor Heuss beim Kongress des DGB

Hochverehrter Herr Bundespräsident!

Wenn einem das Herz voll ist, dann fließt der Mund durchaus nicht immer über, dann ist die Zunge auch manchmal schwer. So ging es mir, als ich von Ihrem Auftreten auf dem Bundeskongreß des DGB las.[2]

Schon die Tatsache, daß ein deutsches Staatsoberhaupt zu einem solchen Kongreß geht, ist etwas bedeutungsvoll Neues und hat als solches etwas an sich vom Missionsgedanken. Wie Sie, Herr Bundespräsident, dann aber die geistige Wirklichkeit, der Sie sich verpflichtet fühlen, auf die materielle Wirklichkeit jener Probleme (oder umgekehrt) abstimmten, die uns sozialpolitisch heute so stark beschäftigen, das hat viele Menschen tief berührt. Die liebenswürdige Klarheit Ihrer Beweise für die oft so gründlich übersehene Selbstverständlichkeit, daß wir alle aufeinander angewiesen sind, hat, scheint mir, nicht Gegensätze überbrückt, sondern ihnen recht eigentlich den Boden entzogen – so der gute Wille da ist natürlich, nicht nur beim ersten Anhören Beifall zu klatschen, sondern auch persönliche Folgerungen zu ziehen für die tägliche Arbeit.

Danach mag es nun freilich nicht immer den Anschein haben. Aber es ist ja die vertraute Eigenart geistiger Anregungen, daß ihre Früchte oft solange im Stillen reifen. Wenn somit vielleicht die Früchte Ihrer Frankfurter Anregungen, Herr Bundespräsident, lange auf sich warten lassen, dann will das wohl nichts besagen gegen ihre Wirklichkeit. Sie ist gesichert, denn Sie haben in Frankfurt, so begreife ich Sie wenigstens, eine entscheidende Umkehrung angeregt, die alle

---

[1] Eingangsstempel vom 23. 10. 1954; Az. B/1/54; von Heuss mit einem „d[iktieren]" versehen.

[2] Der 3. Ordentliche Bundeskongress des DGB fand am 4. 10. 1954 in Frankfurt statt. Heuss schrieb am 8. 10. 1954 über seinen Besuch an Moritz Julius Bonn: „Es war ja das erste Mal, daß ein ‚Staatsoberhaupt' zu einer solchen Sache ging. Vor ein paar Jahren hatte Böckler noch zu mir gesagt, sie wollten den Bundespräsidenten in dieser Richtung nicht beanspruchen. (Man hatte mir ein bißchen verübelt, daß ich beim Industrie- und Handelstag gewesen war.) Auch Ebert sei nie auf einem Gewerkschaftskongreß gewesen. Ich habe ihn dann sanft und zart darauf aufmerksam gemacht, daß Ebert von der Sattler-Gewerkschaft ausgeschlossen worden sei, woran er sich gar nicht mehr erinnert hatte. Ich habe Freitag sofort zugesagt und mit der Rede jetzt die Erfahrung gemacht, daß die zentrale Leitung des DGB mir nicht nur für das Kommen, sondern auch für die inhaltliche Führung der Rede offenbar sehr dankbar ist, aber der, wie man mir erzählt, heftige Führer der IG. Metall sich sehr scharf beschwerte, daß ich die Gewerkschaften ‚belehren' wolle, wogegen er sich verwahre"; N 1221, 322; das Presse-Echo in: B 145, 16305.

als richtig empfinden, wenn sie sie auch verstandesmäßig nicht immer erkennen mögen: Nicht das Denken kann und darf die moderne Hauptwaffe sein gegen die vielfachen sozialpolitischen Verstrickungen des Lebens, sondern das Fühlen, und da vor allem das Gefühl, daß wir alle in einem Schiff sitzen und aufeinander angewiesen sind.

Es steht mir nicht an, Herr Bundespräsident, Ihnen Dank zu sagen für Ihre Frankfurter Botschaft, das will ich auch nicht, aber ich darf Ihnen versichern, daß diese Botschaft viele Deutsche aus den verschiedensten Lagern an einer allen gemeinsamen Stelle angerührt hat, und das ist so beglückend in einer Zeit, die leider nicht in der Sammlung, wohl aber in der Zerstreuung eine ihrer Aufgaben zu sehen scheint.

Mit hochachtungsvollem Gruß ergebenst   Georg Wegeleben

Nr. 135 B
An Georg Wegeleben, Hemmingstedt über Heide, Holstein
25. Oktober 1954
BArch, B 122, 148: ms. Schreiben, Durchschlag, von Heuss diktiert (Diktatz. H/Sch) und ms. gez.[3]

Sehr geehrter Herr Wegeleben!

Für die freundlichen Worte, die Sie mir zu meiner Rede auf dem Frankfurter Bundeskongreß des DGB gesandt haben, darf ich Ihnen bestens danken.

Ich konnte spüren, daß, wenn auch die Tatsache, daß ich dort gesprochen habe, für manche überraschend gewesen ist, die Rede im ganzen ein freundliches Echo fand und von den heute leitenden Männern der beiden „Partner" so verstanden wurde, wie ich sie verstanden wissen will, nämlich zur Entkrampfung der Dinge beizutragen.[4] Und das ist nach meiner Erfahrung dann möglich, wenn man unmittelbar und ohne Beschönigungen zu den Problemen redet. Daß damit die Rätsel der sozialökonomischen Situation nicht gelöst sind, ist natürlich auch mir deutlich.

---

[3] Az. B/1/54; Stempel „Pers[önlichem] Ref[erenten] vorgelegt"; weiterer Nachweis: N 1221, 322: Durchschlag.

[4] Heuss beschrieb sein Handeln als Bundespräsident gerne und häufiger mit dem Begriff der „Entkrampfung". Am 18. 5. 1954 schrieb er an Margrit Boveri: „Als bei dem Neujahrsempfang 1950 Adenauer eine Ansprache an mich hielt und mir freundliche Elogen machte, wies ich sie zurück und sagte, mein ‚Programm' für die nächsten Jahre sei in einem Wort umfaßt, nämlich ‚Entkrampfung'"; N 1221, 318.

Ich lasse Ihnen das Heftchen beiliegen, das der DGB unmittelbar nach meiner Rede drucken ließ.[5]

Mit den besten Grüßen
Ihr

Theodor Heuss

Nr. 136 A
Von Wilhelm Rauterberg, Amberg, Oberpfalz
25. Oktober 1954

BArch, B 122, 143: ms. Schreiben, behändigte Ausfertigung[1]
Vorwurf, eine evangelische Kirche in Amberg nicht besucht zu haben

Sehr geehrter Herr Bundespräsident!

Als Sie im August dieses Jahres unsere schöne, alte Stadt in der Oberpfalz besuchten,[2] war die gesamte Bevölkerung – Lutheraner und Katholiken – hierüber hocherfreut. Ganz besonders war das aber hinterher der Fall bei dem katholischen Bevölkerungsteil der Stadt. Besuchten Sie doch nahezu alle katholischen Kirchen. Leider, leider unterließen Sie es, das evangelische Gotteshaus zu betreten!

Und gerade dieser schöne, große, geräumige Barock-Bau hatte zur Ihrem Empfang weit seine Türen geöffnet. Aber, Sie fuhren daran vorüber! Für uns Lutheraner war das unbegreiflich, unfaßbar, eine eiskalte Dusche.

---

[5] Heuss ging in seiner Rede auf die lange Tradition und die Geschichte der Gewerkschaften ein, skizzierte das weite Aufgabenfeld der heutigen Gewerkschaftsarbeit und betonte dabei zugleich ihre Verantwortung für die Gesamtheit; der Staat dürfe nicht überfordert werden. Das Streikrecht der Lohnempfänger sei aber eine legitime Sache. Die Begrüßungs-Ansprache von Heuss auf dem 3. Bundeskongress des DGB am 4. 10. 1954 in: B 122, 237, mit von Heuss korrigierter Fassung; ferner als Broschüre vom DGB herausgegeben; Union-Druckerei und Verlagsanstalt, 12 S. Das Bundespräsidialamt forderte 50 Exemplare an und dankte im Namen des Bundespräsidenten, der vom Vorgehen des DGB „angenehm überrascht" gewesen sei; Raederscheidt an den DGB; 9. 10. 1954, in: B 122, 178. Die Rede erschien ferner als Privatdruck; THEODOR HEUSS: Gerechtigkeit erhöht ein Volk. Zwei Reden zur Sozialpolitik 1954, Frankfurt a. M. 1954. Heuss dankte dem ihm vertrauten Initiator Hanns W. Brose am 11. 1. 1955, indem er das gute Papier und den schönen Druck hervorhob, andererseits aber eine Reihe von Mängeln (u. a. Buchbindung, Titelblatt, Schreibfehler) aufzeigte; B 122, 2258.

[1] Eingangsstempel vom 29. 10. 1954; Az. B/1/54; von Heuss mit einem „d[iktieren]" versehen.

[2] Heuss besuchte das bayerische Grenzgebiet und Amberg in der Oberpfalz Mitte August 1954, um anschließend in einem Sporthotel auf dem Brennes-Pass zwischen Arber und Osser unweit der tschechoslowakischen Grenze und in Englburg bei Tittling Urlaub zu machen; Presseausschnitte in: B 145, 16305.

Wahrlich Ihre Mitfahrenden, der katholische Oberbürgermeister und besonders der katholische Stadtschulrat, haben es meisterhaft verstanden, unser evangelisch-lutherisches Staatsoberhaupt von seinem und unserem Gotteshaus fernzuhalten.

Wir glauben nicht, daß diesen Herren dieser konfessionelle Schildbürgerstreich zu Lebzeiten Ihrer Gattin gelungen wäre. Wir alle rechneten fest mit Ihrem Erscheinen und freuten uns darauf, daß unser evangelisch-lutherisches Staatsoberhaupt auch unser Gotteshaus besichtigen würde. Hat doch unsere Kirche erst jetzt ein herrliches Geläut erhalten. Jedoch müssen Altar und Kanzel neu gestaltet werden und das Kirchenschiff eine neue Ausmalung erhalten. Ein neues zweites Gotteshaus soll zudem im nächsten Jahr in unserer großen Diasporagemeinde mit seinen Tausenden von Flüchtlingen erstehen. Zu allem aber bedarf es noch großer Mittel!

Dürfen wir bei dieser Sachlage uns nun auch an Sie, Herr Bundespräsident, unser evangelisch-lutherisches Staatsoberhaupt, wenden mit der Bitte, uns hierbei zu unterstützen.

Ergebenst

Wilhelm Rauterberg,
Kirchenvorsteher

Nr. 136 B
An Wilhelm Rauterberg, Amberg, Oberpfalz
5. November 1954
BArch, B 122, 143: ms. Schreiben, Durchschlag, von Heuss diktiert (Diktatz. H/Sch), von Bott hs. paraph. und ms. gez.[3]

Sehr geehrter Herr Rauterberg!

Der Herr Bundespräsident war über Ihren Brief einigermaßen erstaunt, denn den Vorwurf, den Sie ihm machen, müssen Sie nach seiner Meinung sich selber machen. Es lag doch durchaus an Ihnen, bei der Programmgestaltung für den Besuch des Bundespräsidenten in Amberg sich rechtzeitig zu melden, entweder bei dem Oberbürgermeister oder hier im Bundespräsidialamt. Das Versagen liegt durchaus auf Ihrer Seite, und Dr. Heuss versteht es nicht, wenn Sie ihm mitteilen, daß sein Verhalten für Sie „unbegreiflich, unfaßbar, eine eiskalte Dusche" gewesen sei.

---

[3] Az. B/1/54; Absendevermerk vom 6. 11. 1954; weiterer Nachweis: N 1221, 323: Durchschlag.

Der Herr Bundespräsident hat schon einmal einen Brief bekommen mit dem Vorwurf, daß er eine evangelische Kirche nicht besucht habe. Er besucht die Kirchen ja nicht, weil sie katholisch oder evangelisch sind, sondern soweit sie ihn um ihres kunstgeschichtlichen Wertes willen interessieren. Ehe Dr. Heuss nach Amberg fuhr, hat er sich den „Dehio"[4] angesehen. Dort wird eine Barockkirche gar nicht erwähnt, so daß auch von dieser Seit aus ein Hinweis gar nicht vorliegt. Der Herr Bundespräsident läßt Sie darauf aufmerksam machen, daß die Bemerkung, daß zu Lebzeiten von Frau Heuss-Knapp dieser „konfessionelle Schildbürgerstreich" nicht gelungen wäre, als ungehörig zurückgewiesen wird.

Der Herr Bundespräsident muß Sie auch weiterhin enttäuschen. Den ihm zur Verfügung stehenden Fonds verwendet er ausschließlich zur Linderung individueller sozialer Notstände und nie für Sachausgaben. Er stiftet aber in Übereinstimmung mit der Vertretung der Evangelischen Kirche in Bonn auf Anforderung für neu gebaute oder wiederaufgebaute Kirchen eine Altarbibel.[5]

Mit vorzüglicher Hochachtung   Hans Bott
                          Persönlicher Referent des Bundespräsidenten

Nr. 137 A
Von F. A. Th. Winter, Murnau, Oberbayern
28. Oktober 1954
BArch, B 122, 2073: ms. Schreiben, behändigte Ausfertigung[1]
Kritik an einer Antwort von Hans Bott; desolate wirtschaftliche Lage der Dichterin Paula Ludwig und der Freiberufler

Sehr geehrter Herr Ministerialrat Dr. Bott!

Obwohl meine eigenen Bemühungen bei dem Herrn Bundespräsidenten in eigener Sache derart enttäuschend waren,[2] daß es schier sinnlos erscheint, mich nun in anderer Sache um das Wohl eines lieben Menschen zu bemühen, will ich doch mir nicht vorwerfen, etwas unversucht gelassen zu haben!

---

[4] Das Handbuch der Deutschen Kunstdenkmäler, umgangssprachlich „Dehio" genannt, wurde 1905 von dem Kunsthistoriker Georg Dehio begründet.
[5] Vgl. Nr. 8, Anm. 7.
[1] Von Heuss mit einem „d[iktieren]" versehen; links am Rand Vermerk von der Hand Botts: „Oberüber?"; rechts hs. Vermerk von unbekannter Hand: „Frau Ludwig erhält Deutsche Künstlerhilfe. Ist im Dez. 1953 von Bayern vorgeschlagen; am 10. 4. 54 500,– an Frau Ludwig".
[2] Vgl. Anm. 4.

Ich wende mich darum heute an Sie in Sachen der Dichterin Paula Ludwig! Sie ist 1933 vor den Kulturbarbaren aus Deutschland geflüchtet, mußte dann in Frankreich denselben Barbaren auweichen und landete in Brasilien, wo sie 12 Jahre blieb. Vor zwei Jahren kehrte sie voller Heimweh und Hoffnung nach Deutschland zurück. Ihre Freunde: Zuckmayer und Th. Mann, wurden vom Bund mit allen Ehren empfangen und überhäuft. Paula Ludwig – eine unserer großen Dichterinnen, stehend neben Hesse, Bergengruen, Binding, Huch, LeFort, Bertram, Jünger, Däubler, Rilke, Trakl, Lasker-Schüler, Brecht, Benn, Klabund, Zuckmayer, Kästner etc. – wurde von Herrn Bundespräsidenten Prof. Dr. Heuss mit der einmaligen „Ehrengabe" von DM 500,– abgespeist, quasi mit einem Bettelpfennig, den man in buntes Seidenpapier wickelte! Von dem Volke, welches von Paula Ludwig so sehr viel empfing und in welchem es von Kultusministerien wimmelt. Vielleicht gerade wegen letzterem Umstande?

In Ehrwald – einem Kuhdorf am Ende der Welt – verhöhnt und verspottet von dummen Bauernschädeln, lebt Paula Ludwig in einer Bude, zu welcher man über den Misthaufen aufsteigen muß. Durch die andere Tür fällt man in den Heuschober! Alle ihre früheren Kollegen und Freunde – heute bereits wieder zumeist in Amt und Ehren – schweigen sich aus oder erschöpfen ihre Hilfsbereitschaft mit den billigen Worten billiger Briefe. Die Verleger – satt und fest von der Pfründe, welche ihnen das freie Jagdgebiet der Literatur oder der billige Schund der Kriminalromane bietet – riskieren keinen Pfennig, um das verloren gegangene Werk Paula Ludwigs neu herauszubringen. Eine Monatsschrift wie „Merkur" nimmt dann und wann einmal ein Gedicht gegen wenige Mark. Nicht einmal eine Schreibmaschine hat Paula Ludwig. Vieles – u. a. ihre Fluchtgeschichte und ein Zyklus – liegt in handschriftlichen Anhäufungen brach. Die Welt versagt Paula Ludwig allen Trost und alle Wärme. Was Wunder, wenn sie sich beides im Alkohol sucht? Der Fluch dieses gefährlichen Trostes fällt auf alle jene, die vom Präsidenten bis herunter als Volk dafür verantwortlich sind, daß unsere Kulturschaffenden heute erbärmlicher leben wie die Straßenkehrer. Und gerade darum verantwortlich sind, weil sie selber sich zu den geistig und kulturell Schaffenden zählen (oder wenigstens zählten!) und noch nur vollkommen leere Worte für diesen Zustand haben – oder ein paar Bettelpfennige. Niemand nimmt das dem Herrn Bundespräsidenten Prof. Dr. Heuss von der weißen Weste, wenn einmal die Geschichte Gericht spricht über Tun und Untun. Paula Ludwig ist ein Musterbeispiel für tausend und abertausend Fälle! Während mit leichter Geste im Lakaiendienste diktierender Sieger 100 Milliarden jährlich für die lächerliche ungefährliche Demonstration von 500.000 Mann Militär hingeworfen werden, statt davon die zertrümmerten Städte neu zu erbauen und in anderer Weise dem Volke sozial zu dienen, zerbricht man das eidlich beschworene Grundgesetz individueller Freiheit gleich den brutalen Diktatoren von gestern und vorgestern und hat – aber auch nur in wenigen Fällen – für die geistig und kulturell Schaffenden hie und da mal ein paar Bettelpfennige übrig. [...][3]

Hochachtungsvoll! F. A. Winter[4]

Nr. 137 B
An F. A. Th. Winter, Murnau, Oberbayern
8. November 1954
BArch, B 122, 2073: ms. Schreiben, Durchschlag, von Heuss diktiert (Diktatz. H/Bk), ungez.[5]

Sehr geehrter Herr Winter!

Darf ich ihnen ein paar Bemerkungen machen zu dem Brief, den Sie kürzlich an meinen Persönlichen Referenten gesandt haben.

Aus diesem und Ihren früheren Zuschriften an mich und an das Bundespräsidialamt darf vermutet werden, daß Sie ein Gegner des sogenannten Dritten Reiches gewesen sind, zum mindesten der in ihm praktizierten Gesinnung.[6] Aber ich habe den Eindruck, daß Sie das Funktionieren des Staatlichen ungefähr so ähnlich sehen wie es die Deutschen unter Hitler gewohnt waren.[7] Es war für Sie, wie Sie mitteilen, enttäuschend, daß Sie in den verschiedenen Briefen in „eigener Sache" von mir nicht die Wünsche erfüllt bekamen, die Sie ausgesprochen haben. Aber Sie haben übersehen, daß nun nicht mehr „Führer-Dekrete" Verwaltungs- und Gerichtsentscheidungen beeinflussen, sondern daß hier eine gegliederte Ordnung ist – und es ist nun so: Der Bundespräsident hat weder Wohnungseinweisungen noch Gerichtsentscheidungen noch Auswandererfragen zu erledigen. Diese Angelegenheiten liegen innerhalb der rechtlich geordneten Zuständigkeiten.

---

[3] Weitere Ausführungen über die trostlose Lage der Freiberuflichen und geistig Schaffenden in Deutschland sowie über die Züchtung eines revolutionären Geistes.

[4] Auf kleinem Zettel Vermerk, vermutlich von Oberüber: „Ein so maßloser Brief sollte m. E. vom BPräs. selbst energisch beantwortet werden. Herr Winter (Kunstmaler) hatte sich vor Jahren um Zuzug nach Düsseldorf bemüht, wurde aber anscheinend dort mit den üblichen Warte-Formularen auf später vertröstet. Er nahm wohl an, daß ihm das BPrAmt den Zuzug durch ‚Anweisung' verschaffen könnte, und ist nun böse."

[5] Az. B/4/53 durchgestrichen und ersetzt durch 1/16/00; Stempel: „Pers[önlichem] Ref[erenten] vorgelegen"; weiterer Nachweis: N 1221, 323: Durchschlag.

[6] Winter, ein Kunstmaler, schrieb seit 1950 gelegentlich an das BPrA; Unterlagen in: B 122, 2073.

[7] Bereits am 9. 8. 1950 hatte Heuss an einen Stadtbaurat Nax, Egglkofen, formuliert, viele Briefe „gehen von den falschen Voraussetzungen aus, als ob der Bundespräsident, ähnlich wie es im Nazi-System gewesen ist, Rechtsanordnungen oder Verwaltungsmaßnahmen aus eigenem Entschluß treffen könne. Das ist nicht der Fall"; N 1221, 293.

Es war also nur ein Mangel der Überlegung, daß sich die Dinge in Deutschland geändert haben, der Sie zu Ihrer Enttäuschung führen konnte.

In Ihrem letzten Brief beschweren Sie sich sozusagen darüber, daß Frau Paula Ludwig aus dem Fonds, den ich zusammengesammelt habe, DM 500,– erhielt, die sie für einen Bettelpfennig ansehen. Dabei drücken Sie aus, daß, wenn die Geschichte einmal Gericht spricht, sie mir das nicht von meiner weißen Weste abnehmen werde. Ich mache Ihnen den Vorschlag, sich um meine weiße Weste weiter nicht zu bemühen, denn das werde ich allein zu besorgen haben.

Briefe, die das Bundespräsidialamt und den Bundespräsidenten als Adresse suchen, um den Unmut über die Zeiten loszuwerden, bekommen wir alle paar Monate einmal und nehmen sie menschlich nicht weiter „übel". Aber es ist für uns ja auch nicht unwichtig, von dem und dem Schicksal unterrichtet zu werden. Nur geht es fast etwas über die Grenze hinweg, wenn Sie sozusagen mich verantwortlich machen wollen für die Situation, in der sich nun durch das angebliche Verhalten deutscher Verlage Frau Ludwig befindet, oder überhaupt das Schicksal, in das viele der Freiberuflichen geraten sind.

Ich brauche mich dessen gar nicht zu berühmen. Keine Schicht wird hier mit so vielem auch individuell gutem Willen von mir und dem kleinen Mitarbeiterkreis behandelt wie gerade diese Menschen. Ich war ja selber einmal über ein Jahrzehnt der zweite Vorsitzende des „Schutzverbandes deutscher Schriftsteller", habe selber ein freiberufliches Leben hinter mir. Vermutlich genieße ich jetzt nach Ihrer Auffassung eine fette und behagliche Pfründe. Wenn der Glaube Sie irgendwie tröstet, dann soll er Ihnen bleiben. Die Fragestellung des Schicksals der freien Berufe ist von mir von Anbeginn nicht bloß in den „schönen Reden", von denen Sie nichts halten, sondern auch in dem Willen der praktischen Sorge in die Hand genommen worden. Aber natürlich nicht in dem Stil, wie Sie erwarten, daß Freiberufliche nun eine Art von Staatspension bekommen, womit nämlich der Charakter des freien Berufs aufgehoben ist, sondern in dem Bemühen, sowohl nach der urheberrechtlichen Seite wie nach der Seite der individuellen Stützung dort und dort behilflich zu sein. Wir haben dafür manchen Dank bekommen. Wir sehen auch, daß Leute enttäuscht sind. Sie selber dürfen es mir nicht übel nehmen, daß ich von Paula Ludwig eine unvollkommene literarische Vorstellung habe, was gewiß ein Bildungsdefekt von mir ist, den ich zu tragen wissen werde. Aber Ihr gesamtes Geschimpfe geht sowohl an den Intentionen wie an den Möglichkeiten, die mir gegeben sind, völlig vorbei. Das Problem der aus der Emigration zurückgekehrten Menschen wird von uns, wo immer es geht, pfleglich behandelt, und auch Ihr Schimpfbrief wird daran nicht das Geringste ändern, und damit müssen Sie sich abfinden. Es ist ja spürbar, daß Ihr Schreiben wesentlich einem Bedürfnis entsprang, „es uns einmal zu sagen", bloß sollen Sie nicht glauben, daß politische und kulturelle Belehrungen in dem von Ihnen bevorzugten Stil irgend welchen sachlichen Eindruck auf mich machen könnten.

Das ist eine weitgehende Verkennung meiner Art. Daß Sie meine rechtliche und sachliche Position falsch sehen, hängt damit nicht zusammen.

Es erübrigt sich, diesen Briefwechsel fortzusetzen. Ich wollte Ihnen aber eine Äußerung nicht schuldig bleiben, damit Sie nicht glauben, daß wir von ihrem Geschimpfe erschüttert worden wären.

Mit vorzüglicher Hochachtung [Theodor Heuss][8]

Nr. 138 A
Von Prof. Dr. Hans Storck, Endbach bei Gießen
2. November 1954
BArch, B 122, 147: hs. Schreiben, behändigte Ausfertigung[1]
Übersendung eines Buches über Rheumatismus

Sehr geehrter Herr Bundespräsident!

Da ich weiß, daß Sie für die naturgemäßen Heilweisen besonders aufgeschlossen sind, erlaube ich mir, Ihnen ein Exemplar meines vor einigen Tagen im Buchhandel erschienen Rheumabuches[2] mit besonderer Ergebenheit zu übersenden.

Andererseits ist mir bekannt, daß das Ausland mit besonderer Aufmerksamkeit die Entwicklung der in Deutschland begonnenen neuen medizinischen Richtung verfolgt. Wir stehen zwar erst am Anfang, aber die Ergebnisse, die wir in therapeutischer Konsequenz dieser Gedankenrichtung erzielen, sind ermutigend.

So darf ich Sie, hochverehrter Herr Bundespräsident, durch dieses kleine Buch auch bekanntmachen mit dem jüngsten, dicht vor seiner Anerkennung stehenden Kneipp-Kurort Deutschlands, Endbach im hessischen Hinterland, das in diesem vierten Jahr seines Bestehens die 1000-Patientenzahl erreicht hat.

Indem wir uns gemeinsam: Neue Medizin, Kurort und Autor des Buches, Ihnen empfehlen, beehre ich mich, zu sein
Ihr ergebener

Hans Storck

---

[8] Winter antwortete ausführlich unter dem 14. 11. 1954; Heuss vermerkte darauf „Braucht nicht fortgesetzt zu werden, ist jetzt in Düsseldorf"; ebd.
[1] Eingangsstempel vom 7. 11. 1954; Az. B/1/54.
[2] HANS STORCK: Rheumatismus als Regulationskrankheit. Das Rheumaproblem in neuer Schau. München/Berlin 1954.

Nr. 138 B

An Prof. Dr. Hans Storck, Endbach bei Gießen

9. November 1954

BArch, B 122, 147: ms. Schreiben, Durchschlag, von Heuss diktiert (Diktatz. H/Bk) und ms. gez.[3]

Sehr geehrter Herr Professor Storck!

Es war sehr freundlich von Ihnen, mir Ihr Rheumatismusbuch zu übersenden. Es ist mein eigentümliches Schicksal geworden, daß ich in den Verdacht geraten bin, von medizinischen Dingen etwas zu verstehen, weil ich einmal auf dem Ärztekongreß[4] unbefangen Sachen sagte und auch in meiner Sammlung „Deutsche Gestalten"[5] einige kurze ärztliche biographische Charakteristiken geschrieben habe.

Aber die eigentümliche Situation ist die, daß ich selber erfreulicherweise mit Ärzten als Objekt sehr wenig zu tun gehabt habe, obwohl es in meiner Familie (Onkel, Bruder, Neffe) und in meiner nahen Freundschaft an Ärzten nicht fehlt. Erst seit ich Bundespräsident bin, hält man es für notwendig, daß ich von Zeit zu Zeit in eine ärztliche Kontrolle komme. Ich war auch in meinem 70. Lebensjahr vollkommen gesund auf allgemeinen Wunsch vier Wochen in einem Sanatorium, das ich ebenso gesund verlassen habe.[6] Es heißt vielleicht Gott versuchen, wenn man erzählt, daß man in seinem bewußten Leben nur zwei Tage als Grippe anfällig im Bett lag.[7]

---

[3] Az. B/1/54; Stempel: „Pers[önlichem] Ref[erenten] vorgelegen"; weiterer Nachweis: N 1221, 323: Durchschlag.

[4] Heuss hatte den 53. Deutschen Ärztetag in Bonn am 26. 8. 1950 besucht; Unterlagen, auch Zuschriften, in: B 122, 616. Ansprache (Urfassung mit Korrekturen von Heuss) sowie als Manuskript gedruckte Fassung in: B 122, 214. Heuss hatte seine Rede unter Bezug auf seine verwandtschaftlichen Beziehungen mit den launigen Worten begonnen „In meinem bald langen Leben habe ich sehr viel mit Ärzten zu tun gehabt, die Ärzte erfreulich wenig mit mir." Er behandelte u. a. die sozialen Probleme der Ärzteschaft, ihre Ausbildung und die verschiedenen „Schulen" der Mediziner. Seine Ausführungen, die er immer wieder durch ironische Bemerkungen anreicherte, fanden viel Beifall.

[5] THEODOR HEUSS: Deutsche Gestalten. Studien zum 19. Jahrhundert, Stuttgart/Tübingen 1947; 1962 nochmals als „wohlfeile Sonderausgabe" in der Reihe „Die Bücher der Neunzehn" aufgelegt. Heuss hatte darin u. a. behandelt: Rudolf Virchow, Robert Mayer, Ignaz Philipp Semmelweis, Karl August Wunderlich und Emil Behring.

[6] Während seiner zwei Amtsperioden als Bundespräsident weilte Heuss zu Kuraufenthalten in Bad Kissingen (1954), Bad Mergentheim (1956) und Badenweiler (1957).

[7] Heuss konnte erstmals im Frühjahr 1957 für einige Wochen krankheitshalber seine Funktion als Bundespräsident nur eingeschränkt wahrnehmen, so dass der geplante Staatsbesuch in den USA auf das nächste Jahr verschoben werden musste. Im Mai 1959 erfasste ihn eine Virusgrippe, die einen Aufenthalt im Bonner Krankenhaus erforderlich machte. Ernsthaft krank war Heuss aber auch schon im Frühjahr 1949, als er nach den aufreibenden Verhandlungen im Parlamentarischen Rat

Ich habe in Ihrem Buch einiges durchgesehen und die Fragestellung begriffen, aber es tritt dann immer verhältnismäßig früh der Augenblick ein, wo ich vor den medizinischen Fachausdrücken resignieren muß, wenn ich nicht das Lexikon aufsuche. – Aber ich werde mir gern einmal von einem tüchtigen Arzt-Neffen, der auch in seiner Schulauffassung nicht eng gebunden ist, berichten lassen.[8]

Mit dankbaren Empfehlungen
Ihr

Theodor Heuss

Nr. 139 A
Von Werner Wehrmann, Berglehrling, Recklinghausen-Süd
17. November 1954
BArch, B 122, 155: ms. Schreiben, behändigte Ausfertigung[1]
Ergebenheitsadresse

Sehr geehrter Herr Bundespräsident!

Sie werden wohl etwas erstaunt sein, daß ich Sie einfach einen Brief schreibe. Es soll aber auch eine Freude sein, von mir einige Zeilen zu lesen. Mein Name ist Werner Wehrmann und bin als Berglehrling in Recklinghausen auf der Zeche König-Ludwig I, II beschäftigt. Mir macht die Arbeit Spaß.

Als Sie die „Kieler Woche" in diesem Jahr eröffneten,[2] war ich gerade in Kiel und verbrachte bei sonnigem Wetter meinen Urlaub. Wenn Sie wüßten, wie ich mich gefreut habe, als ich Sie auf einer „Segeljacht" mit Pudelmütze sah, dann hätten Sie wahrscheinlich gedacht, der Junge dieses Briefes hat Freude an seinem Bundespräsidenten. Genau so war es, als Sie unsere Schachtanlage besuchten.[3] Wir Berglehrlinge von unter-Tage und von über-Tage standen bei Ihrer Ankunft in blauen Anzügen beiderseits der Zechenstraße Spalier. Es war für uns eine Ehre, glauben Sie das! Leider konnten wir nicht Ihre Ansprache hören, aber gefreut haben wir uns doch. Es war auch ein feines Auto, wo Sie mit fuhren! Einer mei-

---

mehrere Wochen im Städtischen Krankenhaus Konstanz verbrachte; vgl. TH. HEUSS, Erzieher, S. 482–485, 499–503.
[8] Dabei handelte es sich um Alfred (Fred) Würz, Schwiegersohn von Hedwig Heuss, der Heuss auch bei Staatsbesuchen begleitete; vgl. K. ADENAUER / TH. HEUSS, Unserem Vaterlande zugute, S. 463.
[1] Eingangsstempel vom 19. 11. 1954; Az. B/1/54; von Heuss mit einem „d[iktieren]" versehen.
[2] Heuss hatte seit 1949 jedes Jahr die Kieler Woche besucht und war Ehrenbürger von Kiel. Die Kieler Woche des Jahres 1954 hatte er am 19. 6. 1954 eröffnet; Ansprache in: B 122, 235.
[3] Heuss weilte am 5. 7. 1954 in Recklinghausen und eröffnete u. a. die Ruhrfestspiele; Ansprache in: B 122, 235.

Abb. 11: Theodor Heuss
in Berlin bei Besichti-
gung des Schlosses
Bellevue, 9. 9. 1955

ner Kameraden hat Sie beim Betreten der Lohnhalle photographiert. Dieses Bild
möchte ich Ihnen mit schicken. Ich glaube doch, daß Ihnen das Bild eine Erinnerung zurückrufen wird. In unserem Fernsehempfänger sah ich in der Tagesschau,
die jeden Tag um 20.00 Uhr bis 22.30 Uhr zu sehen ist, die Wiedererbauung des
in West-Berlin liegenden Schloß „Bellevue". Es wurde dabei betont, daß es Ihr
zukünftiger Wohnsitz werden soll.[4] Ich stehe auf dem Standpunkt, daß Sie es
redlich verdient haben und [so] schnell wie möglich dort einziehen können. Aber
Bonn ist doch auch eine schöne Stadt! Am 19. Sept. d. J. war ich in Bonn und
habe mir das Bundeshaus, Ihren Wohnsitz und den Wohnsitz unseres verehrten
Bundeskanzlers angesehen.

---

[4] Die Renovierungsarbeiten am Schloss Bellevue zogen sich noch bis zum Sommer 1957 hin.

Nun möchte ich mein Schreiben beenden, und Ihnen alles Gute für Ihr weiteres Arbeiten an dem Deutschen Volke wünschen.

Es grüßt Sie auf das herzlichste   Werner Wehrmann

Anbei: 1. Photo; „Glückauf".

Nr. 139 B
An Werner Wehrmann, Berglehrling, Recklinghausen-Süd
25. November 1954
BArch, B 122, 155: ms. Schreiben, Durchschlag, von Heuss diktiert (Diktatz. H/Bk) und ms. gez.[5]

Lieber Werner Wehrmann!

Das war nun ein recht braver Erzählbrief, und ich habe ihn auch, obwohl es an Briefeingängen nicht fehlt, selber gelesen und bedanke mich für die nette Beschreibung und für die freundliche Gesinnung, die aus dem Brief spricht.

Mit allen guten Wünschen und, wie man bei Euch sagt, Glück auf!
Ihr   Theodor Heuss[6]

Nr. 140 A
Von Fritz von Trützschler, Major a. D., Berlin-West
21. November 1954
BArch, B 122, 147: hs. Schreiben, behändigte Ausfertigung[1]
Mitteilung über eine Kranzniederlegung am Mahnmal für die Widerstandskämpfer des 20. Juli 1944

Hochzuverehrender Herr Bundespräsident!

Der Verband der ehemaligen Offiziere und Unteroffiziere des alten Kaiser Alexander Garde-Grenadier-Regiments Nr. 1, dem auch der infolge des 20. Juli 1944 hin-

---

[5] Az. B/1/54; Stempel: „Pers[önlichem] Ref[erenten] vorgelegen"; weiterer Nachweis: N 1221, 323: Durchschlag.
[6] Wehrmann dankte noch einmal mit Schreiben vom 1. 3. 1955; B 122, 155.
[1] Eingangsstempel, Datum unleserlich; Az. B/1/54; von Heuss mit einem „d[iktieren]" versehen.

gerichtete Kommandant von Berlin, Generalleutnant Paul von Hase bis zu seinem Tode angehörte, beehrt sich, Ihnen, Herr Bundespräsident, mitzuteilen, daß er am heutigen Totensonntag am Mahnmal für die Opfer des 20. Juli in der Bendler-straße einen Kranz mit schwarz-rot-goldner Schleife und der Aufschrift: „Das alte Alexander-Regiment" niedergelegt hat.

Wir hoffen damit der Ausbreitung des Geistes der Widerstandskämpfer und dem deutschen Interesse gedient zu haben.

Im Auftrage des Alexander-Verbandes   Fritz von Trützschler, Major a. D.[2]

Nr. 140 B
An Fritz von Trützschler, Major a. D., Berlin-West
25. November 1954
BArch, B 122, 147: ms. Schreiben, Durchschlag, von Heuss diktiert (Diktatz. H/Sch) und ms. gez.[3]

Sehr geehrter Herr von Trützschler!

Freundlichen Dank für Ihren Brief vom 21. 11. Ich habe selber Herrn General-leutnant von Hase, wenn auch nur flüchtig, gekannt. Ich traf ihn einmal im Laza-rett, als ich den schwerverwundeten jungen v. Haeften[4] aufsuchte, der ja dann eines der frühesten Opfer des 20. Juli geworden ist.

Ich bin dankbar dafür, wenn sich alte Berufssoldaten bereit finden, auch öffent-lich ihre Stellung zu dem heroisch-tragischen Versuch des 20. Juli 1944 zu bekun-den. Ich mußte nach meiner Gedenkrede in diesem Jahr,[5] die ich Ihnen beilege, die Erfahrung machen, daß manche Verbände einer Stellungnahme ganz bewußt ausweichen. Umso willkommener mußte mir aus allgemein sittlichen Gründen Ihre Stellungnahme sein.[6]

Mit den besten Empfehlungen
Ihr   Theodor Heuss

---

2   Von Trützschler war seit 1952 politisch aktiv, indem er hektographierte Rundbriefe verfasste, u. a. zur Frage der Eidunwürdigkeit Hitlers und zur deutsch-französischen Zusammenarbeit, die er auch an das Bundespräsidialamt sandte, ohne dass sie dort weitere Beachtung fanden; B 122, 147.
3   Az. B/1/54; Stempel: „Pers[önlichem] Ref[erenten] vorgelegen"; weiterer Nachweis: N 1221, 323: Durchschlag.
4   Zu Generalleutnant Hans Bernd von Haeften vgl. B. VON HAEFTEN, Schriftliches.
5   Zur Gedenkrede zum 20. Juli 1944 aus dem Jahre 1954 vgl. Nr. 127, Anm. 4.
6   Heuss dankte von Trützschler für die zustimmende Aufnahme seiner Rede zum 20. Juli noch einmal am 1. 4. 1955: „Dem Bundespräsidenten kam es ja bei dieser Rede wesentlich darauf an,

Nr. 141 A

Von Georg von Holtzbrinck, Verlag Deutscher Volksbücher, Stuttgart 8

2. Dezember 1954

BArch, B 122, 139: ms. Schreiben, behändigte Ausfertigung[1]

Bitte um ein Geleitwort für die Herausgabe des Gesamtwerkes von Wilhelm Schäfer

Sehr verehrter Herr Bundespräsident!

Gestatten Sie mir, daß ich Sie auf ein Unternehmen meines Verlages aufmerksam mache, das, wie wir fest annehmen, Ihr besonderes Interesse finden könnte. Der Verlag Deutsche Volksbücher betreut das Gesamtwerk von Wilhelm Schäfer, und es war ein besonderer Wunsch, den der Autor uns bei seinem Tode hinterließ, daß wir eine Gesamtausgabe, für die er noch selbst den Plan testamentarisch festgelegt hat, herausbringen.[2]

Wir sind augenblicklich dabei, die Texte vorzubereiten und die finanzielle Grundlage für dieses Werk, das natürlich ein erhebliches verlegerisches Risiko in sich birgt, zu finden. Einen Teil dieses Risikos werden wir wahrscheinlich mit Hilfe des Herrn Kultusministers von Rheinland-Westfalen beseitigen können, einen Teil wollen wir selbst tragen, den Rest der Mittel hoffen wir noch von dritter Seite zu erhalten.

Es wäre uns nun eine wesentliche Unterstützung, wenn Sie, sehr verehrter Herr Bundespräsident, in irgendeiner Weise ein persönliches Interesse an dem Gesamtwerk Wilhelm Schäfers nehmen würden. Ich weiß nicht, ob es unbescheiden ist, Sie um ein Geleitwort zu bitten, oder ob es Ihnen möglich ist, auf andere Art dieses Werk zu fördern. Sie werden verstehen, daß es für mich eine große und schöne Aufgabe ist, das Gesamtwerk eines unserer besten Erzähler der jüngsten Vergangenheit herauszustellen. Da es doch auch ein erhebliches verlegerisches Wagnis ist, wäre ich Ihnen für eine Äußerung zu diesem Wunsch sehr dankbar und werde Ihnen gegebenenfalls sehr gerne die gesamten Unterlagen verschaffen, die Ihnen Einblick in diesen Verlagsplan geben können.

In besonderer Hochachtung bleibe ich

Ihr sehr ergebener

Georg von Holtzbrinck

---

die alten Offiziere darauf aufmerksam zu machen, daß der Treueid nicht eine einseitige Verpflichtung des ‚Befehlsempfängers‘ gegenüber dem Befehlsberechtigten enthält, sondern daß er eine doppelseitige Bindung ist." Die Soldatenverbände und die Soldatenzeitungen hätten seine sonst viel beachtetete Rede überhaupt nicht erwähnt; N 1221, 326.

[1] Eingangsstempel vom 10. 12. 1954; Az. B/1/54; von Heuss mit einem „d[iktieren]" versehen; links unten von Bott hs. Vermerk: „Wohl Nein! Zu oft abgelehnt".

[2] Obwohl Schäfer als Autor seine größten Erfolge bereits vor dem Dritten Reich gefeiert hatte, galt er als einer der prominenten Autoren des „Dritten Reiches". 1941 erhielt er den Goethepreis der Stadt Frankfurt. Der Verlag Deutscher Volksbücher hatte 1951 begonnen, seine Werke erneut aufzulegen.

Nr. 141 B
An Georg von Holtzbrinck, Verlag Deutscher Volksbücher, Stuttgart 8
13. Dezember 1954
BArch, B 122, 139: ms. Schreiben, Durchschlag, von Heuss diktiert (Diktatz. H/Bk), von Bott
hs. paraph. und ms. gez.[3]

Sehr geehrter Herr von Holtzbrinck!

Der Herr Bundespräsident läßt Ihnen für Ihren freundlichen Brief vom 2. Dezember bestens danken, bedauert aber, Sie enttäuschen zu müssen.

Gewiß ist er ein Freund der Erzählkunst von Wilhelm Schäfer, zumal der frühen Bücher, aber er hat in diesen letzten Jahren schon viele, viele Dutzende von Bitten abgelehnt und ablehnen müssen, für Publikationen Geleitworte zu schreiben. Dr. Heuss würde, wie er sagt, alle diese Menschen angelogen haben, wenn er mit Ausnahmen beginnen würde. Der Bundespräsident hat nach seiner Erinnerung nur einmal die Ausnahme gemacht, als es sich darum drehte, einen von ihm selber empfohlenen Neudruck eines kleinen Architektur-Spezialbüchlein[4] einzuleiten, was aber nur eine kleine Sache geworden ist, an der ihm aber selber um der Sache willen sehr gelegen war.

Dr. Heuss bittet für diese seine Haltung Verständnis zu haben. Er würde im anderen Fall geradezu zu einem Massenherausgeber geworden sein.

Mit vorzüglicher Hochachtung   Hans Bott
                              Persönlicher Referent des Bundespräsidenten

---

[3] Az. B/1/54; Stempel: „Pers[önlichem] Ref[erenten] vorgelegen"; Absendevermerk vom 14. 12. 1954; weiterer Nachweis: N 1221, 323: Durchschlag.

[4] Dabei handelte es sich um HANS POELZIG: Der Architekt. Rede des stellvertretenden Vorsitzenden des Bundes Deutscher Architekten auf dem 28. ordentlichen Bundestag des BDA in Berlin am 4. Juni 1931, mit einer Vorbemerkung von Theodor Heuss, hg. von Eugen Fabricius, Tübingen 1954. Heuss an Günther Wasmuth, 24. 11. 1954, in: B 122, 2048, dort die Vorbemerkung von Heuss. Die große Biographie über Poelzig hatte Heuss bereits 1939 abgeschlossen; TH. HEUSS, Hans Poelzig.

Nr. 142 A

Von Dr. Lothar H. Schwager, München 23

9. Dezember 1954

BArch, B 122, 146: ms. Schreiben, behändigte Ausfertigung[1]

Bitte um einen Beitrag für ein Buch über „Managerkrankheit"

Hochzuverehrender Herr Bundespräsident!

In der Gewißheit, daß Sie neben Ihrer ungeheuerlichen vielseitigen Arbeit auch Verständnis für Sonderwünsche haben können, wage ich es, Ihnen auf diesem nicht ganz gewöhnlichen Weg eine Bitte vorzutragen.

Ich stelle ein illustriertes Buch zusammen über die Alltagsproblematik der sogenannten „Managerkrankheit", besser „Krankheit der Verantwortlichen". Dabei kommt es mir aber auch darauf an, einige große bekannte Ausnahmen aufzuzeigen, Persönlichkeiten, die zwar in einem riesigen Pflichtenkreis und Verantwortungskreis stehen und dennoch innerlich und physisch gesund, relativ gesund, bleiben. (Ich habe mich mit der gleichen Bitte um Äußerung dazu auch an Sir Winston Churchill gewandt.) Es bedarf keiner Erklärung und Erwähnung über die Tatsache, daß Millionen von Menschen in der Welt wegen dieser deutlichen und sozusagen beneidenswerten Harmonie in Ihrem Wesen, hochzuverehrender Herr Bundespräsident, deshalb auch Sie täglich immer wieder erneut bewundern.

Wie Sie wohl das Geheimnis dieser inneren Ausgeglichenheit und inneren Sammlung und Ruhe mit schlichten treffenden Worten formulieren würden, das ist von großer Wichtigkeit und wird vorbildhaft und heilsam wirken. Bitte haben Sie die große Güte, mir einige *handschriftliche* Zeilen, vielleicht mit einer Portraitphotographie, über dieses Thema zu schenken und dazu die Erlaubnis, daß ich das reproduzieren darf.

Ich wage, auf die Erfüllung meines unerhört großen Wunsches zu hoffen, und gedenke Ihrer mit respektvollen, herrlichen Wünschen.

In größter Ehrerbietung

Dr. Lothar H. Schwager

---

[1] Eingangsstempel vom 11. 12. 1955. Ein weiteres Schreiben an das „Privatsekretariat" vom gleichen Tag enthielt die Bitte, den Eingang dem Bundespräsidenten vorzulegen, „wenn möglich einmal in einer der seltenen ruhigen Stunden, wenn der Herr Bundespräsident gerade nicht zu sehr überarbeitet und übermüdet ist und sich gerade seines bekannten und beliebten guten Mutes und guter Stimmung erfreut"; B 122, 146.

Nr. 142 B
An Dr. Lothar H. Schwager, München 23
13. Dezember 1954
BArch, B 122, 146: ms. Schreiben, Durchschlag, von Heuss diktiert (Diktatz. H/Bk), von Bott hs. paraph. und ms. gez.[2]

Sehr geehrter Herr Dr. Schwager!

Der Herr Bundespräsident bedauert sehr, Sie völlig enttäuschen zu müssen. Aber Ihre liebendswürdig gedachte Anfrage beruht auf einem völligen Mißverstehen seiner Natur. Dr. Heuss hat, wie er sagt, einen „Horror" vor Umfragen solcher Art, und es ist eine schier wöchentliche Beschäftigung von ihm, sie abzulehnen. Auf Ihre Frage wüßte Dr. Heuss, wie er sagt, auch keine Antwort. Er ist dem Schicksal dankbar, daß es ihm eine gesunde und leistungsfähige Konstitution geschenkt hat, so daß er nie an Krankheit darniederlag,[3] daß er keine Brille braucht, daß er gut schlafen kann usw. Aber das sind lauter Dinge, die völlig ohne Verdienst sind und eigentlich niemanden interessieren können, da keinerlei rationale Lebens- oder Arbeitsmethodik dahinter steht. Diese Gegegenheit durch eine eigene schriftliche Äußerung mit Bild herauszuheben, würde Dr. Heuss als eine falsche Wichtigtuerei und eine menschliche Geschmacklosigkeit erscheinen. Er bittet Sie, ihm diese Ablehnung Ihres aus freundlicher Gesinnung kommenden Ersuchens nicht übel zu nehmen.

Mit vorzüglicher Hochachtung   Hans Bott
                          Persönlicher Referent des Bundespräsidenten

Nr. 143 A
Von Dr. Berthold Pilzecker, Mannheim
18. Dezember 1954
BArch, B 122, 152: ms. Schreiben, behändigte Ausfertigung[1]
Glückwunsch von Theodor Heuss an den aus der Haft entlassenen Konstantin von Neurath; Fehlen beim Begräbnis von Wilhelm Furtwängler; Schicksal von Will Falk

---

2 Az. B/1/54; Absendevermerk vom 14. 12. 1954; weiterer Nachweis: N 1221, 323: Durchschlag.
3 Vgl. Nr. 138, Anm. 7.
1 Eingangsstempel vom 20. 12. 1954; Az. A1-10/55; Wiedervorlageverfügung von Bott zum 10. 1. 1955.

Hochverehrter Herr Bundespräsident!

Obwohl ich annehmen darf, daß Sie mit Briefen von allen Seiten überhäuft werden, bitte ich, einige sorgende Betrachtungen aussprechen zu dürfen.

Ein längerer Aufenthalt im Ausland hat mir gezeigt, welche hohe Wertschätzung Sie nicht nur in unserem Vaterlande, sondern auch in vielen anderen Ländern genießen, ja, daß man in Ihrer Person geradezu einen Bürgen der geistigen Umerziehung unseres Volkes sieht. Unzählige Deutsche diesseits und jenseits der Zonengrenzen blicken täglich auf Sie, hochverehrter Herr Bundespräsident, um einen Anhaltspunkt oder Gradmesser für ihr eigenes Denken und Tun zu haben, wenn sie – um ein Wort des auch von Ihnen hochgeschätzten Burckhardt[2] zu gebrauchen – „ihr Weltbild in Ordnung halten"[3] wollen.

Wie sehr Sie im allgemeinen Ihrer verpflichtenden Rolle, darin ein Vorbild des deutschen Volkes zu sein, gerecht werden, brauche ich nicht besonders zu betonen, das werden alle, die guten Willens sind, dankbar anerkennen.

Und doch gibt es manchmal Dinge, die zu diesem Bild nicht passen wollen, die vielleicht nur Schönheitsfehler darstellen, aber eben doch den Gesamteindruck stören und die Frage laut werden lassen: „Warum tut das unser Bundespräsident?"

Als vor einigen Wochen Herr von Neurath aus dem Spandauer Gefängnis entlassen wurde[4] – eine Wohltat für den kranken, alten Herrn, die ihm zweifelsohne jeder von Herzen gönnt, – waren Sie, Herr Bundespräsident, einer der ersten, der ihm offiziell in einem Telegramm seine Glückwünsche aussprach.[5]

---

[2] Heuss pflegte zu Carl Jacob Burckhardt engen Kontakt und traf ihn häufiger, insbesondere wenn Heuss bei seinem Sohn in Lörrach weilte. Heuss hielt auch die Laudatio, als Burckhardt am 16. 9. 1954 den Friedenspreis des deutschen Buchhandels erhielt; Ansprache in: B 122, 237. Burckhardt schilderte seine erste Begegnung mit Heuss im Jahre 1951 in H. Bott / H. Leins, Begegnungen, S. 303–306; Korrespondenz mit Burckhardt insbesondere in: B 122, 2056. Einen Besuch bei Burckhardt im August 1955 beschrieb Heuss in einem Brief an Toni Stolper; vgl. Th. Heuss, Tagebuchbriefe, S. 55f, 24. 8. 1955.

[3] Ließ sich nicht ermitteln.

[4] Konstantin Freiherr von Neurath war von 1932 bis 1937 Reichsaußenminister, danach Reichsminister ohne Geschäftsbereich und von 1939 bis 1943 Reichsprotektor in Böhmen und Mähren. 1946 wurde er vor dem Nürnberger Gerichtshof wegen „Verschwörung gegen den Weltfrieden, Verbrechen gegen den Frieden, Planung und Durchführung eines Angriffskrieges, Kriegsverbrechen" und „Verbrechen gegen die Menschheit" angeklagt und zu 15 Jahren Gefängnis verurteilt.

[5] In dem Schreiben von Heuss vom 7. 11. 1954 hieß es u. a.: „Mit freudiger Genugtuung habe ich, von einer kurzen Reise zurückgekehrt, heute früh die Mitteilung gelesen, daß den Nachrichten der letzten Tage nun doch rasch die Erfüllung folgte und das Martyrium dieser Jahre für Sie ein Ende hat"; N 1221, 322, abgedruckt in: Th. Heuss, Bundespräsident, Briefe 1954–1959. Der verwendete Begriff Martyrium löste national und international Proteste aus; Heuss wollte das Wort lediglich auf die Haftbedingungen angewendet wissen. Der fast erblindete Gefangene wurde nachts halbstündig mit einer Jupiterlampe angestrahlt. An Erich Eyck resümierte Heuss

Das hat ohne Frage nur der Person des Herrn von N. gegolten, wurde und wird aber von vielen Deutschen und Ausländern als ein Akt einer gewissen Rehabilitierung eines Exponenten des dritten Reiches angesehen. Daß Ihnen dieses fernlag, wissen wir alle. Konnte aber dieser Glückwunsch nicht in Form eines kurzen, persönlichen und ganz privaten Schreibens geschehen, ohne daß der Apparat der Presse dieses ausschlachten konnte? Warum dieser Aufwand, der einer Sache Gewicht verleiht, die ihr natürlicherweise nicht zukommt; denn letzten Endes war v. N. einer der braunen Größen.

Auf der anderen Seite steht jenes Ereignis, das uns alle so erschütterte, der Tod Furtwänglers. Zu seinem Begräbnis war nicht nur der engere Freundeskreis dieses genialen Dirigenten gekommen, es waren Abgesandte aus aller Welt nach Heidelberg geströmt, um dieser großen Persönlichkeit die letzte Ehre zu erweisen. Man sprach noch am Morgen des Begräbnistages davon, daß Sie, Herr Bundespräsident erscheinen und das Wort ergreifen würden. Aber leider waren dann weder Sie noch irgend ein Mitglied der Bundesregierung zugegen.

Dieses Nichterscheinen eines Vertreters der Bundesregierung zur Trauerfeier für einen der wenigen, wirklich großen Menschen unserer Zeit ist eine beschämende Tatsache, die im In- und Ausland viele Sympathien gekostet hat. Man fragt sich unwillkürlich, wozu es eigentlich einen Chef des Protokolls als obersten Zeremonienmeister der Regierung gibt.

Weshalb schreibe ich Ihnen das, hochverehrter Herr Bundespräsident? Nicht, um Ihnen Vorschriften oder Vorhaltungen zu machen, sondern um Ihnen zu sagen, wie ein Teil des Volkes darüber denkt und in Sorge darüber nachdenkt.

Ganz besonders liegt es mir aber am Herzen, sich bei solchen Gelegenheiten den Eindruck auszumalen, den derartige Vorkommnisse auf jene deutschen Menschen machen, die schon seit Jahren unschuldigerweise in der Sowjetzone oder in Rußland hinter Gefängnismauern leben müssen. Ich denke dabei besonders an einen jener Ärmsten, den auch Sie einmal während Ihres Wirkens in der FDP gut gekannt haben und der seit fast sieben Jahren das schwere Los eines politischen Häftlings ertragen muß: Dr. Will Falk.

Dr. F. wurde bekanntlich 1948 in Potsdam verhaftet und wegen seiner Tätigkeit für die LDP Brandenburgs und die FDP von einem russischen Kriegsgericht zu 10 Jahren Arbeitslager verurteilt. Als Vorwand für diese willkürliche Bestrafung wurden angebliche antisowjetische Äußerungen hervorgeholt, die er 1946 (!) in Wahlreden getan haben sollte. Während meiner fünfjährigen Haft bei den Sowjets

---

am 16. 11. 1954: „Für mich ist diese Reaktion auf einen rein menschlich gedachten und von ernsthaften Menschen auch nur so zu deutenden Brief in einem Teil der auswärtigen Presse und auch bei manchen Deutschen immerhin lehrreich dafür, daß das Unterscheidungsvermögen bei einer immer bereiten Reizbarkeit offenbar verloren gegangen ist und daß sich so etwas wie ein internationaler Pharisäerklub gebildet hat"; N 1221, 323.

war ich jahrelang mit Dr. Falk zusammen. Ich kenne ihn sehr genau und weiß, wie er gerade Sie, Herr Bundespräsident, verehrt.

Ich frage mich, wie wird Dr. F., wie werden die tausende von politischen Häftlingen es aufnehmen, wenn sie hören, daß ein von Neurath so von Ihnen geehrt wurde? Werden sie Ihre Haltung billigen?

Mag ein von Neurath persönlich integer sein, mag er viel gelitten haben, er hat nicht ein Tausendstel von dem durchgemacht, was unzählige Häftlinge in russischer und sowjetdeutscher Hand unschuldigerweise erduldet haben und heute noch erleiden müssen.

Ein Dr. Falk ist für die freie westliche Welt, für unser Volk, für Sie und für mich eingekerkert worden, nicht zuletzt auch für Ihre Partei, Herr Bundespräsident. Sollte man diesen Gegebenheiten nicht Rechnung tragen und Dinge vermeiden, die auf der einen Seite verärgern und auf der anderen Seite unnötig aufgebauscht werden?

Darf ich, hochverehrter Herr Bundespräsident, bei dieser Gelegenheit eine kleine Bitte äußern. Ich wäre Ihnen sehr dankbar, wenn Sie der Gattin von Dr. Falk ein paar ermunternde Zeilen zum Weihnachtsfest oder zum Jahreswechsel schreiben würden. Sie schlägt sich tapfer mit ihren beiden Söhnen durchs Leben und wartet von Monat zu Monat und von Jahr zu Jahr auf die Heimkehr ihres Mannes.

Es wird ihr wohltun, wenn sie von Ihnen hört, und meinem Freunde Will Falk wird es eine Stärkung in seinem schweren Dasein bedeuten.

Indem ich Ihnen, hochverehrter Herr Bundespräsident, für die Erfüllung meiner Bitte im Voraus danke, wünsche ich Ihnen ein gesundes und erholsames Weihnachtsfest und recht viel Erfolg und Glück im Neuen Jahr. Mit vielen Grüßen und guten Wünschen

Ihr sehr ergebener   Berthold Pilzecker

Anschrift:
Frau Elfriede Falk, Berlin-Spandau, Schnepfenreuther Weg 62

Nr. 143 B
An Dr. Berthold Pilzecker, Mannheim
13. Januar 1955
BArch, B 122, 152: ms. Schreiben, Durchschlag, von Heuss diktiert (Diktat. H/Bk), von Bott
hs. paraph. und ms. gez.[6]

Sehr geehrter Herr Dr. Pilzecker!

Der Herr Bundespräsident ist dieser Tage von einem kurzen Weihnachtsurlaub zurückgekehrt und hat viele viele Hunderte von Briefen und Zusendungen vorgefunden, so daß er mit Ihrer Nachsicht rechnet, wenn er Ihnen nicht persönlich antwortet.

Zu der Sache Neurath: Es handelt sich gar nicht um ein Telegramm, wie Sie schreiben, sondern um einen deutlich familiär und menschlich gehaltenen Brief, der zunächst überhaupt nicht unter dem Gesichtspunkt der Publizierung geschrieben worden war.[7] Dieses Schreiben politisch auszudeuten, wie es dann ein Teil der ausländischen und der deutschen Presse getan hat, ist nach der Auffassung von Dr. Heuss nur Torheit oder böser Wille, gegen den er nicht gesichert ist. Der Herr Bundespräsident hat die Auffassung, daß der, der gegen die Gemeinheiten in den KZs protestiert hat, auch seine Befriedigung aussprechen darf, daß ein bösartiger Strafvollzug, denn darum handelt es sich, sein Ende gefunden hat.

Was Wilhelm Furtwängler betrifft, so hat der Herr Bundespräsident in zwei öffentlichen Kundgebungen dazu das seinige knapp gesagt.[8] Die Vorstellung, daß er in Heidelberg am Grabe hätte sprechen sollen, verkennt vollständig die Natur des Bundespräsidenten, der sich selber in musikalischen Dingen eine Zuständigkeit nicht zuerkennt. Dr. Heuss hat gewiß von Furtwänglers Persönlichkeit durch einige Begegnungen einen fest umschriebenen Eindruck, ist ihm aber selber nicht irgendwie näher gestanden und wird sich immer seine eigene Entscheidung vorbehalten, ob er zu einer Beerdigung geht oder nicht, gleichviel ob „man" das von ihm erwartete oder nicht.

---

[6] Az. A1-10/55; Absendevermerk vom 15. 1. 1955; Betreff von der Registratur hinzugefügt: „Kritik 1) Sache Neurath; 2) Sache Furtwängler"; weiterer Nachweis: N 1221, 324: Durchschlag.

[7] Vgl. Anm. 5.

[8] Heuss hatte an die Witwe ein Beileids-Telegramm am 30. 11. 1954 gesandt: „Daß die Erkrankung Ihres Gatten, die seine Freunde und Verehrer mit besorgtem Herzen erfuhren, nun einen raschen Abschied erzwungen hat, bewegt unzählbare Herzen in der ganzen Welt mit tiefer Trauer und doch auch mit wehmütigem Dank. Er war in den Bezirken der Musik nicht nur der große Mittler, sondern wurde aus dem Reichtum der eigenen Natur vor dem fremden Werke zum schöpferischen Gestalter." N 1221, 322, Abdruck in: Bulletin, 2. 12. 1954, Ausschnitt in: B 145, 16305. Die zweite Gelegenheit dürfte die Silvesteransprache 1954 gewesen sein, für die Antonie Ketels, eine persönliche Freundin Furtwänglers, „tief bewegt" und mit warmen Worten dankte; Auszug ihres Schreibens an Heuss, 1. 1. 1955, in: N 1221, 234.

Der Dr. Falk, von dem Sie schreiben, ist dem Bundespräsidenten nur von vielleicht 3–4 Konferenzen mit der LDP des Ostsektors bekannt, ohne daß er ihm persönlich näher getreten wäre. Sein Schicksal ist Dr. Heuss nicht vertraut. Er wird aber bei seinen Berliner Freunden sich einmal danach erkundigen.[9]

Mit vorzüglicher Hochachtung

Hans Bott
Persönlicher Referent des Bundespräsidenten

Nr. 144 A

Von Franz Vogel, München 15

9. Januar 1955

BArch, B 122, 2072: ms. Schreiben, behändigte Ausfertigung[1]

Kritik an der Parteipolitik und an der fehlenden Toleranz in Deutschland

Sehr geschätzter Herr Bundespräsident!

Ehe ich beginne, an Sie, sehr geschätzter Herr Bundespräsident, mit einer für Sie nicht alltäglichen Angelegenheit schriftlich heranzutreten, wünsche ich mir als bescheidener Mensch nichts weiter als dies, daß Sie wirklich mein Schreiben vorgelegt erhalten. Ich fürchte, wie tausend andere Mitbürger, daß ein beflissener Herr Ihrer dienstlichen Umgebung von meinen Worten Kenntnis nimmt und mit geübter Höflichkeit mir u. U. einen freundlichen „Vierzeiler" zukommen läßt wie: „der Herr Bundespräsident ist auf Grund der Vielfalt seiner Aufgaben ... u. s. w. nicht in der Lage ... u. s. w. jedoch bitte ich versichert zu sein, daß ... u. s. w. mit vorzüglicher Hochachtung, ... Im Auftrag: gez. Unterschrift!" Diesem Herrn danke ich bereits heute sehr für seine netten Worte; es wäre eine ungeheure Überraschung für meine Freunde und für mich, sollte es nicht so kommen. Ich darf mich nun mit einer Sorge, die sich nicht nur mir allein aufgedrängt hat, sondern bereits viele politisch denkende Deutsche ernstlich bewegt, an Sie, Herr Bundespräsident, wenden. Ich möchte dem weiteren Inhalt meines Schreibens

---

[9] Heuss schrieb am 12. 1. 1955 an Hans Reif, um ihn auf den Fall aufmerksam zu machen, weil die Berliner FDP möglicherweise eine Stelle habe, die sich um solche Schicksale kümmere. „Ich nehme an, daß das der Dr. Falk ist, der in der Frühzeit der LDP der Sowjetzone etwas wie Geschäftsführer war. Ich habe ihn bei einigen der Konferenzen gesehen, aber an sich keine menschlich angenehme Erinnerung an ihn, womit ich ihm vielleicht sachlich Unrecht tue. Er war etwas Sprüchemacher mit einem Wirkungswillen, hinter dem nach meinem Gefühl die Substanz fehlte"; B 122, 152.

[1] Eingangsstempel vom 14. 1. 1955; Az. A1-1165/55.

zwei[2] gewichtige Worte, gewissermaßen als Thema, vorangeben: Parteipolitik und Toleranz. Es wird uns Deutschen doch immer wieder nahegelegt, etwas mehr Interesse an dem politischen Geschehen zu zeigen. Ob nun innen- oder außenpolitisch, oder kommunalpolitisch, sei ganz einerlei.

Wichtig sei eben nur, daß ein Interesse dafür bestünde. Gegen ein parteigebundenes politisches Interesse habe man ganz und gar nichts und überhaupt habe man ein Grundgesetz und somit die schriftliche Garantie, daß man kundtun dürfe, wie man politisch denkt! Sehr schön, möchte man sagen, aber weit gefehlt!

Es darf immer noch nicht jeder vor jedermann die ihm garantierte politische Freiheit in Anspruch nehmen. Mir scheint, unser Volk ist mit jener „grundgesetzlichen Freiheit" zumindest in einem Punkt eher gestraft, denn belobigt. Meine Kritik erscheint bedeutungslos, wollte man annehmen, nur ich beschäftige mich mit diesem „deutschen Übel". Allein die Tatsache, meine Feststellungen von Freunden, Bekannten und Arbeitskollegen bestätigt zu wissen, läßt mich vor Ihnen, Herr Bundespräsident, gegen die politische Intoleranz sehr vieler Deutscher Stellung nehmen. Man bedenke, parteipolitische Gegensätze können bei uns so weit gehen, daß sogar Arbeitnehmer unter sich in den Betrieben kein kollegiales Empfinden mehr zeigen, nur weil der Arbeitskollege vielleicht einer Partei angehört, die bei dem einen oder anderen gerade nicht gefragt ist. Es muß sich nicht immer um einen parteigebundenen Mitbürger handeln, es genügt oft schon eine kleine politische Bemerkung, um als politischer Gegner beiseite geschoben zu werden.

Der Geist der Unduldsamkeit wurde bei uns einst durch den Nazi-Terror bewußt hochgezüchtet, und es ist bisher wenig geschehen, dieses Übel aus den Köpfen vieler Deutscher zu vertreiben. Eine Bemerkung, die ein Arbeitskollege einem anderen unverblümt abgibt, wie „du brauchst mir den Arbeitsvorgang nicht erklären, von einem Sozi lasse ich mir schon gar nichts sagen" oder „ich kann nicht verstehen, daß dieser X immer mit dem Y spricht, wo der doch ein CSU-ler ist" oder „der Rote soll seine Sachen alleine machen, mit dem rede ich nicht" ist doch bezeichnend dafür, daß an die Stelle der NS-Unduldsamkeit noch immer nicht der auf die Zusammenarbeit aller willigen und fähigen Kräfte gerichtete Geist der Demokratie getreten ist. [...][3]

Es wird Zeit, daß auch Verstöße gegen den wahren Geist der Demokratie als aufbauschädlich angesehen werden; schließlich sind wir ja immer noch dabei aufzubauen. Die von mir angeprangerte Intoleranz geht nicht etwa von politischen Parteien selbst aus, sondern in der Regel von einzelnen Menschen, von Nachbarn, vom Arbeitskollegen u. a., wobei sehr oft die persönliche Note einen ganz wesentlichen Ausschlag gibt. Diese Menschen schaden mehr, als bei oberflächlicher

---

[2] In der Vorlage: „drei".
[3] Weitere Ausführungen zur politischen Intoleranz der Deutschen.

Betrachtung zu erkennen ist, dem „geistigen Wiederaufbau" Deutschlands und zersetzen durch ihr intolerantes Verhalten, ganz gleich welcher politischen Richtung sie angehören, oder ob gar indifferent, gerade diejenigen Kräfte, die gewillt sind, neu anzufangen, um einmal doch noch gesunde politische Verhältnisse in unserem Vaterland zu schaffen. Ich meine, Parteipolitik und politische Auseinandersetzung in Ehren, aber keinesfalls Intoleranz und Verächtlichmachung aus politischen Motiven.

Es ist mir klar, daß Sie, Herr Bundespräsident, mancherlei Sorgen aus dem deutschen Volk vorgetragen erhalten. Meine Sorgen können Sie weder im Interesse aller deutschen Menschen abschaffen, noch lindern, noch irgendwie öffentlich erwähnen. Ich weiß das, aber es drängt mich nun einmal, Sie auf die bestehende Unduldsamkeit aufmerksam zu machen.

Mit den besten Wünschen für Ihr Wohlergehen
Ihr ergebener

Franz Vogel

Nr. 144 B
An Franz Vogel, München 15
17. Januar 1955
BArch, B 122, 2072: ms. Schreiben, Durchschlag, von Heuss diktiert (Diktatz. H/Sch) und ms. gez.[4]

Sehr geehrter Herr Vogel!

Es ist natürlich so, wie Sie vermuten, daß ich nur einen begrenzten Teil der Briefe, die an mich gerichtet werden, in die Hand bekommen und lesen oder sogar beantworten kann. Sie werden das sofort begreifen, wenn ich Ihnen mitteile, daß täglich durchschnittlich 300 bis 400 Briefe an mich kommen mit Wohnungs- oder Rentenfragen, auf die wir gar keinen Einfluß haben, oder auch mit allgemeinen Weltverbesserungsvorschlägen. Ihr Brief aber ist mir vorgelegt worden, wie alle Briefe, die einen individuellen Charakter haben oder eine Sorge zum Ausdruck bringen, denn meine Mitarbeiter haben gar nicht die Absicht, wie manche Leute naiverweise annehmen, mich von den Meinungen des Volkes „fernzuhalten".

Aber wenn ich ihren Brief beantworten soll, so kann ich Ihnen nur eine kleine Reflexion über die Unzulänglichkeit des Menschengeschlechts halten. Denn so sehr ich begreife, wie Sie den Mangel an Kameradschaft empfinden oder sich

---

[4] Az. A1-1165/55; weiterer Nachweis: N 1221, 324: Durchschlag.

über Feindseligkeiten von Menschen innerlich aufhalten – mit den Fragen der Staatsform oder der Staatsführung hat das ja gar nichts zu tun. Der Staat selber kann ja diese individuellen Reaktionen nicht durch eine Gesetzgebung austilgen. Das ist ein Erziehungsprozeß. Ich habe es ja als eine meiner Aufgaben betrachtet, den Deutschen zu helfen, aus der Verkrampfung der nationalsozialistischen Zeit herauszukommen,[5] manchmal ist es geglückt, an anderen Stellen nicht. Die Schwierigkeiten sind ja in Deutschland größer als in anderen Ländern, weil wir von der Geschichte her in den Wechsel der politischen Grundformen gekommen sind. Die deutsche Situation hat ihre Schwierigkeit auch dadurch, daß durch die konfessionelle Spaltung manche Konfessionsgruppen in der Isolierung den Sinn ihrer Aufgabe sehen. Damit persönlich fertig zu werden ist ja eine Aufgabe jedes Einzelnen.

Ich glaube, daß Sie die Dinge etwas zu pessimistisch betrachten, wenn Sie meinen, diese Gefühlshaltung sei eine Spezialität der deutschen Parteienentwicklung. Das gibt es auch anderwärts. Nur sind die Deutschen in einem reizbareren Zustand. Ich kenne aber genug Menschen – und ich gehöre selbst zu ihnen –, die über Partei- und Konfessionsunterschiede hinweg menschliche Freundschaften und Gemeinsamkeiten suchen und pflegen.

Mit freundlichen Grüßen
Ihr
Theodor Heuss

Nr. 145 A
Von Ernst Pfeiffer, Elektriker, Wettingen, Schweiz
28. Januar 1955
BArch, B 122, 153: ms. Schreiben, behändigte Ausfertigung[1]
Kritik an der Standard-Briefmarkenserie mit dem Portrait von Theodor Heuss

Sehr geehrter Herr Bundespräsident!

Die Standardbriefmarkenserien der deutschen Bundespost tragen Ihr Kopfbild. Ich weiß nicht, welche Gründe bei der Einführung dieser Wertzeichen maßgeblich waren. Seit ich aber meinen Beruf in der Schweiz ausübe, dachte ich öfters über die Notwendigkeit jener Maßnahme nach. Leider liegt immer noch ein großer Teil geistiger Ächtung auf unserem Volk, und das ist hier unmittelbar spürbar.

---

5 Vgl. Nr. 135, Anm. 4.
1 Eingangsstempel vom 31. 1. 1955; Az. A1-2668/55.

Besonders die Briefmarkenfrage ist oft Anlaß zu dummen Vergleichen mit der Vergangenheit. Dabei ließe sich dieser Stein des Anstoßes möglicherweise ohne große Schwierigkeiten aus dem Wege räumen. Gerade von meiner Heimatstadt Heilbronn her weiß ich, welcher Achtung und Wertschätzung seitens der Bevölkerung Sie sich erfreuen. Könnten da nicht Wege gefunden werden, die auf die Briefmarke als Publikationsmittel von unserem Staatsoberhaupt verzichten?

Dieses Anliegen spreche ich lediglich im Interesse der deutschen Visitenkarte im Ausland aus. Bitte haben Sie dafür Verständnis und entschuldigen Sie mein Unterfangen.

Hochachtungsvoll   Ernst Pfeiffer

Nr. 145 B
An Ernst Pfeiffer, Elektriker, Wettingen, Schweiz
4. Februar 1955
BArch, B 122, 153: ms. Schreiben, Durchschlag, von Heuss diktiert (Diktatz. H/Bk), von Bott hs. paraph. und ms. gez.[2]

Sehr geehrter Herr Pfeiffer!

Ihre etwas seltsame Anfrage hat den Herrn Bundespräsidenten heiter gestimmt. Daß sein Bild auf die Briefmarke gesetzt wurde, beruht auf einem Beschluß des Kabinetts aus Anlaß des 70. Geburtstags.[3] Der Vorschlag war schon früher gemacht worden, um der Vereinheitlichung in der Bundesrepublik einen Ausdruck zu geben. Auf die Idee, daß dies dem Ansehen Deutschlands abträglich sein könnte, ist bis jetzt außer Ihnen noch niemand gekommen – und sicher in der Schweiz niemand von irgend welchem Rang, denn Dr. Heuss hat gerade in der Schweiz im öffentlichen Bewußtsein, wie wir spüren können, viel Sympathie geweckt.

---

[2] Absendevermerk vom 5. 2. 1955; weiterer Nachweis: N 1221, 325: Durchschlag.
[3] Bereits im Oktober 1949 hatte man im Bundeskabinett erörtert, eine einheitliche Briefmarke mit einem Bild von Heuss zu schaffen; vgl. KABINETTSPROTOKOLLE 1949, S. 128. Heuss hatte daraufhin Adenauer am 26. 10. 1949 gebeten, von diesem Plan Abstand zu nehmen; abgedruckt in: TH. HEUSS, Bundespräsident, Briefe 1949–1954. Nachdem Heuss einige Jahre später doch die Zustimmung gegeben hatte, sein Kopfbild für die Dauerserie zu verwenden, begannen im Sommer 1953 mit der Übersendung einiger Fotografien die Vorbereitungen für die Schaffung der Serie, die zum 70. Geburtstag von Heuss (31. 1. 1954) herauskommen sollte.

Vielleicht beruhigt Sie der Hinweis darauf, daß auch in anderen Ländern, handele es sich um Monarchien oder um Republiken, Porträtköpfe auf Briefmarken verwendet werden.

Mit vorzüglicher Hochachtung   Hans Bott
                                Persönlicher Referent des Bundespräsidenten[4]

Nr. 146 A
Von Dr. Karl Konrad, Studienrat i. R., Surendorf über Gettorf
28. Januar 1955
BArch, B 122, 153: ms. Schreiben, behändigte Ausfertigung[1]
Ablehnung Thomas Manns als Redner auf der Feier zum 150. Todestag von Friedrich Schiller

Sehr geehrter Herr Bundespräsident,

Zeitungsmeldungen zufolge wird bei der Feier des 150. Todestages Schillers Thomas Mann in Ihrer Anwesenheit die Festrede halten. Wenn das zutrifft, so spreche ich hiermit meine ernsten Bedenken aus. Thomas Mann hat während des letzten Krieges in USA als hochbezahlter Rundfunksprecher eine wüste Propaganda gegen Deutschland getrieben.[2] Ich habe damals einige seiner Hetzreden „schwarz" gehört und bin jedesmal erschüttert gewesen von dem Haß, der daraus sprach. Gewiß hat er stets hervorgehoben, daß seine Worte sich nur gegen das Deutschland Hitlers richteten; aber war das nicht nach der Lage der Dinge nur eine Geste? Haben die Bomben eine Vorrichtung gehabt, Gerechte von Ungerechten zu unterscheiden? War es nötig, derart Öl ins Feuer zu gießen, wo doch die „Amis" selber wußten, wo der Feind saß?
   Viele Emigranten hat es damals gegeben; aber nur die wenigsten haben sich dazu hergegeben, gegen ihr Vaterland zu hetzen, – sie haben in stummer Trauer verharrt. Thomas Mann mußte natürlich dabei sein. Und gegen Geld! Mehr brauche ich wohl nicht zu sagen.

---

[4] Ein weiteres Schreiben des Einsenders vom 14. 2. 1955 wurde ohne Kommentar zu den Akten verfügt.
[1] Eingangsstempel vom 31. 1. 1955; Az. A1-2692/55; links oben hs. Vermerk: „Rede Thomas Mann anl. 150. Todestag".
[2] Thomas Mann beteiligte sich als Emigrant ab 1940 an einer monatlichen Radiosendung „Deutsche Hörer!" mit fünf- bis achtminütigen Ansprachen, die die BBC über Langwelle auch nach Deutschland ausstrahlte; vgl. H. Weidenhaupt, Gegenpropaganda.

Nach dem Kriege hat ihm das Land Thüringen angeboten, seinen Wohnsitz als Staatspensionär auf der Wartburg zu nehmen. Gewiß ein ehrenvolles Anerbieten! Thomas Mann aber hat sich mit lahmen Vorwänden darum gedrückt, sich in seinem Vaterlande niederzulassen.[3] Hat ihn das böse Gewissen gedrückt? Hat er sich davor gefürchtet, von einem Heißsporn gezüchtigt zu werden?

Mann hat viele Preise bei uns erhalten. Er hat ferner bei wichtigen Feiern zum deutschen Volke geredet. Aber der Boden Deutschlands ist ihm offenbar noch immer zu heiß, um ihn dauernd zu betreten. In der freien Schweiz fühlt er sich sichtlich wohler als in unserm mindestens ebenso freien Teildeutschland.

Was seine dichterischen Verdienste betrifft, so lasse ich einiges mit Vorbehalt gelten. Seine letzten Werke zeigen aber, daß er sich auf dem absteigenden Aste befindet. Sein Deutsch wird immer schwülstiger und unverständlicher, seine Schreibweise immer gekünstelter, sein Stoffkreis immer dürrer. Trotzdem gilt er einigen Unentwegten noch immer als „der" deutsche Dichter, der allein dazu berufen sei, im Namen des deutschen Volkes Schillers Andenken zu feiern. Wäre er das, so würde das immer noch nicht das auslöschen, was er durch seine „Brand"-Reden gefehlt hat.

Ich und viele Freunde, die alle der Hitlerei durchaus feindlich gegenübergestanden haben, werden jedenfalls den Rundfunk abschalten, wenn er das Wort ergreift, werden auch nicht eine Zeile von dem Trara lesen, das von den Zeitungen dann um den Redner erhoben wird. Sollte in ganz Deutschland wirklich kein Mensch zu finden sein, der an Manns Stelle tritt? Warum z. B. nicht Ollenhauer oder sonst ein führender Politiker – war doch Schiller ein ausgesprochen politischer Dichter.

In ergebungsvoller Hochachtung   Karl Konrad

---

[3] Über die Diskussion um eine Rückkehr von Thomas Mann nach Deutschland vgl. W. LANGE / J. HERMAND, Thomas Mann.

Nr. 146 B

An Dr. Karl Konrad, Studienrat i. R., Surendorf über Gettorf

7. Februar 1955

BArch, B 122, 153: ms. Schreiben, Durchschlag, von Heuss diktiert (Diktatz. H/Sch), von Bott hs. paraph. und ms. gez.[4]

Sehr geehrter Herr Dr. Konrad!

Der Herr Bundespräsident hat Ihren Brief vom 28. 1. gelesen, bittet aber um Ihre Nachsicht, wenn er jetzt nicht in eine literarische Bewertung von Thomas Mann eintritt.

Dr. Heuss selber findet es interessant, daß die Deutsche Schillergesellschaft[5] Thomas Mann zu einer Darstellung seiner Schillerauffassung aufgefordert hat, da Mann, gleichviel man die Werke von ihm zu werten in der Lage ist, unzweifelhaft einer der geistvollsten und gebildetsten Schriftsteller deutscher Sprache ist.[6] Dr. Heuss hat auch gar keine Einwendungen dagegen gemacht, als er davon erfuhr, daß Thomas Mann sich bereit erklärt hat, diesen Antrag zu übernehmen, denn er sieht darin ein Bekenntnis, sich mit der deutschen Geistesgeschichte auseinanderzusetzen. Bei der Feier in Stuttgart wird übrigens der Herr Bundespräsident nach Thomas Mann selber einiges sagen.[7]

Ihre Anregung, einen aktiven Politiker mit der Rede zu beauftragen, etwa Herrn Ollenhauer, finden wir hier eine etwas gewagte Sache, weil damit die Politisierung Schillers, die unzweifelhaft in der Sowjetzone versucht werden wird,[8] auch hier zu einem Pro und Kontra der Beanspruchung des Mannes führen würde.[9]

---

4 Az. A 1-2692/55; Absendevermerk vom 8. 2. 1955; weiterer Nachweis: N 1221, 325: Durchschlag.

5 Unterlagen zur Organisation der Feier in Stuttgart am 8. 5. 1955, an deren Gestaltung Heuss mitwirkte, in: B 122, 325; dabei auch weitere ablehnende Zuschriften zur Teilnahme von Thomas Mann sowie Informationen über den Ablauf der Feierlichkeiten in Weimar.

6 An den Schriftsteller Hermann Kasack schrieb Heuss am 22. 2. 1955 (von Bott gez.), der gemeinsame Auftritt mit Thomas Mann interessiere ihn vor allem geistesgeschichtlich, „weil Thomas Mann ja zutiefst Ironiker ist, was Schiller ganz gewiß nicht sei. Dieses gemeinsame ‚Auftreten‘ von Mann und Heuss schockiert ja manche Leute, und wir rechnen damit, daß es darüber auch ärgerliche Auseinandersetzungen geben wird. Aber Dr. Heuss läßt sich davon nicht beeinflussen, wiewohl er bestimmten Formgebungen und Eigentümlichkeiten in der Figur von Thomas Mann auch mit einer kritischen Betrachtung gegenübersteht"; B 122, 330.

7 Die Rede als Manuskript mit Korrekturen von Heuss in: B 122, 241.

8 Thomas Mann trat auch bei der Schillerfeier in Weimar als Redner auf, was das Gesamtdeutsche Ministerium zu verhindern suchte (vgl. folgende Anm.). Zum Schiller-Jubiläum 1955 in der DDR siehe M. JÄGER, Mein Schiller-Jahr 1955.

9 Heuss reagierte deutlich auf Vorschläge des gesamtdeutschen Ministeriums, er möge versuchen, Thomas Mann davon abzubringen, nach Weimar zu einer dort im großen Stil geplanten Gedenkveranstaltung zu fahren: „Es ist eine geradezu groteske Vorstellung, ich könne und würde auf Thomas Mann ‚einwirken‘, er möge seine Zusage, in Weimar zu sprechen, zurückziehen. Ich

Der Herr Bundespräsident meint, daß Sie ganz mit Recht darauf hinweisen, daß Sie, wenn Ihnen die Sache zuwider ist, den Rundfunk abschalten können.

Mit freundlichen Empfehlungen

Hans Bott
Persönlicher Referent des Bundespräsidenten

Nr. 147 A
Von Freiherr Marschall, Haiger an der Dill
10. März 1955
BArch, B 122, 155: ms. Schreiben, behändigte Ausfertigung[1]
Kritik an der Würdigung von Reichspräsident Friedrich Ebert durch Theodor Heuss

Hochzuverehrender Herr Bundespräsident.

Die Dill-Zeitung, Dillenburg, Nr. 49 vom 18. 2. 55 brachte die Worte, die Sie, sehr verehrter Herr Bundespräsident, anläßlich des 30. Todestages des ersten Präsidenten der Republik, Herrn Friedrich Ebert, gesagt haben.[2] Heute muß ich

---

habe vor der Freiheit eines Menschen zu großen Respekt, um einer so erstaunlichen Anregung zu folgen. [...] Soll jetzt, aus ephemeren, tagespolitischen Überlegungen behördlicher Zweck-Ängstlichkeiten eine Anti-Konkurrenz gemacht werden: Wer denn für ihn zuständig, wem er denn gehöre? Das ist doch albern. Es handelt sich nicht um Thomas Mann, über den man ruhig streiten mag – ich kenne ihn persönlich nur ganz flüchtig. Aber das Ministerium für gesamtdeutsche Fragen möge zur Kenntnis nehmen, daß es eine törichte Auffassung ist, ich würde mich bereit finden, in dem angemuteten Sinn aktiv zu werden. Ich will aus meinem Namen keine Lächerlichkeit machen"; Notiz vom 24. 1. 1955, B 122, 325. Nach dem Festakt teilte Heuss am 11. 5. 1955 Adenauer mit, die Schiller-Feier sei „ausgezeichnet verlaufen." „Die ängstliche Betrachtung, die das gesamtdeutsche Ministerium gegenüber diesem ganzen Vorgang zum Ausdruck gebracht hatte, war völlig deplaciert"; K. ADENAUER / TH. HEUSS, Unserem Vaterlande zugute, S. 178. Reinhold Maier schrieb er, er habe im Anschluss an die Feier in Marbach mit einigen Germanisten aus Weimar und aus Jena „lange, gute und vertrauensvolle Gespräche führen können"; 16. 5. 1955, in: B 122, 2065. Heuss ließ seine Rede über den Generalintendanten Walter Schäfer, Stuttgart, dem ihm bekannten DDR-Kultusminister Johannes R. Becher zukommen, obwohl die Kritik in der DDR nicht gerade „aufbauend" gewesen sei. „Daß meine Schiller-Rede als die Äußerung der westdeutschen ,Mumie' charakterisiert wurde, die sich mehr für den ,Weingeist als für den Geist' interessiere, habe ich inzwischen mit nachsichtigem Behagen zur Kenntnis genommen". Heuss an Schäfer, 20. 6. 1955, in: B 122, 325.

[1] Eingangsstempel. vom 11. 3. 1955; Az. A1-6343/55; links hs. Vermerk von unbekannter Hand: „Rede Ebert".

[2] Ansprache von Heuss zum 30. Todestag von Ebert am 28. 2. 1955 im Rundfunk, in: B 122, 240. Heuss hatte zuvor Ebert bereits zweimal, im Jahr 1951 bei der Weihe einer Büste vor dem Ber-

Ihnen dazu einige Worte sagen, da mir der NWDR Hamburg-Köln heute früh in seiner Schulfunksendung die Notwendigkeit dieses Schrittes dazu zeigt.

Herr Bundespräsident, das Deutsche Vaterland vor dem Zugriff der Kommunisten, Spartakisten, Bolschewiken oder wie man sonst die Jünger Lenins nennen will, in den kritischen Tagen der Deutschen jungen Republik gerettet zu haben ist einzig und allein der Verdienst Deutscher Soldaten und Freiwilliger, die schon zu Hause waren und erneut zum Gewehr griffen. Ich erinnere an die Kämpfe so um Weihnachten 1918 herum um das Vorwärtsgebäude in Berlin, an die Verhinderung der Ausrufung der Räterepublik Gotha-Erfurt im Frühjahr 1919, an die Niederwerfung der Bolschewiken-Herrschaft in München im Frühjahr 1919 usw. In den Kämpfen um das Vorwärtsgebäude haben nur Deutsche Soldaten, größtenteils Freiwillige gekämpft, in Gotha-Erfurt waren es preußische Truppen, die die Ausrufung der Räterepublik verhinderten, in München war es eine preußische Gardedivision, die die Kommunisten zum Teufel jagte. Herr Präsident Ebert und einer seiner Parteigenossen war hier nirgends zugegen, als es galt, diese bösen Geister, die sie ja erst gerufen hatten, wieder los zu werden. Und das Auftreten dieser bösen Geister ist doch erst die Folge der Untergrabung der Staatsautorität durch die Sozialdemokratie und ihr verwandter Kreise. Dazu gehört z. B. der Munitionsarbeiterstreik 1918, den doch Herr Ebert damals als Parteifunktionär der SPD mit unterschrieben hatte, die Aufforderung in der Heimat an die [zur] Front zurückkehrende[n] Soldaten, zu Hause zu bleiben oder zu dem Feinde überzulaufen und ähnliches mehr. Ich glaube nicht, daß die Ansicht geschichtlich zu vertreten ist, daß Herr Ebert und seine Parteigenossen Retter des Vaterlandes gewesen seien. Und, sehr geehrter Herr Bundespräsident, worin sehen sie etwas Königliches in dem Auftreten des ersten Bundespräsidenten? Daß er und seine Parteigenossen gegen die Machtübernahme durch die Bolschewisten damals aus reinem Erhaltungstrieb für sich selber und die Partei heraus sich wehrten, ist doch wohl nicht als königlich zu bezeichnen. Das war eine Selbstverständlichkeit.

Allmählich ist ja nun auch bekannt geworden, daß Kaiser Wilhelm II. gegen seine eigene Absicht und Überzeugung und gegen seinen eigenen Willen nach Holland abgeschoben wurde. Königlich ist das Verhalten und die Denkungsart dieses Mannes, der trotz allem, was ihm geschehen und angetan war, persönlich

liner Rathaus und umfassend während einer von Bundesregierung und Bundestag in Bonn veranstalteten Feierstunde zum 25. Todestag am 28. 2. 1950, gewürdigt; Rede als stenografische Mitschrift und als Broschüre „Friedrich Ebert zum Gedächtnis", in: B 122, 212, weiterer Abdruck in: TH. HEUSS, Würdigungen, S. 209. Am 28. 2. 1956 sprach Heuss anläßlich der Einweihung einer Heimvolkshochschule der Friedrich-Ebert-Stiftung in Bergneustadt noch einmal über „Friedrich Ebert und die politische Bildung"; abgedruckt in: Bulletin, 1. 3. 1956, S. 373; vgl. zur Erinnerung an Ebert durch Heuss, U. BAUMGÄRTNER, Republik, S. 104–109.

durch ein Schreiben an die wenigen Männer, die von der zwangsweisen Verschickung seiner Personen wußten, diese zum Schweigen über diesen Vorgang verpflichtete, da es der Wille dieses Mannes war, dem Deutschen Volke in seiner grenzenlosen Not nicht den Glauben an den Namen Hindenburg zu nehmen. Wenigstens dieser Name sollte dem Deutschen Volke als sein guter Eckehart erhalten bleiben! Das war königlich gedacht. Zur Richtigstellung dieser geschichtlichen Vorgänge hielt ich mich verpflichtet.

In vorzüglicher Hochachtung bin ich
Ihr sehr ergebener

Freiherr Marschall

Nr. 147 B
An Freiherr Marschall, Haiger an der Dill
12. März 1955
BArch, B 122, 155: ms. Schreiben, Durchschlag, von Heuss diktiert (Diktatz. H/Bk), von Oberüber hs. paraph. und ms. gez.[3]

Sehr geehrter Herr Marschall!

Der Herr Bundespräsident dankt Ihnen für Ihren Brief vom 10. März, möchte aber mit Ihrer Einsicht rechnen, daß er, durch täglich hunderte von Briefen beansprucht, nun nicht in eine individuelle Auseinandersetzung der Geschichtsbewertung der Vorgänge im Jahre 1918/19 eintritt. So wenig, wie Sie ihn in der Bewertung der geschichtlichen Haltung und Leistung von Friedrich Ebert irgendwie beirren können, so wenig wird Dr. Heuss damit rechnen dürfen, seine die politische und moralische Haltung von Ebert völlig anders beurteilende Auffassung Ihnen nahe zu bringen. Er hat selber jene Zeiten von 1918–19 in Berlin erlebt und weiß selbstverständlich, daß Reste des Heeres in der Turbulenz jener Wochen und Monate eine starke Hilfsstellung für die Möglichkeit einer wiederkehrenden Erholung darstellten.[4] Ihnen selber aber, meint Dr. Heuss, scheint nicht gegenwärtig zu sein, welche entscheidende Bedeutung Eberts Haltung zur Frage der Berufung einer Nationalversammlung gehabt hat. Dabei ist Dr. Heuss nicht ganz deutlich, ob Ihnen bekannt ist, daß es sich bei seinen Worten, daß sich

---

[3] Az. A 1-6343/55; Absendevermerk vom 15. 3. 1955; weiterer Nachweis: N 1221, 326: Durchschlag.

[4] Heuss schilderte eingehend die Ereignisse am Ende des Ersten Weltkrieges, den Beginn der Weimarer Republik und auch die Person Eberts, in: TH. HEUSS, Erinnerungen, S. 263–308, 323–331.

dieser Mann „höchst königlich bewährt" habe, um ein Zitat aus Shakespeare[5] handelt.

Mit vorzüglicher Hochachtung   Horst Oberüber
                                    Für den Persönlichen Referenten des Bundespräsidenten

Nr. 148 A
Von Richard Voges, Neumünster
13. Juni 1955
BArch, B 122, 158: hs. Schreiben, behändigte Ausfertigung[1]
Stilkritik an der Rede von Theodor Heuss zum 20. Juli 1944 „Dank und Bekenntnis"

Sehr geehrter Herr Bundespräsident Heuss!

Als Schüler einer städtischen Abendschule wurde mir Ihr vor kurzem herausgegebenes Buch „Dank und Bekenntnis"[2] von unserem Lehrherrn geschenkt. Mit viel Freude begann ich in meiner Freizeit dieses Buch zu lesen. Daß der Inhalt Ihres Buches zum Nachdenken anregen würde, war mir wohl klar; aber etwas enttäuscht war ich doch, als ich bald feststellen mußte, daß ich mich mehr auf die ungezählten Fremdwörter als auf den Inhalt des Buches konzentrieren mußte.

Da Ihr Buch „Dank und Bekenntnis" von vielen Schülern gelesen wird, glaube ich, daß es manch einem meiner Kameraden wohl genau so ergehen wird.

Im Namen meiner Klassenkameraden würde ich es sehr begrüßen, wenn Sie in Ihrem nächsten Buch von dem Gebrauch der vielen Fremdwörter absehen würden, so daß der Wortschatz unserer deutschen Muttersprache mehr zur Geltung käme; damit auch der einfache Staatsbürger den Inhalt verstehen kann.

Hochachtungsvoll   Richard Voges
                                                          [und weitere 27 Unterschriften[3]]

---

5   Heuss hatte in der Rundfunkansprache (vgl. Anm. 2) gesagt: „Vor einigen Jahren faßte ich dies
    Urteil in den Satz: Als Könige versagten, hat dieser Sohn des breiten Volkes sich höchst königlich
    bewährt." Damit zitierte Heuss die Schlusspassage von Shakespeares „Hamlet", wo Fortinbras
    den verstorbenen Hamlet würdigt: „Lasst vier Hauptleute Hamlet auf die Bühne / Gleich einem
    Krieger tragen: denn er hätte, / Wär er hinaufgelangt, unfehlbar sich / Höchst königlich bewährt";
    W. SHAKESPEARE, Hamlet, 5. Aufzug, 2. Szene, S. 137.
1   Eingangsstempel vom 22. 6. 1955; Az. A1-12778/55; von Heuss mit einem „d[iktieren]" versehen.
2   Zur Ansprache von Heuss zum 20. Juli 1944 vgl. Nr. 127, Anm. 4.
3   Der Lehrer (Unterschrift nicht lesbar) fügte folgenden Vermerk hinzu: „Ich schließe mich dem
    Wunsch meiner Klasse an. Es war sehr schwierig, ihnen das Anliegen deutlich zu machen."

Nr. 148 B
An Richard Voges, Neumünster
28. Juni 1955
BArch, B 122, 158: ms. Schreiben, Durchschlag, von Heuss diktiert (Diktatz. H/Sch), von Bott
hs. paraph. und ms. gez.[4]

Sehr geehrter Herr Voges!

Der Herr Bundespräsident hat Ihren Brief erhalten und gelesen. Er läßt Ihnen aber mitteilen, daß er jetzt in seinem Alter sich nicht mehr darauf umstellen kann,[5] vor jedem Wort in seinen Reden zu überlegen, ob es einem Schüler geläufig ist. Er hat die Auffassung, daß es gerade Schülern nicht schadet, wenn sie Worte, die ihnen unbekannt sind, dann einmal nachschlagen und sich aneignen und über deren Bedeutung nachdenken.

Mit den besten Empfehlungen

Hans Bott
Persönlicher Referent des Bundespräsidenten

Nr. 149 A
Von stud. jur. Wolfgang Hoffmann, Blankenloch bei Karlsruhe
19. Juni 1955
BArch, B 122, 158: ms. Schreiben, behändigte Ausfertigung[1]
Kritik am 17. Juni als Feiertag

Sehr geehrter Herr Bundespräsident!

Gestatten Sie mir bitte, einige Worte zum Tag der deutschen Einheit an Sie zu richten. Niedergeschlagen und empört war ich, als ich das Ergebnis dieses Feiertages zusammenstellte: Die große Masse hat länger schlafen können als gewöhnlich und brauchte nichts zu tun, während in der SBZ hart gearbeitet wurde; einige Sportvereine hatten die Möglichkeit, Fußballfreundschaftsspiele und andere „sportliche" Wettkämpfe zusätzlich durchzuführen; vielleicht hat auch ein Kaninchenzuchtverein ausgestellt oder ein Hundedressurklub sich betätigt; in Bonn, Berlin

---

[4] Az. A1-12778/55; Absendevermerk vom 29. 6. 1955; weiterer Nachweis: N 1221, 327: Durchschlag.

[5] Am 3. 12. 1954 hatte er noch an Ignatz Schweitzer geschrieben, in der „Fremdwörter-Frage" habe er ein etwas schlechtes Gewissen, da er ihnen nicht ausweiche. Früher habe seine Frau bei seinen Büchern eine „Jagd auf Fremdwörter und Fachwörter unternommen"; B 122, 146.

[1] Eingangsstempel vom 23. 6. 1955; Az. A1-12885/55; von Heuss mit einem „d[iktieren]" versehen.

und anderen Orten wurden Musikstücke aufgeführt und von wenigen, bestimmten Persönlichkeiten Reden gehalten.[2]

Das war die Antwort der Deutschen Bundesrepublik auf die Erhebung unserer Landsleute gegen ein schreckliches Terrorsystem – eine der bewunderungswürdigsten Taten in der Geschichte unseres Volkes; es war m. E. eine klägliche Antwort.

Die einzige Möglichkeit, um für eine deutsche Einheit zu kämpfen, liegt für die Bürger der Bundesrepublik in der Tat, nicht im „Feiern". Wir besitzen nämlich Tausende von Beweisen für die Not der Zonenbewohner: u. a. hob in einem westlichen Auffanglager eine Mutter hervor, daß im Verhältnis zur allgemeinen Lebensmittelversorgung die Belieferung mit Milch eigentlich ein Lob verdiene. Diese Frau hatte für drei Kleinkinder täglich einen halben Liter bekommen! Es ist erschütternd festzustellen, wie solch eine klägliche Zuteilung als etwas Besonders angesehen werden muß.

Sollte nicht der deutsche Gesetzgeber die Erklärung des 17. Juni zum „Feiertag"[3] gutzumachen suchen, indem er beschließt, daß an diesem Tag gearbeitet wird, und auffordert, den Erlös der Arbeit für eine großzügige Hilfsaktion zu verwenden? Der Abend könnte dann einer Feierstunde vorbehalten bleiben. Denn allein eine Auffassung von der Verpflichtung zur Tat scheint mir zum Gedenken an die Idee und die Opfer des 17. Juni angebracht zu sein; daher bitte ich Sie, Herr Bundespräsident, sich dafür einzusetzen, daß der Tag der deutschen Einheit durch einen Gesetzgebungsakt einen neuen Sinn erhält und der Bundesrepublik nicht zur Schande, sondern zur Ehre gereicht.

In Hochachtung   Wolfgang Hoffmann

---

[2] Die offiziellen Feiern in Berlin und Bonn waren am 2. 6. 1955 im Kabinett besprochen und beschlossen worden; vgl. KABINETTSPROTOKOLLE 1955, S. 339f.

[3] Der 17. Juni war durch Gesetz vom 4. 8. 1953 (BGBl. I, S. 778) zum gesetzlichen Feiertag erklärt worden; vgl. die 300. Sitzung des Bundeskabinetts vom 7. 7. 1953, TOP G, in: KABINETTSPROTOKOLLE 1953, S. 387f.; zur Bedeutung des 17. Juni 1953 für die bundesrepublikanische Gedenkpolitik vgl. E. WOLFRUM, Geschichtspolitik.

Nr. 149 B
An stud. jur. Wolfgang Hoffmann, Blankenloch bei Karlsruhe
29. Juni 1955
BArch, B 122, 158: ms. Schreiben, Durchschlag, von Heuss diktiert (Diktatz. H/A), von Bott
hs. paraph. und ms. gez.[4]

Sehr geehrter Herr Hoffmann!

Der Bundespräsident läßt Ihnen für Ihren freundlichen Brief danken. Der Vorschlag, den Sie machen, ist hier schon im vergangenen Jahr wiederholt vorgebracht
worden, und auch in diesem Jahr haben wir eine Anzahl von Briefen dieser Art
bekommen,[5] auch schon bevor die an sich selbstverständliche Kritik am Ablauf
des 17. Juni zu machen war. Der Bundespräsident selbst ist ja, wie Sie wissen,
nicht unmittelbar in die Legislative eingeschaltet. Er bittet um Verständnis dafür,
daß er über seine Stellungnahme zur Art dieser Feier nicht in eine briefliche
Auseinandersetzung mit einem ihm fremden Menschen eintritt.

Mit vorzüglicher Hochachtung

Hans Bott
Persönlicher Referent des Bundespräsidenten

Nr. 150 A
Von Hannelore Fischer, Zahnärztin, Bonn
1. Juli 1955
BArch, B 122, 158: ms. Schreiben, behändigte Ausfertigung[1]
*Gedenken an die Häftlinge in der DDR; Kritik am Stil der Debatten im Deut-
schen Bundestag*

Hochverehrter Herr Bundespräsident!

Von vornherein möchte ich Sie bitten zu entschuldigen, daß ich Ihnen auch einen
Teil Ihrer kostbaren Zeit stehle. Aber Sie scheinen mir der einzige Mann und vor
allen Dingen Mensch zu sein, der es in unserem Staat noch fertig bringt, ein Gehör
für die Sorgen und Nöte der Bürger zu haben.

---

[4] Absendevermerk vom 30. 6. 1955; weiterer Nachweis: N 1221, 327: Durchschlag.
[5] Eine Antwort von Heuss auf diesbezügliche Vorschläge von Emmy Bonhoeffer vom 20. 8. 1956
    abgedruckt in: TH. HEUSS, Bundespräsident, Briefe 1954–1959.
[1] Eingangsstempel vom 4. 7. 1955; Az. A2-13563/55; am rechten Rand mit Rotstift Verfügung
    von Klaiber am 4. 7. 1955: „Herrn von Heyden".

Aber langer Rede kurzer Sinn. Ich möchte hier im Namen meiner Eltern und derer, für die ich von hier aus sprechen kann, Sie bitten, daß Sie Herrn Dr. Adenauer vor seiner Reise nach Moskau, an deren eventuelle Erfolge wir uns klammern wie an einen Strohhalm, erinnern, an die politischen Häftlinge in der Sowjetzone zu denken.[2] Manchmal glauben wir, daß sie vergessen sind, wie so vieles andere auch, an das man sich heute nicht mehr erinnert oder nicht mehr erinnern will. Ich wage es nicht zu beantworten, um die letzten Hoffnungen nicht begraben zu müssen. Bitte glauben Sie nicht, daß ich oder wir – wenn ich von meinen Eltern mitspreche – mit Scheuklappen behaftet durch das tägliche und politische Dasein gingen. Die Jahre unter dem russischen oder besser sowjetischen Regime haben mir die Augen sozusagen geöffnet für die hohe und mindere Politik; es soll nicht vermessen klingen, wenn ich das behaupte. Es ist nur so, daß mich – und mich wohl nicht nur allein – ein Grauen packt, wenn ich an die Zukunft denke, sie ist recht dunkel, trotz aller Versuche, Licht zu schaffen. Ich bitte Sie nicht nur deshalb, weil einer meiner Brüder eine langjährige Zuchthausstrafe in der S.B.Z. bekommen hat, meine Bitte an Herrn Dr. Adenauer weiterzuleiten, nicht nur weil zahlreiche Bekannte von dem gleichen Schicksal betroffen worden sind, sondern in der Hauptsache deshalb, weil ich Menschen gesehen und gesprochen habe, die zurückkamen und körperlich und seelisch zerschlagen worden sind, die nur noch aus einer zusammengewürfelten Hülle von Leid und Furcht bestanden. Von dem, was wir erlebt haben, möchte ich Ihnen nichts erzählen, sie haben das alles schon hundertmal gehört, und es ist immer wieder das Gleiche in verschiedenen Variationen.

Aber etwas anderes möchte ich Sie noch fragen – mir geht es da ähnlich wie meinem jüngsten, jetzt 11-jährigen Bruder, der Sie so gerne im Radio sprechen hört, weil er behauptet, Sie hätten eine Stimme wie ein Großvater, den er nie gekannt hat – verstehen Sie, daß mich manchmal ein heiliger Zorn packt – um es nicht eine fürchterliche Wut zu nennen –, wenn man die Debatten des Bundestages über den Radioapparat verfolgt? Haben die Herren Volksvertreter denn nichts besseres zu tun als sich wie Schausteller zu benehmen, sobald die Öffentlichkeit Zuhörer ist, sich gegenseitig – gleich welcher parteipolitischer Richtung – mit simpler pathetischer Polemik abzuspeisen? Und dabei sind diese Herren bestimmt noch davon überzeugt, außer ihren zu bezweifelnden rhetorischen Leistungen etwas vollbracht zu haben. Ich habe manchmal Angst um unsere Demokratie, der Mensch ist zwar immer des Staates bedürftig, aber ob er seiner immer fähig ist, das ist die Frage. Ich hoffe und wünsche nur, daß es nicht so ist, daß

---

2 Adenauer weilte vom 8. bis 13. 9. 1955 in Moskau und erreichte dort die Freilassung der letzten deutschen Kriegsgefangenen. Einen anschaulichen Bericht über die Reise findet sich in seinen Memoiren: K. ADENAUER, Erinnerungen 1953–1955, S. 496–535; vgl. auch H. ALTRICHTER, Adenauers Moskaubesuch.

man sich ohne Selbstüberheblichkeit auf den Kern der Dinge besinnt und den zur Zeit etwas stark getrübten Blick wieder klärt.

Ich danken Ihnen sehr für das Zuhören oder Mitlesen, und ich bin etwas traurig, daß Ihr Tag nicht so lang ist, daß man einmal mit Ihnen sprechen könnte, es müßte wohltuend sein.

Ich wünsche ihnen, daß Sie gesund bleiben für uns alle, die wir Sie nötig haben, als einen Menschen unter vielen Kohlköpfen.

Mit herzlichen Grüßen – auch im Namen meiner Eltern – und voller Hochachtung für Sie

Ihre

Hannelore Fischer

Nr. 150 B
An Hannelore Fischer, Zahnärztin, Bonn
11. Juli 1955
BArch, B 122, 158: ms. Schreiben, Durchschlag, von Heuss diktiert (Diktatz. H/Sch) und ms. gez.[3]

Sehr geehrte Frau Fischer!

Freundlichen Dank für Ihren Brief vom 1. 7. Wie Sie sich denken können, ist seit der Ankündigung der Reise des Bundeskanzlers nach Moskau die Frage der in der Sowjetzone Inhaftierten schon mannigfach an uns und auch an das Bundeskanzleramt herangebracht worden, und ich zweifle nicht daran, daß sie auch in Moskau zum Gesprächsgegenstand werden wird.[4]

Ich habe selber in den letzten Jahren eine ganze Reihe von Menschen gesprochen, die drüben im Gefängnis saßen und eigentlich nie eine Vernehmung erlebt hatten. Die ungeheure Schwierigkeit, auch der individuellen Einwirkung, liegt in einem schwer durchschaubaren System von Zufälligkeiten.

Es ist sehr schmerzlich, auf die so häufigen Bitten und Fragen, die an uns kommen, nicht eine präzisere Antwort erteilen zu können.

Mit freundlichen Grüßen
Ihr

Theodor Heuss

---

[3] Az. A2-13563/55; Stempel: „Pers[önlichem] Ref[erenten] vorgelegen"; weiterer Nachweis: N 1221, 328: Durchschlag.

[4] Adenauer benutzte in den Gesprächen in Moskau bewusst den Begriff „zurückgehaltene Personen"; K. ADENAUER, Erinnerungen 1953–1955, S. 509.

Th.Heuss   11.Juli 1955

A 2 - 15563/55   H/Sch

1.)   Frau
        Hannelore Fischer
        B o n n
        Breitestr. 50   Pers. Ko.. vorgelegen

                Sehr geehrte Frau Fischer !

            Freundlichen Dank für Ihren Brief vom 1.7. Wie Sie
        sich denken können, ist seit der Ankündigung der Reise
        des Bundeskanzlers nach Moskau die Frage der in der Sow-
        jetzone Inhaftierten schon mannigfach an uns und auch
        an das Bundeskanzleramt herangebracht worden, und ich
        zweifle nicht daran, dass sie auch in Moskau zum Ge-
        sprächsgegenstand werden wird.

            Ich habe selber in den letzten Jahren eine ganze Rei-
        he von Menschen gesprochen, die drüben im Gefängnis saßen
        und eigentlich nie eine Vernehmung erlebt hatten. Die
        ungeheure Schwierigkeit, auch der individuellen Einwir-
        kung, liegt in einem schwer durchschaubaren System von
        Zufälligkeiten.

            Es ist sehr schmerzlich, auf die so häufigen Bitten
        und Fragen, die an uns kommen, nicht eine präzisere Ant-
        wort erteilen zu können.

                            Mit freundlichen Grüssen
                                      Ihr

                              gez. Th.Heuss

2.) z.d.A.

Abb. 12: Theodor Heuss an Hannelore Fischer, 11. 7. 1955

407

Nr. 151 A
Von Lothar Arends, Heidelberg
2. Juli 1955
BArch, B 122, 158: ms. Schreiben, behändigte Ausfertigung[1]
Professorentitel für einen Chirurgen

Sehr verehrter Herr Bundespräsident!

Als Sie noch in Heidelberg wohnten,[2] wird Ihnen Herr Dr. Gotthilf Feucht, Facharzt für Chirurgie, Handschuhsheimer Landstraße 32 kein Unbekannter geblieben sein.

Dieser, von einem Heer seiner Patienten und deren Angehörigen hochgeschätzte Chirurg mit der geschickten Hand und einer überragenden Fachkenntnis, ist Chefarzt des Diakonissenkrankhauses in der Plöck, wo er von seinen Mitarbeitern dank seiner vornehmen und menschenfreundlichen Gesinnung verehrt und geliebt wird.

Groß ist auch die Zahl der Heidelberger, die sich immer wieder die Frage vorlegen: Warum wird dieser Mann nicht Professor?

Herr Bundespräsident! Herr Dr. Feucht führt in der kommenden, 28. Woche 1955, seine 20.000. Operation aus. An die 200 Krankenhäuser der Bundesrepublik würden kaum genügen, die bisherigen 19 999 Operierten unterzubringen. Jeder weiß und wünscht, daß auch diese 20.000. Operation unter seiner fachkundigen Hand glücklich ausgeführt wird.

Ich erlaube mir ergebenst, sehr verehrter Herr Bundespräsident, eine entsprechende Ehrung dieses gottbegnadeten Fachmannes Ihrer wohlwollenden Überlegung und Entscheidung anheim zu stellen.

Mit vorzüglicher Hochachtung!
Ihr sehr ergebener

Lothar Arends

---

[1] Eingangsstempel vom 3. 7. 1955; Az. A1-13587/55; links oben zwei Fragezeichen, die sich auf die Worte „kein Unbekannter" beziehen dürften.
[2] Heuss wohnte mit seiner Frau 1943–1945 bei seiner Schwägerin in einer Dachwohnung in Heidelberg-Handschuhsheim, Kehrweg 4.

Nr. 151 B
An Lothar Arends, Heidelberg
7. Juli 1955

BArch, B 122, 158: ms. Schreiben, Durchschlag, von Heuss diktiert (Diktatz. H/Sch), von Bott hs. paraph. und ms. gez.[3]

Sehr geehrter Herr Arends!

Der Herr Bundespräsident läßt Ihnen für Ihren Brief vom 2. 7., den Sie in der Sache des Herrn Dr. Feucht an ihn gerichtet haben, bestens danken. Sie meinen, daß Herr Dr. Feucht für Dr. Heuss kein Unbekannter geblieben sei. Dies ist jedoch der Fall, denn der Herr Bundespräsdent hat den Namen zum ersten Mal durch Ihren Brief erfahren. Ihr Brief ist aber insofern falsch adressiert, als für die Ernennung zum Professor an einer Universität wie auch für die Verleihung des Professoren-Titels die Länderregierungen zuständig sind. Sie müssen also Ihre Anregung nach Stuttgart senden.

Daß man aber eine zahlenmäßige Statistik von Operationen zum Anlaß für eine eventuelle Ehrung nimmt, scheint dem Bundespräsidenten etwas skurril zu sein, denn wenn das „Brauchtum" würde, dann könnte ja das Drauf-Los-Schneiden Schule machen.

Mit vorzüglicher Hochachtung   Hans Bott
                    Persönlicher Referent des Bundespräsidenten[4]

---

[3] Az. A1-13787/55; Absendevermerk vom 8. 7. 1955; weiterer Nachweis: N 1221, 328: Durchschlag.

[4] Arends dankte am 23. 7. 1955 und bedauerte, dass ohne Absicht der Eindruck erweckt worden sei, Feuchts wohlverdiente Ehrung solle eine Art Prämie für die 20.000. Operation werden; B 122, 158.

Nr. 152 A

Von stud. phil. Friedhelm Ochse, Oberkassel bei Bonn

18. Juli 1955

BArch, B 122, 159: hs. Schreiben, behändigte Ausfertigung[1]

Kritik an Theodor Heuss, dass er nicht an einem Fürbittegottesdienst für die Genfer Konferenz teilnahm

Sehr geehrter Herr Bundespräsident!

Heute früh begann in Genf die Konferenz der verantwortlichen Staatsmänner der vier Großmächte,[2] die über den Frieden der Welt und die Zukunft und Einheit unseres Vaterlandes entscheiden soll.

Aus diesem Anlaß fand am heutigen Abend in der Kreuzkirche zu Bonn ein Fürbittegottesdienst statt. In gemeinsamem Gebet baten Kirchenleitung und Gemeinde den Herrn, seinen Segen zum Gelingen der Genfer Konferenz zu geben und aller Obrigkeit die rechte Einsicht zu verleihen.

Die Gemeinde stand dabei stellvertretend für den Teil des deutschen Volkes, der in der Bundesrepublik lebt, und sie wußte, daß gleichzeitig in der Marienkirche zu Ost-Berlin unsere ostdeutschen Brüder, die in größerer geistiger und materieller Bedrängnis leben als wir, mit ihr gemeinsam um den Frieden und die Wiedervereinigung in Freiheit beteten.

Daß es eine so große Gemeinde hier wie dort gibt, der die Zerrissenheit unseres Vaterlandes Not macht, daß so viele Menschen ihre gemeinsame Sorge vor Gott bringen, nicht nur die stärker Betroffenen in Mittel- und Ostdeutschland, sondern auch die in scheinbarer Ruhe und Sicherheit lebende Gemeinde im Westen, gereicht zu einem gewissen Trost.

Dennoch erfüllte mich und mit mir viele Gemeindeglieder ein Umstand bei diesem Fürbittegottesdienst mit Trauer: Zwar war eine recht zahlreiche Gemeinde erschienen, zwar war eine recht vielschichtige Gemeinde erschienen, Sie jedoch, Herr Bundespräsident, der Sie unsere Gemeinde im höchsten Amt der Bundesrepublik vertreten, fehlten.

Ich hoffe, daß Sie dieses Bekenntnis nicht als Vorwurf treffen wird; seien Sie auch weiterhin meiner größten Hochachtung versichert.   Friedhelm Ochse

---

[1] Eingangsstempel vom 20. 7. 1955; Az. A1-14624/55.

[2] Die Siegermächte des ZweitenWeltkrieges, die USA, Großbritannien, Frankreich und die Sowjetunion, trafen sich vom 18. bis 23. 7. 1955 auf der Genfer Gipfelkonferenz, konnten aber hinsichtlich der Wiedervereinigung Deutschlands keine Ergebnisse erzielen; vgl. KABINETTSPROTOKOLLE 1955, S. 37–39; G. BISCHOF / S. DOCKRILL, Cold War.

Nr. 152 B
An stud. phil. Friedhelm Ochse, Oberkassel bei Bonn
21. Juli 1955
BArch, B 122, 159: ms. Schreiben, Durchschlag, von Heuss diktiert (Diktatz. H/A), von Oberüber hs. paraph. und ms. gez.; Briefkopf: „Bundespräsidialamt"[3]

Sehr geehrter Herr Ochse!

Der Herr Bundespräsident hat mit Nachsicht die „Rügen" gelesen, die Sie ihm
erteilt haben, weil er am Montag abend nicht in dem Fürbittegottesdienst gewesen
ist. Mit Herrn Generalsuperintendenten Jakob hatte er am Vormittag des gleichen
Tages eine über einstündige Unterredung. Vielleicht beruhigt es Ihre Seele zu wissen, daß der Chef des Bundespräsidialamts im Auftrage des Bundespräsidenten
an dem Gottesdienst teilgenommen hat.

Im übrigen meint der Bundespräsident, daß es sicherlich fruchtbarer für Sie
wäre, wenn Sie sich mit anderen Dingen beschäftigen, anstatt ihm Zensuren über
die Verwendung seiner Arbeitszeit zu erteilen. Derlei behält sich Dr. Heuss ganz
persönlich selber vor, und es ist ihm ziemlich gleichgültig, ob er in diesem oder
jenem Fall diesem oder jenem Anspruch genügt.

Mit vorzüglicher Hochachtung   Horst Oberüber
                          Persönlicher Referent des Bundespräsidenten i. V.

Nr. 153 A
Von Wilhelm Fürniß, Liedolsheim bei Karlsruhe
31. Juli 1955
BArch, B 122, 159: hs. Schreiben, behändigte Ausfertigung[1]
*Wiederherstellung der Ehre der Wehrmachtssoldaten als Voraussetzung für die
Aufstellung neuer deutscher Streitkräfte*

Sehr geehrter Herr Bundespräsident.

Betr.: Aufstellung unserer neuen Wehrmacht.
Es ist mir ein großes Anliegen, Herr Bundespräsident, Ihre Stellungnahme in dieser Ansicht zu hören. Wie Sie, Herr Bundespräsident, wohl auch noch wissen, sind

---

[3] Az. A 1-14624/55; Absendevermerk vom 22. 7. 1955; weiterer Nachweis: N 1221, 328: Durchschlag.
[1] Eingangsstempel vom 3. 8. 1955; Az. W/Ch/55; von Heuss mit einem „d[iktieren]" versehen.

wir ehemaligen Soldaten *ohne Unterschied* von unseren ehemaligen Feindmächten als Verbrecher bezeichnet worden. Nicht nur die ehemaligen SS-Verbände.

Nun steht die Aufstellung einer neuen Streitmacht bevor. Obwohl *keiner* unserer ehemaligen Feindmächten und jetzigen Verbündeten diese für einen Soldaten schwere Anschuldigung zurückgenommen hat, erklären Sie, Herr Bundespräsident, sich wieder bereit, ohne offizielle Zurücknahme *dieser Anklage* uns zuzumuten, Schulter an Schulter mit diesen Anklägern im Notfalle zu kämpfen. Es wäre meines Erachtens der Mühe wert, dieses vor aller Welt klarzustellen und zu bereinigen, wenn die Ehre und der Stolz der Soldaten noch einen Wert haben soll.

Ihre gefällige Stellungnahme erwartend, grüße ich Sie
in vorzüglichster Hochachtung.

Wilhelm Fürniß

Nr. 153 B
An Wilhelm Fürniß, Liedolsheim bei Karlsruhe
5. August 1955
BArch, B 122, 159: ms. Schreiben, Durchschlag, von Heuss diktiert (Diktatz. H/Sch), von Bott hs. paraph. und ms. gez.[2]

Sehr geehrter Herr Fürniß!

Der Herr Bundespräsident, der Ihren Brief vom 31. 7. gelesen hat, nimmt an, daß Sie nicht erwarten, daß er mit einem ihm völlig fremden Menschen in eine politische Korrespondenz eintritt.

Zu dem Komplex der sogenannten Kollektivanschuldigungen hat Dr. Heuss sehr früh und sehr eindeutig eine ablehnende Stellung in öffentlichen Erklärungen eingenommen.[3]

Uns ist hier nicht bekannt, auf was sich Ihre Behauptung bezieht, daß alle ehemaligen Soldaten ohne Unterschied als Verbrecher bezeichnet worden seien. Solche globalen Aussagen sind vielleicht als Auswirkungen der Kriegspropaganda hier und da noch geäußert worden, sie sind aber keine Unterlage für eine öffentliche Auseinandersetzung.

Mit vorzüglicher Hochachtung

Hans Bott
Persönlicher Referent des Bundespräsidenten

---

[2] Az. A 1-15657/55; Absendevermerk vom 6. 8. 1955; weiterer Nachweis: N 1221, 328: Durchschlag.
[3] Vgl. Nr. 10, Anm. 2.

Nr. 154 A
Von Fred Matthias, New York
17. Oktober 1955
BArch, B 122, 161: ms. Schreiben, behändigte Ausfertigung[1]
Kritik an den Modalitäten der Wiedergutmachung

Sehr geehrter Herr Präsident!

Ich wende mich heute an Sie, da ich nun seit über zehn Jahren auf eine teilweise Entschädigung bzw. Wiedergutmachung von Naziunrecht warte, ohne auch nur der Sache etwas näher zu sein als am Ende des Krieges.

Hier nur kurz einige Daten, welche Ihnen vielleicht helfen werden, meinen Unwillen zu verstehen. Ich wurde im Dez. 1921 in Breslau geboren, wo mein Vater, Herr Julian Matthias, ein angesehener und wohlhabender Textilfabrikant war. Im Zuge der N.S. Regierungsübernahme wurde er erst ausgeraubt und dann schließlich ermordet. Am Ende des Krieges, als die sog. Wiedergutmachung angekurbelt wurde,[2] erklärte man, daß Westdeutschland, welches zwar von den in Ostdeutschland geraubten Geldern profitierte, diese nicht entschädigen kann.

Nun hat mein Vater auch vier Lebensversicherungen mit der „ISAR" Ges. in München abgeschlossen, deren Nutznießer ich gewesen wäre, wenn die s. Z. deutsche Regierung diese nicht als „Reichsfluchtsteuer" zu Gunsten des Großdeutschen Reiches eingezogen hätte. Die seltsame Situation ist nun die, daß die heutigen deutschen Behörden sich auf den Standpunkt stellen, daß, wenn mein Vater selber die Gaskammern überlebt hätte, er wohl diese Werte aus den Lebensversicherungen in Westdeutschland vergütet bekäme. Jedoch ist dieser Anspruch (ich war der Nutznießer dieser Versicherungsabschlüsse) nicht vererblich. Es erscheint mir, als ob der Raubmörder sich selber dafür belohnt, daß er sein Opfer auch umgebracht hat, und sich daher entschließt, daß er deshalb auch sein Geld behalten darf.

Schließlich schreibt mein Anwalt an meine Frau: „Da Ihr Herr Gemahl erst im Jahre 1921 geboren ist, kann mit der sofortigen Verbescheidung des Antrags nicht gerechnet werden. Es sei denn, daß Ihr Herr Gemahl uns eine Bedürftigkeitsbescheinigung, ausgestellt vom deutschen Konsulat, vorlegen kann."

Sehr geehrter Herr Präsident. Ich bin kein Bittsteller und frage nicht für Almosen. Ich habe laut Beschluß der Wiedergutmachungskammer beim Landgericht [I] in München vom 26. Juni 1953 ein legales und moralisches Recht. Die deutsche Regierung schuldete mir Geld, und ich möchte es haben, solange ich es noch

---

[1] Oben rechts von Heuss hs. Vermerk: „Mit Einsiedler besprochen".
[2] Gemeint ist sicher: „nach dem Ende des Krieges." Zum Gesamtkomplex der Wiedergutmachung vgl. L. Herbst / C. Goschler, Wiedergutmachung.

gebrauchen kann, um mein und meiner Familie Leben aufzubauen, zumal ja wohl auch meine Ansprüche wohl kaum als „vererblich" anerkannt werden würden.

Deutschland ist heute eines der reichsten Länder Europas, und es besteht kein Grund, für ein solches Land sich hinzustellen und die Opfer seiner früheren Regierung mit leeren Phrasen abzuwimmeln zu suchen, zumal das geschehene Unrecht viel, viel größer ist als irgendeine „Abfindung" selbst bei gutem Willen sein kann.

Deutschland hat genug Geld, um Nazis und Kriegsverbrechern Pensionen zu zahlen und sie mit Geldern und Ehren zu überschütten.

Nach über zehn Jahren wäre ich Ihnen, Herr Präsident, nun dankbar für Schritte, welche sie unternehmen könnten, um diese unerfreuliche Angelegenheit zu einem baldigen Ende zu führen.

Hochachtungsvoll   Fred Matthias

Durchschriften an:
1 Deutsche Botschaft, Washington D.C.
1 Aufbau, New York
1 Rechtsanwalt Dr. Ostertag, Stuttgart, Charlottenstr. 15a

Nr. 154 B
An Fred Matthias, New York
24. Oktober 1955
BArch, B 122, 161: ms. Schreiben, Durchschlag, von Heuss diktiert (Diktatz. H/Sch), von Bott hs. paraph. und ms. gez.[3]

Sehr geehrter Herr Matthias!

Der Herr Bundespräsident hat Ihren Brief erhalten und gelesen. Es sind ja im Laufe der letzten Jahre eine große Anzahl von ähnlichen Briefen an den Bundespräsidenten gerichtet worden, da es durch seine wiederholten öffentlichen Äußerungen bekannt ist, wie sehr er sich persönlich für die Regelung des bösen Erbes der nationalsozialistischen Zeit eingesetzt hat und immer wieder einsetzt. Es ist auch in einer ganzen Reihe von Einzelfällen möglich gewesen, zu einer beschleunigten Erledigung von dem oder dem Fall zu verhelfen.[4]

---

[3] Az. A 1-20545/55; Absendevermerk vom 26. 10. 1955; Verfügung 2: „Herrn Einsiedler zur Kenntnis", von Einsiedler unter dem 26. 10. 1955 abgez.; weiterer Nachweis: N 1221, 329: Durchschlag.

[4] Die Fälle sind verstreut in der Serie der „Allgemeinen Eingaben" im Bestand B 122, vereinzelt auch in den „Sachakten" unter den Aktenzeichen 020-026. Die Tatsache, dass sich der Bundes-

414

Ihr Brief geht aber von der falschen Voraussetzung aus, als ob der Bundespräsident in diesen Dingen, die der Grundregelung der Legislative unterliegen und in ihrer Durchführung von den zuständigen Behörden behandelt werden, eine individuelle Entscheidungskraft besäße. Sie müßten uns, damit wir Ihren Fall überhaupt bearbeiten können, zunächst einmal mitteilen, wo und unter welchem Aktenzeichen Ihre Ansprüche gemeldet sind.

Der Herr Bundespräsident hat Verständnis für die Stimmung, aus der heraus Sie ihm geschrieben haben. Er bittet mich aber, Ihnen mitzuteilen, daß er die Tonlage Ihres Briefes, milde ausgedrückt, für unangebracht hält.

Mit vorzüglicher Hochachtung   Hans Bott
                        Persönlicher Referent des Bundespräsidenten

Nr. 155 A
Von Walther Neumeister, Ingenieur, Kemel über Bad Schwalbach
30. Oktober 1955
BArch, B 122, 161: hs. Schreiben, behändigte Ausfertigung[1]
Ergebenheitsadresse

Hochverehrter Herr Bundespräsident!

Ein Rentner hat Muße auch zu Betrachtungen über das Werden unseres jungen Staates, über das Keimen eines neuen Staatsbewußtseins. Bescheidener Stolz, eine noch zaghafte Liebe regen sich, um uns wieder eine Nation werden zu lassen. Unverdrossener Beharrlichkeit und starken Glaubens bedarf es, um wiederzubeleben und zu behüten, was uns Deutschen teuer ist in Überlieferung und Geschichte, an Werten des Geistes und des Gefühls. Es gilt Kräfte aufzurufen, die wieder Eigenstes zu geben vermögen, nachdem so viel genommen wurde.

In diesem Bereich reinen, pflegenden Bemühens um das Wachstum eines auch geistig verjüngten Deutschlands sehen wir Sie, Herr Bundespräsident, mit unbeirrbarem Willen und überzeugender Wärme am Werk. Meiner hohen Freude darüber Ausdruck zu geben ist Anlaß dieser Zeilen. – Es ist eine gar gesegnete Stunde gewesen, die Sie, hochverehrter Herr Bundespräsident, in Ihr entsagungs-

---

präsident – zwar unverbindlich, aber doch persönlich – für einen Fall interessierte, führte in nicht wenigen Fällen dazu, dass die Bearbeitung vorrangig betrieben wurde. Im Oktober 1956 dankte Heuss ausdrücklich dem Direktor des Entschädigungsamtes Berlin, Ulrich Eichholtz, für die „rasche und gute Unterstützung" bei den vom BPrA mitgeteilten Fällen und stellte einen Besuch in Aussicht, der am 24. 11. 1956 stattfand; Heuss an Eichholtz, 10. 10. 1956, in: B 122, 2073.

[1] Eingangsstempel vom 31. 10. 1955; Az. Ach-20834/55; mit Paraphe von Klaiber vom 31. 10. 1955.

reiches Amt rief. Möge es Ihnen trotz all seiner Plage noch viele beglückende Erfüllungen gönnen. Dies erhofft aus ganzem Herzen in wahrer Anteilnahme ein Unbekannter.

Walther Neumeister

Nr. 155 B
An Walther Neumeister, Ingenieur, Kemel über Bad Schwalbach
5. November 1955
BArch, B 122, 161: ms. Schreiben, Durchschlag, von Heuss diktiert (Diktatz. H/A) und ms. gez.[2]

Sehr geehrter Herr Neumeister!

Ihr so freundlicher Brief ist mir vorgelegt worden. Ich sage Ihnen gern, daß es mich freut, zwischendurch einen solchen Zuruf freundschaftlicher Gesinnung zu erhalten, der – nichts will. Denn wie Sie sich denken können, ist die Mehrzahl der Briefe, die hier eingehen, anderer Natur.

Mit freundlichen Empfehlungen

Theodor Heuss

Nr. 156 A
Von Albert Müller, Helmstedt
16. November 1955
BArch, B 122, 162: ms. Schreiben, behändigte Ausfertigung[1]
Frage, welchen Wein Theodor Heuss bei einem Besuch dem Bundeskanzler mit-brachte

Sehr geehrter Herr Bundespräsident!

Durch die Presse wurde dem Deutschen Volk bekanntgegeben, daß Sie dem Herrn Bundeskanzler einen Krankenbesuch abgestattet haben. Anläßlich dieses Besuches haben Sie Herrn Bundeskanzler einige Flaschen Wein mit dem Wunsch über-

---

[2] Az. Ach-20834/55; Stempel: „Pers[önlichem] Ref[erenten] vorgelegen"; weiterer Nachweis: N 1221, 330: Durchschlag.
[1] Eingangsstempel vom 19. 11. 1955; Az. W 1, 55; von Heuss mit einem „d[iktieren]" versehen.

reicht, daß der Wein zur baldigen vollständigen Gesundheit des Herrn Bundeskanzlers beitragen möge.[2]

Ich nehme doch an, daß dieser ein Produkt besonderer Güte war, und möchte Sie daher freundlichst bitten, mir einmal die Sorte dieses Weines mitzuteilen.

Mit vorzüglicher Hochachtung   Albert Müller

Nr. 156 B
An Albert Müller, Helmstedt
22. November 1955
BArch, B 122, 162: ms. Schreiben, Durchschlag, von Heuss diktiert (Diktatz. H/A), von Bott hs. paraph. und ms. gez.[3]

Sehr geehrter Herr Müller!

Der Bundespräsident meint zu Ihrem Brief vom 16. November, daß er eine zumindest höchst seltsame Vorstellung von seiner Arbeitsbeanspruchung ausdrückt.

Dr. Heuss läßt Ihnen mitteilen, daß er keine Weinagentur unterhält und daß es nach seiner Meinung keinen Menschen etwas angeht, welchen Wein er dem Herrn Bundeskanzler mitgebracht hat.[4]

Ich selber kann Sie so weit orientieren, daß es sich um einen Wein aus einem Nebental des Neckars handelt, wo der Geburtsort des Bundespräsidenten liegt, und daß dieser Wein bei einem früheren Besuch dem Herrn Bundeskanzler besonders gemundet hat.[5] Sie werden diesen Wein aber in keiner Weinkarte finden.[6]

Mit vorzüglicher Hochachtung   Hans Bott
                              Persönlicher Referent des Bundespräsidenten

---

[2] Heuss weilte am 1. 11. 1955 bei Adenauer, der zu diesem Zeitpunkt noch an den Folgen einer überwundenen Lungenentzündung litt; vgl. K. ADENAUER / TH. HEUSS, Unter vier Augen, S. 181. Adenauer hatte Pressefotografen und Wochenschau bestellt, um Gerüchten über seinen Gesundheitszustand entgegenzutreten, wie Heuss an Toni Stolper berichtete; vgl. TH. HEUSS, Tagebuchbriefe, S. 88, 1. 11. 1955; Neue Deutsche Wochenschau, Folge 301.

[3] Az. A 1-22367/55; Absendevermerk vom 23. 11. 1955; weiterer Nachweis: N 1221, 330: Durchschlag.

[4] Gegenüber Toni Stolper bezeichnete Heuss dieses Schreiben als „pädagogisch deutliche Antwort". „Der Bundespräsident sei kein Weinagent und das gehe niemanden etwas an. Derlei Briefe gibt es schier täglich. Man legt sie mir in Auswahl vor, um mich zum ‚Gib ihm' zu ermuntern. Das hält frisch". TH. HEUSS, Tagebuchbriefe, S. 98, 21. 11. 1955.

[5] Bereits zu seinem Geburtstag am 5. 1. 1954 hatte Adenauer von Heuss einige Flaschen Rotwein erhalten, der vier Kilometer entfernt von seinem Geburtsort Brackenheim stammt; auch zum Ge-

Nr. 157 A
Von Alfred Jahn, Hannover-Hainholz
18. November 1955
BArch, B 122, 162: ms. Schreiben, behändigte Ausfertigung[1]
Hinweis, dass sich bei den Rückkehrern aus Russland Kriegsverbrecher finden würden

Sehr verehrter Herr Bundespräsident!

Gestatten Sie mir bitte, Ihre Aufmerksamkeit auf eine Gefahr zu lenken, die bei Fortsetzung der Rückführung von Kriegs- und Zivilgefangenen aus Rußland eintreten könnte.

Aus glaubwürdiger Quelle ist mir bekannt geworden, daß mit dem letzten Transport das Bewachungs- und Vollzugspersonal der Konzentrationslager des „Dritten Reiches" nach Deutschland zurückkommt, soweit es sich in russischem Gewahrsam befindet. Wenn die jetzt in der Rückführung der Gefangenen bestehende, bedauerliche Stockung nicht eingetreten wäre, würden diese Schergen Himmlers sich sehr wahrscheinlich schon auf deutschem Boden befinden. In die „DDR" wird von diesen Leuten aber bestimmt keiner zurückkehren wollen. Es sei denn, sie würden ihre verbrecherischen Dienste dort anbieten.

Nachdem mit den bisherigen Transporten eine ganze Anzahl gefährlichster Exponenten der einstigen Gewaltherrschaft zurückgekommen ist, steht uns das ebengesagte nun auch noch bevor. Und bei den noch zu Erwartenden handelt es sich um Menschen, welche nicht weniger gefährlich sind.

Mit den ersteren mußten sich die unschuldigen Kriegsgefangenen die Ehrungen in Friedland teilen. Auch haben jene auf die ihnen gebotenen materiellen Dinge sehr wahrscheinlich nicht verzichtet. Unter den Rückkehrern befanden sich auch höhere SS-Führer *„zur besonderen Verwendung"*, welche selbst vor ihren Frauen und ihren Müttern kaum gestehen werden, was sie auf dem Kerbholz haben – um eine kürzlich erfolgte Publikation zu wiederholen. Ehrungen und Hilfe gebühren ihnen nicht. Sie sollten sich begnügen mit der wiedergewonnenen Freiheit und ihre Tatkraft nunmehr an nützliche Arbeit verschwenden.

---

burtstag 1955 erhielt der Kanzler vom Bundespräsidenten einige Flaschen Rotwein aus dessen „Heimattal"; K. ADENAUER / TH. HEUSS, Unserem Vaterlande zugute, Dok. Nr. 118 und Dok. Nr. 135. Gegenüber Toni Stolper bezeichnete er sein Mitbringsel als „heimatlichen Rotwein"; TH. HEUSS, Tagebuchbriefe, S. 88, 1. 11. 1955.

6 Gegenüber seiner Jugendfreundin Helene Ecarius bekannte Heuss sich am 14. 1. 1959 selbstironisch als „Solosäufer in Rot"; N 1221, 351. Bei anderer Gelegenheit schrieb er ihr am 28. 1. 1956, von ihr verschickte Alkoholika würden immer bei ihm landen, und er trinke lieber Bordeaux als Burgunder; „empfänglich" sei er aber auch für einen Beaujolais; N 1221, 331.

1 Eingangsstempel vom 21. 11. 1955; Az. A 1-22133/55; von unbekannter Hand vermerkt: „BPräs." und „Rückführungen aus Rußland".

Die mir gewordene Kenntnis stammt von einem Rückkehrer, welcher bis 1945 Insasse des Konzentrationslagers Sachsenhausen war, später aus der Bundesrepublik in den Ostsektor Berlins gelockt wurde und sich bis 1955 in russischer Gefangenschaft befand. Er kehrte mit einem der Generaltransporte zurück. Ihm war nicht nur die genaue Kopfzahl des fraglichen Transportes bekannt, er kennt das SS-Personal Sachsenhausens, welches mit demselben zu uns kommt, sehr gut. Teilweise mit Familiennamen, teilweise mit dem Spitznamen, der ihnen im Lager anhaftete. Die ehemaligen Insassen des Lagers, soweit sie in der Bundesrepublik noch am Leben sind, werden entsetzt sein, wenn ihnen diese Spitznamen plötzlich wieder in das Gedächtnis zurückgerufen werden.

Die Frage stellen, ob diesen Leuten in Friedland die Glocken läuten sollen und ob sie mit Blumen geschmückt werden sollen, heißt doch, sie verneinen. Schon in Herleshausen wäre der Anfang zu machen mit der Einlösung des Versprechens, welches der Herr Bundeskanzler in Moskau gab, Verbrecher zur Verantwortung zu ziehen.[2] Was diese Menschen in Rußland büßen mußten, haben sie allein verdient durch die s. Zt. in den Lagern verübten Massaker an den russischen Kriegsgefangenen. Damals in Sachsenhausen schlugen wochenlang die Flammen des Krematoriums meterhoch aus dem Schornstein, und der Rauch verpestete die Luft. Gar nicht zu reden von den anderen Folgen. Es ist z. B. dort vorgekommen, daß die auf den Straßen spielenden Kinder die auf Außenkommando arbeitenden Häftlinge fragten: „Onkel, werden heute wieder Russen verbrannt?" Auf so grausige Art wurden diese Kinderseelen vergiftet.

In den letzten Tagen hat das Schwurgericht Weiden, Oberpfalz den SS-Scharführer Nies, den „Henker vom KZ Flossenbürg" (Flossenbürg war ein verschärftes Straflager mit nur kriminellen „Kapos") für zwanzigfache Beihilfe zum Mord zu 4 – vier – Jahren Zuchthaus verurteilt und zwar unter Zubilligung mildernder Umstände.[3] Solcher Art sind die Leute, die – wenn der fragliche Transport kommt – zu uns zurückkehren.

In einer Haftzeit von fast zehn Jahren wurde ich durch etwa zwanzig Haftanstalten und Lager des „Dritten Reiches" geschleift. Auch durch Flossenbürg, wo noch im April 1945 die letzten Opfer vom „20. Juli", darunter der Chef der deutschen Abwehr, Canaris, ermordet wurden. Auf dem Evakuierungsmarsch von Sachsenhausen (meiner letzten Station) nach Mecklenburg, wurde ich dann bei Schwerin, mit vielen anderen Häftlingen, durch die Amerikaner befreit.[4] Viele

---

[2] Über die Verhandlungen Adenauers in Moskau vgl. Nr. 150, Anm. 2.
[3] Vgl. W. BENZ / B. DISTEL, Ort des Terrors, S. 198.
[4] Die Räumung des KZ Sachsenhausen durch die SS begann in den Morgenstunden des 21. April 1945. Ca. 36.000 Häftlinge wurden in Gruppen von 500 in Marsch gesetzt. Im Raum zwischen Parchim und Schwerin trafen sie auf Einheiten der Roten Armee und der US Army; vgl. G. MORSCH / A. RECKENDREES, Befreiung.

verloren auf diesem Marsch ihr Leben noch durch Genickschuß. Andere konnten die Strapazen und Entbehrungen nicht überstehen. Die meisten von denen, welche sie überstanden, waren krank und siech oder verstümmelt. Diejenigen aber, deren Opfer sie wurden, kehren heim zu ihren Familien.

Dazu darf ich nicht schweigen. Ich bin darüber hinaus autorisiert, für meine Kameraden zu sprechen. Der letzte Funke Vertrauen in uns würde zerstört und das Opfer unserer Toten hätte seinen Sinn verloren. Weder meine Freunde noch ich haben je daran gedacht, Märtyrer zu spielen. Das sei ausdrücklich gesagt. Wir wissen uns auch frei von Rachegefühlen.

Herr Präsident, ich weiß, daß Sie von sich aus, so wie immer, der Gerechtigkeit dienen werden, ich bitte Sie in diesem Falle aber ganz besonders darum, der Angelegenheit Ihr Interesse zu widmen.

In aufrichtiger Verehrung   Alfred Jahn[5]

Nr. 157 B

An Alfred Jahn, Hannover-Hainholz

24. November 1955

BArch, B 122, 162: ms. Schreiben, Durchschlag, von Heuss diktiert (Diktatz. H/A), von Bott hs. paraph. und ms. gez.; Briefkopf: „Bundespräsidialamt"[6]

Sehr geehrter Herr Jahn!

Der Bundespräsident dankt Ihnen für Ihren Brief. Die Problematik, die Sie ihm vortragen, ist ihm ja nicht fremd, und es sind sich ihrer wohl auch die anderen Behördenstellen bewußt.[7] Dr. Heuss hat selber deshalb, als er in Friedland war,[8]

---

[5] Alfred Jahn hatte Heuss bereits am 24. 11. 1952 ausführlich vor der geplanten Rede in Bergen-Belsen geschrieben und dabei das Schicksal des bayerischen Landtagsabgeordneten Clemens Högg aus Augsburg beschrieben, der in Belsen umkam; B 122, 162.

[6] Az. A1-22133/55; Absendevermerk vom 24. 11. 1955; weiterer Nachweis: N 1221, 330: Durchschlag.

[7] Kopie dieses Schreibens ging mit einem gesonderten Anschreiben vom 13. 11. 1955 an Staatssekretär Peter Paul Nahm im Bundesministerium für Vertriebene, Flüchtlinge und Kriegsgeschädigte; B 122, 162.

[8] Heuss berichtete Toni Stolper am 18. 10. 1955, er habe in seiner Begleitung drei Personen aus dem Bundespräsidialamt mitgenommen, die in russischer Gefangenschaft gewesen seien, und es habe Wiedersehensszenen gegeben. „Es hat etwas Rührendes: Frauen mit Schildern, auf denen Namen von Vermißten stehen, auch ihre Photographien, umrahmen die Heimkehrenden: wer weiß was von dem und dem? Die Leute, ca. 600, in russischen Militäranzügen (nicht Uniform) neu eingekleidet, natürlich viel durchfurchte Gesichter, sehr ernst." TH. HEUSS, Tagebuchbriefe, S. 78,

seine Ansprache verhalten angelegt.[9] Wir werden aber von hier aus noch einmal nachdrücklich auf die Situation hinweisen, denn die Sorge, die in Ihrem Brief zum Ausdruck kommt, wird in ihrer Berechtigung hier durchaus erkannt.

Mit vorzüglicher Hochachtung   Hans Bott
Persönlicher Referent des Bundespräsidenten

Nr. 158 A
Von Walther Siewert, Oberstudienrat, Emmendingen, Breisgau
[10. Dezember 1955]
BArch, B 122, 2069: hs. Schreiben, behändigte Ausfertigung, o. D.[1]
Warnung vor Machtmissbrauch durch Konrad Adenauer; Sorge um die Zukunft der Demokratie

Sehr verehrter Herr Bundespräsident!

Es ist gewiß viel verlangt, wenn ein Staatsoberhaupt noch Zeit opfern soll, um Briefe „aus dem Volke" zu lesen, und ein guter Deutscher schreibt ihm daher auch nicht; er dient und hofft nur! In diesem Punkte bin ich kein braver Deutscher: angelsächsisches und Schweizer Denken haben mich „verdorben".

Ich bitte, es nicht als durchsichtige Schmeichelei aufzufassen, wenn ich Ihnen sagen möchte, daß Sie, Herrr Bundespräsident, für viele, denen die gar so tüchtige Gegenwart Angst macht, ein geistiger Nachfahre W. v. Humboldts, manchem auch ein Geistesverwandter Ortega y Gassets sind. „Europa" hat bei Ihren Ansprachen nicht einen fatalen Beigeschmack nach Montanunion[2] und Gegenreformation, und wenn Sie von „Deutschland" reden, so hören wir alles, was „dêotisk, tiusch", also „volkstümlich" war und vielleicht noch ist, aus Ihren Worten heraus. Und

---

18. 10. 1955. Zur medialen Aufbereitung der Heimkehrer in Friedland vgl. M. STOLLE, Wunder, S. 20–30.

[9] Heuss sprach am 18. 10. 1955 in Friedland bei Göttingen zu Spätheimkehrern; Manuskript in: B 122, 243. Adenauer hatte ihm am 12. 10. 1955 geschrieben: „Ich würde es sehr begrüßen, sehr verehrter Herr Bundespräsident, wenn Sie zu einem Transport ‚Unbelasteter' nach Friedland führen. Alle würden sich besonders freuen"; K. ADENAUER / TH. HEUSS, Unserem Vaterlande zugute, S. 198.

[1] Eingangsstempel vom 12. 12. 1955; daneben hs. Vermerk: „BPräs"; Az. ACH 23700/55; von Heuss mit einem „d[iktieren]" versehen.

[2] Die Montanunion, auch Europäische Gemeinschaft für Kohle und Stahl genannt, war ein europäischer Wirtschaftsverband und Vorläufer der Europäischen Gemeinschaft, der den Mitgliedsländern Zugang zu Kohle und Stahl des Ruhrgebietes verschaffte. Sie ging auf eine Intitiative des französischen Außenministers Robert Schuman zurück und wurde am 18. 4. 1951 durch den Vertrag von Paris gegründet.

das ist ein Segen, denn es sind nur allzuviele, denen *Nordrhein-Westfalen* politisch, konfessionell und vor allem wirtschaftlich an die Stelle von Weimar, Alt-Berlin, dem Königsberg Kants und dem Baden Kinkels getreten ist.

Verzeihen Sie mir, bitte, wenn ich Ihnen im folgenden längst Bekanntes schreiben sollte, aber ein Bürger ist nicht darüber informiert, inwieweit die Staatsleitung wirklich über die *wahre* Stimmung im Lande Bescheid weiß, und als Lehrer neigt man berufsmäßig zum Mißtrauen.

So darf ich Ihnen schreiben, daß weite Kreise, nicht nur die Opposition, schwerste Beunruhigung über die Zukunft der Bundesrepublik empfinden. Das Bild des Kanzlers, wenn auch von Anfang an „durch der Parteien Haß und Gunst entstellt", nimmt auch für viele seiner früheren Anhänger sibyllinische Züge an, und die Abwandlung des bekannten Göringwortes „Wer Arier in Deutschland ist, bestimme ich" zu „Was Demokratie ist, bestimmt Bonn, und Bonn bin ich!" dürfte mehr als nur ein politischer Scherz sein.

Sehr verehrter Herr Bundespräsident, es ist jedem aufmerksamen Beobachter seit langem klar, daß es nur eine Rettung vor der sich vorbereitenden „kalten" Diktatur einer Partei noch gibt: nämlich, daß *Sie* mit Ihrem aus Ihrer Persönlichkeit quellenden Einfluß in dem Rahmen, den Ihnen das Grundgesetz gesteckt hat, den Bundeskanzler von weiteren Machtproben zurückhalten.

Wir haben vor allem Furcht vor der Änderung des Wahlgesetzes![3] Durchführung der Mehrheitswahl, auch wenn man sie „Persönlichkeitswahl" nennt, ist für Deutschland der Marsch in die *Diktatur*. Das angelsächsische Vorbild gilt für uns hier nicht, da der Deutsche im wesentlich konservativ gestimmt ist; und wenn die CDU/CSU von 500 Wahlkreisen erst einmal 375 erobert hat – was bei dem Mehrheitswahlrecht eher noch zu niedrig gegriffen ist –, dann behält sie diese auch für sehr lange Zeit. Vermutlich würde sie ihre ¾ Mehrheit auch zu allerlei sehr „legalen" Maßnahmen benutzen, wie etwa Beschränkung der Pressefreiheit, schulpolitische Rückschritte, reaktionäre Wehrpolitik.

Und eines vor allem: Der Kanzler, mag man ihn beurteilen, wie man wolle, hat immerhin politisches Niveau und genießt im Auslande Autorität. Sein Nachfolger wäre vermutlich gezwungen, sich diese Dinge erst künstlich zu schaffen. Was liegt näher, als sich der Krücken einer Massenpartei zu bedienen?

Ferner fürchten viele Bürger, die unter „Freiheit" mehr verstehen als die allerdings unbestreibare Tatsache, daß bei uns frühes Läuten an der Haustür nicht

---

[3] Nach erheblichen Schwierigkeiten mit der FDP und deren Partei- und Fraktionsvorsitzendem Thomas Dehler im Dezember 1955 wurden von Adenauer und den Fraktionen der CDU/CSU und DP erörtert, ein „Grabensystem" im Wahlrecht einzuführen. Demnach sollten 60 % nach Mehrheitswahlrecht und 40 % nach Verhältniswahlrecht gewählt werden. Direkt gewonnene Mandate sollten nicht mehr auf Listenmandate angerechnet werden. Dies wäre eine Bedrohung der politischen Zukunft der FDP gewesen; vgl. KABINETTSPROTOKOLLE 1956, S. 16f; U. WENGST, Thomas Dehler, S. 279–285.

Verhaftung durch einen SSD[4], sondern Erscheinen des Bäckerjungen bedeutet, daß der allmächtige konservativ-klerikale Flügel der CDU/CSU sich nicht mit seinen bisherigen Erfolgen begnügen wird.

Bedenkliche Erscheinungen (Beibehaltung der zwei ehemaligen BHE-Minister,[5] die sehr seltsame Auffassung von Demokratie im Ministerium Blank[6]) reden hier eine unmißverständliche Sprache. Es wäre eine Tragik sondergleichen, sollte sich aus falschverstandenem Liberalismus die Katastrophe von 1933 mit anderen Vorzeichen, Symbolen und Männern wiederholen, nur weil eine unter Zeitdruck stehende Volksvertretung i. J. 1949 die Gewichte bei der obersten Führung falsch verteilt hat.

Noch ist Ihnen soviel Spielraum gelassen worden, daß Sie den Kanzler beraten können, und wenn auch das nichts fruchtet, bliebe die Flucht in die Öffentlichkeit.

Aber wir hoffen alle, daß Ihre Persönlichkeit allein schon genügt, um Dr. Adenauer, der ja ein Gefühl für menschliche Größe besitzt, davor zu bewahren, „seiner" Partei weitere Bastionen zu erobern.

Bitte glauben Sie nicht, daß das unbedingte Vertrauen, das ich in Sie als humanistischen Menschen setze, eine Ausnahme darstellt. Ihre Wiederwahl sollte Ihnen bewiesen haben, was Sie der übergroßen Mehrheit bedeuten!

Mit dem Ausdruck tiefer Verehrung bin ich
Ihr ergebener   Walther Siewert

Nr. 158 B
An Walther Siewert, Oberstudienrat, Emmendingen, Breisgau
15. Dezember 1955
BArch, B 122, 2069: ms. Schreiben, Durchschlag, von Heuss diktiert (Diktatz. H/vM) und ms. gez.[7]

Sehr geehrter Herr Oberstudienrat!

Freundlichen Dank für Ihren besorgten und freimütigen Brief, den ich gelesen habe. Ich darf mit Ihrem Verständnis rechnen, daß es mir vollkommen unmöglich ist, mit einem mir fremden Mann eine intime Korrespondenz über Personal-

---

4 Vermutlich mit Staatlicher Sicherheitsdienst aufzulösen. Im Dritten Reich hatte es einen Sicherheitsdienst (SD) der SS gegeben, der 1939 in das Reichssicherheitshauptamt eingegliedert wurde.

5 Dabei handelte es sich um Theodor Oberländer (Bundesminister für Vertriebene, Flüchtlinge und Kriegsgeschädigte) und Waldemar Kraft (Bundesminister für besondere Aufgaben), die Adenauer in seinem Kabinett beließ, obwohl sie von ihrer Fraktion GB/BHE nicht mehr unterstützt wurden; vgl. Kabinettsprotokolle 1955, S. 19.

6 Theodor Blank (CDU) war seit 7. Juni 1955 Bundesminister für Verteidigung.

7 Az. ACH 23700/55; weiterer Nachweis: N 1221, 330: Durchschlag.

beurteilungen und dergleichen zu führen. Das wollen Sie nicht als ein Wort der individuellen Sorge vor Indiskretion ansehen, sondern das liegt in der Natur der Sache und meiner Stellung. Briefe oder Äußerungen wie die Ihrigen kommen manchmal zu mir. Sie basieren auf einer etwas falschen Vorstellung. Zwischen dem Bundeskanzler und mir besteht bei unterschiedlicher Herkunft und Tönung ein menschliches Vertrauensverhältnis. Der Kanzler holt sich gelegentlich bei mir Rat bzw. wünscht er, daß wir uns vorher über die wichtigen Dinge abgestimmt haben. Daß er eine kalte Diktatur ausübt, ist nur eine der Legenden, die durch die Zeitungen gehen. Er nimmt seine Machtmöglichkeiten wahr, da er ein Mann mit großem Verantwortungsgefühl ist. Die starke Stellung des Bundeskanzlers (konstruktives Mißtrauensvotum) ist aber gar nicht von ihm erfunden, der an der Teilarbeit im Parlamentarischen Rat durch seine rein technische Inanspruchnahme gegenüber den Hohen Kommissaren im einzelnen gar nicht sehr beteiligt war, sondern geht zurück auf die Verfassungsvorschläge, die Carlo Schmid in der württembergischen Verfassung gemacht hat (Sorge der häufigen Kabinettskrisen). Ich selber habe damals meine Bedenken gegen dieses Verfahren eingewendet,[8] aber die Stärkung des Kanzlers ist im Grund eine Fernwirkung der Krisenhaftigkeit der Zeit in Weimar und keineswegs eine ehrgeizige Angelegenheit von Dr. Adenauer gewesen. Daß er eine starke Persönlichkeit ist, wirkt sich naturgemäß in dieser Position aus. Völlig abwegig ist Ihre Auffassung, der man vor allem auch in meiner württembergischen Heimat begegnet, daß er klerikal sei. Was man unter diesem Wort begreift, das ist er, und ich glaube ihn ziemlich gut zu kennen, nicht, sondern er ist viel zu realistisch und klardenkend, um eine betont konfessionelle Politik betreiben zu wollen. Auch in der Frage des Wahlrechts ist er keineswegs so gesonnen, wie Sie anzunehmen scheinen, aber ich will mich über diese Problematik nicht weiter äußern.

Darf ich noch eine Bemerkung machen, daß es mich etwas erschreckt hat, als Sie schreiben: „Als Lehrer neigt man berufsmäßig zu Mißtrauen". Das hat mich fast etwas bestürzt. Ich dachte, das Element des Lehrers bestehe im Vertrauen, das Vertrauen zu werben weiß, bei den Kindern und bei den Eltern. Halten Sie mich deshalb vielleicht für einen weltfremden Menschen? Sind hier Restbestände des Minderwertigkeitsgefühls des Philologen gegenüber den Juristen, die ich in meinem Leben so oft spüren mußte? Bitte halten Sie es nicht für einen Nebenberuf des Lehrers, mißtrauisch zu sein. Dann geht ein Teil seiner schöpferischen Freudigkeit und Verantwortung a limine[9] verloren.

Mit freundlichen Empfehlungen
Ihr
                                                                    Theodor Heuss

---

[8] Die Bedenken ließen sich nicht ermitteln; zum Kontext vgl. A. M. BIRKE, Mißtrauensvotum.
[9] In der Vorlage: „a limini". Lateinisch für „an der Schwelle" bzw. „von vornherein".

Nr. 159 A
Von George Lipski, New York-Richmond Hill
13. Dezember 1955
BArch, B 122, 163: ms. Schreiben, behändigte Ausfertigung[1]
Vorschlag, einen „Landes-Vater" für beide Teile Deutschlands zu ernennen

Sehr geehrter Herr:

Erlaube mir, diese paar Zeilen an Sie zu schreiben, und hoffe, daß es nicht als Unsinn aufgefaßt wird. Bin Deutsch-Balte – (1914 in Libau, Kurland geb.) – kam 1930 nach der U.S.A. und bin U.S. Bürger, aber was das Schicksal Deutschlands anbetrifft hatt[e] immer mein tiefstes Mitgefühl besonders für die armen Menschen, die unter der Teilung Deutschlands so leiden müssen. Ja, das Vermächtnis des Präsidenten Roosevelts scheint fast unlösbar zu sein und da leider Männer von dem Format eines Bismarck oder Lincoln nicht alltäglich sind und es kann womöglich hundert Jahre vergehen, bis sich so ein Mann findet, der eine Wiedervereinigung zustande bringt – erlaube ich mir diesen Vorschlag: Das alte Reich hatte ja immer einen Kaiser – und es gab auch immer viele Parteien und Katholiken und Protestanten u. s. w. und alle hatten eine andere Meinung – so ist es auch in England und trotzdem steht der König als Symbol des Empire.

Leider scheint die Zeit für eine Monarchie nicht günstig und würde von der Ost-Seite mit Hohn abgelehnt werden – aber wie wäre es mit einem Landes-Vater, unter diesem Titel stelle ich mir einen Deutschgesinnten Mann vor, der Vorsitzender eines Rates sein soll und von beiden Seiten anerkannt werden soll und somit der Welt beweisen, daß der Wille und das Selbstbewußtsein der Deutschen unverändert geblieben ist trotz des unerbittlichen Schicksals, das die Feinde durch die Spaltung, durch die die Flut des Hasses über die Ufer zu gehen droht, und damit alle Deutschen vernichten wird.

Sogar ein Turn-Meister wie (aus der Preußen Zeit Ja[h]n – glaube ich das war der Name) wäre auch gut, denn der Sport vereinigt die Jugend und die ist es ja schließlich, die berücksichtigt werden muß. Der Westen kann ja großzügiger sein als der ärmere Bruder im Osten.

Laß der gute Wille siegen …

Hochachtungsvoll   Georg Lipski

---

[1] Eingangsstempel vom 10. 1. 1956; Az. A1-00514/56; rechts oben Paraphe von Heuss. Die in der Vorlage fehlenden Umlaute ae, ue, sowie die fehlende Zeichensetzung wurden normalisiert, andere sprachliche Eigentümlichkeiten wurden belassen.

Nr. 159 B
An George Lipski, New York-Richmond Hill
11. Januar 1956
BArch, B 122, 163: ms. Schreiben, Durchschlag, von Heuss diktiert (Diktatz. H/vM), von
Bott hs. paraph. und ms. gez.[2]

Sehr geehrter Herr Lipski!

Der Bundespräsident hat Ihren Brief erhalten und gelesen und dankt Ihnen für die warme Teilnahme, die Sie am deutschen Schicksal zum Ausdruck bringen. Ihre rührende Idee, sozusagen einen „Landesvater" zu etablieren, wobei Sie an den schier legendären Turnvater Jahn erinnern, ist ja wohl weder politisch noch staatsrechtlich zu konkretisieren, und mit einer sentimentalen Bezeichnung würde für die Problematik der Wiedervereinigung schwerlich etwas gewonnen sein.

Mit vorzüglicher Hochachtung

Hans Bott
Persönlicher Referent des Bundespräsidenten

Nr. 160 A
Von Adolf Reese, Bodenwerder an der Weser
3. Januar 1956
BArch, B 122, 163: ms. Schreiben, behändigte Ausfertigung[1]
Neujahrsansprache von Theodor Heuss; Kritik an der Erwähnung des „Dritten Reiches"

Hochverehrter Herr Bundespräsident!

In Ihrer Rundfunkansprache zum Jahresende erwähnten Sie einmal, daß vielleicht verschiedene Hörer jetzt ihren Apparat ausschalten würden.[2] Ich nahm an, daß Sie als Erläuterung angeben würden, daß man von Hitler nichts mehr hören wollte. Dieses war jedoch nicht der Fall. Ich habe mir wirklich überlegt, das Radio

---

[2] Az. A 1-00514/56; Absendevermerk vom 12. 1. 1956; weiterer Nachweis: N 1221, 331: Durchschlag.

[1] Eingangsstempel vom 5. 1. 1956; Az. A1-00219/56; oben links von der Registratur hs. Vermerk: „Kritik an Sylvesteransprache"; links unten hs. Vermerk von Bott: „und das Ausland!!"

[2] In der Silvesteransprache 1955/56 geschah das nicht (B 122, 244). Im Verlaufe der Jahre bürgerte sich zunehmend der Begriff „Neujahrsansprache" ein. Seit 1970 sprach der Bundespräsident zu Weihnachten, und die Neujahrsansprache wurde vom Bundeskanzler übernommen.

abzuschalten; denn wer mag heute noch dauernd an das durch ihn hervorgerufene Unglück erinnert werden.

Mit verschiedenen Berufskollegen und anderen Personen, auch Arbeitern, bin ich auf diese Angelegenheit zu sprechen gekommen und habe ich allgemein nur gehört, daß es unverständlich ist, daß einem immer wieder dieses Gesprächsthema vorgesetzt wird. Bemerken möchte ich ausdrücklich, daß ich es vermieden habe, mich über diese Frage mit Personen zu unterhalten, die stramme Nazis gewesen sind und evtl. heute noch etwas für die Idee über haben könnten. Ich selbst habe Hitler und seine Bewegung nicht gebilligt, wenn ich am 1. Mai 1937 auch in die Partei eingetreten bin, so nicht aus Überzeugung, sondern in der Annahme, den von mir geleiteten Betrieb wirtschaftlich nicht zu gefährden. Trotzdem ich der Partei beitrat, ist keine Änderung eingetreten. Offensichtlich war meine politische Einstellung der Partei zu sehr bekannt. Als typisch kann man es wohl bezeichnen, daß bald nach dem Zusammenbruch der Führer der SPD zu mir kam, um anzufragen, ob ich bereit sei, am Wiederaufbau Deutschlands mitzuarbeiten. Auf meine Antwort, daß dieses selbstverständlich sei, und meine Frage, wie ich helfen könne, erklärte er, daß er die Aufgabe habe, einen neuen Stadtrat zu bilden, und er daran gedacht habe, mich als Vertreter der Industrie und Wirtschaft mit heranzuziehen. Auf meinen Hinweis, daß ich seit 1937 Pg. gewesen wäre, erklärte der Führer der SPD, der auch heute noch die Fraktion leitet, „daß Sie in der Partei waren, ist uns bekannt, ebenso bekannt ist uns aber, daß Sie nie ein Nazi gewesen sind."

Im übrigen möchte ich nicht unerwähnt lassen, daß ich mich auch der Jugendarbeit widme und eigentlich immer erfreut bin, feststellen zu können, wie wenig die Jugend noch über Hitler und sein 1.000jähriges Reich Bescheid weiß. Ich halte dieses für erfreulich, aber für verkehrt, immer wieder das Gegenteil erreichen zu wollen.

Dieses Gegenteil kann evtl. dadurch erreicht werden, daß immer wieder von Hitler und seinen Schandtaten pp. gesprochen wird. Nach meiner Auffassung wird hiermit bei den Leuten, die vielleicht wirkliche Nationalsozialisten waren, dieser Gedankengang nicht bekämpft oder ausgelöscht, sondern wird im Gegensatz zu leicht der oppositionelle Geist geweckt werden und wird der Einfluß sich nicht gegen, sondern für Hitler auswirken können.

In der Hoffnung, daß meine Ausführungen von Ihnen, sehr verehrter Herr Bundespräsident, richtig verstanden werden und vielleicht den Erfolg haben, daß Sie diesen Ihnen bekanntgegebenen Gedankengang einmal nachgehen, verbleibe ich mit vorzüglicher Hochachtung
Ihr sehr ergebener   A. Reese

Nr. 160 B
An Adolf Reese, Bodenwerder an der Weser
7. Januar 1956
BArch, B 122, 163: ms. Schreiben, Durchschlag, von Heuss diktiert (Diktatz. H/A), von Bott
hs. paraph. und ms. gez.; Briefkopf: „Bundespräsidialamt"[3]

Sehr geehrter Herr Reese!

Der Bundespräsident läßt Ihnen für Ihren Brief bestens danken, mit dem Sie
einige Bemerkungen zu seiner Neujahrsrede gemacht und von Ihren eigenen Erfahrungen erzählt haben. Er versteht wohl die Bedenken, die Sie ihm vorgetragen
haben, aber er kann nach seiner eigenen Auffassung Ihrem Wunsch nicht entsprechen, nun die Hitler-Zeit als vergangen und vergessen zu behandeln, weil die
jüngere Generation ja doch nicht mehr viel davon wisse. Er hat ja wiederholt zum
Ausdruck gemacht, daß er das Vergessen-Können wohl als eine Gnade betrachtet,
die dem Menschen geschenkt ist, aber die Technik des Vergessen-Wollens nicht
mitmacht.[4]

Mit vorzüglicher Hochachtung

Hans Bott
Persönlicher Referent des Bundespräsidenten

Nr. 161 A
Von Heinz-Jürgen Langwost, Ingenieur, VDI, Hannover-Westerfeld 1[1]
17. Januar 1956
BArch, B 122, 163: ms. Schreiben, behändigte Ausfertigung[2]
Kritik an den Sonderbriefmarken der Bundespost

Sehr geehrter Herr Bundespräsident!

Am 13. Januar des Jahres ging durch die Tagespresse die Mitteilung, daß Sie in
die Auseinandersetzung um die Gestaltung der zukünftigen Briefmarken (speziell

---

[3] Az. A1-00219/56; Absendevermerk vom 7. 1. 1956; weiterer Nachweis: N 1221, 331: Durchschlag.

[4] So z. B. schon in seiner Antrittsrede vom 12. 9. 1949 vor Bundestag, Bundesrat und Bundesversammlung, abgedruckt in: R. DAHRENDORF / M. VOGT, S. 376–380, hier S. 378.

[1] Unter dem Namen war notiert, dass der Absender Mitglied des Bundes Deutscher Philatelisten,
Arbeitsgemeinschaft iv7/ „Bautenserie" und Mitglied des Briefmarken-Sammlervereins Hannover-
Linden e. V. war.

[2] Eingangsstempel vom 19. 1. 1956; Az. A1-1110/56.

Sondermarken) der Bundespost eingegriffen haben. Diese Auseinandersetzung wird nicht nur von den Philatelisten in der Bundesrepublik mit Spannung verfolgt. Dürfen wir nun auch wieder ansprechende und allgemein beliebte Sondermarken von der Bundespost erwarten oder will man uns weiterhin den diktatorischen Erziehungsmethoden eines sogenanten „Kunstbeirates" beugen? Sehr enttäuscht hat der Herr Bundespostminister Dr. Siegfried Balke, als er am 10. Januar auf einer Pressekonferenz sagte: „Wenn die Marken so schlecht sind, wie es die öffentliche Kritik darstellt, hat es ja doch keinen Sinn, welche herausgzugeben." Es wäre eigentlich seine Aufgabe, diesem Übel abzuhelfen und sich nicht auf das hohe Pferd zu setzen. Bei einer Umfrage der Zeitschrift „Der Deutschland-Sammler" über die in den letzten zwei Jahren inerhalb des Bereiches der Bundesrepublik, Berlins, des Saarlandes und der DDR herausgegebene schönste und häßlichste Briefmarke hat die Bundesrepublik im Endergebnis mit weit über 1000 Schlecht-Stimmen, dem keine 200 Gut-Stimmen gegenüberstanden, den Vogel abgeschossen. Demgegenüber hat Berlin mit über 700 Gut-Stimmen und nur 7 !! Schlecht-Stimmen abgeschnitten. Sogar die DDR erzielte bei dieser Umfrage doppelt so viel Gut- als Schlecht-Stimmen. Bitte betrachten Sie doch einmal völlig objektiv und ohne jedes politische Vorurteil die Sondermarken der DDR während des letzten Halbjahres, hauptsächlich die neuen Sondermarkenserien „Gemälde" und „Bauten". Was sind unsere Sondermarken wie Stifter, Fahrplankonferenz und Westropa dagegen??? Warum verwirft der Kunstbeirat immer und immer wieder die Entwürfe alter, bekannter Markenkünstler wie Erich Meerwald, Axster-Heudtlass und verwendet stattdessen Entwürfe, die auch bei der Mehrheit des Volkes keinen Anklang finden?

Hier ist doch etwas faul. Oder war es für die eben genannten Künstler so ein „Verbrechen", während des 3. Reiches für die damalige Obrigkeit Briefmarken entworfen zu haben, so daß man sie jetzt kaltstellt?

Sehr geehrter Herr Bundespräsident, es ist dies nicht eine Angelegenheit, die mich allein interessiert. Mich hat auch niemand beauftragt, hierüber zu schreiben, aber trotzdem darf ich glauben, daß meine Meinung mit der überwältigenden Mehrheit der Philatelisten Deutschlands ziemlich identisch ist. Nachdem der Herr Bundespostminister bei den Auseinandersetzungen so kläglich versagt hat, dürfen wir nun – nachdem Sie sich eingeschaltet haben – wieder mit ansprechenden Postwertzeichen der Bundespost rechnen.

Mit der Hoffnung auf eine baldige Wiedervereinigung und somit auch einer einheitlichen Briefmarke für Gesamtdeutschland schließe ich.

Mit vorzüglicher Hochachtung   Hein-Jürgen Langwost

Nr. 161 B

An Heinz-Jürgen Langwost, Ingenieur, VDI, Hannover-Westerfeld 1

23. Januar 1956

BArch, B 122, 163: ms. Schreiben, Durchschlag, von Heuss diktiert (Diktatz. H/A), von Bott hs. paraph. und ms. gez.; Briefkopf: „Bundespräsidialamt"[3]

Sehr geehrter Herr Langwost!

Der Herr Bundespräsident hat erst durch Ihr Schreiben vom 17. Januar erfahren, daß er „in die Auseinandersetzung um die Gestaltung der zukünftigen Briefmarken der Bundespost eingegriffen" habe. Das ist durchaus nicht der Fall. Es ist ihm auch gar nicht klar, was in der Tagespresse darüber gesagt wurde. Er ist zu einem Vortrag des ihm seit Jahren persönlich bekannten und von ihm hochgeschätzten Professor Emil Preetorius ins Bundespostministerium gegangen und hat sich die Ausführungen angehört und sich die aus den verschiedensten Zeiten und Ländern an die Wand projizierten Briefmarken angesehen, weil ihn die Angelegenheit von der Seite der graphischen Gestaltung her interessierte.[4] Dr. Heuss ist selber kein Philatelist und kennt infolgedessen die spezifischen Gesichtspunkte, unter denen Philatelisten die Briefmarken betrachten, nicht. Ihn interessiert die Frage der rein graphischen Gestaltung, und im Unterschied zu Ihnen findet er die Berufung eines „Kunstbeirats" durch den Bundesminister Dr. Balke sehr gescheit. Er hat selber schon vor einer Reihe von Jahren etwas Ähnliches vorgeschlagen. Bei der Durchsicht der Liste konnte er feststellen, daß sich in den Reihen dieses „Kunstbeirates" eine Anzahl sehr qualifizierter Graphiker befindet. Der Bundespräsident selber ist kein Freund der Bildchen-Marken, die mit dem Fortschreiten der Technik so beliebt geworden sind. Er freut sich, wenn etwas selbständig in sich Geschlossenes graphisch gut geformt wird.

Mit vorzüglicher Hochachtung

Hans Bott
Persönlicher Referent des Bundespräsidenten

---

[3] Az. A 1-1120/56; Absendevermerk vom 24. 1. 1956; weiterer Nachweis: N 1221, 331: Durchschlag.

[4] Heuss hatte am 11. 1. 1956 das Postministerium aufgesucht, als Preetorius auf der Sitzung des Kunstbeirates einen Vortrag hielt. Begrüßungsworte von Minister Balke in: B 122, 2161.

Abb. 13: Theodor Heuss bei der Besichtigung einer Bundeswehrübung, 13. 9. 1958

Nr. 162 A
Von Klaus Otto Berning, Schwelm, Westfalen
20. Januar 1956
BArch, B 122, 163: hs. Schreiben, behändigte Ausfertigung[1]
Kritik an den Uniformen der Bundeswehr

Sehr verehrter Herr Bundespräsident,

verzeihen Sie mir bitte, daß ich Ihnen so einfach schreibe. Da ich einer von denen bin, die bald in die neue Bundeswehr eingezogen werden, möchte ich auch meine Stimme hierzu abgeben. Meiner Meinung nach – und sie wird von vielen meiner Freunde geteilt – sollte alles getan werden, um unsere neue Armee populär zu machen. Dazu sind die jetzigen Uniformen nicht angetan.[2] Die „Nationale Volksarmee" der Ostzone hat sich in puncto Uniformen ganz an die deutsche Tradition

---

[1] Eingangsstempel vom 21. 1. 1956; Az. A1-1307/56.
[2] Über die neuen Uniformen der Bundeswehr gab es in der Presse eine sehr vielfältige Diskussion; Presseausschnitte in: B 122 Anhang, 97; vgl. auch TH. HEUSS, Bundespräsident, Briefe 1954–1959.

angelehnt. Aber wer ist denn augenblicklich der Träger des Erbes des Deutschen Reiches? Ist es die kommunistische sogenannte DDR, oder ist es unsere Bundesrepublik? Verzeihen Sie mir bitte diese letzten etwas demagogisch klingenden Fragen; aber sie spiegeln eine Auffassung, die ich mit großen Teilen der deutschen Jugend gemeinsam habe.

Ich bitte Ihre Exzellenz wegen meines Briefes nicht ungehalten zu sein.

Ich bin
Ihr ganz ergebener

Klaus Otto Berning

Nr. 162 B
An Klaus Otto Berning, Schwelm, Westfalen
25. Januar 1956
BArch, B 122, 163: ms. Schreiben, Durchschlag, von Heuss diktiert (Diktatz. H/vM), von Bott hs. paraph. und ms. gez.[3]

Sehr geehrter Herr Berning!

Der Bundespräsident hat Ihren Brief gelesen und nimmt ihn nicht „übel", aber er empfindet das publizistische Hin und Her über die Uniform und den Uniformschnitt als eine künstliche Mache.[4]

---

[3] Az. A1-1307/56; Absendevermerk vom 26. 1. 1956; weiterer Nachweis: N 1221, 331: Durchschlag.

[4] Heuss schilderte den Entscheidungsprozess über die Uniformen der Bundeswehr in einem Schreiben vom 15. 3. 1956 an Oberst a. D. R. Kreitmeyer. Er habe sich sehr eindeutig gegen die vorgelegten Metallzeichen gewandt, durch die die einzelnen Waffengattungen charakterisiert werden sollten: „Sie waren, indem sie eine vorgebliche Tradition zum Ausdruck bringen wollten, primitives allegorisches Kunstgewerbe – für meinen Geschmack einfach scheußlich – und in der Verbindung mit Textil auch, wie ich glaube, unpraktisch. Meine Anregung ging dahin, auf diese Sachen ganz zu verzichten. Über den Schnitt der Uniformen habe ich keine tiefsinnigen Überlegungen angestellt. Wir haben, als uns die jungen Soldaten in ihren Uniformen vorgeführt wurden, uns die Gesichtspunkte erklären lassen, die zu dieser oder jener Lösung führten. Einige meiner Mitarbeiter, die selber Soldaten waren, haben mir dabei neben den Fachleuten aus dem Amt Blank ihre Meinung gesagt. Ich selber habe mich nie mit Schneiderei beschäftigt und habe auch nicht den Ehrgeiz, den Spuren von Wilhelm II und Adolf Hitler zu folgen"; N 1221, 333. Toni Stolper berichtete er ironisch: „Gestern [...] habe ich die bis jetzt wohl seltsamste Rolle in meinem Leben gespielt: nämlich Uniformen bestimmt. Ich kam mir selber dabei leicht komisch vor, weil ich nie auf die Idee gekommen wäre, mich um derlei je kümmern zu müssen, während ich freilich oft las, daß Wilhelm II. und Hitler Uniformen zeichneten"; Th. Heuss, Tagebuchbriefe, S. 46, 22. 7. 1955.

Über die skeptische Beurteilung des Begriffes Tradition hat er sich ja neulich in seiner Silvesteransprache geäußert.[5]

Mit vorzüglicher Hochachtung

Hans Bott
Persönlicher Referent des Bundespräsidenten

Nr. 163 A
Von Gertrud Oehmke, Bezirksverordnete der FDP, Berlin-Waidmannslust
7. Mai 1956
BArch, B 122, 168: ms. Schreiben, behändigte Ausfertigung[1]
Bitte um Besuch der Wittenauer Heilstätten in Berlin

Sehr verehrter Herr Bundespräsident,

bei einem Besuch in den Wittenauer Heilstätten – ich bin langjähriges Mitglied im Gesundheitsausschuß – erzählte mir der ärztliche Direktor Herr Dr. Fritz Balluff, daß er Sie und Ihre Familie aus seiner Heimat her persönlich kenne. (Er hat das Gymnasium in Heilbronn besucht, und sein Bruder war Ihr Schulkamerad.) Aus diesem rein zufälligen kleinen Privatgespräch kam ihm und mir der Gedanke, wie wertvoll es für die Anstalt wäre, wenn der Bundespräsident persönlich sehen würde, wieviel daran zu verbessern wäre. Diese Anstalt ist vor 75 Jahren für 1.000 Patienten gebaut, beherbergt jetzt aber deren 2.000, ist also überbelegt und baulich vollkommen veraltet. Gerade das Gebiet der Psychiatrie müßte doch jetzt doppelt gefördert werden, nachdem in den Jahren 1933–1945 soviel versäumt wurde!

Sie, verehrter Herr Bundespräsident, waren bei Ihrem letzten Besuch in Berlin in Wittenau und besichtigten eine vorbildlich eingerichtete Fabrik; möchten Sie nicht bei Ihrem nächsten Berlin-Besuch Ihr Interesse einer baulich weniger vorbildlichen Einrichtung in Wittenau zuwenden, die bedauernswerten kranken Menschen gilt? Für die Ärzte wäre Ihr Besuch eine Anerkennung für ihre unter äußerst schwierigen Verhältnissen geleistete Arbeit, für die zuständigen Behörden würde Ihr Interesse sicherlich ein Ansporn sein für die so notwendige baldige Modernisierung der Anstalt!

---

5 Heuss hatte darin auf den preußischen Heeresreformer Gerhard David von Scharnhorst verwiesen, der „vom Sittlichen her die so großartige und ruhmreiche friderizianische Militär-Tradition mitleidlos zerschlug und ein neues soldatisches Ethos [...] erst begründete." Außerdem wandte sich Heuss gegen Leute, die das Wort vom „Bürger in Uniform" ironisieren würden. Diese wüssten gar nicht, welchen „Schaden sie dem ganz einfachen Vaterlandsgedanken zufügen." Redemanuskript in: B 122, 244.

1 Eingangsstempel vom 8. 5. 1956; Az. A1-7182/56.

Ich wäre glücklich, wenn ich durch diesen meinen Hinweis einer guten Sache gedient hätte! Werden Sie kommen, Herr Bundespräsident?

Mit den besten Wünschen für Ihr persönliches Wohlergehen
Ihre ergebene
Gertrud Oehmke

Nr. 163 B
An Gertrud Oehmke, Bezirksverordnete der FDP, Berlin-Waidmannslust
11. Mai 1956
BArch, B 122, 168: ms. Schreiben, Durchschlag, von Heuss diktiert (Diktatz. H/vM), von Bott hs. paraph. und ms. gez.[2]

Sehr geehrte Frau Oehmke!

Der Bundespräsident läßt Ihnen mitteilen, daß er Ihren Brief erhalten hat. Die Gestaltung eines Besuchsprogramms in Berlin wird ja von den Berliner Amtsstellen gemeinsam mit den Herren vom Bundespräsidialamt festgelegt. Dr. Heuss selber muß dabei eigentlich nur die Funktion des Abwehrens übernehmen, da die verschiedensten Gruppen und Institutionen gerne über seine Zeit (zwar nicht nur in Berlin) verfügen. Das Programm für den nächsten Besuch[3] ist jetzt schon über[be]setzt, aber Dr. Heuss hat auch ein bißchen die Empfindung, daß es ein Mißverständnis seiner Funktion ist, wenn man ihn irgendwohin bringen will, um das spezifische Ungenügen einer Situation zu demonstrieren. Dr. Heuss hat in seinem Leben genügend Heilanstalten gesehen, und dazu extra nach Berlin zu fahren, lehnt er ab.

Mit vorzüglicher Hochachtung
Hans Bott
Persönlicher Referent des Bundespräsidenten[4]

---

[2] Az. A1-7182/56; Absendevermerk vom 12. 5. 1956; weiterer Nachweis: N 1221, 334: Durchschlag.

[3] Der Besuch fand vom 25. bis 29. 5. 1956 statt; Zeitungsausschnitte in: B 145, 16309.

[4] In einem weiteren Schreiben vom 5. 7. 1956 beschwerte sich Frau Oehmke über das Schreiben des „Referenten", das – für die Empfängerin nicht erkennbar – von Heuss stammte, und schickte den bisherigen Briefwechsel in Abschrift zu. Heuss antwortete am 10. 7. 1956, das erste Schreiben sei „vollkommen in Ordnung". Er lasse sich nicht gerne als „indirektes Propagandainstrument" nutzen. Zudem habe er auf die Sache doch keinerlei Einfluss; B 122, 168.

Nr. 164 A
Von Hans-Peter Kühn, Neukeferloh über München
27. August 1956
BArch, B 122, 165: ms. Schreiben, behändigte Ausfertigung[1]
*Fragen der politischen Ethik nach Lektüre der Rede von Theodor Heuss zum
20. Juli 1944 „Dank und Bekenntnis"; Zustimmung von Theodor Heuss zum
Ermächtigungsgesetz 1933*

Sehr geehrter Herr Bundespräsident!

Mit großem Interesse lese ich Ihre vom Rainer Wunderlich Verlag Hermann
Leins, Tübingen, herausgegebene Gedenkrede zum 20. Juli 1944 „Dank und Bekenntnis".[2] Gerade dieses Thema fand bei mir immer großes Interesse, da es hier
um Gewissensentscheidungen geht. Gerade hier drängt sich mir die Frage des
Pilatus auf: „Was ist Wahrheit?" Als Sohn evangelischer Eltern ist mein Gewissen
an die Heilige Schrift gebunden. Da auch Sie evangelischer Christ sind, glaube ich
dasselbe auch von Ihnen, weshalb meine Verehrung gerade Ihnen gilt.

Was ist aber Wahrheit? In unserem Vaterland kennen wir besonders das katho-
lische und das evangelische Gewissen. Beide sind an die Heilige Schrift gebunden
und schlagen anders. Sie setzten dazu das sozialistische Gewissen (S. 5 Mitte o. g.
Schrift), welches wieder ganz anders schlägt. Was ist Wahrheit? An der östlichen
Mittelmeerküste schlagen zwei Gewissen: a) das Arabische, b) das Jüdische.
Beide bekämpfen sich. Jeder spricht dem anderen das Gewissen ab.

Die Heilige Schrift sagt: „Du sollst nicht töten." Der Tyrannenmord ist ihr
unbekannt. Trotzdem respektieren Sie das Gewissen der Männer des 20. Juli. Im
dritten Absatz Ihrer sehr geschätzten Rede (S. 3 unten o. g. Schrift) verurteilen
Sie Himmlers Erlaß, der es untersagt, sich auf ein Gewissen zu berufen. Hitler
sprechen Sie überhaupt ein Gewissen ab.

Was ist Wahrheit? Auf S. 6 Mitte o. g. Schrift sprechen Sie vom Widerstandsrecht, ja sogar von der Widerstandspflicht. Was ist Wahrheit? Wenn Wahrheit
objektiv und nicht subjektiv ist, frage ich: Warum ermächtigten Sie, Herr Bundespräsident, 1933 als damaliger Abgeordneter des Deutschen Reichstages, Hitler
zum Führer und Reichskanzler und zur Änderung der Weimarer Verfassung nach
seinem Willen? Warum machten Sie ihn 1933 dadurch zum Diktator? Warum
ermächtigten Sie Hitler dadurch, seinen Willen zum Gesetz zu machen?[3]

Die Bundesregierung, die Sie präsidieren, verurteilte die kleinen PG's, nicht
aber die Abgeordneten des Deutschen Reichstags 1933, die Hitler ermächtigten.

---

[1] Eingangsstempel vom 29. 8. 1956; Az. A1-12498/56.
[2] Zur Verbreitung dieser Ansprache vgl. Nr. 127, Anm. 4 und 5.
[3] Zur Zustimmung von Heuss zum Ermächtigungsgesetz, mit dem das Parlament die Gesetzgebung
der Regierung überließ, vgl. E. W. BECKER, Ermächtigung; J. C. HESS, Lage.

Dies taten sämtliche Abgeordneten m. W. mit Ausnahme der Kommunisten. Was ist Wahrheit?

In einigen Verfassungen unserer Länder soll das Widerstandsrecht verankert sein, ein Recht, welches die Heilige Schrift nicht kennt. Dieses Recht steht doch nur auf dem Papier? Welcher Staat läßt dieses Recht wirklich gegen sich gelten? Nach Art. 4 GG kann niemand gegen sein Gewissen gezwungen werden, Kriegsdienst mit der Waffe zu leisten.[4] Dieser Art[ikel] war doch das trojanische Pferd in unserer Verfassung. 1949 wurde uns erklärt, daß auf Grund dieses Artikels eine Wehrpflicht in Deutschland nicht möglich sei. Vergangenes Jahr wurde uns erklärt (man ließ die Katze aus dem Sack), daß gerade dieser Artikel die allgemeine Wehrpflicht voraussetze, da er das Gewissen schütze.

Der Herr Bundeskanzler soll Pressemeldungen zufolge schon vor Jahren erklärt haben, daß Kriegsdienstverweigerer „Dummköpfe und Verräter" seien. Er spricht also denselben ein Gewissen ab. § 25 des neuen Wehrgesetzes soll Pressemeldungen zufolge das Gewissen nur bei Mennoniten und Zeugen Jehovas anerkennen. Daß Art. 4 GG nur auf dem Papier steht, beweist sich am besten dadurch, daß selbst Ihr Gewissen gezwungen wurde, das Wehrgesetz zu unterschreiben, nachdem sich dasselbe am 23. 12. 1949[5] dazu bekannte, daß es gegen eine deutsche Wehrmacht sei, gleich, unter wessen Kommando diese stehen würde, daß es sich wehren würde, selbst wenn die Alliierten eine solche vorschlagen würden. Wo bleibt hier das Widerstandsrecht?

Wie sehr dieses Recht auf dem Papier steht, ist aus dem jüngst ergangenen BVG-U[rteil] gegen die Partei des Sozialismus ersichtlich. Ausgerechnet die einzige Partei, die Hitler nicht ermächtigte, soll verfassungwidrig sein?[6] Was ist Wahrheit?

Mit meinen achtundzwanzig Jahren bin ich noch sehr jung, so daß ich noch nach einer politischen Weltanschauung ringen darf. Im Führerstaat aufgewachsen,

---

[4] Art. 4, Abs. 3 GG lautete: „Niemand darf gegen sein Gewissen zum Kriegsdienst mit der Waffe gezwungen werden. Das Nähere regelt ein Bundesgesetz."

[5] Vermutlich handelte sich hierbei um eine Anspielung auf ein Interview von Heuss mit Vertretern der Associated Press vom 7. 12. 1949, bei dem sich Heuss gegen die Wiederrichtung einer nationalen deutschen Armee, aber nicht gegen eine Beteiligung der Bundesrepublik an der Verteidigung Europas ausgesprochen hatte. Vgl. Aufzeichnung von Klaiber vom 13. 6. 1951 in: B 122, 628. Dieses Interview, in der „Neuen Zeitung" Nr. 216 vom 9. 12. 1949 und in der „Frankfurter Allgemeinen Zeitung" Nr. 33 vom 9. 12. 1949 unter der Überschrift „Absolut gegen eine Wehrmacht" wiedergegeben, veranlasste Adenauer am 9. 12. 1949 zu einem kritischen Schreiben an Heuss, in dem er auf seine Richtlinienkompetenz als Bundeskanzler hinwies; Abdruck in: K. ADENAUER / TH. HEUSS, Unserem Vaterlande zugute, S. 35f. In der Auseinandersetzung um die Wiederbewaffnung wurde das Interview publizistisch immer wieder ausgeschlachtet; Flugblattmaterial B 122, 628.

[6] Am 23. 11. 1951 stellte die Bundesregierung Antrag auf Feststellung der Verfassungswidrigkeit der KPD durch das Bundesverfassungsgericht, über den endgültig erst 1956 entschieden wurde; vgl. A. BRÜNNECK, Politische Justiz; G. PFEIFFER / H.-G. STRICKER, KPD-Prozeß.

war ich überzeugter Hitlerjunge, da ich nichts anderes kannte, und schäme mich nicht, dieses zu bekennen; selbst unter Gefahr, daß Sie mich jetzt einsperren lassen, habe ich keinen Grund, dies zu leugnen; denn ich bin ehrlich. Nach dem Zusammenbruch lernte ich andere politische Weltanschauungen kennen; ich erlebte die Demokratie.

Entschuldigen Sie vielmals, Herr Bundespräsident, wenn ich nur Heuchelei kennenlernte. 1945 versprach man uns Freiheit und gab uns Gesetzlosigkeit (Rechtlosigkeit besser gesagt); 1949 versprach man uns Gewissensfreiheit und gab uns -zwang. Was ist Wahrheit? An was soll ich nun glauben?

1945 bestrafte man die kleinen PG's, die in treuer Pflichterfüllung ihr Bestes taten, während man den Abgeordneten, die Hitler ermächtigten, die Regierungsgewalt übergab; 1949 versprach man uns Gewissensfreiheit und sperrte z. B. den Abgeordneten des ersten Bundestags Jupp Angenfort[7] trotz seiner Immunität ohne Gerichtsverfahren nur wegen seines sozialistischen Gewissens ein und gab uns das berüchtigte Polizeiaufgabengesetz,[8] obwohl nach dem GG niemand seinem Richter entzogen werden darf. Auch wieder ein Artikel, der nur auf dem Papier steht. Was ist Wahrheit?

Als ehemaliger Hitlerjunge, der um eine neue politische Weltanschauung ringt, wende ich mich an Sie, Herr Bundespräsident, der Sie den Glauben meiner Eltern teilen, mir den Glauben an die Demokratie schenken zu wollen, die Sie präsidieren. In Erwartung Ihrer sehr geschätzten Nachricht zeichne ich mit ausgezeichneter Hochachtung!

In tiefster Verehrung
Ihr
                                                                                    Hans Peter Kühn

---

[7] Jupp Angenfort (KPD) war mit Urteil des BGH vom 4. 7. 1955 wegen Hochverrats zu einer fünf-jährigen Zuchthausstrafe verurteilt worden. Zum Jahresende 1956 gab es eine Kampagne für seine Freilassung, die zu 200–300 Eingaben an den Bundepräsidenten führte, zumeist aus der DDR. Die Pressestelle des Bundespräsidialamtes verfasste daraufhin eine „Aufzeichnung über ‚Jupp Angenfort'", die an Karl Brammer (Leiter der Presse- und Informationsstelle bei der Vertretung des BM für gesamtdeutsche Fragen in Berlin) geschickt wurde, um in den Berliner Medien verwendet zu werden; Aufzeichnung und Schreiben vom 14. 1. 1957, in: B 122, 183.

[8] Vermutlich gemeint: GESETZ ÜBER DIE AUFGABEN UND BEFUGNISSE DER POLIZEI IN BAYERN: POLIZEIAUFGABENGESETZ vom 16. Oktober 1954 (GVBl. S. 237) mit Vollzugsentschließung des Bayerischen Staatsministeriums des Innern vom 5. November 1954 (MABl. S. 972), Textausgabe mit Anmerkungen, Verweisungen und einem Stichwortverzeichnis, bearb. v. Georg Berner, München 1955.

Nr. 164 B

An Hans-Peter Kühn, Neukeferloh über München

5. September 1956

BArch, B 122, 165: ms. Schreiben, Durchschlag, von Heuss diktiert (Diktat. H/vM), von Bott hs. paraph. und ms. gez.; Briefkopf: „Bundespräsidialamt"[9]

Sehr geehrter Herr Kühn!

Der Bundespräsident hat Ihren Brief erhalten und gelesen. Da Sie ihm mitteilen, daß Sie 28 Jahre alt sind, rechnet er mit Ihrer Einsicht, daß er nun nicht mit Ihnen oder vor Ihnen über Probleme der politischen Ethik in dieser oder jener konfessionellen Färbung reflektiert; dazu hat er bei einem täglichen Eingang von ein paar Hunderten von Briefen ja keine Zeit, und er muß es sich, nach Erfahrungen, die dazwischenliegen, seit einer Reihe von Jahren zum Gesetz machen, mit ihm unbekannten Menschen, auch wenn er die Zeit fände, keinerlei politische Korrespondenz mit aktuellen Bezüglichkeiten zu führen.

Über die Frage des Ermächtigungsgesetzes, mit der auch Sie kommen, ist auf Veranlassung von Herrn Dr. Heuss im Württembergisch-Badischen Landtag in einem sogenannten Untersuchungsausschuß eingehend gehandelt worden,[10] wie auch über die Problematik der Wehrpflicht – im Parlamentarischen Rat war Professor Heuss der einzige Abgeordnete, der in einer Rede sich gegen die Aufnahme des Kriegsdienstverweigerungsartikels des Grundgesetztes aussprach, weil er in der Wehrpflicht historisch, wie er sich ausdrückt, das legitime Kind der Demokratie sieht.[11] Der Eid auf das Grundgesetz hat ihn aber natürlich an diese Bestimmung, gegen die er geredet und gestimmt hat, gebunden, er hat das auch gegenüber einem insistierenden amerikanischen Interviewer zum Ausdruck gebracht.[12]

Dr. Heuss bittet aber doch, Ihnen mitzuteilen, daß, wenn Sie doch schon 28 Jahre alt sind, Sie auf die Albernheit hätten verzichten können, daß Ihre Mitteilung, daß Sie der Hitler-Jugend angehört haben, Sie in die Gefahr bringen könnte, „daß Sie mich jetzt einsperren lassen." Dieses Wort ist nicht nur töricht, weil es die Natur des Bundespräsidenten völlig verkennt, sondern verrät auch eine völlige Unkenntnis der grundgesetzlichen Ordnung. Dr. Heuss würdigt durchaus die innere

---

[9] Az. A1-4377/56, korrigiert aus A1-122498/56; Absendevermerk vom 6. 9. 1956; weiterer Nachweis: N 1221, 336: Durchschlag.

[10] Vgl. E. W. BECKER / TH. RÖSSLEIN, Politischer Irrtum; E. W. BECKER, Ermächtigung; J. C. HESS, Lage, S. 94–99.

[11] 43. Sitzung des Hauptausschusses vom 18. 1. 1949, in: PARLAMENTARISCHER RAT, Verhandlungen des Hauptausschusses, S. 545. Auf dieses Faktum wies Heuss immer wieder hin, u. a. auch in seiner Ansprache vom 12. März 1959 „Soldatentum in unserer Zeit"; vgl. Nr. 193, Anm. 2.

[12] Vgl. Anm. 5.

Motivation, aus der heraus Sie ihm geschrieben haben. Die Pilatus-Frage „Was ist Wahrheit?" wird jeden Menschen durch sein Leben begleiten. Sie wird in ihrer Antwort vor den Gegebenheiten oft genug im Ungewissen stehen. Es kommt dann darauf an, daß man hier durch eigene Wahrhaftigkeit sich ihr nähert.

Mit freundlichen Empfehlungen   Hans Bott
                            Persönlicher Referent des Bundespräsidenten

Nr. 165 A
Von Lisa Heiss, Stuttgart
18. September 1956
BArch, B 122, 872: ms. Schreiben, behändigte Ausfertigung[1]
Verwendung des Doppel-S am Ende von Namen; Schreibweise des Namens „Heuss"

Sehr geehrter Herr Bundespräsident,

darf ich Sie bitten, mir liebenswürdigerweise mitzuteilen, weshalb Sie Ihren Namen mit „ss" anstatt mit „ß" schreiben.

Ich habe seit meiner Verheiratung vor dreiunddreißig Jahren meinen Namen mit „ss" geschrieben, auch genau wie mein Mann auf der Heiratsurkunde so unterschrieben. Bei Ausstellung eines Passes wurde mir nun plötzlich untersagt, amtlich mit „ss" zu unterschreiben, mit der Begründung, daß alle auf „s" endenden Namen entweder mit einem weichen „s" oder aber „ß" geschrieben werden. Laut nationalsozialistischem Gesetz von 1938 sei hierauf streng zu achten. Leider wird dies heute noch viel strenger getan. Ich besitze nun als Kuriosum eine Heiratsurkunde, die mit der Maschine auf „ss" ausgestellt ist, dazu einen Paß vom Jahre 1926, ebenfalls Heiss mit „ss" und einen Paß vom Jahre 1956, worin nun „Heiß" geschrieben ist.

Da mir nach dieser langen Gewöhnung das „ß" schwerfällt und ich es auch nicht wünsche, bitte ich Sie, mir mitzuteilen, wie ich zu meinem „ss" kommen kann, da die Polizei sich nicht sehr geneigt zeigt, es zu genehmigen. Das Standesamt ist zudem empört über mein Ansinnen und meinte auf den Hinweis auf Ihren Namen: „Des wird scho rauskomma, wenn er g'schtorba isch!"

Ich möchte es gerne vorher wissen.

Mit vorzüglicher Hochachtung   Lisa Heiss

---

[1] Eingangsstempel vom 19. 9. 1956; Az. W/1/56.

Nr. 165 B

An Lisa Heiss, Stuttgart

26. September 1956

BArch, B 122, 872: ms. Schreiben, Durchschlag, von Heuss diktiert (Diktat. H/vM) und ms. gez.[2]

Sehr geehrte Frau Heiss!

Ihr Brief wegen der Schreibweise Ihres Namens mit „ss" oder „ß" hat mir natürlich sehr viel Spaß gemacht. Die Sorgen, die man Ihnen macht oder die Sie sich machen, machen sich Leute auch mit mir und meiner Schreibgewöhnung. Wieviele Briefe und Anfragen[3] habe ich deshalb schon bekommen! Auch traurige Schreiben von Lehrern, die mir mitteilen, daß meine Unterschrift ihre pädagogischen Bemühungen, den Kindern am Schluß ein „ß" beizubringen, zerschlage. Ich pflege solche Dinge humoristisch zu nehmen.

Es kann Sie vielleicht trösten, daß ich vor 46 Jahren die gleiche Komödie auf einem Standesamt in Schöneberg hatte, als ich die Geburt meines Sohnes anmeldete. Der Mann hatte ein schönes Aktenstück ausgeschrieben, wo ich mit „ß" figuriere. Als ich dann mit „ss" unterschrieb, forderte er die Übereinstimmung der Unterschrift mit seiner Schreibart, und da ich meine Weltanschauung auf solche Dinge nicht ausgedehnt habe, habe ich halt das erste „s" in ein „h" [sic] verwandelt.[4]

Ich habe nun Ihre Sachen von einem meiner juristischen Herren durchsehen lassen, und dabei ergab sich, daß eine Dienstanweisung für die Standesbeamten

---

[2] Az. A1-13886/56, korrigiert aus W/1/56; Stempel: „Pers[önlichem] Ref[erenten] vorgelegen"; weiterer Nachweis: N 1221, 336: Durchschlag.

[3] Am 13. 7. 1950 wandte sich z. B. ein Maschinensetzer Fritz Vater mit der Bitte um Klärung der Schreibweise an Heuss. Weil es in der deutschen Schrift kein „ss" am Ende eines Wortes gebe, sondern nur ein ß, erscheine die Schreibung Heuss als „antinational und falsch, auch dann, wenn der Schriftsatz in Antiqua gehalten ist." B 122, 55. Am 16. 6. 1952 schrieb Heuss (gez. von Bott) an Fritz Löffler: „Herr Dr. Heuss läßt Ihnen mitteilen, daß es ein vollkommenes Mißverstehen seiner Arbeitsbelastung wie seiner Natur ist, anzunehmen, daß es ihm in der gegenwärtig übermäßig beanspruchten Zeit überhaupt interessiert, ob er einmal mit „ß" und das andere Mal mit „ss" gedruckt wird"; B 122, 115.

[4] Als der Sohn von Theodor Heuss, Ernst Ludwig Heuss, im Mai 1959 in Berlin erneut heiraten wollte, gab es wiederum Schwierigkeiten beim Standesamt mit der Schreibweise. Heuss berichtete seinem Sohn am 5. 5. 1959 mit fast den gleichen Worten von den Schwierigkeiten bei der Meldung seiner Geburt beim Standesamt: Er habe aus dem ersten „s" ein „h" gemacht, „damit der Kerl Dich als existent beglaubigte"; N 1221, 355. Ende Mai 1959 ging Heuss in einem Schreiben an seinen Sohn noch einmal grundsätzlich auf die Sache ein, nachdem auch das Standesamt in Lörrach involviert wurde. 27. 5. 1959, in: N 1221, 355. Da in der Schweiz ein „ß" nicht mehr gebräuchlich war, wies der standesamtliche Eintrag für die Enkelin Barbara Heuss ein „ss" auf; vgl. Ernst Ludwig Heuss an Heuss, 25. 5. 1959, in: FA Heuss, Basel.

und ihre Aufsichtsbehörden in der „Neufassung 1952" sich in der Tat mit dem Schicksal der Schreibweise des Doppel-S beschäftigt. Dort heißt es: „Ist der Familienname in früheren Urkunden mit ß geschrieben worden, so muß diese Schreibweise beibehalten werden, er darf also nicht mit ss geschrieben werden. Umgekehrt darf auch ein bisher mit ss geschriebener Familienname nicht mit ß geschrieben werden. Besteht eine Verschiedenheit, so haben die Eintragungen in einem deutschen Personenstandsbuch oder Standesregister den Vorzug vor anderen Urkunden."

Sie können also nach meiner Meinung, wenn Sie den Kampf durchführen wollen, mit diesem Passus, da das Standesregister Sie mit „ss" notiert hat, entgegentreten, falls das Standesregister laut dieser Anweisung „den Vorzug vor anderen Urkunden" besitzt.

Nach meiner persönlichen Meinung hat Ihnen für die Schreibweise bei den formalen Unterschriften kein Mensch Vorschriften zu machen. In meinem Fall ist es so, daß, wie ich aus einer Bibeleintragung weiß, mein Urgroßvater sich mit „ß" schrieb, der Großvater und Vater mit „ss", und wir drei Brüder haben es dann halt so in der Unterschriftsgewöhnung gehalten, wie wir es beim Vater sahen. Es ist mir aber persönlich ziemlich gleichgültig, daß mein Name in der einen Zeitung mit „ss" und in der anderen mit „ß" gedruckt wird.[5] Manche Zeitungen, die die deutschen Druckbuchstaben als Überschrift verwenden, setzen gelegentlich aus Höflichkeit gegen meine Konvention zwei kleine deutsche Druck-S nebeneinander, und dann bekomme ich wieder Briefe, ob das denn eigentlich zulässig sei.

Also machen Sie sich weiter keine Kümmer und unterschreiben Sie, wie Sie es gewohnt sind. Regen Sie sich auch nicht auf, wenn bei einem amtlichen Dokument das „ß" benutzt wird und man Ihnen nahe legt, falls eine Unterschrift notwendig ist, das „ß" zu gebrauchen; aber vorher dürfen Sie einmal mit dem oben genannten Satz aus der Dienstanweisung Ihren Streit zu bestehen versuchen.

Mit freundlichen Empfehlungen   Theodor Heuss

---

[5] Als in der Heuss-Biographie von Welchert (H.-H. WELCHERT, Theodor Heuss) der Name Heuss durchgängig mit „ß" gesetzt worden war, verlangte der Presserefent Raederscheidt allerdings, dass die Schreibweise „unter allen Umständen geändert werden müsse." Raederscheidt an Ernst Ludwig Heuss, 3. 8. 1953, in: B 122, 176.

Nr. 166 A

Von Brigitte Bermann-Fischer, S. Fischer Verlag, Berlin-Charlottenburg

1. Oktober 1956

BArch, B 122, 171: ms. Schreiben, behändigte Ausfertigung[1]

Dramatisierte Fassung des Tagebuches der Anne Frank; Kritik, dass der Aufseher des KZ Buchenwald Martin Sommer nicht in Haft ist

Hochverehrter Herr Bundespräsident:

Ein, fast möchte ich glauben, schicksalhaftes Zusammentreffen mich bewegender Umstände macht mir Mut zu diesen Zeilen. Heute vor 70 Jahren gründete mein Vater hier in Berlin den S. Fischer Verlag. Und heute Abend spielte das Schloßpark-Theater in Steglitz sowie sieben andere große deutsche Bühnen zum ersten Mal die dramatisierte Fassung des Tagebuch der Anne Frank, das wir nach Deutschland gebracht haben.[2] Dieses einzigartige menschliche Dokument, in heiterer Lebensbejahung eines heranwachsenden Mädchens geschrieben, obwohl es sich in tiefster Lebensnot befand, hat schon in der Form unseres Taschenbuches Hunderttausende von Menschen in Deutschland an etwas erinnert, das sie nicht vergessen dürfen[3] – wie Sie es oftmals in so eindringlicher Weise gesagt haben. Von der Bühne her geht erneut erschütternde Wirkung aus. Die Stimme der kleinen Anne Frank ruft das Gewissen der Menschen wach.

Umso tiefer traf es mich, durch einen Artikel im Spiegel No. 40 vom 3. Oktober 1956 zu erfahren, daß der „K 2 Bewacher Sommer", von Eugen Kogon in seinem

---

[1] Eingangsstempel vom 6. 10. 1956; Az. A1-14338/56; der zweite Abschnitt mit Grünstift teils angestrichen und unterstrichen.

[2] FRANCES GOODRICH / ALBERT HACKETT: The Diary of Anne Frank, New York 1956. Das Stück wurde in den USA ein großer Erfolg. Heuss erzählte in einem Brief an Toni Stolper vom 28. 10. 1956 über die große Wirkung des Stückes; vgl. TH. HEUSS, Tagebuchbriefe, S. 206.

[3] Anne Frank hatte von Juni 1942 bis August 1944 in ihrem Versteck in Amsterdam Tagebuch geführt, das – in verschiedenen Bearbeitungen – weltweit eine Auflage von 15 bis 16 Millionen Exemplaren erreichte. Zweifel an der Echtheit, die in den siebziger Jahren in der Presse auftauchten, wurden durch verschiedene Gutachten beseitigt; vgl. den Artikel „Anne Frank-Tagebuch", in: W. BENZ, Legenden. Das Haus, in dem Anne Frank wohnte, wurde zu einer Gedächtnisstätte umgewandelt; vgl. A. F. STICHTING, Anne Franks Haus. In einem Schreiben vom 30. 9. 1957 an Kirchenrat Friedrich Langenfaß formulierte Heuss, es habe sich in den letzten zwei Jahren etwas Merkwürdiges und Ergreifendes begeben, „ein kleines jüdisches Mädchen hat nach ihrer ‚Liquidierung', wie der Vorgang des genormten Mordens genannt wurde, durch einen Stoß Papier, den sie hinterließ, Geschichte gemacht. Das ist wohl zu pathetisch formuliert. Aber ich lasse den Satz stehen, weil ein Stück Optimismus in ihn hineingeraten [ist]. ‚Das Tagebuch der Anne Frank', so absichtsloses, doch begabtes Kinderspiel der Not, ist zu einem fast missionarischen Auftrag gekommen. In der Begegnung mit ihm handelte es sich fast um etwas wie eine Bewährungsprobe der deutschen Gewissensprüfung. Und wie sie bestanden wurde, das hat etwas Tröstliches"; B 122, 2081.

Buch der S.S. Staat[4] vor Jahren als „Henker von Buchenwald" bezeichnet, heute in Deutschland frei herumläuft. Er wurde, dem Bericht des Spiegel zu Folge, wegen Verhandlungs- und Haftunfähigkeit frei gelassen, er soll eine Ausgleichszahlung von DM 10.000,– bekommen und steht vor der Heirat.

Kann ich von dieser furchtbaren Tatsache Kenntnis nehmen, ohne an Sie die Bitte zu richten, diesen Mörder vor Gericht stellen zu lassen? Ich bin sicher, daß mit mir Millionen Deutsche das gleiche denken und sich meiner Bitte anschließen, diesen Verbrecher seinen Richtern zu überantworten.

Der Sinn unseres Tuns würde zum Un-Sinn, wenn hier das Recht versagte.

Ihre   Brigitte B. Fischer

Nr. 166 B

An Brigitte Berman-Fischer, S. Fischer Verlag, Berlin-Charlottenburg

9. Oktober 1956

BArch, B 122, 171: ms. Schreiben, Durchschlag, von Heuss diktiert (Diktatz. H/A) und ms. gez.[5]

Sehr geehrte Frau Berman-Fischer!

Freundlichen Dank für Ihre Zeilen, die ich in ihren Motiven durchaus würdige, wenn ich mich auch etwas in Verlegenheit befinde, da ich das „Tagebuch der Anne Frank" bis jetzt weder in der epischen noch in der dramatischen Fassung kenne. Ich bin ja arbeitsmäßig viel zu sehr überfordert, um mit der Buchpublikation Schritt halten zu können.[6]

Auch den Aufsatz im „Spiegel", auf den Sie Bezug nehmen, habe ich mir erst jetzt zeigen lassen, und einer meiner Herren wird über die Sachfrage Klarheit zu schaffen versuchen, da ja aus dem Artikel selber keine volle Klarheit zu gewinnen ist. Bloß über meine eigene rechtliche Situation haben Sie eine völlig unzutref-

---

4 Eugen Kogon veröffentlichte die erste umfassende Darstellung über das System der Konzentrationslager; vgl. EUGEN KOGON: Der SS- Staat. Das System der deutschen Konzentrationslager, München 1946. Es wurde zu einem Standardwerk, das zahlreiche Auflagen erlebte, zuletzt im Heyne Verlag, München 2004.

5 Az. A1-14338/56; Stempel: „Pers[önlichem] Ref[erenten] vorgelegen"; weiterer Nachweis: N 1221, 336: Durchschlag.

6 Heuss berichtete Toni Stolper am 28. 10. 1956 über einen bewegenden Theaterabend, einer Szenenfolge nach dem Tagebuch der Anne Frank; sein Sohn Ernst Ludwig habe ihm gesagt, dass er das Tagebuch noch lesen müsse. Die Tatsache, dass das Buch in wenigen Monaten eine Auflage von über 100.000 erreicht habe, sei ein tröstlicher Vorgang bei seinen Feldzügen gegen das Vergessen; TH. HEUSS, Tagebuchbriefe, S. 206f.

fende Auffassung, wenn Sie meinen, daß ich die Möglichkeit habe, diesen Mann „vor Gericht stellen zu lassen." Derlei konnte wohl Hitler, der die sogenannte „Teilung der Gewalten" aufgehoben hatte. In einem offenbar vorliegenden Rechtsgang – der Mann steht ja wohl schon unter Anklage der Staatsanwaltschaft Bayreuth – kann der Bundespräsident seinerseits ja nicht eingreifen.

Mit freundlichen Grüßen
Ihr
Theodor Heuss

Nr. 167 A
Von Hans-J. Horn, München
11. November 1956
BArch, B 122, 171: ms. Schreiben, behändigte Ausfertigung[1]
Kritik an der politischen Mentalität der Deutschen

Hochverehrter Herr Präsident!

Lassen Sie mich die Teilnahme am Tod Ihres Londoner Freundes Baeck[2] zum Anlaß nehmen, Ihnen von Erscheinungen in unserem Volk – ich möchte sie ein „Parapolitikum" nennen – zu schreiben, die mich, hoffentlich zu Unrecht, befremden. Mit Parapolitikum möchte ich einen Begriff zu umreißen versuchen, der nach seinem Wesen und seiner Struktur weder in den Zuständigkeitsbereich von Regierung und Parlamenten noch von Parteien und Organisationen gehört, der sich möglicherweise überhaupt nicht einordnen läßt und der dennoch in seinen Äußerungen politisch zu nennen ist.

Die Symptome: Unsere öffentliche Meinung hat in den letzten Tagen überraschend wenig Notiz von der Wiederkehr der „Kristallnacht" genommen, dafür aber sich in rückhaltloser Empörung gegen den Staat Israel gewandt.

Deutsche Studenten haben in den letzten Tagen den britischen Premierminister mit Hitler verglichen. Doch kein deutscher Publizist äußerte m. E. sein Befremden über den fragwürdigen Eifer der deutschen Industrie, im gemeinsamen Bemühen mit Sowjetrußland den offensichtlich antijüdischen Diktator Nasser zu unterstützen. Dabei sollten gerade in unserem Volk die Parallelen zwischen der

---

[1] Eingangsstempel vom 13. 11. 1956; Az. A1-16318/56.
[2] Leo Baeck war am 2. 11. 1956 in London, wohin er nach seinem Überleben des KZ Theresienstadt im Jahre 1945 emigriert war, verstorben. Heuss hatte ihn, als er 1951 Deutschland besuchte, persönlich nach Bonn eingeladen (Abdruck des Schreibens vom 15. 8. 1951 in: TH. HEUSS, Bundespräsident, Briefe 1949–1954) und auch später mit Baeck gelegentlich korrespondiert; N 1221, 109.

Rheinlandbesetzung Hitlers[3] und der Kanalbesetzung Nassers[4] deutlich sein. So liegt die Frage nahe, ob man – wie im Falle Peron[5] – im Ruhrgebiet nicht lieber in den starken Mann investiert, als in das unterentwickelte Gebiet?

In letzter Zeit mehren sich die Berichte von der jahrzehntealten deutsch-arabischen Freundschaft, die ich zwar weder als deutscher Soldat in Afrika, noch als Kriegsgefangener in Ägypten, noch als Flüchtling aus dem britischen Lager anders kennenlernte denn in Diebstahl, Steinwürfen und Mord auch am deutschen „ungläubigen Christenhund".

Daraus lassen sich m. E. ableiten: Unser Mangel an politischem Taktgefühl! Bedenkliche Lücken in unserem Gedächtnis! Eine recht zweifelhafte Wertordnung in unserem Volk!

Wenn es erlaubt ist, anzunehmen: Wir Deutschen seien nicht selbstgerecht, überheblich, schadenfroh und böse, sondern nur etwas gedächtnisschwach und kurzsichtig, etwas taktlos und etwas – verzeihen Sie bitte – „halbstark", sollte es möglich und wünschenswert sein, dies zu ändern.

Eine Aufgabe, für deren Erfüllung kein Ministerium, kein Klischee, ja nicht einmal eine Organisation denkbar ist. Schlichtweg eine Aufgabe für den deutschen Geist!

Bitte erschrecken Sie nicht, verehrter Herr Bundespräsident, es geht nicht um den „Lehrer der Nation – Professor Heuss!" Doch in einer Zeit des organisierten Spezialistentums, in der jede Gruppe eine eigene Pressestelle hat, jedes Grüppchen seine Stimme in Parlamenten und Öffentlichkeit erhebt, hat der Geist keine Interessenvertretung, kein Sprachrohr. Er liegt ja offen und zugänglich für jedermann in den Buchhandlungen, in Theater und Konzertsälen und – im Kino. Schade nur, daß man sich um ihn bemühen muß, daß die Verantwortlichen in Politik und

---

[3] Als Reaktion auf die Ratifizierung des französisch-sowjetischen Beistandsvertrages vom 27. 2. 1936 ließ Hitler die entmilitarisierte Zone im Rheinland wiederbesetzen, um die Souveränität des Reiches über die Westgrenze Deutschlands wiederherzustellen und die Versailler Vertragsbestimmungen weiter zu revidieren; vgl. E. M. ROBERTSON, Wiederbesetzung, 1962, S. 178–205.

[4] Gamal Abd el-Nasir, genannt Nasser, hatte am 26. 7. 1956 durch ein Dekret die Allgemeine Suezkanal-Gesellschaft nationalisiert, nachdem Großbritannien, die USA und die Internationale Bank für Aufbau und Entwicklung ihre Hilfsangebote für den Bau des Assuan-Staudamms zurückgezogen hatten. Großbritannien und Frankreich in Zusammenarbeit mit Israel intervenierten daraufhin militärisch erfolgreich ab Ende Oktober/Anfang November 1956, bis die USA diplomatisch einschritten und einen Waffenstillstand und Rückzug durchsetzten. Zur gleichen Zeit wurde in Ungarn von der Sowjetunion ab 4. 11. 1956 gewaltsam ein Aufstand niedergeschlagen.

[5] Dem argentinische Politiker Juan Peron gelang es, nachdem er am 9. 10 1945 von den Militärs abgesetzt worden war, als Kandidat der Arbeiterpartei („Peronisten") im Februar 1946 die Präsidentschaftswahlen zu gewinnen. Nach einer Verfassungsreform (1949) wurde er im November 1951 erneut zum Präsidenten gewählt. Er verfolgte eine nationalistische und populistische Politik und propagierte einen dritten Weg zwischen Kapitalismus und Kommunismus, der zu hoher Inflation, Spannungen mit der Großgrundbesitzeroligarchie, dem Militär und der katholischen Kirche führte. Nachdem eine Revolte von Marineoffizieren im Juni 1955 noch gescheitert war, wurde er durch einen Putsch im September 1955 gestürzt.

Wirtschaft aber so gar keine Zeit haben, sich darum zu bemühen. Schade, daß die leise und nicht immer vordergründige Stimme des vielschichtigen Geistes nicht so laut vernehmbar ist wie die des x-beliebigen Interessenvertreters. Der Geist schreit nicht – und deshalb ist niemand für ihn zuständig. Doch vielleicht sollte auch er – der Geist – zur Technik der Schlagzeile greifen, zur kurzen Information für den eiligen Manager, zur Wochenschautechnik der vereinfachenden Raffung!

Und deshalb – es klingt grausig hart – sollte vielleicht (gerade in unserem Land) der Geist „public-relation" machen. Vielleicht auch wäre dies nicht gar so schlimm nach dem ersten Blick. Denn das subtile Gebilde Geist braucht keine Organisation, keine Behörde, keine Interessenvertretung bei Bund und Ländern. Es braucht nichts weiter als den Versuch der geistigen Welt, sich in Kardinalfragen ab und zu mal zu Wort zu melden. Es braucht nichts weiter als den Versuch, die Wertordnung der – unpolitischen – Welt nicht den Wirtschaftlern zu überlassen, ohne sie zumindest über die denkbaren Folgerungen ihres Handelns zu informieren. Es braucht nichts weiter als den Versuch der Koordinierung der geistigen Strömungen und damit vielleicht der Schaffung eines neuen geistigen Ausdrucks der deutschen Nation.

Wem sonst als dem Herrn Bundespräsidenten sollte man dieses Anliegen vortragen?

Mit dem Ausdruck der vorzüglichsten Hochachtung
Ihr sehr ergebener

Hans-J. Horn

Nr. 167 B
An Hans-J. Horn, München
14. November 1956
BArch, B 122, 171: ms. Schreiben, Durchschlag, von Heuss diktiert (Diktatz. H/A), von Bott hs. paraph. und ms. gez.; Briefkopf: „Bundespräsidialamt"[6]

Sehr geehrter Herr Horn!

Der Herr Bundespräsident hat Ihren Brief erhalten und gelesen, in dem Sie über das „Parapolitische" reflektieren. Er selber würde annehmen, daß das Wort „meta-

---

[6] Az. A1-16318/56; Absendevermerk vom 15. 11. 1956; weiterer Nachweis: N 1221, 337: Durchschlag.

politisch" die Frage eher deckt, aber er meint, das sei eine sprachliche Geschmacksfrage.

Er bekommt ja unendlich viele Briefe von Menschen, die mit ihm in einen Gedankenaustausch über politische und geistesgeschichtliche Dinge treten wollen, aber dafür findet er bei seiner Überforderung einfach keine Zeit und bittet Sie, dafür Verständnis zu haben. In einigen Ihrer Bemerkungen über politisch-psychologische Beobachtungen stimmt er mit Ihnen überein, bei anderen findet er Ihr Urteil verzeichnet. Aber was Sie von ihm eigentlich erwarten, ist ihm undeutlich geblieben.

Er ironisiert es seit eh und je, wenn man von „dem Geist" redet und dabei unausgesprochen voraussetzt, daß dieser eine eigene Figur sei, die sich außerhalb des sozialen, ökonomischen und politischen Lebens aufhält und sich womöglich bei einigen Berufskategorien ansiedelt oder von denen beansprucht wird, die nun eben sich selber als Teilhaber des Geistes interpretieren. Soll dieser Geist nun womöglich eine organisatorische oder institutionelle Formation sein, die in der Diskussion feststellt, was jetzt eigentlich zu einer politischen, ökonomischen oder anderen Situation sozusagen ex cathedra zu sagen sei?

Es tut dem Bundespräsidenten leid, wenn Sie irgendwelche konkreten Erwartungen an Ihr Schreiben, das er in seinen Motiven durchaus würdigt, geknüpft haben. Er selber bemüht sich ja in seinen Reden und Schriften, gelegentlich für dieses „Metapolitische" und damit irgendwie seelisch-geistig Verbindliche einen Ausdruck zu finden, würde aber nie auf die Idee kommen, diese seine Wort als die „Worte des Geistes" betrachtet wissen zu wollen.

Mit freundlichen Empfehlungen   Hans Bott
                        Persönlicher Referent des Bundespräsidenten[7]

---

[7] Am 19. 11. 1956 schrieb Horn nochmals und erhielt am 23. 11. 1956 von Heuss (gez. Bott) eine kurze Antwort; B 122, 171.

Nr. 168 A

Von Kurt Engel, Pressearchiv, Karlsruhe

2. Dezember 1956

B 122, 172: ms. Schreiben, behändigte Ausfertigung[1]

Planung einer Reportage über Theodor Heuss aus seinem Weihnachtsurlaub in Lörrach

Sehr geehrter Herr Dr. Bott![2]

In Erinnerung an Ihre Karlsruher Tage, wo ich Gelegenheit hatte, oft mit Ihnen zusammenzutreffen, darf ich mich heute vertrauensvoll an Sie wenden. Was ich schon immer vorhatte, soll in diesem Jahre endlich verwirklicht werden: eine Reportage über den Weihnachtsurlaub des Herrn Bundespräsidenten bei seinem Sohn in Lörrach. Ich wäre Ihnen daher sehr zu Dank verbunden, wenn Sie mir baldmöglichst mitteilen würden, ob überhaupt und wann Prof. Heuss heuer nach Lörrach kommt. Ich würde dann nach Lörrach fahren und mich bei Ihnen melden. Sie wissen sicherlich, daß in den vergangenen Jahren die Lokalberichterstatter sehr viel über diesen Weihnachtsurlaub berichtet haben. Nun möchte ich dieses Thema auch mal aufgreifen, um in meinen großen westdeutschen Zeitungen ebenfalls darüber zu berichten. Zur Zeit bin ich allerdings noch mit dem Johnprozeß[3] beschäftigt. Das Urteil wird für 22. Dezember erwartet.

Mit freundlichem Gruß
                                                                    Engel

---

[1] Eingangsstempel vom 3. 12. 1956; Az. A 1-17460/56.

[2] In der Vorlage irrtümlich: „Pott".

[3] Otto John, erster Präsident des Bundesamtes für Verfassungsschutzes, war am 20. 7. 1954 in die DDR übergetreten. Nach seiner Rückkehr am 12. 12. 1955 wurde er zu vier Jahren Zuchthaus verurteilt und Ende Juli 1958 vorzeitig von Heuss begnadigt; vgl. TH. HEUSS, Bundespräsident, Briefe 1954–1959.

Nr. 168 B
An Kurt Engel, Pressearchiv, Karlsruhe
5. Dezember 1956
B 122, 172: ms. Schreiben, Durchschlag, von Heuss diktiert (Diktatz. H/Bk), von Bott hs. paraph. und ms. gez.[4]

Sehr geehrter Herr Engel!

Der Herr Bundespräsident bittet Sie „inständig“, Ihren Plan, eine Pressereportage über seinen Weihnachtsurlaub zu fertigen, fallen zu lassen. Dr. Heuss hat die Auffassung, daß ein paar Tage im Jahr ihm persönlich gehören dürften und daß es keinen Menschen etwas angeht, was er in dieser Zeit im Kreise seiner Familie treibt. Dr. Heuss hält dies auch für völlig uninteressant und weiß nur aus Erfahrungen von den und den Reportagen, die über „Nichtereignisse“ berichten, wie er sich ausdrückt, daß eine ihm widerwärtige Verkitschung seiner Person herauskommt.

Der Herr Bundespräsident wird, wie immer, in Lörrach ganz ohne amtliche Begleitung sein, so daß Sie ihn selber, falls Sie trotzdem nach Lörrach gehen, gar nicht antreffen werden.[5]

Mit vorzüglicher Hochachtung   Hans Bott
Persönlicher Referent des Bundespräsidenten

---

[4] Az. A1-17460/56; Absendevermerk vom 6. 12. 1956; weiterer Nachweis: N 1221, 337: Durchschlag.

[5] Dennoch spielten sich diese Besuche nicht ohne Zeremonien ab: Die „Basler Nachrichten“ berichteten über den Empfang von Heuss in Lörrach zum Weihnachtsfest 1956: „In Lörrrach erwartete ihn am Bahnhof eine große Menschenmenge. Auf dem Bahnsteig hatten sich Landrat Bechtold und Oberbürgermeister Braye zur Begrüßung eingefunden. Auf Einladung des Bundespräsidenten nahmen sie im Sonderwagen Platz und entboten dem hohen Gast den Willkommensgruß der Einwohner der Stadt und des gesamten Wiesentals.“ Ausschnitt vom 22. 12. 1956 in: B 145, 16310. Am Neujahrstag pflegten der Männergesangverein, die Stadtkapelle, der Musikzug der Feuerwehr, der Hebelbund u. s. f. zu gratulieren; Heuss an Toni Stolper, 30. 12. 1958, in: N 1186, 124.

Nr. 169 A
Von Hedwig Schuppe, Braunschweig
17. März 1957
BArch, B 122, 43: hs. Schreiben, behändigte Ausfertigung[1]
Geschenk des Buches von Gertrud Hamer „Das Herz ist wach. Briefe einer Liebe"

Sehr geehrter Herr Professor Dr. Heuss,

zunächst möchte ich Ihnen zur Besserung in Ihrem Befinden meine herzlichsten Glückwünsche übermitteln und hoffe, daß Sie recht bald sich wieder bester Gesundheit erfreuen.[2]

Sicher werden Sie nun auch manche Stunde mit Lesen verbringen und zwar mit schöner Literatur, wozu Ihnen sonst bei Ihren Repräsentationspflichten wohl kaum Zeit bleibt, und wenn es Ihnen sicher kaum an geeigneten Büchern mangelt, so wäre es doch beglückend für mich, könnte ich Ihnen mit dem beifolgenden Buche[3] eine Freude machen und könnte es in einsamen Stunden Ihnen eine liebe Gesellschaft werden, wie das mir öfter war. Ich habe das Buch nie aus der Hand gegeben, da nur wenige Menschen von meinen Bekannten das rechte Verständnis dafür gehabt hätten, da es auch Interesse an der Politik voraussetzt.

Nun bin ich eine alte Frau, wenigstens den Jahren nach, geworden, Ihr Jahrgang, es wird immer einsamer um mich, und ich wüßte niemand, dem ich das Buch lieber geben würde als Ihnen, verehrter Herr Professor Heuss, vor allem, wenn ich Ihnen damit eine Freude bereiten kann.

Möglich ist es ja nun, daß Sie das Buch selbst schon besitzen oder bereits kennen, dann erfüllt es leider nicht den Zweck, mit dem ich es Ihnen übersende. In diesem Falle möchte ich Sie bitten, es an eine Ihnen liebe oder geneigte Person weiter zu schenken, vielleicht kann es dann doch noch jemand eine Freude bereiten.

Und mir legen Sie bitte die Sendung nicht als Zudringlichkeit aus, ich wollte doch nur „einem Kranken" eine kleine Freude machen.

Mit vielen guten Wünschen für recht baldige völlige Genesung grüße ich Sie, verehrter Herr Dr. Heuss, herzlich.
Ihre

Frau Hedwig Schuppe

---

[1] Eingangsstempel vom 22. 3. 1957; Az. S 26.
[2] Heuss litt im Februar/März 1957 mehrere Wochen an einer Lungenentzündung, die er endgültig erst während einer Kur in Badenweiler auszukurieren vermochte.
[3] GERTRUD HAMER: Das Herz ist wach. Briefe einer Liebe, hg. v. Mervyn Brian Kennicott [d. i. Gertrud Hamer], Tübingen 1934; das Werk wurde ein immenser Erfolg mit zahlreichen Auflagen. Auch nach dem Zweiten Weltkrieg wurde es vielfach neu aufgelegt.

Nr. 169 B
An Hedwig Schuppe, Braunschweig
25. März 1957
BArch, B 122, 43: ms. Schreiben, Durchschlag, von Heuss diktiert (Diktatz. H/A) und ms. gez.[4]

Sehr geehrte Frau Schuppe!

Da ich seit zwei, drei Tagen wieder die Erlaubnis habe, selber Briefe zu diktieren, will ich Ihnen persönlich schreiben.

Ihr Brief hat mich durch die freundschaftliche Gesinnung gerührt, die Sendung mich aber fast in etwas wie eine heitere Verlegenheit gebracht, wenn es derlei gibt. Das Buch ist ja vor ein paar Jahrzehnten erschienen. Ich habe es selbst nicht gelesen, da ich mit allem Belletristischen außerordentlich zurückhaltend war und nur Bücher las, von denen es meine Frau für wichtig hielt und für einen persönlichen Gewinn, wenn ich sie lesen würde. Dies traf aber für das Buch „Das Herz ist wach" nicht zu. Die Geschichte hat aber noch einen halb komödiantenhaften Anhang. Daß „Kennicott" ein Pseudonym war, merkten die Menschen. Sie vermuteten also, daß Gertrud Bäumer die Verfasserin sei.[5] Da ich mit Gertrud Bäumer nahe befreundet war (wir stammten beide aus dem engsten Naumann-Kreis), wurde ich damals Dutzende Mal gefragt, ob dieses Buch von Gertrud Bäumer sei (oder ob sie katholisch geworden sei). Ich wußte mir zu helfen durch den festen Entschluß, das Buch nicht zu lesen und allen Anfragern mitzuteilen, daß ich das Buch gar nicht kenne, was natürlich die Offenbarung eines unzweifelhaften Bildungsdefektes bedeutete. Ich habe mich auch Gertrud Bäumer gegenüber aus der Affäre gezogen, indem ich ihr frank einen Brief schrieb, daß ich dauernd wegen ihrer vorgeblichen Verfasserschaft gefragt würde und deshalb fest entschlossen sei, das Buch nicht zu lesen, um eben jene vorhin zitierte Antwort unbefangen geben zu können.

Mit der Verfasserin selber bin ich gut bekannt gewesen, und sie hat es mir gar nicht übelgenommen, daß ich ihre Bücher nicht las. Es war eine Frau Hamer, geb. von Sanden, die auch das Buch „Die Tilmansöhne"[6] und anderes geschrieben hat und die Mutter von Isabel Hamer (Verfasserin der „Perdita"[7]), der Gattin des Verlegers Hermann Leins, ist.

---

[4] Az. S 26; mit Stempel: „Pers[önlichem] Ref[erenten] vorgelegen"; weiterer Nachweis: N 1221, 339: Durchschlag.

[5] Die Tochter von Hamer, die spätere Ehefrau des Verlegers Hermann Leins, war zeitweise Sekretärin bei Gertrud Bäumer gewesen.

[6] GERTRUD HAMER: Die Geschichte der Tilmansöhne. Dem Jüngsten erzählt von Mervyn Brian Kennicott [d. i. Gertrud Hamer], Tübingen 1937.

[7] Isabel Hamer: Perdita, Tübingen 1938. Der Roman, den Isabel Leins unter Pseudonym veröffentlichte, wurde ein Millionenerfolg. Nach dem Krieg erschien er 1957 erneut im Bertelsmann Lesering.

Ihr Brief ist so liebenswürdig gehalten, daß ich denke, Sie werden es mir nicht übelnehmen, wenn ich bei meinem alten Schwur bleibe und das Buch nicht lese. Wenn meine Kräfte zurückgekehrt sein werden, wartet schon zu viel Historisch-Wissenschaftliches auf mich, und das, was man „Belletristik" nennt, ist mir seit langem fremd geworden, aber mit der Beglückung durch das „wache Herz" konnte ich bereits beginnen, und damit bin ich Ihren Intentionen treu geblieben.

Mit freundlichen Empfehlungen
Ihr

Theodor Heuss

Nr. 170 A

Von Gerhard G. Muras, Pfarrverweser, Zweibrücken-Niederauerbach

6. April 1957

BArch, B 122, 864: ms. Schreiben, behändigte Ausfertigung[1]

Bedeutung des protestantischen Liberalismus und Albert Schweitzers; Suche nach einem neuen Verlag für ein theologisches Werk

Hochverehrter Herr Bundespräsident!

Verzeihen Sie bitte, wenn ich es wage, Ihre Zeit für drei Minuten in Anspruch zu nehmen. Aber ich bin überzeugt, daß gerade Sie ein hohes Interesse an dem Anliegen des jungen protestantischen Liberalismus haben werden.

Es wird Ihnen nicht entgangen sein, daß man in Deutschland kirchlicher- wie theologischerseits die Bedeutung einer liberalen Theologie und Kirche gerne bagatellisiert, wenn nicht überhaupt ignoriert. Dennoch ist eine „neue liberale Theologie" im Kommen und mit ihr der Mann, den man widerlegt zu haben glaubt als Theologen und Religionsphilosophen, der aber seit mehr als fünfzig Jahren einfach nicht zu widerlegen ist und der in dieser Zeit theoretisch und praktisch für den Protestantismus mehr getan hat als alle seine Gegner zusammengenommen: Albert Schweitzer. Momentan halten sich noch die erstarrenden Fronten der drei „großen" kirchlich-theologischen Richtungen: der konfessionellen Lutheraner, der Barthianer und der Berneuchener.[2] Gemeinsam ist ihnen die scharfe Ablehnung des Liberalismus wie der Aufklärung und die Überzeugung, an der Spitze

---

[1] Eingangsstempel vom 8. 4. 1957; Az. A1-4790/57; vereinzelte Unterstreichungen mit Blaustift.

[2] Die Berneuchener Bewegung war ursprünglich ein Gesprächskreis auf dem Rittergut Berneuchen in der Neumark (1923–1927), den die Sorge umtrieb, dass die Kirche, so wie die Gesprächsteilnehmer sie erlebten, nur noch eine Fassade sei. Aus diesem Kreis erwuchsen mehrere geistliche Gemeinschaften. Heute hat die Arbeit des Berneuchener Hauses ihren Sitz im Kloster Kirchberg bei Horb.

zu marschieren. In Wirklichkeit verschulden diese drei „Bastionentheologien" (W. v. Loewenich) die immer offenkundiger werdende Krise des deutschen Protestantismus und halten den oekumenischen Fortschritt des Christentums auf ...

Meine Bitte: Können Sie, sehr verehrter Herr Bundespräsident, uns helfen, an einer entscheidenden Stelle die Diskussion um die Grundanliegen des neuen Liberalismus voranzutreiben? Dies könnte dadurch geschehen, daß Sie uns zu einem Verlage verhelfen, der bereit ist, liberal gerichtete Autoren zu Worte kommen zu lassen. Ich selbst bin durch persönliche Beauftragung der Herausgeber des bekannten „Textbuches zur deutschen systematischen Theologie und ihrer Geschichte vom 16. bis 20. Jahrhundert" aus der Feder des in Berlin lebenden ehemaligen Erlanger Systematikers Prof. Dr. R. H. Grützmacher. Der Band ist im Frühjahr 1955 in 4. Auflage bei Gerd Mohn in Fa. Bertelsmann neu herausgekommen, der Band II wird offensichtlich von Seiten all' solcher Theologen am Erscheinen verhindert, denen es nicht gepaßt hat, daß ich es wagte, den großen Elsässer dort (erstmals) aufzunehmen, wo er in Band I hingehört, nämlich an den Schluß des Paragraphen „Neuprotestantische, religionsphilosophische und religionsgeschichtliche Theologie." Im Bd. II sollen – gemäß meinem Vorwort in Band I – auch seine Schüler wie Martin Werner-Bern, Fritz Buri-Basel und Ulrich Neuenschwander-Olten ausführlich zu Wort kommen, neben manchen anderen. Da es Herr Mohn nicht wagt, den Band II ebenfalls herauszubringen, meine ich, vielleicht doch einen anderen Verlag gewinnen zu müssen.[3] Da dies aber im gegenwärtigen Deutschland schwerfallen wird, erlaube ich mir die höfliche Bitte um Ihren Rat. Sie würden der großen Sache Albert Schweitzers einen entscheidenden Dienst tun; denn nur so ist es zu erreichen, die Studenten mit den Thesen der „konsequenten Eschatologie" bekannt zu machen, die – wie ich mehrfach feststellen konnte – ihnen bewußt vorenthalten oder aber entstellt wiedergegeben werden.

In dankbarer Erwartung Ihres freundlichen Bescheides bin ich mit dem Ausdruck meiner ausgezeichneten Hochachtung
Ihr sehr ergebener   Gerhard G. Muras

---

[3] Das Werk erschien unter dem Titel RICHARD HEINRICH GRÜTZMACHER: Textbuch zur deutschen Systematischen Theologie und ihrer Geschichte vom 16. bis 20. Jahrhundert, fortgeführt und hg. von Gerhard G. Muras, 2 Bde, Paul Haupt, Bern 1961.

Nr. 170 B

An Gerhard G. Muras, Pfarrverweser, Zweibrücken-Niederauerbach

4. Mai 1957

BArch, B 122, 864: ms. Schreiben, Durchschlag, von Heuss diktiert (Diktatz. H/A), von Bott hs. paraph. und ms. gez.; Briefkopf: „Ministerialdirigent Hans Bott Bundespräsidialamt"[4]

Sehr geehrter Herr Muras!

Ihr Brief vom 6. April ist dem Herrn Bundespräsidenten nach seiner Rückkehr vorgelegt worden.[5] Er hat ihn gelesen und dankt Ihnen für das freundschaftliche Vertrauen, das in dem Brief zum Ausdruck kommt, aber er fühlt sich überschätzt, wenn Sie glauben, daß er in dem wissenschaftlichen Stand der theologischen Auseinandersetzung so gut Bescheid wisse, um in dem von Ihnen gedachten Sinn hier ein Wort zu sprechen.

Zufällig hat Professor Heuss gerade während seines Aufenthaltes in Baden-weiler einen Briefwechsel mit Albert Schweitzer gehabt,[6] in dem er Schweitzer sehr zuredete, seine theologisch-ethischen Arbeiten zum Abschluß zu bringen. Aber er wagte es selber nicht, Schweitzer, über den er ja vor ein paar Jahren bei der Verleihung des Friedenspreises des deutschen Buchhandels in der Frankfurter Paulskirche eine Würdigung gesprochen hat,[7] im spezifisch Theologischen an einer sicheren Stelle anzusiedeln.

Der Bundespräsident bittet Sie, dafür Verständnis zu haben. Er selber kommt ja aus der Freundschaft mit Friedrich Naumann[8] und Martin Rade[9], kennt aber auch seine Grenzen in diesem Feld, und niemals hat er einer ja häufig an ihn gerichteten Bitte entsprochen, Verlagsverhandlungen und dergleichen einzuleiten, nicht nur, weil ihn sein Amt ja stark genug beansprucht, sondern weil er sich einfach die innere Zuständigkeit in der Beurteilung von theologischen Fachmanuskripten usf. abspricht.

Mit freundlichen Empfehlungen

Hans Bott
Persönlicher Referent des Bundespräsidenten

---

[4] Az. A1-4790/57; weiterer Nachweis: N 1221, 340: Durchschlag.

[5] Am 8. 4. 1957 war bereits von Oberüber ein Zwischenbescheid übersandt worden. Man wolle den Brief dem Bundespräsidenten nicht in den Genesungsurlaub nachsenden; B 122, 864.

[6] Heuss an Albert Schweitzer, 4. 4. 1957, in: N 1221, 201.

[7] Rede vom 16. 9. 1951 abgedruckt in: Th. Heuss, Würdigungen, S. 271–279.

[8] Heuss beschreibt seine Beziehungen zu Naumann u. a. in seinen „Erinnerungen 1905–1933", passim. Er hatte bereits 1937 eine große Biographie über Friedrich Naumann publiziert, die 1949 in einer neubearbeiteten Auflage sowie nochmals 1967 und 1968 erschien; Th. Heuss, Friedrich Naumann. 1960 verfasste Heuss ein weiteres Werk unter dem Titel „Friedrich Naumann und die deutsche Demokratie"; vgl. Nr. 171, Anm. 3.

Nr. 171 A

Von Konrad Wagner, Oberlehrer, Naila, Oberfranken

7. Mai 1957

BArch, B 122, 865: hs. Schreiben, behändigte Ausfertigung[1]
Artikel von Hans Habe über Albert Schweitzer

Sehr verehrter Herr Bundespräsident!

Gestatten Sie mir, daß ich Ihnen den Artikel vorlege, den die in Hof erscheinende und auch in Naila gelesene Tageszeitung „Frankenpost" vor einiger Zeit gebracht hat.[2]

Vor zwei Jahren habe ich meine Austrittsklasse mit Albert Schweitzers Leben und Denken bekannt gemacht, und wir schickten ihm zu seinem 80. Geburtstag unsere Glückwünsche. Darauf erhielten wir von ihm einen solch herzlichen Brief, daß ihn die Jungen nun nicht nur verehren, sondern auch lieben. Sie sind nach der Schulentlassung noch öfters mit mir zu „Schweitzerabenden" zusammengekommen. Wie bitter es für sie war, Habes Angriffe lesen zu müssen, brauche ich nicht zu schildern. Weil die Jungen wissen, daß Sie, Herr Bundespräsident, mit Herrn Schweitzer befreundet sind,[3] sagte einer: „Was würde wohl unser Herr Bundespräsident zu diesem Artikel sagen?" und ein anderer meinte: „Der würde ihm die entsprechende Erwiderung geben."

Bis heute habe ich gezögert, Sie mit dieser Sache zu belästigen. Weil mir aber das, was Habe sich geleistet hat, so ungewöhnlich vermessen erscheint, habe ich mich nun doch entschlossen, meinen Brief abzuschicken.

Ergebenst!   Konrad Wagner

---

[9] In seinen „Erinnerungen 1905–1933" (S. 176) führte Heuss Rade unter den Theologen auf, deren Stärke weniger im „Forschen" als im publizistischen Wirkungswillen lag; vgl. auch A. NAGEL, Martin Rade.

[1] Eingangsstempel vom 9. 5. 1957; Az. A1-6044/57.

[2] Zeitungsausschnitt undatiert, in: B 122, 865. Der Artikel von Hans Habe übernahm Angriffe der britischen Zeitung „Daily Mail", in der Schweitzer als „größter Reklameexperte aller Zeiten" charakterisiert, seine Bescheidenheit angezweifelt und die hygienischen und medizinischen Verhältnisse in Lambarene als desolat dargestellt worden waren. Es gebe kein Telefon, weil Schweitzer dies ablehne, die Mitarbeiter würden äußerst schlecht bezahlt, und das private Umfeld einschließlich seiner Frau lebe „unter der Fuchtel eines Tyrannen."

[3] Die enge Beziehung von Schweitzer zum Ehepaar Heuss ging bereits auf die Zeit vor dem Ersten Weltkrieg zurück. Albert Schweitzer hatte das Ehepaar Heuss im Jahre 1908 in Straßburg getraut; vgl. Th. Heuss, Erinnerungen, S. 124f. Als Albert Schweitzer am 16. 9. 1951 der Friedenspreis des Deutschen Buchhandels überreicht wurde, hielt Heuss eine persönlich gehaltene Würdigung. Ansprache, Mitschrift von Heuss korrigiert, sowie Druckversionen in: B 122, 220. Als Schweizer den Friedensnobelpreis erhielt, sprach Heuss am 31. 10. 1953 im Rundfunk dazu; Manuskript in: B 122, 232.

Nr. 171 B
An Konrad Wagner, Oberlehrer, Naila, Oberfranken
17. Mai 1957
BArch, B 122, 865: ms. Schreiben, Durchschlag, von Heuss diktiert (Diktatz. H/vM), von Bott
ms. gez.; Briefkopf „Bundespräsidialamt Ministerialdirigent Hans Bott"[4]

Sehr geehrter Herr Wagner!

Der Herr Bundespräsident dankt Ihnen für Ihre freundliche Zusendung, die er
nach seiner Rückkehr von seiner Reise in die Türkei[5] vorfand. Er muß Sie freilich enttäuschen. Es ist ihm schon um seiner Stellung willen völlig unmöglich,
mit einem Schriftsteller von der Art des Herrn Hans Habe, die sich in dessen Autobiographie dokumentiert hat,[6] in eine öffentliche Auseinandersetzung einzutreten.[7]

Mit vorzüglicher Hochachtung   Hans Bott
                                            Persönlicher Referent des Bundespräsidenten

Nr. 172 A
Von Georg Neumann, Köln-Ehrenfeld
14. Mai 1957
BArch, B 122, 865: ms. Schreiben, behändigte Ausfertigung[1]
Vorschlag, bestimmte Themen im Bundestagswahlkampf zu vermeiden: Erklärung
der 18 Göttinger Professoren zur atomaren Bewaffnung der Bundeswehr, Wieder-
vereinigung

---

4 Az. A1-6044/57; Absendevermerk vom 18. 5. 1957; Paraphe von Heuss neben der Anschrift;
   weiterer Nachweis: N 1221, 340: Durchschlag.
5 Heuss stattete vom 5. bis 13. 5. 1957 der Türkei einen Staatsbesuch ab. Unterlagen zur Vorbereitung und Durchführung in: B 122, 524; vgl. auch F. GÜNTHER, Heuss auf Reisen, S. 118–126.
6 Gemeint war hier vermutlich HANS HABE: Ich stelle mich. Meine Lebensgeschichte, Basel 1954.
7 Heuss kümmerte sich indirekt dennoch um die Nachfolge Schweitzers in Lambarene: Als Hans
   Herwig, ein Freund von Schweitzer, ihm am 20. 6. 1957 mitteilte, Schweitzer mache sich Sorgen
   um seine Nachfolge, gab Heuss (gez. Bott) dieses Schreiben dem Präsidenten der Bundesärzte-
   kammer, Neuffer, zur Kenntnis. Dieser antwortete, ein Eingreifen sei nicht möglich, weil Schweitzer Franzose sei und sich sein Werk nicht konservieren lasse. „Schweitzer ist als Mensch ein
   ganz großes Vorbild" und habe auch sicher eine große Wirkung auf die Menschheit gehabt. „Die
   Form aber, wie er sein Hospital gebaut hat und leitet, entspricht nicht mehr den heutigen Notwendigkeiten"; Neuffer an Bott, 4. 7. 1957, in: B 122, 2070.
1 Eingangsstempel vom 15. 5. 1957; Az. ACh-6232/57.

Sehr verehrter Herr Bundespräsident!

Es ist leider zu erwarten, daß die Opposition die atomare Bewaffnung der Bundeswehr und die Erklärung der 18 Göttingen Professoren[2] bei der Wahlpropaganda für ihre Zwecke ausnutzen wird.[3] Das gleiche ist mit der Frage der Wiedervereinigung zu befürchten.

Beide Fragen könnten die Gemüter sehr erhitzen und der Wahlpropaganda eine sehr scharfe Note geben und dementsprechend vielleicht zu einer weiteren Spaltung des deutschen Volkes beitragen. Sie genießen als Bundespräsident die nötige Achtung und Verehrung des deutschen Volkes, um durch eine Rede über den Rundfunk die Parteien zu veranlassen, die vorgenannten Punkte nicht zu Wahlpropagandazwecken zu verwenden, da es sich hier nicht um eine Angelegenheit der einzelnen Parteien, sondern um eine Herzenssache des gesamten deutschen Volkes handelt, die daher nicht in den Dreck gezogen werden sollte. Alle gutgesinnten Deutschen, denen an Ruhe und Frieden gelegen ist, wären Ihnen hierfür sehr dankbar, zumal da durch eine derartige Wahlpropaganda nur dem Osten gedient wäre.

Es würde mich daher sehr freuen, wenn Sie meinen Anregungen stattgeben würden.

Ergebenst Ihr   Georg Neumann

Nr. 172 B
An Georg Neumann, Köln-Ehrenfeld
16. Mai 1957
BArch, B 122, 865: ms. Schreiben, Durchschlag, von Heuss diktiert (Diktatz. H/vM), von Bott hs. paraph. und ms. gez.; Briefkopf: „Bundespräsidialamt Ministerialdirigent Hans Bott"[4]

Sehr geehrter Herr Neumann!

Der Herr Bundespräsident läßt Ihnen für Ihren freundlichen Brief danken. Er ist nicht der einzige, der ein linderndes Eingreifen des Herr Bundespräsidenten in

---

[2] In einer Erklärung vom 12. 4. 1957 wandten sich 18 Atomwissenschaftler (u. a. Max Born, Werner Heisenberg und Carl Friedrich von Weizsäcker) gegen die atomare Bewaffnung der Bundeswehr; vgl. H. K. RUPP, Außerparlamentarische Opposition, S. 73–89.

[3] Am 20. 9. 1957 wurde der dritte Bundestag gewählt.

[4] Az. ACh-6232/57; Absendevermerk vom 17. 5. 1957; weiterer Nachweis: N 1221, 340: Durchschlag.

den Wahlkampf anregt. Dr. Heuss hat in seiner Neujahrsansprache[5] zu den Dingen einiges gesagt. Er hat ja über die auch in Ihrem Brief angeregten Fragen sehr dezidierte eigene Meinungen, aber um seines Amtes willen hält er eine Zurückhaltung für geboten, weil er dessen gewiß ist, daß der Ablauf der Wahlauseinandersetzungen sachlich sich darum nicht kümmern würde und bei ihm Bedenken vorhanden sind, das Amt als solches dann mit für diese oder jene Auffassung beansprucht zu wissen.

Mit vorzüglicher Hochachtung

Hans Bott
Persönlicher Referent des Bundespräsidenten

Nr. 173 A
Von Friedhilde Meier, Köln-Ehrenfeld
27. September 1957
BArch, B 122, 867: hs. Schreiben, behändigte Ausfertigung[1]
Anrede „Papa"; Geschenk eines bestickten Lesezeichens

Lieber Papa!

Ich kann mir diese Anrede nicht verkneifen, weil bei uns im Zusammenhang mit Ihnen nur von „Papa Heuss" die Rede ist. Sie sind mir von jeher außerordentlich sympathisch gewesen und diese Sympathie kann jederzeit in Liebe entarten.

Aus diesem Tatbestand heraus habe ich Ihnen das beiliegende Lesezeichen gestickt. Da ich von Natur aus unpolitisch bin, fiel mir zunächst kein passendes Thema für den Entwurf ein. Auf meine Frage an meinen Mann, der auf diesem Gebiete sehr versiert ist, bekam ich zur Antwort, daß Sie die Bundesrepublik nach außen hin repräsentieren. Aha: Repräsentation heißt Gäste empfangen, Zigarren und Zigaretten rauchen und volle Aschenbecher ausleeren müssen. Ich habe diese meine Vorstellung auf dem Lesezeichen manifestiert.

Mit den herzlichsten Grüßen und in bester Laune bin ich immer
Ihre

Friedhilde Meier

---

[5] Heuss hatte in der Neujahrsansprache 1956/57 im Hinblick auf den kommenden Wahlkampf geäußert, er wünsche sich, dass es für zentrale Themen wie etwa die Wiederbewaffnung oder die Wiedervereinigung eine gemeinsame Plattform geben und dass derlei Themen nicht im Wahlkampf zerredet würden. Das „persönlich Verletzende" möge im parteipolitischen Machtringen vermieden werden, dafür die „Achtung der Persönlichkeit, auch des politischen Gegners" respektiert werden. Das Manuskript der Neujahrsansprache 1956/57, mit eigenhändigen Korrekturen von Heuss, in: B 122, 247.
[1] Eingangsstempel vom 5. 10. 1957; Az. A/1/57.

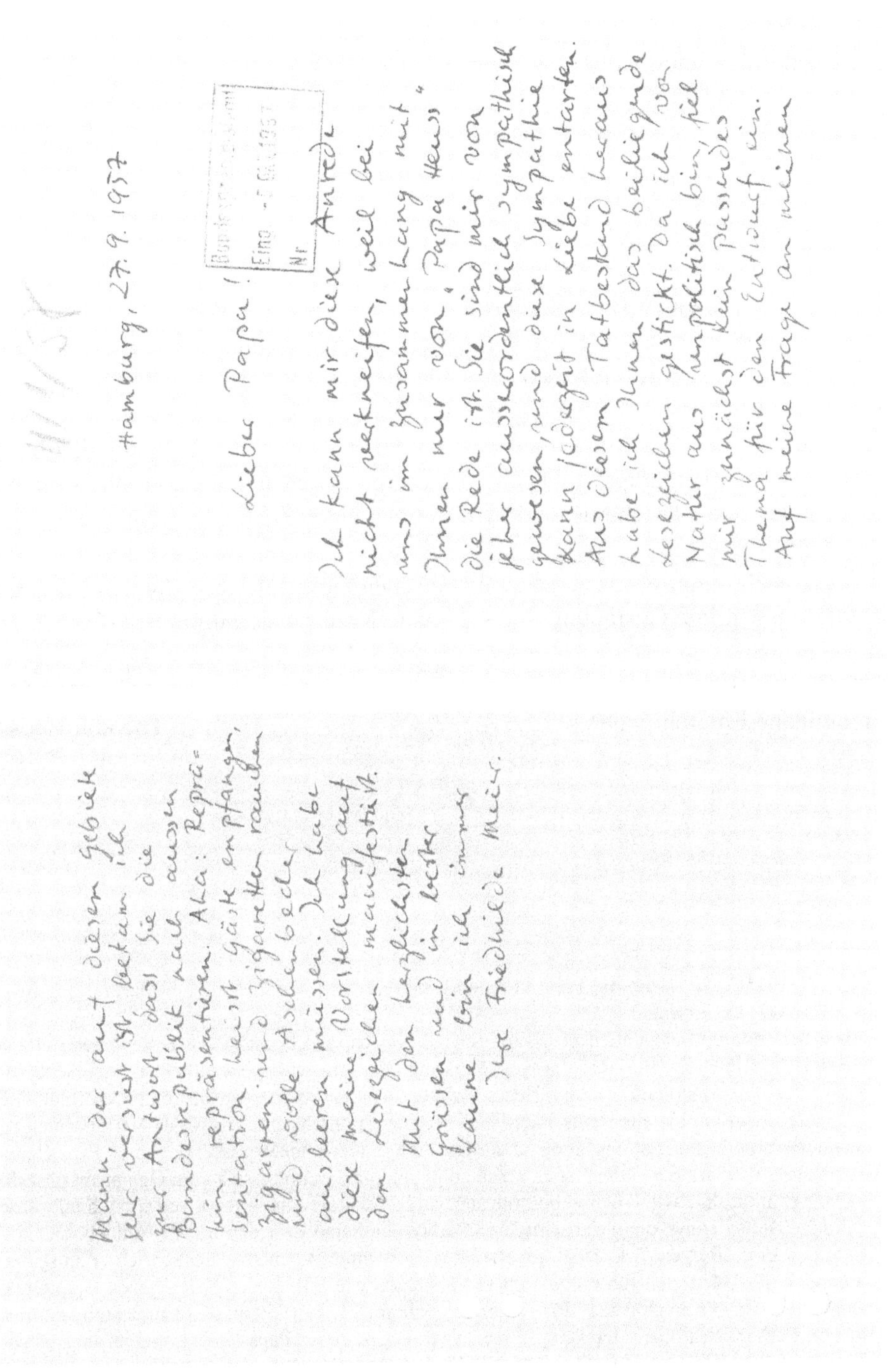

Abb. 14: Friedhilde Meier an Theodor Heuss, 27. 9. 1957

Nr. 173 B

An Friedhilde Meier, Köln-Ehrenfeld

7. Oktober 1957

BArch, B 122, 867: ms. Schreiben, Durchschlag, von Heuss diktiert (Diktatz. H/vM) und ms. gez.[2]

Sehr geehrte Frau Meier!

Zuerst hatte ich einen Brief diktiert, der per Du ging, da wurde ich darauf aufmerksam gemacht, daß Sie den freundlichen Brief an mich nach Beratung mit Ihrem Gatten geschrieben haben – so flüchtig hatte ich Ihre Zeilen gelesen. Die Handschrift kam mir allerdings sehr ausgeschrieben für ein junges Mädchen vor, aber die Anrede „Papa" hat mich dazu verleitet. Nun muß ich Ihnen allerdings antworten, daß ich „Papa" und seine Entartung „Opa" geradezu gräßlich finde[3], weil „Vater" viel hübscher ist und es mir immer einen Stich gibt, wenn mir Kinder mit „Opa" schreiben.

Also, nach dieser etwas sprachphilologischen Ouvertüre freundlichen Dank für die liebenswürdige Gesinnung und ihre nette Konkretisierung in dem bestickten Buchzeichen.

Freundliche Empfehlungen   Theodor Heuss

---

[2] Az. A1-12156/57; Stempel: „Pers[önlichem] Ref[erenten] vorgelegen"; weiterer Nachweis: N 1221, 342: Durchschlag.

[3] Auch bei anderer Gelegenheit verwahrte sich Heuss energisch gegen die Bezeichnung „Papa Heuss": „Als mich in einer Rede in New York ein Deutsch-Amerikaner in einer Ansprache vor Deutschen und Amerikanern ‚Papa Heuss' nannte, habe ich meine Antwort damit eröffnet, daß ich sagte: ‚Nun bin ich aus Deutschland hier herüber gefahren, um der ewigen Verkitschung zu entrinnen, und ihr fangt nun auch damit an. Ich kann ja niemandem verwehren, mich Papa Heuss zu nennen, aber mir persönlich ist es abscheulich und gar, wenn es sich zum Opa auswächst. In meiner Familie sagt man Vater und Großvater, und wo immer ich es kann, verbitte ich mir diese familiäre Anbiederung, die gleichzeitig eine Verkitschung und Erniedrigung des Amts bedeutet.'" Heuss an Erich Berger, 7. 8. 1958, in: B 122, 873. Wenige Wochen später schrieb er an seinen Freund Willy Dürr: „Ich führe einen ebenso skurrilen wie erfolglosen Krieg gegen Opa, Oma, Omi"; 10. 1. 1959, in: N 1221, 351. Ähnlich auch am 11. 4. 1959 an den Bundesminister des Innern, Gerhard Schröder: „Ich kämpfe seit Jahren gegen dieses Papa-Gerede, das mir unausstehlich ist und das ich mir [...] mit ironischer Schärfe verboten habe [...] Die sanften Filzpantoffeln, die man jetzt meinem geschichtlichen Bild unterschieben will, lehne ich ab; dazu habe ich ein zu tätiges und, wie ich ruhig sage, zugleich produktives Leben geführt"; B 122, 31271.

Nr. 174 A
Von Dr. Christ, Oberstudiendirektor, Stuttgart-Bad Cannstatt[1]
3. Oktober 1957
BArch, B 122, 2255: ms. Schreiben, behändigte Ausfertigung[2]
Schüleraufsatz über einen vermeintlichen Ausspruch von Theodor Heuss über moderne Architektur

Sehr verehrter Herr Bundespräsident!

Als ich kürzlich an Heilbronn vorbeifuhr und an Ihre Gymnasialzeit dachte, fiel mir ein, Sie könnten vielleicht in einer heimatlichen Stunde sich dafür interessieren, was ein heutiger Abiturient in einem Klassenaufsatz über einen Ausspruch von Ihnen zu sagen weiß. Das Thema: „Die moderne Architektur ist sauber, ehrlich, aber langweilig", erklärte kürzlich der Bundespräsident in Baden-Baden.[3] Halten Sie dieses Urteil für richtig, besonders im Hinblick auf den Wiederaufbau Stuttgarts? – stand im Wettbewerb mit einem Wort von André Maurois: „Die heutige Generation lebt von Bildern und Klängen, nicht von Ideen."[4]

Sie werden meine Anteilnahme verstehen, wenn ich am Schluß des Aufsatzes feststelle, daß neben den Lehrern auch der Herr Bundespräsident mit der Kritik der Jugend beglückt wird.

Mit herzlichen Grüßen!
Ihr ergebener
                                                                    Dr. Christ

1 Anlage[5]

---

[1] Christ sandte das Schreiben an Heuss mit einem Begleitschreiben an Bott, den er nach 1945 wohl einmal getroffen hatte.
[2] Eingangsstempel vom 5. 10. 1957; Az. A1-12110/57.
[3] Rede von Theodor Heuss in Baden-Baden vor dem BDI zum Thema „Zur Kunst der Gegenwart", 11. 9. 1956, abgedruckt in: TH. HEUSS, Kunst, S. 13–81.
[4] Ließ sich nicht ermitteln.
[5] Die Anlage war ein gedruckter Jahresbericht 1956/57 des Vereins der Freunde des Johannes-Kepler-Gymnasiums in Bad Cannstatt e.V., in dem der Aufsatz des Schülers abgedruckt war.

Nr. 174 B
An Dr. Christ, Oberstudiendirektor, Stuttgart-Bad Cannstatt
8. Oktober 1957
BArch, B 122, 2255: ms. Schreiben, Durchschlag, von Heuss diktiert (Diktatz. H/A) und ms. gez.[5]

Sehr geehrter Herr Oberstudiendirektor![6]

Es hat zunächst natürlich einen gewissen überraschenden Reiz, schon bei Lebzeiten ein Lieferant für sogenannte „goldene Worte" zu sein, die als Aufsatzthema an Oberschulen geeignet sind oder den Pädagogen geeignet erscheinen. Also fühle ich mich leicht geschmeichelt, daß ein Wort von mir den Schülern als Diskutandum vorgelegt wurde. Aber dies Gefühl wird denn doch einigermaßen überschattet dadurch, daß ich dieses Wort weder in der mir entgegentretenden Formgebung noch in seinem Inhalt je gesprochen habe, also auch nicht in der Baden-Baden-Rede, auf die Bezug genommen wurde. Ich vermute, daß das Wort von irgend einem Journalisten geprägt wurde, der offenkundig nicht intelligent genug war, meinen im wesentlichen analytischen Vortrag zu begreifen. Die Rede ist unter dem Titel „Zur Kunst dieser Gegenwart" bereits vor einem Jahr im Rainer Wunderlich Verlag erschienen.[7] Die Frage der Langeweile, auf die sich der Schüler gestürzt hat, kommt an einer Stelle vor, wo ich davon spreche, daß bei manchen Verwaltungsgebäuden, die jetzt entstanden, die Fenster nichts anderes sind als „Löcher in der Wand". Aber so sehr ich gelegentlich konzentrierte Formulierungen liebe, so dumm bin ich nun wirklich nicht, die neue Architektur schlechthin für langweilig zu erklären. Ich war immerhin einer der nächsten Freunde des bedeutendsten deutschen Architekten des letzten halben Jahrhunderts, Hans Poelzig, über den ich auch eine Biographie geschrieben habe,[8] und würde mich mit einer solch anspruchsvollen Banalität wohl kaum produzieren. Ich bin in meinem Leben als Vorstandsmitglied des Deutschen Werkbundes in sehr nahe Berührung mit den Auseinandersetzungen über neue Formgestaltung gekommen,[9] so daß es mir unmöglich wäre, eine solche Behauptung in die Welt zu setzen.

---

[5] Az. A1-12110/57; weiterer Nachweis: N 1221, 342: Durchschlag.

[6] Christ erhielt mit gleicher Post ein von Heuss diktiertes und von Bott gez. Schreiben mit einer Durchschrift und der Aufforderung, diese an den Schüler weiterzugeben. „Auf jeden Fall rechnet er [Heuss] aber damit, daß der Schüler wie auch die Klasse Kenntnis davon erhalten, daß das Thema formal und sachlich unzutreffend geformt war"; B 122, 2255.

[7] Korrespondenz über den Druck in: B 122, 2255; vgl. auch TH. HEUSS, Bundespräsident, Briefe 1954–1959.

[8] THEODOR HEUSS: Hans Poelzig. Bauten und Entwürfe. Das Lebensbild eines deutschen Baumeisters, Berlin 1939; 2. Aufl. Tübingen 1948.

[9] Heuss schildert sein Engagement im Deutschen Werkbund in seinen Erinnerungen; vgl. TH. HEUSS, Erinnerungen, S. 221–223, S. 332f; vgl. auch die Monographie der Tochter von Toni Stolper: J. CAMPBELL, Deutsche Werkbund.

Aber auch die andere These, daß ich die sogenannte moderne Architektur für sauber und ehrlich erklärt habe, ist vollkommen falsch, denn wenn ich das Element des „Purismus" mit herausgehoben habe, der aus dem Zwang neuer Techniken in die Baugestaltung hineinkam, so war das Anliegen meiner Rede in Baden-Baden, darauf hinzuweisen, daß wir bei bestimmten Erscheinungen bereits wieder in ein Form-Schwindeln hineingeraten sind. Deshalb habe ich den Begriff des „markierten Funktionalismus" erfunden, der, soweit ich sehe, bei den Architekten in seiner formalen wie in seiner moralischen Sinngebung auch begriffen worden ist.

In dem Aufsatz des Schülers stehen eine ganze Anzahl netter Bemerkungen, und ich finde es vollkommen in Ordnung, daß er von den mir zugeschriebenen Thesen in selbständiger Gedankenführung abweicht, bloß sind nun eben die Thesen, mit denen er sich auseinandersetzt, gar nicht von mir.

Vielleicht lassen Sie den Verfasser dieses Aufsatzes den Irrtum, in den er verlockt wurde, wissen.

Mit freundlichen Grüßen
Ihr   Theodor Heuss[10]

Nr. 175 A
Von Willy Robert Reichel, München
5. Dezember 1957
BArch, B 122, 869: ms. Schreiben, behändigte Ausfertigung[1]
Kritik an der Garderobe (Frack) von Theodor Heuss

Hochverehrter Herr Bundespräsident!

Eine sehr wichtige Einzelheit Ihres Titelbildes (Quick Nr. 49, 57[2]) mißfällt mir sehr. Die Ärmel Ihres Fracks sind zu lang und die Manschetten des Hemdes zu kurz. Bei einem Frack besonders darf der Ärmel nie so lang sein, daß er auf den Handrücken aufstößt. Es müssen ca. 1 ½ cm von der weißen Hemdmanschette zu sehen sein.

---

[10] Dr. Christ antwortete, er habe das Zitat einer seriösen Tageszeitung entnommen. Die Antwort habe er dem Schüler, der inzwischen Architektur-Student geworden sei, zugeleitet; außerdem werde er den Redaktionsstab der Schülerzeitung nach den Herbstferien zusammenrufen, um ihnen vor Augen zu führen, wie wichtig eine zuverlässige Berichterstattung durch die Presse ist; 16. 10. 1957, B 122, 2255. Am 5. 11. 1957 entschuldigte er sich bei Heuss und berichtete über seine Bemühungen, den Abiturienten im Deutschunterricht eine kritische Haltung beizubringen. ebd.

[1] Eingangsstempel vom 7. 12. 1957; Az. W/5/57.

[2] Die Titelseite zeigte Heuss in Nahaufnahme in Frack mit angelegten Orden. Anlass war ein Beitrag über den Staatsbesuch in Italien; Exemplar in: B 122, 871, Vorgang AP-7815/58.

Ich will meinen Bundespräsidenten, den ich sehr verehre, sehr korrekt angezogen sehen. Zu einem anderen Anzug ist er noch lange nicht alt genug.

Mit freundlichen Grüßen
der Ihre

Willy Robert Reichel

NB. Sie müssten auch in der Außenbrusttasche des Fracks ein weißes Taschentuch oder aber eine weiße Nelke im Knopfloch tragen. Eine weiße Nelke wirkt immer frisch und elegant.

Nr. 175 B
An Willy Robert Reichel, München
9. Dezember 1957
BArch, B 122, 869: ms. Schreiben, Durchschlag, von Heuss diktiert (Diktatz. H/A), von Bott hs. paraph. und ms. gez.; Briefkopf: „Ministerialdirektor Hans Bott Bundespräsidialamt"[3]

Sehr geehrter Herr Reichel!

Der Herr Bundespräsident hat Ihren Brief mit Vergnügen gelesen und war leicht gerührt über die Sorge, die Sie sich mit seinem Anzug gemacht haben. Es ist die gleiche Sorge, die sich auch manche Menschen seiner näheren Umgebung machen, nur er selber (leider?!?) gar nicht. Er hat ja schon einmal in einer veröffentlichten Rede gesagt, daß es nicht sein Ehrgeiz sei, der „Mannequin der Bundesrepublik" zu sein.[4]

Und nun gar das weiße Taschentuch in dem, was Sie „Außenbrusttasche" nennen, werden Sie ihm nicht beibringen können. Das haben schon zahllose Leute versucht. Dr. Heuss aber pflegt in solchen Fällen zu behaupten, daß er nicht schwitze, und den Wunsch, „sehr elegant" zu wirken, hat er noch nicht in seine Weltanschauung aufgenommen.

Ich fürchte, Sie müssen resignieren!

Mit freundlichen Empfehlungen

Hans Bott
Persönlicher Referent des Bundespräsidenten[5]

---

[3] Az. AP-15113/57; Absendevermerk vom 10. 12. 1957; weiterer Nachweis: N 1221, 343: Durchschlag.

[4] Heuss hatte bereits im Mai 1950 auf eine Eingabe eines Lobbyisten der Woll- und Hutindustrie, der bat, Heuss möge doch häufiger einen Hut tragen, ironisch geantwortet, er werde wohl von ihm als „das Mannequin der Bundesrepublik Deutschland" angesehen; vgl. Zeitungsausschnitt der „Abendzeitung" vom 4. 5. 1950 in: B 122 Anhang, 16.

Nr. 176 A
Von Georg Waldemer, Schrobenhausen, Bayern
7. Dezember 1957
BArch, B 122, 875: hs. Schreiben, behändigte Ausfertigung[1]
Italienreise von Theodor Heuss; Kritik an der Auswahl der „Großen Deutschen";
fehlendes Bekenntnis zur Tradition

Sehr geehrte Herren!

In der Anlage übersende ich Ihnen zwei Ausschnitte aus der Soldaten-Zeitung.[2] Leider muß ich feststellen, daß diese Zeitung recht hat. Vor allem finde ich es bedauerlich, daß der Herr Bundespräsident nichts unternommen hat, als er in Italien war, daß endlich der ehem. Major Walter Reder freigelassen wird, welcher seit über 12 Jahren in Italien unschuldig im Zuchthaus sitzt.[3] Was die Biographiensammlung „Die großen Deutschen"[4] betrifft, so war ich sehr überrascht, daß darin Karl Marx enthalten ist, während Paul von Hindenburg und Königin Luise keine Aufnahme fanden. Es sieht gerade so aus, als ob diese Sammlung von östlichem Einfluß etwas rot gefärbt wurde, sonst könnte Karl Marx nicht enthalten sein. Im übrigen bin ich als „Durchschnittsdeutscher"

---

5 Der Briefwechsel wurde von der „Münchener Abendzeitung", Nr. 16 vom 20. 1. 1958 und in Auszügen auch im „Spiegel" (Nr. 5, 29. 1. 1958) publiziert; Ausschnitte beim Vorgang. Dies führte zu Zuschriften über die Persönlichkeit des Einsenders: Reichel sei früher Dentist in Berlin auf dem Kurfürstendamm gewesen und habe fast ausschließlich die Prominenz der SA und SS und sonstige hohe Nazis wie etwa den Reichsführer der SS (Himmler) behandelt; Guido Pralle an Heuss, 6. 2. 1958, in: B 122, 869. Heuss, gez. Oberüber, dankte am 12. 2. 1958 für die Aufklärung, und als Reichel am 10. 2. 1958 über das große Presseecho seines Briefwechsels berichtete, vermerkte Heuss auf dem Eingang „R. ist ein ausgesprochener Wichtigtuer, war früher SS-Zahnarzt." Sein Schreiben blieb unbeantwortet; ebd.

1 Eingangsstempel vom 10. 12. 1957; Az. AP-14974/57; mit Blaustift hs. Vermerk: „Große Deutsche".

2 Die undatierten Ausschnitte von Ausgaben der „Soldatenzeitung" vom September/Dezember 1957 hatten folgende Überschriften: „Die Durchschnittsdeutschen und der Bundespräsident" und „Kränze". Letzterer bezog sich auf den Staatsbesuch in Italien und auf die Niederlegung eines Kranzes am Fosse Ardeantine für von Deutschen im Zweiten Weltkrieg erschossene Geiseln; vgl. F. GÜNTHER, Heuss auf Reisen, S. 106–108.

3 Walter Reder (1914–1991), Kommandeur der SS-Panzer-Aufklärungsabteilung 16 der 16. SS-Panzergrenadier-Division „Reichsführer SS", wurde 1948 an Italien ausgeliefert und 1951 von einem Militärgericht in Bologna zu lebenslanger Haft verurteilt, weil er für die Zerstörung der Stadt Marzabotto und anderer Dörfer nahe Bologna im August und September 1944 und für einen Exekutionsbefehl für 2.700 italienische Zivilisten verantwortlich war. 1985 wurde er aus der Haft entlassen.

4 H. HEIMPEL / TH. HEUSS / B. REIFENBERG, Großen Deutschen. Unterlagen von Heuss über seine Herausgeberschaft, auch Korrespondenz mit Willy Andreas, dem Herausgeber der vor 1945 erschienenen Auflage, und mit Rezensenten in: N 1221, 427–432; vgl. auch TH. HEUSS, Bundespräsident, Briefe 1954–1959.

der Meinung, daß Hindenburg für Deutschland viel mehr geleistet hat als Thomas Mann, welcher doch zu den „Heimatlosen Linken" zählt.

Vor allem freut es mich, daß der Versuch, eine neue Nationalhymne einzuführen, so kläglich gescheitert ist.[5] Damit ist bewiesen, daß die große Masse des Volkes Gott sei Dank noch Wert auf Tradition legt. Vielleicht wählen die Durchschnittsdeutschen das nächste Mal einen Bundespräsidenten, welcher sich besser zur Tradition und Geschichte unseres Volkes bekennt, auch in Bezug auf die Uniform der Bundeswehr. Ich bitte Sie, diesen Brief, vor allem die Zeitungsausschnitte, dem Herrn Bundespräsidenten vorzulegen.

Hochachtungsvoll!   Georg Waldemer

Nr. 176 B
An Georg Waldemer, Schrobenhausen, Bayern
12. Dezember 1957
BArch, B 122, 875: ms. Schreiben, Durchschlag, von Heuss diktiert (Diktatz. H/A), von Bott hs. paraph. und ms. gez.; Briefkopf: „Ministerialdirektor Hans Bott Bundespräsidialamt"[6]

Sehr geehrter Herr Waldemer!

Die Ausschnitte aus der „Soldatenzeitung" waren dem Herrn Bundespräsidenten schon bekannt. Professor Heuss empfiehlt Ihnen, bevor Sie an ihn schreiben, eine andere Quelle zu benützen, da er von Seiten der „Soldatenzeitung" schon seit längerer Zeit ein nicht sehr faires Verhalten gewohnt ist.[7]

Der Herr Bundespräsident hat bei seinem Italien-Aufenthalt den deutschen Soldatenfriedhof, auf dem 27.000 Opfer des Hitler-Krieges ruhen, besucht.[8] Er

---

[5] Als Heuss gegen Ende seiner Amtszeit in einer Zuschrift aufgefordert wurde, die Hymne Schröder-Reutter doch noch einzuführen, antwortete er: „Aber es war dem Versuch der Erfolg versagt, nachdem etwa der damalige Präsident des Bundestags Dr. Hermann Ehlers in einem großen und ziemlich unmutigen Aufsatz sich gegen die Hymne ausgesprochen hatte und der Führer der Opposition [Kurt Schumacher] sie als schwäbisch-pietistischen Nationalchoral in einer Pressekonferenz verhöhnte"; Heuss an Fritz Jansen, 8. 8. 1959, in: B 122, 884. Ehlers hatte die Vermischung von „nationalen und religiösen Formulierungen" in der „Hymne an Deutschland" für „abwegig" erklärt. Abdruck des Artikels „Mißbrauch des Christlichen" vom 13. 4. 1951 in R. WENZEL, Hermann Ehlers, S. 144f.

[6] Az: 2646/58; Absendevermerk vom 13. 12. 1957; rechts mit Bleistift Vermerk der Registratur: „Hinweis bei 6.612 Staatsbes[uche] erl[edigt]"; weiterer Nachweis: N 1221, 343: Durchschlag.

[7] Zur Auseinandersetzung zwischen Heuss mit der Soldatenzeitung im Jahr 1957 vgl. TH. HEUSS, Bundespräsident, Briefe 1954–1959.

[8] Heuss berichtete Toni Stolper über seinen Besuch eines deutschen Soldatenfriedhofes und über den Besuch der Erschießungsstätte von 210 Geiseln durch Deutsche an den Fosse Ardeantine,

läßt Ihnen mitteilen, daß er Ihre Bemerkung zu dieser Sache für eine glatte Unverschämtheit hält. Er beabsichtigt auch nicht, sich mit Ihnen über den Aufbau des Sammelwerkes „Die großen Deutschen" zu unterhalten, da aus jeder Ihrer Zeilen, wie er meint, spürbar ist, daß Sie das Werk nie in der Hand gehabt haben und auch die grundsätzliche Auseinandersetzung, mit der es von Professor Heuss eingeleitet wurde, gar nicht kennen.

Der Herr Bundespräsident nimmt keine Belehrungen über „Tradition" von Ihnen an, da er glaubt, für die geistige Tradition der Deutschen in seinen geschichtlichen Werken mehr geleistet zu haben als die Menschen, die dauernd von Tradition reden, weil sie meist zu faul sind, neue Situationen neu zu durchdenken. Er hält das Ringen um eine neue Tradition für dringender als das Geschwätz um diesen Begriff.[9]

Mit vorzüglicher Hochachtung   Hans Bott
                                    Persönlicher Referent des Bundespräsidenten

Nr. 177 A
Von Anton Putz, München
9. Januar 1958
BArch, B 122, 868: ms. Schreiben, behändigte Ausfertigung[1]
Glückwunsch zur Neujahrsansprache 1958

Sehr geehrter Herr Bundespräsident!

Wir beglückwünschen Sie noch nachträglich zu Ihrer vieldiskutierten Rede,[2]

---

der in Rom zu innenpolitischen Auseinandersetzungen führte; TH. HEUSS, Tagebuchbriefe, S. 283f,
19. und 20. 11. 1957; vgl. auch F. GÜNTHER, Heuss auf Reisen, S. 106–108.

[9] Trotz dieser Antwort übersandte der Einsender auch 1958 und 1959 noch Ausschnitte aus der „Passauer Neuen Presse" und der „Soldatenzeitung", auf die jedoch nur noch vereinzelt reagiert wurde; B 122, 875.

[1] Eingangsstempel vom 13. 1. 1958; Az. AP-533/58.

[2] Gemeint war die Silvester- bzw. Neujahrsansprache 1957/58, in der Heuss u. a. die Themenbereiche Sputnik I und Sputnik II, die deutsche Wiederbewaffnung, Tarifverträge und den Untergang des Segelschulschiffes Pamir behandelte. Nationales und internationales Aufsehen erregte, dass Heuss „eine kluge Geheimdiplomatie" forderte und vom „behutsamen, geistvollen George Kennan" sprach. Manuskript der Ansprache mit Korrekturen von Heuss in: B 122, 249, publizistisches Echo in: B 145, 16316. Adenauer kritisierte die Äußerung über Kennan postwendend am 2. 1. 1958, weil dieser von der SPD als Kronzeuge für ihre politischen Vorstellungen diene. Heuss wies diesen Vorwurf bereits am Tage darauf energisch zurück; vgl. K. ADENAUER / TH. HEUSS, Unserem Vaterlande zugute, S. 248f.; vgl. auch TH. HEUSS, Bundespräsident, Briefe 1954–1959.

womit Sie endlich einmal dem Gerücht, eine nichtssagende Attrappe zu sein, durch die Tat entgegengetreten sind.

Mit vorzüglicher Hochachtung!
Ergebenst!   Anton Putz

Nr. 177 B
An Anton Putz, München
15. Januar 1958
BArch, B 122, 868: ms. Schreiben, Durchschlag, von Heuss diktiert (Diktatz. H/A), von Bott hs. paraph. und ms. gez.; Briefkopf: „Ministerialdirektor Hans Bott Bundespräsidialamt"[3]

Sehr geehrter Herr Putz!

Der Herr Bundespräsident läßt Ihnen für Ihre Zeilen danken, zugleich aber mitteilen, daß es ihm wie auch uns eine etwas seltsame Nachricht war, daß er offenbar bei Ihren Freunden, wie Sie schreiben, bislang als eine „nichtssagende Attrappe" galt. Das ist ein bißchen viel! Wir können daraus nur schließen, daß Sie und Ihre Freunde die Reden des Herrn Bundespräsidenten, zumal die von Bergen-Belsen[4] und die zum Gedenktag des 20. Juli,[5] verschlafen und auch sonst seine oft genug sehr pointierten Stellungnahmen nicht gelesen haben. Es müßte Ihnen ja eigentlich auch bekannt sein, daß der Bundespräsident nach der Verfassung gar nicht unmittelbar für die laufenden politischen Geschäfte zuständig ist. Er läßt Ihnen mitteilen, daß er auf Glückwünsche in der Art des Ihrigen eigentlich keinen großen Wert legt.

Mit vorzüglicher Hochachtung   Hans Bott
                           Persönlicher Referent des Bundespräsidenten

---

[3] Az. AP-533/58; Absendevermerk vom 16. 1. 1958; weiterer Nachweis: N 1221, 344: Durchschlag.
[4] Zur Rede in Bergen-Belsen vgl. Nr. 66, Anm. 2.
[5] Zur Rede über das Gedenken an den 20. Juli 1944 vgl. Nr. 127, Anm. 4.

Nr. 178 A
Von Hermann Tuckermann, Schüler, Salzgitter-Engerode
21. Februar 1958
BArch, B 122, 869: hs. Schreiben, behändigte Ausfertigung[1]
Interpretation eines Heuss-Spruches

Werter Herr Professor,

zu Ihrem Ausspruch „Sachgüter sind ersetzbar und unterliegen dem Verschleiß, aber das im Menschen investierte Kapital ist das, was Frucht trägt"[2] haben wir bis zum 20. März 1958 ein Referat vorzubereiten.

Da wir über den Zusammenhang, die Herkunft und die Bedeutung dieser Worte verschiedener Meinungen sind, ersuchen wir Sie höflichst, uns die Darlegung, wie sie von Ihnen gemeint ist, zu unterbreiten. Wir hoffen, mit dieser außergewöhnlichen Bitte nicht Ihr Wohlwollen überfordert zu haben, und danken im voraus für Ihre geschätzte Antwort.

Glückauf!

Hermann Tuckermann
(Im Namen der Klassenkameraden)

Nr. 178 B
An Hermann Tuckermann, Schüler, Salzgitter-Engerode
24. Februar 1958
BArch, B 122, 869: ms. Schreiben, Durchschlag, von Heuss diktiert (Diktaktz. H/Bk), von Oberüber hs. paraph. und ms. gez.[3]

Sehr geehrter Herr Tuckermann!

Das passiert dem Bundespräsidenten öfters, daß er, was gar nicht in seiner Absicht lag, durch irgend ein Wort das Thema für einen Schulaufsatz sozusagen geliefert hat.[4] Er wird dann häufig gefragt, was er sich dabei gedacht habe. Aber

---

[1] Eingangsstempel vom 24. 2. 1955; Az. AP-2556/58; links hs. Vermerk: „pers[önlich]".

[2] Das Zitat ließ sich nicht nachweisen.

[3] Az. AP-2556/58; Absendevermerk vom 24. 2. 1958; weiterer Nachweis: N 1221, 345: Durchschlag.

[4] Mit „Erstaunen und Heiterkeit" stellte Heuss im November 1958 aufgrund einer Buchbesprechung in der „Süddeutschen Zeitung" fest, dass er Verfasser eines Gedichts „Mahnung an den Frieden" sei, das in einem vom Bayerischen Schulbuchverlag herausgegebenen Lesebuch für das 7. und 8. Volksschuljahr abgedruckt worden war. Dabei handelte es sich „lediglich" um Teile einer Rede,

spüren Sie nicht, daß Sie eigentlich eine relative Unredlichkeit vom Bundespräsidenten erwarten, wenn er die Kommentierung und Ausdeutung Ihnen liefert, die von Ihnen erwartet wird? Ihm scheint es ja geradezu reizvoll zu sein, daß verschiedene Meinungen bei Ihnen vorhanden sind – dann mögen sie auch in der Interpretation verschieden werden.

Mit vorzüglicher Hochachtung   Horst Oberüber

Nr. 179 A
Von Erhard Seidel, Dipl.-Ing., Sibratshofen, Allgäu
3. Februar 1958
BArch, B 122, 869: hs. Schreiben, behändigte Ausfertigung[1]
Kritik am Staatsbesuch in Italien wegen des Südtirol-Problems

Sehr verehrter Herr Bundespräsident!

Ob Ihnen das Südtiroler Problem[2] wohl bekannt sei? – fragten wir uns, als Sie nach Süden fuhren. Da uns kleinen, simplen Leuten die Notwendigkeit dieser Reise nicht einleuchtete, der Zeitpunkt derselben denkbar ungeeignet erschien, keine noch so geringe Andeutung darauf schließen ließ, daß Sie auch nur ein Wort für Südtirol verwendeten, glauben wir, fast obige Frage verneinen zu müssen, und widmen Ihnen anläßlich Ihres Geburtstages in Verehrung beiliegendes Heft.[3]

Ein Häuflein Bergsteiger, zu deren Sprecher ich mich machte.

                                                              Erhard Seidel

---

die er bei der Weihe eines Soldatenfriedhofes gehalten hatte, die – ohne Hinweis auf den Zusammenhang – in Abschnitten rhythmisiert abgedruckt worden waren. Korrespondenz mit Karin Friedrich, Redaktion der „Süddeutschen Zeitung", November 1958, in: B 122, 872.

[1] Eingangsstempel vermutlich fälschlich vom 4. 3 1958; Az. AP-2961/58.

[2] Im Jahre 1946 war ein „Pariser Abkommen" zwischen den Außenministern Österreichs und Italiens abgeschlossen worden, in dem ein Autonomiestatus für die Provinz Bozen vereinbart worden war. Italien gewährte jedoch der gesamten Region Trentino-Alto Adige den Autonomie-Status, so dass der deutsch-ladinische Bevölkerungsteil in die Minderheit geriet. Die Südtiroler griffen daraufhin zu gewaltsamen Mitteln (Bombenterror in der Herz-Jesu-Nacht vom 11./12. 6. 1961). Erst im Jahre 1969 wurden die Probleme durch eine neue Autonomie-Regelung gelöst; vgl. zusammenfassend R. STEININGER, Südtirol.

[3] Aus einem hs. Vermerk auf der Antwort lässt sich erkennen, dass es sich um ein Heft der Zeitschrift „Südtirol" handelte, das an „das Archiv" abgegeben wurde.

Nr. 179 B
An Erhard Seidel, Dipl.-Ing., Sibratshofen, Allgäu
4. März 1958

BArch, B 122, 869: ms. Schreiben, Durchschlag, von Heuss diktiert (Diktatz. H/Bk), von Bott hs. paraph. und ms. gez.; Briefkopf: „Persönlicher Referent des Bundespräsidenten"[4]

Sehr geehrter Herr Seidel!

Der Herr Bundespräsident läßt Ihnen für Ihren Brief vom 3. Februar und für die beigelegte Zeitschrift bestens danken.

Ihre Bemerkung, daß der Besuch in Rom sehr unzeitgemäß gewesen wäre, beruht auf einer völligen Verkennung der Terminschwierigkeiten und langwierigen Besprechungen im Hin und Her, die allen solchen sogenannten Staatsbesuchen bei der Beanspruchung der Beteiligten vorangehen und vorangehen müssen. Der italienische Staatspräsident war ja im Jahr zuvor in Bonn gewesen.[5]

Das Südtiroler Problem ist dem Bundespräsidenten natürlich bekannt. Er bittet, doch auch von den, wie Sie schreiben, kleinen simplen Leuten nicht unterschätzt zu werden. Über die Gespräche, die er in Rom geführt hat, pflegt der Bundespräsident aber mit ihm Unbekannten, wie Sie begreifen werden, sich nicht zu unterhalten.[6]

Mit vorzüglicher Hochachtung

Hans Bott
Ministerialdirektor

---

[4] Az. AP-2961/58; Absendevermerk vom 5. 3. 1958; weiterer Nachweis: N 1221, 346: Durchschlag.

[5] Der Besuch fand vom 6. bis 7. 12. 1956 statt; Unterlagen zur Vorbereitung und Durchführung in: B 122, 550.

[6] Nach seiner Aufzeichnung zum Italienbesuch vom 19. bis 28. 11. 1957 sprach Heuss insbesondere mit Staatspräsident Giovanni Gronchi über das Südtirol-Problem. Gronchi habe offensichtlich das Bedürfnis gehabt, „seinen Groll gegen die deutsche Presse los zu werden; in Südtirol werde niemand ‚vergewaltigt' und es würden keine Rechtswidrigkeiten begangen. [...] Ich trug ihm also vor, daß a) Südtirol für viele Deutsche durch Reisen, Sommerfrischen und Freundschaften sehr vertraut sei und Klagen von dort an das Gefühlsmäßige rühren, daß b) wir auf die deutsche Presse keinen Einfluß nehmen können. Ich hielt dann Gronchi einen kleinen Vortrag über jegliche Grenzproblematik, wo sich Volkhaftes, Sprachliches und Konkret-Staatliches der Vergangenheiten verwoben haben, und erzählte ihm dann einiges von den Dingen in Nordschleswig, ihrer Jahrzehnte dauernden Schärfe und den Gewinn der Entschärfung durch freie Aussprache, im Rahmen der größeren staatspolitischen Gegebenheiten." Aufzeichnung vom 6. 12. 1957, in: B 122, 551; vgl. auch F. GÜNTHER: Heuss auf Reisen, S. 109.

Nr. 180 A

Von Helmut Kämpf, Wolfgang Reitze, Hermann Bleser, Frankfurt a. M.
13. April 1958

BArch, B 122, 870: ms. Schreiben, behändigte Ausfertigung[1]

Projekt, für den Frieden die Welt zu umradeln; Bitte um Förderung

Hochverehrter Herr Bundespräsident!

Bitte entschuldigen Sie zunächst, daß drei junge Menschen aus dem deutschen
Volk es für erforderlich halten, Sie, hochverehrter Herr Bundespräsident, in einer
Angelegenheit persönlich anzuschreiben. Entschuldigen Sie weiterhin, daß dies
in einer uns unbedingt notwendig erscheinenden Ausführlichkeit geschieht, denn
ohne auf unsere Idee hier näher einzugehen könnte die Gefahr bedeuten, daß unser
Wunsch allzusehr primitiv und phantastisch erscheinen würde. Erweisen sie uns
bitte die hohe Ehre, dieses, unser Schreiben zu Ende zu lesen und auf das Sorg-
fältigste zu prüfen. Herzlichen Dank!

Doch nun zu uns und unserer Idee: Wir sind drei ungebundene, junge Menschen im Alter von 21 Jahren, z. Z. noch kaufmännisch tätig, körperlich und geistig
gesund, weltoffen und vielseitig, haben gute Allgemeinbildung und ein gutes Auftreten und besitzen den für unser Vorhaben unbedingt erforderlichen Mut und
Verstand.

Unser schon seit Jahren gefaßter Plan ist eine Reise mit dem Fahrrad um die
Welt. Nicht etwa aus niederen Gründen wie Abenteuerlust, Fernweh oder gar
Ruhmsucht und in der Fremde zu erhoffende Reichtümer, sondern vielmehr, um
uns von Land, Leute und Leben dieser Welt ein klares und objektives Urteil
schaffen zu können. Nun hat uns die in letzter Zeit oftmals politisch kritische
Weltlage dazu veranlaßt, auch unseren Teil für den beizutragen, für den die ganze
Welt bangt, *für den Frieden.* Unser Plan ist, durch eine in der *ganzen* Welt, in allen
Erdteilen, in fast allen Staaten (einschließlich der Ostblockstaaten) durchgeführte
Unterschriftensammlung namhafter Persönlichkeiten, von Regierungschefs an
abwärts, ein Dokument für den Weltfrieden zu erstellen, das wir, nach jahrelanger,
abgeschlossener Arbeit, der Weltsicherheitsbehörde zur Verfügung zu stellen
gedenken.

Hochverehrter Herr Bundespräsident, denken Sie bitte bei dem letzten Absatz
nicht an den Größenwahn „kleiner Leute", ein solcher liegt bei uns *absolut nicht*
vor. Nur zu Ihrer Information möchten wir hier noch bemerken, daß zwei von
uns im letzten Weltkrieg ihre Väter verloren haben, daß wir für unsere Idee auch
in *stiller* Weise werben wollen und daß es uns mit derselben *bitter ernst* ist.

---

[1] Eingangsstempel vom 15. 4. 1958; Az. W/Ch/58; von Heuss mit einem „d[iktieren]" versehen.

Nun kommt für uns die größte Schwierigkeit, die erste Unterschrift einer namhaften Persönlichkeit. Für uns als deutsche Staatsbürger kommt nur die einer namhaften deutschen Persönlichkeit in Frage. Der ersten deutschen Persönlichkeit. Die Ihre. Unser großer Wunsch an Sie ist: Diese erste Unterschrift! Eine Unterschrift, welche zu nichts verpflichtet. Doch! Zu etwas, was Sie sich, hochverehrter Herr Bundespräsident, selbst von ganzem Herzen wünschen, eine Unterschrift *für den Frieden. Ohne Ihre* Zusage, diese erste Unterschrift zu geben (gegen einen Mißbrauch mit derselben können wir mit allen uns zur Verfügung stehenden Mitteln garantieren), ist ein Durchführen unserer Idee nahezu *unmöglich.* Wären Sie, hochverehrter Herr Bundespräsident, möglicherweise dazu bereit, uns diese erste Unterschrift, deren dann noch unzählige folgen werden, nach einem in zehn verschiedenen Sprachen abgedruckten Text, in einem für diesen Zweck spezial angefertigten Buch, zu geben? Wenn es Ihre kostbare Zeit auch noch erlauben würde, uns diesen Text, den wir dann noch in die entsprechenden Sprachen übersetzen lassen, aufzusetzen, so wäre dies für uns der schönste und erfolgreichste Anfang unserer sicherlich oft sehr schweren Arbeit.

Für die uns freundlicherweise geopferte Zeit und für eine sorgfältige Überprüfung unserer Angaben bedanken wir uns allerherzlichst. Für Rückfragen stehen wir selbstverständlich gerne und jeder Zeit zur Verfügung.

Da uns bis zu unserer Abreise am 1. Juli noch eine Unmenge von Arbeit bevorsteht und diese erst nach Ihrer Stellungnahme zu unserer Anfrage begonnen werden kann, bitten wir höflichst um eine baldige Erledigung dieses Schreibens. Herzlichen Dank!

Mit vorzüglicher Hochachtung   Hermann Bleser,
                                                                Wolfgang Reitze,
                                                                Helmut Kämpf

Nr. 180 B
An Helmut Kämpf, Frankfurt a. M.
18. April 1958
BArch, B 122, 870: ms. Schreiben, Durchschlag, von Heuss diktiert (Diktatz. H/vM), von
Bott hs. paraph. und ms. gez.; Briefkopf: „Ministerialdirektor Hans Bott"[2]

Sehr geehrter Herr Kämpf!

Der Herr Bundespräsident hat ihren Brief gelesen, in dem Sie ihm Ihre Absicht
mitteilen, die Welt zu umradeln. Er wünscht Ihnen dafür Glück und die mit solchem Unternehmen verbundene Ausweitung an Weltkenntnis und Lebenserfahrung, doch läßt er Ihnen sagen, daß es eine vollkommene Verkennung seiner Natur
sei zu glauben, daß er, so wohlgemeint die Absichten des Planes sind, seinen
Namen für solche spekulativen Dinge zur Verfügung stellt. Er meint, dieser Name
nützt Ihnen nichts, und er hat eine wahre Scheu, an solchen irgendwie sensationell
wirkenden Dingen beteiligt zu sein. Er ist dessen gewiß, daß für Sie ein solches
Unternehmen viele Früchte der Kenntnis und Erkenntnis bringt, aber er fühlt sich
nicht in der Lage, ihm ein sachliches Gewicht beizumessen.

Mit freundlicher Begrüßung   Hans Bott
                         Persönlicher Referent des Bundespräsidenten[3]

---

[2] Az. W/Ch/58 geändert in AP-4963/58; Absendevermerk vom 19. 4. 1958; weiterer Nachweis:
N 1221, 346: Durchschlag.
[3] Am 23. 4. 1958 bekundeten die Empfänger des Schreibens ihre Enttäuschung und baten um Überprüfung der ablehnenden Entscheidung. Darauf schrieb Heuss am 28. 4. 1958, mit eigener Unterschrift: „Es ist von mir aus gegen Ihren idealistischen Versuch nichts einzuwenden, aber es ist
eine völlige Verkennung meiner Natur, daß ich selber mich mit Unterschriften als Propagandainstrument ins Unbekannte zur Verfügung stelle. Derlei habe ich weder vor meiner Bundespräsi-
dentenzeit noch später getan"; B 122, 870.

Nr. 181 A

Von Lore Hinrichsen, Hamburg-Harburg

28. April 1958

BArch, B 122, 871: ms. Schreiben, behändigte Ausfertigung[1]

Appell und Treuebekundung an Theodor Heuss; Enttäuschung über Konrad Adenauer; Warnung vor einer atomaren Bewaffnung

Hochverehrter Herr Bundespräsident!

Sie stehen über den Parteien, und Ihr Posten ist weniger der Aktion als der Repräsentation geweiht. Aber die Repräsentation wird in einem Staatsgebilde wie dem unseren, das so grausam von aller Tradition abgeschnitten ist, notwendig zur Sinngebung; sie kann es, weil Ihre Persönlichkeit solch tiefes Verständnis ausstrahlt und so symbolhaft wirken kann.

Das Echo Ihrer Neujahrsansprache[2] hat deutlich gezeigt, daß sich das deutsche Volk (und nicht nur die Bundesrepublik) nach wegweisenden Worten von Ihnen sehnt.

Sie sind die sittlich lautere, charakterlich vertrauenswürdige Persönlichkeit, Sie sind der alte Freund von Albert Schweitzer. Ein kleiner Fingerzeig von Ihnen müßte genügen, um die jetzige verhängnisvolle Entwicklung organisch auf ein anderes Geleise zu schieben.

Unsere Verfassung ist provisorisch. Sie haben sie mit den Besten unserer westdeutschen Politiker ausgearbeitet. Jetzt haben wir uns scheinbar ausweglos in ihr verfangen wie in einem Netz. Gutgläubig hat das deutsche Restvolk dem Mann uneingeschränkte Autorität überantwortet, der die Wiedervereinigung nicht will, der die Volksbefragung ablehnt, weil er die Atombewaffnung im Gefolge der amerikanischen Weltmacht für unvermeidlich hält.[3] Er hat Partei ergriffen, er sieht hinter dem eisernen Vorhang nur Todfeinde, keine Menschen. Wir finden das sehr unchristlich – es ist die Machtpolitik der katholischen Kirche, seit Jahrhunderten bekannt.

Man konnte noch (als braver CDU-Wähler) bis vor kurzem an Adenauers guten Willen glauben – jetzt, nach dem Skandal von Wenger, der in Tauberbischofs-

---

[1] Eingangsstempel vom 28. 4. 1958; Az. W/1/58.

[2] Zur Neujahrsansprache 1957/58 vgl. Nr. 177, Anm. 2.

[3] Ende April 1958 war es im Rahmen der Kampagne „Gegen den Atomtod" in Hamburg zu Demonstrationen für eine Volksbefragung gekommen, und die Bürgerschaft sollte über einen Gesetzentwurf zur Volksbefragung entscheiden. Die Bundesregierung wollte dagegen vor dem Bundesverfassungsgericht klagen; vgl. KABINETTSPROTOKOLLE 1958, passim; ferner H. K. RUPP, Außerparlamentarische Opposition, S. 73–89.

heim die wahren Ziele der CDU ausgsprochen hat,[4] ist es nicht mehr möglich. Diese Regierung hat sich doch öffentlich Lügen gestraft!

Die SPD muß sich nun endlich besser formieren (Carlo Schmid als erster Mann oder Erler!), die kompromittierte Regierung müßte doch irgendwie zu stürzen sein? Aber wie?

Helfen Sie Deutschland – sonst ist es bald zu spät.

Ihre   Lore Hinrichsen, geb. Lommel

(49, ev., keiner Partei angehörend, früher Studienrätin, jetzt Ehefrau, 2 Söhne von 8 und 12)

Nr. 181 B
An Lore Hinrichsen, Hamburg-Harburg
20. Mai 1958
B 122, 871: ms. Schreiben, Durchschlag, von Heuss diktiert (Diktatz. H/vM), von Bott hs. paraph.; Briefkopf: „Ministerialdirektor Hans Bott"[5]

Sehr geehrte Frau Hinrichsen!

Der Herr Bundespräsident hat Ihren Brief vom 28. April erst jetzt lesen können, da diese verwichenen Wochen ungeheuer überlastet waren, nicht nur durch den türkischen Staatsbesuch, sondern auch durch die Vorbereitungen der Reise nach Kanada und den USA.

Er würdigt durchaus die Motive, aus denen heraus Sie ihm geschrieben haben, wenn er auch in Einzeldingen Ihre Personalbeurteilungen aufgrund seiner Kenntnisse der entsprechenden Menschen nicht teilt, aber er bittet Sie, dafür Verständ-

---

[4] Paul Wilhelm Wenger, der nicht einmal Mitglied der CDU war, hatte auf einem Landesparteitag der CDU in Tauberbischofsheim in einer flamboyanten Rede der Idee einer Wiederherstellung des Bismarck-Reiches eine Absage erteilt, was zu heftigen Pressepolemiken führte. Auch das Bundeskabinett befasste sich mit der Rede; Adenauer distanzierte sich von der Rede; vgl. KABINETTSPROTOKOLLE 1958 S. 224f, 240. Im Gespräch mit Adenauer über diese Rede am 5. 5. 1958 äußerte Heuss, Wenger habe „sicher oft etwas skurrile Ideen, er sei aber doch ein vielseitig interessierter und gebildeter Mann, der sich eigene Gedanken mache"; K. ADENAUER / TH. HEUSS, Unter vier Augen, S. 267; dort auch weitere Hinweise in der Kommentierung.

[5] Az. AP-6254/58; Absendevermerk vom 27. 5. 1958; Verfügung 2) „Herrn Dr. Röhrig zur Kenntnis" mit Paraphe von Röhrig vom 20. 5. 1958; weiterer Nachweis: N 1221, 347: Durchschlag.

nis zu haben, daß er es seit Jahren ablehnen muß, über politische Fragen mit ihm unbekannten Menschen in eine briefliche Auseinandersetzung einzutreten.[6]

Mit freundlicher Begrüßung [Hans Bott]
Persönlicher Refernt des Bundespräsidenten

Nr. 182 A
Von Josef Zimmermann, München
17. Juli 1958
BArch, B 122, 871: ms. Schreiben, behändigte Ausfertigung[1]
Kritik an Dankesworten von Theodor Heuss für Dwight D. Eisenhower

Hochgeehrter Herr Bundespräsident!

Die Süddeutsche Zeitung-München brachte in Nr. 135 vom 6. 6. 1958 bei Beginn Ihrer Amerika-Reise einen ausführlichen Bericht. Sie haben beim Zusammentreffen mit dem Präsidenten der USA, Eisenhower, herzliche Worte ausgetauscht. Bitte gestatten Sie mir, hierüber meiner Meinung Ausdruck zu verleihen.

Ich finde Ihre Erwiderung auf die Begrüßung durch den USA-Präsidenten ausgezeichnet, distanziere mich jedoch von Gruß- und Dankesworten an ein Volk, dessen Vertreter mich bei meiner Gefangennahme, am 28. März 1945, restlos ausgeraubt haben. Nachdem es keine deutsche Behörde gibt, die derartige, für mich sehr empfindliche Verluste zu vergüten bereit ist, hat sich meine einstige Sympathie in einen abgrundtiefen Haß verwandelt, um so mehr, als deutsche Kriegsgefangene mit zum Teil 60 Jahren (Volkssturmmänner) auf dem Marsch zur Entlausung von einem sadistisch veranlagten Amerikaner mit einer mehrere Meter langen Peitsche über die Köpfe geschlagen wurden.

Mit vorzüglicher Hochachtung Josef Zimmermann

---

6 Am 3. 9. 1958 schrieb Heuss Joachim Neumann: „Der Bundespräsident hat es hundertemal, wenn nicht tausendemal in den verwichenen Jahren ablehnen müssen – was in seinem Amt begründet ist –, mit ihm unbekannten Menschen in einen tagespolitischen Briefwechsel einzutreten"; B 122, 873.
1 Eingangsstempel vom 19. 7. 1958; von Heuss paraph.; Az. A5-7921/58; links von unbekannter Hand Vermerk: „Amerika-Besuch".

Nr. 182 B
An Josef Zimmermann, München
24. Juli 1958
BArch, B 122, 871: ms. Schreiben, Durchschlag, von Heuss diktiert (Diktatz. H/HA), von Bott
hs. paraph. und ms. gez.; Briefkopf: „Ministerialdirektor Hans Bott Bundespräsidialamt"[2]

Sehr geehrter Herr Zimmermann!

Der Herr Bundespräsident hat Ihren Brief vom 17. Juli erhalten und gelesen. Er
nimmt aber an, daß Sie keine Auseinandersetzung mit dessen Inhalt von ihm erwarten. Wieviel Rohheit und Unbilligkeit Kriege ja immer zu begleiten pflegen,
ist ja nun eine tragische Lehre aller Geschichte.

Mit vorzüglicher Hochachtung
                                                                    Hans Bott
                                        Persönlicher Referent des Bundespräsidenten

Nr. 183 A
Von Karl-Anton Hagedorn, Pastor, Plön
21. Juli 1958
BArch, B 122, 871: ms. Schreiben, behändigte Ausfertigung[1]
Vorschlag, Theodor Heuss möge demonstrativ durch die DDR fahren

Hochverehrter Herr Bundespräsident:

Des Deutschen Liebe zur Demokratie ist nicht groß, aber man darf wohl hoffen,
daß sie im Wachsen begriffen ist. Daher wage ich es zum ersten Mal, aus einem
gewissen staatsbürgerlichen „eros" heraus mich an Sie als das Oberhaupt unseres
westlichen Vaterlandes in Sachen des gesamten Vaterlandes zu wenden. Zum bes-
seren Verständnis möchte ich nur dies vorausschicken: Ich bin Theologe und bin
daher gehalten, mich nicht parteipolitisch zu binden. Ich stehe der CDU zögernd
gegenüber, die SPD kann mein Herz nicht ganz gewinnen, bevor sie nicht ihre
ideologische Häutung durchgeführt hat, der Kommunismus ist für mich als Christen eine Frage – besser gesagt: eine Anfechtung –, für mich als Staatsbürger ein

---

[2] Az. A5-7921/58; Absendevermerk vom 25. 7. 1958; weiterer Nachweis: N 1221, 348: Durchschlag.
[1] Eingangsstempel vom 23. 7. 1958; Az. AP-8052/58; links oben hs. Vermerk von Heuss: „Zur
Unterschrift nach Lörrach".

Greuel. Aber Ihre innerlich freie Haltung, die Sie, Herr Bundespräsident, in manchen staatspolitischen Fragen zu erkennen gaben, hat mir manches Mal Bewunderung und Verehrung abverlangt. Eben darum hoffe ich, daß Sie für mein etwas kurioses Anliegen Verständnis haben.

Zur Sache: Meine Frau und ich kommen gerade von einer Autofahrt nach Berlin und zurück durch die sowjetisch besetzte Zone, die sog. DDR. Wir fuhren auf der Strecke Lauenburg-Ludwigslust-Perleberg-Nauen-Berlin. Die Eindrücke von Land und Leuten, von Häusern und Propagandaparolen waren bedrückend. Sie werden die Einzelheiten aus vielen Berichten kennen. Mir war das alles auch von früheren Fahrten bekannt, aber es war mir bisher noch nie so „auf den Leib" gerückt. Unwillkürlich drängt sich einem dann die Feststellung auf: Hier muß etwas geschehen, es darf nicht mehr lange so weitergehen! Ich habe auch zu meiner Gemeinde über diese Eindrücke gesprochen und ihr gesagt, daß wir als Christen die Pflicht hätten, für die Menschen drüben zu beten und unsere Phantasie anzustrengen, um nach neuen Möglichkeiten zu suchen, daß wir wieder zusammenkommen. Und weil ich nun nicht predigen und selbst verwerflich werden will, habe ich meine eigene Phantasie spielen lassen. Dies ist das Ergebnis.

Wir leben in einer Zeit, da der äußere Eindruck und die Propaganda Trumpf sind, zumindestens im politischen Bereich. Eine Demokratie baut sich – ob sie es will oder nicht – auf der Sympathie und Antipathie der Massen auf, unsere Wahlkämpfe beweisen das zu meinem Leidwesen. Und die Imponderabilien dieser Massen-Demokratie liegen in der „Schau" sympathischer Führungspersönlichkeiten. Der Name tut nichts zur Sache. Die Psychologie nennt es „Leitbild". Unsere Phantasie hat uns auf der Zonen-Fahrt ein Bild schauen lassen: Wie wäre es, wenn Sie, Herr Bundespräsident, im offenen Wagen mit dem Stander Ihres Amtes vorweg durch die Zone fahren würden, um auf dem Wege über Ludwigslust-Perleberg (also nicht auf einer Autobahn, sondern durch Städte und Dörfer!) nach Berlin zu gelangen? Meines Wissens sind auch Sie als Staatsbürger der Bundesrepublik dazu berechtigt, und keine Bestimmung der sog. DDR könnte Sie dabei aufhalten. Wenn dann diese Fahrt kurz vorher im Rundfunk bekanntgegeben würde, müßte die Überraschung der Zonen-Verwaltung und die Freude der Zonen-Bevölkerung vollkommen sein. Ich meine, daß solche Fahrten durch unser ganzes Vaterland von großer symbolischer und tatsächlicher Wirksamkeit sein könnten. Vielleicht bringt das den Stein ins Rollen, der so hoffnungslos festgeklemmt zu sein scheint.

Sie mögen das für eine wahnsinnige Utopie halten. Ich habe aber den Freimut, mich dazu zu bekennen. Manche Utopie ist schon Wirklichkeit geworden; und in außergewöhnlichen Nöten können auch nur außerordentliche Maßnahmen helfen. Die große Politik besteht aus wohlüberlegten Wagnissen; aber sie bleiben Wagnisse!

Alles dies entspringt nur der einen großen Sorge, die ich als Christ und als Staatsbürger in meinem Herzen trage: Die Liebe zum Vaterland aller Deutschen.

In dankbarer Verehrung bin ich
Ihr

Karl-Anton Hagedorn

Nr. 183 B
An Karl-Anton Hagedorn, Pastor, Plön
28. Juli 1958
BArch, B 122, 871: ms. Schreiben, Durchschlag, von Heuss diktiert (Diktatz. H/HA) und ms. gez.[2]

Sehr geehrter Herr Pastor!

Für Ihren menschlich so freundlichen Brief darf ich Ihnen herzlich danken. Ich kann ihn nur kurz beantworten, da ich immer noch an den Folgen meiner Amerikafahrt[3] in Form eines ungeheuren Briefeinganges „leide".

Der Gedanke, den Sie mir vortragen, ist hier vor vielen Jahren und zwischendurch wiederholt im Für und Wider erörtert worden. Ich selber war zu dem Unternehmen qua Person bereit, obgleich viele Einwendungen dagegen gemacht worden sind. Ich kann mich aber heute zu dem Experiment nicht entschließen, und zwar nicht aus persönlicher Sorge, die mir ziemlich fern liegt, sondern einfach weil der Tatbestand für soundso viele Menschen, die bereit sind, mir irgend eine Freundlichkeit zu zeigen, eine unmittelbare Gefährdung ist, denn jede Rundfunknachricht als solche würde ja das Spitzel- und Angebertum, das in der Ostzone leider sehr endemisch geworden ist, alarmieren, und ich könnte es nicht verantworten, Menschen zu gefährden, weil sie mir Freundlichkeiten erweisen. Ich denke, Sie werden das verstehen.

Mit freundlichen Empfehlungen
Ihr

Theodor Heuss

---

[2] Az. AP-8052/58; Stempel: „Pers[önlichem] Ref[erenten] vorgelegen"; weiterer Nachweis: N 1221, 348: Durchschlag.
[3] Heuss stattete vom 28. 5. bis 23. 6. 1958 Kanada und den USA einen Staatsbesuch ab; vgl. F. GÜNTHER, Heuss auf Reisen, S. 128–143.

480

Nr. 184 A
Von Ignatz Bubis, Schmuckwaren Export Import, Pforzheim/Frankfurt a. M.
8. September 1958
BArch, B 127, 873: ms. Schreiben, behändigte Ausfertigung[1]
Goldmedaille zur 9. Wiederkehr der Wahl von Theodor Heuss zum Bundesprä-
sidenten

Sehr geehrter Herr Bundespräsident!

Aus Anlaß der Wiederkehr des Tages Ihrer Wahl zum 1. Präsidenten der Bundesrepublik haben wir eine Goldmedaille geschaffen.
Wir erlauben uns, Ihnen beiliegend die erste Prägung dieser Medaille, als Erinnerungsstück, zu überreichen.

Mit den besten Wünschen für Ihre weitere erfolgreiche Tätigkeit grüßen wir Sie mit vorzüglicher Hochachtung! Ignatz Bubis[2]

Anlage

Nr. 184 B
An Ignatz Bubis, Schmuckwaren Export Import, Pforzheim/Frankfurt a. M.
15. September 1958
BArch, B 122, 873: ms. Schreiben, Durchschlag, von Heuss diktiert (Diktatz. H/vM), hs.
Paraph. und ms. gez.[3]

Sehr geehrter Herr Bubis!

Es war von Ihnen wohl ganz freundlich gedacht, eine Goldmünze mit einem Relief meines Kopfes und ein paar allegorischen Geschichten herstellen zu lassen, aber ich muß Ihnen ganz offen sagen, daß ich darüber sehr erstaunt und wenig erfreut war.[4] Ich reiche Ihnen deshalb auch das Stück, das Sie mir persönlich zugedacht haben, wieder zurück. Es ist doch, scheint mir, ein ganz unmögliches

---

[1] Eingangsstempel vom 10. 9. 1958; Az. AP-10096/58.
[2] In seiner Autobiographie beschreibt Bubis sein Edelmetallgeschäft; vgl. I. BUBIS, Damit bin ich noch längst nicht fertig, S. 73–75.
[3] Stempel: „Pers[önlichem] Ref[erenten] vorgelegen"; als „Wertsendung" gekennzeichnet; weiterer Nachweis: N 1221, 349: Durchschlag.
[4] Bereits am 11. 9. 1958 hatte Bott an Bubis geschrieben: „Professor Heuss hätte doch erwarten dürfen, daß Sie vorher um seine Zustimmung bitten und auch die Entwürfe vorlegen"; B 122,

Verfahren, eine solche Sache zu starten, ohne daß der „Betroffene" selber davon eine Ahnung hat.

Es scheint mir ebenso sinnlos zu sein, die 9. Wiederkehr meines Wahltags als etwas Besonderes darzustellen. Von diesem Termin habe ich selber weiter keine Notiz genommen. Ich habe mich richtig geärgert, daß Sie die Münze in den Zeitungen wiedergaben, mit einem Begleittext versehen, der bei dem durchschnittlichen Leser den Eindruck erwecken mußte, als ob ich oder das Bundespräsidialamt diese doch wesentlich kommerzielle Veranstaltung veranlaßt hätte.[5] Ich überlege noch die Form, in der ich wissen lasse, daß ich persönlich und das Bundespräsidialamt an der Sache ganz und gar nicht beteiligt sind.[6]

Mit vorzüglicher Hochachtung
Theodor Heuss

Kopie auch an die Frankfurter Anschrift gesandt.

Nr. 185 A
Von Irene Strekis, Hamburg-Bergedorf
24. Oktober 1958
BArch, B 122, 872: ms. Schreiben, behändigte Ausfertigung[1]
Englandreise; Kritik an einer Schenkung für die Kathedrale von Coventry

Sehr verehrter Herr Bundespräsident,

Ihre ehrwürdige Persönlichkeit hat mir bisher immer höchste Achtung abgenötigt und die beruhigende Gewißheit verbürgt, daß im turbulenten Bundestag zu Bonn einer mit Besonnenheit und Güte die Interessen des deutschen Volkes wahrnimmt. Dieses Bollwerk nun hat in den letzten Tagen eine nachhaltige Erschütterung er-

---

873. Gleichzeitig schickte Bott die Medaille, die er Heuss noch nicht gezeigt habe, zur Begutachtung an den ihm bekannten Franz Waldemar Frech, Frankfurt. Dessen Antwort ließ sich nicht ermitteln; sie führte aber offensichtlich zu dem hier abgedruckten Schreiben von Heuss.

[5] In einem Zeitungsausschnitt unbekannter Herkunft, der dem Eingang beilag, heißt es: „Am 12. September werden an den Schaltern der Geldinstitute in der Bundesrepublik zur Wiederkehr der Wahl von Prof. Dr. Theodor Heuss zum Bundespräsidenten am 12. September 1949 Gold- und Silbermünzen mit einem Profil des Bundespräsidenten vertrieben. Der Kaufpreis der Goldmünzen beträgt 45, 250, 500 und 1000, der Preis der Silbermünzen 7 und 19 Mark".

[6] Am 19. 9. 1958 folgte noch ein Einschreibebrief der Rechtsabteilung des BPrA, gez. Nöller, an Bubis mit der Feststellung, dass nach dem Urheberrecht „das Interesse des Herrn Bundespräsidenten in diesem Falle erheblich verletzt wird"; B 122, 873.

[1] Eingangsstempel vom 25. 10. 1958; Az. AP-12032/58; von Heuss mit einem „d[iktieren]" versehen.

fahren, deren Ursache Ihre *Englandreise*[2] ist. Während die engl[ischen] Soldaten unsere schöne Lüneburger Heide verwüsten, alte Bauerngehöfte zerstören und auf diesbezügliche Anfragen nur die *eine* Antwort haben: „Wer hat den Krieg verloren?" – während also diese handgreiflichen Tatsachen das deutsche Volk bekümmern und bedrängen – schenkt das Staatsoberhaupt 60.000,– an England – Herr Bundespräsident! Verzeihen Sie bitte, wenn ich so freimütig bin, Ihnen das offen zu sagen, was viele brave Bürger unserer Hansestadt jetzt bewegt. Bedenken Sie bitte, daß der monatliche Richtsatz der Sozialbehörde DM 75,– beträgt! Glauben Sie wirklich, daß zeremonielle Gesten solchen Ausmaßes heute noch Raum haben können, wo wir es nach 13-jähriger Kriegsbeendigung nicht einmal zu Friedensverträgen gebracht haben?[3]

Es ist mir nicht leicht geworden, Ihnen diesen Brief zu schreiben; aber ich zweifle nicht daran, daß Sie meine Kritik verstehen werden.

Hochachtungsvoll
Ihre

Irene Strekis

Nr. 185 B
An Irene Strekis, Hamburg-Bergedorf
28. Oktober 1958
BArch, B 122, 872: ms. Schreiben, Durchschlag, von Heuss diktiert (Diktatz. H/vM), von Bott hs. paraph. und ms. gez.; Briefkopf: „Ministerialdirektor Hans Bott"[4]

Sehr geehrte Frau Strekis!

Der Herr Bundespräsident „versteht" Ihre „Kritik", aber bittet Sie, es nicht zu verübeln, wenn er sie für völlig unangebracht hält. Die Dinge, um die es sich dabei handelt, sind gar nicht vergleichbar. Das Geld für die Errichtung der von deutschen Fliegern vernichteten Kathedrale von Coventry[5] – erinnern Sie sich an Hitlers Wort: „Wir werden sie drüben alle coventrieren" – ist einfach eine auch

---

2 Heuss stattete Großbritannien in der Zeit vom 20. bis 23. 10. 1958 einen Staatsbesuch ab; vgl. F. GÜNTHER, Heuss auf Reisen, S. 147–160. Eine farbige Darstellung des Besuches geben die Briefe an Toni Stolper; vgl. TH. HEUSS, Tagebuchbriefe, S. 354–357.
3 Ein formeller Friedensvertrag wurde bis heute nicht geschlossen; als Ersatz gilt der „Vertrag über die abschließende Regelung in bezug auf Deutschland" vom 12. 9. 1990, in dem die vier Siegermächte des Zweiten Weltkrieges auf ihre Rechte gegenüber Deutschland verzichteten.
4 Az. AP-12032/58; Absendevermerk vom 29. 10. 1958; weiterer Nachweis: N 1221, 349: Durchschlag.
5 Vgl. R. T. HOWARD, Ruined and Rebuilt.

mit kirchlichen Kreisen abgesprochene Geste der Wiedergutmachung, nicht eine des Verschenkens von nationalen Vermögensbeständen, die der Sozialfürsorge verloren gehen. Der Betrag entstammt einer aus privaten Mitteln zustande gekommenen Summe, die dem Herrn Bundespräsidenten zur persönlichen Verfügung gestellt wurde.[6]

Mit vorzüglicher Hochachtung

Hans Bott
Persönlicher Referent des Bundespräsidenten

Nr. 186 A
Von Dr. Siegfried Schröder, Berlin W 30
2. November 1958
BArch, B 122, 544: ms. Schreiben, behändigte Ausfertigung[1]
Kritik am Verhalten der Studenten in Oxford beim Besuch des Bundespräsidenten

Hochverehrter Herr Bundespräsident.

Ich will Ihnen hiermit meiner Empörung Ausdruck geben über das Verhalten der Oxforder Studenten.[2] Diesen Lausejungen möchte man hinter die grünen Ohren hauen und den Hosenboden versohlen, auf daß sie acht Wochen nicht sitzen können. Sie wird das Verhalten dieser „Creme der englischen high society" sicher geschmerzt haben. Aber Sie sind ein Philosoph und sicher damit fertig geworden. Sie sind ein großer Mensch und verkörpern den Typ des besten Deutschen.

In großer Verehrung

Dr. Schröder

---

[6] Detaillierte Unterlagen zu dem Staatsbesuch, Entwurf der Schenkungsurkunde für 5.000 Pfund für die Glasfenster der „Chapel of Unity" der Kathedrale von Coventry, Dankschreiben des Bischofs, Zuschriften aus der Bevölkerung aufgrund des negativen Presseechos in Deutschland usw. in: B 122, 543, 544. Zusammenfassende Darstellung des teils auch kritischen publizistischen Echos in der Bundesrepublik und in Großbritannien in: F. Günther, Heuss auf Reisen, S. 154–158.

[1] Eingangsstempel vom 4. 11. 1959; Az. A5-12527/58; von Heuss mit einem „d[iktieren]" versehen.

[2] In der Bundesrepublik erregte ein Foto der Agentur Keystone, das Heuss in einem College in Oxford zeigte, während die Studenten mit Händen in den Hosentaschen rechts und links von ihm am Wege standen, großes Aufsehen, weil es irrtümlich als Ausdruck einer Missachtung gedeutet wurde. Heuss erhielt zahlreiche Zuschriften, die Empörung ausdrückten; andere wiesen darauf hin, daß die Haltung der Studenten nicht das ausdrücke, was in Deutschland daraus gemacht werde; B 122, 544; vgl. auch F. GÜNTHER, Heuss auf Reisen, S. 155.

Abb. 15: Theodor Heuss in Oxford auf dem Weg zum All Souls College, 22. 10. 1958

Nr. 186 B
An Dr. Siegfried Schröder, Berlin W 30
6. November 1958
BArch, B 122, 544: ms. Schreiben, Durchschlag, von Heuss diktiert (Diktatz. H/vM), von
Bott hs. paraph. und ms. gez.; Briefkopf: „Ministerialdirektor H. Bott"[3]

Sehr geehrter Herr Dr. Schröder!

Der Herr Bundespräsident läßt Ihnen für Ihren „empörten" Brief bestens danken.
Er selber war gar nicht empört, sondern hat die Jungen, die da etwas herumlüm-
melten, gar nicht weiter beachtet. Er hat auch gar nicht damit gerechnet, daß man
dort irgendwie im SA-Stil Fronten bildete. Die Studenten, ob Engländer oder
Fremde, standen halt in der Pause herum, als er vollkommen unformell und un-
angemeldet von einem College zur Bibliothek herüberging. Das Bild ist Dr. Heuss
erst jetzt vorgelegt worden.[4] Er findet es auch nicht sehr schön, aber ist keinen

---

[3] Az. A5-12527/58 geändert in 6609-7005, 18; Absendevermerk vom 7. 11. 1958; hs. Vermerk:
„Luftpost"; weiterer Nachweis: N 1221, 350: Durchschlag.
[4] Als Abbildung aus der Wochenzeitung „Die Zeit", Nr. 44, 31. 10. 1958, in: B 122, 544.

Augenblick darüber empört gewesen und findet eigentlich die Aufregung, die in deutschen Zeitungen darüber gemacht wurde, leicht subaltern. Dr. Heuss glaubt, daß das Hände-in-die-Hosentaschen-Vergraben sowohl englischer wie amerikanischer Stil ist, den er gar nicht irgendwie mit dem Gesichtspunkt einer persönlichen Attackierlust zusammenbringt.

Dr. Heuss läßt Ihnen für die freundliche Gesinnung, die in Ihrem Schreiben zum Ausdruck kommt, bestens danken.

Mit freundlicher Begrüßung

Hans Bott
Persönlicher Referent des Bundespräsidenten

Nr. 187 A

Von der Arbeitsgemeinschaft Frankfurter Soldatenverbände, Frankfurt a. M.

12. November 1958

BArch, B 122, 631: ms. Schreiben, behändigte Ausfertigung[1]

Resolution gegen die Verfolgung und Diffamierung der Soldaten des Zweiten Weltkrieges

Hochverehrter Herr Bundespräsident!

Da weder die Bundesregierung noch der Bundestag die Initiative ergreift, um *13 Jahre nach dem Kriege* endlich Schluß zu machen mit der Duldung von Verfolgungen, Prozessen und der Diffamierung von Soldaten, die unter noch nie dagewesenen Verhältnissen kämpfen und führen mußten, fordern die der Arbeitsgemeinschaft Frankfurter Soldatenverbände angeschlossenen Verbände für diese weder kriminell noch landesverräterisch belasteten Soldaten mit aller Entschlossenheit:

1. Sofortige Einstellung aller Verfahren, Amnestie und Haftentlassung – keine Gnadenakte!

2. Endgültiger Schluß mit neuen Prozessen jetzt im Interesse der geforderten Wehrbereitschaft!

3. Schach der Selbstbesudelung, die nur den Widerstandswillen unseres Volkes gegen den Bolschewismus zersetzt, die Atmosphäre vergiftet und die unvergänglichen Werte echten deutschen Soldatentums auch in der jungen Bundeswehr schon im Aufbau zerstört.

Wir alten Soldaten sind aufs Tiefste empört, daß der in zwei Weltkriegen mehrfach verwundete, höchst ausgezeichnete Generalfeldmarschall Schörner, dem aber-

---

[1] Eingangsstempel vom 15. 11. 1958; Az. PB-012-8184.

tausende Soldaten und Flüchtlinge heute die Freiheit verdanken, auf Grund von Indizienbeweisen mit Sittlichkeitsverbrechern und Dieben zusammen nach zehn Jahren Sowjet-Kerkerhaft heute im Gefängnis sitzt,[2] während der Landesverräter Dr. O. John sich der Freiheit erfreut.[3] Das ist zweierlei Maß! Wir erheben lauten Protest gegen solch Geschehen, das mit Schande in die Deutsche Geschichte eingehen wird! Wir wollen nicht zu denen gehören, denen die Bolschewisten einmal ein Denkmal setzen, weil wir Unrecht und Diffamierung schweigend hinnahmen zu ihrem Nutzen!

Die Geschäftsführung:

gez. Dewald, Oberst a. D.,
Hildebrand, Generallt. a. D.,
Ullrich, Oberst a. D.

Nr. 187 B
An die Arbeitsgemeinschaft Frankfurter Soldatenverbände, Frankfurt a. M.
18. November 1958
BArch, B 122, 631: ms. Schreiben, Durchschlag, von Heuss diktiert (Diktatz. H/vM), von Bleek hs. paraph.; Briefkopf „Der Chef ...“[4]

Sehr geehrte Herren!

Der Bundespräsident hat mich beauftragt, Ihnen den Eingang Ihres Schreibens vom 12. November 1958 zu bestätigen, Ihnen aber gleichzeitig mitzuteilen, daß er es in allen den Jahren seiner Amtszeit abgelehnt hat, mit ihm fremden Menschen in eine aktuelle Fragen berührende politische Korrespondenz einzutreten.

Wenn Sie etwa von ihm eine Aktion in Prozeßfragen und dergleichen erwarten sollten, so ist der Brief falsch adressiert. Die deutschen Gerichte sind eine in sich unabhängige Institution. Der Vorgang einer Selbstbesudelung, von dem Sie sprechen, ist hier nicht bekannt, da die Behandlung der unfrohen Vorgänge aus der zurückliegenden Zeit ja als ein Akt der Selbstreinigung zu verstehen ist.

Mit vorzüglicher Hochachtung   Theodor Bleek

---

[2] Schörner war 1955 aus der Sowjetunion entlassen worden; am 15. 11. 1957 war er in München wegen Totschlags zu viereinhalb Jahren Haft verurteilt worden; nach Scheitern der Revision (1958) wurde er 1960 aus Gesundheitsgründen entlassen.

[3] Vgl. Nr. 168, Anm. 3.

[4] Az. PB-012-8184; Absendevermerk vom 18. 11. 1958; Verfügung 2): „Herrn Bott z. Kts.“, mit Paraphe von Bott.

Nr. 188 A
Von Albrecht Boehme, Cervantes, Rio Negro, Argentinien
18. November 1958
BArch, B 122, 2085: ms. Schreiben, behändigte Ausfertigung[1]
„Judenhetze" gegen Deutschland

Euer Exzellenz:

Es ist mir selbstverständlich klar, daß es unmöglich ist, daß zwischen den Staatsbürgern und dem Staatsoberhaupt eines modernen und größeren Staates Direktkorrespondenzen über die verschiedensten Probleme geführt werden.

Diese Erkenntnis hindert jedoch nicht, daß die Staatsbürger im Sinne Dr. Albert Schweitzers von der individuellen Pflicht und dem individuellen Recht Gebrauch machen, sich mit Dingen an den Staatschef zu wenden, die sie glauben vortragen zu sollen.

Es ist bekannt und anerkannt worden, daß die deutsche Gemeinschaft, die in der Bundesrepublik zusammengefaßt ist, seit Bestehen die größten Anstrengungen gemacht hat, alles, was der NS Staat materiell den Juden angetan hat oder angetan haben könnte, wieder gut zu machen. Es ist von Seiten der Bundesrepublik weder über die Summen oder die Personen, die berechtigt sein könnten, diskutiert worden. Der sehr zweifelhafte Anspruch Israels, der sehr oft im Gegensatz zu der Meinung der Toten stehen dürfte – diese waren zum Teil reichstreue völlig assimilierte Juden –, ist großzügig behandelt worden. Die DDR und die Regierung von Deutsch-Österreich haben sich weit ablehnender verhalten.

Dieses Verhalten der Bundesrepublik hat leider nicht dazu geführt, daß die Juden in aller Welt diese Bemühungen anerkannten und ablassen, gegen alles Deutsche schlechthin zu hetzen, sondern nicht Österreich oder die DDR, sondern gerade die Bundesrepublik stehen wieder im Zentrum einer großen Judenhetze gegen das Deutschtum.

Wie lange wollen wir das mitansehen? Das Grundgesetz verbietet Rassen- und Religionshetze. Ist eine Notwehr und eine Verteidigung gegen dauernde Angriffe auch eine Hetze? Wollen die Juden warten, bis aus ihrer Unversöhnlichkeit wieder etwas hervorwächst, was ungerecht und verurteilenswert ist?

Besonders aus Israel und Nordamerika kommen immer wieder jüdische Hetzschriften gegen das Deutschtum. Um ein Beispiel zu nennen: John Lambertz, P.O. Box 26035, Los Angeles 26 Calif, USA versendet seit Jahren Hetzschriften gegen das Deutsche Volk im allgemeinen.[2]

---

[1] Eingangsstempel vom 25. 11. 1958; Az. AP-13782/59.
[2] Die Schriften ließen sich nicht ermitteln.

Der Beschluß, die Deutschen Widerstandskämpfer nicht nach Tel Aviv herein-zulassen, zeugt weiter von dem unversöhnlichen Geist, dies alles nach den größten ununterbrochenen Anstrengungen der Bundesregierung seit 1945!!!

Wie lange will man uns durch das Grundgsetz eine besonders versöhnliche Haltung vorschreiben und uns verpflichten, daß wir wehrlos diesen Angriffen aus-gesetzt sind?

Nicht nur ich selbst und meine Ehefrau, die anerkanntes O[pfer] d[es] F[aschis-mus] ist, haben unter Lebensgefahr Juden Reisepapiere und Einreisevisen nach Südamerika beschafft. Das Deutsche Volk hat viele Opfer auch an Blut und Leben gebracht, weil es tapfer für Menschen eintrat, die heute das Deutsche Volk kollek-tiv verdammen wollen.

Ich werde mir erlauben, bei Gelegenheit derartige Hetzschriften als Beweis vorzulegen. Das Material aus aller Welt ist leicht zu beschaffen, und es bedürfte nur einer Anordnung Euer Exzellenz.

Ich habe geglaubt, daß aus der sicheren Schau der Heimat diese dauernden Anpöbelungen nicht so gesehen werden können, und habe mich, gerade weil ich nie ein Antisemit war und mich auch heute von den Juden nicht zu einem sol-chen machen lassen möchte, verpflichtet gesehen, diese unerträgliche Situation, die gerade uns bereitwilligen Nichtantisemiten beleidigt, vorzutragen.

Indem ich hoffe, daß die weitreichenden Verbindungen Euer Exzellenz bei den jüdischen Führungsstellen einmal wandelschaffend wirken werden, bin ich mit dem Ausdruck meiner ganz besonderen Hochachtung

Euer Exzellenz sehr ergebener   Albrecht Boehme

Nr. 188 B
An Albrecht Böhme, Cervantes, Rio Negro, Argentinien
25. November 1958
BArch, B 122, 2085: ms. Schreiben, Durchschlag, von Heuss diktiert (Diktatz. H/vM), von Bott hs. paraph. und ms. gez.; Briefkopf: „Ministerialdirektor Hans Bott"[3]

Sehr geehrter Herr Boehme!

Der Herr Bundespräsident hat Ihren Brief erhalten und gelesen, läßt Ihnen aber mitteilen, da er gegenwärtig viel zu sehr mit Arbeit überlastet ist, daß er mit Ihrem Schreiben nicht viel anfangen kann.

---

[3] Az. AB-029-5216 nach Abgang hinzugefügt; Absendevermerk vom 28. 11. 1958; weiterer Nachweis: N 1221, 350: Durchschlag.

Professor Heuss hat sich in manchen seiner öffentlichen Kundgebungen gegen die Globalbezeichnung „*die* Deutschen", „*die* Juden" usf. gewehrt. Er selber denkt nicht daran, sich mit den Dingen zu identifizieren, die von Deutschen getan, gedacht, geschrieben wurden, und er hält es auch nicht für zulässig, die jüdischen Menschen als Einheit zu nehmen, d. h. diese oder jene Äußerung und Tat als für eine Menschengruppe verbindlich zu nehmen. Er selber hat sich nie in der Lage gefühlt, nach dem, was geschehen ist, einem jüdischen Menschen die tiefe Verletztheit, etwa über die Vertreibung aus dem Lande, über die Ermordung seiner Angehörigen usf., zu verübeln. Auf der anderen Seite kennt er in Deutschland und im Ausland genügend viel jüdische Menschen, die über alles Leid und Unrecht hinaus einen Ausgleich der Empfindungen zu erreichen suchen, ohne das Geschehene einfach aus dem Bewußtsein tilgen zu wollen. Professor Heuss wird nicht verfehlen, ihm bekannte jüdischen Menschen auf Ihr Schreiben als dem Ausdruck einer Empfindungslage Kenntnis zu geben; aber er nimmt an, daß auch diese Herren, die solche Dinge bedauern, nicht irgendetwas Unmittelbares tun können, noch denkt er selber daran, etwa in dem von Ihnen gedachten Sinn aktiv zu werden, denn dies würde einen möglichen Prozeß einer fairen Entwicklung nur stören, vielleicht sogar zerstören.

Mit vorzüglicher Hochachtung   Hans Bott
                              Persönlicher Referent des Bundespräsidenten

Kopie f. Herrn van Dam, Düsseldorf[4]

Nr. 189 A
Von Wilhelm Seibold, Mindelaltheim über Günzburg
5. Januar 1959
BArch, B 122, 875: ms. Schreiben, behändigte Ausfertigung[1]
Kritik an der Neujahrsbotschaft 1958/59

Exzellenz, Herr Bundespräsident!

Es wird Ihnen nicht als vermessen erscheinen, wenn sich hier ein einfacher Bauer und Staatsbürger der Bundesrepublik zu Ihrer Neujahrsbotschaft äußert.

---

[4] Heuss schickte die Korrespondenz mit einem von ihm diktierten und von Bott gez. Schreiben am 26. 11. 1958 an Hendrick George van Dam, Zentralrat der Juden in Deutschland, „damit auch einmal eine solche Stimme bei Ihnen gehört wird"; B 122, 2085.
[1] Eingangsstempel vom 9. 1. 1959; Az. AP-389/59.

Zeit meines Lebens, 58 Jahre alt, habe ich mit der ganzen Kraft meines Herzens zur deutschen Volksgemeinschaft gestanden. Um so furchtbarer hatte es mich erschüttert, als nach 1945 diese deutsche Volksgemeinschaft zerstört wurde. Ebenso erschüttert war ich aber auch, als ich den letzten Satz Ihrer Neujahrsbotschaft gelesen hatte, daß an dem Elend des Vaterlandes und an der Zerklüftung der Seelen unseres Kontinents Adolf Hitler schuld sei.[2]

Ich kenne andere Namen, die schon lange vor Adolf Hitler an der Zerklüftung der Seelen des Kontinents gearbeitet hatten und noch arbeiten. Soviel ich aus der deutschen und europäischen Geschichte weiß, hatte die Zerklüftung der Seelen des Kontinents schon vor mehreren 100 Jahren begonnen – doch das weiß der Bundespräsident besser als ich.

Reformation, 30-jähriger Krieg, Inquisition, Napoleon und die Befreiungskriege sind die Abläufe, die meinem Gedächtnis haften geblieben sind.

Wie beruhigend ist es jetzt doch für die sogenannten Abendländer des Kontinents, daß sie jetzt einen deutschen Sündenbock in Adolf Hitler gefunden haben.

Mit vorzüglicher Hochachtung
Ergebenst   W. Seibold

Nr. 189 B
An Wilhelm Seibold, Mindelaltheim über Günzburg
16. Januar 1959
BArch, B 122, 875: ms. Schreiben, Durchschlag, von Heuss diktiert (Diktatz. H/Bk), von Bott hs. paraph. und ms. gez.; Briefkopf: „Ministerialdirektor Hans Bott"[3]

Sehr geehrter Herr Seibold!

Der Herr Bundespräsident dankt Ihnen für Ihren Brief vom 5. Januar, wenn dieser auch auf einer offenbar sehr unzureichenden Berichterstattung über seine Neujahrsansprache beruhte, die Sie anscheinend nicht gehört, sondern in einem Lokalblatt gelesen haben.

Der Herr Bundespräsident hat im übrigen gar nichts dagegen, sondern es ist im Sinn seiner Rede gewesen, daß der eine oder der andere durch den Hinweis auf Hitlers politisch-historische „Leistungen" „erschüttert" worden ist wie Sie,

---

[2] Heuss hatte in seiner Ansprache gesagt, an dem Elend des Vaterlandes und der tiefen Zerklüftung der Seelen sei niemand anders Schuld als die brutale und romantische Vermessenheit des Adolf Hitler. Hitlers seelische Gefolgschaft dürfe jetzt ruhig den Rundfunk abschalten; Manuskript der Neujahrsbotschaft 1958/59 in: B 122, 251.
[3] Az. AP-389/59; Absendevermerk vom 17. 1. 1959; weiterer Nachweis: N 1221, 351: Durchschlag.

weil ihm bekannt ist, wie viele Deutsche schon damit beschäftigt sind, Hitler aus dem Gedächtnis zu verdrängen.

Dr. Heuss läßt Ihnen den Wortlaut seiner Ansprache zugehen,[4] aus dem Sie ersehen werden, daß er auch die Schuldhaftigkeit und die Kurzsichtigkeit der alliierten Sieger deutlich gezeigt hat. Und es mag Sie vielleicht interessieren, daß in einem Buch, das Dr. Heuss 1931 schrieb (Hitlers Weg) – es ist mit einem anderen Werk des Verfassers auf dem Scheiterhaufen des Nationalsozialismus gelandet –, das letzte Kapitel damit beginnt, daß die Geburtsstadt der „Bewegung" nicht München sondern Versailles ist.[5]

Der Herr Bundespräsident weist aber mit aller Entschiedenheit den letzten Satz Ihres Briefes zurück, den er für albern hält, daß jetzt die sogenannten „Abendländer" einen „deutschen Sündenbock" in Hitler gefunden hätten. Alle kontinentalen Völker haben die Zeiten innerer Wirrnisse besessen. Aber, das ist die Meinung des Bundespräsidenten, daß Hitler nicht als Sündenbock zu sehen ist, sondern als Schmach des deutschen Namens, nicht um des Abendlandes sondern um der Deutschen willen, sollten Sie einmal überdenken.

Mit vorzüglicher Hochachtung   Hans Bott
                                        Persönlicher Referent des Bundespräsidenten

Nr. 190 A
Von Prof. Dr. Albrecht Weiss, Rechtsanwalt, Heidelberg
12. Januar 1959
BArch, B 122, 875: ms. Schreiben, behändigte Ausfertigung[1]
Nachfolge von Theodor Heuss im Amt des Bundespräsidenten

Sehr verehrter Herr Bundespräsident!

Nicht jeder wirkt gern selbst dabei mit, wenn es sich um die Frage des Nachfolgers im Amt handelt. Wenn ich aber von mir aus schließen darf, der sich schon um die fünfzig herum (wegen bedrohter Gesundheit!) immer wieder Nachfolger herangezogen hat, so ist sicher auch Ihnen der Gedanke lieb, daß Ihr Amt in gute

---

[4] Vgl. Anm. 2.
[5] THEODOR HEUSS: Hitlers Weg. Eine historisch-politische Studie über den Nationalsozialismus. Stuttgart/Berlin/Leipzig 1932. Heuss schrieb über dieses Werk am 21. 12. 1957 an C. G. Schweitzer, er besitze selber nur noch zwei Exemplare; ein Neudruck sei wiederholt vorgeschlagen worden. Er habe dies aber abgelehnt, weil es ihm heute, historisch gesehen, viel zu harmlos erscheine nach all dem, was wir erlebt haben; B 122, 873. Das Werk wurde erst Jahre später von Eberhard Jäckel neu herausgegeben, Tübingen 1968.
[1] Eingangsstempel vom 13. 1. 1959; Az. AP-607/59; von Heuss mit einem „d[iktieren]" versehen.

und – staatsrechtlich – richtige Hände kommt. Es wird angesichts des Ausmaßes, in dem Sie diese Voraussetzungen erfüllten, schwer sein, den richtigen Mann zu finden, und zwar so, daß die Parteipolitik dabei ausscheidet, von konfessioneller Arithmetik ganz zu schweigen.

Darum[2] keinesfalls Herr *Krone*, der vielleicht viel Gutes aufzuweisen hat, aber, soweit überhaupt, nur als homo politicus und „Diener seines Herrn" bekannt ist. Das reicht nicht nur nicht aus, sondern würde der Demokratie bitter weh tun!

Von den sonst Genannten kommt *Jaspers* m. E. nicht in Frage. Er ist geistiger Führer von Angehörigen der oberen Zehntausend und verließ Deutschland, als es diesem schlecht ging.

Heimpel[3] kenne ich zu wenig; wird man von ihm als Historiker in 50 Jahren noch soviel wissen, wie wir von Treitschke, Oncken, Marcks und Heuß? Er ist doch wohl nur ein Gelehrter ersten Ranges, Stil 1950/60?

Für sehr geeignet würden wir Heidelberger *Neinhaus*[4] halten: Rheinländer, baden-württembergischer Kommunal- und Landespolitiker von Format, hochkultiviert, repräsentativ. *Richard Merton* käme aus alter traditioneller Wirtschaftssituation, steht heute über unmittelbaren merkantilen Interessen.

Eine letzte Kombination hätte ich zu wagen: Nach Ablauf Ihrer Amtszeit tritt Adenauer zurück und wird Bundespräsident.[5] An seine Stelle *sollte*, ohne Rücksicht auf parteiliche Zugehörigkeit, ein mutiger, kluger Mann treten, wobei ich an *Brandt* denke, auch zwecks weiterer Annäherung der beiden großen Parteien. Doch das sind vielleicht Hirngespinste eines Schülers von Naumann, dem frühen, in aeternum, der einmal in einer wirklichen Demokratie leben möchte. (Mit seinem Neffen Gottfried Rade feierten wir im vorigen Jahr das 50. Abitur in Marburg.)

Wird unser gemeinsamer Freund *Willy Andreas* nicht im Jahre 1959 75 Jahre alt? Reicht es dafür nicht zum „großen" Verdienstkreuz? Er hängt an solchen Ehrungen sehr.

Entschuldigen Sie bitte dieses persönliche Einsprengsel und nehmen Sie diese Zeilen als Zeichen dafür, daß auch viele homines apolitici „mit Sorgen und mit Grämen und mit selbst-eigener Pein"[6] der Entwicklung, wenn auch aus der Ferne, folgen.

Verzeihen Sie den Durchbruch aus dieser Ferne
Ihrem verehrungsvoll ergebenen   Albrecht Weiss

---

[2] Bis zum Ende des Absatzes doppelte Randanstreichung.

[3] Zur Kandidatur von Heimpel vgl. Th. HEUSS, Bundespräsident, Briefe 1954–1959.

[4] Über „Neinhaus" drei Ausrufezeichen.

[5] Vgl. Nr. 199, Anm. 6.

[6] Verse aus der zweiten Strophe des Kirchenliedes von Paul Gerhardt „Befiehl du deine Wege" (1656), in: P. GERHARDT, Geistliche Lieder, S. 52–55, hier 52.

Nr. 190 B
An Prof. Dr. Albrecht Weiss, Rechtsanwalt, Heidelberg
15. Januar 1959
BArch, B 122, 875: ms. Schreiben, Durchschlag, von Heuss diktiert (Diktatz. H/vM), von Bott hs. paraph. und ms. gez.; Briefkopf: „Ministerialdirektor Hans Bott"[7]

Sehr geehrter Herr Professor Weiss!

Der Bundespräsident bittet, es ihm nicht zu verübeln, wenn er Ihnen auf Ihren Brief einfach nicht antworten *kann*.

Er wird ja, mehr als ihm lieb ist, in dieser Sache seines Nachfolgers angeschrieben. Er hat es aber immer strikt vermieden, auch bei Menschen, die ihm vertraut sind, sich zu dem ganzen Komplex ad personam zu äußern. Es würde ihm geradezu taktlos erscheinen, wenn er mit Kritiken und Zensuren im Vorrat auf Namen, die in den Zeitungen aufgetaucht sind, reagieren würde.[8] Er möchte Sie bitten, dafür Verständnis zu haben.

Mit den besten Empfehlungen   Hans Bott
                              Persönlicher Referent des Bundespräsidenten

Nr. 191 A
Von Alfred Stehle, Diplomvolkswirt, Renningen, Kreis Leonberg
22. Februar 1959
BArch, B 122, 877: hs. Schreiben, behändigte Ausfertigung[1]
Bitte um Beratung für eine Dissertation über das Thema „Schaffe, spare, Häusle baue"

Verehrter Herr Bundespräsident!

Herr Professor Dr. Clemens-August Andreae in Innsbruck hat mir ein Dissertationsthema vorgeschlagen, das sich mit der besonderen Mentalität der Schwaben beschäftigen soll, nämlich „Schaffe, spare, Häusle baue".

---

[7] Az. AP-607/59; Absendevermerk vom 16. 1. 1959; weiterer Nachweis: N 1221, 351: Durchschlag.
[8] Mit fast gleichen Worten schrieb Heuss am 17. 1. 1959 an Wilhelm Keil: „In der Angelegenheit der Verlängerung meiner Amtszeit bekomme ich ja sehr viele Schreiben, die ich aber sozusagen grundsätzlich nicht beantworte, weil sie sich zum Teil mit den in den Zeitungen vorgeschlagenen Eventualnachfolgern beschäftigen und meine Meinung hören wollen, was zu beantworten ich für taktlos halte. Ich habe mich sehr bewußt in der Angelegenheit öffentlich zurückgehalten, finde aber die Zeitungsdiskussion für das Amt als solches allmählich abträglich"; N 1221, 351.
[1] Eingangsstempel vom 25. 2. 1959; Az. A5-3794/59.

Sie, verehrter Herr Bundespräsident, der Sie selbst Schwabe und Bauherr sind und außerdem ein besonderer Kenner des schwäbischen Volkstums, haben selbst dieses Wort „Schaffe, spare, Häusle baue" zum Volkswappenwort unseres Landes erklärt.

Diese Tatsache gibt mir den Mut, mich an Sie zu wenden. Darf ich Sie trotz Ihrer beschränkten Zeit bitten, mir aus Ihrer reichen Erfahrung einige Gedanken zu „verrate", warum wir Schwaben wohl möglichst schnell nach einem eigenen Häusle trachten und so sehr daran hängen.

Sollten Sie mir tatsächlich etwas Zeit widmen können, wäre ich Ihnen überaus dankbar.

Ihr sehr ergebener   Alfred Stehle

Nr. 191 B
An Alfred Stehle, Diplomvolkswirt, Renningen, Kreis Leonberg
26. Februar 1959
BArch, B 122, 877: ms. Schreiben, Durchschlag, von Heuss diktiert (Diktatz. H/Bk) und ms. gez.[2]

Sehr geehrter Herr Stehle!

Da bin ich nun wirklich gegenwärtig überfordert, mir spezifische Gedanken über das „Schaffe, spare, Häusle baue" zu machen.

Ich habe über die Schwaben-Dinge ja viel geschrieben,[3] auch einen Exkurs über die schwäbische Wirtschaftsgeschichte in meiner Bosch-Biographie[4] – aber wie man aus diesem Thema eine Dissertation machen kann, ist mir völlig unerfindlich, wenn man nicht etwa davon ausgeht, daß die größten Bausparkassen, soweit ich sehe, in Ludwigsburg, Leonberg und Schwäbisch Hall[5] domiziliert sind.

Mit freundlichem Gruß   Theodor Heuss

---

[2] Az. A5-3794/59; Stempel: „Pers[önlichem] Ref[erenten] vorgelegen"; weiterer Nachweis: N 1221, 352: Durchschlag.

[3] Bereits 1910 hatte Heuss die Einleitung zu einem Buch geschrieben; TH. HEUSS, Vom jungen Schwaben. Aus dem Jahre 1915 stammte ein weiteres Werk; DERS., Schwaben; vgl. auch DERS., Betrachtungen. Eine Sammlung von Presseartikeln und anderen Beiträgen für den Zeitraum 1911–1954 in: B 122, 209.

[4] TH. HEUSS, Robert Bosch, S. 85–97 (Kapitel „Zur schwäbischen Wirtschaftsentwicklung").

[5] In Ludwigsburg hat die Wüstenrot Bausparkassen AG ihren Sitz, bei der Heuss 1954 einen Bausparvertrag abgeschlossen hatte; vgl. Süddeutsche Zeitung, Nr. 200, 31. 8. 1954, Das Streiflicht, Ausschnitt in: B 145, 16305. – In Leonberg und Schwäbisch Hall sind ebenfalls bekannte Bausparkassen beheimatet.

Nr. 192 A

Von H. A. Prietze, Ministerialrat i. R., Bad Godesberg

27. Februar 1959

BArch, B 122, 877: ms. Schreiben, behändigte Ausfertigung[1]

Kritik am Fehlen von Armin dem Cherusker in der Publikation „Die Großen Deutschen"

Hochgeehrter Herr Bundespräsident,

im laufenden Jahre findet eine Gedächtnisfeier für die Befreiung Deutschlands vom Römerjoch statt. Vorbereitungen dazu werden in Detmold getroffen.[2] Es sollen sich aber gewichtige Stimmen erhoben haben, die eine solche Feier für unzeitgemäß halten. Dies hat einen gewissen Zusammenhang mit Zeitungsnachrichten, nach denen in der Neu-Auflage des Werkes über die großen Deutschen angeblich der Aufsatz über Armin den Cherusker gestrichen worden ist. Daß Sie, Herr Bundespräsident, Ihre Hand dazu gegeben haben, halte ich für vollkommen ausgeschlossen. Leider scheint aber auch der Rundfunk zu den Feinden Armins zu gehören, wie Sie aus beiliegendem Durchschlag eines Briefes an den Westdeutschen Rundfunk entnehmen wollen.[3]

Ich möchte Sie, Herr Bundespräsident, inständig bitten, doch bei Gelegenheit eine Lanze für den doch wahrhaft großen Mann einzulegen.

Ich verbleibe

Ihr aufrichtig ergebener

H. A. Prietze

---

[1] Eingangsstempel vom 2. 3. 1959; Az. AP-4122/59.

[2] „Der Spiegel" (Nr. 47, 19. 11. 1958, S. 82) hatte spöttisch vermerkt, die Stadt Detmold habe sich entschlossen, im nächsten Jahr das 1950-jährige Jubiläum der „Schlacht im Teutoburger Walde" mit einer Festwoche zu begehen. Da der Ort der Varusschlacht umstritten sei, wollen die Detmolder „ihren Schauplatz-Anspruch gegen andere Orte ausgiebigst feiernd verteidigen." Der Bürgermeister der Stadt Detmold hatte Heuss am 29. 12. 1958 mit einem vier Seiten umfassenden Brief zur Übernahme des Protektorates des „Hermannsgedenkens 1959" eingeladen; B 122, 2215. Heuss antwortete ausführlich und persönlich, aber ablehnend, am 8. 1. 1959: Er habe mit Ausnahme der 1900-Jahrfeier von Köln keine einzige der „örtlich fixierten Erinnerungsfeiern mitgemacht"; er habe „zum Schmerz vieler Leute" alle Protektorate und Schirmherrschaften, die eine „modische Seuche" seien, als „Verschleiß des Amtes" abgelehnt. An der Stätte des Hermann-Denkmals zu sprechen komme für ihn ohnehin nicht infrage: „Denn zu dieser Form von Monumentalisierung, die ja eine Spätgeburt der Romantik ist und bis in das Pathos der 70-iger Jahre hereinreicht, habe ich vom Künstlerischen und vom Menschlichen her gar keine innere Beziehung – im Gegenteil, es liegt die Gefahr der Ironisierung vor"; ebd.

[3] In dem Schreiben an Franz Würdemann vom 27. 2. 1959 hieß es u. a. unter Bezugnahme auf dessen Rundfunkbeitrag: „Armin scheint Ihnen nicht sympathisch zu sein. Vielleicht weil Ihnen als gutem Katholiken Rom und die Römer bewundernswerter sind. [...] Hätten die Römer damals gesiegt, so hätten sie ihre Gegner und in erster Linie die Westfalen mit Stumpf und Stiel ausgerottet, indem sie dieselben, wie dies ihre Art war, in die Sklaverei verkauften. Sie, Herr

Nr. 192 B
An H. A. Prietze, Ministerialrat i. R., Bad Godesberg
10. März 1959
BArch, B 122, 877: ms. Schreiben, Durchschlag, von Heuss diktiert (Diktatz. H/vM), von
Bott hs. paraph. und ms. gez.[4]

Sehr geehrter Herr Prietze!

Die Antwort, die ich Ihnen im Auftrag des Herrn Bundespräsidenten schreibe, muß Sie völlig enttäuschen. Dr. Heuss ist vor einigen Monaten unmittelbar aufgefordert worden, bei einer geplanten Feier über die Teutoburger Schlacht die Festrede zu halten.[5] Er hat es absolut abgelehnt, weil er oft genug gegen die Jubiläumssucht der Deutschen Einwendungen erhoben hat.[6] Dr. Heuss ist auch nicht wie Sie ein Bewunderer des Hermannsdenkmal, in dem die Romantik nach seiner Meinung ins Ungeschlachte wächst, und er hat auch durchaus zugestimmt, daß in der Sammlung „Die Großen Deutschen" Armin und Theoderich weggelassen wurden, da er die Kontinuität einer deutschen Geschichte sich eigentlich erst mit Karl dem Großen entwickeln sieht und persönlich immer ein Gegner bombastischer Romantik war.[7]

Dr. Heuss ahnt nicht, ob die Ablehnung einer Festrede auf Entschließungen in Detmold irgendeinen Einfluß gehabt hat.

Mit vorzüglicher Hochachtung   Hans Bott
                              Persönlicher Referent des Bundespräsidenten

---

Würdemann, verdanken also Ihre Existenz und die Möglichkeit, über die Lande zwischen Rhein und Weser zu sprechen, im Grunde jenem Manne, dessen wundervolles Denkmal auf dem Teutoburger Walde allen Deutschen eine Mahnung ist." B 122, 877.

[4] Az. AP-4122-59; Absendevermerk vom 11. 3. 1959; Verfügung 2: „Staatssekretär zur Kenntnis"; mit Paraphe von Bleek; weiterer Nachweis: N 1221, 353: Durchschlag.

[5] Vgl. Anm. 2.

[6] In einem Schreiben an Emmi Welter, MdB, vom 27. 6. 1957 formulierte Heuss: „Es ist ja so, daß die Deutschen jubiläumssüchtig sind, ihr Bundespräsident aber jubiläumsflüchtig"; N 1221, 340.

[7] In einem Schreiben an den Bürgermeister der Stadt Detmold vom 11. 7. 1959 meinte Heuss: „Ich bin ja sowieso ‚im Verschiß', weil ich die Neuausgabe des Sammelwerks ‚Die großen Deutschen' mit Karl d. G. beginnen ließ und Arminius wie Theoderich, die früher einmal dran gekommen sind, gestrichen habe, weil eine Kontinuität des Geschichtsbewußtseins nach meinem Gefühl nicht vorhanden ist, sondern erst im Zeitalter der Romantik hergestellt wurde." N 1221, 356. In seiner Kieler Ansprache über „Wert und Unwert einer Tradition" (vgl. Nr. 200, Anm. 3) nannte er als negatives Beispiel einer Traditionspflege die Feier des 1950. Jahrestages der Schlacht am Teutoburger Wald, deren Besuch er abgesagt habe. Derlei führe „ganz einfach zur Banalisierung romantischer Gefühle" mit einem künstlichen Bildungsaffekt. Traditionspflege bedeute auch Freiwerden von Ballast.

Nr. 193 A
Von Dr. Alfred Daniel, Tübingen
12. März 1959
BArch, B 122, 627: ms. Schreiben, behändigte Ausfertigung[1]
Kritik an der Rede von Theodor Heuss in der Führungsakademie der Bundeswehr in Hamburg über „Soldatentum in unserer Zeit"

Sehr verehrter Herr Bundespräsident.

Durch Ihren Hamburger „Abgesang"[2] haben Sie den Historikern Ihre Einrubrizierung noch ein wenig leichter gemacht, als sie vorher schon war. Aber gegen Niemöller kommen Sie nicht auf! Oder wollen Sie etwa auch den Abwurf der Hiroshima-Bombe[3] rechtfertigen? Für Millionen in der Welt ist allein schon durch dieses Verbrechen eines „Heimatschützers" die Uniform des Soldaten für ewige Zeiten besudelt. Der Bombenschmeißer soll übrigens im Irrenhaus geendet haben, der Ärmste! Die ihn zu seiner Tat mißbrauchten, die eigentlichen Verbrecher – siehe „Spiegel" vom Mai 1957[4] „Vom gespaltenen Atom zum gespaltenen Gewissen" – laufen noch frei herum dank der Glorifizierung des Großverbrechens „Krieg" durch eine teils geistverlassene, teils bezahlte Presse.

Aber der Journalistenthron wackelt heute ähnlich wie der Thron des Gottesgnadentums 1788 wackelte. Daß ihm sein 1789 bald nachfolge, darum betet täglich und stündlich –

Daniel

---

[1] Eingangsstempel vom 16. 3. 1959; Az. A3-4970/59; hs., vermutlich von der Registratur eingefügter Vermerk: „Kritik H[am]b[ur]g[er] Rede".

[2] Gemeint war die Ansprache „Soldatentum in unserer Zeit", abgedruckt in: Bulletin, Nr. 51, 17. 3. 1959 sowie in: R. Dahrendorf / M. Vogt, Theodor Heuss, S. 488–499; vgl. Nr. 197, Anm. 2.

[3] Am 6. 8. 1945 wurden auf Hiroshima und am 9. 8. 1945 auf Nagasaki Atombomben abgeworfen, die etwa 155.000 Menschen sofort töteten. Weitere ca. 110.000 Menschen starben noch innerhalb weniger Wochen an den Folgen der radioaktiven Verstrahlung; vgl. F. Coulmas, Hiroshima.

[4] Im „Spiegel" war ab Nr. 19 (8. 5. 1957) bis Nr. 24 (12. 6. 1957) eine Artikelserie „... und führe uns nicht in Versuchung. Vom gespaltenen Atom zum gespaltenen Gewissen – Die Geschichte einer menschheitsgefährdenden Waffe" erschienen.

Nr. 193 B
An Dr. Alfred Daniel, Tübingen
17. März 1959
BArch, B 122, 627: ms. Schreiben, Durchschlag, von Heuss diktiert (Diktatz. H/Bk), von
Bott hs. paraph. und ms. gez.; Briefkopf: „Ministerialdirektor Hans Bott"[5]

Sehr geehrter Herr Dr. Daniel!

Der Herr Bundespräsident hat Ihren Brief vom 12. März gelesen. Die psychologische Situation solcher Briefe ist ihm ja nicht fremd. Wenn Sie glauben, in
der Rede des Bundespräsidenten eine Glorifzierung des Großverbrechens „Krieg"
zu sehen, so meint Dr. Heuss, daß das eine Albernheit ist, die Sie aus Schimpfbedürfnis zur Entlastung Ihres Ressentiments niedergeschrieben haben.

Dr. Heuss schlägt Ihnen vor, statt „stündlich zu beten", dieser Beschäftigung
eine angemessene Proportion neben der beruflichen Arbeit zuzuweisen.

Mit vorzüglichere Hochachtung   Hans Bott
                        Persönlicher Referent des Bundespräsidenten

Nr. 194 A
Von Günter Engeling, Marl, Westfalen
1. April 1959
BArch, B 122, 879: ms. Schreiben, behändigte Ausfertigung[1]
Verwendung des Wortes „Chuzpe" durch Theodor Heuss

Sehr geehrter Herr Bundespräsident,

erlauben Sie mir, Ihnen, der Sie als Mensch und Humanist geachtet und verehrt
über allen Dingen stehen, zu sagen: Caesar non supra grammaticos![2]
   Das Wort „Chuzpe", das Sie, geehrter Herr Bundespräsident, bei Ihrem Studio-
gespräch mit Herrn Prof. Dr. Hans Gebhart[3] zu einem „guten deutschen Wort"
stempelten, entstammt der jiddischen Sprache, der wir unendlich viele und reizende

---

5 Az. A3-4970/59; Absendevermerk vom 18. 3. 1959; als Verfügung 2 hs. hinzugefügt: „St[aats]-
   s[ekretär] z. Kts.", mit Paraphe von Bleek; weiterer Nachweis: N 1221, 353: Durchschlag.
1 Eingangsstempel vom 4. 4. 1959; Az. AP-6049/59.
2 Lateinisch für „Der Kaiser steht nicht über den Grammatikern".
3 Um welche Fernsehsendung es sich handelte ließ sich nicht ermitteln. Heuss dankte am 3. 4. 1959
   Prof. Dr. Hans Gebhart; er habe die Sendung über Ostern mit seiner Familie angesehen; N 1221,
   354.

Witzchen verdanken. Keinesfalls muß man Antisemit sein, wenn man diesbezüglich Stellung nimmt. Ich bitte Sie, geehrter Herr Bundespräsident, meine Zeilen auch in diesem Sinne auffassen zu wollen.

Mit vorzüglicher Hochachtung   Günter Engeling

Nr. 194 B
An Günter Engeling, Marl, Westfalen
6. April 1959
BArch, B 122, 879: ms. Schreiben, Durchschlag, von Heuss diktiert (Diktatz. H/Bk) und ms. gez.[4]

Sehr geehrter Herr Engeling!

Ihr freundlich belehrender Brief vom 1. April hat mir und meinen Mitarbeitern Spaß gemacht.[5] Es ist doch seltsam, wie wenig verbreitet der Sinn für Ironie bei uns ist. Daß ich sagte, das sei auf gut Deutsch „Chuzpe", war doch lustig gemeint – und zu den merkwürdigen Dingen dieser Zeit gehört, daß mir zwei jüdische Menschen geschrieben haben, daß sie sich darüber gefreut hätten, das ihnen vertraute Wort bei dieser Gelegenheit aus meinem Munde zu hören. Ich selber weiß natürlich seit meiner Bubenzeit, daß „Chuzpe" nun so etwas wie Unverfrorenheit bedeutet, und kenne einen herrlichen Judenwitz, mit dem man demonstrieren kann, was denn eigentlich „Chuzpe" sei.[6]

Mit freundlichen Grüßen
Ihr
                                                              Theodor Heuss

---

[4] Az. AP-6049/59; Stempel: „Pers[önlichem] Ref[erenten] vorgelegen"; weiterer Nachweis: N 1221, 354: Durchschlag.
[5] Heuss vermutete gegenüber Toni Stolper, dass die „freundliche Belehrung" über die Herkunft des Begriffes „Chuzpe" von einem Studienrat stamme; TH. HEUSS, Tagebuchbriefe, S. 418, 6. 4. 1959.
[6] Als klassisches Beispiel für Chuzpe gilt die Geschichte des Mannes, der Vater und Mutter erschlagen hatte und dann den Richter um mildernde Umstände bat, weil er ja Vollwaise sei.

Nr. 195 A
Von Carl Schumacher, Journalist, Greven, Westfalen
6. April 1959
BArch, B 122, 879: ms. Schreiben, behändigte Ausfertigung[1]
Kritik an einer Fernsehsendung „Die Glückskarosse" mit einer Versteigerung
des Manuskriptes von Theodor Heuss über Wilhelm Busch zugunsten verarmter
Künstler

Sehr geehrter Herr Bundespräsident,

mit wachsendem Befremden habe ich am Sonntag, dem 5. April, die Fernsehsendung „Die Glückskarosse" verfolgt, die zugunsten Ihrer Künstleraltershilfe
über die Bildschirme ging. Nach mancherlei Gesprächen im Laufe des folgenden
Tages bleibt als Resümee, daß dieses Befremdetsein viele Fernsehteilnehmer
befallen hat. Das gilt nicht so sehr der niveaulosen Sendung an sich – die Unter-
haltungsabteilungen können's nur selten besser – als vielmehr dem fragwürdigen
Gleis, auf das Ihre Künstleraltershilfe durch den Betriebsrummel des NWDR[2]
geschoben wurde.

Geradezu peinlich war die Versteigerung, bei der Dr. Hauswedell Ihr Manuskript einem Hamburger Großkapitalisten zuschanzte, der grinsend 100- und
1.000-DM-Beträge aus den anscheinend unerschöpflichen Taschen zog. Firmen
nutzten diese Gelegenheit – vom Auktionator immer wieder angestachelt – auf
ihre Weise zu willkommener Reklame, wobei sie es vermutlich am Rande in
Kauf nahmen, daß ihr Geld der Künstlerhilfe zufließt (in Wirklichkeit zahlten sie's
für Werbung, was ihnen möglicherweise wegen der allgemeinen Verstimmung
über die Sendung auf die Butterseite schlagen könnte).

Eine Frage, sehr geehrter Herr Bundespräsident: Ist schon einmal daran gedacht
worden, ein derartiges Show- und Reklame-Business für Witwen aufzuziehen,
die tagaus, tagein die Pfennige zusammenputzen, um ihre Kinder durchzubringen?
Oder für alte Leute, die von karger Wohlfahrtsunterstützung leben? Oder für
Angehörige freier Berufe, die in ihren besten Jahren für die Familie und das Alter
sorgen mußten und nicht die Möglichkeit hatten, Hunderttausende mit Hüft-
wackeln, albernen Scherzen und Heimatschnulzen zu verdienen? Die sogenannten
Künstler[3] freilich kaufen Paläste im sonnigen Süden. Sie haben's ja. Und fürs
Alter sorgt Papa Heuss.

---

[1] Eingangsstempel vom 7. 4. 1959; Az. AP-6165/59; am linken Rande des ersten Absatzes mit
Blaustift ein Fragezeichen.
[2] In der Vorlage: „NWRV".
[3] Aus einer weiteren Zuschrift war ersichtlich, dass u. a. Peter Frankenfeld, Heinz Erhardt und
Evelyn Künneke mitwirkten; Friedhelm Gonske an Heuss, 6. 4. 1959, in: B 122, 879.

Man komme bitte nicht mit Währungsschnitten und unverschuldeter Not, in die die „Künstler" geraten seien. Andere Berufe werden davon genauso betroffen und hatten vorweg keine Gelegenheit, Riesensummen krisenfest anzulegen.

Überhaupt: Wer sind die Künstler, denen Sie, sehr geehrter Herr Bundespräsident, helfen wollen? Sind es die Mitwirkenden dieser Fernsehshow, teilweise Primitivlinge erster Klasse? Haben Sie übrigens bemerkt, daß auch nur ein einziger dieser „Künstler" bei der Versteigerung zugunsten der eigenen Altersversorgung – oder derjenigen in Not geratenen Kollegen – einen namhaften Betrag einsetzte? Nein, das macht der Heuss für sie!

Nichts dagegen, wenn man junge Künstler in der Ausbildung unterstützt. Und wahrhaftig kein Wort des Protestes, wenn Künstlern unter die Arme gegriffen wird, die unter Kunst anderes als Schnulzen und sonstige Primitivitäten verstehen, aber – vielleicht gerade darum – nicht das finanzielle Existenzminimum haben. Doch kein Pfennig, wenn man damit den Stars helfen will, in Saus und Braus zu leben und sich um's Alter keine Sorgen zu machen. Das im Namen der Kunst zu wollen, ist eine Beleidigung der wirklichen Künstler aller Zeiten. Und dafür ist nicht zuletzt – das sage ich mit dem Ausdruck tiefster Verehrung für Sie, Herr Bundespräsident – Ihr Name zu schade.

Ihr ergebener   Carl Schumacher

Nr. 195 B
An Carl Schumacher, Journalist, Greven, Westfalen
7. April 1959
BArch, B 122, 879: ms. Schreiben, Durchschlag, von Heuss diktiert (Diktatz. H/Bk), von Oberüber hs. paraph. und ms. gez.; Briefkopf: „Persönlicher Referent des Bundespräsidenten"[4]

Sehr geehrter Herr Schumacher!

Der Herr Bundespräsident hat Ihren Brief vom 6. April erhalten und gelesen, bittet aber um Ihr Verständnis, wenn er meint, daß Sie ihn falsch adressiert haben.

Dr. Heuss hat mit der Programmgestaltung des Abends gar nichts zu tun gehabt und ist selber in diesen Dingen ganz ohne Erfahrung, da er seine Zeit nicht vor dem Fernsehapparat zubringen kann.[5]

---

[4] Az. AP-6154/59; Absendevermerk vom 8. 4. 1959; weiterer Nachweis: N 1221, 354: Durchschlag.
[5] An Kurt Pruggmayer, der sich ebenfalls über die Sendung beschwert hatte, schrieb Heuss am 22. 4. 1959: „Dr. Heuss hat sich ja noch nie selber um sogenannte amerikanische Versteigerungen gekümmert und hat eigentlich zum ersten Male eine Fernsehsendung von längerer Dauer sich

Der Herr Bundespräsident war aber natürlich dankbar, daß die Aktion gemacht wurde, die der Künstleraltershilfe, die er aus Privatinitiative vor Jahren ins Leben gerufen hat,[6] zusätzliche Mittel zuführte. Bei der Künstleraltershilfe ist der Begriff des Künstlers ja sehr weit gedehnt, so daß sie auch etwa nichtbeamtete Privatgelehrte umfaßt, d. h. vor allem solche Gruppen, die von der gesetzlichen Sozialpolitik nicht erfaßt werden.

Der Ausgangspunkt für das Unternehmen war ja für Dr. Heuss die Erfahrung, wie das Altersschicksal von ehedem berühmten und gefeierten Dichtern, Sängern u. s. f. u. s. f. sich gestaltete, so daß also auch ein Stück Dank in diese Aktion miteingeschlossen sein soll. Die mitwirkenden Künstler haben an diesem Abend, soweit wir unterrichtet sind, sich freiwillig zur Verfügung gestellt.

Wer das Wilhelm-Busch-Manuskript[7] schließlich ersteigert hat, das man von dem Bundespräsidenten erbeten hatte, ist ihm persönlich völlig gleichgültig. Dr. Heuss ist der eingekommene Betrag,[8] mit dem man manche Not wird steuern können, wichtiger.

Mit freundlicher Begrüßung   i. V. Horst Oberüber

---

angesehen." B 122, 879. Dass Heuss dennoch an der Vorbereitung der Sendung beteiligt war geht aus einem Schreiben an Toni Stolper hervor; vgl. TH. HEUSS, Tagebuchbriefe, S. 418, 6. 4. 1959. Nach Absprache mit Heuss verlas u. a. Werner Finck eine Danksagung, die Heuss ihm als Dank für eine skurrile Geburtstagssendung geschickt hatte; vgl. ebd., S. 419.

6 Die 1953 geschaffene Deutsche Künstlerhilfe half durch „Ehrengaben" in Not geratenen Persönlichkeiten, die sich um das deutsche Kulturleben im In- und Ausland besonders verdient gemacht haben. Im Juni 1955, als der Kulturausschuss der Kultusministerkonferenz im Bundespräsidialamt tagte, berichtete Bott, dass seit der Schaffung der Künstlerhilfe 483 Persönlichkeiten im Bundesgebiet in die Künstlerhilfe einbezogen worden seien, davon ein Drittel einmalig. Insgesamt seien 400.000 DM ausgezahlt worden, davon habe der Rundfunk 260.000 DM beigetragen; Protokoll der Sitzung des Kulturausschusses der KMK vom 13./14. 6. 1955 in: B 122, 2317.

7 Heuss hatte bereits vor seinem Abitur einen Beitrag zum 70. Geburtstag Wilhelm Buschs verfasst, den er später seine erste journalistische Arbeit nannte; vgl. R. DAHRENDORF / M. VOGT, Theodor Heuss, S. 29. Das in der Fernsehsenung versteigerte Manuskript war für das von Heuss mit herausgegebene Sammelwerk „Die großen Deutschen" von ihm geschrieben worden und dort bereits erschienen. Für ein Honorar von 5.000 DM wurde es erneut verwendet als Einleitung zu einer neuen großen Busch-Ausgabe des Bertelsmann-Verlages, die bald eine Auflage von mehr als einer Millionen Exemplaren erzielte; Unterlagen in B 122, 596; vgl. auch Heuss an Ina B. Müller, 7. 4. 1959, in: B 122, 879. Heuss hatte das Manuskript bereits dem Schiller-Nationalmuseum übergeben und erbat es für die Versteigerung zurück; vgl. Heuss an Bernhard Zeller, 19. 3. 1959, in: N 1221, 353.

8 Nach einem Schreiben von Heuss an Ernst Jünger vom 17. 4. 1959 erbrachte das Manuskript 34.000 DM. Diese Versteigerung sei ja „zu einem Sport reicher Leute geworden, die sich mit Hundert- oder Tausendmarkscheinen verproviantiert hatten." N 1221, 354. Das Manuskript gelangte schließlich über den Bertelsmann-Verlag, der davon einen Faksimile-Druck erstellte (THEODOR HEUSS: Wilhelm Busch. Faksimiledruck der Handschrift von Theodor Heuss, Gütersloh 1959; Exemplar in: N 1221, 685) als Leihgabe an das Wilhelm-Busch-Museum in Hannover; vgl. Heuss an Rolf Hochhuth, 24. 7. 1959, in: B 122, 596.

Nr. 196 A
Von Franziska Rademacher, Satzvey über Euskirchen
24. April 1959[1]
BArch, B 122, 878: hs. Schreiben, behändigte Ausfertigung
Kritik an der Auseinandersetzung über Pastor Niemöller[2]

Sehr geehrter Herr Bundespräsident Prof. Theodor Heuss!

Wenn man Ihre Darstellungen und Äußerungen zum Fall Pastor Niemöller[3] hört, so muß man daraus folgern, daß nach Ihrer Ansicht Pastor Niemöller zu Recht unter Hitlers abartiger Regierung sieben Jahre im Konzentrationslager gesessen hat. Dann frage ich Sie aber, warum sind Sie dann nicht 1941 freiwillig mit gegen Rußland gezogen? Hätten sie miterlebt und mitgelitten im ersten und im zweiten Weltkrieg, in welchem unsere besten Soldaten *umsonst* fielen und verstümmelt wurden, so hätten Sie zu diesen Dingen eine andere Einstellung.

Zu Pastor Niemöller kann ich nur sagen, er war, wo Sie noch nicht gewesen sind. Wer den scheinbar unbequemen Weg der Wahrheit geht, der muß ständig mit Widersachern rechten. Mit der neuerlichen Bestätigung Ihrer Rundfunkrede haben Sie nun einen Schauprozeß nach ostzonalem Muster gegen einen eigenen Glaubensbruder öffentlich befürwortet!

Wie muß der alleinseligmachende Größenwahnsinn triumphieren, denn damit rühren Sie an den Grundstein für eine nachfolgende Diktatur. Das verhüte Gott!

Mit den besten Wünschen für eine bessere Einsicht
grüßt Sie herzlich   Frau Franziska Rademacher

---

[1] Von der Absenderin irrtümlich auf 24. 5. 1959 datiert.

[2] Die Einsenderin hatte bereits am 15. 3. 1959 (Az. AP-5192/59) an Heuss geschrieben und von ihm (gez. Bott) am 18. 3. 1959 eine Antwort erhalten: Der Sinn Ihres Schreibens sei nicht deutlich geworden. Sie möge die Rede, auf die Sie sich beziehe, in ihrer Gesamtheit durchsehen.

[3] Heuss hatte in seiner Ansprache vor der Führungsakademie der Bundeswehr (vgl. Nr. 197, Anm. 2) – ohne Namensnennung, doch für jedermann deutlich – Äußerungen von Martin Niemöller als „christlich eingekleidete Demagogie" zurückgewiesen. Niemöller hatte sinngemäß in einer Rede in Kassel gesagt, die Vorbereitung und Durchführung von Kriegen sei verbrecherisch geworden. Mütter und Väter sollten wissen, was sie tun, wenn sie ihren Sohn Soldat werden lassen. Sie lassen ihn zum Verbrecher ausbilden. Heuss hatte diesbezüglich formuliert: „Sie wissen die skurrile Kontroverse über ein ,Tonband' in Kassel, die heute hin und her geht–, so doch Ihr Arbeiten als Wegweisung zum Verbrechertum deklariert wird." R. DAHRENDORF / M. VOGT, Theodor Heuss, S. 492. Den Wortlaut seiner Rede sandte Heuss am 17. 3. mit einem fünf Seiten umfassenden Schreiben an Niemöller. Darin führte er u. a. aus: „Aber vor diesen jungen Menschen war es einfach ein Gebot der Ritterlichkeit, ihnen in der Würdigung ihres Berufes, der ja auch einmal Ihr Beruf gewesen war, zu einer inneren Freiheit zu helfen [...]. Und dann das Wort über die Eltern! Wer wie ich, zwei geliebte Neffen, einer davon Berufsoffizier, beide aus Familienherkunft immer – ich wiederhole das immer – Hitlergegner, im Kriege verloren hat, fühlt noch nachträglich ihre Ehre verletzt"; B 122, 627, vollständiger Abdruck in: TH. HEUSS, Bundespräsident, Briefe 1954–1959; dort auch weiteres Material in der Kommentierung.

Nr. 196 B
An Franziska Rademacher, Satzvey über Euskirchen
27. April 1959
BArch, B 122, 878: ms. Schreiben, Durchschlag, von Heuss diktiert (Diktatz. H/vM) und ms. gez.[4]

Sehr geehrte Frau Rademacher!

Darf ich Ihnen ganz schlicht mitteilen, daß Ihr Brief an mich in der Angelegenheit Niemöller eine auch durch totale Kenntnislosigkeit der Auseinandersetzung kaum entschuldbare Unverschämtheit ist. Was Sie im einzelnen schreiben, läßt sich vielleicht mit Dummheit, vielleicht mit Bosheit erklären.

Ihr   Theodor Heuss

Nr. 197 A
Von Dr. jur. Erich Knittel, München 13
14. Mai 1959
BArch, B 122, 881: ms. Schreiben, behändigte Ausfertigung[1]
Äußerungen von Theodor Heuss über studentische Korporationen in seiner Rede „Soldatentum in unserer Zeit"

Sehr geehrter Herr Bundespräsident!

In der Führungsakademie der Bundeswehr haben Sie sich am 12. März 1959[2] wieder einmal über die studentischen Korporationen geäußert, nachdem ich mich

---

[4] Az. 5192/59; Stempel: „Pers[önlichem] Ref[erenten] vorgelegen"; weiterer Nachweis: N 1221, 354: Durchschlag.

[1] Eingangsstempel vom 16. 5. 1959; Az. AP-8306/59.

[2] Ansprache vom 12. 3. 1959 in der Führungsakademie der Bundeswehr Hamburg-Blankenese; Sonderdruck aus dem Bulletin Nr. 51/1959 in: B 122, 251; das Manuskript fehlt in der Serie der Reden in B 122. Die Ansprache wurde unter dem Titel „Soldatentum in unserer Zeit" vielfach verbreitet; Heuss sorgte persönlich u. a. für ihren vollständigen Abdruck in der „Frankfurter Allgemeinen Zeitung" (Nr. 65, 18. 3. 1959). Sie fand ein beträchtliches Echo; Zuschriften in: B 122, 627. Die studentischen Korporationen und ihre Altherrenverbände empfanden einige Aussagen der Rede allerdings als erneuten Angriff und als Bruch eines seit dem 8. 4. 1953 bestehenden „Stillhalteabkommens"; ebd. Auf der anderen Seite führte die Rede zu einer heftigen Auseinandersetzung mit Martin Niemöller (vgl. Nr. 196). Heuss resümierte am 15. 5. 1959 gegenüber Carl J. Burckhardt, er befinde sich in einer „großartigen brieflichen und publizistischen Polemik a) mit den deutschen Barthianern" und b) „mit den teils dummen, teils boshaften militärischen Traditionshubern"; N 1221, 355.

gefreut hatte, daß Sie einige Jahre darüber geschwiegen hatten.[3] Wie können Sie sich nur darüber beklagen, daß Ihre früheren wiederholten hämischen Äußerungen über die Korporationen und ihre Alten Herren *in der Öffentlichkeit* so wenig Erfolg gehabt haben. Sie hätten ihn auch nach Ihrer Meinung haben können, wenn Sie auf Sachkenntnis beruht hätten und wenn Sie Reformvorschläge anstatt Ihrer hämischen Ausführungen bei den Korporationen angebracht hätten. Dann hätten Sie bei einem solchen Gespräch erfahren, daß Ihre Kenntnisse vom Wesen der Korporationen veraltet und „verjährt" sind, daß die Korporationen von heute andere „Gesinnungen" und eine andere Auffassung über die Betätigung ihres Verbindungslebens haben als die gleichen Korporationen vo[r] 60 und 70 Jahren. Diese Tatsache ist Ihnen auch wiederholt nahe gebracht worden.[4] Vor Jahren hat Ihnen ein Aktiver einen Stoß seiner Verbandszeitschrift übersandt mit der Bitte, sich darin über die heutigen Anschauungen der Korporationen zu unterrichten. Sie haben das mit väterlichem Lächeln abgelehnt und auf Ihre umfangreiche Beschäftigung als Bundespräsident hingewiesen. Aber, wenn Ihnen die Zeit fehlt, sich mit einem Thema zu befassen, das Ihnen fremd ist, sollten Sie lieber schweigen.

Ganz kurz möchte ich Ihnen nur noch sagen, daß die Korporationen in Ihrer 160 jährigen Geschichte einmal von Metternich und dann von Hitler aufgelöst und verboten wurden, von dem letzteren, weil wir uns dem Dritten Reich nicht unterordnen wollten und er uns vorwarf, daß wir „verjährte Gesinnungen" bewahrten. Difficile est satiram non scribere.[5]

Als Sie uns vor einigen Jahren wiederholt angriffen, wurden bei uns Stimmen laut, die vorschlugen, den Vers „vivat et res publica et qui illam regit" nicht zu singen.[6] Diese Stimmen drangen aber bei uns nicht durch, weil wir mit dem Vers unsere allgemeine Staatsgesinnung zum Ausdruck bringen wollten. Ihre Anwürfe wollten wir im 7. Vers besingen: Pereat diabolus, quivis antiburschius atque irrisores.[7]

Unsere Gesinnung ist: Ehre, Freundschaft, Freiheit, Vaterland! Und daran kann kein Metternich, kein Hitler und auch Sie nicht, verehrter Herr Bundespräsident

---

[3] Knittel hatte wegen der Korporationen bereits am 7. 7. 1951 geschrieben und von Heuss am 31. 7. 1951 eine Antwort erhalten; B 122, 881.

[4] Über einen Besuch von 20 Studenten und Referendaren – Vertretern von traditionellen Korporationen und katholischen Verbindungen – am 11. 10. 1955 berichtete Heuss an Toni Stolper resümierend: „Immerhin war das Experiment der freien Unterhaltung beim Wein für alle Beteiligten, wie mir scheint, ein Gewinn"; TH. HEUSS, Tagebuchbriefe, S. 73. Sammlung von Zeitungsausschnitten über die Stellungnahmen von Heuss zu Schlagenden Verbindungen für die Jahre 1951–1953 in: B 122 Anhang, 14.

[5] Aus den „Satiren" des Decimus Iunius Iuvenalis, Satura I, Vers 30; lateinisch für „Es ist schwierig, keine Satire zu schreiben".

[6] Verse aus dem bekannten Studentenlied „Gaudeamus igitur, juvenes dum sumus"; lateinisch für „Es lebe auch der Staat / und wer ihn regiert"; vgl. KOMMERSBUCH, S. 54.

[7] Lateinisch für „Nieder mit dem Teufel, / mit jedem Feind der Burschen / und mit allen Spöttern"; wie Anm. 6.

rütteln. Es gibt aber in Deutschland Kräfte, die diese Ideale verabscheuen. Ich möchte Ihnen raten, sich diese Kreise vorzunehmen, die keine Traditionen pflegen, die Halbstarken, die Jazzfans und jene Verblendeten, die glauben, noch national-sozialistischen oder kommunistischen Ideen anhängen zu müssen, die es auch unter den Studenten gibt. Aber lassen Sie bitte die anständigen Korporations-studenten in Ruhe.

Ich habe schon vor einigen Jahren in dieser Angelegenheit an Sie geschrieben. Ihre damalige Antwort veranlaßt mich zu der Bitte, dieses Mal von einer Erwide-rung abzusehen.[8]

Mit vorzüglicher Hochachtung
Ihr sehr ergebener
Dr. Erich Knittel

Nr. 197 B
An Dr. jur. Erich Knittel, München 13
26. Mai 1959
BArch, B 122, 881: ms. Schreiben, Durchschlag, von Heuss diktiert (Diktatz. H/Bk), von Bott hs. paraph. und ms. gez.; Briefkopf: „Ministerialdirektor Hans Bott"[9]

Sehr geehrter Herr Dr. Knittel!

Der Herr Bundespräsident hat Ihren Brief vom 14. Mai gelesen. Er hat nun wirk-lich, mit sich drängenden amtlichen Verpflichtungen völlig überfordert, keine Zeit und auch wenig Lust, sich die Korrespondenz vorlegen zu lassen, die er nach Ihrer Mitteilung vor Jahren mit Ihnen geführt hat.

Sie haben die Freundlichkeit, von Dr. Heuss selber keine Antwort zu erwar-ten. Das ist, wie Dr. Heuss Ihnen mitteilen läßt, sehr verständlich, denn diese würde an Deutlichkeit nichts vermissen lassen, da er Ihren Brief in der Tonlage und in der Gedankenführung sehr anmaßend findet. Der Bundespräsident versteht Ihren Brief dahin, daß Sie nun eben wie manche Leute aus einem gewissen Groll heraus schreiben, um ihn los zu werden, und sich dann damit beruhigen, „es ihm einmal wieder gegeben zu haben."

Der Herr Bundespräsident hat nicht „hämisch" gesprochen, sondern in der großen Sorge, daß die Pseudo-Romantik des deutschen Korporationswesens mit ihrem von ihm verabscheuten Tarif der Ehrenhaftigkeit wieder sich Raum schaffen wird. Er hat selber unter seinen engeren Mitarbeitern überwiegend Korpsstuden-

---

[8] Vgl. Anm. 3.
[9] Az. AP-8306/59; Absendevermerk vom 27. 5. 1959; weiterer Nachweis: N 1221, 355: Durch-schlag.

ten. Er hat solche in seiner näheren Verwandtschaft und hat immer von der Notwendigkeit des Verbindungswesens gesprochen, um nicht den einzelnen Studenten bei der großen Masse der Studierenden der Vereinsamung anheimfallen zu lassen. Dr. Heuss weiß auch, daß an einigen Stellen die jungen Leute sich gegen die Ansprüche der sogenannten alten Herren durchzusetzen versuchen und dies zum Teil auch verstehen. Er verbittet sich aber mit aller Entschiedenheit, von Ihnen als einem ihm völlig fremden Menschen anmaßende Vorschläge über das, was er reden soll oder über das, worüber er schweigen soll, entgegenzunehmen. Die Entscheidung darüber, läßt der Herr Bundespräsident Ihnen mitteilen, hat er noch nie von ihm gleichgültigen Briefschreibern, die ihn ja täglich mit Ihrem Aussprachebedürfnis aufsuchen, vorschreiben lassen.[10]

Mit vorzüglicher Hochachtung

Hans Bott
Persönlicher Referent des Bundespräsidenten

Nr. 198 A
Von Dr. Wilfried Kossmann, Düsseldorf
5. Juni 1959
BArch, B 122, 882: ms. Schreiben, behändigte Ausfertigung[1]
Übersendung einer Publikation über die Entwicklung der Edelstahlindustrie als Referenz an den „Bourgeois"

Hochzuverehrender Herr Bundespräsident!

Wenn ich mir erlaube, Ihnen in der Anlage meine Schrift über die Entwicklung der Edelstahlindustrie[2] (nach 35jähriger Tätigkeit als Leiter der Edelstahl-Orga-

---

[10] Ausführlicher setzte sich Heuss mit einer Zuschrift von Erich Müller am 29. 4. 1959 auseinander. Er habe sich vor allem immer dagegen gewandt, „aus dem Gerede von der Tradition eine Bremsvorrichtung gegenüber den Wirklichkeiten zu erstellen mit einer gräßlichen Pseudoromantik, die vielen Deutschen so angenehm eingeht. [...] Aber meine entscheidende Sorge [...] ist der Tarif der Ehrenhaftigkeit, den die verschiedenen Typen, zumal die schlagenden und farbentragenden Verbindungen, in der von ihnen dekretierten Stufe monopolisiert hatten. Das ist einfach eine Frage des historischen Stilgefühls, von dem ich nicht annehmen darf, wie auch Ihr Brief zeigt, daß es verstanden wird." N 1221, 354. Ähnlich Heuss an Dietrich Girmes (18. 3. 1959) und an Wolfgang Tiffert (17. 3. 1959), in: N 1221, 353. Gegenüber Toni Stolper hatte er bereits im Herbst 1958 bemerkt, „in der Studentensache" habe er – wie bei der Nationalhymne – eine Niederlage erlebt. „Was kannst Du machen, wenn der Mainzer Bischof und der Münchener Kardinal [...] sich auf Festkommersen für die Presse mit photographieren lassen. Adenauer, nicht farbentragender C.V.-Mann, hat nie in dieser Sache etwas getan!" TH. HEUSS, Tagebuchbriefe, S. 350f, 11. 10. 1958.
[1] Eingangsstempel vom 12. 6. 1959; Az. AP-9730/59.
[2] WILFRIED KOSSMANN, Edelstahl. Vom Werden eines Gewerbes und einer Gemeinschaft in unserer Zeit, Düsseldorf 1959.

nisationen) zu übersenden, so geschieht das aus dem Grunde, weil ich Ihre Veröffentlichungen über große Deutsche[3] mit besonderer Anteilnahme verfolge. In dem beifolgenden Buch sind keine großen Deutschen behandelt, aber in dem Abschnitt: Werke und Menschen sind Bürger erwähnt und ihr Lebenslauf geschildert, die aus dem 19. Jahrhundert stammen und in ihrer Zeit und ihrer Umwelt Wesentliches bedeuten. Mir scheint es wichtig zu sein, neben den Großen unseres Volkes auch des nunmehr aussterbenden „Bourgeois" zu gedenken. Vielleicht verstehen Sie mein Anliegen und vielleicht finden Sie einige Minuten Zeit, diesem Anliegen sich zuzuwenden.

Mit der Versicherung meiner vorzüglichen Hochachtung bin ich, hochverehrter Herr Bundespräsident,
Ihr sehr ergebener   Wilfried Kossmann

Nr. 198 B
An Dr. Wilfried Kossmann, Düsseldorf
8. Juli 1959
BArch, B 122, 882: ms. Schreiben, Durchschlag, von Heuss diktiert (Diktatz. H/Bk) und ms. gez.[4]

Sehr geehrter Herr Dr. Kossmann!

Durch meine starke Herumreiserei in den letzten Wochen komme ich erst jetzt dazu, den Stoß der eingegangenen Sendungen mir durchzusehen.

Ich darf Ihnen für die liebenswürdige Übersendung der Schrift über die Entwicklung der Edelstahlindustrie verbindlich danken. Ich selber habe ja in meinem Essay-Band „Deutsche Gestalten"[5] – die Aufsätze erschienen während der Nazizeit in der Frankfurter Zeitung – einige Edelstahlleute wie Alfred Krupp und Jacob Mayer vom Bochumer Verein eingehend behandelt. – Nur gegen Ihren Versuch, das Wort „bourgeois" zu retten, wehre ich mich. Das Wort „bourgeois" ist eine böse Erfindung von Karl Marx mit einem verächtlich herabsetzenden Sinn, während das Wort „Bürger" ein sehr anständiger und gehaltvoller Begriff ist, den man

---

3   Zur Sammelbiographie „Die großen Deutschen" vgl. Nr. 176, Anm. 4.
4   Az. AP-9730/59; Stempel: „Pers[önlichem] Ref[erenten] vorgelegen"; weiterer Nachweis: N 1221, 356: Durchschlag.
5   TH HEUSS, Deutsche Gestalten.

sich nur durch das Bourgeois-Gerede von Marx verderben ließ. Verzeihen Sie diese philologische Kritik an Ihrem Brief.

Mit freundlichen Empfehlungen
Ihr

Theodor Heuss[6]

Nr. 199 A

Von Joachim Cieslinski, Maisach bei München

14. Juni 1959

BArch, B 122, 822: ms. Schreiben, behändigte Ausfertigung[1]

Verlängerung der Amtszeit von Theodor Heuss

Sehr geehrte Herren,

am 17./18. Januar veröffentlichten wir – d. h. die Schulklasse des 7./8. Schuljahrgangs der Volksschule in Maisach bei München mit mir als Lehrer – einen Leserbrief im Münchner Merkur, in dem wir um Amtsverlängerung für unseren Herrn Bundespräsidenten baten.[2] Die Nachricht von diesem Brief erschien außerdem in einer größeren Anzahl hiesiger Zeitungen, darunter in der Süddeutschen Zeitung.

Wir erlauben uns höflichst, Ihnen davon zwei Belege zu senden. Vielleicht machen wir in diesen kritischen Tagen unserm verehrten Bundespräsidenten Heuss damit eine kleine Freude.

Mit herzlichen Grüßen für unseren Bundespräsidenten

die 7./ 8. Klasse der Volksschule in Maisach, Ob[er]b[ayern],

mit ihrem Lehrer J. Cieslinski

---

[6] Dr. Kossmann dankte mit Schreiben vom 7. 8. 1959; B 122, 882.

[1] Eingangsstempel vom 16. 6. 1959; Az. AP-9897/59; links unten hs. Vermerk: „Zeitungsausschnitte im Presserefarat".

[2] Der Leserbrief wurde in der Ausgabe vom 17./18. 1. 1959 unter der Überschrift „Schulklasse bittet um Amtsverlängerung für Theodor Heuss" abgedruckt mit einem Vorspann, der besagte, dass der Brief aus dem staatspolitischen Unterricht erwachsen und an Bundeskanzler Adenauer und die Abgeordneten des Bundestages gerichtet sei. Es hieß darin: „Wir lieben unseren Präsidenten, weil der uns in seiner Güte stets wie ein Vater des ganzen deutschen Volkes vorkam, auf dessen väterlich gütigen Rat sein ernstes und zugleich heiter-kluges Wesen wir gerade in der gegenwärtigen unsicheren Zeit nicht verzichten möchten". Die Verlängerung der Amtsdauer des Bundespräsidenten wäre eine „glückliche Lösung", um Heuss weitere vier Jahre als Bundespräsident zu haben.

Nr. 199 B
An Joachim Cieslinski, Maisach bei München
24. Juni 1959

BArch, B 122, 882: ms. Schreiben, Durchschlag, von Heuss diktiert (Diktatz. H/vM), von Oberüber hs. paraph. und ms. gez.; Briefkopf: „Persönlicher Referent des Bundespräsidenten"[3]

Sehr geehrter Herr Cieslinski!

Der Herr Bundespräsident hat eine solche Unsumme von Briefen wegen der Frage seiner Amtsverlängerung erhalten, daß es ihm unmöglich ist, sie alle selber zu beantworten.[4] Es haben sich ja [im] Laufe des letzten halben Jahres Angehörige aller Gruppen und auch aller politischen Parteien in dieser Frage an ihn gewandt.

Dr. Heuss hat aber von Anfang an, d. h. von dem Zeitpunkt, als das publizistische Gerede über diese Sache begann, seinen Standpunkt festgelegt, den er in einem großen Memorandum[5] den Parteiführern mitteilte, und zwar daß er eine Änderung des Grundgesetzes, die auf seine Person abgestellt ist, aus staatsrechtlichen und politischen Gründen für unrichtig hält. Die Entwicklung der innenpolitischen Dinge konnte er freilich nicht voraussehen;[6] das hat aber seine sehr überlegte grundsätzliche Meinung nicht geändert.

Mit freundlicher Begrüßung

i. V. Horst Oberüber
Regierungsrat

---

[3] Az. AP-9897/59; Absendevermerk vom 23. 6. 1959; weiterer Nachweis: N 1221, 355: Durchschlag.

[4] Unter den Zuschriften befand sich u. a. ein Telegramm von Frauenarzt Peil, München, mit einem umstilisierten Zitat aus Schillers Don Carlos: „Wo alles bleibt, kannst Du allein nicht gehen", das Heuss in seine Abschiedsreden aufnahm. Wie er Peil am 2. 7. 1959 mitteilte, habe er das Zitat mittlerweile „entsetzlich oft" verbreitet, zuletzt in einer Rede vor 80.000 Menschen in Berlin. „Ich schicke Ihnen in der Anlage die nach Bandaufnahme gedruckte Rede und denke, daß Sie noch etwas Spaß daran haben, welche nette Pointe Sie mir geschenkt haben"; B 122, 882, dort die Depesche. Er erzählte hiervon auch Toni Stolper (TH. HEUSS, Tagebuchbriefe, S. 443, 17. 6. 1959) und ließ das Geschehen in seine Anekdotensammlung aufnehmen; vgl. H. FRIELINGHAUS-HEUSS, Heuss-Anekdoten, S. 139.

[5] Abdruck des Memorandums von Ende Dezember 1958/Anfang Januar 1959 bei R. DAHRENDORF / M. VOGT, Theodor Heuss, S. 477–484; ferner in: TH. HEUSS, Bundespräsident, Briefe 1954–1959.

[6] Damit war sicher die Auseinandersetzung um die Nachfolge im Amt des Bundespräsidenten gemeint, die sich zuspitzte, als Adenauer Anfang April 1959 seine Bereitschaft zur Kandidatur erklärte. Anfang Juni zog er aber seine „Bewerbung" in der Hoffnung zurück, Ludwig Erhard als Bundeskanzler zu verhindern, indem er ihn als Kandidat für die Bundespräsidentenwahl vorschlug; vgl. H. P. SCHWARZ, Adenauer, Bd. 2, S. 502–526; TH. HEUSS, Bundespräsident, Briefe 1954–1959.

Nr. 200 A

Von Friedrich Winter jr., Wasseralfingen

18. Juli 1959

BArch, B 122, 884: ms. Schreiben, behändigte Ausfertigung[1]

Schmähbrief: Kommunalpolitische Fragen in Künzelsau; Ende des Ersten Welt-
krieges; Lage der FDP; Amtsführung von Theodor Heuss

Sehr geehrter Herr Bundespräsident Prof. Theodor Heuss!

Lange habe ich darüber nachgedacht und glaube nun nicht mehr drum herumzu-
kommen, Sie während Ihrer letzten Tage als Präsident zu bekriteln.

Ich will dazu aber vorausschicken, daß ich zu den jungen Leuten gehöre, die
sich von den ersten Tagen an nach 1945 in Heidenheim um Demokratie bemüht
haben. In meiner zweiten politischen Etappe habe ich, glaube ich wenigstens, in
der auch Ihnen bekannten „Glocke" in Künzelsau wesentlich dazu beigetragen,
ein paar junge Leute zu eingeschworenen Demokraten zu machen. Auch sonst
habe ich in dieser Gegend laut und für viel Bevölkerung vernehmbar sehr viel
über Demokratie erzählt. Man wird mich auch dafür verantwortlich machen, daß
in dem dortigen Wahlkreis für die FDP der ehemalige Landesbauernführer der
NSDAP von Württemberg, Herr Alfred Arnold, zum Bundestag kandidiert hatte
(1957); in dem einzigen Wahlkreis, in dem es gelungen ist, der CDU fast 20 %
ihrer vormaligen Stimmen zu Gunsten der FDP zu nehmen. [...][2]

In Ihrer zweiten „Traditionsrede"[3] haben Sie sinngemäß etwa gesagt: daß man
angesichts der darbenden, hungernden und dezimierten Bevölkerung von 1918
doch nicht von einem Dolchstoß in den Rücken des Heeres usw. reden könne.[4]
Lieber Herr Bundespräsident, das ist nicht korrekt gesprochen und verrät etwas
mehr von seichten Rechtfertigungsversuchen der Weimarer Republikaner. Ich
stehe auf dem Standpunkt, solange in dieser Weise an der republikanischen Geschichte herumgefälscht wird, solange bleibt die Demokratie bei uns krank –
nach meiner Meinung ist sie nämlich schon wieder futsch! In der Betrachtung
der Kriegsereignisse und der politischen Geschichte des ersten Weltkrieges fällt

---

[1] Eingangsstempel vom 21. 7. 1959; Az. AP-11721/59.
[2] Weitere Ausführungen zu kommunalpolitischen Querelen.
[3] Gemeint war die Festrede vom 25. 6. 1959 im Rahmen der Kieler Woche im Kieler Stadttheater
    unter dem Titel „Wert und Unwert einer Tradition", Wortlaut in: Bulletin, Nr. 118, 4. 7. 1959,
    S. 1197–1200.
[4] Heuss hatte gesagt: „Die Älteren von Ihnen mögen sich erinnern, daß wohl schon wenige Monate
    nach dem katastsrophalen Kriegsausgang 1918 eine Broschürenfolge erschien: ‚im Felde un-
    besiegt', und daß eine wüste Propaganda einem braven, hungernden Volke der Heimat den Vor-
    wurf andichtete, daß es seinen kämpfenden Truppen den ‚Dolchstoß' in den Rücken versetzt
    habe." Hindenburg und Ludendorff sowie die politischen Rechten hatten diese Thesen aufgenom-
    men; ebd.; vgl. auch B. BARTH, Dolchstoßlegenden.

auf, daß Ludendorff mit seinen – man wirft ihm vor – blutigen Offensiven im Frühjahr 1918 die alliierten Fronten zweimal entscheidend aufgerissen hatte. Ich bin zu viel militärischer Laie, trotzdem verstehe ich nicht, daß er sich nicht auf eine Sache konzentriert hat. Es bleibt aber wohl militärgeschichtliche Tatsache, daß Ludendorff mit ein paar weiteren Hunderttausend Mann und einem bißchen mehr an Material die Engländer in den Kanal getrieben hätte und Herr Clemenceau dann sicher nicht mehr hinter Paris weitergekämpft hätte. Die Amerikaner waren noch weit über dem Ozean.

Angesichts der höhnischen Zurückweisung der Friedensbemühungen Wilhelms II. 1916 und dem Verhalten der Sieger nach 1918 ist es keine Frage wert, über das Bemühen Ludendorffs zu urteilen: Es war richtig. Der Zusammenbruch der Alliierten Fronten war zum Greifen nah.

Ich will nichts von dem schmälern, was Sie über die Verfassung der Deutschen in der Heimat gesagt haben.[5] Erlauben Sie mir aber bitte: Ich kann mir nicht vorstellen, daß auch dieses Volk nicht doch noch Ludendorff hätte zum Erfolg führen können, wenn die bürgerlich-marxistische Mehrheit des Reichstages in Wort und Schrift die Sache des Reiches – ähnlich den französischen und britischen Sozialisten – zu ihrer eigenen gemacht hätte. Davon ist jedenfalls nichts zu finden. Weil man den Kaiser gern unter- und vergehen sah, ist auch das Reich dahingegangen. Das ganze Geschrei der Sozialdemokraten mit ihren Hoffnungen auf versöhnliche Gegner gegenüber einem Deutschland als Republik hat sich doch als glatter Humbug erwiesen. Wo waren die Demokraten? Wir hatten nicht nur, sondern wir duldeten einen Mathias Erzberger, der offensichtlich ein Verräter war (siehe Auslieferung der Czernin-Denkschrift[6]). Es dürfte wohl auch ein Märchen bleiben, wenn man heute versucht, den Beitritt Ihres Vorgängers Friedrich Ebert zu einem Streikkommitee als etwas Ordnendes zu betrachten.[7] Tatsächlich war es doch so, daß das Verhalten Eberts offen zum Streik aufforderte. Durch ihn stieg die Welle von 60.000 auf 600.000 Streikende. Ich meine, angesichts eines Krieges bleibt so etwas Verrat. Freilich konnte Ebert nicht wissen, daß ein Fastsieg immer noch

---

5 Heuss hatte in seiner Festrede vom 25. 6. 1959 gesagt, durch die „Dolchstoßlegende" sei „das Werden einer einheitlichen Kraft, die Tragik des vaterländischen Schicksals in einem sammelnden Bewußtsein zu bewältigen, schon verdorben" worden; wie Anm. 4.

6 Graf Ottokar Czernin, österreichisch-ungarischer Außenminister, hatte im April 1917 einen pessimistischen Bericht über den Ausgang des Krieges verfasst, der – wie später behauptet wurde – von Erzberger „verraten" wurde. Erzberger hatte aus der Denkschrift auf einer Sondersitzung des Reichsausschusses der Zentrumspartei und des Vorstandes des „Augustinus-Vereins zur Pflege der katholischen Presse" am 23. 7. 1917 unter der Verpflichtung strengster Vertraulichkeit lediglich vorgelesen; vgl. K. EPSTEIN, Mathias Erzberger, S. 229f.

7 Der Vorwurf des Landesverrates wegen Eberts Beitritt in die Streikleitung bei Arbeitsniederlegungen im Januar 1918 war Gegenstand mehrerer Prozesse in den Jahren 1923–1924. Der berüchtigte Prozess in Magdeburg führte zu einem für Ebert fatalen Urteil; vgl. W. MÜHLHAUSEN, Friedrich Ebert, S. 936–966; vgl. auch Nr. 147.

im Bereich des Möglichen lag. Das werden Sie und so viele andere nicht wahr haben wollen. Aber die Geschichte ist hart im Urteil, sie nimmt ebensowenig Rücksicht auf menschliche Gefühle, wie Politik ein feines Geschäft ist.

Wenn die Parteien ein wenig deutscher gewesen wären, dann wäre sicher die innere Front nicht so jählings zusammengebrochen, und die Republikaner waren doch des Kaisers müde. Geben wir es zu, daß man leichtsinniger war als man es im Hinblick auf die folgenden Ereignisse hätte sein dürfen.

Das große Dilemma der Weimarer war nicht, daß sie in eine vom kaiserlichen Regime verfahrende Karre einsteigen durften, sondern daß sie das Reich zu einem gut Teil mit verleumdet haben. Damit haben sie aber sich auch mit verleumdet. Deshalb war die Republik für viele etwas Minderwertiges, das Produkt eines Verrats. Warum wollen wir uns auch heute noch nicht zu unserer Geschichte bekennen. Nur wegen dieses Irrtums mögen uns auch heute noch viele nicht. Sie, der Reinhold Maier und der Wolfgang Haußmann waren es, die auch nach diesem Kriege dem Stück Vaterlandsliebe im Wege standen, das uns soweit gebracht hat, daß nach den zehn Jahren prächtiger demokratischer Präsidenterei nichts mehr von uns zu sehen ist. Ich lese Ihr Bauchweh schon aus Ihrem Gesicht, verlassen Sie sich darauf. Aber es waren nicht nur die katholischen Pfarrer. Die liberale Partei repräsentiert für mich heute das Abbild des Untergangs der Weimarer Republik, an dem dieser Staat einstens genau so schmählich untergehen wird. Ein paar mehr Bücher von Ihnen ändern daran nichts.

Ein Vergehen gegen die Geschichte rächt sich immer an dem, der es begeht, und wir Demokraten haben das getan. Solange die Vaterlandsliebe als etwas politisch Abgeschmacktes mit so viel Geringschätzung wie von uns behandelt wird, so lange kann es jedenfalls nicht viel echte und gute deutsche Demokraten geben. Es bedarf wohl keiner Erwähnung, wie gemein, niederträchtig und infam die Republik in den letzten Wochen von denen behandelt wurde, die sie augenblicklich beherrschen: nämlich, weil sie sie gar nicht mögen. So wie Sie es aber in nationaler Hinsicht staatspolitisch gehandhabt haben, und es wäre schlecht, wenn die FDP sich nicht nach Ihnen gerichtet hätte, haben wir eben nur noch ganze sieben Prozent bekommen. Ich will nicht annehmen, daß Sie sich haben von der Onkelei[8] blenden lassen, die man mit Ihnen in den letzten Monaten betrieben hat. Ich prophezeihe Ihnen, daß es sehr schnell und rasch unheimlich still um Sie werden wird. Und wenn man Sie gelegentlich noch anhören wird, dann nur, weil der Anstand das gebietet. Was Sie zu sagen haben, verstehen die Leute ohnedies nur noch sehr schwer. Sie haben als Präsident so hoch und so fein Schule in Demokratie gemacht, daß man Sie eben dieser Bravour wegen allein schon respektiert und geachtet hatte, überbleiben wird nicht viel, weil Sie, was unsere Gegenwart angehet, die Katze im Sack gelassen haben.

---

[8] In der Vorlage: „Oneklei".

Diese Art Politik und die mangelnde Begabung der FDP, dem Wähler aufs Maul zu schauen, hat wenig von uns übrig gelassen. Ich suche im Verhalten Reinhold Maiers immer die Konsequenzen zu seinem Spruch: Mit Eure paar Backnanger Fabrikantenstimmen kann ich doch keine Wahl gewinnen.

Das muß Ihnen einer sagen, der von Supra-Nationalen FDP-Kreisvorsitzern mundtot gemacht wurde. Ich weiß nicht genau, ob ich mir für heutige Verhältnisse ein wenig zuviel herausnehme. Genau weiß ich nur, daß ich seit meinen politischen Anfängen in Künzelsau und meiner nachmaligen Rückkehr ins Berufsleben aus den Stellen nach jeweils 10, 12-monatiger Tätigkeit hinausgefeuert werde, obwohl ich peinlich darauf bedacht bin, von meiner politischen Vergangenheit nichts ruchbar werden zu lassen.

Mit freundlichen Grüßen
Ihr
                                                    Friedrich Winter

Nr. 200 B
An Friedrich Winter jr., Wasseralfingen
22. Juli 1959
BArch, B 122, 884: ms. Schreiben, Durchschlag, von Heuss diktiert (Diktatz. H/Bk) und ms. gez.[9]

Sehr geehrter Herr Winter!

Briefe wie den Ihrigen bekomme ich nicht oft, aber ich pflege sie zu lesen, auch wenn sie mich in einer sehr bedrängten Zeit erreichen.

Ich nehme den Fall rein psychologisch. Sie haben seit längerer Zeit ein Schimpfbedürfnis gestaut und mußten es irgendwie los werden. Was Sie mir von Ihren Künzelsauer parteipolitischen Bemühungen erzählen, muß mir vollkommen egal sein, da ich weder Sie kenne noch einen der von Ihnen genannten Herren.

Über die kriegsgeschichtliche Situation von 1918 werde ich ganz gewiß mit Ihnen keine strategischen Auseinandersetzung aufnehmen. Ich habe die ganze Problematik des Westfeldzuges von 1918 mehrmals mit General Groener durchgesprochen,[10] der zunächst tief in Rußland stand und die Voraussetzungen des

---

[9] Az. AP-11721/59; weiterer Nachweis: N 1221, 356: Durchschlag.
[10] Unterlagen über die Gespräche ließen sich nicht ermitteln. Heuss charakterisierte Wilhelm Groener in seinen Erinnerungen als „sehr gescheit" und „stark in seiner konkreten Nüchternheit". Er sei jedoch ein miserabler Redner gewesen; TH. HEUSS, Erinnerungen, S. 369. Über seine Beziehungen zu Groener berichtete er in einem Schreiben an dessen Tochter, nachdem er deren

Versuchs (erschöpfte Menschen, erschöpfte Pferde, ungesicherter Nachschub) mit tragischer Skepsis beurteilte. Ihre Thesen, mit denen Sie sich gegen Ebert und meine Worte in Kiel wenden, sind das banale Geschwätz einer polemischen Literatur. Ich bin alt genug, um die innere Situation Deutschlands wie auch die Persönlichkeit Eberts außerhalb der damaligen und späteren Denunziantentechnik beurteilen zu können. Es tut mir um des Sachlichen willen leid, daß Sie die Legenden nun eben, da sie ja immer bequemer sind als die Auseinandersetzung mit dem Wirklichen und seiner Bedingtheit, als Hauskost zu konsumieren weiterhin bereit sind. Spüren Sie nicht, wie albern es ist, wenn Sie schreiben, daß Ludendorff mit ein paar weiteren hunderttausend Mann und einem bißchen mehr an Material die Engländer in den Kanal getrieben hätte. Diese und die Amerikaner, von denen auch die Leute der Militärleitung sagten, sie würden nicht über den Ozean kommen, waren bereits mit den Ausschiffungen beschäftigt in einem gelassen ruhigen Aufmarsch.

Albern, aber eigentlich doch fast frech finde ich Ihre Worte, daß Sie mein „Bauchweh" schon aus meinem Gesicht lesen. Ich habe gar kein Bauchweh. Aber Sie wollen den Mannesstolz vor Präsidententhronen markieren, indem Sie das, was an Unverschämtheit in Ihrem Wortschatz vorhanden ist, an den Mann bringen, um es „einmal gesagt zu haben."

Ich suche mir zur Beurteilung dessen, was ich in meiner Pflichterfüllung versucht habe, einen anderen Typ von Menschen als den, den Sie mir in Ihrem Brief vorgeführt haben.[11]

Mit vorzüglicher Hochachtung   Theodor Heuss

Biographie (D. GROENER, General Groener) gelesen hatte; Heuss an Dorothea Groener, 14. 12. 1954, in: N 1221, 323, Abdruck in: TH. HEUSS, Bundespräsident, Briefe 1954–1959.

[11] Ein kritisches Schreiben von Hans-Otto Thörner beantwortete Heuss am 24. 2. 1959 mit den Worten: „Das Urteil über mein Sein und Tun, wissend, daß ich nicht fehlerfrei bin, überlasse ich gelassen der Geschichte"; N 1221, 352.

Nr. 201 A

Von Dr. Georg Graf Henckel von Donnersmarck, Bad Godesberg

17. August 1959

BArch, B 122, 884: hs. Schreiben, behändigte Ausfertigung[1]

Ansprache von Theodor Heuss auf dem Evangelischen Kirchentag in München

Hochverehrter Herr Bundespräsident,

Ihre gestrige Ansprache auf dem Evangelischen Kirchentag in München[2] hat uns Christen allen sehr viel gegeben, nicht zuletzt denen, die in irgend einer Weise im Dienste der öffentlichen Ordnung, also der Politik stehen. Sie haben den Menschen angesprochen in seiner Stellung zu Gott und in seiner Stellung zu den Mitmenschen im einzelnen und in der Gemeinschaft.

Mit dem Hinweis auf das Wort des Evangeliums, was es dem Menschen nütze, die ganze Welt zu gewinnen, wenn er Schaden leide an seiner Seele, haben Sie klar den Weg gewiesen, den der Christ zu gehen hat. Nehmen Sie bitte meinen tief empfundenen Dank dafür entgegen.

In aufrichtiger Verehrung begrüße ich Sie, hochverehrter Herr Bundespräsident, als Ihr stets sehr ergebener   Georg Henckel Donnersmarck

Nr. 201 B

An Dr. Georg Graf Henckel von Donnersmarck, Bad Godesberg

20. August 1959

BArch, B 122, 884: ms. Schreiben, Durchschlag, von Heuss diktiert (Diktatz. H/vM) und ms. gez.[3]

Verehrter Graf Henckel von Donnersmarck!

Daß meine Münchener Ansprache auf dem Evangelischen Kirchentag ein so freundliches und warmes Echo bei Ihnen geweckt hat, freut mich.

---

[1] Eingangsstempel vom 18. 8. 1959; Az. AP-13134/59; von Heuss mit einem „d[iktieren]" versehen. Neben einer Anschrift in Siglohr, Kreis Neuburg, Donau war hs. eine Anschrift in Bad Godesberg angeben, die von Heuss als für die Antwort zu wählende gekennzeichnet wurde.

[2] Ansprache in: B 122, 252.

[3] Az. AP-13134-59; Stempel: „Pers[önlichem] Ref[erenten] vorgelegen"; weiterer Nachweis: N 1221, 357: Durchschlag.

517

Es war eine etwas seltsame Situation:[4] Der Präsident des Kirchentages, Herr
v. Thadden-Trieglaff, bat mich sozusagen inständig, nicht eine von mir vorbereitete Rede zu halten, die über Christentum und Volkssubstanz und über Christentum in der deutschen Bildungsschicht handeln sollte, damit keine Schwierigkeiten
in der Auseinandersetzung innerhalb der Sowjetzone entstünden.[5] Ich habe also
dieses Ganze, zum Teil ja Subtile, das ich mir notiert hatte,[6] weggelassen und
dann diese Rede improvisiert mit dem Gefühl, daß ich, wenn ein Redner das sagen
darf, in dieser völlig freien Improvisation noch die Hunderttausende erreicht habe;
wie man technisch sagt: sie gingen mit. Und ich darf aus manchen Zuschriften
spüren, daß etwas von der eindrucksvollen und ungeheuer großen Gemeinde
auch irgendwie durch den Rundfunk spürbar geworden ist.[7]

Mit Dank und freundlichem Gruß
Ihr

Theodor Heuss

Nr. 202 A
Von Annie Hensler-Möring, Wiesbaden
[18. August 1959]
BArch, B 122, 884: ms. Schreiben, behändigte Ausfertigun, o. D.[1]
Abschiedswünsche

Herr Präsident – hochzuverehrender Herr Professor Heuss –

daß Sie uns verlassen, ist herzerschütternd. – Daß Sie es tun, ist unendlich verständlich. Wer würde schon einen Finger krümmen, um in diesem gräßlichen

---

[4] Heuss hatte bereits in einem Schreiben vom 1. 8. 1959, das dann nicht abgesandt wurde, seine
Teilnahme abgesagt (B 122, 299), nachdem er bereits am 17. 7. ein „Grußwort" an Prälat D. Hermann Kunst übersandt hatte, das er selbst als „leider etwas länglich geworden" bezeichnete;
N 1221, 356. Dann war er aber durch von Reinold von Thadden-Trieglaff und Prälat Kunst noch
umgestimmt worden, wenigsten an der Schlussveranstaltung teilzunehmen. Damit seine Teilnahme aus Rücksicht auf die Teilnehmer aus der DDR keinerlei politische Dimension erhielt,
wurde auf einen Empfang durch die Bayerische Staatsregierung verzichtet; vgl. Heuss an Philipp
Freiherr v. Brand, 27. 7. 1959, in: N 1221, 356.
[5] Vgl. auch Heuss an Helene Ecarius, 19. 8. 1959, in: N 1221, 357; an Landesbischof Hanns Lilje,
19. 8. 1959, in: ebd.; an Adenauer, 20. 8. 1959, abgedruckt in: K. ADENAUER / TH. HEUSS, Unserem
Vaterlande zugute, S. 288.
[6] Die Notizen zu der geplanten Rede in: B 122, 252. Darin hatte es geheißen: „Aber wenn ich auf
die Sowjetzone blicke, und die so zähen wie banalen Bemühungen, die Zusammenhänge mit
dem Glaubens- und Gesinnungsbestand der Vorfahren zu zerreißen, so spüre ich, über die Ver-
armung des einzelnen hinaus, die Gefahr des Eintrocknens einer fruchtbaren Volkssubstanz."
Mitschrift der von Heuss improvisierten kurzen Ansprache, mit Korrekturen von Heuss, ebd.
[7] Zum Presse-Echo vgl. die Zeitungsausschnitte in: B 122 Anhang, 14.
[1] Eingangsstempel vom 19. 8. 1959; Az. AP-13207/59.

Handwerk, der Politik, zu bleiben, wenn ihm ein Privatleben winkt, das er ausfüllen, reich machen, genießen kann.

Aber uns ist es beschieden, traurig zurückzubleiben und Ihr Fortgehen zu beklagen.

Ich bin ein Niemand. Aber ich gehöre zu den Zahllosen, die Sie liebten und verehrten. Wenn Ihre Stimme am Radio erklang, wurde mir warm von soviel Menschlichkeit. Wenn ich ein Bild von Ihnen sah, dachte ich nicht mehr „armes Deutschland mit Deinem Wirtschaftswunder", sondern wußte: „wir sind das Land, aus dem Goethe stammte und Einstein und Heuss."

Es muß schrecklich langweilig für Sie sein, solche Briefe zu bekommen. Wahrscheinlich bekommen Sie dieses Schreiben aber gar nicht zu Gesicht. Das ist dann auch nicht schlimm. Wenigstens habe ich es einmal ausgesprochen, was mich bewegt.

Ich wünsche Ihnen, verehrter Herr Professor Heuss, daß Sie in Frieden (und – verschont von Verehrern!) *den* Dingen dienen können, die Sie wirklich angehen: der Kunst, dem Geist und der Menschenliebe.

Verzeihen Sie, daß ich überhaupt schreibe. Ich habe nur eine Entschuldigung, und die heißt: Daß ich Sie unendlich bewundere, seitdem ich von Ihnen weiß, und daß ich tief beklage, daß wir Sie verlieren.

Ihre ergebene   Annie Hensler-Möring

Nr. 202 B
An Annie Hensler-Möring, Wiesbaden
20. August 1959
BArch, B 122, 884: ms. Schreiben, Durchschlag, von Heuss diktiert (Diktatz. H/vM) und ms. gez.[2]

Sehr geehrte Frau Hensler-Möring,

Nicht so pathetisch! Mein Amtsabgang ist nicht „herzerschütternd" und geschieht nicht aus einem „unendlich verständlichen" Ruhebedürfnis, sondern aus ganz normalen staatsrechtlichen Überlegungen, da ich mich von Anbeginn gegen eine Änderung des Grundgesetzes gewehrt habe. Das Institutionelle muß in seinem Element gesichert bleiben.[3] Sie nehmen den Ton in meiner Würdigung ziemlich

---

[2] Az. AP-13207-59; Stempel: „Pers[önlichem] Ref[erenten] vorgelegt"; weiterer Nachweis: N 1221, 357: Durchschlag.
[3] Ähnlich formulierte Heuss an Gretha Jünger bereits am 3. 7. 1959 im Zusammenhang mit seiner Wiederwahl: „Die Menschen in Deutschland müssen in Gottes Namen dazu erzogen werden, in

stark zu hoch, aber ich muß mich ja jetzt in der Nachsicht üben. Lieb soll es mir freilich bleiben, von meinen „Verehrern"[4] verschont zu sein, denn ich habe, wenn ich gesund bleibe, noch einiges literarisch-wissenschaftlich zu arbeiten.[5]

Mit freundlichen Empfehlungen

Theodor Heuss

Nr. 203 A

Von Karl Schmid, Pfarrer i. R., Tübingen

24. August 1959

BArch, B 122, 885: hs. Schreiben, behändigte Ausfertigung[1]

Erfordernis, einen Friedensvertrag abzuschließen; west- und ostdeutsche Politiker als „Kreaturen" der Siegermächte

Hochverehrter Herr Bundespräsident!

„Und handeln sollst Du so, als hinge von dir und deinem Tun allein das Schicksal ab der deutschen Dinge und die Verantwortung wär dein!"[2] Das gilt auch

---

den Institutionen eine verbindliche Kraft zu sehen, weil wir etwas viel an solipsistischer Vergangenheit hinter uns haben. Das ist eine Erziehung, die noch lange dauern wird, in der ich aber den auf mich fallenden Part ordentlich durchführen wollte." N 1221, 356.

[4] Heuss hatte immer wieder Probleme mit Verehrerinnen, die ihn mit Post, der Übersendung von Blumen usw. belästigten. Er begegnete ihnen zunächst höflich, dann aber zunehmend energisch abweisend: Frau Cl. aus Marburg drohte er im Januar 1955 „diese aufdringliche Briefschreiberei der dortigen Polizei zu melden"; B 122, 153. Frau Schmidt-Bickelmann schrieb er am 6. 11. 1957, sein Pflichtenkreis sei nicht „auf eine Art säkularisierter Seelsorge für alte Damen abgestimmt"; B 122, 867. Frau E. Rieländer, die ihren Besuch in Stuttgart ankündigte, trat er mit den Worten entgegen: „Die Sache mit meiner ‚Güte' ist allmählich zu einer mich geradezu bedrückenden Legende geworden. Ich kann nämlich sehr ungütig sein, zumal wenn der Partner nicht spüren will oder spüren kann, daß ich mich einfach in Notwehr befinde gegenüber den vielen Fragen, die von mir empfangen werden [...]. Verzeihen Sie diesen scharfen Brief. Aber es ist mir allmählich unleidlich, Frauenbriefe ins Ungenaue hinaus zu bekommen. Der Brief ist die Reaktion auf Ihre Unbefangenheit, mitten in einem grausamen Arbeitstag mich überfallen zu wollen"; 10. 9. 1959, in: B 122, 2068.

[5] Ähnlich formulierte Heuss dies am 13. 8. 1959 in einem Schreiben an den Stuttgarter Oberbürgermeister Arnulf Klett, der ihm am 6. 8. 1959 in einem Brief bereits als „Lieber Mitbürger Heuss" angesprochen hatte. „Das mit der Ruhe, die Sie mir wünschen, hängt völlig von den anderen ab. Ich fürchte, daß ich zunächst von den unfreundlichen Eigenschaften eines Mannes in Notwehr manchen Gebrauche werde machen müssen, da ich im Grunde genommen literarisch-wissenschaftliche Arbeiten vorhabe"; B 122, 2219.

[1] Eingangsstempel vom 26. 8. 1959; Az. A5-13583/59.

[2] Gedicht von Albert Matthäi mit dem Titel „Fichte an jeden Deutschen"(1922), das oftmals irrtümlich Johann Gottlieb Fichte zugeschrieben wird.

heute noch. Es ist deshalb nicht Überheblichkeit, sondern Folge einer überlegten Pflicht, wenn ich Ihnen vor dem Eintreffen des Präsidenten der Vereinigten Staaten[3] die Lage Deutschlands darzustellen suche, wie sie sich dem nüchternen Blick eines Zabergäulers[4] zeigt.

Die politische Elite der Welt hat nach dem 2. Weltkrieg Deutschland geteilt, nachdem es zur bedingungslosen Kapitulation gezwungen war. Der westliche Teil ist ein Anhängsel des Westens, der östliche ein Anhängsel des Ostens geworden bis zum Friedensssschluß.

Der Kriegszustand ist beendet, aber Friede ist noch keiner geschlossen.[5] Solange kein Friede geschlossen ist, sind die leitenden Männer Westdeutschlands genau so Kreaturen des Westens wie die leitenden Männer Ostdeutschlands Kreaturen des Ostens. Sie alle haben nur die Aufgabe, auf einen Frieden für Gesamtdeutschland zu drängen und sich so schnell als möglich überflüssig zu machen, wenn sie nicht als Collaborateure in die Geschichte eingehen wollen.

Ein Friede mit Deutschland kann nur so geschlossen werden, daß ein wiedervereinigtes Deutschland sich weder dem Westen noch dem Osten anschließt; es muß also den Status einer garantierten Neutralität erhalten und sich grundsätzlich aus den Händeln der Welt heraushalten.[6]

Der Westen kann nicht zulassen, daß Deutschland sich östlich orientiert, und Rußland kann nicht zulassen, daß Deutschland sich westlich orientiert. Und der Graben zwischen Ost und West kann nicht breit genug gemacht werden.

Im Oktober 1937 schrieb ich unter dem Decknamen Kunktator an den damaligen Herrn Reichswehrminister und schloß mit dem Satz: „Bewahren Sie den Führer davor, daß er aus Haß gegen das positive Christentum zum Totengräber Deutschlands wird!" Als dann im Febr. 1938 die Umbesetzung der höchsten militärischen Stellen kam ohne Widerspruch des Militärs,[7] da waren die Würfel über Deutschland gefallen.

Ich würde es als Krönung Ihrer 10jährigen Präsidentschaft ansehen, wenn Sie zum Abschluß derselben mit aller Deutlichkeit zum Ausdruck bringen würden, daß die leitenden Männer in West- und Ostdeutschland die eine Hauptaufgabe

---

[3] Präsident Eisenhower besuchte die Bundesrepublik am 26. und 27. 8. 1959. Heuss empfing ihn im Beisein seines Amtsnachfolgers Heinrich Lübke.

[4] Das Zabergäu ist ein Tal zwischen Strom- und Heuchelberg, durch das die Zaber fließt und in dem Brackenheim, der Geburtsort von Heuss, liegt.

[5] Vgl. Nr. 185, Anm. 3.

[6] Zur Neutralitäts-Debatte vgl. Nr. 20, Anm. 2.

[7] Am 27. 1. 1938 musste Werner von Blomberg als Reichswehrminister wegen seiner Heirat mit einer kompromittierten Frau zurücktreten. Am 4. 2. 1938 wurde Werner von Fritsch wegen des Verdachts homosexueller Beziehungen entlassen. Dies diente als Vorwand, mögliche oppositionelle Kräfte gegen Hitlers Kriegspolitik auszuschalten; Hitler übernahm nun den Oberbefehl über die Wehrmacht; vgl. K.-H. Janssen / F. Tobias, Sturz.

haben, auf einen Frieden für Gesamtdeutschland zu drängen 14 Jahre nach Kriegs-
schluß.

Mit vorzüglicher Hochachtung
Ihr Landsmann   Karl Schmid, Pfarrer i.R.

Nr. 203 B
An Karl Schmid, Pfarrer i. R., Tübingen
28. August 1959
BArch, B 122, 885: ms. Schreiben, Durchschlag, von Heuss diktiert (Diktatz. H/vM) und ms.
gez.[8]

Sehr geehrter Herr Pfarrer!

Die Motive Ihres Schreibens werden von mir durchaus gewürdigt. Ich bekomme
ja zahllose Briefe von Menschen, die mich politisch beraten wollen. Ich glaube
an sich, eine genügend klare Übersicht über die politische Geschichte des letzten
halben Jahrhunderts zu haben, die sich nie mit Illusionen verkleidet hat; aber ich
wäre nie auf die Idee gekommen, mir fremde Briefschreiber, die in den landes-
üblichen Banalitäten eines mittleren Journalismus ihre Sorgen vortragen, zur
Substanz eigener Beurteilung oder gar Entscheidung zu machen.

Ich beantworte Ihren Brief persönlich – derlei muß ja bei der Unmasse der
Zusendungen meist mit Kanzleibriefen erledigt werden –, weil ich Ihnen mit aller
Schärfe sagen muß, daß wir, die wir uns Tag und Nacht bemüht haben, dem
deutschen Volk aus seiner Zerschlagenheit herauszuhelfen, uns auch nicht von
einem Pfarrer i. R. „Kreaturen des Westens" nennen lassen. Ich habe mich keinen
Augenblick in meinem Leben als die Kreatur eines fremden Willens gefühlt und
teile Ihnen mit landsmannschaftlicher Offenheit mit, daß ich diesen Teil Ihres
Briefes für eine anmaßende Unverschämtheit halte.

Mit vorzüglicher Hochachtung   Theodor Heuss[9]

---

[8] Az. A5-13483-59; Stempel: „Pers[önlichem] Ref[erenten] vorgelegen"; weiterer Nachweis:
   N 1221, 357: Durchschlag.
[9] Am 31. 8. 1959 schrieb Schmid erneut und wies darauf hin, dass auch andere einen Friedens-
   schluss für Gesamtdeutschland fordern würden; Heuss antwortete – unter dem irrtümlichen Datum
   vom 28. 8. 1959 –, er brauche keine Zitate herauszusuchen, um den ersten Brief zu „rechtfertigen."
   „Ich habe es mir aber seit zehn Jahren zum Gesetz gemacht, mit mir fremden Menschen keine
   tagespolitischen Briefe zu wechseln. Die schroffe Antwort auf Ihren Brief wurde einfach erteilt,
   weil Sie, was man so pharisiäerhaft nennt, die Männer, die heute an Deutschlands Spitze stehen,
   ‚Kreaturen' des Westens nannten. Ich bin von Natur hartschlägig und habe in diesen ganzen Jahren

Nr. 204

Formschreiben zur Beantwortung von Zuschriften

September 1959, Bonn am Rhein/Stuttgart

BArch, N 1221, 385: Gedruckte Ausfertigung mit faksimilierter Unterschrift von Heuss, ohne Anrede

Formschreiben: Dank für gute Wünsche zum Ende der Amtszeit als Bundespräsident

In den verwichenen Wochen habe ich so zahlreiche briefliche Bekundungen einer freundschaftlichen Gesinnung erhalten, die mir über das Ende meiner Amtsperiode hinaus gute Wünsche ins Haus brachten, daß es mir schlechterdings völlig unmöglich ist, die einzelnen Schreiben – und es sind solche stattlichen Umfangs darunter – persönlich zu beantworten. Das Wohlwollen, das man mich spüren ließ, soll die Einsicht und die Nachsicht in sich schließen, daß man mir etwas Ruhe gönne – an mancherlei neuen Verpflichtungen wird es auch im künftigen Leben, das vorweg einem ungestörten literarisch-wissenschaftlichen Arbeiten gehören soll, nicht fehlen.

Diese Zeilen sollen meinen Dank für Ihre Worte zum Ausdruck bringen.

Theodor Heuss

Anhang

Bildnachweis

Abb. 1, S. 75: Foto: Georg Munker; BArch, B 145, Bild-00068897

Abb. 2, S. 81: Foto: picture-alliance / dpa

Abb. 3, S. 174: Foto: Georg Munker; BArch, B 145, Bild-P011815A

Abb. 4, S. 239: Abbildung: Stiftung Bundespräsident-Theodor-Heuss-Haus

Abb. 5, S. 292: Foto: Brodde; BArch, B 145, Bild-F001213-0007

Abb. 6, S. 308: Foto: picture-alliance / dpa

Abb. 7, S. 321: Abbildung: Theodor Heuss: Von Ort zu Ort. Wanderungen mit Stiftung und Feder, hg. von Friedrich Kaufmann und Hermann Leins, Tübingen 1959, S. 48/49

Abb. 8, S. 336: Abbildung: Die Welt, Nr. 18, 21. 1. 1950

Abb. 9, S. 349: Foto: Landesbildstelle Berlin; BArch, Bild-146-1994-034-17A

Abb. 10, S. 358: Foto: Landesbildstelle Berlin; BArch, Bild-146-1994-034-20A

Abb. 11, S. 379: Foto: Landesbildstelle Berlin; BArch, Bild-146-2009-0115

Abb. 12, S. 407: Abbildung: BArch, B 122, 158

Abb. 13, S. 431: Foto: Bundespresseamt

Abb. 14, S. 459: Abbildung: BArch, B 122, 867

Abb. 15, S. 485: Foto: Keystone

Abkürzungen

AA	Auswärtiges Amt
a. D.	außer Dienst
AG	Aktiengesellschaft
ao.	außerordentlicher
Az.	Aktenzeichen
BArch	Bundesarchiv
BDM	Bund Deutscher Mädel
BHE	Block der Heimatvertriebenen und Entrechteten , ab 1952 Gesamtdeutscher Block/ Block der Heimatvertriebenen und Entrechteten (GB/BHE)
BPrA	Bundespräsidialamt
BPräs.	Bundespräsident
BVP	Bayerische Volkspartei
CDU	Christlich Demokratische Union
CSU	Christlich-Soziale Union
DDP	Deutsche Demokratische Partei
DDR	Deutsche Demokratische Republik
DGB	Deutscher Gewerkschaftsbund
DIHT	Deutscher Industrie- und Handelskammertag
Diktatz.	Diktatzeichen
DLA	Deutsches Literaturarchiv, Marbach am Neckar
DKP	Deutsche Kommunistische Partei
DNVP	Deutschnationale Volkspartei
DP	Deutsche Partei
DStP	Deutsche Staatspartei
DVP	Deutsche Volkspartei
EKD	Evangelische Kirche Deutschlands
e. V.	eingetragener Verein
EVG	Europäische Verteidigungsgemeinschaft
FA	Familienarchiv
FDJ	Freie Deutsche Jugend
FDP	Freie Demokratische Partei
FIFA	Fédération Internationale de Football Association
Gestapo	Geheime Staatspolizei
gez.	gezeichnet
GG	Grundgesetz
GmbH	Gesellschaft mit beschränkter Haftung
HJ	Hitlerjugend
hs.	handschriftlich

i. A.	im Auftrag
IG	Industriegewerkschaft
IHK	Industrie- und Handelskammer
i. R.	im Ruhestand
i. V.	in Vertretung
KMK	Kultusministerkonferenz
KPD	Kommunistische Partei Deutschland
KZ	Konzentrationslager
LDP	Liberal-Demokratische Partei
LDPD	Liberal-Demokratische Partei Deutschlands
MdB	Mitglied des Bundestages
MdL	Mitglied des Landtages
MdNV	Mitglied der Nationalversammlung
MdPR	Mitglied des Parlamentarischen Rates
MdR	Mitglied des Reichstages
MdVL	Mitglied der Verfassunggebenden Landesversammlung
MP	Member of Parliament
ms.	maschinenschriftlich
NATO	North Atlantic Treaty Organization
NLP	Niedersächsische Landespartei
NWDR	Nordwestdeutscher Rundfunk
NS	nationalsozialistisch
NSDAP	Nationalsozialistische Deutsche Arbeiterpartei
OKH	Oberkommando des Heeres
paraph.	paraphiert
P. E. N.	Poets Essayists Novelists
Pers. Ref.	Persönlicher Referent
PG	Parteigenosse
Präs.	Präsident
SA	Sturmabteilung
SBZ	Sowjetische Besatzungszone
SD	Sicherheitsdienst
SED	Sozialistische Einheitspartei Deutschlands
SPD	Sozialdemokratische Partei Deutschlands
SS	Schutzstaffel
Sts.	Staatssekretär
stv.	stellvertretend
Tgb.	Tagebuch
US	United States
USA	United States of America
USPD	Unabhängige Sozialdemokratische Partei Deutschlands

VfZ	Vierteljahrshefte für Zeitgeschichte
VVN	Vereinigung der Verfolgten des Naziregimes
VWG	Vereinigtes Wirtschaftsgebiet
WVL	Wiedervorlage
z. Kts.	zur Kenntnis
zdA	zu den Akten
ZfG	Zeitschrift für Geschichtswissenschaft

Quellen und Literatur

Das Verzeichnis umfasst alle Archivalien und Literaturtitel, die in der Einführung und in den Briefen einschließlich Kommentar genannt werden. Nicht berücksichtigt werden zeitgenössische Zeitungs- und Zeitschriftenartikel.

Ungedruckte/archivalische Quellen

Bundesarchiv, Koblenz
B 122 (Bundespräsidialamt, Amtszeit Theodor Heuss), auf Mikrofiche auch in der Stiftung Bundespräsident-Theodor-Heuss-Haus
B 122 Anhang (Presseausschnitte zu Theodor Heuss und Heinrich Lübke)
B 136 (Bundeskanzleramt)
B 145 (Presse- und Informationsamt der Bundesregierung)
N 1186 (Nachlass Gustav und Toni Stolper)
N 1221 (Nachlass Theodor Heuss), auf Mikrofiches auch in der Stiftung Bundespräsident-Theodor-Heuss-Haus

Deutsches Literaturarchiv, Marbach a. N.
A: Heuss (Nachlass Theodor Heuss), auf Mikrofiches auch in der Stiftung Bundespräsident-Theodor-Heuss-Haus

Familienarchiv Heuss, Basel
Korrespondenz Ernst Ludwig Heuss

Gedruckte Quellen und Literatur

ADENAUER, KONRAD: Erinnerungen 1953–1955, Stuttgart 1966.

ADENAUER, KONRAD: Briefe 1951–1953, bearb. v. Hans Peter Mensing, Berlin 1987.

ADENAUER, KONRAD / HEUSS, THEODOR: Unserem Vaterlande zugute. Der Briefwechsel 1948–1963, bearb. v. Hans Peter Mensing, Berlin 1989.

ADENAUER, KONRAD / HEUSS, THEODOR: Unter vier Augen. Gespräche aus den Gründerjahren 1949–1959, bearb. v. Hans Peter Mensing, Berlin 1997.

ALTRICHTER, HELMUT: Adenauers Moskaubesuch 1955, Bonn 2006.

AMM, BETTINA: Die Ludendorff-Bewegung. Zwischen nationalistischem Kampfbund und völkischer Weltanschauungssekte, Hamburg 2006.

AMTSBLATT DES ALLIIERTEN KONTROLLRATS IN DEUTSCHLAND, hg. v. Alliierten Sekretariat 1945–1948.

ANFÄNGE DEUTSCHER SICHERHEITSPOLITIK 1945–1956, hg. v. Militärgeschichtlichen Forschungsamt, Bd. 1: ROLAND G. FOERSTER U. A.: Von der Kapitulation bis zum Pleven-Plan, München/Wien 1982.

ANNE FRANK-STIFTUNG (Hg.): In Anne Franks Haus. Eine bebilderte Reise durch Annes Welt, Frankfurt a. M. 2004.

AUERBACH, HELLMUTH: Opfer der nationalsozialistischen Gewaltherrschaft und des Zweiten Weltkrieges, in: WOLFGANG BENZ (Hg.): Legenden, Lügen, Vorurteile. Ein Wörterbuch zur Zeitgeschichte, München [2]1992, S. 161–163.

BARTH, BORIS: Dolchstoßlegenden und politische Desintegration. Das Trauma der deutschen Niederlage im Ersten Weltkrieg 1914–1933, Düsseldorf 2003.

BAUMGÄRTNER, ULRICH: Reden nach Hitler. Theodor Heuss – Die Auseinandersetzung mit dem Nationalsozialismus, Stuttgart/München 2001.

BAUMGÄRTNER, ULRICH: Von einer Republik zur anderen: Theodor Heuss' Wahrnehmung und Deutung der Weimarer Republik nach 1945, in: CHRISTOPH GUSY (Hg.): Weimars langer Schatten – „Weimar" als Argument nach 1945, Baden-Baden 2003, S. 92–116.

BECKER, ERNST WOLFGANG: Ein Haus voller Briefe für die deutsche Geschichte des 20. Jahrhunderts. Zum Stand der Edition „Theodor Heuss. Stuttgarter Ausgabe", in: Jahrbuch zur Liberalismus-Forschung 17 (2005), S. 215–234.

BECKER, ERNST WOLFGANG: Ermächtigung zum politischen Irrtum. Die Zustimmung zum Ermächtigungsgesetz von 1933 und die Erinnerungspolitik im ersten württemberg-badischen Untersuchungsausschuß der Nachkriegszeit, Stuttgart 2001.

BECKER, ERNST WOLFGANG / RÖSSLEIN, THOMAS (Hg.): Politischer Irrtum im Zeugenstand. Die Protokolle des Untersuchungsausschusses des Württemberg-Badischen Landtags aus dem Jahr 1947 zur Zustimmung zum „Ermächtigungsgesetz" vom 23. März 1933, Stuttgart 2003.

BENZ, WOLFGANG (Hg.): Legenden, Lügen, Vorurteile. Ein Wörterbuch zur Zeitgeschichte, München [2]1992.

BENZ, WOLFGANG: Berlin-Blockade und Weststaatsgründung. Politische Prämissen der Luftbrücke, in: ZfG 46 (1998), S. 485–576.

BENZ, WOLFGANG (Hg.): Deutschland unter alliierter Besatzung 1945–1949/55, Berlin 1999.

BENZ, WOLFGANG / DISTEL, BARBARA: Der Ort des Terrors. Geschichte der nationalsozialistischen Konzentrationslager, Bd. 4, München 2006.

BERGANDER, GÖTZ: Dresden im Luftkrieg, Köln 1977.

BIRKE, ADOLF M.: Das konstruktive Mißtrauensvotum in den Verfassungsverhandlungen der Länder und des Bundes, in: Zeitschrift für Parlamentsfragen 8 (1977), S. 72–92.

BISCHOF, GÜNTER / DOCKRILL, SAKI (Ed.): Cold War Respite. The Geneva Summit of 1955, Louisiana State University Press, Baton Rouge 2000.

BOLLMUS, REINHARD: Das Amt Rosenberg und seine Gegner, Stuttgart 1970.

BOTT, HANS / LEINS, HERMANN (Hg.): Begegnungen mit Theodor Heuss, Tübingen 1954.

BOTT, HANS: Theodor Heuss in seiner Zeit, Göttingen 1966.

BRAND, WILLY / LOWENTHAL, RICHARD: Ernst Reuter. Ein Leben für die Freiheit. Eine politische Biographie, München 1957.

BRÜNNECK, ALEXANDER: Politische Justiz gegen Kommunisten in der Bundesrepublik, Frankfurt a. M. 1978.

BUBIS, IGNATZ (mit Peter Sichrovsky): Damit bin ich noch längst nicht fertig. Die Autobiographie, Frankfurt a. M./New York 1996.

BULLETIN des Presse- und Informationsamtes der Bundesregierung 1952–59.

BURGER, REINER: Theodor Heuss als Journalist. Beobachter und Interpret von vier Epochen deutscher Geschichte, Münster 1999.

BUSCHFORT, WOLFGANG: Philipp Müller und der „Essener Blutsonntag" 1952, in: Deutschland-Archiv, 2002, H. 2, S. 253–258.

CAMPBELL, JOAN: Der Deutsche Werkbund 1907–1934, Stuttgart 1981.

CHAMBERLIN, BREWSTER S.: Todesmühlen – Ein früher Versuch zur Massen-„Umerziehung" im besetzten Deutschland, in VfZ 19, 1981, S. 425–440.

COULMAS, FLORIAN: Hiroshima. Geschichte und Nachgeschichte, München 2005.

DAHRENDORF, RALF / VOGT, MARTIN (Hg.): Theodor Heuss. Politiker und Publizist. Aufsätze und Reden, Tübingen 1984.

DITTBERNER, JÜRGEN: Die FDP. Geschichte, Personen, Organisation, Perspektiven. Eine Einführung, Wiesbaden 2005.

DOHSE, RAINER: Der Dritte Weg. Neutralitätsbestrebungen in Westdeutschland zwischen 1945 und 1955, Hamburg 1974.

EBERLE, HENRIK (Hg.): Briefe an Hitler, Bergisch Gladbach 2007.

EPSTEIN, KLAUS: Mathias Erzberger und das Dilemma der deutschen Demokratie, Berlin/Frankfurt a. M. 1962.

FISCHER, MANFRED (Hg.): Aufbruch zum Dialog – Fünfzig Jahre Evangelische Akademie Bad Boll. Auf dem Weg zu einer Kultur des Gesprächs, Stuttgart 1995.

FLAISCHLEN, CÄSAR: Freude ist Leben. Gedichte in Vers und Prosa, Stuttgart 1943.

FONTANE, THEODOR: Nymphenburger Taschenbuchausgabe, Bd. 15: Autobiographisches, München 1969.

FREI, ALFRED G.: Finale Grande. Die Rückkehr der Fußballweltmeister 1954, Berlin 1994.

FREI, NORBERT: Vergangenheitspolitik. Die Anfänge der Bundesrepublik und die NS-Vergangenheit, München 1996.

FRIELINGHAUS-HEUSS, HANNA (Bearb.): Heuss-Anekdoten, München/Esslingen 1964.

GERHARDT, PAUL: Geistliche Lieder, hg. v. Gerhard Röding, Stuttgart 2007.

GESCHICHTE DER SOZIALPOLITIK IN DEUTSCHLAND seit 1945, hg. vom Bundesministerium für Arbeit und Soziales und Bundesarchiv, Bd. 3: 1949–1957. Bundesrepublik Deutschland. Bewältigung der Kriegsfolgen, Rückkehr zur sozialpolitischen Normalität, hg. v. Günther Schulz, Baden-Baden 2005.

GESETZ ÜBER DIE AUFGABEN UND BEFUGNISSE DER POLIZEI IN BAYERN: POLIZEIAUFGABENGESETZ vom 16. Oktober 1954 (GVBl. S. 237) mit Vollzugsentschließung des Bayerischen Staatsministeriums des Innern vom 5. November 1954 (MABl. S. 972), Textausgabe mit Anmerkungen, Verweisungen und einem Stichwortverzeichnis, bearb. v. Georg Berner, München 1955.

GOBINEAU, ARTHUR DE: Essai sur l'inégalité des races humaines, Paris 1853–1855.

GOEBEL, KLAUS: „Neugierig, was ich zum Schluß gedichtet haben werde." Der Streit um die deutsche Nationalhymne 1950–1952, in: ERIK GIESEKING u. a. (Hg.): Zum Ideologieproblem in der Geschichte, Lauf an der Pegnitz 2006, S. 119–137.

GOODRICH, FRANCES / THACKET, ALBERT: The Diary of Anne Frank, New York 1956.

GROENER, DOROTHEA: General Groener. Soldat und Staatsmann, Frankfurt a. M. 1955.

GRÜTZMACHER, RICHARD HEINRICH: Textbuch zur deutschen Systematischen Theologie und ihrer Geschichte vom 16. bis 20. Jahrhundert, fortgeführt u. hg. v. Gerhard G. Muras, Bern 1961.

GÜNTHER, FRIEDER: Denken vom Staat her. Die bundesdeutsche Staatsrechtslehre zwischen Dezision und Integration 1949–1970, München 2004.

GÜNTHER, FRIEDER: Heuss auf Reisen. Die auswärtige Repräsentation der Bundesrepublik durch den ersten Bundespräsidenten, Stuttgart 2006.

GÜNTHER, ULRICH: ... über alles in der Welt? Studien zur Geschichte und Didaktik der deutschen Nationalhymne, Darmstadt 1966.

HABE, HANS: Ich stelle mich. Meine Lebensgeschichte, Basel 1954.

HAEFTEN, BARBARA VON: Nichts Schriftliches von Politik. Hans Bernd von Haeften. Ein Lebensbericht, München 1997.

HAMER, GERTRUD: Die Geschichte der Tilmansöhne. Dem Jüngsten erzählt von Mervyn Brian Kennicott, Tübingen 1937.

HAMER, ISABELL: Perdita, Tübingen 1938.

HAMMERMANN, GABRIELE: Das Internierungs- und Kriegsgefangenenlager Dachau 1945–1949, in: WOLFGANG BENZ / ANGELIKA KÖNIGSEDER (Hg.): Das Konzentrationslager Dachau. Geschichte und Wirkung nationalsozialistischer Repression, Berlin 2008, S. 125–146.

HANSEN, HENNING: Die Sozialistische Reichspartei (SRP) – Aufstieg und Scheitern einer rechtsextremen Partei, Düsseldorf 2007.

HEIMPEL, HERMANN / HEUSS, THEODOR / REIFENBERG, BENNO (Hg.): Die großen Deutschen. Deutsche Biographie in vier Bänden mit einem Ergänzungsband, Berlin 1957/58.

HERBST, LUDOLF: Option für den Westen. Vom Marshallplan bis zum deutsch-französischen Vertrag, München [2]1996.

HERBST, LUDOLF / GOSCHLER, CONSTANTIN (Hg.): Wiedergutmachung in der Bundesrepublik Deutschland, München 1989.

HERTFELDER, THOMAS / KETTERLE, CHRISTIANE (Hg.): Theodor Heuss. Publizist – Politiker – Präsident. Begleitband zur ständigen Ausstellung im Theodor-Heuss-Haus, Stuttgart 2003.

HESS, JÜRGEN C. : „Die deutsche Lage ist ungeheuer ernst geworden." Theodor Heuss vor den Herausforderungen des Jahres 1933, in: Jahrbuch zur Liberalismus-Forschung 6 (1994), S. 65–136.

HESSE, HERMANN: Klingsors letzter Sommer, Wiesbaden 1951.

HEUSCHELE, OTTO: Riedlingen. Das Lebensbild einer alten Donaustadt, hg. anläßlich der 700–Jahrfeier der Stadterhebung 1250–1950, Stuttgart-Bad Cannstatt 1950.

HEUSS, THEODOR: Vom jungen Schwaben, in: Sieben Schwaben. Ein neues Dichterbuch von Ludwig Finck, Cäsar Flaischlen, Hermann Hesse, Heinrich Lilienstein, Anna Schieber, Wilhelm Schussen, Auguste Supper. Mit einer Einleitung von Theodor Heuss, Heilbronn 1910, S. 1–25.

HEUSS, THEODOR: Zur Ästhetik der Karikatur, in: Patria 10 (1910), S. 113–138.

HEUSS, THEODOR: Schwaben und der deutsche Geist, Konstanz 1915.

HEUSS THEODOR: Hitlers Weg. Eine historisch-politische Studie über den Nationalsozialismus, Stuttgart/Berlin/Leipzig 1932.

HEUSS, THEODOR: Friedrich Naumann. Der Mann, das Werk, die Zeit, Stuttgart/Berlin 1937.

HEUSS, THEODOR: Hans Poelzig. Bauten und Entwürfe. Das Lebensbild eines deutschen Baumeisters, Berlin 1939.

HEUSS, THEODOR: Anton Dohrn in Neapel, Berlin/Zürich 1940.

HEUSS, THEODOR: Betrachtungen zum Schwäbischen, 3 Essays, Tübingen 1942.

HEUSS, THEODOR: Robert Bosch. Leben und Leistung, Stuttgart/Tübingen 1946.

HEUSS, THEODOR: Schattenbeschwörung. Randfiguren der Geschichte, Stuttgart/Tübingen 1947.

HEUSS, THEODOR: 1848. Werk und Erbe, Stuttgart 1948.

HEUSS, THEODOR: Theodor Heuss an die Jugend von Berlin, Veröffentlichung der Freien Universität Berlin, Berlin o. J.

HEUSS, THEODOR: Deutsche Gestalten. Studien zum 19. Jahrhundert, Tübingen 1951.

HEUSS, THEODOR: Kräfte und Grenzen einer Kulturpolitik, Stuttgart/Tübingen 1951.

HEUSS, THEODOR: Was ist Qualität? Zur Geschichte und zur Aufgabe des Deutschen Werkbundes, Stuttgart/Tübingen 1951.

HEUSS, Theodor: Vorspiele des Lebens. Jugenderinnerungen, Tübingen 1953.

HEUSS, THEODOR: Gerechtigkeit erhöht ein Volk. Zwei Reden zur Sozialpolitik 1954, Frankfurt a. M. 1954.

HEUSS, THEODOR: Hugo von Hofmannsthal. Eine Rede, Tübingen 1954.

HEUSS, THEODOR: Zur Ästhetik der Karikatur, hg. v. der Gesellschaft der Bibliophilen zum 31. Januar 1954, München 1954.

HEUSS, THEODOR: Würdigungen. Reden, Aufsätze und Briefe aus den Jahren 1949–1955, hg. v. Hans Bott, Tübingen 1955.

HEUSS, THEODOR: Reden an die Jugend, Tübingen 1956.

HEUSS, THEODOR: Zur Kunst dieser Gegenwart. Drei Essays, Tübingen 1956.

HEUSS, THEODOR: Wilhelm Busch. Faksimiledruck der Handschrift von Theodor Heuss, Gütersloh 1959.

HEUSS, THEODOR: Von Ort zu Ort. Wanderungen mit Stift und Feder, hg. v. Friederich Kaufmann und Hermann Leins, Berlin 1959.

HEUSS, THEODOR: Friedrich Naumann und die deutsche Demokratie, Wiesbaden 1960.

HEUSS, THEODOR: Vor der Bücherwand. Skizzen zu Dichtern und Dichtung, hg. v. Friederich Kaufmann und Hermann Leins, Tübingen 1961.

HEUSS, THEODOR: Erinnerungen 1905–1933, Tübingen 1963.

HEUSS, THEODOR: Tagebuchbriefe 1955–1963. Eine Auswahl aus Briefen an Toni Stolper, hg. v. Eberhard Pikart, Tübingen/Stuttgart 1970.

HEUSS, THEODOR: Erzieher zur Demokratie. Briefe 1945–1949, hg. und bearb. v. Ernst Wolfgang Becker, München 2007.

HEUSS, THEODOR: Bürger der Weimarer Republik. Briefe 1918–1933, hg. und bearb. v. Michael Dorrmann, München 2008.

HEUSS, THEODOR: In der Defensive. Briefe 1933–1945, hg. und bearb. v. Elke Seefried, München 2009.

HEUSS, THEODOR: Aufbruch im Kaiserreich. Briefe 1892–1917, hg. u. bearb. v. Frieder Günther, München 2009.

HEUSS, THEODOR: Vater der Verfassung. Zwei Reden im Parlamentarischen Rat über das Grundgesetz 1948/49. Mit einem Essay von Jutta Limbach, hg. und bearb. v. Ernst Wolfgang Becker im Auftrag der Stiftung Bundespräsident-Theodor-Heuss-Haus, München 2009.

HEUSS, THEODOR: Der Bundespräsident. Briefe 1949–1954; in Vorbereitung, erscheint voraussichtlich 2011.

HEUSS, THEODOR: Der Bundespräsident. Briefe 1954–1959; in Vorbereitung, erscheint voraussichtlich 2011.

HEUSS-KNAPP, ELLY: Ausblick vom Münsterturm. Erinnerungen, Tübingen ²1952 [1934].

HEUSS-KNAPP, ELLY: Bürgerin zweier Welten. Ein Leben in Briefen und Aufzeichnungen, hg. v. Margarethe Vater, Tübingen ²1961.

HÖLDERLIN, FRIEDRICH: Sämtliche Werke, hg. v. Friedrich Beissner, Bd. 6, Stuttgart 1954.

HOFFMANN, PETER: Widerstand, Staatsstreich, Attentat, München 1969.

HORATIUS FLACCUS, QUINTUS: Oden und Epoden, Stuttgart 2009.

HOTHUM, GEORG: Wirtschaftliche Geflügelzucht. Illustriertes Lehr- und Nachschlagewerk, 4. u. neu bearb. Auflage, Reutlingen 1952.

HOWARD, R. T. : Ruined and Rebuilt. The Story of Coventry Cathedral 1939–1962, Letchworth 1962.

JÄGER, MANFRED: Mein Schiller-Jahr 1955, in: Aus Politik und Zeitgeschichte 9–10/2005, S. 32–38.

JAHN, OTTO: Ludwig Uhland, Bonn 1863.

JANSSEN, KARL-HEINZ / TOBIAS, FRITZ: Der Sturz der Generäle. Hitler und die Blomberg-Fritsch-Krise 1938, München 1994.

JAMMERTHAL, PETER: Ein zuchtvolles Theater. Bühnenästhetik des „Dritten Reiches". Das Berliner Staatstheater von der „Machtergreifung" bis zur Ära Gründgens, Diss. Berlin 2007, online: http://www.diss.fu-berlin.de/diss/receive/FUDISS_thesis_000000002953.

JESSE, ECKHARD: Wahlrecht zwischen Kontinuität und Reform. Eine Analyse der Wahlsystemdiskussion und der Wahlrechtsänderungen in der Bundesrepublik Deutschland 1949–1983, Düsseldorf 1985.

KABINETTSPROTOKOLLE [Die] der Bundesregierung, hg. für das Bundesarchiv v. Hans Booms (Bd. 1–6), Friedrich P. Kahlenberg (Bd. 7–9), Hartmut Weber (Bd. 10–12)
Bd. 1: Die Kabinettsprotokolle 1949, bearb. v. Ulrich Enders und Konrad Reiser, Boppard am Rhein 1982.
Bd. 2: Die Kabinettsprotokolle 1950, bearb. v. Ulrich Enders und Konrad Reiser, Boppard am Rhein 1984.
Bd. 3: Die Kabinettsprotokolle 1950. Wortprotokolle, bearb. v. Ulrich Enders und Konrad Reiser, Boppard am Rhein 1986.
Bd. 4: Die Kabinettsprotokolle 1951, bearb. v. Ursula Hüllbüsch, Boppard am Rhein 1988.
Bd. 5: Die Kabinettsprotokolle 1952, bearb v. Kai von Jena, Boppard am Rhein 1989.
Bd. 6: Die Kabinettsprotokolle 1953, bearb. v. Ulrich Enders und Konrad Reiser, Boppard am Rhein 1989.
Bd. 7: Die Kabinettsprotokolle 1954, bearb. v. Ursula Hüllbüsch und Thomas Trumpp, Boppard am Rhein 1993.
Bd. 8: Die Kabinettsprotokolle 1955, bearb. v. Michael Hollmann und Kai von Jena, Boppard am Rhein 1997.
Bd. 9: Die Kabinettsprotokolle 1956, bearb. v. Ursula Hüllbüsch, Boppard am Rhein 1956.
Bd. 11: Die Kabinettsprotokolle 1958, bearb. v. Ulrich Enders und Christoph Schawe, München 2002.

KARG VON BEBENBURG, FRANZ: Spruch und Berufung im Spruchkammerverfahren gegen Frau Dr. Mathilde Ludendorff, Stuttgart 1951.

KATZER, NIKOLAUS: „Eine Übung im Kalten Krieg". Die Berliner Außenministerkonferenz von 1954, Köln 1954.

536

KENNICOTT, M[ERVYN] B[RIAN], [GERTRUD HAMER]: Das Herz ist wach. Briefe einer Liebe, Tübingen 1934.

KLEINWEGENER, GÜNTER: Die Hexenprozesse in Lemgo, Diss. Bonn 1954.

KLESSMANN, CHRISTOPH: Die doppelte Staatsgründung – Deutsche Geschichte 1945–1955, Göttingen 1982.

KNABE, HUBERTUS: 17. Juni 1953. Ein deutscher Aufstand, München 2004.

KOEPPEN, WOLFGANG: Tauben im Gras, Stuttgart u. a. 1951.

KOEPPEN, WOLFGANG: Das Treibhaus, Stuttgart 1953.

KOEPPEN, WOLFGANG: Der Tod in Rom, Stuttgart 1954.

KOGON, EUGEN: Der SS-Staat, München 1946.

KOMMERSBUCH. Lieder fahrender Schüler, Teil I, Leipzig 1897.

KOSSMANN, WILFRIED: Edelstahl. Vom Werden eines Gewerbes und einer Gemeinschaft in unserer Zeit, Düsseldorf 1959.

KRETSCHMER, MATTHIAS: Der Bildpublizist Mirko Szweczuk (1919–1957). Eine kommunikationshistorische Untersuchung von Leben und Werk, Münster u. a. 2001.

KRUIP, GUDRUN: Gescheiterter Versuch oder verpflichtendes Erbe? 1848 bei Theodor Heuss, in: PATRICK BAHNERS / GERD ROELLECKE (Hg.): 1848 – Die Erfahrung der Freiheit, Heidelberg 1998, S. 189–208.

LANGE, WIGAND / HERMAN, JOST: Wollt ihr Thomas Mann wiederhaben? Deutschland und die Emigranten, Hamburg 1999.

LEHNERT, DETLEF: „Politik als Wissenschaft". Beiträge zur Institutionalisierung einer Fachdisziplin in Forschung und Lehre der Deutschen Hochschule für Politik (1920–1933), in: Politische Vierteljahresschrift 30 (1989), S. 443–465.

LIDDELL HART, BASIL HENRY: The German Generals Talk, New York 1948.

LUDENDORFF, MATHILDE: Der ungesühnte Frevel an Luther, Lessing, Mozart und Schiller. Ein Beitrag zur deutschen Kulturgeschichte, München 1926.

LUTHER, MARTIN: Werke. Kritische Gesamtausgabe (Weimarer Ausgabe), Bd. 35, hg. v. Hermann Böhlaus Nachfolger, Graz 1964 (unveränderter Nachdruck von Weimar 1923).

MAI, GUNTHER: Der Alliierte Kontrollrat in Deutschland 1945–1948, München 1995.

MICK, CHRISTOPH: Forschen für Stalin: Deutsche Fachleute in der sowjetischen Rüstungsindustrie 1945–1958, München/Wien 2000.

MORSCH, GÜNTER / RECKENDREES, ALFRED (Hg.): Befreiung des KZ Sachsenhausen, Berlin 1996.

MÜHLHAUSEN, WALTER: Friedrich Ebert 1871–1925. Reichspräsident der Weimarer Republik, Bonn 2006.

MÜHR, ALFRED: Nationalsozialismus. Eine Diskussion über den Kulturbankrott des Bürgertums zwischen Ernst Toller und Alfred Mühr, Berlin 1930.

NAGEL, ANNE: Martin Rade: Theologe und Politiker des Sozialen Liberalismus. Eine politische Biographie, Gütersloh 1996.

OTTO, WILFRIEDE: Die „Waldheimer Prozesse" 1950. Historische, politische und juristische Aspekte im Spannungsverhältnis zwischen Antifaschismus und Stalinismus, Berlin 1993.

PARLAMENTARISCHER RAT: Verhandlungen des Hauptausschusses, Bonn 1948/49.

537

PFEIFFER, GERD / STRICKERT, HANS-GEORG: Der KPD-Prozeß, 3 Bde., Karlsruhe 1956.

PIKART, EBERHARD (Hg.): Theodor Heuss. Der Mann, das Werk, die Zeit. Eine Ausstellung, Tübingen 1967.

PLAPPERT, RAINER: Das Land als Militärstandort, in: Beiträge zu 50 Jahren Geschichte des Landes Rheinland-Pfalz, hg. v. HEINZ-GÜNTHER BORCK unter Mitarbeit von DIETER KERBER, Koblenz 1997, S. 401–452.

POELZIG, HANS: Der Architekt. Rede des stellvertretenden Vorsitzenden des Bundes Deutscher Architekten auf dem 28. ordentlichen Bundestag des BDA in Berlin am 4. Juni 1931, mit einer Vorbemerkung von Theodor Heuss, hg. v. Eugen Fabricius, Tübingen 1954.

PRESSE- UND INFORMATIONSAMT DER BUNDESREGIERUNG (Hg.): Die Viererkonferenz in Berlin 1954. Reden und Dokumente, Berlin [1954].

RAHN, FRITZ: Gedichte meiner Buben. Versuche dichterischer Gestaltung in der Schule mit einer methodischen und psychologischen Einführung, Silberburg 1927.

RHODE, GOTTHOLD / WAGNER, WOLFGANG (Hg.): Quellen zur Entstehung der Oder-Neiße-Linie in den diplomatischen Verhandlungen während des Zweiten Weltkrieges, Bd. 3, Stuttgart 1956.

ROBERTSON, ESMONDE M.: Zur Wiederbesetzung des Rheinlandes 1936. Dokumentation, in: VfZ 10 (1962), S. 178–205.

RODENBERGER, AXEL: Der Tod von Dresden. Ein Bericht über das Sterben einer Stadt, Dortmund 1951.

ROENNEFAHRT, GÜNTHER: Geliebte Sonderlinge. Zwanzig Bilder von Carl Spitzweg. Mit Versen von Günther Roennefahrt, Berlin 1952.

ROHDEN, FRIEDRICH VON (Hg.): Zwei Brüder. Feldpostbriefe deutscher Studenten. Neue gekürzte Ausgabe, Tübingen 1935.

ROI-FREY, KARIN DE LA: Uhland von A bis Z, Leinfelden-Echterdingen 1998.

RUPP, HANS KARL: Außerparlamentarische Opposition in der Ära Adenauer. Der Kampf um die Atombewaffnung in den fünfziger Jahren, Köln [3]1984.

SAAZ, JOHANNES: Der Ackermann aus Böhmen, hg. v. Franz Lorenz, Augsburg 1950.

SAUER, PAUL (Bearb): Die Entstehung des Bundeslandes Baden-Württemberg. Eine Dokumentation, hg. v. Landtag von Baden-Württemberg in Verbindung mit dem Hauptstaatsarchiv Stuttgart, Ulm 1977.

SCHAARSCHMIDT, WOLFGANG: Dresden 1945. Daten-Fakten-Opfer, München 2005.

SCHENK ZU SCHWEINSBERG, KRAFFT FRHR.: Die Soldatenverbände in der Bundesrepublik, in: Studien zur politischen und gesellschaftlichen Situation der Bundeswehr, hg. v. GEORG PICHT, Bd. 21/1, Witten/Berlin 1965.

SCHILDT, AXEL / SYWOTTEK, ARNOLD (Hg.): Modernisierung im Wiederaufbau. Die westdeutsche Gesellschaft der 50er Jahre, Bonn 1993.

SCHILLER, FRIEDRICH: Sämtliche Werke, Bd. I: Gedichte, Dramen I, hg. v. Gerhard Fricke und Herbert G. Göpfert, München [8]1987.

SCHILLER, FRIEDRICH: Sämtliche Werke, Bd. III: Dramatische Fragmente, Übersetzungen, Bühnenbearbeitungen, hg. v. Gerhard Fricke und Herbert G. Göpfert, München [6]1980.

SCHINDLER, PETER: Datenhandbuch zur Geschichte des Deutschen Bundestages 1949 bis 1999, Bd. 1–3, Baden-Baden 1999.

SCHOLL, INGE: Die weiße Rose, Frankfurt a. M. 1955.

SCHWARZ, HANS-PETER: Adenauer, Bd. 2: Der Staatsmann 1952–67, Stuttgart 1991.

SHAKESPEARE, WILLIAM: Hamlet. Prinz von Dänemark. Tragödie, übersetzt von August Wilhelm Schlegel, hg. v. Dietrich Klose, Stuttgart 2008.

SIEBEN SCHWABEN. Ein neues Dichterbuch von Ludwig Finck, Cäsar Flaischlen, Hermann Hesse, Heinrich Lilienstein, Anna Schieber, Wilhelm Schussen, Auguste Supper. Mit einer Einleitung von Theodor Heuss, Heilbronn 1910.

SMAD-HANDBUCH. Die Sowjetische Militäradministration in Deutschland 1945–1949, im Auftrag der Gemeinsamen Kommission zur Erforschung der neuesten Geschichte der deutsch-russischen Beziehungen hg. v. Horst Möller und Alexandr O. Tschurbajan, München 2009.

SMEND, RUDOLF: Verfassung und Verfassungsrecht, München 1928.

SPATH, FRANZ: Das Bundespräsidialamt, 5. neubearb. Auflage, Düsseldorf 1993.

STEINBACH, PETER: Widerstand im Widerstreit. Der Widerstand gegen den Nationalsozialismus in der Erinnerung der Deutschen, Paderborn 2001.

STEININGER, ROLF: Südtirol zwischen Diplomatie und Terror 1947–1969, 3 Bde, Innsbruck/Wien 1999.

STIEGLER, RICHARD: Mathematik für jedermann, Stuttgart 1952.

STOCKHAUSEN, JULIANA VON: Im Zauberwald, Leipzig 1943.

STOCKHAUSEN, JULIANA VON: Unser Herz entscheidet, Heidelberg 1952.

STOLLE, MICHAEL: Das Wunder von Friedland. Die Heimkehr der letzten deutschen Kriegsgefangenen und das Radio, in: Rundfunk und Geschichte 31 (2005), S. 20–30.

STORCK, HANS: Rheumatismus als Regulationskrankheit. Das Rheumaproblem in neuer Schau, München/Berlin 1954.

TAYLOR, FREDERICK: Dresden. Dienstag, 13. Februar 1945. Militärische Logik oder blanker Terror?, München 2004.

TEUSCH, CHRISTINE: Im Dienst der Stunde, hg. vom Deutschen Müttergenesungswerk, o. O. und o. J.

VERHANDLUNGEN DES DEUTSCHEN REICHSTAGES. Stenographische Berichte und Anlagen, III. Wahlperiode, 1924–1928, Bd. 388.

VERHANDLUNGEN DES WÜRTTEMBERG-BADISCHEN LANDTAGS, Wahlperiode 1946–1950, Protokollbd. VI, Stuttgart 1950.

VOLKMANN, HANS-ERICH / SCHWENGLER, WALTER (Hg.): Die Europäische Verteidigungsgemeinschaft. Stand und Probleme der Forschung, Boppard am Rhein 1985.

WAGNER, GEORG (Hg.): Die Bärenhöhle bei Erpfingen, Sonnenbühl 1988.

WALZ, WERNER: Das tolle Jahr (1848), Stuttgart 1942.

WALZ, WERNER: Die tödlichen Tage, Hamm 1956.

WEIDENFELD, WERNER / KORTE, KARL-RUDOLF: Handbuch der deutschen Einheit 1949 – 1989 – 1999, Frankfurt a. M./New York 1999.

WEIDENHAUPT, HEIKE: Gegenpropaganda aus dem Exil. Thomas Manns Radioansprachen 1940 bis 1945, Konstanz 2001.

WEISS, HERMANN (Hg.): Personenlexikon 1933–1945, Wien 2002.

WELCHERT, HANS-HEINRICH: Theodor Heuss. Ein Lebensbild, Bonn 1959.

WEMBER, HEINER: Umerziehung im Lager. Internierung und Bestrafung der Nationalsozialisten in der britischen Besatzungszone, Essen [2]2007.

WENGST, UDO: Thomas Dehler 1897–1967. Eine politische Biographie, München 1997.

WENZEL, RÜDIGER (Bearb.): Hermann Ehlers, Boppard am Rhein 1991.

WERKENTIN, FALCO: Politische Strafjustiz in der Ära Ulbricht, Berlin 1995.

WERNER, BRUNO E.: Die Galeere, Frankfurt a. M. 1949.

WERNER, MICHAEL: Die „Ohne mich"-Bewegung. Die bundesdeutsche Friedensbewegung im deutsch-deutschen Kalten Krieg (1949–1955), Münster 2006.

WINKLER, HEINRICH AUGUST: Der lange Weg nach Westen, Bd. 2: Deutsche Geschichte vom „Dritten Reich" bis zur Wiedervereinigung, München 2000.

WOLFRUM, EDGAR: Geschichtspolitik und deutsche Frage. Der 17. Juni im nationalen Gedächtnis der Bundesrepublik (1953–89), in: Geschichte und Gesellschaft 24, 1998, S. 382–411.

ZIMMERMANN, BERNHARD: Das Bundespräsidialamt, Frankfurt a. M./Bonn 1968.

ZIMMERMANN, GOTTFRIED WILHELM: 1848. Rechtfertigung und Vermächtnis, Berlin 1948.

Biographisches Personenregister

Das biographische Personenregister umfasst alle Namen aus den abgedruckten Briefen und aus dem Vorwort, der Einführung, den Dokumentenköpfen sowie aus dem Kommentar, so weit sie nicht Bestandteile bibliographischer Angaben sind. Der Name „Theodor Heuss" wurde nicht aufgenommen. Seitenzahlen in Kursivschrift verweisen auf Schreiber und Empfänger von Briefen, die abgedruckt wurden.

Achilles, Walter (Kirchheim unter Teck)
137–141

Ackermann, Ilse, Schreibkraft im BprA
36

Adam, Rudolf (Bochum)
190

Adenauer, Konrad (1876–1967), Jurist und Politiker, Oberbürgermeister von Köln (1917–33, 1945), Mitglied des Preußischen Herrenhauses (1917/18), Präsident des Preußischen Staatsrates (1920–33), inhaftiert (1944), MdL Nordrhein-Westfalen (CDU 1946–50), Mitgründer und Vorsitzender der CDU im (Nord-)Rheinland, in der britischen Zone (1946–50) und in der Bundesrepublik (1950–66), Präsident des Parlamentarischen Rates (1948/49), MdB (CDU 1949–67), Bundeskanzler (1949–63)
16, 31, 131, 140, 144, 153, 184f, 191, 195, 205f, 214, 218, 238, 254, 266–268, 299f, 322f, 343, 353, 369, 379, 394, 398, 405f, 416f–419, 421–424, 436, 467, 475f, 493, 508, 510f, 518

Aetius, Flavius (ca. 390–454), weströmischer Militär und Politiker
150

Aicher-Scholl, Inge (1917–1998), Leiterin der Volkshochschule Ulm (1946–78), Gründerin der Geschwister-Scholl-Stiftung (1950)
353

Albrecht, Ruth
26, 102

Ambs, Franz, Bergmann aus Mühlheim an der Ruhr
223–227

Andreae, Clemens-August (1929–1991), Nationalökonom, Professor (ab 1958) und Rektor (1981–83) an der Universität Innsbruck
494

Andreas, Willy (1884–1967), Historiker, Professor in Rostock (1919–22), Berlin (1922/23) und Heidelberg (1923–46, 1948/49), Rektor der Universität Heidelberg (1932/33), nach der Emeritierung Lehrtätigkeit in Tübingen und Freiburg
465, 493

Angenfort, Josef, gen. Jupp (geb. 1924), kommunistischer Funktionär, in sowjetischer Kriegsgefangenschaft Mitarbeit im Nationalkomitee Freies Deutschland, Rückkehr ins Ruhrgebiet (1949), Funktionär der KPD, später der DKP, MdL Nordrhein-Westfalen (KPD 1951–54), Vorsitzender der FDJ in der Bundesrepublik, Verurteilung wegen Hochverrats zu fünf Jahren Zuchthaus, Begnadigung durch Theodor Heuss (1957), Flucht in die DDR (1962), Rückkehr in die Bundesrepublik (1968) Vorsitzender der VVN (1988–2002)
437

Arends, Lothar (Heidelberg)
408f

Aretz, Annie (Heppenheim an der Bergstraße)
102–106

Aretz, Emil, Oberingenieur aus Heppenheim an der Bergstraße
103, 105

Arminius, gen. Hermann der Cherusker (ca. 17 v. Chr.–21 n. Chr.), Fürst des germanischen Cheruskerstammes, zeitweilig im römischen Dienst, organisierte Widerstand gegen römische Besatzung (Niederlage einer römischen Legion 9 n. Chr.), im Familienstreit von Verwandten getötet
496f

Armstrong-Jones, Margarete Princess and Countess of Snowdon, geb. Windsor (1930–2002), Schwester von Elisabeth II.
356

Arnold, Alfred (1888–1960), Landwirt, MdL Württemberg (NSDAP 1932/33), MdR (NSDAP 1933–45), Staatskommissar für die Landwirtschaft, dann Landesbauernführer in Württemberg (1933–45), Eintritt in die SS (1934), inhaftiert (1945–48), Bundestagskandidat für die FDP (1957)
512

Arnold, Karl (1901–1958), Gewerkschaftsfunktionär und Politiker, Ausbildung als Schuhmachergeselle, Funktionär in christlichen Gewerkschaften (1920–33), Mitglied der Düsseldorfer Stadtverordnetenversammlung (Zentrum 1925–33), Beteiligung an der Gründung der Einheitsgewerkschaften (ab 1945), Oberbürgermeister von Düsseldorf (1946), MdL Nordrhein-Westfalen (CDU 1946–58), Ministerpräsident von Nordrhein-Westfalen (1947–56), MdB (CDU 1957/58)
205f

Arnold, Vera (Berlin-Lankwitz)
291–293

Attila (gest. 453), König der Hunnen (434–453)
150

Axster-Heudtlass, Werner von, Grafiker
429

Bachert, Gerd, Schüler aus Essen
246

Bacmeister, Arnold (geb. 1907), Jurist, Leiter der Filmprüfstelle in Berlin (1938–45), in der SBZ inhaftiert (bis 1955)
83f

Bacmeister, Walter (gest. 1966), Oberstaatsanwalt i. R. aus Stuttgart-Nord, Ehrenmitglied des Schwäbischen Heimatbundes
83f

Baeck, Leo (1873–1956), Rabbiner und Religionsphilosoph, Dozent in Berlin an der Hochschule für Wissenschaft des Judentums (1913–42), Vorsitzender der Reichsvereinigung der deutschen Juden (1933–43), Deportation ins KZ Theresienstadt (1943), Lehrtätigkeit in Großbritannien und den USA (ab 1945)
444

Bärhausen-Niemczyk, Eugen, Pädagoge aus Berlin-Wilmersdorf
351–353

Bäumer, Gertrud (1873–1956), Germanistin, Schriftstellerin und Politikerin, Vorsitzende des Bundes deutscher Frauenvereine (1910–19), MdNV/MdR (DDP/DStP 1919–32), Ministerialrätin im Reichsministerium des Innern (1920–33), Schriftleiterin (1912–19) bzw. Herausgeberin (1920–31, 1933) der Zeitschrift „Die Hilfe" und „Die Frau" (1916–36)
451

Balke, Siegfried (1902–1984), Chemiker, MdB (CSU 1957–69), Bundespostminister (1953–56), Bundesminister für Atomfragen (1956–62), Präsident der Deutschen Arbeitgeberverbände (1964–69)
429f

Ballas, Walter, Rechtsanwalt aus Essen
87–90

Balluff, Fritz (1892–1975), Arzt, ärztlicher Direktor der Wittenauer Heilstätten in Berlin
433

Barlach, Ernst (1870–1938), Bildhauer, Grafiker und Schriftsteller
161

Bartels, Elisabeth (Berlin-Tempelhof)
255–257

Barthel, Max, Pseudonym Konrad Uhle (1893–1975), Schriftsteller, Kriegsberichterstatter der SS (1944/45)
226f

Bauer, Maria (Kusel, Pfalz)
329–332

Bauwens, Peter Joseph, gen. Peco (1886–1963), Sportfunktionär, Eintritt in das Familienunternehmen (Baugewerbe, 1913), Mitglied der Exekutive der FIFA (ab 1932), Präsident des Deutschen Fußballbundes (1950–62)
196, 254, 348, 357, 359

Becher, Johannes R. (1891–1958), Schriftsteller und Politiker, Verfasser des Textes der DDR-Nationalhymne (1949), Mitglied der Volkskammer der DDR (1950–58), Präsident der Deutschen Akademie der Künste (1953–56), Minister für Kultur (1954–58)
149, 398

Bechtold, Wolfgang (1908–1990), Landrat des Kreises Lörrach (1955–72)
449

Becker, Carl Heinrich (1876–1933), Orientalist und Politiker, Professor in Hamburg (1908–13) und Bonn (1913–16), preußischer Minister für Wissenschaft, Kunst und Volksbildung (1921, 1925–30)
279

Becker, Ursula, Schriftführerin der Jungdemokraten in Bad Hersfeld
341

Beckerath, Bruno von
31

Beethoven, Ludwig van (1770–1827), Komponist
186f, 195f, 358

Behrens, Margarete
33

Behring, Emil (1854–1917), Serologe, Professor in Halle (1894/95) und Marburg (ab 1895), Nobelpreis für Medizin (1901), Gründer der Behring-Werke (1904), Entwickler der Diphterie-Schutzimpfung
340, 377

Beller, Gerd W. (Köln-Lindenthal)
305–307

Benn, Gottfried (1886–1956), Mediziner und Dichter
277, 373

Berckhoff
26

Bergengruen, Werner (1892–1964), Schriftsteller
373

Berger, Erich
460

Berlichingen, Baron Wolf von
113f

Bermann-Fischer, Brigitte (1905–1991), Verlegerin und Schriftkünstlerin, Ehefrau des Verlegers Gottfried Bermann-Fischer
442–444

Berning, Klaus Otto (Schwelm, Westfalen)
431–433

Bertram, Ernst (1884–1957), Schriftsteller, Literaturwissenschaftler und Kulturphilosoph
373

Betz, Karl, Entdecker der Bärenhöhle bei Erpfingen (1949)
259

Binding, Rudolf (1867–1938), Schriftsteller, stellv. Präsident der Deutschen Akademie der Dichtung (1934–38)
373

Bismarck, Otto von (1815–1898), Diplomat und Politiker, preußischer Ministerpräsident und Außenminister (1862–90), erster Kanzler des Norddeutschen Bundes bzw. des Deutschen Reiches (1867–90)
425, 476

Bittner, Wilhelm, Medizinalrat aus Nürnberg
240–242

Blank, Theodor (1905–1972), Gewerkschaftsfunktionär und Politiker, Sekretär im Verband Christlicher Fabrik- und Transportarbeiter (1932/33), Teilnahme am 2. Weltkrieg (1939–45), MdL Nordrhein-Westfalen (CDU 1946–49), MdB (CDU 1949–72), Sicherheitsbeauftragter im Bundeskanzleramt („Amt Blank", 1950–55), Bundesverteidigungsminister (1955/56), Bundesarbeitsminister (1957–72)
423

Bleek, Karl Theodor (1898–1969), Jurist und Politiker, Landrat in Stade, Arnsberg und Breslau (1933–39), Stadtkämmerer in Breslau (1939–45), Mitglied der Verfassunggebenden Landesversammlung Hessen (LDP 1946), MdL Hessen (LDP/FDP 1946–51), Oberbürgermeister von Marburg (1946–51), Staatssekretär im Bundesministerium des Innern (1951–57), Chef des Bundespräsidialamtes (1957–61)
33, 487, 497, 499

Bleser, Hermann (Frankfurt a. M.)
472f

Blobel, Paul (1894–1951), Architekt und SS-Führer, Chef des Sonderkommandos 4a der Einsatzgruppe C, verantwortlich für die Ermordung von 60.000 Menschen, im Einsatzgruppenprozess Verurteilung zum Tode (1948), hingerichtet
146

Bloem, Walter (Lübeck-Travemünde)
152–154

Blomberg, Werner von (1897–1946), Militär, Chef des Truppenamtes (1927–29), Reichswehrminister (1933–35), Reichskriegsminister und Oberbefehlshaber der Wehrmacht (1935/36), Generalfeldmarschall (1936–38), Verabschiedung im Zuge der „Blomberg-Fritsch-Krise" (1938)
521

Blumentritt, Günther (1892–1967), Militär, Teilnahme am 1. Weltkrieg, Erster Offizier des Generalstabs der 4. Armee (1940), Generalmajor (1941), Oberquartiermeister I im OKH (1942), Chef des Generalstabs der Heeresgruppe D beim Oberbefehlshaber West (1942–44), General (1944), Führer des XII. SS-Korps, Befehlshaber mehrerer Armeen (1945), Kriegsgefangenschaft (1945, 1947/48)
253

Bockmann, Anneliese, Schreibkraft im BprA
36, 39

Böckler, Hans (1875–1951), Metallschläger und Gewerkschaftsfunktionär, Eintritt in den Metallarbeiterverband und die SPD (1894), MdR (SPD 1928–33), mehrfach inhaftiert (ab 1933), in der Führung der illegalen Gewerkschaftsbewegung Verbindung zu Wilhelm Leuschner und Jakob Kaiser, Vorsitzender der Gewerkschaftsbewegung der britischen Besatzungszone (1947), Vorsitzender des DGB (1949–51)
252, 368

Boehme, Albrecht (Cervantes, Rio Negro, Argentinien)
488–490

Böhmer, Karl August von (1707–1748), preußischer Verwaltungs- und Kirchenjurist, Oberamtspräsident von Glogau (1741–1748)
143

Bohrer, Erich R. (Düsseldorf-Oberkassel)
89

Boldt, Elisabeth, Oberin eines Ordens in Berlin
346f

Bonhoeffer, Emilie, gen. Emmi, geb. Delbrück (1905–1991), beteiligt am Widerstand gegen das NS-Regime, Tochter von Hans Delbrück, Frau von Klaus Bonhoeffer
404

Bonn, Moritz Julius (1873–1965), Nationalökonom, Gründungsrektor und Dozent an der Handelshochschule in München (1910–20), Professor (1920–33) und Rektor (1931–33) an der Handelshochschule Berlin, Emigration nach Großbritannien (1933), Dozent an der London School of Economics (1933–38), britischer Staatsbürger (ab 1938), Gastprofessor in Los Angeles (1939–46)
38, 369

Born, Max (1882–1970), Mathematiker und Physiker, Professor in Berlin (1915–19), Frankfurt a. M. (1919–21) und Göttingen (1921–33), Emigration nach Großbritannien (1933), Professor in Cambridge (1934–36) und Edinburgh (1936–53), Rückkehr nach Deutschland (1954)
457

Bosch, Robert (1861–1942), Mechaniker und Unternehmer, Gründer der Robert Bosch GmbH (1886) und Robert Bosch AG (1917), u. a. finanzielle Unterstützung des Deutschen Werkbundes, der Zeitschrift „Deutsche Politik" und der Deutschen Hochschule für Politik, Protagonist einer Biographie von Theodor Heuss (1946)
23, 167, 213

Bott, Hans (1902–1977), Buchhändler, Verleger und Verwaltungsbeamter, Herausgeber (1933) und Verleger (1933–41) der Zeitschrift „Die Hilfe", Teilnahme am 2. Weltkrieg (1942), amerikanische Gefangenschaft bei Cherbourg, Bildungsarbeit in Kriegsgefangenenlagern in Großbritannien und den USA, Rückkehr nach Deutschland (1945), Berater und Referent im württemberg-badischen Kultusministerium (1946–49), Persönlicher Referent des Bundespräsidenten (1949–59), stellv. Chef des Bundespräsidialamtes (1956–59)
18, 31, 33–35, 38, 40, 42, 76, 80, 82–84, 86, 89, 92f, 102, 114, 122, 125f, 130–132, 135, 140f, 151f, 157f, 165, 167, 169f, 173f, 178, 181, 185f, 189, 196, 198, 200–203, 214f, 217f, 225f, 230–233, 237–246, 254f, 257, 262, 270, 277f, 280–283, 285, 287f, 293f, 298, 303f, 306–308, 320, 322f, 329, 331f, 334f, 339–342, 344, 348, 350f, 355f, 359–361, 371f, 383, 385, 389f, 394f, 397f, 402, 404, 409, 412, 414f, 417, 426, 428, 430, 432–434, 438–440, 446–449, 454, 456–458, 461f, 464, 466–468, 471, 474, 476–478,

481–487, 489–492, 494, 497, 499, 503f, 507f

Botticelli, Sandro, eigtl. Alessandro di Mariano Filipepi (1445–1510), italienischer Maler
305f

Boveri, Margret (1900–1975), Journalistin und Schriftstellerin, außenpolitische Redakteurin des „Berliner Tageblatts" (1934–37), Lektorin und Redakteurin der Zeitschrift „Atlantis" (1937/38), Auslandskorrespondentin der „Frankfurter Zeitung" in Stockholm (1939/40), New York (1940–42) und Lissabon (1942/43), freie Journalistin in Berlin (ab 1944)
32, 369

Brache, Curt (Lübeck)
335

Brammer, Karl August (1891–1964), Journalist, leitender Herausgeber des „Demokratischen Zeitungsdienstes" (1926–33), Herausgeber der Brammer-Korrespondenz, stellv. Chefredakteur des CDU-Organs „Neue Zeit" (1945–48), Vorsitzender des Deutschen Presseverbandes Berlin (1949–58), Vorstandsbeisitzer im Deutschen Journalistenverband (1949–64), Leiter der Pressestelle des Bundesministeriums für gesamtdeutsche Fragen (1950–59)
437

Brand, Philipp Freiherr von (1898–1973), Leiter der Protokollabteilung der Bayerischen Staatskanzlei (1949–66)
518

Brandt, Willy (1913–1992), Journalist und Politiker, Emigration nach Norwegen (1933–40) und Schweden (1940–45), norwegischer Presseattaché in Berlin (1947), MdB (SPD 1949–57, 1969–87), MdL Berlin (SPD 1950–69), Regierender Bürgermeister in Berlin (1957–66), Vorsitzender der Berliner (1958–62) und der Bundes-SPD (1964–87), Außenminister und Vizekanzler (1966–69), Bundeskanzler (1969–74), Friedensnobelpreis (1970), Präsident der Sozialistischen Internationale (1976–92)
195, 493

Braune, Werner (1909–1951), Jurist, Mitarbeiter des SD und der Gestapo, SS-Obersturmbannführer, Chef des Einsatzkommandos 11b der Einsatzgruppe D (1941/42),

im Einsatzgruppenprozess Verurteilung zum Tode (1948), hingerichtet
146

Braye, Arend (1890–1960), Bürgermeister (1948–56) und Oberbürgermeister (1956–60) von Lörrach
449

Brecht, Bertold, gen. Bert (1898–1956), Schriftsteller, Dramatiker und Regisseur, Gründer des „Berliner Ensemble" (1949)
373

Breil, E. H., Vorsitzender der Jungdemokraten in Bad Hersfeld
341

Brentano, Ludwig Josef, gen. Lujo (1844–1931), Nationalökonom, Mitgründer des „Vereins für Sozialpolitik" (1872), Professor in Breslau (1873–82), Straßburg (1882–88), Wien (1888/89), Leipzig (1889–91) und München (1891–1914)
323

Brentano, Sophie, gen. Sissi (1875–1956), Tochter von Lujo Brentano, Freundin von Elly Heuss-Knapp
323

Brentano di Tremezzo, Heinrich von (1904–1964), Jurist und Politiker, Rechtsanwalt in Darmstadt (1934), Mitgründer der CDU in Hessen (1945), Mitglied der Verfassunggebenden Versammlung Hessen (1946), MdL Hessen (CDU 1946–49), MdPR (1948/49), MdB (CDU 1949–64), Vorsitzender der Unions-Fraktion im Bundestag (1949–55), Vizepräsident der Beratenden Versammlung des Europarats (1950–55), Bundesaußenminister (1955–61)
303

Brose, Hanns W., Werbefachmann
370

Bruckmann, Hans (1881–1962), Generalmajor a. D. aus Baden-Baden
158–160

Bruno, Giordano (1548–1600), italienischer Dichter und Philosoph, hingerichtet wegen Ketzerei
103

Bubis, Ignatz (1927–1999), Kaufmann, während der deutschen Besatzungszeit in Polen

der EKD (1949–61), Präsident des Weltkirchenrats (1954–60)
218

Diederichs, Joachim, Bildjournalist aus Berlin-Steglitz
313–315

Diem, Carl (1882–1962), Sportfunktionär und Sportwissenschaftler, Generalsekretär des Deutschen Reichsausschusses für Leibesübungen (1913–33), Mitgründer und Prorektor an der deutschen Hochschule für Leibesübungen Berlin (1921–34), Missionschef der deutschen Olympiamannschaften 1928 und 1932, Mitorganisator der Olympischen Spiele 1936, Mitgründer und Rektor der Deutschen Sporthochschule Köln (1947–62)
196

Dienz, Hermann (1891–1980), Jurist, Maler und Graphiker, Professor in Bonn
313

Dillard, Viktor (1897–1945), französischer Jesuitenpater und Arbeiterpriester, lebte im 2. Weltkrieg als Handwerker getarnt unter französischen Kriegsgefangenen, inhaftiert im KZ Dachau (1944/45)
161

Diomedes, Gestalt aus der griechischen Mythologie, König von Thrakien, Sohn des Tydeus
252

Dittmar, Ferdy, Hoffotograf aus Stuttgart
243f

Döblin, Alfred (1878–1957), Arzt und Schriftsteller
358

Dohrn, Anton Felix (1840–1909), Zoologe, Gründer (1872) und Direktor (1872–1909) der Zoologischen Station in Neapel, Protagonist einer Biographie von Theodor Heuss (1940)
261

Dohrn, Boguslav (1875–1960), Gutsbesitzer in Hökendorf bei Stettin (1913–45), Mitglied der DDP, Flucht nach Neunkirchen am Sand (1945), dann nach Frankfurt a. M., Sohn von Anton Dohrn
20

Dohrn, Reinhard (1880–1962), Zoologe, Inhaber (1909–15, 1919–22) und Direktor (1922–24) der Zoologischen Station in Neapel, Sohn von Anton Dohrn
20

Drews, Wilhelm Arnold, gen. Bill (1870–1938), Verwaltungsjurist und Politiker, preußischer Minister des Innern (1917/18), Staatskommissar für Verwaltungsreform in Preußen (1919–23), Vorsitzender des preußischen Oberverwaltungsgerichts (1921–37), Mitglied des Vorstandes und Dozent der Deutschen Hochschule für Politik
136

Dostojewski, Fjodor Michailowitsch (1821–1881), russischer Schriftsteller
289

Dürr, Willy (1889–1975), Journalist und Politiker, Volontär bei der „Neckarzeitung" (1913), Parteisekretär der DDP in Heilbronn (1919), Chefredakteur der „Heilbronner Abend-Zeitung" (1920–33) und der „Heilbronner Stimme" (1949–55), Mitglied des Gemeinderates Heilbronn (DDP 1928–33, FDP/DVP 1945–59), Vorsitzender der DDP Heilbronn (1932/33) und der DVP Heilbronn (1945–49), Mitglied der Vorläufigen Volksversammlung Württemberg-Baden (1946), Chef vom Dienst bei der „Heilbronner Stimme" (1949–55)
191, 460

Ebermayer, Erich (1900–1970), Jurist, Schriftsteller und Dramaturg, Chefdramaturg und Regisseur am Schauspielhaus Leipzig (1933/34), Austritt aus der Anwaltskammer (1934), Drehbuchautor von Filmen wie z. B. „Canaris" (1954)
160, 162

Ebert, Friedrich (1871–1925), Sattler und Politiker, MdL Bremen (SPD 1900–05), MdR (SPD 1912–18), MdNV (SPD 1919), Vorsitzender der SPD (1913–19) und der SPD-Fraktion im Reichstag (1916–18), Reichskanzler und Vorsitzender des Rates der Volksbeauftragten (1918/19), Reichspräsident (1919–25)
31, 92, 106, 108, 179, 368, 398–401, 513, 516

Ecarius, Helene, geb. Kirrmeier (1886–1967), Jugendfreundin von Theodor Heuss aus Speyer
311, 332, 418, 518

Ehlers, Hermann (1904–1954), Jurist und Politiker, Angehöriger der Bekennenden Kir-

che (ab 1935), inhaftiert (1937), Oberkirchenrat in der Oldenburger Landeskirche (1945), Mitorganisator als Synodaler der EKD, CDU-Mitglied (ab 1946), stellv. Vorsitzender der CDU (1952–54), MdB (CDU 1949–54), Präsident des Deutschen Bundestages (1950–54)
218, 308, 466

Ehrlich, Felix (1877–1942), Chemiker und Biochemiker, Professor in Breslau (ab 1909)
340

Eichendorff, Joseph Freiherr von (1788–1857), Lyriker und Schriftsteller
143

Eichholz, Ulrich, Direktor des Entschädigungsamtes Berlin
415

Eimer, Gerhard
33

Einsiedler, Albert (1914–1970), Verwaltungsbeamter, Teilnahme am 2. Weltkrieg (1941–44), tätig bei der Deutschen Reichsbahn (ab 1942), sowjetische Kriegsgefangenschaft (1944–49), Bundespräsidialamt (1950–69): Leiter des Ref. 4 (u. a. Beamtenrechtsfragen, sozialrechtliche Fragen, Flüchtlinge, Lastenausgleich, 1950–57), Leiter des Ref. 3 (1957–62), zugleich Vertreter des Chefs des BPrA (1959–62), danach ständiger Vertreter des Chefs des BPrA mit der Zuständigkeit für Personal und Organisation (1962–69)
35, 145, 413f

Einstein, Albert (1879–1955), Physiker, Professor in Zürich (1909–11, 1912–14), Prag (1911/12) und Berlin (1914–33), Direktor des Kaiser-Wilhelm-Instituts für Physik (1917–32), Nobelpreis für Physik (1921), Emigration in die USA (1932/33) und Professor in Princeton (ab 1933), Begründer der Relativitätstheorie
519

Eisenhower, Dwight D. (1890–1969), US-Militär und Politiker, Oberbefehlshaber der US-Truppen in Nordafrika und Europa (1942/43), der alliierten Invasionstruppen (1943–45), Oberbefehlshaber der Besatzungstruppen und Militärgouverneur der US-Besatzungszone in Deutschland (1945), Chef des US-Generalstabs (1945–47), Präsident der Columbia-University (1947–53), Oberbefehlshaber der

NATO-Streitkräfte (1950–52), Präsident der USA (1952–61)
144f, 233, 266, 477, 521

Eisler, Hanns (1898–1962), Komponist u. a. der DDR-Nationalhymne
149

Elisabeth II., eigtl. Elizabeth Alexandra Mary Windsor (geb. 1926), Königin des Vereinigten Königreichs von Großbritannien und Nordirland sowie Haupt des Commonwealth (ab 1953)
355

Elsas, Fritz (1890–1945), Verwaltungsjurist und Politiker, MdL Württemberg (DDP 1924–26), Vizepräsident des Deutschen Städtetages (1926–31), 2. Bürgermeister von Berlin (1931–33), inhaftiert (1937), Verbindung zu Carl Goerdeler, inhaftiert im KZ Sachsenhausen (1944), ermordet
163

Elsas, Hanne (1918–1958), Gärtnerin, inhaftiert (1944/45), Heirat mit Ernst Ludwig Heuss (1945), Tochter von Fritz Elsas
163

Elsen, Christophorus (1890–1976), Abt des Klosters Mariawald bei Heimbach-Düren (1947–64)
125f

Elsenhans, Ernst (1815–1849), Journalist und Politiker, journalistische Tätigkeit in der Schweiz und in Württemberg und für die „Mannheimer Abendzeitung", Redakteur der Heidelberger Zeitung „Die Republik" (1847), Festungshaft (1847–49), nach der Freilassung Angehöriger des revolutionären Landesausschusses in Karlsruhe, Flucht nach Rastatt und Herausgeber des „Festungsboten", von einem preußischen Kriegsgericht zum Tode verurteilt und erschossen
235f

Elterlein, Gertrud von (Moyland bei Kleve)
251–253

Emanuel, Isidor Markus (1905–1991), Bischof von Speyer (1953–68)
329

Engel, Kurt, Journalist aus Karlsruhe
448f

549

Engeling, Günter (Marl, Westfalen)
499f

Erhard, Ludwig (1897–1977), Staatswissenschaftler und Politiker, Gründer des Instituts für Industrieforschung in Berlin und Nürnberg (1942–45), bayerischer Wirtschaftsminister (1945/46), Professor in München (1947), Direktor der Verwaltung für Wirtschaft der Bizone (1948/49), Bundeswirtschaftsminister (1949–63), Vizekanzler (1957–63), Bundeskanzler (1963–66), Bundesvorsitzender der CDU (1966/67)
511

Erhardt, Heinz (1909–1979), Schauspieler und Komiker
501

Erler, Fritz (1913–1967), Verwaltungsbeamter und Politiker, Anschluss an die Gruppe „Neu Beginnen" (1933), Ausschluss aus der SPD (1933), Stadtinspektor in Berlin (1935–38), inhaftiert (1938–45), Landrat von Biberach (1945/46) und Tuttlingen (1947–49), Leiter der Entnazifizierungskommission in Württemberg-Hohenzollern (1946), MdL Württemberg-Hohenzollern (SPD 1946/47), MdB (SPD 1949–67), Mitglied der Beratenden Versammlung des Europarats (1950), Präsident der Deutschen Gesellschaft für Auswärtige Politik (1955), stellv. Parteivorsitzender und Fraktionsvorsitzender im Bundestag (1964–67)
313, 476

Erzberger, Matthias (1875–1921), Lehrer und Politiker, MdR (Zentrum 1903–18), Unterstützer der Friedensresolution des Reichstags (1917), Unterzeichner des Waffenstillstandes in Compiègne (1918), MdNV/MdR (Zentrum 1919–21), Reichsminister ohne Portefeuille (1919), Vizekanzler und Reichsfinanzminister (1919/20), Opfer eines Attentats der rechtsradikalen Organisation Consul (1921)
513

Eyck, Erich (1878–1964), Rechtsanwalt, Publizist und Historiker, Anwalt am Berliner Kammergericht (1906–33), Mitglied der Stadtverordnetenversammlung Berlin (DDP 1928–30), Emigration über Italien nach Großbritannien (1933), britischer Staatsbürger (1947), Verfasser historischer Werke über die deutsche und englische Geschichte
386

Falk, Elfriede (Berlin)
388

Falk, Wilhelm, gen. Will (1909–1979), geschäftsführender Landesvorsitzender und Mitglied des Zentralvorstandes der LDP in Brandenburg (1946), stellv. Vorsitzender der Beratenden Versammlung Brandenburg (1946), Flucht in die britische Zone (1946), Hauptgeschäftsführer der FDP in der britischen Zone (1947/48), bei einem Besuch in Potsdam inhaftiert und wegen „antisowjetischer Agitation" zu 10 Jahren Arbeitslager verurteilt (1948–56)
385, 387f, 390

Falkenberg, Lucie
33

Falkenhausen, Alexander Freiherr von (1878–1966), Militär und Politiker, MdL Sachsen (DNVP ca. 1930–33), Militärgouverneur von Belgien und Nordfrankreich (1940–44), inhaftiert (1944/45), von einem belgischen Gericht zu 12 Jahren Zwangsarbeit verurteilt und nach Deutschland abgeschoben (1951)
119

Farke, Ernst August (1895–1975), Lehrer und Politiker, MdL Niedersachsen und Fraktionsvorsitzender (DP 1946–49), MdB (DP 1949–53), Bundesvorsitzender des Deutschen Lehrerbundes (1952)
171

Fette, Christian (1895–1971), Gewerkschaftsfunktionär, Vorsitzender der IG Druck und Papier (1949–51), Vorsitzender des DGB (1951–53)
206

Feucht, Gotthilf, Mediziner, Chirurg am evangelischen Krankenhaus Salem in Heidelberg (1932–58)
408f

Fichte, Johann Gottlieb (1762–1814), Philosoph
520

Finck, Werner (1902–1978), Schauspieler und Kabarettist, Mitgründer und Leiter des Berliner Kabaretts „Die Katakombe" (1929–1935), inhaftiert (1935), Auftrittsverbot (1935/36), Mitarbeit am „Berliner Tageblatt" (1936), Mitgründer mehrerer Kabaretts (ab 1945),

Mitglied der Lach- und Schießgesellschaft (1954)
181, 503

Fischer, Hannelore, Zahnärztin aus Bonn
404–407

Flaischlen, Cäsar (1864–1920), Buchhändler und Schriftsteller, Redakteur der Berliner Kunstzeitschrift „Pan" (1896–1900)
26, 274–276

Flaischlen, Edith, geb. Klapp (1879–1957), Ehefrau von Cäsar Flaischlen
274–276

Fontane, Theodor (1819–1898), Schriftsteller
109f

François-Poncet, André (1887–1978), Germanist und französischer Diplomat, Botschafter in Berlin (1931–38) und in Rom (1938–40), in deutscher Haft (1943–45), Berater der französischen Militärregierung in Deutschland (1948/49), französischer Hochkommissar (1949–53) und Botschafter (1953–55) in Bonn, Präsident des französischen Roten Kreuzes (1955–67), Präsident des Internationalen Rats der Europa-Bewegung (1955–65)
148, 177, 194

Frank, Anne (1929–1945), Emigration der Familie von Frankfurt a. M. nach Amsterdam (1933), Leben in einem Versteck und Verfassen von Tagebüchern (1942–44), Deportation (1944), im KZ Bergen-Belsen ums Leben gekommen, Veröffentlichung (1947), Dramatisierung (1956) und Verfilmung (1959) der Tagebücher
442f

Franken, Paul (1903–1984), Historiker, inhaftiert (1937–39), Leiter der Bundeszentrale für Heimatdienst (1952–68)
218

Frankenfeld, Peter (1913–1979), Schauspieler und Sänger, im 2. Weltkrieg Funker, dann Truppenbetreuer, nach 1945 im Rundfunk (u. a. „Peters Bastelstunde") und im Fernsehen tätig (Quizsendungen)
501

Frech, Franz Waldemar (geb. 1914), Oberregierungsrat im Kultusministerium von Württemberg-Baden (bis 1949) und persönlicher Referent von Theodor Heuss (1945/46)
482

Freytag, Gustav (1816–1895), Schriftsteller
143

Friedrich Christian, Markgraf von Meißen und Herzog von Sachsen (1893–1968), Militär, Jurist und Diplomat, Chef des Hauses Wettin (ab 1932)
264f

Friedrich, Karin, Mitarbeiterin der „Süddeutschen Zeitung"
470

Friess, Georg (Fischbach bei Nürnberg)
271–274

Friess, Hans, Arzt aus Marburg an der Lahn
99f

Frings, Joseph (1887–1978), katholischer Geistlicher, Erzbischof von Köln (1942–1969), Vorsitzender der Deutschen Bischofskonferenz (1945–65), Ernennung zum Kardinal (1946), Gründer der katholischen Hilfswerke Misereor (1959) und Adveniat (1961)
218, 363f

Fritsch, Werner von (1880–1939), Militär, Chef der Heeresleitung (1934), als Generaloberst Oberbefehlshaber des Heeres (1935), Verabschiedung im Zuge der „Blomberg-Fritsch-Krise" (1938)
521

Fröschel-Ulmann, Friedel
29

Fuchs, Ferdinand (Mainroth, Oberfranken)
361–363

Fürniß, Wilhelm (Liedolsheim bei Karlsruhe)
411f

Fuhrmann, Gerd (Lübeck)
335–338

Furch, Wilh., Lehrer aus Hannover
171

Furtwängler, Wilhelm (1886–1954), Dirigent und Komponist, Leitung der Berliner Philharmoniker (1922–34, ab 1935), des Gewandhausorchesters Leipzig (1922–28) und der Wiener Philharmoniker (1928–34, ab 1939), musikalischer Leiter der Bayreuther Festspiele (1931–34), Direktor der Berliner Staatsoper (1933/34), nach Konflikt mit Joseph Goebbels Rücktritt von allen Ämtern (1934), Übersiedelung in die Schweiz (1945–1947),

nach der Entnazifizierung zahlreiche Gast-
dirigate und erneut Leiter der Berliner Philharmoniker (1952–54)
385, 387, 389

Gabor, A., Fahrlehrer aus Würzburg
166f

Gärtner, Frauenarzt aus Essen
316–320

Gahler, Bruno
41

Galm, Ulla, geb. Frieboes, Nichte von Theodor Heuss
40

Gandhi, Mohandas Karamchand, gen.
Mahatma (1869–1948), Rechtsanwalt und
Führer der indischen Freiheitsbewegung
339

Gauguin, Paul (1848–1903), französischer
Maler
358

Gebhart, Hans (1900–1960), Numismatiker,
Professor und Direktor der staatlichen Münz-
sammlung in München (ab 1951), Fernseh-
pionier (Bayerisches Fernsehen) für Quizsendungen
499

Gellert, Christian Fürchtegott (1715–1769),
Dichter
142

Gelpcke, Hertha
32

Gerhardt, Paul (1607–1676), evangelischer
Theologe und Liederdichter
493

Gerstenmaier, Eugen (1906–1986), evangelischer Theologe und Politiker, Angehöriger
der Bekennenden Kirche, Konsistorialrat im
Außenamt der Evangelischen Kirche (1934–
44), Verbindungen zum Widerstand („Krei-
sauer Kreis") gegen das NS-Regime, mehrfach in Haft (1934, 1944/45), Mitgründer und
Leiter des Evangelischen Hilfswerks (1945),
Angehöriger der Synode der EKD (1948–73),
MdB (CDU 1949–69), Präsident des Deutschen Bundestages (1954–69), stellv. Vorsitzender der CDU (1956–69)
92

Gessler, Otto (1875–1955), Jurist und Politiker, Oberbürgermeister von Nürnberg (1914–
19), MdR (DDP 1920–24), Reichsminister für
Wiederaufbau (1919/20), Reichswehrminister
(1920–28), Austritt aus der DDP (1927), Vorsitzender des Vereins für Deutschtum im Ausland (1930/31), inhaftiert (1944/45), Präsident
des Deutschen Roten Kreuzes (1950–52)
303, 310, 353

Gide, André (1869–1951), französischer
Schriftsteller
358

Giraudoux, Jean (1882–1944), französischer
Diplomat und Schriftsteller
358

Girmes, Dietrich
508

Gobineau, Arthur de (1816–1882), französischer Diplomat und Schriftsteller
328f

Goebbels, Joseph (1897–1945), Germanist
und Politiker, Gauleiter von Berlin (1926–
45), MdR (NSDAP 1928–1945), Reichspro-
pagandaleiter der NSDAP (1930–45), Reichsminister für Volksaufklärung und Propaganda
(1933–1945), Suizid
151, 268, 302f, 357

Goerdeler, Carl Friedrich (1884–1945),
Verwaltungsjurist und Politiker, Oberbürgermeister von Leipzig (DNVP 1930–37), Reichs-
kommissar für Preisüberwachung (1931/32,
1934/35), führender Kopf des bürgerlich-konservativen Widerstands gegen das NS-Regime,
inhaftiert und vom Volksgerichtshof zum Tode
verurteilt (1944), hingerichtet
163

Göring, Emmy, geb. Emma Sonnemann
(1893–1973), Schauspielerin, 2. Ehefrau von
Hermann Göring (ab 1935)
38, 160–163

Göring, Hermann (1893–1946), Militär und
Politiker, MdR (NSDAP 1928–45), Reichs-
tagspräsident (1932–45), preußischer Ministerpräsident (1933–45), Reichsminister der Luft-
fahrt (1933–45) und Oberbefehlshaber der
Luftwaffe (1935–45), als Hauptkriegsverbrecher durch den Internationalen Militärgerichtshof in Nürnberg zum Tode verurteilt (1946),
Suizid
160, 422

Goethe, Johann Wolfgang von (1749–1832), Dichter, Naturforscher und Minister in Sachsen-Weimar-Eisenach (1775–86)
105, 223, 277, 519

Gonske, Friedhelm
501

Gottsched, Johann Christoph (1700–1766), Schriftsteller, Literaturtheoretiker und Philosoph
142

Groener, Dorothea (geb. 1900), Tochter von Wilhelm Groener
515f

Groener, Wilhelm (1867–1939), Militär und Politiker, 1. Generalquartiermeister (1918/19), Reichsverkehrsminister (1920–23), Reichswehrminister (1928–32), Reichsinnenminister (1931/32)
515

Grimm, Margarete (Berlin)
305

Gronchi, Giovanni (1887–1978), italienischer Politiker, Staatspräsident (1955–62)
471

Groß, Albert (Kassel)
299f

Grotewohl, Otto (1894–1964), Buchdrucker und Politiker, MdL Braunschweig (SPD 1920–25), Justizminister in Brandenburg (1923/24), MdR (SPD 1925–33), mehrfach inhaftiert (1938–40), Mitgründer und -vorsitzender der SED (1946–54), MdL Sachsen (SED 1946–50), Ministerpräsident der DDR (1949–64), stellv. Vorsitzender des Staatsrates (1960)
343

Gründgens, Gustaf (1899–1963), Schauspieler, Regisseur und Intendant, Generalintendant des Preußischen Staatstheaters (1935–45), der Städtischen Bühnen Düsseldorf (1947–51) und des Deutschen Schauspielhauses Hamburg (1955–63)
162

Grützmacher, Richard Heinrich (1876–1959), evangelischer Theologe
453

Grundig, Max (1908–1989), Unternehmer, Gründer der Grundig AG
38

Gümbel, Bruder von Margarete Gümbel, Arzt
320, 377

Gümbel, Margarete, geb. Obenauer (1819–1903), Umzug in den Haushalt der Tochter Elisabeth (Mitte der 1890er Jahre), Großmutter und Taufpatin von Theodor Heuss
116

Gustav II. Adolf (1594–1632), König von Schweden (1611–32)
199

Habe, Hans, eigtl. János Békessy (1911–1977), österreichischer Journalist, Schriftsteller und Drehbuchautor, Chefredakteur der Wiener Zeitung „Der Morgen" (1933–35), Mitarbeiter des „Prager Tagblatt" als Genfer Korrespondent (1935–38), Emigration nach Frankreich (1939), Fremdenlegionär (1939/40), Flucht aus deutschem Internierungslager über Portugal in die USA (1940), tätig für die psychologische Kriegsführung in der US-Army (ab 1942), Gründer und Chefredakteur der „Neuen Zeitung" (1945/46), Drehbuchautor in Los Angeles-Hollywood (1946–53), Leitung der „Münchner Illustrierten" (1953)
455f

Haeften,Werner von (1908–1944), Jurist und Militär, Syndikus einer Hamburger Bank, Oberleutnant, verwundet (1943), Adjutant Claus Schenk Graf von Stauffenbergs (1943/44), Unterstützung Stauffenbergs beim Attentatsversuch auf Hitler am 20. Juli 1944, erschossen
381

Hagedorn, Karl Anton, Pastor aus Plön
478–480

Hall, Mary (Stolk, Kreis Schleswig)
284f

Hamann, Georg, Kaufmännischer Angestellter aus Hamburg
296f

Hamann, Johann Georg (1730–1788), Schriftsteller und Philosoph
143

Hamer, Gertrud J. M., geb. von Sanden, Pseudonym Mervyn Brian Kennicott (1912–1940), Schriftstellerin, Schwiegermutter des Verlegers Hermann Leins
450f

Korn, Karl (1908–1991), Publizist und Schriftsteller, Deutschlektor in Toulouse (1932), Redakteur des „Berliner Tageblatt" (1934–37) und der „Neuen Rundschau" (1937), Feuilletonredakteur der Wochenzeitung „Das Reich" (1940), Mitherausgeber und Leiter des kulturellen Teils der „Frankfurter Allgemeinen Zeitung" (1949–73)
338

Kossmann, Wilfried (Düsseldorf)
508–510

Kowitz, Leni (Kühlungsborn)
264

Krafft, Hermann
35

Kraft, Waldemar, gen. Erich (1898–1977), Landwirt, Verbandsfunktionär und Politiker, Direktor des Hauptvereins der Deutschen Bauernvereine in Posen (1921–39), Präsident der Landwirtschaftskammer Posen (1939/40), Geschäftsführer der Reichsgesellschaft für Landbewirtschaftung in den eingegliederten Ostgebieten (1940–45), Eintritt in die NSDAP (1943), Ehrenhauptsturmführer der SS, inhaftiert (1945–47), Sprecher der Landsmannschaft Warthe/Weichsel (1949/50), Gründer und Vorsitzender des BHE (1950–54), MdL Schleswig-Holstein (BHE 1950–53), Finanzminister (1950–53), Justizminister und stellv. Ministerpräsident (1951–53) von Schleswig-Holstein, MdB (BHE 1953–55, CDU 1955–61), Bundesminister für besondere Aufgaben (1953–56)
423

Krantz, Hans-Ulrich (1906–1976), Militär (bis 1945), im BPrA Leiter des Ref. 8 (Ordenskanzlei, 1952–56), anschließend beschäftigt bei der Bundeswehr
33, 145

Krattenmacher, Ludwig (Niederdorf über Memmingen)
320–322

Kreitmeyer, Reinhold (1908–1996), Militär und Politiker, MdL Niedersachsen (FDP 1951–57), Oberbürgermeister von Lüneburg (1954/55), MdB (FDP 1957–65)
432

Kressel, Erster Pfarrer von St. Johannis in Nürnberg
91–93

Krone, Heinrich (1895–1989), Lehrer, Soziologe und Politiker, stellv. Generalsekretär der Zentrumspartei (1923–33), MdR (Zentrum 1925–33), Vorsitzender des Reichsverbandes der Windthorstbünde (1929–33), Entlassung aus dem Schuldienst (1933), Verbindung zum Widerstand um Jakob Kaiser, inhaftiert (1944), Mitgründer der CDU in Berlin (1945), MdB (CDU 1949–1969), CDU-Fraktionsvorsitzender (1955–61), stellv. Parteivorsitzender (1958–64), Bundesminister für besondere Aufgaben (1961–64) und für Angelegenheiten des Bundesverteidigungsrats (1964–66)
493

Krupp, Alfred (1812–1887), Unternehmer und Stahlfabrikant
509

Kubick, Josef (Amberg, Oberpfalz)
202f

Kühn, Hans-Peter (Neukeferloh über München)
435–439

Kühn, W. (Wiesbaden)
187–189

Kühn-Leitz, Elsie (1906–1987), Förderin des Werkes von Albert Schweitzer, Tochter des Unternehmers Ernst Leitz (Wetzlar)
39

Künneke, Evelyn (1921–2001), Tänzerin, Sängerin und Schauspielerin
501

Küppers, Heinz, Bildungsobmann des DGB in Düsseldorf
226

Kuhn, Karl (1898–1986), Lehrer und Politiker, MdL Rheinland-Pfalz (SPD 1947–67), MdPR (SPD 1948/49), erster Beigeordneter (1949–60), dann Bürgermeister (1960–63) von Bad Kreuznach
75f

Kunst, Hermann (1907–1999), evangelischer Theologe, in der Leitung der Bekennenden Kirche Westfalens (seit 1942), Superintendent in Herford (1942–52), Bevollmächtigter des Rats der EKD bei der Bundesregierung (1950–77), Militärbischof bei der Bundeswehr (1957–72)
518

Gesandter in Dresden und Berlin (1801–06), Außenminister (1809), Staatskanzler (1810–48), Leiter des Wiener Kongresses (1814/15)
506

Meyer, Oscar (1876–1961), Jurist und Politiker, Syndikus der Handelskammer Berlin (1905–33), MdL Preußen (Freisinnige Volkspartei 1915–18), Mitglied der Verfassunggebenden Landesversammlung Preußen (DDP 1919–21), MdR (DDP/DStP 1924–32), Emigration über die Schweiz (1933) und Kolumbien (1940) in die USA (1941)
39, 247

Middelhauve, Friedrich (1896–1966), Verleger und Politiker, Vorsitzender der DStP im Rhein-Wupper-Kreis (1931–33), Mitgründer und Vorsitzender der FDP Nordrhein-Westfalen (1946–56), MdL Nordrhein-Westfalen (FDP 1946–58), Vorsitzender der FDP-Fraktion im nordrhein-westfälischen Landtag (1946–54), MdB (FDP 1949/50, 1953/54), stellv. Bundesvorsitzender der FDP (1952–56), nordrhein-westfälischer Wirtschafts- und Verkehrsminister sowie stellv. Ministerpräsident (1954–56)
80

Mindszenty, Josef Kardinal (1892–1975), ungarischer Erzbischof (1945–74), Symbolfigur des Widerstands gegen den Kommunismus nach 1945, inhaftiert (1949–56), nach dem Ungarnaufstand Asyl in der US-Botschaft (1956–71), Ausreise nach Wien (1971)
103

Möller, Alexander, gen. Alex (1903–1985), Journalist, Versicherungsangestellter, Gewerkschaftsfunktionär und Politiker, MdL Preußen (SPD 1928–33), Versicherungskaufmann (1933–45), Generaldirektor der Karlsruher Lebensversicherung (1945–69), MdL Württemberg-Baden bzw. Baden-Württemberg (SPD 1946–69), Vorsitzender der SPD-Fraktion im württemberg-badischen bzw. baden-württembergischen Landtag (1950–61), Mitglied von Präsidium und Parteivorstand der SPD (1958–73), MdB (SPD 1961–76), Bundesfinanzminister (1969–71)
201

Mohn, Gerd (1926–2008), Verleger, Leiter des Gütersloher Verlagshauses (1951–86)
453

Möhren, Jan, Kustos a. D. aus Heidelberg-Handschuhsheim
227–229

Molo, Walter von (1880–1958), Schriftsteller, Vorsitzender des Schutzverbandes deutscher Schriftsteller (1927/28), Präsident der Sektion „Dichtkunst" der Preußischen Akademie (1928–30)
200

Monglowski, Paul (Berlin-Dahlem)
244f

Montgomery, Bernard Law (1887–1976), britischer Militär, General (1944), Kommandeur der britischen Invasionstruppen in Nordfrankreich, Feldmarschall (1944–46), Vorsitzender des Verteidigungsrats der Westeuropäischen Union (1948–51), stellv. Oberbefehlshaber der NATO-Truppen und Oberbefehlshaber der Streitkräfte der Westeuropäischen Union (1951–58)
144

Mozart, Wolfgang Amadeus (1756–1791), Komponist
105, 186f

Mühr, Alfred, Pseudonym Friedrich Gontard (1903–1981), Journalist und Intendant, Feuilletonredakteur der „Deutschen Zeitung" (ab 1924), Schauspieldirektor und stellv. Generalintendant der Preußischen Staatstheater (1934–45), freier Schriftsteller (ab 1945)
160–164

Müller, A. L., Studienrat
310

Müller, Albert (Helmstedt)
416f

Müller, Erich (München-Pasing)
508

Müller, Heinz
32

Müller, Ina B.
503

Müller, Meta Wilh. (Uesen bei Achim)
111f

Müller, Philipp (1931–1952), Schlosser, FDJ-Mitglied, bei einer Demonstration in

Essen gegen die Wiederbewaffnung von der Polizei erschossen
210

Müller-Laskowski, Fritz-Werner (Düsseldorf-Kaiserswerth)
282f

Muras, Gerhard G., Pfarrverweser aus Zweibrücken-Niederauerbach
452–454

Nägele, Reinhold (1884–1972), Maler, Mitgründer der „Stuttgarter Sezession" (1923), Emigration über Großbritannien nach New York (1939/40), Rückkehr nach Deutschland (1963)
251

Nahm, Peter Paul (1901–1981), Journalist und Politiker, Herausgeber der „Mittelrheinischen Volkszeitung" (1925–34), Mitglied der CDU (ab 1945), Landrat des Rheingaukreises (1945/46), Leiter des Hessischen Flüchtlingsamtes (1947–49), Staatssekretär im Bundesvertriebenenministerium (1953–67)
420

Napoleon Bonaparte (1769–1821), französischer Militär, Kaiser der Franzosen (1804–14, 1815)
491

Nasser, Gamal Abdel (1918–1970), ägyptischer Militär und Politiker, nach der Beseitigung der Monarchie Mitglied im „Rat der Revolution" (ab 1952), Oberbefehlshaber der Armee (ab 1953), Ministerpräsident und Staatsoberhaupt (1954–70), Oberhaupt der Vereinigten Arabischen Republik (1958–61)
444f

Naumann, Erich (1905–1951), Kaufmann und SS-Führer, Kommandeur der Einsatzgruppe B, verantwortlich für die Ermordung von über 100.000 Menschen, im Einsatzgruppenprozess Verurteilung zum Tode (1948), hingerichtet
146

Naumann, Friedrich (1860–1919), Pfarrer, Publizist und Politiker, Gründer und Herausgeber der Zeitschrift „Die Hilfe" (1894–1919), Gründer des Nationalsozialen Vereins (1896), Mitgründer des Deutschen Werkbundes (1907), MdR (Freisinnige Vereinigung, Fortschrittliche Volkspartei 1907–12, 1913–18), Mitgründer und Vorsitzender der DDP (1918/19),

MdNV (DDP 1919), wichtigster politischer Mentor und Protagonist einer Biographie von Theodor Heuss
179, 221, 315, 451, 454, 493

Naumann, H., Sportwart der Jungdemokraten in Bad Hersfeld
341

Naumann, Werner (1909–1982), Jurist, Industrieller und Politiker, Staatssekretär im Reichspropagandaministerium (1944/45), Mitgründer des nationalsozialistischen „Freundeskreises für Wirtschaft und Kultur", inhaftiert (1953), Führungskraft in Wirtschaftsunternehmen
221

Nax, Stadtbaurat in Egglekofen
20f, 374

Neinhaus, Carl (1888–1965), Jurist und Politiker, Oberbürgermeister von Heidelberg (1928–45, 1952–58), MdL Württemberg-Baden bzw. Baden-Württemberg (CDU 1950–60)
493

Neuenschwander, Ulrich (1922–1977), evangelischer Theologe aus der Schweiz
453

Neuffer, Hans (1892–1968), Mediziner, leitender Arzt in einem Missionskrankenhaus in China (1921–27), leitender Arzt der Schutzpolizei im württembergischen Innenministerium (1929–36), Vorsitzender des Präsidiums des Deutschen Ärztetages (1950–59), Arzt von Theodor Heuss in Stuttgart-Degerloch
456

Neumann, Georg (Köln-Ehrenfeld)
456f

Neumann, Joachim
32, 477

Neumeister, Walther, Ingenieur aus Kemel über Bad Schwalbach
415f

Neunhoeffer, Lothar, Offizier aus München
190–192

Neurath, Konstantin Freiherr von (1873–1956), Diplomat und Politiker, Botschafter in Rom (1921–30) und London (1930–32), Reichsaußenminister (1932–38), Reichspro-

tektor von Böhmen und Mähren (1939–43, ab 1941 beurlaubt), als Hauptkriegsverbrecher durch den Internationalen Militärgerichtshof in Nürnberg zu 15 Jahren Gefängnis verurteilt (1946), vorzeitig entlassen (1954)
385–389

Niebuhr, Walter, Mitarbeiter des NWDR
277f

Niemöller, Martin (1892–1984), Militär und evangelischer Theologe, im 1. Weltkrieg U-Boot-Kommandant, Angehöriger der Bekennenden Kirche und Gründer des Pfarrernotbundes (1931–37), inhaftiert (1937–45), stellv. Vorsitzender des Rates der EKD (1945–55), Kirchenpräsident von Hessen-Nassau (1947–64), Mitglied des Weltkirchenrats (1961–77)
29, 498, 504f

Nies, Adolf, SS-Scharführer, Angehöriger der SS-Wachmannschaft im KZ Flossenbürg
419

Nietzsche, Friedrich (1844–1900), klassischer Philologe und Philosoph, Professor in Basel (1869–79)
303

Nöller, Eberhard (1911–2003), Mitarbeiter des BPrA (1951–64), dort Leiter des Referates 1 (allgemeine Gesetzgebung, rechtliche Grundsatzfragen, Gnadensachen, Arbeitsrechtsschutz), des Referates 3 (ab 1954), des Referates 2 (ab 1957), Mitarbeiter im Bundesministerium für Verteidigung (1964–74), Präsident des Bundeswehrverwaltungsamtes (1974–76)
482

Nolde, Emil, eigtl. Hans Emil Hansen (1867–1956), Maler
358

Nolte, Heinrich, Oberst a. D., Generalstabschef des Afrika-Korps (1943)
144f

Nolte, Helmi (Celle)
145–148

Oberländer, Theodor (1905–1998), Agrarwissenschaftler und Politiker, Professor in Danzig (1934–37), Greifswald (1937/38), und Prag (ab 1940), Protagonist der „Ostforschung" und von rassisch begründeten Um-

siedlungsprojekten, inhaftiert (1945/46), Mitgründer des BHE (1950), MdL Bayern (BHE 1950–53), MdB (BHE 1953–57, CDU 1957–61), Bundesminister für Vertriebene, Flüchtlinge und Kriegsgeschädigte (1953–60)
423

Oberüber, Horst, Mitarbeiter im Bundespräsidialamt
33, 120, 130, 208f, 217, 225, 282f, 312f, 363f, 366, 372, 374, 400f, 411, 454, 465, 469f, 502, 511

Ochse, Friedhelm, Student aus Oberkassel bei Bonn
410f

Oehmke, Gertrud, Bezirksverordnete der FDP in Berlin-Waidmannslust
433f

Ohlendorf, Otto (1907–1951), Jurist und SS-Gruppenführer, Leiter des Amtes „Deutsche Lebensgebiete" im Reichssicherheitshauptamt (1939–45), Kommandeur der Einsatzgruppe D in der Sowjetunion (1941/42), verantwortlich für die Ermordung von 90.000 Menschen, im Einsatzgruppenprozess Verurteilung zum Tode (1948), hingerichtet
146

Ollenhauer, Erich (1901–1963), Politiker, Vorsitzender des Verbandes der Sozialistischen Arbeiterjugend Deutschlands (1928–33), Mitglied des Parteivorstands der SPD (1933), Emigration nach Prag (1933–38), Frankreich (1938–40) und Großbritannien (1941–46), Rückkehr in die britische Besatzungszone, stellv. Parteivorsitzender (1946–52), MdB (SPD 1949–63), stellv. (1949–52) und SPD-Fraktionsvorsitzender (1952–63), SPD-Parteivorsitzender (1952–63), Vorsitzender des Rats der Sozialistischen Internationale (1963)
39, 396f

Oncken, Hermann (1869–1945), Historiker, Mitglied der Ersten Badischen Kammer (1915–18), Professor in Gießen (1906/07), Heidelberg (1907–23), München (1923–28) und Berlin (1928–35)
493

Oppenheim, Emmy, gen. Flossy, verh. Gräfin von Arco-Valley (1869–1957)
323

Reichel, Willy Robert, Dentist aus München
463f, 465

Reif, Hans (1899–1984), Staatswissenschaftler und Politiker, Mitglied des Hauptvorstandes der DDP (1924–33), Syndikus des Hansabundes und Geschäftsführer des Reichsbundes für Handel und Industrie der DDP (1924–33), Unternehmensberater (ab 1933), Verbindungen zum bürgerlich-konservativen Widerstand gegen das NS-Regime, MdL Berlin (LDP/FDP 1946–50, 1955, 1963–71), MdPR (FDP 1948/49), MdB (FDP 1949–57), Professor an der Deutschen Hochschule für Politik in Berlin (1949–68)
390

Reisch, Martin, Student an der Sporthochschule Köln-Müngersdorf
237f

Reitze, Wolfgang (Frankfurt a. M.)
472f

Reusch, Paul (1868–1956), Ingenieur und Industrieller, Vorstandvorsitzender, später Generaldirektor der Gutehoffnungshütte AG in Oberhausen (1909–42), führende Positionen im schwerindustriellen Verbandswesen, Mitglied des Präsidiums des Reichsverbandes der Deutschen Industrie (1923–33), Präsident der IHK Duisburg (1919–29), stellv. Vorsitzender des DIHT (1926–33)
204

Reuter, Ernst (1889–1953), Politiker, im 1. Weltkrieg in russischer Gefangenschaft, Mitarbeit bei den Bolschewiki und Kommissar in der Wolgarepublik, nach der Rückkehr nach Deutschland Mitglied der KPD (1919–22), dann der SPD, Redakteur der Parteizeitschrift „Vorwärts" (ab 1922), Stadtrat in Berlin für Stadtplanung (ab 1926), Oberbürgermeister von Magdeburg (1931–33), MdR (SPD 1932/33), inhaftiert (1933/34), Emigration in die Türkei (1935–46), Verkehrsdezernent in Berlin (1947), Oberbürgermeister bzw. Regierender Bürgermeister von Berlin (1947–53), MdPR (SPD 1948/49), MdB (SPD 1949–53)
180, 193, 205f, 238

Reutter, Hermann (1900–1985), Komponist und Pianist, Lehrauftrag für Komposition an der Musikhochschule Stuttgart (1932), Direktor der Frankfurter Musikhochschule (1936–45), Professor für Liedgesang und Komposition an der Musikhochschule Stuttgart (1952) und deren Leiter (1956–66)
21, 116, 149, 152–155, 466

Rieländer, E.
520

Riezler, Walter (1878–1965), Kunsthistoriker und Musikwissenschaftler, Gründungsmitglied des Deutschen Werkbundes (1907), Direktor des städtischen Museums Berlin (1910–33), suspendiert (1933), Ruhestand (1934), Honorarprofessor in München (ab 1946)
232

Rilke, Rainer Maria (1875–1926), österreichischer Dichter
373

Rodenberger, Axel, Schriftsteller aus Dortmund
207–209

Röhrig, Georg (1914–1999), Jurist, tätig in der Justizverwaltung Potsdam und im Kammergericht Berlin (1936–45), Teilnahme am 2. Weltkrieg und Gefangenschaft (1939–46), Organist (1946–47), Dramaturg an Theatern in Frankfurt a. M. und Stuttgart (1947/48), Rechtsanwalt in Stuttgart (1948–52), Auswärtiger Dienst mit Stationen in Ankara (1952–56) und Moskau (1956–58), Tätigkeiten im Bundespräsidialamt (1958–62), dort Leiter des Ref. 1 (Protokoll, Verkehr mit dem AA, Angelegenheiten der Deutschen im Ausland, Auswanderungsfragen), zusätzlich Leiter des Ref. 4 (Ordenskanzlei, ab Okt. 1959), Rückkehr in den Auswärtigen Dienst (1962–79)
476

Roennefahrt, Günther, Schriftsteller
300

Rohden, Friedrich von, Arzt aus Lübeck
218f

Rohkst, Nicolai (Eschweiler, Rheinland)
123–125

Rommel, Erwin (1891–1944), Militär, Teilnahme am 1. Weltkrieg, Verleihung des Ordens Pour le mérite (1917), Kommandeur des „Führerbegleitbataillons"(1939), Kommandeur im West-Feldzug (1940), Oberbefehlshaber des deutschen Afrikakorps (1941–43), Generalfeldmarschall (1942), Führung einer Heeresgruppe in Italien (1943), Befehlshaber der Hee-

resgruppe B in Frankreich (1943–44), wegen Kontakten zum militärischen Widerstand zum Suizid gezwungen
144, 253

Roosevelt, Franklin D. (1882–1945), amerikanischer Politiker, Präsident der USA (1933–45)
179, 425

Rose, Margaret, s. Armstrong-Jones, Margarete

Rosenberg, Alfred (1893–1946), Publizist und Politiker, MdR (NSDAP 1930–45), Leiter des Außenpolitischen Amtes der NSDAP (1933–45), „Beauftragter des Führers für die Überwachung der gesamten geistigen und weltanschaulichen Schulung und Erziehung der NSDAP" (1934–45), Reichsminister für die besetzten Ostgebiete (1941–45), als Hauptkriegsverbrecher durch den Internationalen Militärgerichtshof in Nürnberg zum Tode verurteilt (1946), hingerichtet
105, 328

Rundstedt, Ditha von, Schwiegertochter Gerd von Rundstedts
253

Rundstedt, Gerd von (1875–1953), Militär, Teilnahme am 1. Weltkrieg, u. a. als Generalstabsoffizier, General der Infanterie und Oberbefehlshaber des Gruppenkommandos I in Berlin (1932–36), beim Sturz des preußischen Staatsministeriums Inhaber der vollziehenden Gewalt (1932), erstmals verabschiedet (1939), Armeeführer in Polen (1940), Generaloberst und Armeeführer in Frankreich, Generalfeldmarschall (1940), Armeeführer in Russland, abgesetzt, Oberbefehlshaber West (1942–44, 1944/45), Vorsitzender des Ehrengerichts gegen die Hitler-Attentäter (1944), in britischer Kriegsgefangenschaft (1945–49)
251–253

Sachse, Elsbeth, Schreibkraft im BprA
214

Sänger, Fritz (1901–1984), Journalist und Politiker, MdL Niedersachsen (SPD 1946/47), Geschäftsführer (1949–55) und Chefredakteur (1955–59) der Deutschen Presseagentur, Mitwirkung am Godesberger Programm der SPD (1959), MdB (SPD 1961–69)
291

Schach, Hannelore, Schreibkraft im BprA
36, 39, 346

Schaefer, Jochen Klaus, Präsident der Deutschen Liga für Menschenrechte
312

Schäfer, Walter (1901–1981), Intendant und Schriftsteller, Generalintendant der Württembergischen Staatstheater in Stuttgart (1959–72)
398

Schäfer, Wilhelm (1868–1952), Schriftsteller, Verfasser völkisch-nationaler Dramen und Bauerngeschichten
26, 382

Schäffer, Fritz (1888–1967), Verwaltungsjurist und Politiker, MdL Bayern (BVP 1920–33), Vorsitzender der BVP (1929–33), bayerischer Finanzminister (1931–33), inhaftiert (1933/34, 1944), Mitgründer der CSU, bayerischer Ministerpräsident (1945), MdB (CSU 1949–61), Bundesfinanzminister (1949–57) und -justizminister (1957–61)
131, 280

Schallermair, Georg (1894–1951), SS-Führer, Rapportführer im KZ Mühldorf, in einem der Dachauer Nachfolgeprozesse zum Tode verurteilt (1947), hingerichtet
146

Scharnhorst, Gerhard Johann David von (1755–1813), Militär, preußischer Heeresreformer
433

Scharnowsky, Ernst (1896–1985), Gewerkschaftsfunktionär und Politiker, MdL Berlin (SPD 1948–50, 1963–67), MdB (SPD 1957–61)
206

Scheibel, Hans
203

Schelling, Friedrich Wilhelm Joseph von (1775–1854), Theologe und Philosoph, Professor in Jena (1798–1803), Würzburg (1803–06), München (1806–20, 1827–41), Erlangen (1820–27) und Berlin (1841–54)
299

Schelsky, Helmut (1912–1984), Soziologe, Professor in Hamburg (1949–60), Münster (1960–70, 1973–78) und Bielefeld (1970–73),

Schröder, Gerhard (1910–1989), Rechtsanwalt und Politiker, Mitgründer der CDU
(1945), MdB (CDU 1949–80), Vorsitzender
des Evangelischen Arbeitskreises der CDU/
CSU (1955–78), stellv. Bundesvorsitzender
der CDU (1969–73), Bundesinnenminister
(1953–61), Bundesaußenminister (1961–66),
Bundesverteidigungsminister (1966–69), Vorsitzender des Auswärtigen Ausschusses des
Bundestags (1969–80)
460

Schröder, Rudolf Alexander (1878–1962),
Dichter, Vizekanzler des Ordens Pour le mérite
(ab 1952)
21, 149, 152–155, 466

Schröder, Siegfried (Berlin)
484–486

Schüler (Müllheim)
29

Schulz, Heinrich (1877–1932), Lehrer, Journalist und Politiker, MdR/MdNV (SPD 1911–
30), Staatssekretär für Schul- und Bildungs-
fragen im Reichsinnenministerium (1919–27),
Initiator der Reichsschulkonferenz (1920),
Förderer der Einheitskurzschrift
260

Schulz, Heinz, Schulleiter aus Leupoldsgrün
bei Hof an der Saale
129f

Schulz, Lieselotte (Berlin-Britz)
106–108

Schulze, Harry (Berlin)
27, 246

Schulze-Brockmann, Gertrud T., Logopädin
aus Düsseldorf
334f

Schumacher, Carl, Journalist aus Greven in
Westfalen
501–503

Schumacher, Kurt (1895–1952), Jurist,
Journalist und Politiker, Teilnahme am
1. Weltkrieg, Redakteur bei der „Schwäbischen
Tagwacht" (1920–30), MdL Württemberg
(SPD 1924–31), MdR (SPD 1930–33), inhaf-
tiert (1933–43, 1944), Mitgründer (1945) und
Vorsitzender der SPD in den 3 Westzonen
bzw. in der Bundesrepublik (1946–52), MdL
Hannover (SPD 1946), MdB (SPD 1949–

52), Vorsitzender der SPD-Fraktion im Bundestag (1949–52), Gegenkandidat von Theodor
Heuss bei der Wahl des Bundespräsidenten
(1949)
144, 252, 323, 466

Schuman, Robert (1886–1963), französischer
Jurist und Politiker, Mitglied der französischen
Nationalversammlung (1919–40, 1945–63),
inhaftiert (1940–42), Finanzminister (1946/
47), Ministerpräsident (1947/48), Außenminister (1948–53), Justizminister (1955/56), Initiator der deutsch-französischen Annäherung und
der westeuropäischen Montanunion („Schu-
man-Plan", 1950), Präsident des Europäischen
Parlaments (1958–60)
421

Schuppe, Hedwig (Braunschweig)
450–452

Schwager, Lothar H. (München)
384f

Schweikardt, Hermann, Stadtrat a. D. in
Erpfingen
259f

Schweitzer, Albert (1875–1965), Arzt, evangelischer Theologe, Philosoph, Musiker, Musikwissenschaftler und Schriftsteller, Pfarrer
in Straßburg, Aufbau eines Tropen-Hospitals
in Lambarene/Französisch-Äquatorialafrika
(ab 1913), Friedenspreis des Deutschen Buchhandels (1951), Friedensnobelpreis (1952),
Traupfarrer und Freund von Theodor Heuss
und Elly Heuss-Knapp
452–455, 475, 488

Schweitzer, C. G.
492

Schweitzer, Ignatz
402

Schwippert, Hans (1899–1973), Architekt,
Professor in Aachen (1946–61), Direktor der
Staatlichen Kunstakademie in Düsseldorf
(1956–67), Wiedergründer und Vorsitzender
des Deutschen Werkbundes (1950–63)
280

Seebohm, Hans-Christoph (1903–1967),
Bergbauingenieur und Politiker, verschiedene
leitende Funktionen in der Montanindustrie,
Geschäftsführer der Hochbau- und Erdöl-
Gesellschaft Deilmann AG in Dortmund

Sachregister

Das Sachregister erschließt thematisch differenziert alle Sachbegriffe und relevanten Informationen aus den abgedruckten Briefen und aus dem Vorwort, der Einführung, den Kurzregesten sowie aus dem Kommentar. Nicht aufgenommen wurden die Ortsangaben des Adressaten und des Absenders aus dem Dokumentenkopf sowie alle Bestandteile bibliographischer Angaben. Unspezifische Begriffe wie „Deutschland" wurden nicht berücksichtigt, stattdessen – wie in diesem Fall – eine Differenzierung in „Weimarer Republik (1918–1933)" und „Nationalsozialismus (1933–1945)" vorgenommen.

Das Sachregister orientiert sich in Form von Stichwörtern möglichst eng am Text. Wo es notwendig erschien, Begriffe in eine strukturelle Ordnung zu bringen und damit zusammenzufassen, wurden unter einem Oberbegriff Unterbegriffe eingeführt.

In einigen Fällen wurden Schlagwörter gebildet, um auf den darunterliegenden Ebenen alphabetisch disparate, jedoch strukturell zusammengehörige Begriffe zu bündeln und somit für den Benutzer besser recherchierbar zu machen. Dazu gehören Schlagwörter wie „Gesetze", „Verträge, Abkommen", „Wahlen, Wahlkämpfe" oder „Zeitungen, Zeitschriften".

Die zahlreichen Betreffe, die sich auf Theodor Heuss als Bundespräsident und als Persönlichkeit beziehen, wurden unter „Heuss, Theodor" erfasst; ferner wurden die Geschenke („Heuss, Theodor, Geschenke an ihn") zusammen nachgewiesen.

Reden von Theodor Heuss finden sich in chronologischer Folge unter „Heuss, Theodor, Reden". Selbständige, gedruckte oder zum Druck vorgesehene Werke von Heuss, soweit sie nicht nur Teil einer bibliographischen Angabe sind, finden sich – geordnet nach Erscheinungsdatum – unter „Heuss, Theodor, selbständige, gedruckte und zum Druck vorgesehene Werke". Größere Reisen von Heuss finden sich bei dem entsprechenden Ortseintrag; die Länder, die er offiziell besuchte wurden unter „Staatsbesuche" aufgeführt.